2025 PERFECT

한국세무사회 국가공인
필기&실기 완벽대비서

■ 국가직무능력표준
National Competency Standards

전산회계 1급

저자_ 황향숙

머리말

기업의 작업환경이 수기장부에서 전산화되고, 현대사회가 복잡해짐에 따라 경제현상을 설명하는 회계학의 영역과 그 중요성은 더욱 커져가고 있으며, 이에 발맞추어 전산과 회계를 접목시킨 자격증 제도가 만들어 졌습니다. 현업에서의 회계업무는 회계프로그램을 실행할 수 있는 전산세무회계자격증 취득자를 필요로 하고 있습니다.

전산세무회계자격증은 조세의 최고전문가인 1만 여명 세무사로 구성된 한국세무사회가 엄격하고 공정하게 자격시험을 실시하여 그 능력을 등급으로 부여함으로써, 전산세무회계의 실무처리능력을 보유한 전문 인력을 양성할 수 있도록 자격증 제도를 시행하고 있습니다. 또한, 학교의 세무회계 교육방향을 제시하여 인재를 양성시키도록 하고, 기업체에는 실무능력을 갖춘 인재를 공급하여 취업의 기회를 부여하며, 평생교육을 통한 우수한 전문 인력 양성에 그 목적을 두고 있습니다.

2011년 이후 국제회계기준의 의무도입으로 인해 대한민국의 회계환경도 많은 변화를 가져왔습니다. 기존에 적용하던 기업회계기준서 대신 상장기업은 한국채택국제회계기준(K-IFRS)을 적용하도록 바뀌고, 비상장기업은 일반기업회계기준을 적용하도록 변경되었습니다.

2014년 회계연도부터 비상장기업 중 외부감사를 받지 않는 중소기업의 경우에는 현행 일반기업회계기준 대신 간편법에 의한 회계처리규정을 적용할 수 있는데, 2013년 2월 1일 제정된 이 기준을 중소기업회계기준이라 부릅니다. 다만, 중소기업이라도 중소기업회계기준을 적용하지 않고 일반기업회계기준을 적용하는 것은 인정됩니다.

한국세무사회 전산회계·전산세무 자격시험은 일반기업회계기준으로 시험 출제를 하고 있으며, 2013년부터 국가공인 전산세무회계자격시험의 프로그램은 한국세무사회가 직접 소유하고 있는 KcLep(케이렙)으로 진행되고 있습니다.

최근 출제의 경향을 분석한 결과 이론적 체계 없이는 합격할 수 없으므로, 과거의 방식대로 암기식, 요약식의 시험대비는 자격 취득 실패의 쓴맛을 보게 될 것입니다. 본 서 전산회계 1급은 회계이론을 기초로 최적화된 이론정리로 시간을 절약하여 이론을 체계적으로 정립할 수 있도록 집필하였습니다. 이론을 체계적으로 정리 후 실기연습에 할애하여 학습하는 것이 가장 바람직하다고 생각합니다.

전산회계 1급

본 서의 특징은 다음과 같습니다.

1. 기출문제 완벽 분석에 의한 체계적·효율적 이론정리 및 실전테스트
2. 완벽한 시험대비를 위한 단원별 평가문제 제공
3. 전산실무시험 대비 단원별 집중심화연습 제공
4. 최근경향대비 모의고사 및 최신기출문제 제공

본 교재를 통하여 전산세무회계 자격증을 취득하고자 하는 많은 분들에게 빠른 합격과 실무능력 향상을 한꺼번에 이루시길 바라며, 교재의 부족한 부분은 계속 노력하여 채워나갈 것을 약속드립니다. 또한 교재에 대한 질문 및 오류 부분은 도서출판 배움 홈페이지(www.bobook.co.kr) [질문과 답변]에 남겨주시면 성실히 답변을 드리도록 하겠습니다.

본 교재를 출간할 수 있도록 도와주신 도서출판 배움 박성준 대표님과 기타 관계자분들께 감사드리며 교재 출간 계획 및 집필에 많은 조언과 신경을 쓰셨던 고인 조윤준교수님께 감사의 말씀을 드리며 삼가 고인의 명복을 빕니다.

2025. 01 황향숙

Contents

실무이론편

PART 01 전표관리 및 결산관리 (NCS 0203020201_23v6 적격증빙관리/ 0203020102_20v4 자금관리/0203020202_20v5 결산관리)

CHAPTER 01 회계의 개념과 순환과정 21
    1. 회계이론 21
    2. 재무제표 23
    3. 재무회계의 개념체계 28
    4. 회계의 순환과정 31
    단원평가(실무이론) 35

CHAPTER 02 당좌자산 40
    1. 현금및현금성자산 40
    2. 단기투자자산 43
    3. 매출채권 46
    4. 기타채권 52
    단원평가(실무분개) 56
    단원평가(실무이론) 62

CHAPTER 03 재고자산 68
    1. 재고자산의 의의와 종류 68
    2. 재고자산의 취득원가 68
    3. 기말재고자산에 포함할 항목 69
    4. 상품매매에 관한 등식 70
    5. 원가흐름에 의한 재고자산 평가 71
    6. 재고자산감모손실 74
    7. 재고자산평가손실 74
    8. 소모품의 기말평가 75
    단원평가(실무분개) 76
    단원평가(실무이론) 78

CHAPTER 04 투자자산 83
    1. 비유동자산 83
    2. 투자자산 83
    단원평가(실무분개/실무이론) 87

CHAPTER 05 유형자산 90
    1. 유형자산의 의의 및 종류 90
    2. 유형자산의 취득원가 90
    3. 유형자산 취득의 유형별 회계처리 91
    4. 유형자산의 취득 후 지출 93
    5. 유형자산 감가상각 94
    6. 유형자산의 손상차손 및 인식 이후의 측정 97

	7. 유형자산의 처분	97
	단원평가(실무분개)	99
	단원평가(실무이론)	102

CHAPTER 06 무형자산 — 106

	1. 무형자산의 의의 및 종류	106
	2. 무형자산의 취득원가	109
	3. 무형자산의 상각 및 손상차손	110
	4. 무형자산의 처분	111
	단원평가(실무분개/실무이론)	112

CHAPTER 07 기타비유동자산 — 114

	단원평가(실무분개/실무이론)	115

CHAPTER 08 부채 — 116

	1. 부채의 개념	116
	2. 유동부채	116
	3. 비유동부채	122
	단원평가(실무분개)	128
	단원평가(실무이론)	132

CHAPTER 09 자본 — 135

	1. 자본의 개념과 분류	135
	2. 자본금	137
	3. 자본잉여금	138
	4. 자본조정	140
	5. 기타포괄손익누계액	142
	6. 이익잉여금	143
	7. 이익잉여금의 처분	143
	단원평가(실무분개)	146
	단원평가(실무이론)	150

CHAPTER 10 수익과 비용 — 154

	1. 수익의 의의	154
	2. 수익의 인식기준	156
	3. 비용의 의의	158
	4. 비용의 인식기준	162
	5. 손익계산서 계산구조	162
	6. 외화채권·채무 평가	163
	단원평가(실무분개)	164
	단원평가(실무이론)	169

Contents

PART 02　원가회계 (NCS 0203020103_20v4 원가계산)

CHAPTER 01　원가회계의 개념　　175
1. 원가회계의 개념　　175
2. 원가회계의 목적　　175
3. 원가의 개념 및 비용과의 관계　　175
4. 원가의 분류　　176
5. 원가의 구성　　181
6. 원가계산의 절차　　181
단원평가(실무이론)　　182

CHAPTER 02　제조업의 원가흐름　　186
1. 제조기업의 원가계산 흐름　　186
2. 재료비　　187
3. 노무비　　188
4. 제조경비　　189
5. 재공품　　191
6. 제품　　192
7. 제조원가의 회계처리　　192
8. 제조원가명세서　　194
단원평가(실무이론)　　195

CHAPTER 03　원가의 배분　　200
1. 원가배분　　200
2. 제조간접비 배부　　201
단원평가(실무이론)　　206

CHAPTER 04　부문별 원가계산　　209
1. 부문별 원가계산의 기초　　209
2. 부문별 원가계산의 절차　　209
3. 부문공통비의 배부　　209
4. 보조부문비의 배부기준 및 방법　　210
5. 원가행태에 따른 보조부문비의 배부　　214
단원평가(실무이론)　　215

CHAPTER 05　제품별 원가계산　　218
1. 개별원가계산　　218
2. 종합원가계산　　220
3. 공손품, 작업폐물, 부산물의 구분　　226
단원평가(실무이론)　　227

PART 03 부가가치세 (NCS 0203020205_23v6 부가가치세 신고)

CHAPTER 01 부가가치세의 기본개념 — 233
1. 부가가치세의 의의 — 233
2. 부가가치세의 특징 — 233
3. 부가가치세의 계산(전단계세액공제법) — 234
4. 납세의무자 — 235
5. 사업자등록 — 236
6. 과세기간 — 237
7. 납세지(사업장) — 238
단원평가(실무이론) — 241

CHAPTER 02 과세거래 — 243
1. 재화의 공급 — 243
2. 용역의 공급 — 247
3. 부수재화 또는 용역 — 248
4. 재화의 수입 — 249
5. 공급시기(= 거래시기)와 공급장소 — 249
단원평가(실무이론) — 252

CHAPTER 03 영세율과 면세 — 254
1. 영세율 — 254
2. 면세 — 256
3. 영세율과 면세의 비교 — 258
단원평가(실무이론) — 259

CHAPTER 04 거래징수와 세금계산서 — 261
1. 거래징수 — 261
2. 세금계산서 — 261
3. 전자세금계산서 — 262
4. 매입자발행세금계산서 — 263
5. 수입세금계산서 — 263
6. 세금계산서의 발급·발급시기 — 263
7. 세금계산서의 수정 — 265
8. 영수증 — 265
단원평가(실무이론) — 267

CHAPTER 05 과세표준과 납부세액 — 270
1. 부가가치세의 계산구조 — 270
2. 과세표준(= 공급가액)과 매출세액 — 270
3. 세율 — 275

Contents

	4. 매입세액공제와 납부세액의 계산	275
	5. 차가감납부(환급)할 세액의 계산	279
	단원평가(실무이론)	280
CHAPTER 06 부가가치세 신고 · 납부절차		284
	1. 부가가치세 신고 · 납부	284
	2. 환급	285
	단원평가(실무이론)	286

PART 04 보론

CHAPTER 01 재무비율분석(NCS 0203020106_20v4)		289
CHAPTER 02 비영리회계(NCS 0203020109_20v4)		294

전산실무편

PART 01 실무프로그램의 시작

CHAPTER 01 실무프로그램의 시작		302

PART 02 회계정보시스템운용 (NCS 0203020105_20v4 회계정보시스템운용)

CHAPTER 01 회사등록		308
	집중 심화연습	313
CHAPTER 02 환경등록		314
	집중 심화연습	317
CHAPTER 03 거래처등록		318
	집중 심화연습	324
CHAPTER 04 계정과목 및 적요등록		325
	집중 심화연습	327
CHAPTER 05 전기이월작업		328
	1. 전기분 재무상태표	329
	2. 전기분 원가명세서	333
	3. 전기분 손익계산서	336

4. 전기분 이익잉여금처분계산서	339
5. 거래처별 초기이월	342
집중 심화연습	345

PART 03 　전표관리　(NCS 0203020201_23v6 적격증빙관리)

CHAPTER 01 일반전표입력　　348

1. 일반전표입력	349
2. 신규거래처 등록	356
3. 유형별 분개 연습하기	358
집중 심화연습	373

CHAPTER 02 매입매출전표입력　　377

1. 매입매출전표입력	378
2. 매출유형별 실무프로세스	382
3. 매입유형별 실무프로세스	409
집중 심화연습	435

CHAPTER 03 부가가치세신고서 및 부속서류 작성　　439

1. 매입매출장	439
2. 세금계산서(계산서)현황	441
3. 세금계산서합계표	441
4. 부가가치세신고서	443

CHAPTER 04 전표입력 오류수정　　448

집중 심화연습	448

PART 04 　결산관리　(NCS 0203020202_20v5 결산관리)

CHAPTER 01 고정자산등록 및 감가상각　　452

1. 감가상각	452
2. 고정자산등록	452
3. 미상각분감가상각비	457
4. 양도자산감가상각비	457
5. 고정자산관리대장	457

CHAPTER 02 결산프로세스　　458

1. KcLep 결산프로세스(법인기업)	458
2. 수동결산 실무	459
3. 자동결산 실무	459

CHAPTER 03 재무제표 작성 ... 470
  1. 제조원가명세서 ... 470
  2. 손익계산서 ... 471
  3. 이익잉여금처분계산서 ... 472
  4. 재무상태표 ... 474
  5. 합계잔액시산표 ... 475
  집중 심화연습 ... 476

PART 05 회계정보분석 (NCS 0203020105_20v4 회계정보시스템운용)

CHAPTER 01 장부조회 ... 480
  1. 거래처원장 ... 480
  2. 거래처별계정과목별원장 ... 481
  3. 계정별원장 ... 481
  4. 현금출납장 ... 482
  5. 일계표(월계표) ... 482
  6. 총계정원장 ... 484
  7. 분개장 ... 484
  집중 심화연습 ... 485

최신기출문제 & 해답

PART 01 최신기출문제(117회 ~ 108회) ... 490

PART 02 집중심화연습 해답 ... 584

PART 03 기출문제 해답 ... 618

시험안내 및 출제기준

1. 2025년 국가공인 전산세무회계 자격시험 일정

종목 및 등급	회차	원서접수	장소공고	시험일자	발표
전산세무 1, 2급 전산회계 1, 2급	제118회	01.02 ~ 01.08	02.03 ~ 02.09	02.09(일)	02.27(목)
	제119회	03.06 ~ 03.12	03.31 ~ 04.05	04.05(토)	04.24(목)
	제120회	05.02 ~ 05.08	06.02 ~ 06.07	06.07(토)	06.26(목)
	제121회	07.03 ~ 07.09	07.28 ~ 08.02	08.02(토)	08.21(목)
	제122회	08.28 ~ 09.03	09.22 ~ 09.28	09.28(일)	10.23(목)
	제123회	10.30 ~ 11.05	12.01 ~ 12.06	12.06(토)	12.24(수)

2. 시험시간

등급	전산세무 1급	전산세무 2급	전산회계 1급	전산회계 2급
시험시간	15:00 ~ 16:30	12:30 ~ 14:00	15:00 ~ 16:00	12:30 ~ 13:30
	90분	90분	60분	60분

3. 응시자격기준 및 응시원서 접수방법

응시자격은 제한이 없다. 다만, 부정행위자는 해당 시험을 중지 또는 무효로 하며 이후 2년간 시험에 응시할 수 없다. 각 회차별 접수기간 중 한국세무사회 홈페이지(http://license.kacpta.or.kr)로 접속하여 단체 및 개인별 접수(회원가입 및 사진등록)한다. 궁금한 사항은 홈페이지를 참고하거나 전화(02-521-8398~9)로 문의할 수 있다.

4. 합격자 결정기준

100점 만점에 이론과 실기를 합해서 70점 이상이 되면 합격한다.

5. 시험출제기준(현행 세법과 일반기업회계기준을 중심으로 출제함)

등급	시험방법	시험과목	평가비율	제한시간	출제방법
전산회계 1급	이론시험	• 회계원리(15%), 원가회계(10%), 세무회계(5%)	30%	60분	**이론시험** 객관식 4지선다형 **실무시험** 전산회계프로그램을 이용한 실기시험
	실무시험	• 기초정보 등록 및 수정(15%) • 거래자료 입력(30%) • 부가가치세(15%) • 입력자료 및 제장부 조회(10%)	70%		

※ 각 구분별 ±10% 이내에서 범위를 조정할 수 있으며, 전산회계 1급은 전산회계 2급의 내용을 포함한다.

시험당일 수험요령

전산세무회계자격시험은 컴퓨터에 수험용 프로그램(KcLep)이 설치된 상태에서, 수험자가 직접 배부받은 답안매체(USB메모리) 내의 문제 데이터프로그램(Tax.exe)을 설치하고, **본인 스스로 프로그램 사용법 및 세무회계 지식을 기반으로 제한된 시간 내에 문제를 풀어서 입력**하고, 시험 종료시 본인의 입력 자료를 답안매체에 수록하여 제출하여야 합니다.

① USB 수령	▪ 감독관으로부터 시험에 필요한 응시종목별 기초백데이타 설치용 USB를 지급받는다. ▪ USB 꼬리표가 본인 응시종목인지 확인하고, 뒷면에 수험정보를 정확히 기재한다.
② USB 설치	(1) USB를 컴퓨터에 정확히 꽂은 후, 인식된 해당 USB드라이브로 이동한다. (2) USB드라이브에서 기초백데이타설치프로그램인 'Tax.exe(Tax)' 파일을 실행시킨다. [주의] USB는 처음 설치이후, **시험 중 수험자 임의로 절대 재설치(초기화)하지 말 것.**
③ 수험정보입력	▪ **[수험번호(8자리)] – [성명]**을 정확히 입력한 후 [설치]버튼을 클릭한다. ＊ 처음 입력한 수험정보는 이후 절대 수정이 불가하니 정확히 입력할 것.
④ 시험지 수령	▪ 시험지가 본인의 응시종목(급수)인지 여부와 문제유형(A 또는 B)을 확인한다. ▪ 문제유형(A 또는 B)을 프로그램에 입력한다. ▪ 시험지의 총 페이지수를 확인한다. ▪ 급수와 페이지수를 확인하지 않은 것에 대한 책임은 수험자에게 있음.
⑤ 시험시작	▪ 감독관이 불러주는 '**감독관확인번호**'를 정확히 입력하고, 시험에 응시한다.
(시험을 마치면) ⑥ USB 저장	(1) **이론문제의 답**은 메인화면에서 이론문제 답안작성 을 클릭하여 입력한다. (2) **실무문제의 답**은 문항별 요구사항을 수험자가 파악하여 각 메뉴에 입력한다. (3) 이론과 실무문제의 **답을 모두입력한 후** 답안저장(USB로 저장) 을 클릭하여 저장한다. (4) **저장완료** 메시지를 확인한다.
⑦ USB제출	▪ 답안이 수록된 USB메모리를 빼서, 〈감독관〉에게 제출 후 조용히 퇴실한다.

▶ 본 자격시험은 전산프로그램을 이용한 자격시험입니다. 컴퓨터의 사양에 따라 전산진행속도가 느려질 수도 있으므로 전산프로그램의 진행속도를 고려하여 입력해주시기 바랍니다.
▶ 수험번호나 성명 등을 잘못 입력했거나, 답안을 USB에 저장하지 않음으로써 발생하는 일체의 불이익과 책임은 수험자 본인에게 있습니다.
▶ 타인의 답안을 자신의 답안으로 부정 복사한 경우 해당 관련자는 모두 불합격 처리됩니다.
▶ PC, 프로그램 등 조작미숙으로 시험이 불가능하다고 판단될 경우 불합격처리 될 수 있습니다.

KcLep(케이렙) 프로그램 설치 방법

1. 한국세무사회 자격시험 홈페이지 사이트(http://license.kacpta.or.kr/) 접속

KcLep(케이렙) 수험용 프로그램을 설치를 위해 먼저 인터넷을 통해 프로그램을 다운 받아야 한다.

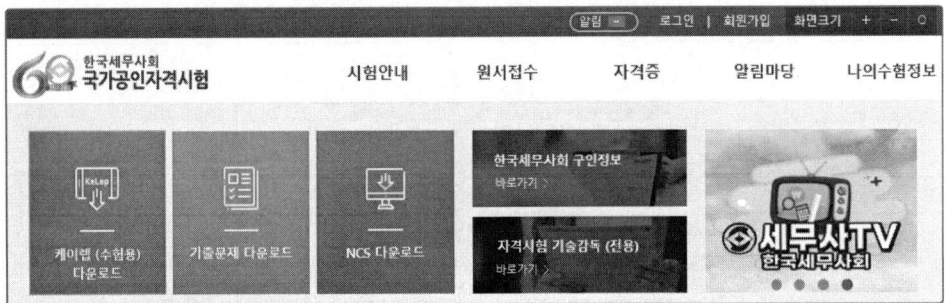

2. 수험용 프로그램 설치

KcLep(케이렙) 프로그램을 다운 받으면 아이콘()이 나타내며, 이를 더블클릭하고 "실행(R)" 버튼을 눌러 프로그램을 설치한다. (버전에 따라 아이콘 모양은 바뀔 수 있다.)

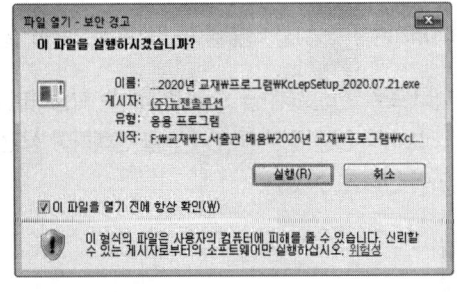 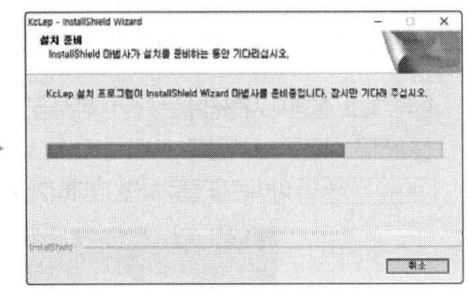

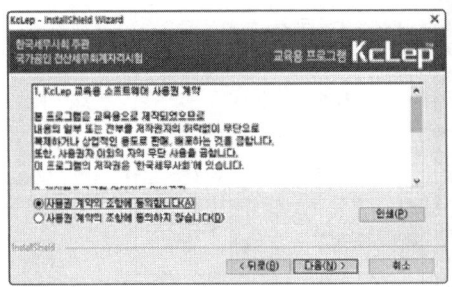

"사용권 계약의 조항에 동의합니다(A)"에 체크 후 "다음(N)"을 클릭한다. 사용권 계약에 동의하면 아래와 같이 파일을 설치할 폴더를 선택하는 화면이 나타나며, "다음(N)"을 클릭한다.

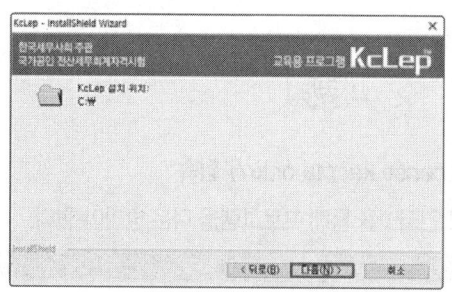 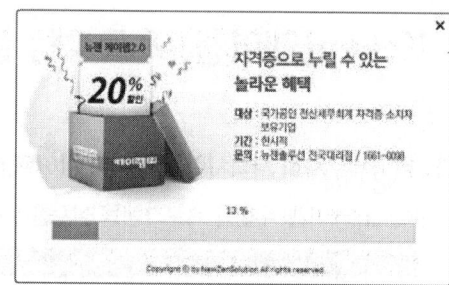

설치 완료 화면에서 "확인"을 클릭하며, 바탕화면에 바로가기 아이콘()이 생성된다.

3. KcLep(케이렙) 프로그램 실행하기

KcLep(케이렙) 프로그램 설치가 끝난 후 바탕화면의 아이콘()을 더블클릭하여 프로그램을 실행한다. 최초 실행시 사용급수는 "전산세무1급"으로 나타나므로 "전산회계1급"으로 변경하여 학습하며 최신버전을 확인한다. 백업데이터를 설치 후 회사코드가 보이지 않는 경우 회사등록 을 선택하여 상단의 F4 회사코드재생성 아이콘을 클릭하면 데이터가 재설치 되어 연습할 수 있다.

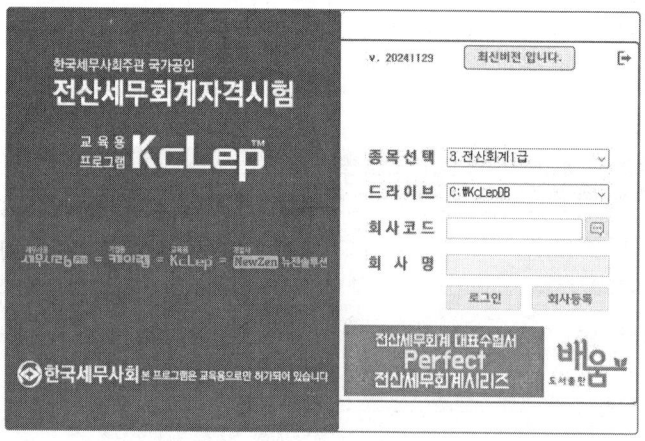

전산회계 **1**급

PART **01** 전표관리 및 결산관리
PART **02** 원가회계
PART **03** 부가가치세
PART **04** 보론

실무이론

**Perfect
전산회계 1급**
www.bobook.co.kr

PART 01

전표관리 및 결산관리

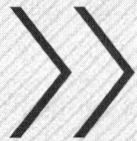

CHAPTER 01 회계의 개념과 순환과정
CHAPTER 02 당좌자산
CHAPTER 03 재고자산
CHAPTER 04 투자자산
CHAPTER 05 유형자산
CHAPTER 06 무형자산
CHAPTER 07 기타비유동자산
CHAPTER 08 부채
CHAPTER 09 자본
CHAPTER 10 수익과 비용

실무이론

직무명	분류번호	능력단위명	수준	능력단위요소
세무	0203020201_23v6	적격증빙관리	2	1 적격증빙별 거래인식하기 2 전표 처리하기 3 적격증빙 서류관리하기

능력단위정의	적격증빙관리란 적격증빙별 거래를 인식하고, 관련전표와 증빙서류를 처리 및 관리하는 능력이다.

NCS 능력단위	능력단위요소	수 행 준 거
0203020201_23v6 적격증빙관리	0203020201_23v6.1 적격증빙별 거래인식하기	1.1 거래별로 세금계산서발급대상 거래와 영수증대상 거래를 구별하고 관리할 수 있다. 1.2 적격증빙별 거래를 구분하여 인식하고 지출증명서류합계표를 작성하여 관리할 수 있다. 1.3 적격증빙별 거래를 구분하여 인식하고 적격증빙이 아닌 경우 영수증수취명세서를 작성하여 관리할 수 있다.
	0203020201_23v6.2 전표 처리하기	2.1 회계상 거래를 부가가치세신고 여부에 따라 일반전표와 매입매출전표로 구분할 수 있다. 2.2 부가가치세신고와 관련이 없는 회계상 거래를 일반전표에 처리할 수 있다. 2.3 부가가치세신고와 관련이 있는 회계상 거래를 매입매출전표에 처리할 수 있다.
	0203020201_23v6.3 적격증빙 서류관리하기	3.1 발생한 거래에 따라 관련 서류 등을 확인하여 증빙여부를 검토할 수 있다. 3.2 발생한 거래에 따라 관련 규정을 준수하여 증빙서류를 구분 대조할 수 있다. 3.3 증빙서류 관련 규정에 따라 제 증빙서류를 보관·관리할 수 있다. 3.4 업무용승용차관련 거래를 인식하고 차량별로 운행일지를 관리할 수 있다.

직무명	분류번호	능력단위명	수준	능력단위요소
회계·감사	0203020102_20v4	자금관리	2	1 현금시재관리하기 2 예금관리하기 3 법인카드관리하기 4 어음·수표 관리하기

능력단위정의	자금관리란 기업 및 조직의 자금을 관리하기 위하여 회계관련규정에 따라 자금인 현금, 예금, 법인카드, 어음·수표를 관리하는 능력이다.

NCS 능력단위	능력단위요소	수 행 준 거
0203020102_20v4 자금관리	0203020102_20v4.1 현금시재관리하기	1.1 회계관련규정에 따라 현금 입출금을 관리할 수 있다. 1.2 회계관련규정에 따라 소액현금 업무를 처리할 수 있다. 1.3 회계관련규정에 따라 입·출금전표 및 현금출납부를 작성할 수 있다. 1.4 회계관련규정에 따라 현금 시재를 일치시키는 작업을 할 수 있다.
	0203020102_20v4.2 예금관리하기	2.1 회계관련규정에 따라 예·적금 업무를 처리할 수 있다. 2.2 자금운용을 위한 예·적금 계좌를 예치기관별·종류별로 구분·관리할 수 있다. 2.3 은행업무시간 종료 후 회계관련규정에 따라 은행잔고를 확인할 수 있다. 2.4 은행잔고의 차이 발생 시 그 원인을 규명할 수 있다.
	0203020102_20v4.3 법인카드관리하기	3.1 회계관련규정에 따라 금융기관에 법인카드를 신청할 수 있다. 3.2 회계관련규정에 따라 법인카드 관리대장 작성 업무를 처리할 수 있다. 3.3 법인카드의 사용범위를 파악하고 결제일 이전에 대금이 정산될 수 있도록 회계처리할 수 있다.
	0203020102_20v4.4 어음·수표 관리하기	4.1 관련규정에 따라 수령한 어음·수표의 예치 업무를 할 수 있다. 4.2 관련규정에 따라 어음·수표를 발행·수령할 때 회계처리할 수 있다. 4.3 관련규정에 따라 어음관리대장에 기록하여 관리할 수 있다. 4.4 관련규정에 따라 어음·수표의 분실 처리 업무를 할 수 있다.

직무명	분류번호	능력단위명	수준	능력단위요소
세무	0203020202_20v5	결산관리	2	1 손익계정 마감하기 2 자산·부채계정 마감하기 3 재무제표 작성하기

능력단위정의	결산관리란 회계기간의 수익, 비용을 확정하여 경영성과를 파악하고, 결산일 현재의 자산, 부채, 자본을 측정·평가하고 재무상태를 파악하여 재무제표를 작성하는 능력이다.

NCS 능력단위	능력단위요소	수 행 준 거
0203020202_20v5 결산관리	0203020202_20v5.1 손익계정 마감하기	1.1 회계관련규정 및 세법에 따라 손익 관련 제반서류를 준비할 수 있다. 1.2 손익계정에 관한 결산정리사항을 분개할 수 있다. 1.3 손익 관련 계정과목의 오류를 수정할 수 있다. 1.4 법인세, 소득세 신고 관련 사항을 분개할 수 있다.
	0203020202_20v5.2 자산·부채계정 마감하기	2.1 회계관련규정 및 세법에 따라 자산·부채 관련 제반서류를 준비할 수 있다. 2.2 자산·부채계정에 관한 결산정리사항을 분개할 수 있다. 2.3 자산·부채 관련 계정과목의 오류를 수정할 수 있다. 2.4 부가가치세 신고 관련 사항을 분개할 수 있다.
	0203020202_20v5.3 재무제표 작성하기	3.1 회계관련규정에 따라 재무상태표를 작성할 수 있다. 3.2 회계관련규정에 따라 손익계산서를 작성할 수 있다. 3.3 회계관련규정에 따라 자본변동표를 작성할 수 있다. 3.4 회계관련규정에 따라 이익잉여금처분계산서를 작성할 수 있다.

CHAPTER 01 회계의 개념과 순환과정

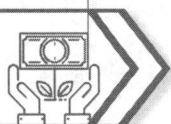

1. 회계이론

1 회계의 정의

회계란 기업의 경제적 활동에 대한 정보를 인식, 측정, 기록하여 회계정보의 이용자가 합리적인 판단과 의사결정을 할 수 있도록 기업의 경영활동 성과와 재정상태의 변동 상황을 화폐단위로 파악하여 그 결과를 기업의 이해관계자에게 전달하는 과정이라고 할 수 있다.

정보이용자란 경영자를 비롯하여 주주, 종업원, 채권자, 투자자 등 다양한 이해관계자를 말하는 것이고, 합리적인 의사결정이란 기업에 대한 정보를 통하여 그 회사의 장래를 예측함으로써 투자자의 경우는 그 회사의 주식을 살 것인지, 채권자의 경우는 그 회사에 돈을 빌려 줄 것인지의 여부를 결정하는 것이다.

이해관계자는 재무제표 및 기타재무보고수단으로 경제적 의사결정에 이용한다.

2 회계의 목적

회계의 목적은 **다양한 이해관계자의 의사결정에 유용한 회계정보를 제공하는 것이다.** 즉, 회계는 회계정보의 이용자가 그 기업과 관련하여 합리적인 의사결정(투자 또는 거래)을 할 수 있도록 재무상의 자료를 객관화된 회계원칙에 따라 처리하여 유용하고 적정한 정보를 제공 하는 것을 목적으로 한다.

[회계정보이용자(이해관계자)]
① 내부정보이용자 : 경영자, 종업원 등
② 외부정보이용자 : 투자자, 채권자, 거래처, 정부기관, 일반대중 등

[재무회계 목적]
① 투자 및 신용의사결정에 유용한 정보의 제공
② 미래 현금흐름 예측에 유용한 정보의 제공
③ 재무상태, 경영성과, 현금흐름 및 자본변동표에 관한 정보의 제공
④ 경영자의 수탁책임평가에 유용한 정보의 제공

3 회계의 분류

구 분	재무회계	관리회계	세무회계
목적	외부보고	내부보고	외부보고
회계이용자	주주 · 채권자 등 외부이해관계자	경영자 등 내부이해관계자	과세당국
보고서	재무제표	일정한 양식이 없음	세법에 의한 서식
작성기준	기업회계기준	일정한 기준이 없음	세법기준
정보의 성격	과거지향적	미래지향적	과거지향적
보고시기	정기적보고	수시보고	정기적보고

4 부기의 의의 및 종류

(1) 부기의 의의

부기(bookkeeping)란 '장부기입'의 준말로, 재무회계의 최종목표가 되는 재무제표를 작성하는 과정에서 회계기록의 대상이 되는 거래를 식별하고 분류 · 요약하는 일련의 기술적인 절차이다.

(2) 부기의 종류

① 기록 · 계산하는 방법에 따른 분류

구 분	내 용
단식부기	일정한 원리 원칙 없이 현금수지와 채권, 채무만 기록 · 계산하는 기장방법으로서 자기검증기능이 없고 주로 비영리기업에서 사용된다.
복식부기	일정한 원리 원칙에 의하여 재산의 증감은 물론 손익의 발생원천을 원인별로 기록 · 계산하는 기장방법으로서 자기검증기능이 있고 주로 영리기업에서 사용한다.

② 이용자의 목적에 따른 분류

구 분	내 용
영리부기	영리를 목적으로 하는 기업에서 사용하는 회계로 상업부기, 공업부기 등이 있고 주로 복식부기를 이용한다.
비영리부기	영리를 목적으로 하지 않는 가계, 단체(기관) 등에서 사용하는 회계로 가계부기, 학교부기, 재단부기 등이 있고 주로 단식부기를 이용한다.

2. 재무제표

1 재무제표

기업실체가 외부의 정보이용자에게 재무정보를 전달하는 수단을 말한다.

재무상태표	일정시점의 재무상태 표시에 대한 정보를 제공(정태적보고서)
손익계산서	일정기간의 경영성과 표시에 대한 정보를 제공(동태적보고서)
자본변동표	일정기간의 자본의 크기와 그 변동에 관한 정보를 제공
현금흐름표	일정기간 동안 기업의 현금유입과 현금유출에 대한 정보를 제공(현금주의 작성)
주석	재무제표의 보고상의 한계를 보완하기 위하여 별지에 추가(부연)적인 정보를 제공

2 재무상태표(Statement of Financial Position : F/P)

재무상태표란 **일정시점의 기업의 재무상태를 보여주는 보고서**로서 보고기간 종료일 현재 기업이 보유하고 있는 자산, 부채, 자본을 보여주는 정태적 보고서이다.

재무상태표
2025년 12월 31일 현재
기업명 (단위 : 원)

계정과목	금액	계정과목	금액
자 산	100	부 채	60
		자 본	40
합 계	100	합 계	100

■ 재무상태표 등식
자산 = 부채 + 자본

■ 자산(자기자본 + 타인자본)
기업이 소유하고 있는 여러 가지 재화와 채권으로 경제적 효익을 창출할 것으로 기대되는 자원

■ 부채(타인자본)
과거의 거래나 사건의 결과로 미래에 자원의 유출 또는 사용이 예상되는 의무

■ 자본(자기자본)
자산 총액에서 부채 총액을 차감한 잔여지분

(1) 재무상태표 작성기준

항목의 구분과 통합표시	① 자산, 부채, 자본 중 중요한 항목은 재무상태표 본문에 별도 항목으로 구분하여 표시한다. 중요하지 않은 항목은 성격 또는 기능이 유사한 항목에 통합하여 표시할 수 있으며, 통합할 적절한 항목이 없는 경우에는 기타항목으로 통합할 수 있다. ② 자산, 부채, 자본을 종류별, 성격별로 분류하여 일정한 체계하에 구분표시 한다. ■ 자산 : 유동자산, 비유동자산 ■ 부채 : 유동부채, 비유동부채 ■ 자본 : 자본금, 자본잉여금, 자본조정, 기타포괄손익누계액, 이익잉여금
총액표시	① 자산과 부채는 원칙적으로 상계하여 표시하지 않는다. 다만, 기업이 채권과 채무를 상계할 수 있는 법적 구속력 있는 권리를 가지고 있고, 채권과 채무를 순액기준으로 결제하거나 채권과 채무를 동시에 결제할 의도가 있다면 상계하여 표시한다. ② 매출채권에 대한 대손충당금 등은 해당 자산이나 부채에서 직접 가감하여 표시할 수 있으며, 이는 상계에 해당하지 아니한다.

1년기준	① 자산과 부채는 보고기간 종료일 현재 1년 또는 영업주기를 기준으로 유동과 비유동으로 분류한다. ② 정상적인 영업주기 내에 판매(소멸)되거나 사용되는 재고자산과 회수(지급)되는 매출채권(매입채무) 등은 보고기간 종료일로부터 1년 이내에 실현되지 않더라도 유동자산(유동부채)으로 분류한다.
유동성배열법	자산, 부채는 현금화 가능성이 높은 순서로 배열하는 것이 원칙이다.
잉여금구분	자본거래(자본잉여금)와 손익거래(이익잉여금)를 구분표시 한다.
미결산항목등 표시금지	가지급금, 가수금 등 미결산 계정은 그 내용을 나타내는 적절한 계정으로 표시한다.

(2) 자산(경제적 효익을 창출할 것으로 기대되는 자원 : 적극적재산)

유동 자산	당좌자산	현금및현금성자산, 단기투자자산(단기금융상품, 단기매매증권, 단기대여금), 매출채권(외상매출금, 받을어음), 선급금, 미수금, 선급비용, 미수수익 등
	재고자산	상품, 제품, 재공품, 원재료, 저장품 등
비유동 자산	투자자산	투자부동산, 장기투자증권(매도가능증권, 만기보유증권), 장기금융상품, 장기대여금 등
	유형자산	토지, 건물, 건설중인자산, 기계장치, 차량운반구, 구축물, 비품 등
	무형자산	영업권, 산업재산권(특허권, 상표권 등), 개발비 등
	기타 비유동자산	임차보증금, 장기미수금, 이연법인세자산 등

※ 단기투자자산은 기업이 여유자금의 활용 목적으로 보유하는 단기예금, 단기매매증권, 단기대여금 및 유동자산으로 분류되는 매도가능증권과 만기보유증권 등의 자산을 포함한다.
※ 비유동자산으로 분류되는 매도가능증권과 만기보유증권을 통합하여 장기투자증권으로 표시할 수 있으며 이들의 금액이 중요하지 않은 경우 기타로 공시한다.

(3) 부채(타인에게 제공하여야 할 경제적 의무 : 소극적 재산, 채권자지분)

유동부채	단기차입금, 매입채무(외상매입금, 지급어음), 미지급금, 선수금, 미지급비용 등
비유동부채	사채, 퇴직급여충당부채, 장기차입금 등

(4) 자본(소유주지분·잔여지분, 주주지분, 순자산)

자본금	보통주자본금, 우선주자본금 구분
자본잉여금	주식발행초과금, 감자차익, 자기주식처분이익 등

자본조정	주식할인발행차금, 감자차손, 자기주식, 자기주식처분손실, 미교부주식배당금, 신주청약증거금 등
기타포괄 손익누계액	매도가능증권평가손익, 해외사업환산손익, 위험회피파생상품손익, 재평가잉여금 등
이익잉여금 (또는 결손금)	법정적립금(이익준비금, 기타법정적립금), 임의적립금(사업확장적립금 등), 미처분이익잉여금

3 손익계산서(Income Statement : I/S)

일정기간 동안 기업의 경영성과에 대한 정보를 제공하는 재무보고서로 미래의 현금흐름과 수익창출능력의 예측에 유용한 정보를 제공하는 동태적 보고서이다.

손익계산서
2025년 1월 1일 ~ 2025년 12월 31일
기업명 (단위 : 원)

계정과목	금액	계정과목	금액
비 용	60	수 익	100
순이익	40		
합 계	100	합 계	100

- 손익계산서 등식
  - 총비용 + 당기순이익 = 총수익
  - 총비용 = 총수익 + 당기순손실

- 수익
  기업이 일정기간 동안 경영활동을 수행한 결과로 벌어들이게 되는 경제적 가치

- 비용
  수익을 얻기 위해서 경영활동과정에서 지급하거나 발생하는 경제적가치의 소비를 화폐로 표시하는 것

(1) 손익계산서 작성기준

발생기준	수익과 비용은 그것이 발생한 기간에 정당하게 배분되도록 처리한다.
실현주의	수익은 실현시기를 기준으로 계상한다.
수익·비용 대응원칙	수익은 실현시기에 따라 비용은 관련 수익이 인식된 기간에 인식한다.
총액주의	수익과 비용은 총액으로 기재한다.
구분계산의 원칙	매출총손익, 영업손익, 법인세비용차감전순손익, 당기순손익, 주당순손익으로 구분표시 한다. 단, 제조업, 판매업 및 건설업 외의 업종에 속하는 기업은 매출총손익의 구분표시를 생략할 수 있음.
환급금액표시	대손충당금환입(매출채권)은 판매비와관리비의 부(-)의 금액으로 표시한다.

(2) 수익(상품의 판매나 용역의 제공결과에 따라 받게 될 화폐액)

영업수익	매출액 : 제품, 상품을 판매하고 얻은 대가 ⇨ 제품매출액, 상품매출액(매출할인, 매출환입, 매출에누리 차감) 등
영업외수익	기업의 주된 영업활동이 아닌 활동으로부터 발생한 수익과 차익 ⇨ 이자수익, 단기매매증권처분이익, 유형자산처분이익 등

(3) 비용(수익을 획득하기 위한 과정에서 희생한 경제적 대가)

영업비용	매출원가	제품, 상품 등의 매출액에 대응하는 원가 　상품(제품)매출원가 　= 기초상품(제품)재고액 + 당기매입액(당기제품제조원가) − 기말상품(제품)재고액 　　(당기매입액 : 매입할인, 매입환출, 매입에누리 차감)
	판매비와 관리비	제품, 상품 등의 판매활동과 기업의 관리활동에서 발생하는 비용 ⇨ 급여, 퇴직급여, 복리후생비, 임차료, 통신비, 기업업무추진비, 감가상각비, 광고선전비 등
영업외비용		기업의 주된 영업활동이 아닌 활동으로부터 발생한 비용과 차손 ⇨ 이자비용, 기타의대손상각비, 단기매매증권처분손실, 유형자산처분손실 등
법인세비용		회계기간에 납부하여야 할 법인세액

4 자본변동표

일정기간의 자본의 크기와 그 변동에 관한 정보를 제공하며 자본금, 자본잉여금, 자본조정, 기타포괄손익누계액, 이익잉여금(또는 결손금)의 변동에 대한 포괄적인 정보를 보여주는 재무제표이다.

5 현금흐름표

일정기간 동안 기업의 현금유입과 현금유출에 대한 정보를 제공한다.

영업활동	매입과 매출 및 판매관리에 관련한 활동을 말한다. ⇨ 매출채권, 재고자산, 미수수익, 선급비용, 매입채무, 선수수익, 미지급비용 등
투자활동	영업활동과 관계있는 자산을 제외한 나머지 자산의 증감으로서 공장신축·설비증설 및 처분, 투자회사 지분인수 및 매각, 현금의 대여와 회수활동 등을 말한다.
재무활동	영업활동과 관계있는 부채를 제외한 부채와 자본의 증감으로서 현금의 차입 및 상환활동, 신주발행이나 배당금의 지급활동, 사채 발행과 상환활동 등과 같이 부채 및 자본계정에 영향을 미치는 것을 말한다.

- 직접법 ⇨ 영업활동 관련한 개별항목별로 현금유입과 유출을 표시하는 방법
- 간접법 ⇨ 당기순이익에서 소정항목을 가감하여 영업활동 현금흐름을 표시하는 방법

※ 직접법, 간접법은 영업활동의 작성방법이므로 투자·재무활동은 동일하게 작성된다.

6 주석

재무제표의 보고상의 한계를 보완하기 위하여 사용되는 방법에 주기, 주석, 부속명세서가 있으며, 주석만이 재무제표에 해당한다.

7 재무제표 작성과 표시의 일반원칙

구 분	내 용
계속기업	경영진이 기업을 청산하거나 경영활동을 중단할 의도를 가지고 있지 아니하거나 청산 또는 경영활동의 중단 외에 다른 현실적 대안이 없는 경우가 아니면 계속기업을 전제로 재무제표를 작성한다.
재무제표의 작성 책임과 공정한 표시 및 주석	재무제표의 작성과 표시에 대한 책임은 경영진에 있으며 경제적 사실과 거래의 실질을 반영하여 공정하게 표시하여야 하며, 일반기업회계기준에 의하여 적정하게 작성된 재무제표는 공정하게 표시된 재무제표로 본다.
재무제표 항목의 구분과 통합표시	중요한 항목은 재무제표의 본문이나 주석에 그 내용을 가장 잘 나타낼 수 있도록 구분하여 표시하며, 중요하지 않은 항목은 유사한 항목과 통합하여 표시한다.
비교재무제표의 작성	기간별 비교가능성을 제고하기 위하여 전기 재무제표의 계량정보와 비계량정보를 당기와 비교하는 형식으로 표시한다.
재무제표 항목의 표시와 분류의 계속성	재무제표의 기간별 비교가능성을 제고하기 위하여 재무제표 항목의 표시와 분류는 원칙적으로 매기 동일하여야 한다.
재무제표의 보고양식	재무제표는 이해하기 쉽도록 간단하고 명료하게 표시하여야 하며 일반기업회계기준에 예시된 재무제표의 양식을 참조하여 작성한다. 또한 전기 재무제표의 모든 계량정보를 당기와 비교하는 형식으로 표시한다. [재무제표 기재사항] ① 재무제표 명칭, ② 기업명, ③ 보고기간 종료일 또는 회계기간, ④ 보고통화 및 금액단위

8 재무제표의 특성과 한계

① 재무제표는 화폐단위로 측정된 정보를 주로 제공한다.
② 재무제표는 대부분 과거에 발생한 거래나 사건에 대한 정보를 나타낸다.
③ 재무제표는 추정에 의한 측정치를 포함한다.
④ 재무제표는 특정 기업실체에 관한 정보를 제공하며, 산업 또는 경제전반에 관한 정보를 제공하지는 않는다.

3. 재무회계의 개념체계

재무회계 개념체계란 재무회계에 있어서 기본골격이 되는 것으로 재무제표의 작성과 공시에 기초가 되는 개념을 말한다.

1 재무제표의 기본가정(회계공준)

외부정보이용자에게 기업실체에 관한 재무정보를 전달하는 재무제표는 일정한 가정하에 작성되며, 기업실체, 계속기업, 기간별보고의 가정이 있다.

(1) 기업실체(경제적실체)의 가정

기업실체의 가정이란 기업은 주주와 경영자와는 별개로 존재하는 하나의 독립된 실체라는 것을 말한다. ⇨ 연결재무제표의 작성근거

(2) 계속기업의 가정

계속기업의 가정이란 설립된 기업은 기업이 설립목적과 의무를 이행하기에 충분할 정도로 기업실체가 장기간 존속한다는 것을 말한다. 즉, 기업실체는 그 경영활동을 청산하거나 중대하게 축소시킬 의도가 없을 뿐 아니라 청산을 요구되는 상황도 없다고 가정한다. ⇨ 역사적원가주의 근거

(3) 기간별보고의 가정

기간별 보고의 가정이란 기업실체의 존속기간을 일정한 기간 단위로 분할하여 회계보고서를 기간별로 작성하는 것을 말한다. ⇨ 발생주의 채택근거

2 회계정보의 질적특성

회계정보의 질적특성이란 회계정보를 측정·평가하는 기준이 되는 속성, 회계정보가 유용하기 위해 지녀야 할 속성, 회계정보가 갖추어야 할 질적 속성을 말한다.

주요 질적 특성으로 목적적합성(관련성)과 신뢰성을 두고 있다.

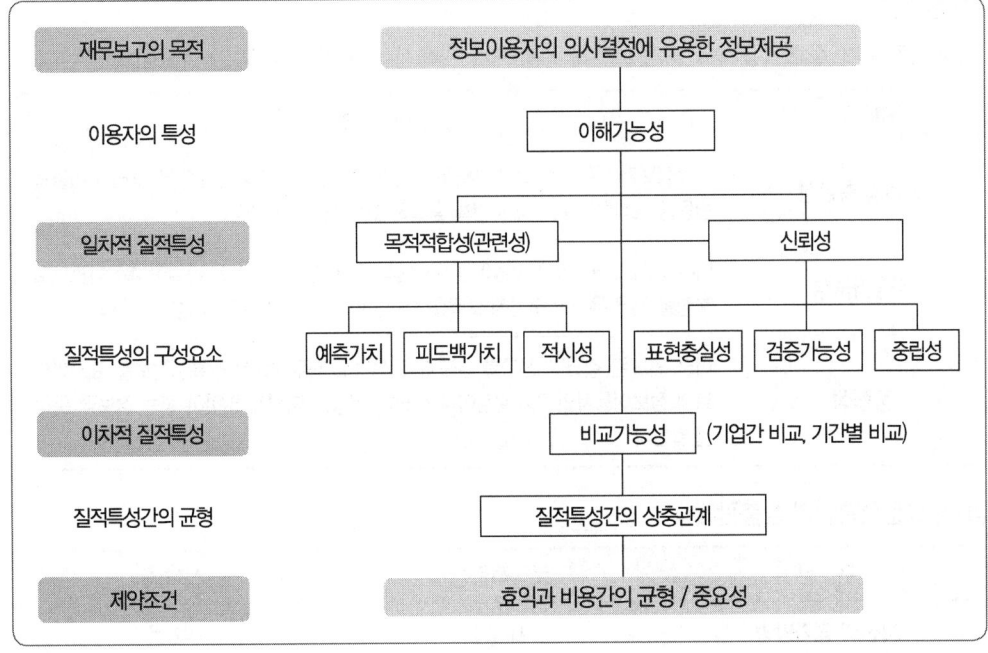

(1) 이해가능성
측정된 회계정보는 정보이용자들이 이해 가능하도록 적정한 방법으로 공시하여야 한다.

(2) 목적적합성(관련성)
목적적합한 재무정보는 정보이용자의 의사결정에 차이가 나도록 할 수 있다. 회계정보가 정보이용자의 의사결정에 유용하기 위해서는 그 정보가 의사결정 목적과 관련되어야 한다.

구 분	내 용
예측가치	정보이용자가 미래의 재무상태, 경영성과, 순현금흐름 등을 예측하는 데에 그 정보가 활용될 수 있는 능력을 말한다.
피드백가치	제공되는 회계정보가 정보이용자의 당초 기대치(예측치)를 확인 또는 수정되게 함으로써 의사결정에 영향을 미칠 수 있는 능력을 말한다.
적시성	회계정보가 정보이용자의 의사결정에 유용하기 위해서는 필요한 시기에 제공되어야 한다. (분기별 및 반기별 재무제표 공시)

(3) 신뢰성

회계정보가 정보이용자의 의사결정에 유용하기 위해서는 신뢰할 수 있는 정보이여야 한다.

구 분	내 용
표현의 충실성	회계정보가 신뢰성을 갖기 위해서는 기업실체의 경제적 자원과 의무, 그리고 이들의 변동을 초래하는 거래나 사건을 충실하게 표현하여야 한다.
검증가능성	다수의 서로 다른 측정자들이 동일한 경제적 사건이나 거래를 동일한 측정방법으로 측정할 경우 유사한 결론에 도달할 수 있어야 한다는 정보의 특성을 말한다.
중립성	미리 의도된 결과나 성과를 유도할 목적으로 재무제표상의 특정정보를 표시함으로써 정보이용자의 의사결정이나 판단에 영향을 미치지 않아야 하는 정보적 특성을 말한다.

(4) 주요질적특성의 상충관계

구 분	목적적합성	신뢰성
자산의 평가방법	시가법	원가법
수익인식방법	진행기준	완성기준
손익인식방법	발생주의	현금주의
정보의 보고시점	분기, 반기재무제표	결산재무제표

(5) 비교가능성

기업간 비교가능성	상이한 기업들의 회계처리방법이 유사할 때 회계정보의 비교가능성이 제고된다는 질적 특성을 말한다. (통일성)
기간별 비교가능성	동일 기업이 동일 종류의 회계사건에 대하여 계속 같은 회계처리방법을 사용하여야 한다는 질적 특성을 말한다. (계속성)

(6) 회계정보의 제약요인

① 비용과 효익 대비(비용≤효익)

질적특성을 갖춘 정보라 하더라도 정보 제공 및 이용에 소요될 사회적 비용이 정보제공 및 이용에 따른 사회적 효익을 초과한다면 그 정보의 제공은 정당화 될 수 없다.

② 중요성

회계정보가 정보이용자의 의사결정에 영향을 미치는 정도로 목적적합성과 신뢰성을 갖춘 항목이라도 중요하지 않다면 반드시 재무제표에 표시되는 것은 아니다. 중요성은 일반적으로 당해 항목의 성격과 금액의 크기에 의해 결정된다. 그러나 어떤 경우에는 **금액의 크기와는 관계없이 정보의 성격 자체만으로도 중요한 정보가 될 수 있다.**

4. 회계의 순환과정

거래 ⇨ 분개(분개장) ⇨ 전기(총계정원장) ⇨ 수정전 시산표 작성 ⇨ 결산수정분개(정산표 작성) ⇨ 수정후 시산표 작성 ⇨ 손익계산서(수익·비용)계정 마감 ⇨ (집합)손익 계정 마감 ⇨ 재무상태표(자산·부채·자본)계정 마감 ⇨ 재무제표 작성

회계의 순환과정이란 회계상 거래가 발생하면 거래를 인식하고 측정하여 회계정보 이용자들에게 제공할 정보의 수단인 재무제표를 작성하기까지의 모든 과정을 말한다.

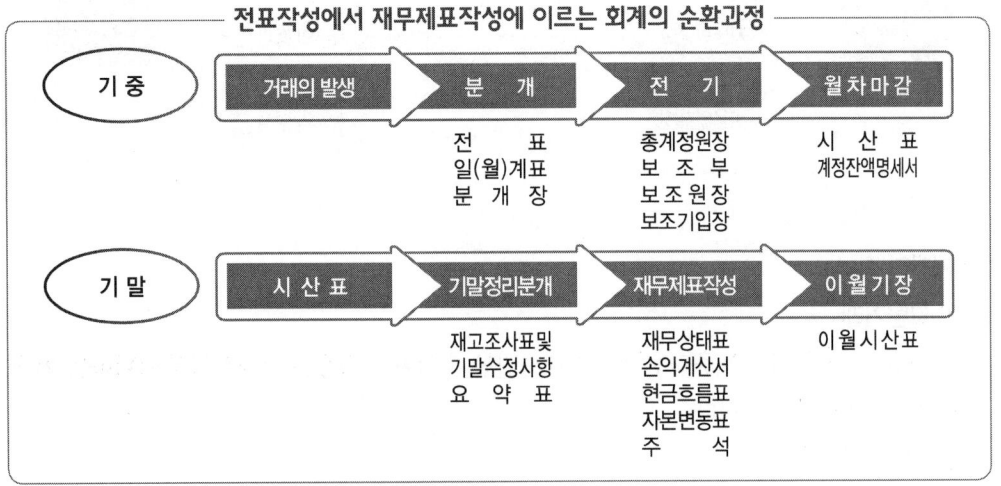

1 회계상 거래

회계상 거래란 기업의 재무상태를 나타내는 자산·부채·자본에 변동 및 경영성과에 수익·비용 발생을 일으키는 모든 사항을 화폐액으로 표시하는 것을 말한다. 차량구입에 대한 계약체결 시 일상적 거래에 해당하나 자산·부채의 변동이 없으므로 회계상 거래는 아니다.

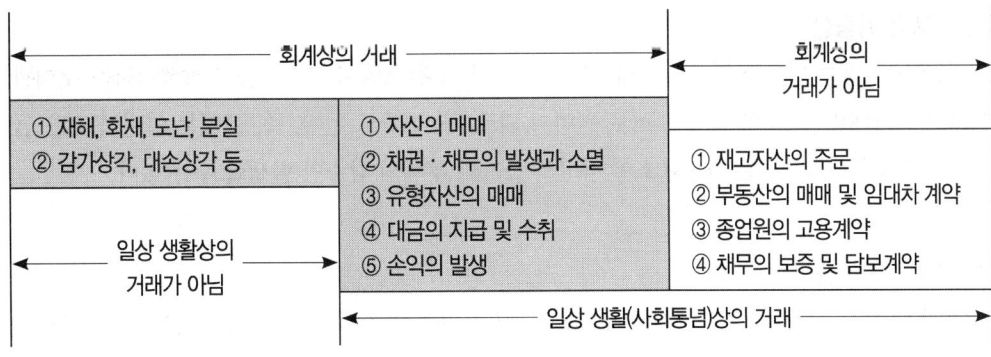

(1) 거래의 8요소

회계상 모든 거래는 왼쪽(차변)요소와 오른쪽(대변)요소가 결합하여 발생한다.

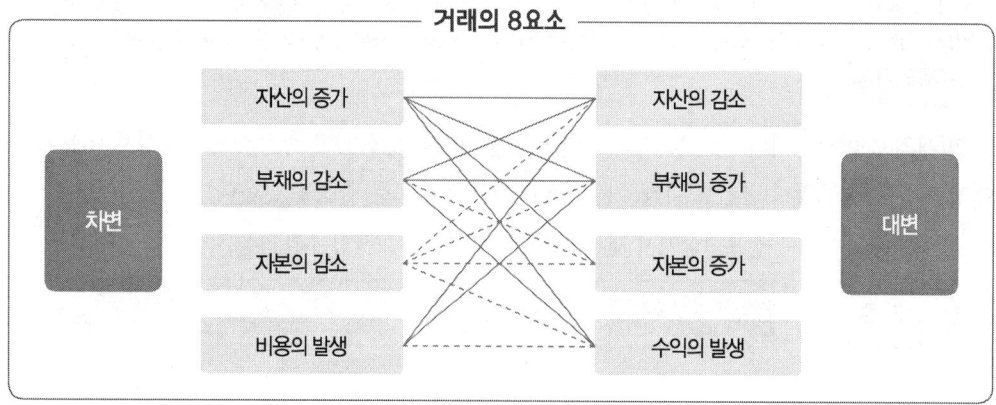

(2) 거래의 종류

① 교환거래

자산·부채·자본의 증감변동을 초래하지만 수익이나 비용은 발생시키지 아니하는 거래로서 자본거래라고도 한다.

② 손익거래

이익의 구성요소로서 수익이나 비용을 발생시키는 거래를 말하며, 수익거래와 비용거래로 구분된다. 수익에서 비용을 차감한 이익은 자본에 반영된다.

③ 혼합거래

교환거래와 손익거래가 동시에 발생하는 거래를 말한다.

(3) 거래의 이중성

회계상 거래는 반드시 자산·부채·자본의 증가 및 감소와 수익·비용의 발생이라는 대립관계로서 나타내며 두 개의 요소는 서로 원인이 되고, 또 결과도 된다. 즉, 거래는 양편에 같은 금액으로 변동한다. ⇨ **같은 차변요소인 자산의 증가와 부채의 감소만 발생할 수는 없다.**

(4) 대차평균의 원리

회계상 모든 거래는 반드시 어떤 계정의 차변과 다른 계정의 대변에 같은 금액을 기입(거래의 이중성)하므로, 아무리 많은 거래가 기입되더라도 계정 전체를 보면 **차변금액의 합계와 대변금액의 합계는 반드시 일치하게 된다는** 원리를 말한다.

2 분개와 전기

(1) 분개
거래 발생 시 자산·부채·자본·수익·비용의 증감변화를 차변요소와 대변요소로 구분하고 이를 기입할 계정과 금액을 결정하는 절차를 말하며, 이를 기록하는 장부를 분개장이라 한다.

(2) 전기
분개를 해당 원장에 옮겨 적는 과정을 말한다. 분개의 차변에 있는 계정을 당해 계정의 차변에 기입하고 대변에 있는 계정을 당해 계정의 대변에 기입하는 것을 말한다.

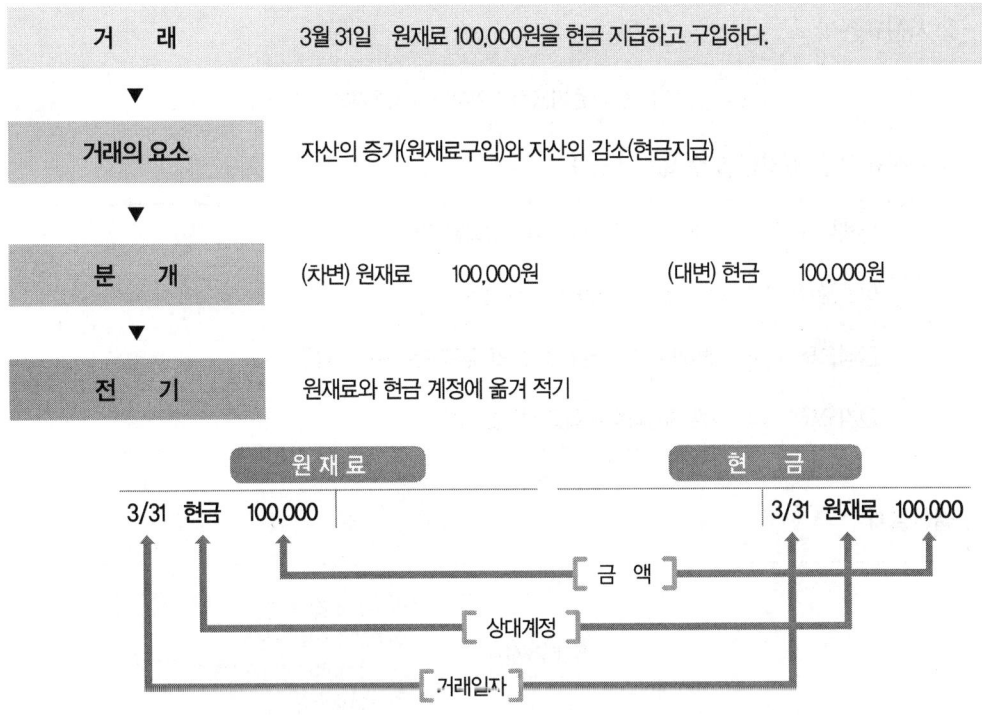

3 장부(books)의 분류

(1) 주요부 : 분개장, 총계정원장

(2) 보조부

보조기입장	매출장, 매입장, 현금·당좌예금출납장, 받을어음·지급어음기입장 등
보조원장	매출처원장, 매입처원장, 상품재고장 등

4 기말(결산)절차

기업의 회계기간이 종료됨에 따라 기간의 경영성과를 측정하고 기말의 재무상태를 명백히 하며 또 장부의 기입내용을 당기와 차기로 명료하게 구별하기 위하여 행하는 절차를 말한다.

(1) 시산표

한 회계기간이 종료하면 총계정원장의 각 계정금액을 집계한 표로 정확히 기록되어 있는가를 확인하기 위해 작성하는 표를 말하며, 결산 전에 작성한 시산표를 수정전 시산표라 한다.

① 시산표의 종류
  ㉠ 합계시산표   ㉡ 잔액시산표   ㉢ 합계잔액시산표

② 시산표등식

> 기말자산 + 총비용 = 기말부채 + **기초자본** + 총수익

③ 시산표의 한계(발견할 수 없는 오류)

분개누락	분개가 누락되거나 전기가 탈락된 경우
이중분개	이중으로 분개되어 입력된 경우
금액오류	차변과 대변 모두 동일한 오류금액으로 분개한 경우
전기오류	다른 계정과목에 잘못 전기한 경우

(2) 결산절차

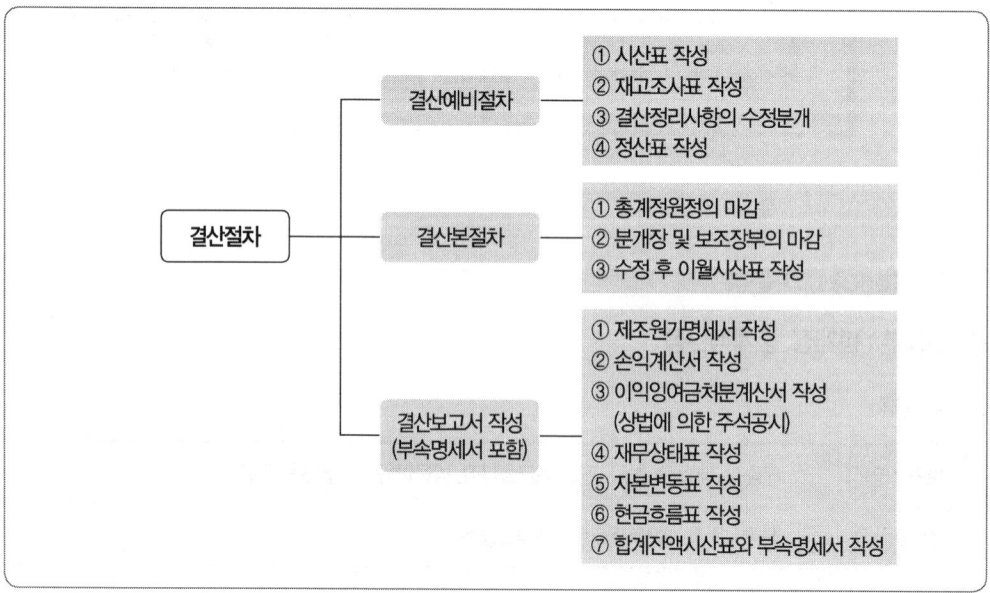

실무이론

PART 01 전표관리 및 결산관리

01. 회계는 기록, 계산하는 방법에 따라서 단식회계와 복식회계로 나눌 수가 있다. 다음 중 복식회계의 특징과 거리가 먼 것은?

① 자기검증이 불가능하다.
② 재무상태와 손익을 파악하기가 쉽다.
③ 자산, 부채, 자본 등 모든 변화를 기록할 수 있다.
④ 일정한 원리에 따라 기록한다.

02. 다음 중 회계상의 거래에 해당되는 것은?

① 광고료 170,000원을 현금으로 지급하다.
② 사무실을 월세 700,000원으로 임대차계약을 맺기로 구두로 약속하다.
③ 제품 3,000,000원의 주문을 받다.
④ 종업원을 월급 2,300,000원으로 채용하다.

03. 일반기업회계기준상 재무상태표의 설명에 적합하지 않은 것은?

① 재무상태표는 기업의 재무상태를 명확히 보고하기 위하여 재무상태표일 현재의 기업의 자산·부채·자본을 나타내는 정태적 보고서를 말한다.
② 재무상태표에서 자산·부채·자본은 총액표시를 원칙으로 한다.
③ 재무상태표는 유동성배열법에 따라 유동성이 적은 항목부터 나열한다.
④ 일반기업회계기준상 재무상태표의 작성방법에는 보고식과 계정식이 있다.

04. 다음의 거래로 인한 설명 중 맞는 것은?

> 보유중인 기계장치를 장부금액 보다 낮은 금액을 받고 처분하였다.

① 자산의 감소와 부채의 감소
② 자산의 감소와 자본의 증가
③ 자산의 감소와 부채의 증가
④ 자산의 감소와 자본의 감소

05. 회계상 거래가 발생하면 재무제표의 차변과 대변에 동시에 영향을 미치게 되는데, 이는 회계의 어떤 특성 때문인가?

① 거래의 이중성
② 중요성
③ 신뢰성
④ 유동성

06. 다음 중 재무상태표가 제공할 수 있는 정보로서 가장 적합하지 않는 것은?
① 경제적 자원에 관한 정보
② 경영성과에 관한 정보
③ 유동성에 관한 정보
④ 지급능력에 관한 정보

07. 다음 계정 중 그 분류가 다른 것은?
① 미지급비용
② 매출
③ 매출채권
④ 자본잉여금

08. 다음 중 유동성배열법에 의한 재무상태표 작성시 가장 나중에 배열되는 항목은?
① 장기차입금
② 미지급법인세
③ 미지급비용
④ 매입채무

09. 재무상태표상 자산, 부채 계정에 대한 분류가 잘못 연결된 것은?
① 미수수익 : 당좌자산
② 퇴직급여충당부채 : 유동부채
③ 임차보증금 : 기타비유동자산
④ 장기차입금 : 비유동부채

10. 다음은 기말자산과 기말부채의 일부분이다. 기말재무상태표에 표시될 계정과목과 금액이 틀린 것은?

| ■ 지급 어음 : 10,000,000원 | ■ 타인발행수표 : 25,000,000원 | ■ 받을 어음 : 10,000,000원 |
| ■ 외상매입금 : 50,000,000원 | ■ 외상매출금 : 40,000,000원 | ■ 우편환증서 : 5,000,000원 |

① 매입채무 60,000,000원
② 현금및현금성자산 30,000,000원
③ 매출채권 50,000,000원
④ 당좌자산 75,000,000원

11. 일반기업회계기준에 의한 손익계산서의 작성기준 중 틀린 것은?
① 모든 수익과 비용은 그것이 발생한 기간에 정당하게 배분되도록 처리하여야 한다.
② 수익과 비용은 직접 상계함으로써 전부 또는 일부를 제외할 수 있다.
③ 수익은 실현시기를 기준으로 계상한다.
④ 수익과 비용은 발생원천에 따라 분류하고 각 수익항목과 이에 관련되는 비용항목을 대응 표시하여야 한다.

12. 다음 중 재무상태표, 손익계산서와 관련된 설명으로 가장 적절하지 않은 것은?
① 재무상태표는 일정시점에서 기업의 자금조달원천인 부채와 자본 규모를 알 수 있다.
② 재무상태표에서 이익잉여금이 매년 누적될수록 주주의 몫인 자본은 커진다.
③ 손익계산서는 현금으로 지급되지 않은 사항은 보고하지 않는다.
④ 수익을 창출하기 위해 희생된 대가를 비용이라 한다.

13. 다음은 재무상태표 항목의 구분과 통합표시에 대한 설명이다. 가장 틀린 것은?
　① 중요한 항목은 재무상태표 본문에 별도 항목으로 구분하여 표시한다.
　② 현금및현금성자산은 별도 항목으로 구분하여 표시한다.
　③ 자본잉여금은 법정적립금, 임의적립금으로 구분하여 표시한다.
　④ 자본금은 보통주자본금과 우선주자본금으로 구분하여 표시한다.

14. 회계순환과정에 있어 기말결산정리를 하게 되는 근거가 되는 가정으로 가장 적절한 것은?
　① 기업실체의 가정　　　　② 기간별보고의 가정
　③ 화폐단위의 가정　　　　④ 계속기업의 가정

15. 다음 중에서 재무제표에 해당하는 것은?
　① 주석　　　　　　　　　② 이익잉여금처분계산서
　③ 결손금처리계산서　　　　④ 주기

16. 다음은 일반기업회계기준의 중간재무제표에 대한 용어의 설명이다. 틀린 것은?
　① "누적중간기간"은 회계연도 개시일부터 당해 중간기간의 종료일까지의 기간을 말한다.
　② "중간기간"은 1회계연도보다 긴 회계기간을 말한다.
　③ "중간재무제표"는 중간기간 또는 누적중간기간을 대상으로 작성하는 재무제표를 말한다.
　④ "연차재무제표"는 1회계연도를 대상으로 작성하는 재무제표를 말한다.

17. 각 재무제표의 명칭과 함께 기재해야 할 사항으로 틀린 것은?
　① 기업명　　　　　　　　② 보고기간 종료일
　③ 금액단위　　　　　　　④ 기능통화

18. 재무제표를 통해 제공되는 정보에 관한 내용 중 올바르지 않은 것은?
　① 화폐단위로 측정된 정보를 주로 제공한다.
　② 특정기업실체에 관한 정보를 제공하며, 산업 또는 경제 전반에 관한 정보를 제공하지는 않는다.
　③ 대부분 과거에 발생한 거래나 사건에 대한 정보를 나타낸다.
　④ 추정에 의한 측정치는 포함하지 않는다.

19. 다음은 재무제표의 질적특성에 관련된 내용이다. 성격이 다른 하나는?
① 표현의 충실성　　　　② 검증가능성
③ 중립성　　　　　　　④ 적시성

20. 주식시장에 상장되어 있는 두 회사 중 한 회사에 투자하기 위해 두 회사의 회계정보를 비교하고자 하는 경우 회계정보가 갖추어야 할 속성으로 가장 적합한 것은?
① 비교가능성　　　　　② 신뢰성
③ 목적적합성　　　　　④ 중립성

21. 회사는 미래에도 계속적으로 정상적인 영업활동을 영위할 것이라는 전제하에 역사적 원가원칙의 근간이 되는 회계의 기본가정은?
① 기업실체의 가정　　　② 계속기업의 가정
③ 기간별보고의 가정　　④ 발생주의

22. 다음 중에서 재무제표 작성시 미지급비용이나, 선급비용, 각종 충당금설정 등에 대한 수정분개를 정당화시키는 회계개념과 가장 가까운 개념은?
① 계속기업의 전제(공준)　　② 회계기간의 전제(공준)
③ 비교가능성　　　　　　　④ 기업실체의 공준

23. 다음 중 역사적원가주의(원칙)와 가장 관련성이 적은 것은?
① 회계정보의 목적적합성과 신뢰성을 모두 높일 수 있다.
② 기업이 계속하여 존재할 것이라는 가정 하에 정당화되고 있다.
③ 취득 후에 그 가치가 변동하더라도 역사적원가는 그대로 유지된다.
④ 객관적이고 검증 가능한 회계정보를 생산하는데 도움이 된다.

24. 재무제표의 질적 특성(회계정보의 질적 특성)간 균형에 대한 설명 중 잘못된 것은?
① 신뢰성과 목적적합성은 서로 상충관계가 발생될 수 있다.
② 수익 인식과 관련하여 완성기준을 적용하면 목적적합성은 향상되는 반면 신뢰성은 저하될 수 있다.
③ 자산 평가와 관련하여 현행원가를 적용하면 목적적합성은 향상되는 반면 신뢰성은 저하될 수 있다.
④ 회계정보의 보고와 관련하여 중간보고의 경우 목적적합성은 향상되는 반면 신뢰성은 저하될 수 있다.

◆해설◆

01.　자기검증이 불가능한 것은 단식회계이다.
02.　② 계약, ③ 주문, ④ 채용은 회계상 거래에 해당하지 않는다.

03. 재무상태표는 유동성배열법에 따라 유동성이 큰 항목부터 나열한다.
04. 장부금액보다 현금유입이 적으므로 자산의 감소와 자본도 그만큼 줄어든다.
05. 거래의 이중성이란 회계상의 거래가 발생하면 차변과 대변에 동시에 기재하는 것을 말한다.
06. 경영성과에 관한 정보는 손익계산서에서 제공하는 정보이다.
07. ■ 재무상태표계정 : ①, ③, ④   ■ 손익계산서 계정 : ②
08. 매입채무, 미지급법인세, 미지급비용은 유동부채이고 장기차입금은 비유동부채이므로 장기차입금이 가장 나중에 작성된다.
09. 퇴직급여충당부채는 비유동부채에 해당된다.
10. 지급어음과 외상매입금은 매입채무계정으로, 타인발행수표와 우편환증서는 현금및현금성자산 계정으로, 받을어음과 외상매출금은 매출채권계정으로 처리한다. 당좌자산은 타인발행수표, 외상매출금, 받을어음, 우편환증서로 총 80,000,000원이다.
11. 재무제표 작성시 총액주의가 원칙이므로 수익과 비용에 대응되는 모든 과목의 금액을 총액으로 표시한다.
12. 현금으로 지급하지 않았더라도 영업활동을 위해 사용되어 자산의 가치가 감소되는 경우 비용으로 손익계산서에 보고한다. (예) 감가상각비 등
13. 자본잉여금은 주식발행초과금, 감자차익과 기타자본잉여금으로 구분하여 표시한다.
14. 기간별 보고의 가정 : 기업실체의 존속기간을 일정한 기간 단위로 분할하여 각 기간별로 재무제표를 작성하는 것을 말한다.
15. 재무제표는 재무상태표, 손익계산서, 현금흐름표, 자본변동표로 구성되며, 주석을 포함한다.
16. 중간기간은 1회계연도보다 짧은 회계기간을 말한다.
17. 재무제표는 재무상태표, 손익계산서, 현금흐름표, 자본변동표 및 주석으로 구분하여 작성하며, 다음의 사항을 각 재무제표의 명칭과 함께 기재한다.
    → (1) 기업명 (2) 보고기간 종료일 또는 회계기간 (3) 보고통화 및 금액단위
18. 재무제표는 추정에 의한 측정치를 포함하고 있다.
19. 적시성은 목적적합성의 주요 질적 특성의 요소이다.
20. 비교가능성은 회계정보가 특정기업의 회계정보를 일정기간과 다른 기간 간에 비교할 수 있게하고, 특정기업의 회계정보를 다른 기업의 회계정보와 비교할 수 있게 하는 속성을 의미한다.
21. 기업은 반증이 없는 한 경영활동을 영구적으로 수행하므로 취득시의 금액으로 재무제표에 계상하고, 회계기간에 걸쳐 비용배분 한다.
22. 한 기업의 존속기간을 인위적으로 분할하여 각 기간별로 재무제표를 작성하는 것을 회계기간의 전제(공준)이라 한다.
23. 역사적원가주의(원칙)는 일반적으로 신뢰성은 제고되나 목적적합성이 저하될 수 있다.
24. 완성기준을 적용하면 신뢰성은 향상되나, 목적적합성이 저하될 수 있다.

정답

01. ①	02. ①	03. ③	04. ④	05. ①	06. ②	07. ②	08. ①	09. ②	10. ④
11. ②	12. ③	13. ③	14. ②	15. ①	16. ②	17. ④	18. ④	19. ④	20. ①
21. ②	22. ②	23. ①	24. ②						

CHAPTER 02 당좌자산

PART 01 전표관리 및 결산관리

유동자산이란 **보고기간 종료일로부터 1년 이내**에 현금으로 전환되거나 소비될 것으로 예상되는 자산으로서 당좌자산과 재고자산으로 구분된다. 다만, **정상적인 영업주기 내**에서 현금으로 전환되거나 소비될 것으로 예상되는 자산은 **보고기간 종료일로부터 1년 이내에 실현되지 않더라도 유동자산으로 분류**한다.

당좌자산은 유동자산 중에서 기업이 필요에 따라 언제든지 현금화가 가능한 자산으로 현금및현금성자산, 단기금융상품, 단기매매증권, 단기대여금, 매출채권, 미수금, 미수수익, 선급금, 선급비용 등이 있다.

1. 현금및현금성자산

현금및현금성자산이란 **가장 유동성이 높은 자산**으로서 현금(통화 및 통화대용증권), 요구불예금(당좌예금, 보통예금), 현금성자산으로 구성된다.

1 현금

기업이 보유하고 있는 자산 중 가장 유동성이 높은 자산으로서 통화뿐만 아니라 통화와 언제든지 교환할 수 있는 통화대용증권까지 포함된다.

> ① 통화 : 지폐 및 동전
> ② 통화대용증권 : 타인발행당좌수표, 은행발행자기앞수표, 송금환, 우편환증서, 지급기일이 도래한 공·사채이자표, 배당금지급통지표 등. 단, 선일자수표(어음), 차용증서(차입금), 수입인지, 엽서, 우표 등은 제외

2 보통예금(또는 제예금)

예입과 인출을 수시로 자유로이 할 수 있는 통장식 은행예금을 말한다. 보통예금 통장에 마이너스 대출 약정을 하여 약정한도 내까지 인출이 가능하며 결산시점에 마이너스 대출에 해당하는 잔액은 단기차입금(유동부채) 계정으로 대체처리 한다.

회계상 거래	회계처리
[보통예금 입금] 제품을 5,000원에 매출하고 보통예금 통장에 입금되었다.	(차) 보통예금 5,000원　(대) 제품매출 5,000원
[보통예금 인출] 보통예금통장에서 현금 3,000원을 인출하였다.	(차) 현　금 3,000원　(대) 보통예금 3,000원

3 당좌예금

기업이 은행과의 당좌거래약정을 통하여 현금을 예입하고 예금액의 범위 내에서 수표를 발행하여 언제든지 자유로이 현금을 인출할 수 있는 예금을 말한다.

(1) 당좌개설보증금

법인 또는 개인사업자가 은행에 당좌예금을 개설하려고 할 경우 당좌개설보증금(100만원 ~ 300만원)을 예치하여야 하며, 보증금은 당좌어음·수표가 부도 처리된 경우 부도수표(어음)처리수수료, 부도 제재금 등의 비용을 충당하기 위한 것이다.

(차) 특정현금과예금(투자자산) ××× (대) 현금 등 ×××

(2) 당좌예금 사례별 회계처리

회계상 거래	회계처리
[당좌수표 발행] 원재료를 5,000원에 매입하고 대금은 당좌수표를 발행하여 지급하였다.	(차) 원재료 5,000원 (대) 당좌예금 5,000원
[자기앞수표 지급] 원재료를 5,000원에 매입하고 자기앞수표로 지급하였다.	(차) 원재료 5,000원 (대) 현 금 5,000원
[동점(타인)발행 당좌수표 수취] 제품을 7,000원에 판매하고 동점발행 당좌수표를 받았다.	(차) 현 금 7,000원 (대) 제품매출 7,000원

(3) 당좌차월(유동부채)

기업은 당좌예금의 한도 내에서만 당좌수표를 발행할 수 있다. 그러나 은행과 당좌차월약정에 의하여 당좌예금 잔액을 초과하더라도 은행이 이를 대신 지급해 주는 계약에 의하여 당좌수표를 발행할 수 있다. 당좌예금 초과액을 **당좌차월**이라 하며 결산 시 **단기차입금(유동부채)**으로 분류한다. 다만, **1계정제**를 사용하는 경우 기중 **당좌예금** 계정으로 처리하고 결산시 당좌차월액을 **단기차입금**으로 대체한다.

회계상 거래	회계처리

[당좌차월 발생]
원재료 매입대금 5,000원을 당좌수표 발행하여 지급하였다. (당좌예금 잔액 : 3,000원)
	(차) 원재료 5,000원 (대) 당좌예금 3,000원
	                              단기차입금 2,000원
	                              (또는 당좌차월)

[당좌예금 통장 입금]
외상매출금 5,000원이 당좌예금 통장에 입금되었다. (당좌차월 잔액 : 2,000원)
	(차) 단기차입금 2,000원 (대) 외상매출금 5,000원
	     (또는 당좌차월)
	     당좌예금 3,000원

4 현금성자산

현금성자산이란 큰 거래비용 없이 현금으로 전환이 용이하고 이자율변동에 따른 가치변동의 위험이 중요하지 않은 것으로서 **취득당시 만기가 3개월 이내**에 도래하는 금융상품 등을 말한다.

① 취득당시의 만기가 3개월 이내에 도래하는 채권 및 환매채(3개월 이내의 환매조건)
② 취득당시의 상환일까지의 기간이 3개월 이내인 상환우선주

5 현금과부족

현금의 계산상 착오 등으로 장부잔액과 실제잔액이 불일치로 처리하는 일시적인 임시계정을 말한다.

① 현금부족(과잉)액을 **현금과부족**으로 처리한 후, 원인을 조사하여 원인이 밝혀진 경우에는 현금과부족을 해당계정으로 대체한다. 불일치 원인을 결산일에 가서도 알 수 없는 경우 현금부족액은 **잡손실(영업외비용)**로 차변에, 과다액은 **잡이익(영업외수익)**계정 대변에 대체하여 현금과부족계정을 마감한다.

기중 회계처리 : 실제잔액이 장부잔액보다 부족할 때(실제잔액 < 장부잔액)
 (차) 현금과부족　　　×××　　　(대) 현　　금　　×××

② **결산일** 현재 실제와 장부상의 현금차이를 발견했다면 바로 **잡손실(영업외비용)**이나 **잡이익(영업외수익)**으로 처리한다.

결산시 발견 회계처리 : 실제잔액이 장부잔액보다 부족할 때(실제잔액 < 장부잔액)
 (차) 잡손실　　　×××　　　(대) 현　　금　　×××

TIP
실무상으로는 현금·보통예금·외화예금·당좌예금·현금성자산 등을 각각 별도의 계정과목으로 구분해서 회계처리 하지만 외부보고용 재무상태표에는 "현금및현금성자산" 계정으로 통합하여 표시한다.

다음 자료에 의하여 결산 재무상태표에 표시되는 현금및현금성자산은 얼마인가?

㉠ 당좌예금	250,000원	㉡ 보통예금	220,000원
㉢ 자기앞수표	500,000원	㉣ 양도성예금증서(30일 만기)	500,000원
㉤ 선일자수표	600,000원	㉥ 당좌차월	400,000원

【해설】
현금및현금성자산은 당좌예금 250,000원 + 보통예금 220,000원 + 자기앞수표 500,000원 + 30일 만기 양도성예금증서 500,000원을 합한 1,470,000원이 된다.

2. 단기투자자산

1 단기금융상품

금융상품이란 금융기관이 취급하는 정기예금·적금, 사용이 제한되어 있는 예금 및 기타 정형화된 상품 등으로 기업의 여유자금을 투자한 것을 말한다.

취득일로부터 3개월 이내 만기도래	현금성자산
보고기간 종료일로부터 1년 이내 만기도래	단기금융상품
보고기간 종료일로부터 1년 이후 만기도래	장기금융상품

2 단기대여금(↔단기차입금)

금전소비대차계약에 따라 차용증서 등을 받고 여유자금을 빌려 준 경우로서 보고기간 종료일로부터 만기가 1년 이내에 도래하는 채권(↔채무)을 말한다.

주주, 임원, 종업원에게 금전을 대여한 경우	임직원등단기채권
관계회사에게 금전을 대여한 경우	단기대여금

3 단기매매증권

(1) 유가증권의 종류

유가증권은 재산권을 나타내는 증서로서 기업에서 발행하는 일반적인 유가증권의 형태로는 지분증권과 채무증권이 있다. 유가증권은 실제 보유 의도와 보유능력에 따라 단기매매증권, 매도가능증권 및 만기보유증권 중 하나로 분류한다. 단기매매증권은 단기간 내의 매매차익을 목적으로 취득한 유가증권으로서 매수와 매도가 적극적이고 빈번하게 이루어지는 것을 말하며 투자유가증권의 상세설명은 투자자산을 참고한다.

지분증권	소유지분(주식) ⇨ 보유시 "**배당금수익**" 발생	단기적 매매차익(시장성보유)	단기매매증권(당좌자산)
		유의적 영향력 행사 (또는 지분율 20%이상)	지분법적용투자주식 (투자자산)
		장기적 매매차익	매도가능증권(투자자산)
채무증권	국채, 공채, 사채 ⇨ 보유시 "**이자수익**" 발생	단기적 매매차익(시장성보유)	단기매매증권(당좌자산)
		만기보유 의도·능력	만기보유증권(투자자산)
		장기적 매매차익	매도가능증권(투자자산)

(2) 단기매매증권의 취득원가

단기매매증권의 취득원가는 매입가액(공정가치)을 의미하며, 종목별로 총평균법이나 이동평균법을 적용하여 단가를 산정하며, **취득 시 발생하는 부대비용(수수료 등)**은 별도의 **영업외비용**으로 회계처리 한다.

(차) 단기매매증권	×××	(대) 현금 등	×××
수수료비용(영업외비용)	×××		

(주)배움은 제5기(1.1~12.31)의 1월 2일에 단기적인 시세차익 목적으로 상장주식 10주(주당 20,000원)를 현금 지급하여 취득하고 거래수수료 10,000원을 보통예금 통장에서 자동이체 하였다.

[해설]
- 취득원가 = 10주 × 20,000원 = 200,000원
- 취득시 발생하는 부대비용(중개수수료 등)은 별도의 비용(수수료비용)으로 회계처리 한다.

회계처리	(차) 단기매매증권	200,000원	(대) 현 금	200,000원
	수수료비용	10,000원	보통예금	10,000원
	(영업외비용)			

(3) 단기매매증권 보유 시 배당금 및 이자 수령

지분증권 보유 ⇨ 배당금 수령	① 현금 배당금 수령 : 배당금수익(영업외수익) 계정과목으로 처리 ② 주식 배당금 수령 : 회계처리는 하지 않고, 주식의 수량과 단가를 새로이 계산하여 주석 공시
채무증권 보유 ⇨ 이자 수령	이자수익(영업외수익) 계정과목으로 처리

(4) 단기매매증권의 평가

유가증권의 평가란 보고기간 종료일 현재 유가증권의 재산적 가치를 확정시키는 것을 말한다. 기업회계기준상 단기매매증권은 **공정가액**을 **재무상태표가액으로 계상**한다.

단기매매증권평가이익과 평가손실은 상계하지 않고 총액으로 표시하는 것이 원칙이지만, 그 금액이 중요하지 않은 경우에는 상계하여 표시할 수 있다.

평가기준	공정가치로 평가
공정가치의 변동(평가손익)	단기매매증권평가손익(영업외손익)계정으로 처리

회계상 거래	회계처리
[장부가액 < 공정가치] 기말현재 보유중인 단기매매증권의 장부가액은 700원이며, 공정가치는 900원이다.	(차) 단기매매증권 200원 (대) 단기매매증권평가이익 200원
[장부가액 > 공정가치] 기말현재 보유중인 단기매매증권의 장부가액은 700원이며, 공정가치는 600원이다.	(차) 단기매매증권평가손실 100원 (대) 단기매매증권 100원

(주)배움이 기말 현재 단기매매증권 보유현황은 다음과 같다. 일반기업회계기준에 따른 기말평가를 하는 경우 단기매매증권 평가손익은 얼마인가?

- A사 주식의 취득원가는 200,000원이고 기말공정가액은 300,000원이다.
- B사 주식의 취득원가는 150,000원이고 기말공정가액은 120,000원이다.

【해설】
단기매매증권평가이익 = (300,000원 + 120,000원) − (200,000원 + 150,000원) = 70,000원

(5) 단기매매증권의 양도(처분)

단기매매증권을 처분하거나 양도하는 경우 처분가액과 장부가액을 비교하여 그 차액을 단기매매증권처분손익(영업외손익)으로 처리하며, **처분 시 매각수수료는 처분이익에서 차감하거나 처분손실에 가산**한다.

단기매매증권처분손익(영업외손익) = 처분가액 − 장부가액 − 매각수수료

회계상 거래	회계처리
[장부가액 < 처분가액] 보유중인 단기매매증권 장부가액 500원의 주식을 800원에 매각하고 현금 수령하였다.	(차) 현 금 800원 (대) 단기매매증권 500원 단기매매증권처분이익 300원
[장부가액 > 처분가액] 보유중인 단기매매증권 장부가액 500원의 주식을 350원에 매각하고 현금 수령하였다.	(차) 현 금 350원 (대) 단기매매증권 500원 단기매매증권처분손실 150원
[매각수수료 발생시] 보유중인 단기매매증권 장부가액 700원의 주식을 900원에 매각하고 매각수수료 100원을 차감한 잔액을 현금으로 수령하였다.	(차) 현 금 800원 (대) 단기매매증권 700원 단기매매증권처분이익 100원

> 단기투자자산은 기업이 여유자금을 활용할 목적으로 보유하는 자산으로 재무상태표에 통합하여 표시한다.
> 다만, 각 계정과목의 중요성에 따라 개별 표시 가능하다.
> ① 단기금융상품   ② 단기매매증권
> ③ 단기대여금   ④ 유동자산으로 분류된 매도가능증권과 만기보유증권

3. 매출채권

1 수취채권과 지급채무의 의의

(1) 수취채권

기업이 재화나 용역을 외상으로 판매하고 그 대가로 미래에 현금을 수취할 수 있는 권리를 획득하는 경우 또는 다른 기업에 자금을 대여하고 그 대가로 차용증서나 어음을 수취하는 경우 등에서 발생하는 채권을 말한다.

(2) 지급채무

기업이 재화나 용역을 외상으로 매입하거나, 다른 기업으로부터 자금을 차입한 경우에 지급해야 할 의무가 발생하는 채무를 말한다.

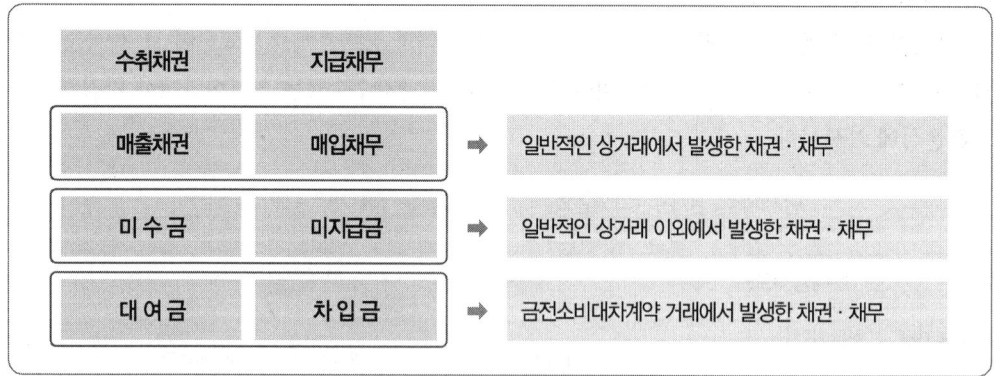

2 매출채권(↔매입채무)

매출채권이란 **일반적인 상거래**에서 발생한 미수채권으로 **외상매출금과 받을어음**을 말한다. 도·소매업의 경우 상품매출시, 제조업의 경우 제품매출시에 발생한 미수채권은 외상매출금 계정으로 회계처리하며, 매출시 어음을 받은 경우 또는 외상매출금에 대하여 어음을 받은 경우 받을어음계정으로 회계처리 한다. 재무상태표 작성 시 외상매출금과 받을어음을 합하여 매출채권으로 표시한다.

(1) 외상매출금(↔외상매입금)

회계상 거래	회계처리
[재고자산 외상판매] 제품을 70,000원에 매출하고 대금은 외상으로 하였다.	[매출자 입장] (차) 외상매출금 70,000원 (대) 제품매출 70,000원 [매입자 입장] (차) 상품 등 70,000원 (대) 외상매입금 70,000원
[외상매출금 회수] 외상매출금 70,000원 전액 보통예금 통장에 입금 되었다.	[매출자 입장] (차) 보통예금 70,000원 (대) 외상매출금 70,000원 [매입자 입장] (차) 외상매입금 70,000원 (대) 보통예금 70,000원

- 외상매출금 미회수액(기말금액)
  = 기초금액 + 당기외상매출액 − 매출환입및에누리액 · 매출할인액 − 당기회수액 − 대손발생액
- 외상매입금 미지급액(기말금액)
  = 기초금액 + 당기외상매입액 − 매입환출및에누리액 · 매입할인액 − 당기지급액

(2) 받을어음(↔지급어음)

어음이란 미래의 일정 기일에 일정금액을 지급하겠다는 것을 약속한 증권으로서 약속(또는 전자)어음과 환어음 등이 있다. 약속(또는 전자)어음은 어음의 발행인이 일정 금액을 일정한 일자에 수취인에게 지급하기를 약속한 증서를 말하며, 환어음은 발행인이 제3의 지급인으로 하여금 일정한 일자에 일정 금액을 수취인에게 지급하도록 위탁하는 증서이다.

[전자어음 견본]

전 자 어 음

(주)배움 귀하   00420250417123456781

금   이천만원정   20,000,000원

위의 금액을 귀하 또는 귀하의 지시인에게 지급하겠습니다.

지급기일 2025년 6월 26일   발행일 2025년 4월 17일
지 급 지   국민은행   발행지
지급장소 방배동지점   주 소   서울 서대문구 북아현로 1
                                발행인 (주)아싹스

회계상 거래		회계처리
받을어음	발생	(차) 받을어음 ××× (대) 제품매출 등 ××× (차) 받을어음 ××× (대) 외상매출금 ×××
	만기 회수	(차) 당좌예금 등 ××× (대) 받을어음 ×××
	추심 위임 배서	어음은 만기일에 직접 수령하는 것이 아니라 은행에 추심의뢰하는 방식으로 수령하며, 추심과정에서 발생하는 추심수수료에 대해서는 **수수료비용(판매비와관리비)**계정으로 처리한다. (차) 보통예금 등 ××× (대) 받을어음 ××× 　　수수료비용(판) ×××
	배서 양도	어음소지인이 만기일전에 상품대금이나 외상매입금을 지급하기 위해 타인에게 어음의 뒷면에 배서하여 양도하는 것을 말한다. (차) 외상매입금 등 ××× (대) 받을어음 ×××
	어음 할인 (매각)	은행이 어음소지인의 의뢰에 의해 액면금액에서 만기일까지의 이자를 공제하고 매입하는 것으로 매각거래 시 할인료는 "**매출채권처분손실(영업외비용)**"로 처리한다. $$할인료 = 어음의\ 액면금액 \times 할인율 \times \frac{할인기간}{365}$$ (차) 보통예금 등 ××× (대) 받을어음 ××× 　　매출채권처분손실 ×××
	어음 할인 (차입)	어음을 할인하는 경우 어음에 대한 권리와 의무를 실질적으로 양수인에게 이전하지 않는 경우에는 **차입거래로 보며** 할인료는 "**이자비용(영업외비용)**"으로 처리한다. (차) 보통예금 등 ××× (대) 단기차입금 ××× 　　이자비용 ×××
	어음 부도	어음의 만기일에 지급제시 하였으나 지급을 거절당한 어음을 말하며 부도어음이 발생하면 이를 받을어음계정에서 차감하고 "**부도어음과수표(기타비유동자산)**" 계정에 가산한다. (차) 부도어음과수표 ××× (대) 받을어음 ×××
	어음 개서	어음의 만기일에 어음대금을 지급할 수 없는 경우 어음소지인에게 어음대금의 지급연기를 요청하고 만기가 연장된 신어음을 발행하여 만기가 된 구어음과 교환하는 것을 말한다. 또한 이자를 함께 수령할 수 있다. (차) 받을어음(신) ××× (대) 받을어음(구) ××× 　　현금 등 ××× 　　이자수익 ×××
지급 어음	발행	(차) 원재료 등 ××× (대) 지급어음 ××× (차) 외상매입금 ××× (대) 지급어음 ×××
	만기 지급	발행된 어음의 만기일에 어음을 결제하는 경우를 만기결제라 한다. (차) 지급어음 ××× (대) 당좌예금 등 ×××

거래처인 더지상회로부터 받은 받을어음 5,000,000원을 거래은행인 국민은행에 할인하고 할인료 500,000원을 제외한 금액은 당좌예금 하였다.(매각거래로 회계처리 할 것)

【해설】
(차) 당좌예금   4,500,000원   (대) 받을어음 5,000,000원
    매출채권처분손실   500,000원

3 채권의 대손회계

(1) 채권의 대손처리

매출채권 등의 회수가 불가능하다고 판단될 때 비용으로 계상하는 것을 말하며, 대손회계처리방법은 직접차감법과 충당금설정법이 있다.

- 직접차감법 : 회수불가능한 채권 금액을 당기비용으로 인식하고 동시에 채권에서 직접 차감하는 방법
- 충당금설정법 : 회수불능채권액을 추정하여 대손충당금을 설정하고 동시에 이를 동 기간의 비용으로 회계 처리하는 방법
  ① 대차대조표 접근법 : 채권잔액비율법, 연령분석법, 대손실적률법, 현금흐름할인법
  ② 손익계산서 접근법 : (외상)매출액 기준법

일반기업회계기준은 **충당금설정법만 인정**하고 있으며 채권의 회수가 불가능하다고 판단될 때 대손충당금잔액이 있는 경우 우선적으로 대손충당금잔액에서 상계하고, 대손충당금잔액이 부족할 때에는 대손상각비로 처리한다.

- 매출채권 관련 대손처리 시 : 대손상각비(판매비와관리비)
- 기타채권(미수금 등) 대손처리 시 : 기타의대손상각비(영업외비용)

(2) 대손예상(추정)의 회계처리

① 대손예상(추정)액

보유중인 채권 중에서 회수가능액에 대한 정보를 제공하기 위하여 기말시점마다 채권의 회수가능가액을 평가해야 한다. 보유중인 채권 중에서 회수하지 못할 것으로 예상되는 금액을 대손예상(추정)액이라 한다.

구 분	내 용
채권잔액비율법	채권에 대하여 일률적으로 과거의 대손경험률로 설정하는 방법 대손예상액 = 결산일의 채권잔액 × 대손추정률
연령분석법	기말채권잔액을 경과일수에 따라 몇 개의 집단으로 분류하고, 각 집단마다 상이한 대손경험률을 적용하는 방법 대손예상액 = (연령별 채권잔액 × 연령별 대손추정률) + (연령별 채권잔액 × 연령별 대손추정률) + ⋯

② 회계처리(보충법)

> 대손충당금 설정액 = (결산일의 채권잔액 × 대손추정률) − 대손충당금 잔액

[채권잔액비율법으로 대손 예상]
- 기말 매출채권잔액 2,000,000원, 대손추정률 1%
- 대손예상액 = 2,000,000원 × 1% = 20,000원
- 대손충당금 설정액 = 20,000원 − 대손충당금 잔액

회계상 거래	회계처리
[대손예상액 > 대손충당금 "0"] 대손충당금 잔액이 없는 경우	(차) 대손상각비 20,000원 (대) 대손충당금 20,000원 **(자산의 차감평가계정)**
[대손예상액 > 대손충당금 잔액] 대손충당금 잔액이 5,000원 있는 경우	(차) 대손상각비 15,000원 (대) 대손충당금 15,000원 **(자산의 차감평가계정)**
[대손예상액 < 대손충당금 잔액] 대손충당금 잔액이 23,000원 있는 경우	(차) 대손충당금 3,000원 (대) 대손충당금환입 3,000원 **(판매비와관리비 차감계정)**

기말 매출채권 40,000,000원에 대해 연령분석법과 채권잔액비율법(대손추정률 15%)에 의하여 대손충당금설정액을 계산하시오. 결산전 대손충당금잔액은 1,000,000원이다.

경과일수	매출채권금액	추정대손율
30일 이하	20,000,000원	1%
60 ~ 31일	5,000,000원	3%
180 ~ 61일	5,000,000원	10%
180일 이상	10,000,000원	20%

【해설】

[연령분석법]
대손추정액 = (20,000,000원 × 1% = 200,000원) + (5,000,000원 × 3% = 150,000원)
　　　　　 + (5,000,000원 × 10% = 500,000원) + (10,000,000원 × 20% = 2,000,000원) = 2,850,000원
대손충당금 설정액 = 2,850,000원 − 1,000,000원 = 1,850,000원

[채권잔액비율법]
대손추정액 = 40,000,000원 × 15% = 6,000,000원
대손충당금 설정액 = 6,000,000원 − 1,000,000원 = 5,000,000원

TIP
① 미수금 등의 **기타채권**과 관련된 대손충당금 설정 회계처리는 **기타의대손상각비(영업외비용)**로 또한 회수로 인한 처리는 **대손충당금환입(영업외수익)**으로 처리한다.
② 매출채권의 대손충당금환입은 판매관리비에서 부(-)의 금액으로 표시한다.

③ 재무상태표 공시

대손충당금은 **채권의 차감적 평가계정**으로 재무상태표에는 **채권에서 차감하는 형식**으로 공시한다.

재무상태표

과목	제11(당)기	
	금액	
외상매출금 대손충당금	- 중 략 - 2,000,000 (20,000) - 중 략 -	1,980,000

(3) 대손의 발생(확정)

거래처의 부도, 파산 등으로 채권에 대한 대손이 확정된 경우에는 회수불능채권으로 **대손충당금과 우선적으로 상계**하고, 대손충당금이 **부족한 경우**에는 **당기비용(매출채권 : 대손상각비, 기타채권 : 기타의대손상각비)**으로 처리한다.

[대손 발생(확정)]
외상매출금 20,000원 거래처 파산으로 회수불능 채권이 발생하다.

회계상 거래	회계처리
[대손충당금 > 대손금] 대손충당금 잔액 30,000원인 경우	(차) 대손충당금 20,000원　　(대) 외상매출금 20,000원
[대손충당금 < 대손금] 대손충당금 잔액 10,000원인 경우	(차) 대손충당금 10,000원　　(대) 외상매출금 20,000원 　　대손상각비 10,000원
[대손충당금 "0" < 대손금] 대손충당금 잔액이 없는 경우	(차) 대손상각비 20,000원　　(대) 외상매출금 20,000원

(4) 대손채권의 회수

대손채권 회수 시 전·당기(대손충당금 및 대손상각비) 구분 없이 관련된 **대손충당금을 증가**시킨다.

회계상 거래	회계처리
파산으로 대손처리 하였던 외상매출금 20,000원 보통예금으로 입금되었다.	(차) 보통예금 20,000원 (대) 대손충당금 20,000원

4. 기타채권

1 미수금(↔미지급금)

일반적인 상거래 이외의 거래에서 발생하는 채권으로 재고자산 이외의 자산을 판매하는 경우 발생한다.

회계상 거래	회계처리
[외상거래] 보유중인 투자부동산을 100,000원(장부가액 50,000원)에 외상으로 처분하다.	(차) 미수금 100,000원 (대) 투자부동산 50,000원 투자자산처분이익 50,000원
[어음거래] 보유중인 투자부동산을 100,000원(장부가액 50,000원)에 처분하고 동점발행 전자어음을 수령하였다.	(차) 미수금 100,000원 (대) 투자부동산 50,000원 투자자산처분이익 50,000원

2 선급금(↔선수금)

원재료나 상품 등을 매입할 때 계약금 등으로 대금의 일부를 지급한 금액을 말한다.

회계상 거래	회계처리
[계약금 지급] 원재료 100,000원을 구입하는 계약을 맺고 계약금 10,000원을 보통예금에서 지급하다.	(차) 선급금 10,000원 (대) 보통예금 10,000원
[원재료 매입] 원재료 계약분 100,000원이 공장에 입고되어 계약금 10,000원을 제외한 잔액은 당월 말일에 지급하기로 하다.	(차) 원재료 100,000원 (대) 선급금 10,000원 외상매입금 90,000원

3 가지급금(또는 임직원등단기채권 ↔ 가수금)

가지급금은 현금을 실제로 지출하였으나 처리할 계정과목과 금액이 확정되지 않은 경우에 임시(비망)적으로 쓰는 계정과목으로 계정과목과 금액이 확정되는 시점에 적절한 계정과목으로 대체한다.

회계상 거래	회계처리
[출장 여비 지급] 영업부사원 두더지에게 출장을 명하고 여비 명목으로 100,000원을 현금으로 지급하다.	(차) 가지급금 100,000원 (대) 현 금 100,000원

[출장경비 정산(증빙수취)]
영업부사원 두더지사원이 출장에서 복귀하고 수령한 여비의 정산보고를 받고 잔액은 현금 수령하였다.
내역 : 교통비 및 숙박비 40,000원
        기업업무추진비 50,000원
	(차) 여비교통비 40,000원 (대) 가지급금 100,000원
	    기업업무추진비 50,000원
	    현 금 10,000원

4 선납세금(↔미지급세금)

법인의 경우 법인세의 납부는 사업연도 종료 후 3개월 이내 신고·납부하는 것이 원칙이다. 그러나 조세수입의 조기 확보 및 세수의 평준화를 위하여 사업연도가 진행 중인 동안에도 원천징수 및 중간예납을 통해 미리 법인세를 납부·징수하도록 규정하고 있다.

회계상 거래	회계처리
[원천납부세액] 정기예금 1,000,000원 만기가 도래하여 원금과 이자 84,600원(원천징수세액 15,400원 제외)이 보통예금에 입금되었다.	(차) 보통예금 1,084,600원 (대) 정기예금 1,000,000원 선납세금 15,400원 이자수익 100,000원
[중간예납세액] 법인세 중간예납세액 2,000,000원을 보통예금에서 납부하였다.	(차) 선납세금 2,000,000원 (대) 보통예금 2,000,000원
[법인세비용 확정(12월 31일 가정)] 보고기간 종료일 당해 사업연도 법인세비용(지방소득세 포함)이 5,000,000원이 확정되어 선납세금 2,015,400원과 상계하였다.	(차) 법인세비용 5,000,000원 (대) 선납세금 2,015,400원 미지급세금 2,984,600원
[법인세등 납부시점] 익년 3월 31일(4월 30일) 직전연도 법인세(지방소득세)를 보통예금에서 납부하다.	(차) 미지급세금 2,984,600원 (대) 보통예금 2,984,600원

5 미수수익(↔미지급비용)

　미수수익은 발생주의 원칙에 의해 보고기간 종료일 현재 당기에 용역을 제공하고 수익은 획득하였으나 그 대가를 받지 못해서 수익계정에 기입하지 않은 금액을 말한다. 또한 미수수익은 **수익의 발생(예상)**에 해당하며 당좌자산으로 반영한다.

> [실무사례]　2025년 9월 1일　1년 만기 정기예금 가입
> 　　　　　　원금 : 1,000,000원, 이자율 : 연 12%, 이자수령일 : 2026.08.31.(만기일), 월할계산

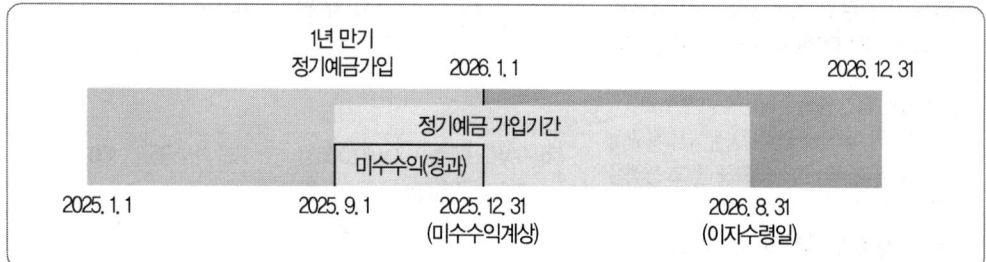

- 미수수익 = 정기예금 × 이자율 × 경과일수 / 총일수 = 1,000,000원 × 12% × 4개월 / 12개월 = 40,000원
- 당기 경과일수 : 2025.09.01 ~ 2025.12.31 ⇨ 4개월

회계상 거래	회계처리	
[정기예금 가입시점] 1년 만기 정기예금 1,000,000원 가입 후 보통예금에서 이체하다.	(차) 정기예금　1,000,000원	(대) 보통예금　1,000,000원
[결산시점] 당기 경과분에 대한 미수수익 40,000원을 결산서에 계상하다.	(차) 미수수익　　40,000원	(대) 이자수익　　40,000원
[이자수령 시점] 차기 만기일에 정기예금 1,000,000원 및 이자 120,000원(원천납부세액 18,480원 포함) 보통예금에 입금되었다.	(차) 보통예금　1,101,520원 　　 선납세금　　 18,480원	(대) 정기예금　1,000,000원 　　 미수수익　　 40,000원 　　 이자수익　　 80,000원

예제

2025년 7월 1일 (주)배움상사에 20,000,000원을 대여하고 연 10%의 이자를 상환일인 2026년 6월 30일에 수취하기로 약정하였다. 기간경과분에 대한 이자(월할계산 할 것)를 반영하시오.

【해설】
미수수익 = 20,000,000원 × 10% × 6개월/12개월(경과분) = 1,000,000원
회계처리 : (차) 미수수익　1,000,000원　　　(대) 이자수익　1,000,000원

6 선급비용(↔선수수익)

선급비용은 **비용의 이연**으로 당기에 지급한 비용 중에서 다음 회계연도(차기)에 속하는 비용을 말하며 발생주의 원칙에 의해 보고기간 종료일에 선급비용을 계상한다.

[실무사례] 2025년 10월 1일 1년분 자동차보험료 납부
보험료 : 1,200,000원, 보험가입기간 : 2025.10.1 ~ 2026.9.30(월할계산)

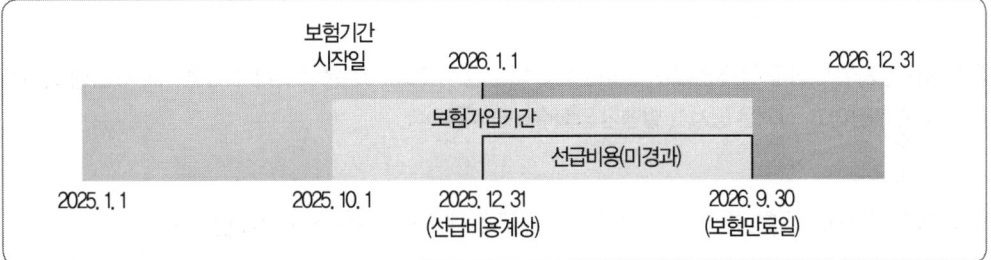

- 선급비용 = 보험료 × 미경과일수 / 보험가입전체일수 = 1,200,000원 × 9개월 / 12개월 = 900,000원
- 차기 미경과일수 : 2026.01.01 ~ 2026.9.30 ⇨ 9개월

회계상 거래	회계처리			
[보험 가입시점] 영업부 자동차보험 가입 후 보험료 1년치 1,200,000원을 보통예금에서 이체하다.	(차) 보험료	1,200,000원	(대) 보통예금	1,200,000원
[결산시점] 차기 미경과일수 보험료 900,000원을 결산서에 계상하다.	(차) 선급비용	900,000원	(대) 보험료	900,000원
[차기 재수정분개시점] 차기 연도 초에 결산 재수정분개에 의하여 선급비용 상계처리하다.	(차) 보험료	900,000원	(대) 선급비용	900,000원

예제

12월 1일에 12개월분 화재보험료(보험계약기간 : 2025. 12. 1. ~ 2026. 11. 30.) 3,000,000원을 보통예금 계좌에서 이체하였으며 전액 보험료 처리한 경우와 선급비용 처리한 경우로 구분하여 기말수정분개를 하시오. (월할계산 할 것)

【해설】

- 지출시점 보험료(비용) 처리 : **미경과분 자산처리(선급비용)** = 3,000,000원 × 11개월/12개월 = 2,750,000원
  회계처리 : (차) 선급비용 2,750,000원   (대) 보험료 2,750,000원
- 지출시점 선급비용(자산) 처리 : **경과분 비용처리(보험료)** = 3,000,000원 × 1개월/12개월 = 250,000원
  회계처리 : (차) 보험료 250,000원   (대) 선급비용 250,000원

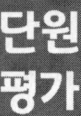

실무분개

01. 더존상사의 외상매출금 중 7,000,000원과 소나기상사의 외상매출금 중 3,000,000원을 회수하여 보통 예금에 입금하다.

02. 배움전자에서 상품 6,000,000원을 매입하고 대금 중 1,000,000원은 소유하고 있던 거래처 발행 당좌수 표를 지급하고, 잔액은 당사가 발행한 당좌수표를 지급하다.

03. 당기 회계기간 중 현금출납장 잔액보다 실제 현금잔액이 100,000원 부족함을 발견하다.

04. 당기 회계기간 중 현금 잔고를 확인한 결과 장부잔액보다 현금 잔고가 150,000원 더 많은 것을 확인하였 으나 그 원인이 밝혀지지 않다.

05. 장부상 현금보다 실제 현금이 부족하여 현금과부족으로 계상하였던 금액 100,000원에 대하여 결산일 현 재에도 그 원인을 알 수 없어 당기 비용(영업외비용)으로 처리하다.

06. 당사는 결산 시 장부상 현금보다 실제현금이 400,000원 부족함을 발견하여 원인을 찾던 중 320,000원 은 영업사원의 시내교통비 누락분으로 밝혀졌고 나머지 금액은 결산일까지 밝혀지지 않아 잡손실로 회 계처리 하기로 하였다.

07. 국민은행에 현금 9,000,000원을 정기예금(8개월 만기)에 가입하고 입금하였다.

08. 하나은행의 보통예금 계좌는 마이너스 통장이며, 기말 현재 잔액은 80,000,000원 단기차입금으로 대체 하고자 한다.

09. 단기보유목적으로 (주)해품의 주식 2,000주(1주당 액면가액 5,000원)을 20,000,000원에 구입하면서 증 권매입수수료 100,000원을 포함하여 당사의 보통예금계좌에서 지급하였다.

10. 단기간의 매매차익을 목적으로 총액 7,000,000원에 구입한 상장회사 (주)구노물산의 주식 200주 중 80 주를 주당 40,000원에 처분하였으며 처분대금은 소망은행 보통예금에 입금되다.

11. 일시보유목적으로 취득한 시장성 있는 (주)세정 주식 100주(장부금액 1,600,000원)를 주당 15,000원에 전부 처분하고 대금은 보통예금계좌로 이체 받다. 단, 주식 처분과 관련하여 발생한 수수료 50,000원은 현금으로 지급하였다. (하나의 전표로 회계처리 하시오.)

12. 기말 현재 당사가 단기매매차익을 목적으로 보유하고 있는 주식현황과 기말 현재 공정가치는 다음과 같다.

주 식 명	보유주식수	주당 취득원가	기말 공정가치
(주)한성 보통주	2,000주	10,000원	주당 12,000원
(주)강화 보통주	1,500주	8,000원	주당 10,000원
(주)도전 보통주	100주	15,000원	주당 15,000원

13. 범계기업의 외상매출금 30,000,000원 중 10,000,000원은 현금으로 받고, 나머지는 범계기업 발행의 약속어음(만기 : 2025년 11월 25일)을 받았다.

14. (주)루비에 대한 받을어음 30,000,000원이 만기가 되었다. 추심수수료 170,000원을 차감하고 나머지 잔액은 당좌예입 되었다.

15. (주)영진전자에 대한 외상매출금 2,700,000원과 외상매입금 3,800,000원을 상계처리하고 나머지 잔액은 당좌수표를 발행하여 (주)영진전자에 지급하였다.

16. (주)영진전자에 대한 지급어음 10,000,000원을 결제하기 위하여 당사가 제품매출 대가로 받아 보유하고 있던 (주)송도전자의 약속어음 10,000,000원을 배서하여 지급하였다.

17. (주)루비의 외상매입금 20,000,000원을 결제하기 위하여 당사가 제품매출대가로 받아 보유하고 있던 (주)서해물산의 약속어음 20,000,000을 배서하여 지급하였다.

18. 영업활동자금의 원활한 운용을 위하여 (주)영진전자에서 받은 받을어음 9,000,000원을 국민은행에서 할인하고 대금은 할인료 750,000원을 제외한 전액을 당사 당좌예금으로 송금받았다. (매각거래로 회계처리할 것)

19. 제품을 매출하고 (주)성공으로부터 수취한 어음 6,000,000원이 부도처리되었다는 것을 국민은행으로부터 통보받았다.

20. 대림상사의 파산으로 인해 외상매출금 1,000,000원이 회수불가능하게 되어 대손처리하였다. 외상매출금에 대한 대손충당금 현재 잔액은 1,200,000원이며, 대손세액공제는 고려하지 않기로 한다.

21. (주)송도전자의 외상매출금 20,000,000원이 법인세법상 대손금처리 요건이 충족되어서 당사는 이를 대손처리하기로 하였다. 지금까지 설정되어 있는 대손충당금을 조회(잔액 16,000,000원으로 가정)하고 이에 대하여 적절한 회계처리 하시오. (단, 부가가치세는 고려하지 않는다.)

22. (주)삼성개발에 단기대여한 10,000,000원이 동사의 파산으로 인하여 전액 대손처리 하였다. 대손충당금은 설정되어 있지 않다.

23. 전기에 대손이 확정되어 대손충당금과 상계처리 하였던 (주)삼성개발의 외상매출금 4,000,000원을 회수하여 국민은행의 당점 보통예금 계좌에 입금하였다.

24. 기말 매출채권(외상매출금과 받을어음) 잔액에 대하여 대손충당금(보충법)을 설정하다. 단, 대손율은 1%로 하며, 관련계정잔액을 조회한 후 답하시오.

(부분) 합계잔액시산표

차변		계정과목	대변	
잔액	합계		합계	잔액
		- 중략 -		
40,000,000	생략	외상매출금	생략	
		대손충당금	100,000	100,000
30,000,000	생략	받을어음	생략	
		대손충당금	50,000	50,000
		- 중략 -		

25. 제품을 생산하기 위해 희망상사로부터 원재료를 매입하기로 하고 계약금 1,000,000원을 보통예금에서 지급하였다.

26. 거래처 명진상사에 6개월 만기로 100,000,000원을 대여하기로 하여 45,000,000원은 보통예금계좌에서 지급하였고, 나머지 명진상사에 대한 외상매출금을 단기대여금으로 전환하기로 하였다.

27. 사원 박두철의 제주출장비로 현금 700,000원을 우선 계산하여 지급하고, 출장비사용명세서를 받아 출장비를 정산키로 하였다.

28. 출장갔던 생산직사원 이익동이 복귀하여 3월 2일에 가지급금으로 처리하였던 출장비 150,000원을 정산하고, 초과지출분 16,000원을 추가로 현금 지급하였다.

29. 선지급(50만원)한 영업부 김영업 사원에 대한 출장비(전도금으로 회계처리하였음)에 대하여 다음과 같이 출장비 명세서를 받았다. 초과된 출장비는 보통예금에서 지급하였다.

> - 교통비 : 160,000원   - 숙박비 : 210,000원
> - 식 대 : 70,000원   - 기업업무추진비 : 120,000원

30. 3월 1일 영업부건물 화재보험에 가입하고 1년분(2025.3.1 ~ 2026.2.28) 보험료 1,380,000원을 납부하였다. 보험료 납부당시 회사는 전액 보험료로 회계처리 하였다. 미경과 보험료는 월할계산 하기로 한다.

31. 당사는 이자비용 선지급 시 전부를 당기비용으로 계상한 후 기말결산 시 차기분은 선급비용으로 대체하고 있다. 당사의 2025년 10월 17일자로 회계처리한 이자비용 중 당기에 속하는 이자분은 4,000,000원이다. (2025년 10월 17일자 이자비용 8,500,000원이다.)

32. 월간기술지를 생산부서에서 1년 정기구독(정기구독기간 2025.10.01 ~ 2026.09.30, 정기구독비용 600,000원은 10월 1일에 전액 선지급 하였음)하고 전액 선급비용으로 회계처리 하였다. 월할계산으로 할 것.

33. 거래은행인 대한은행에 예입된 정기예금에 대한 자료는 다음과 같다. 당기분 경과이자를 인식하여 반영하시오. (단, 이자수익은 월할계산 할 것)

> - 예금 금액 : 60,000,000원   - 만기 : 3년
> - 가입연월일 : 2025년 4월 1일   - 연이자율 : 10%
> - 만기일 : 2028년 3월 31일   - 이자지급조건 : 만기시 전액 후불

34. 이자수익 200,000원에 대하여, 원천징수세액을 제외한 나머지 금액이 보통예금으로 입금되었다. (원천징수세율은 15.4%로 가정하고, 자산으로 처리한다.)

35. 당해연도 법인세 중간예납세액 8,000,000원을 보통예금 계좌에서 이체하다. (단, 법인세납부액은 자산계정으로 처리할 것)

36. 법인세등 예상액은 21,000,000원이며, 중간예납세액 8,000,000원과 이자소득에 대한 원천징수세액 2,100,000원은 선납세금으로 계상되어 있다. (이외의 다른 자료는 무시한다.)

◆정답◆

NO	회계처리			
01	(차) 보통예금	10,000,000	(대) 외상매출금(더존상사) 　　외상매출금(소나기상사)	7,000,000 3,000,000
02	(차) 상　품	6,000,000	(대) 현　　금 　　당좌예금	1,000,000 5,000,000
03	(차) 현금과부족	100,000	(대) 현　　금	100,000
04	(차) 현　금	150,000	(대) 현금과부족	150,000
05	(차) 잡 손 실	100,000	(대) 현금과부족	100,000
06	(차) 여비교통비(판) 　　잡손실	320,000 80,000	(대) 현　　금	400,000
07	(차) 정기예금(국민은행)	9,000,000	(대) 현　　금	9,000,000
08	(차) 보통예금(하나은행)	80,000,000	(대) 단기차입금(하나은행)	80,000,000
09	(차) 단기매매증권 　　수수료비용(영업외비용)	20,000,000 100,000	(대) 보통예금	20,100,000
10	(차) 보통예금(소망은행)	3,200,000	(대) 단기매매증권 　　단기매매증권처분이익	2,800,000 400,000
11	(차) 보통예금 　　단기매매증권처분손실	1,500,000 150,000	(대) 단기매매증권 　　현　　금	1,600,000 50,000
12	(차) 단기매매증권	7,000,000	(대) 단기매매증권평가이익	7,000,000
13	(차) 현　금 　　받을어음(범계기업)	10,000,000 20,000,000	(대) 외상매출금(범계기업)	30,000,000
14	(차) 당좌예금 　　수수료비용(판)	29,830,000 170,000	(대) 받을어음((주)루비)	30,000,000
15	(차) 외상매입금((주)영진전자)	3,800,000	(대) 외상매출금((주)영진전자) 　　당좌예금	2,700,000 1,100,000
16	(차) 지급어음((주)영진전자)	10,000,000	(대) 받을어음((주)송도전자)	10,000,000
17	(차) 외상매입금((주)루비)	20,000,000	(대) 받을어음((주)서해물산))	20,000,000
18	(차) 당좌예금 　　매출채권처분손실	8,250,000 750,000	(대) 받을어음((주)영진전자)	9,000,000
19	(차) 부도어음과수표((주)성공)	6,000,000	(대) 받을어음((주)성공)	6,000,000
20	(차) 대손충당금(외상매출금)	1,000,000	(대) 외상매출금(대림상사)	1,000,000
21	(차) 대손충당금(외상매출금) 　　대손상각비(판)	16,000,000 4,000,000	(대) 외상매출금((주)송도전자)	20,000,000

NO	회계처리			
22	(차) 기타의대손상각비	10,000,000	(대) 단기대여금((주)삼성개발)	10,000,000
23	(차) 보통예금(국민은행)	4,000,000	(대) 대손충당금(외상매출금)	4,000,000
24	(차) 대손상각비(판)	550,000	(대) 대손충당금(외상매출금) 대손충당금(받을어음)	300,000 250,000
25	(차) 선급금(희망상사)	1,000,000	(대) 보통예금	1,000,000
26	(차) 단기대여금(명진상사)	100,000,000	(대) 보통예금 외상매출금(명진상사)	45,000,000 55,000,000
27	(차) 가지급금(박두철)	700,000	(대) 현금	700,000
28	(차) 여비교통비(제)	166,000	(대) 가지급금(이익동) 현금	150,000 16,000
29	(차) 여비교통비(판) 기업업무추진비(판)	440,000 120,000	(대) 전도금(김영업) 보통예금	500,000 60,000
30	(차) 선급비용	230,000	(대) 보험료(판)	230,000
	▪ 선급비용 = 1,380,000원 × 2개월/12개월(미경과분) = 230,000원			
31	(차) 선급비용	4,500,000	(대) 이자비용	4,500,000
	▪ 선급비용 = 이자비용 8,500,000원 − 당기분 4,000,000원 = 4,500,000원			
32	(차) 도서인쇄비(제)	150,000	(대) 선급비용	150,000
	▪ 도서인쇄비 = 600,000원 × 3개월/12개월 = 150,000원			
33	(차) 미수수익	4,500,000	(대) 이자수익	4,500,000
	▪ 미수수익 = 60,000,000원 × 10% × 9개월/12개월(경과분) = 4,500,000원			
34	(차) 보통예금 선납세금	169,200 30,800	(대) 이자수익	200,000
35	(차) 선납세금	8,000,000	(대) 보통예금	8,000,000
36	(차) 법인세등	21,000,000	(대) 선납세금 미지급세금	10,100,000 10,900,000

실무이론

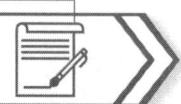

01. 다음 중 일반기업회계기준에서 유동자산으로 분류하도록 규정하고 있지 않은 것은?
 ① 1년을 초과하여 사용제한이 있는 현금 및 현금성자산
 ② 단기매매목적으로 보유하는 자산
 ③ 기업의 정상적인 영업주기내에 실현될 것으로 예상되거나 판매목적 또는 소비목적으로 보유하고 있는 자산
 ④ 재무상태표일로부터 1년 이내에 현금화 또는 실현될 것으로 예상되는 자산

02. 다음의 자산계정들을 일반기업회계기준에 따라 유동성배열법으로 나열한 경우 맞는 것은?

▪ 기계장치	▪ 제품	▪ 현금및현금성자산	▪ 외상매출금

 ① 외상매출금, 현금및현금성자산, 제품, 기계장치
 ② 현금및현금성자산, 외상매출금, 기계장치, 제품
 ③ 현금및현금성자산, 제품, 외상매출금, 기계장치
 ④ 현금및현금성자산, 외상매출금, 제품, 기계장치

03. 다음 중 재무상태표의 현금및현금성자산에 포함되지 않는 것은?
 ① 통화 및 타인발행수표 등 통화대용증권
 ② 단기매매증권
 ③ 취득 당시 만기일(또는 상환일)이 3개월 이내인 금융상품
 ④ 당좌예금과 보통예금

04. 다음은 모두 큰 거래비용 없이 현금으로 전환이 용이하고 이자율변동에 따른 가치변동의 위험이 중요하지 않은 금융상품이다. 다음 중 현금성자산이 아닌 것은?
 ① 2025년 12월 10일 취득하였으나 상환일이 2026년 4월 20일인 상환우선주
 ② 3개월 이내의 환매조건인 환매채
 ③ 투자신탁의 계약기간이 3개월 이내인 초단기수익증권
 ④ 취득당시 만기가 3개월 이내에 도래하는 채권

05. 다음 중 은행과의 약정에 의해 당좌예금잔액을 초과하여 당좌수표를 발행하였을 때 대변에 기입 하여야 하는 계정과목으로 가장 적절한 것은?
 ① 선수금 ② 단기대여금 ③ 단기차입금 ④ 지급어음

06. 유가증권 중 단기매매증권에 대한 설명이다. 다음 보기 중 가장 틀린 것은?
① 시장성이 있어야 하고, 단기시세차익을 목적으로 하여야 한다.
② 기말의 평가방법은 공정가액법이다.
③ 기말평가차이는 영업외수익 또는 영업외비용으로 처리한다.
④ 단기매매증권은 투자자산으로 분류된다.

07. 일반기업회계기준상 단기시세차익 목적으로 시장성 있는 사채를 취득하는 경우 가장 적합한 계정과목은 무엇인가?
① 만기보유증권　　　　　　　　② 매도가능증권
③ 단기매매증권　　　　　　　　④ 지분법적용투자주식

08. 2월 10일 시장성 있는 주식을 단기매매차익 목적으로 (주)사조 주식 200주를 1주당 5,000원에 취득하면서 현금으로 결제하고 거래수수료 10,000원을 보통예금통장으로 자동이체 결제하였다. 당사는 동 주식에 대하여 단기매매증권으로 분류하였다. 회계처리 중 옳은 것은?

① (차) 단기매매증권　1,010,000원　　(대) 현　　금　1,010,000원
② (차) 단기매매증권　1,000,000원　　(대) 현　　금　1,000,000원
　　　 수수료비용　　　 10,000원　　　　 보통예금　　 10,000원
③ (차) 단기매매증권　1,010,000원　　(대) 보통예금　1,010,000원
④ (차) 단기매매증권　1,000,000원　　(대) 보통예금　1,010,000원
　　　 수수료비용　　　 10,000원

09. (주)영광은 제1기(1.1~12.31)의 1월 2일에 단기적인 시세차익 목적으로 상장주식 100주(주당 20,000원)를 현금으로 취득하였다. 12월 31일의 1주당 시가는 25,000원이었다. (주)영광은 제2기(1.1~12.31) 1월 1일에 1주당 30,000원에 50주를 매각하였다. 제2기 12월 31일의 1주당 시가는 20,000원이었다. 일련의 회계처리 중 잘못된 것을 고르면?

① 주식 취득시
　(차) 단기매매증권　　　2,000,000원　　(대) 현　　금　　　　　2,000,000원
② 제1기 12월 31일
　(차) 단기매매증권　　　　500,000원　　(대) 단기매매증권평가이익　500,000원
③ 제2기 1월 1일
　(차) 현　　금　　　　 1,500,000원　　(대) 단기매매증권　　　1,000,000원
　　　　　　　　　　　　　　　　　　　　　 단기매매증권처분이익　 500,000원
④ 제2기 12월 31일
　(차) 단기매매증권평가손실　250,000원　　(대) 단기매매증권　　　　250,000원

10. 기말 현재 단기매매증권 보유현황은 다음과 같다. 단기매매증권 보유를 함에 따라 손익계산서에 반영할 영업외손익의 금액은 얼마인가?

- A사 주식의 취득원가는 200,000원이고 기말공정가액은 300,000원이다.
- A사 주주총회를 통해 현금배당금 60,000원을 받다.
- B사 주식의 취득원가는 150,000원이고 기말공정가액은 120,000원이다.

① 70,000원 ② 100,000원 ③ 130,000원 ④ 160,000원

11. 유가증권을 보유함에 따라 무상으로 주식을 배정받은 경우 회계처리 방법은?
① 배당금수익(영업외수익)으로 처리한다.
② 장부가액을 증가시켜주는 회계처리는 하지 않고, 수량과 단가를 새로이 계산한다.
③ 장부가액을 증가시켜주는 회계처리를 하고, 수량과 단가를 새로이 계산한다.
④ 장부가액을 증가시켜주는 회계처리를 하고, 수량과 단가를 새로이 계산하지 않는다.

12. 다음 중에서 대손충당금 설정대상자산으로 적합한 것은?
① 미지급금 ② 미수금 ③ 선수금 ④ 예수금

13. 매출채권에 대한 설명이다. 다음 중 가장 틀린 것은?
① 기업의 일반적인 상거래에서 발생하는 외상대금을 처리하는 계정이다.
② 제품을 매출한 후 제품의 파손, 부패 등의 사유로 값을 깎아 주는 것을 매출할인이라 한다.
③ 제품의 하자로 인하여 반품된 매출환입은 제품의 총매출액에서 차감한다.
④ 매출채권을 매각할 경우 "매출채권처분손실"계정이 발생할 수 있다.

14. 다음 중에서 대손 및 대손충당금 계정에 대한 설명으로 적합한 것은?
① 대손상각비계정은 수익계정이다.
② 대손충당금환입계정(매출채권)은 영업외수익계정이다.
③ 대손상각비계정은 재무상태표에 표시해야 한다.
④ 대손충당금계정은 매출채권에 대한 차감적 평가계정이다.

15. 영업활동과 관련하여 비용이 감소함에 따라 발생하는 매출채권의 대손충당금환입은 다음의 계정 구분 중 어디에 속하는가?
① 판매비와관리비 ② 영업외수익
③ 자본조정 ④ 이익잉여금

16. 외상매출금 20,000원이 회수불능 되었다. 일반기업회계기준에 따라 회계처리할 경우 다음 각 상황별로 계상되어야 할 대손상각비는 얼마인가?

> - 상황 1 : 대손충당금 잔액이 없는 경우
> - 상황 2 : 대손충당금 잔액이 13,000원인 경우
> - 상황 3 : 대손충당금 잔액이 23,000원인 경우

① 20,000원, 13,000원, 3,000원 ② 20,000원, 7,000원, 0원
③ 20,000원, 7,000원, 3,000원 ④ 20,000원, 13,000원, 0원

17. 다음의 거래에 대한 분개로 맞는 것은?

> 8월 31일 : 거래처의 파산으로 외상매출금 100,000원이 회수불능이 되다.
> (단, 8월 31일 이전에 설정된 대손충당금 잔액은 40,000원이 있다.)

① (차) 대손상각비　　　　100,000원　　(대) 외상매출금　100,000원
② (차) 대손충당금　　　　 40,000원　　(대) 외상매출금　100,000원
　　　 대손상각비　　　　 60,000원
③ (차) 대손충당금　　　　 60,000원　　(대) 외상매출금　100,000원
　　　 대손상각비　　　　 40,000원
④ (차) 대손충당금환입　　 40,000원　　(대) 외상매출금　100,000원
　　　 대손상각비　　　　 60,000원

18. (주)서울은 유형자산 처분에 따른 미수금 기말잔액 45,000,000원에 대하여 2%의 대손충당금을 설정하려 한다. 기초 대손충당금 400,000원이 있었고 당기 중 320,000원 대손이 발생되었다면 보충법에 의하여 기말 대손충당금 설정 분개로 올바른 것은?

① (차) 대손상각비　　　　 820,000원　　(대) 대손충당금　820,000원
② (차) 기타의대손상각비 820,000원　　(대) 대손충당금　820,000원
③ (차) 대손상각비　　　　 900,000원　　(대) 대손충당금　900,000원
④ (차) 기타의대손상각비 900,000원　　(대) 대손충당금　900,000원

19. (주)성원은 채권잔액의 2%를 대손충당금으로 설정한다. 다음 자료에서 2025년 말 대손금추정액은 얼마인가?

> - 2025. 12. 31　매출채권잔액　　200,000,000원
> - 2025. 1. 1　　대손충당금　　　　1,000,000원
> - 2025. 5. 1　　대손발생　　　　　　300,000원

① 1,000,000원　② 4,000,000원　③ 3,000,000원　④ 3,300,000원

20. 다음은 결산시 매출채권에 대한 대손충당금을 계산하는 경우의 예이다. 틀린 것은?

	결산전 대손충당금잔액	기말 매출채권잔액(대손율 1%)	회계처리의 일부
①	10,000원	100,000원	(대) 대손충당금환입 9,000원
②	10,000원	1,000,000원	회계처리 없음
③	10,000원	1,100,000원	(차) 대손상각비 1,000원
④	10,000원	1,100,000원	(차) 기타의대손상각비 1,000원

21. 결산시 대손충당금을 과소설정 하였다. 정상적으로 설정한 경우와 비교할 때, 어떠한 차이가 있는가?
① 당기순이익이 많아진다. ② 당기순이익이 적어진다.
③ 자본이 과소표시 된다. ④ 자산이 과소표시 된다.

22. 다음 중 비용의 이연으로서 재무상태표에 표시되는 것은?
① 선급비용   ② 미지급비용   ③ 선수수익   ④ 미수수익

23. 다음 중 빈칸의 내용으로 가장 적합한 것은?

- 선급비용이 (㉠)되어 있다면 당기순이익은 과대계상 된다.
- 미수수익이 (㉡)되어 있다면 당기순이익은 과대계상 된다.

	㉠	㉡		㉠	㉡
①	과대계상	과소계상	②	과소계상	과소계상
③	과소계상	과대계상	④	과대계상	과대계상

해설

01. 1년 이내에 사용제한이 없는 현금 및 현금성자산을 유동자산으로 분류할 수 있으며, 1년 초과분은 비유동자산으로 분류한다.
02. 유동성배열법은 당좌자산, 재고자산, 투자자산, 유형자산, 무형자산 순이다.
03. 단기투자자산은 기업이 여유자금의 활용 목적으로 보유하는 단기예금, 단기매매증권, 단기대여금 및 유동자산으로 분류되는 매도가능증권과 만기보유증권 등의 자산을 포함한다.
04. 현금성자산은 큰 거래비용 없이 현금으로 전환이 용이하고 이자율변동에 따른 가치변동의 위험이 중요하지 않은 금융 상품으로서 취득 당시 만기일(또는 상환일)이 3개월 이내인 것을 말한다.
05. 당좌예금 잔액을 초과하여 수표를 발행한 경우 은행으로부터의 단기적인 차입에 해당하므로 단기차입금계정에 기입하여야 한다.
06. 단기매매증권은 유동자산으로 분류한다.
08. 단기매매증권 취득을 위한 거래수수료 등의 거래원가는 즉시 비용처리(영업외비용) 한다.
09. 제1기 기말 평가이익 : (공정가액 25,000원 − 취득가액 20,000원) × 100주 = 500,000원
    제2기 1/1 매각 (매각시 장부가액은 재무상태표의 공정가액 25,000원으로 인식한다.)

처분이익 : (50주 × 25,000원(장부가액)) − (50주 × 30,000원(처분가액)) = 250,000원
(차) 현금 1,500,000원　　　　　　(대) 단기매매증권　　　1,250,000원
　　　　　　　　　　　　　　　　　　단기매매증권처분이익　250,000원

10. A사 주식 단기매매증권평가이익 100,000원 + 배당금수익 60,000원 = 160,000원
B사 주식 단기매매증권평가손실　　　　　　　　　　△30,000원
합　계　　　　　　　　　　　　　　　　　　　　　130,000원

12. 미수금은 기타채권으로 대손충당금 설정대상자산으로 할 수 있다.

13. 매출할인은 물건의 하자로 인하여 발생하는 것이 아니라 물건대금을 조기에 회수하는 경우 깎아주는 것을 말한다. 매출에누리는 제품을 매출한 후 제품의 파손, 부패 등의 사유로 값을 깎아주는 것을 말한다.

14. 대손상각비는 비용계정이며 대손충당금환입계정(매출채권)은 판매비와관리비의 차감계정이다.

15. 영업활동과 관련하여 비용이 감소함에 따라 발생하는 퇴직급여충당부채환입, 판매보증충당부채환입 및 대손충당금환입 등은 판매비와관리비의 부(−)의 금액으로 표시한다.

16. 상황1 : (차) 대손상각비 20,000원　　　(대) 외상매출금 20,000원
　　상황2 : (차) 대손충당금 13,000원　　　(대) 외상매출금 20,000원
　　　　　　　　대손상각비　7,000원
　　상황3 : (차) 대손충당금 20,000원　　　(대) 외상매출금 20,000원

17. 대손이 발생하면 대손충당금에서 우선 상계한 후 대손충당금이 부족하면 대손상각비 비용으로 인식한다.

18. 유형자산 처분에 따른 미수금은 기타의 대손상각비로 처리한다.
대손충당금 설정액은 (45,000,000원 × 2%) − 80,000원 = 820,000원이다.

19. 대손금추정액 = 200,000,000원 × 2% = 4,000,000원
대손충당금 설정액 = 4,000,000원 − (1,000,000원 − 300,000원) = 3,300,000원

20. 결산시 매출채권에 대한 대손충당금 설정 계산 문제에 해당한다. 그러므로 기타채권의 대손충당금처리인 기타의대손상각비 영업외비용은 틀린 것이다.

21. 분개를 해보면 [(차변) 대손상각비 ×××　(대변) 대손충당금 ×××]이다. 비용이 계상(인식)되지 않았으므로, 당기순이익이 많아진다(자본이 과대표시). 대손충당금이 과소 설정되었으므로, 자산이 과대표시 된다.

22. 비용의 이연 − 선급비용, 수익의 이연 − 선수수익, 비용의 예상 − 미지급비용, 수익의 예상 − 미수수익으로 회계처리 한다.

23. ■ 선급비용은 자산항목으로 자산이 과대계상되면 비용이 과소계상되므로 당기순이익은 과대계상 된다. → 회계처리 : (차) 선급비용 ×××　　(대) 보험료 ×××
■ 미수수익은 자산항목으로 자산이 과대계상되면 수익이 과대계상되므로 당기순이익은 과대계상 된다. → 회계처리 : (차) 미수수익 ×××　　(대) 이자수익 ×××

정답

01. ①	02. ④	03. ②	04. ①	05. ③	06. ④	07. ③	08. ②	09. ③	10. ③
11. ②	12. ②	13. ②	14. ④	15. ①	16. ②	17. ②	18. ②	19. ②	20. ④
21. ①	22. ①	23. ④							

CHAPTER 03 재고자산

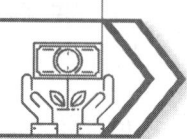

1. 재고자산의 의의와 종류

1 재고자산의 의의

정상적인 영업활동과정에서 판매를 위하여 보유하는 자산 또는 판매를 목적으로 생산과정에 있거나 생산이 완료된 자산으로 상품, 원재료, 재공품, 제품 등을 말한다.

2 재고자산의 종류

재고자산으로 분류 시 기업의 주된 영업활동(사업자등록증의 업태와 종목)이 무엇이냐에 따라 달라진다. 예를 들어 기업이 건물을 구입한 경우 영업장소로 사용하기 위하여 보유하고 있다면 유형자산(건물 계정)으로 분류되지만, 부동산매매업을 영위하는 기업이 판매목적으로 보유하고 있다면 재고자산(상품 계정)으로 분류된다. 또한, 기업이 시세차익을 목적으로 보유하고 있다면 투자자산(투자부동산 계정)으로 분류해야 한다.

구 분	내 용
원재료	제품을 제조하기 위하여 구입한 원료, 재료, 외부에서 구입한 중간부품 등
상품	판매를 목적으로 외부에서 완성품 상태로 구입한 상품
재공품	제품제조를 위한 재공과정 즉, 미완성 상태로 판매할 수 없는 형태
반제품	회사가 제조한 중간제품과 부분품으로 판매가 가능한 형태
제품	판매를 목적으로 직접 제조한 생산품(완성품)
미착품	상품이나 원재료 등을 주문하였으나 운송, 통관 중 등으로 회사에 입고되지 않은 상태
저장품	생산과정이나 서비스를 제공하는 과정에서 사용하는 소모품, 소모공구기구비품, 수선용부분품 및 기타 저장품을 말함

2. 재고자산의 취득원가

1 재고자산의 취득원가

매입원가	매입가액 + 취득관련부대비용 - 매입에누리·환출액, 매입할인액 (취득부대비용 : 매입운임, 하역료 및 보험료, 통관수수료, 관세 등)
제조원가	직접재료비 + 직접노무비 + 제조간접비 배부액
일괄구입	성격이 상이한 재고자산을 일괄구입시는 공정가치비율로 안분계산

2 매입에누리·환출액, 매입할인액(↔매출에누리·환입액, 매출할인액)

구 분	매입자	매출자
판매한 재고자산이 **반품**되는 경우	매입환출	매출환입
재고자산에 하자나 결함으로 인하여 **깎아주는** 경우	매입에누리	매출에누리
외상대금을 할인 기간 내에 **조기결제** 시 2/10, n/30 (two-ten, net thirty) : 10일 이내 결제 시 2% 할인, 대금 결제기한 30일 이내	매입할인	매출할인

회계상 거래	회계처리
[재고자산 매입] 원재료를 100,000원에 외상으로 구입하고 운반비 5,000원은 현금을 지급하다.	(차) 원재료 105,000원 (대) 외상매입금 100,000원 현금 5,000원
[매입할인 발생] 외상대금 100,000원 조기 입금에 대한 매입할인 2,000원을 받고 잔액을 보통예금에서 이체하였다.	(차) 외상매입금 100,000원 (대) 매입할인 2,000원 보통예금 98,000원

3. 기말재고자산에 포함할 항목

운송중인 재고자산 (미착품)	선적지인도기준 : 구매자(매입자)의 재고자산에 포함(선적 시 소유권이전)
	도착지인도기준 : 판매자(매출자)의 재고자산에 포함(도착 시 소유권이전)
적송품(위탁품)	수탁자가 보관하고 있는 미판매품은 위탁자의 재고자산에 포함
시송품(시용품)	고객이 구입의사를 표시하기 전의 시송품은 판매자의 재고자산에 포함
할부판매	인도기준에 의해 매출을 인식하므로 판매자의 재고자산에 미포함
저당상품	담보를 제공한 자의 재고자산에 포함
반품가능 재고자산	반품률을 합리적으로 추정 가능한 경우 : 상품 인도시점에 판매된 것으로 보아 판매자의 재고자산에서 제외
	반품률을 합리적으로 추정할 수 없는 경우 : 구매자가 상품의 인수를 수락하거나 반품기간이 종료된 시점까지 판매자의 재고자산에 포함

다음의 항목 중에서 기말재고자산에 포함되지 않는 항목은?
① 수탁자에게 판매를 위탁하기 위하여 발송한 상품
② 도착지 인도기준에 의하여 운송중인 매입상품
③ 소비자가 구입의사를 표시하기 전에 시용판매된 제품
④ 선적지 인도기준에 의하여 운송중인 매입상품

【해설】
정답 : ②
도착지 인도기준에 의하여 운송중인 매입상품은 판매자의 재고자산에 포함되어야 한다.

4. 상품매매에 관한 등식

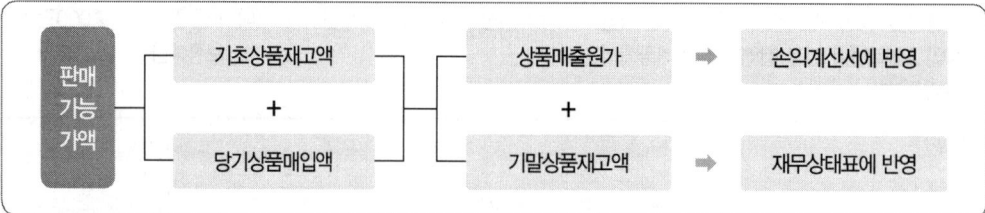

- 순매입액 = 총매입액 + 매입제비용 − 매입에누리와 환출 및 매입할인
- 순매출액 = 총매출액 − 매출에누리와 환입 및 매출할인
- 상품매출원가 = 기초상품재고액 + 순매입액 − 기말상품재고액 − 타계정대체액
- 매출총이익 = 순매출액 − 상품매출원가

다음 주어진 재고자산 자료를 가지고 매출원가를 계산하시오.

- 기초재고액 : 300,000원
- 당기총매입액 : 1,200,000원
- 기말재고액 : 200,000원
- 매 출 환 입 : 50,000원
- 매 입 환 출 : 80,000원
- 매입에누리 : 100,000원

【해설】
매출원가 = 기초재고액 + 당기순매입액(총매입액 − 매입환출 − 매입에누리) − 기말재고액
1,120,000원 = 300,000원 + (1,200,000원 − 80,000원 − 100,000원) − 200,000원

1 매출원가 회계처리

재고자산이 판매되는 시점마다 매출원가에 대한 회계처리를 하는 것은 상당히 번거롭고 힘든 업무이다. 상용 프로그램을 구입하여 전기에서 이월한 기초 재고액에 당기 매입액을 가산하여 관리하고 **결산시점에 기말 재고액을 결정하여 매출원가를 계산**하고 있다.

| (차) 상품매출원가 등 | ××× | (대) 상 품 등 | ××× |

2 타계정대체

기업이 재고자산을 판매하여 매출원가에 대체되는 것이 아니라 영업활동 하는 과정에서 보유중인 원재료나 제품 등을 판매 이외에 다른 목적으로 사용하는 경우를 **타계정대체(프로그램 입력시 적요번호 "8.타계정으로 대체~" 선택)**라고 한다. 재고자산을 견본제공, 광고선전 목적, 기부 및 접대 등으로 사용하는 경우가 해당하며 **기말재고액과 매출원가에 포함되지 않는다.**

| (차) 광고선전비 등 | ××× | (대) 상 품 등 (타계정대체액) | ××× |

5. 원가흐름에 의한 재고자산 평가

```
기말재고액  =  기말재고수량         ×   기말재고 취득단가
               ① 계속기록법             ① 개별법
               ② 실지재고조사법         ② 선입선출법
               ③ 혼합법                 ③ 후입선출법
                                        ④ 가중평균법(총평균법, 이동평균법)
                                        ⑤ 매출가격환원법
```

1 수량결정방법

계속기록법	재고자산의 입·출고 수불내역을 계속적으로 기록하고, 기말에 판매수량을 통하여 기말재고수량을 확정하는 방법 기초수량 + 당기매입수량 – 실제출고(판매)수량 = 기말재고수량
실지재고조사법	재고자산의 입고내역만 기록하고 정기 재고조사를 통해 실제 재고수량을 파악하여 출고수량을 확정하는 방법 기초수량 + 당기매입수량 – 기말재고실사수량 = 출고(판매)수량
혼합법	계속기록법과 실지재고조사법을 병행하는 방법으로 혼합법을 사용하면 감모수량을 파악할 수 있는 방법 계속기록법상 장부수량 – 실지재고조사법상 실제수량 = 감모수량

2 단가결정방법

(1) 개별법(Specific indentification method)
각 재고자산별로 매입원가 또는 제조원가를 결정하는 방법으로 고가품판매업, 부동산매매업, 조선업 등에서 사용하며 이상적이고 가장 정확한 원가배분방법이다.

(2) 선입선출법(FIFO, First-in First-out method)
먼저 매입 또는 생산한 재고항목이 먼저 판매 또는 사용된다는 원가흐름을 가정하는 방법으로 기말재고로 남아있는 항목은 가장 최근에 매입 또는 생산한 항목이다.

(3) 후입선출법(LIFO, Last-in First-out method)
가장 최근에 매입 또는 생산한 재고항목이 가장 먼저 판매 또는 사용된다는 원가흐름을 가정하는 방법으로 기말재고에 남아있는 항목은 가장 먼저 매입 또는 생산한 항목이다.

선입선출법(순매입법)	후입선출법(역매입법)
• 물량흐름과 원가흐름이 대체적으로 일치 • 기말재고자산을 현행원가(공정가치)에 가깝게 표시 • 수익과 비용 대응이 부적절 • 물가상승 시 이익이 과대계상	• 물량흐름과 원가흐름이 불일치 • 물가상승 시 기말재고자산이 과소 평가 • 현행수익과 현행(원가)비용의 적절한 대응 • 물가상승 시 이익을 적게 계상하므로 법인세이연효과

(4) 가중평균법(Average cost method)
① 총평균법(수량결정방법 : 실지재고조사법에서 사용)
　당기에 판매된 재고자산은 모두 동일한 단가라는 가정하에 매출원가와 기말재고액을 결정하는 방법이다. 적용이 간편하고 객관적이며 이익조작의 가능성이 없다.

$$총평균단가 = \frac{(기초재고금액 + 일정기간\ 매입금액)}{(기초재고수량 + 일정기간\ 매입수량)}$$

② 이동평균법(수량결정방법 : 계속기록법에서 사용)
　재고자산 매입시마다 평균단가를 계산하는 방법으로 재고자산이 출고되는 시점에서의 평균단가로 매출원가와 기말재고액을 결정하는 방법으로 전산화하는 경우 가장 많이 사용한다.

$$이동평균단가 = \frac{(매입직전의\ 재고금액 + 신규매입금액)}{(매입직전의\ 재고수량 + 신규매입수량)}$$

(5) 매출가격환원법(소매재고법)
재고자산에 관한 자료를 매가로 기록, 보존하였다가 기말에 일정한 수정과정을 거쳐 이를 원가로 환산하는 방법으로 백화점 등의 유통업종에서만 사용할 수 있다.

$$원가율 = \frac{판매가능재고자산(기초 + 매입)의\ 원가}{판매가능재고자산(기초 + 매입)의\ 매가}$$

$$기말재고액 = 매가로\ 표시된\ 재고자산 \times 원가율$$

(6) 각 평가방법의 상호비교

구 분	이익보고 : 인플레이션(물가상승) 가정하에서
기말재고액 및 당기순이익	선입선출법 > 이동평균법 ≥ 총평균법 > 후입선출법
매출원가	선입선출법 < 이동평균법 ≤ 총평균법 < 후입선출법

기말재고자산이 증가하면 매출원가는 작아지고 매출총이익은 증가한다.

재고수불부에 의하여 재고자산의 평가를 선입선출법·후입선출법, 가중평균법에 의할 경우 매출원가와 월말재고자산금액을 계산해 보시오. (계속기록법 가정)

일 자	구 분	수 량	단 가
1월 2일	기초재고	10개	개당 100원
1월 9일	매입	30개	개당 120원
1월 16일	매출	20개	
1월 30일	매입	10개	개당 130원

【해설】

[선입선출법]
- 매출원가 = 10개 × @100원 + 10개 × @120원 = 2,200원(기초재고와 1월 9일 매입분)
- 기말재고 = 20개 × @120원 + 10개 × @130원 = 3,700원(1월 9일과 1월 30일 매입분)

[후입선출법]
- 매출원가 = 20개 × @120원 = 2,400원(1월 9일 매입분)
- 기말재고 = 10개 × @100원 + 10개 × @120원 + 10개 × @130원 = 3,500원

[총평균법]
- 총평균단가 = (1,000원 + 3,600원 + 1,300원) ÷ (10개 + 30개 + 10개) = @118원
- 매출원가 = 20개 × @118원 = 2,360원
- 기말재고 = 30개 × @118원 = 3,540원

[이동평균법]
- 이동평균단가
  1월 9일 매입시점 = (1,000원 + 3,600원) ÷ (10개 + 30개) = @115원
  1월 30일 매입시점 = (2,300원 + 1,300원) ÷ (20개 + 10개) = @120원
- 매출원가 = 20개 × @115원 = 2,300원
- 기말재고 = 30개 × @120원 = 3,600원

다음 중 물가가 지속적으로 하락하는 경우 매출원가, 매출총이익 및 기말재고자산의 금액이 가장 높게 평가되는 재고자산평가방법으로 짝지어진 것은? (단, 기초재고수량과 기말재고수량은 동일하다고 가정)

	매출원가	매출총이익	기말재고자산금액
①	선입선출법	후입선출법	선입선출법
②	후입선출법	선입선출법	후입선출법
③	선입선출법	후입선출법	후입선출법
④	후입선출법	선입선출법	선입선출법

【해설】

정답 : ③

	매출원가	매출총이익	기말재고자산금액
물가하락	선입선출법 ↑	선입선출법 ↓	선입선출법 ↓
	후입선출법 ↓	후입선출법 ↑	후입선출법 ↑

6. 재고자산감모손실

재고자산의 도난, 파손, 분실 등으로 인하여 기말재고수량이 장부와 실제와의 차이를 말한다.

재고자산감모손실 = (장부상 재고수량 − 실제 재고수량) × 장부상 취득단가

원가성이 있는 정상적 감모손실 (매출원가 가산)	(차) 매 출 원 가 ××× (대) 재 고 자 산 ×××
원가성이 없는 비정상적 감모손실 (영업외비용 처리)	(차) 재고자산감모손실 ××× (대) 재 고 자 산 ××× (영업외비용) (타계정대체액)

7. 재고자산평가손실 (기말평가 시 저가법 적용)

재고자산의 진부화, 품질저하, 유행경과(장기체화) 등으로 취득원가와 공정가치(시가)를 비교하여 낮은 가액으로 평가하는 방법을 말한다.

재고자산평가손실 = 실제 기말수량 × (취득단가 − 시가)

적용시가 : 공정가치	• 상품, 제품, 재공품 등 : 순실현가능가치 (= 추정판매가액 − 추정판매비) • 원재료 : 현행대체원가(현행원가 : 매입시 소요되는 금액) • 종목별 평가가 원칙(총계기준 불가)이며 유사항목에 대해서는 조별평가를 허용

하락	매출원가 가산	(차) 재고자산평가손실 ××× (매출원가 가산)	(대) 재고자산평가충당금 ××× (재고자산 차감평가계정)
회복	매출원가 차감	(차) 재고자산평가충당금 ××× (재고자산 차감평가계정)	(대) 재고자산평가충당금환입 ××× (매출원가 차감)

예제

다음의 자료로 재고자산감모손실과 재고자산평가손실을 계산하시오.

- 제품 장부재고수량   1,000개
- 실사재고수량   900개
- 제품단위당 원가   1,000원
- 단위당 시가   900원

【해설】

[제품감모손실]
(장부수량 − 실제수량) × 취득원가 = (1,000개 − 900개) × 1,000원 = 100,000원

[제품평가손실]
실제재고수량 × (취득원가 − 시가) = 900개 × (1,000원 − 900원) = 90,000원

8. 소모품의 기말평가

보고기간 종료일 현재 당기에 구입한 소모품 중 사용한 부분은 비용(소모품비 등)으로 처리하고 미사용한 부분은 자산(소모품)으로 보고하여야 한다.

구분	구입시 전액 비용처리	구입시 전액 자산처리
[구입시점]	(차) 소모품비 100원 (대) 현금 등 100원	(차) 소모품 100원 (대) 현금 등 100원
[결산시점] 사 용 : 30원 미사용 : 70원	비용으로 인식한 소모품비 중 **미사용분만큼** 소모품비(비용)을 감소시키고 **소모품(자산)**으로 인식 (차) 소모품 70원 (대) 소모품비 70원	자산으로 인식한 소모품 중 **사용분만큼** 소모품(자산)을 감소시키고 **소모품비(비용)**으로 인식 (차) 소모품비 30원 (대) 소 모 품 30원

예제

당사는 기중에 영업부에서 사용할 소모품(장부가액 5,000,000원)을 구입하면서 모두 비용으로 회계처리하였다. 12월 31일 현재 재고실사 결과 영업부에서 보관 중인 소모품은 400,000원이다.

【해설】

구입시점에 비용처리한 경우 결산시점에는 미사용액을 자산으로 처리한다.
회계처리 : (차) 소모품   400,000원   (대) 소모품비   400,000원

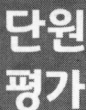
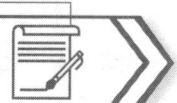

실무분개

01. 우리전자에서 상품 2,000,000원을 매입하고, 대금 중 500,000원은 소유하고 있던 거래처 발행 당좌수표로 지급하고, 잔액은 당사가 당좌수표를 발행하여 지급하다. 단, 매입운임 20,000원은 현금으로 지급하다.

02. 금장상회와 계약한 판매용 운동화(가액 10,000,000원)가 도착하여 계약금 1,000,000원을 제외한 나머지 대금은 어음을 발행(만기일 2025.10.23.)하여 지급하다.

03. 인천세관으로부터 수입 원재료에 대한 통관수수료 230,000원이 발생하여 보통예금으로 지급하였다. (취득원가로 회계처리하며 원재료는 창고에 도착함)

04. 금장상회의 원재료 외상매입금 10,000,000원을 약정에 따라 결제하면서 500,000원을 할인받고 잔액은 당좌수표를 발행하여 지급하였다.

05. 서진전자에 제품을 20,000,000원에 판매하고 14,000,000원은 외상으로 하고 잔액은 약속어음(만기 3개월)을 받았다.

06. 두더지상사에 제품을 5,000,000원에 외상으로 매출하고 당점 부담 운반비 30,000원을 현금으로 지급하였다.

07. 서진전자에 판매한 제품 중 10개(1개당 공급단가 100,000원)가 불량품으로 판명되어 반품됨에 따라 외상매출금과 상계처리하기로 하였다.

08. 서해물산의 제품 외상매출금 7,000,000원을 회수하면서 약정기일보다 10일 빠르게 회수되어 외상매출금의 3%를 할인해 주었다. 대금은 모두 보통예금으로 입금되었다.

09. 중국의 소니상사에서 원재료를 선적지인도조건으로 수입계약을 하고 현재 선적되어 운송중인 물품대금 15,000,000원을 보통예금에서 이체하여 결제하였다.

10. 구입하여 보관 중인 원재료(원가 200,000원, 시가 300,000원)를 회사 소모품으로 사용하고자 대체하였다. (소모품은 자산으로 회계처리 할 것)

11. 제품(원가 1,000,000원, 시가 1,200,000원)을 매출처에 접대목적으로 무상 제공하였다.

12. 원재료를 보관하는 창고에 화재가 발생하여 장부가액 5,000,000원의 원재료가 소실되었으며 당사는 화재보험에 가입되어 있지 않다.

13. 장부상 제품재고액은 1,500,000원이고 실제 제품재고액은 1,450,000원이다. 이 재고감모액은 비정상적으로 발생되었다. 재고 감모액에 대한 회계처리를 하시오.

14. 9월 1일 영업부에서 사용할 소모품 450,000원을 구입하면서 자산으로 회계 처리하였다. 이 중 기말 현재 소모품의 사용액이 330,000원이었다.

◆정답◆

NO	회계처리			
01	(차) 상 품	2,020,000	(대) 현 금 당좌예금	520,000 1,500,000
02	(차) 상 품	10,000,000	(대) 선급금(금장상회) 지급어음(금장상회)	1,000,000 9,000,000
03	(차) 원 재 료	230,000	(대) 보통예금	230,000
04	(차) 외상매입금(금장상회)	10,000,000	(대) 매입할인(원재료) 당좌예금	500,000 9,500,000
05	(차) 외상매출금(서진전자) 받을어음(서진전자)	14,000,000 6,000,000	(대) 제품매출	20,000,000
06	(차) 외상매출금(두더지상사) 운반비(판)	5,000,000 30,000	(대) 제품매출 현 금	5,000,000 30,000
07	(차) 매출환입(제품매출)	1,000,000	(대) 외상매출금(서진전자)	1,000,000
08	(차) 매출할인(제품매출) 보통예금	210,000 6,790,000	(대) 외상매출금(서해물산)	7,000,000
09	(차) 미 착 품	15,000,000	(대) 보통예금	15,000,000
10	(차) 소 모 품	200,000	(대) 원 재 료 (타계정으로 대체)	200,000
11	(차) 기업업무추진비(판)	1,000,000	(대) 제 품 (타계정으로 대체)	1,000,000
12	(차) 재해손실	5,000,000	(대) 원 재 료 (타계정으로 대체)	5,000,000
13	(차) 재고자산감모손실	50,000	(대) 제 품 (타계정으로 대체)	50,000
14	(차) 소모품비(판)	330,000	(대) 소모품	330,000

실무이론

01. 다음 중 재고자산의 취득원가에 포함시켜야 하는 항목으로 가장 맞는 것은?
① 판매수수료 ② 판매시의 운송비용
③ 재고자산 매입시 수입관세 ④ 인수 후 판매까지의 보관료

02. 다음 중 재고자산의 원가에 대한 설명으로 옳지 않은 것은?
① 매입원가는 매입가액에 취득과정에서 정상적으로 발생한 부대비용을 가산한 금액이다.
② 제조원가는 보고기간 종료일까지 제조과정에서 발생한 직접재료비, 직접노무비, 제조와 관련된 변동제조간접비 및 고정제조간접비의 체계적인 배부액을 포함한다.
③ 매입원가에서 매입과 관련된 에누리는 차감하나 할인은 차감하지 않는다.
④ 제조원가 중 비정상적으로 낭비된 부분은 원가에 포함될 수 없다.

03. 다음은 기말재고자산에 포함될 항목의 결정에 대한 설명이다. 가장 틀린 것은?
① 적송품은 수탁자가 판매한 경우 위탁자의 재고자산에서 제외한다.
② 시송품은 매입자가 매입의사표시를 한 경우 판매자의 재고자산에서 제외한다.
③ 할부판매상품은 인도기준으로 매출을 인식하므로 대금회수와 관계없이 인도시점에서 판매자의 재고자산에서 제외한다.
④ 미착품이 도착지인도조건인 경우 도착시점에서 판매자의 재고자산에 포함한다.

04. 다음 중 재고자산의 수량결정방법에 해당하는 것은 어느 것인가?
① 선입선출법 ② 이동평균법
③ 후입선출법 ④ 계속기록법

05. 다음 중 재고자산의 단가결정방법에 해당하는 것은?
① 개별법 ② 실지재고조사법
③ 혼합법 ④ 계속기록법

06. 다음 중 재고자산 평가방법이 아닌 것은?
① 실지재고조사법 ② 후입선출법
③ 가중평균법 ④ 선입선출법

07. 다음 중 물가가 상승하는 경우 재무상태표에 재고자산을 가장 최근의 원가, 즉 시가나 공정가치로 표현할 수 있는 재고자산의 원가 결정방법은 무엇인가?

① 개별법　　　② 선입선출법　　　③ 후입선출법　　　④ 이동평균법

08. 다음은 재고자산의 원가배분에 관한 내용이다. 선입선출법의 특징이 아닌 것은?

① 일반적인 물량흐름은 먼저 매입한 것이 먼저 판매되므로 물량흐름과 원가흐름이 일치한다.
② 기말재고는 최근에 구입한 것이므로 기말재고자산은 공정가액에 가깝게 보고된다.
③ 물가상승시 현재의 매출수익에 오래된 원가가 대응되므로 수익·비용대응이 잘 이루어지지 않는다.
④ 이익을 가장 적게 계상하므로 가장 보수적인 평가방법이다.

09. 다음은 재고자산의 평가방법에 대하여 잘못 설명한 것은?

① 개별법은 실제수익과 실제원가가 대응되어 이론적으로 가장 우수하다고 할 수 있으나 실무에서 적용하는데 어려움이 있다.
② 재고수량이 동일할 때 물가가 지속적으로 상승하는 경우에는 선입선출법을 적용하면 다른 평가방법을 적용하는 경우 보다 상대적으로 이익이 크게 표시된다.
③ 이동평균법은 매입거래가 발생할 때마다 단가를 재산정해야 하는 번거로움이 있다.
④ 후입선출법은 일반적인 물량흐름과 일치한다.

10. 기초재고와 기말재고가 동일하다는 가정하에 물가가 상승하고 있다면 다음 중 어떤 재고평가방법이 가장 높은 순이익과 가장 높은 매출원가를 기록하게 하는가?

	가장 높은 순이익	가장 높은 매출원가
①	선입선출법	후입선출법
②	선입선출법	선입선출법
③	후입선출법	선입선출법
④	후입선출법	후입선출법

11. 다음 주어진 자료로 매출원가를 계산하면 얼마인가?

・기초상품재고액 : 100,000원　　・기말상품재고액 : 150,000원　　・판매가능상품액 : 530,000원

① 580,000원　　② 480,000원　　③ 380,000원　　④ 280,000원

12. (주)경기의 4월 기말재고액이 기초재고액 보다 200,000원 증가되었고, 4월 매출액은 2,700,000원으로 매출원가의 20% 이익을 가산한 금액이라 한다면, 당기 매입금액은?

① 2,150,000원　　② 2,250,000원　　③ 2,350,000원　　④ 2,450,000원

13. 다음 자료에 의한 매출총이익은 얼마인가?

• 총매출액 : 35,000,000원	• 총매입액 : 18,000,000원
• 매입할인 : 300,000원	• 이자비용 : 200,000원
• 매입에누리와환출: 250,000원	• 복리후생비 : 1,000,000원
• 매출에누리와환입: 200,000원	• 매출할인 : 200,000원
• 기초상품재고액 : 500,000원	• 기말상품재고액: 450,000원

① 17,500,000원 ② 17,450,000원 ③ 17,100,000원 ④ 17,000,000원

14. 다음은 재고자산의 평가에 대한 설명이다. 틀린 것은?
① 재고자산의 평가손실충당금은 재고자산의 차감계정으로 표시한다.
② 재고자산의 평가손실은 영업외비용으로 처리한다.
③ 재고자산의 감모손실이 정상적인 범위내에 해당하는 경우에는 매출원가에 가산한다.
④ 재고자산의 감모손실이 비정상적인 것으로 판단되는 경우에는 영업외비용으로 처리한다.

15. 기말재고자산가액을 실제보다 높게 계상한 경우 재무제표에 미치는 영향으로 잘못된 것은?
① 매출원가가 실제보다 감소한다.   ② 매출총이익이 실제보다 증가한다.
③ 당기순이익이 실제보다 증가한다.   ④ 자본총계가 실제보다 감소한다.

16. 거래처로부터 받은 상품매출과 관련한 계약금을 매출액으로 잘못 처리하였다. 이의 회계처리가 재무상태표와 손익계산서에 미치는 영향은 어떠한가?
① 자산이 과대계상되고, 부채가 과대계상되었다.
② 자산이 과대계상되고, 수익이 과대계상되었다.
③ 부채가 과소계상되고, 수익이 과대계상되었다.
④ 자산이 과소계상되고, 부채가 과소계상되었다.

17. 다음은 장비상사의 제1기(1.1 ~ 12.31)재고자산 내역이다. 이를 통하여 이동평균법에 의한 기말재고자산의 단가를 계산하면 얼마인가?

일 자	적 요	수 량	단 가
1월 4일	매입	200개	1,000원
3월 6일	매출	100개	1,200원
5월 7일	매입	200개	1,300원
7월 10일	매입	300개	1,100원

① 1,150원   ② 1,200원   ③ 1,250원   ④ 1,270원

18. 다음은 청솔상회의 재고자산과 관련된 문제이다. 선입선출법에 의하여 평가할 경우 매출총이익은 얼마인가? (다른 원가는 없다고 가정한다.)

일자	매입매출구분	수량	단가
10월 1일	기초재고	10개	개당 100원
10월 8일	매입	30개	개당 110원
10월 15일	매출	25개	개당 140원
10월 30일	매입	15개	개당 120원

① 850원   ② 2,650원   ③ 3,500원   ④ 6,100원

19. 정상적인 원인으로 원재료에 대한 재고감모손실이 발생했을 경우 올바른 회계처리는?
① 매출원가에 가산한다.
② 매출원가에서 차감한다.
③ 판매비와 관리비로 분류한다.
④ 영업외비용으로 분류한다.

20. 다음 중 재고자산의 기말평가 시 저가법을 적용한 경우 그 내용으로 틀린 것은?
① 가격하락시 : (차) 재고자산평가손실   ×××   (대) 재고자산평가충당금   ×××
② 가격회복시 : (차) 재고자산평가충당금   ×××   (대) 재고자산평가충당금환입   ×××
③ 재고자산평가충당금환입은 영업외수익으로 분류한다.
④ 재고자산평가충당금은 해당 재고자산에서 차감하는 형식으로 기재한다.

◆해설◆

01. ①, ②, ④는 재고자산 취득원가에 포함할 수 없으며 발생기간의 비용으로 인식한다.
02. 재고자산의 매입원가는 매입금액에 매입운임, 하역료 및 보험료 등 취득과정에서 정상적으로 발생한 부대원가를 가산한 금액이다. 매입과 관련된 할인, 에누리 및 기타 유사한 항목은 매입원가에서 차감한다.
03. 미착품의 도착지인도조건(CIF)인 경우 도착시점에서 매입자의 재고자산에 포함한다.
04. 계속기록법, 실지재고조사법은 재고자산의 수량결정방법이고, 선입선출법, 이동평균법, 후입선출법, 총평균법, 개별법은 재고자산의 단가결정방법이다.
05. 개별법은 재고자산의 단가결정방법이다.
06. 실지재고조사법은 평가방법이 아니라 재고자산 수량결정방법이다.
07. 개별법은 실물흐름에 따른 방법이고 후입선출법은 기말재고자산이 과거에 매입된 가격으로 표시되고, 이동평균법은 상품을 취득할 때마다 새로운 단가를 계산하는 방법으로 취득가격이 서로 섞이게 된다.

08. 이익을 가장 적게 계상하므로 가장 보수적인 평가방법은 후입선출법의 특징이다.
09. 후입선출법 특징
   (1) 현재의 수익에 현재의 원가가 대응되므로 수익·비용대응의 원칙에 잘 맞으며 물가 상승시 법인세 이연효과가 있다.
   (2) 당기순이익이 가장 적게 표시되며, 일반적으로 물량흐름과 반대이고, 기말재고자산은 과거의 가격으로 표시되어 재무분석이 왜곡될 수 있다.
10. 물가상승시
   (1) 재고금액과 이익의 크기 : 선입선출법 > 이동평균법 ≧ 총평균법 > 후입선출법
   (2) 매출원가의 크기 : 선입선출법 < 이동평균법 ≦ 총평균법 < 후입선출법
11. 판매가능상품액 = 기초상품재고액 + 순매입액 = 매출원가 + 기말상품재고액
    530,000원 = 매출원가 + 150,000원 ⇨ 매출원가 = 380,000원
12. 당기매입액 = 매출원가(2,700,000원/120%) + 기말재고액 200,000원 = 2,450,000원
13. ■ 순매출액의 계산 = 총매출액 − 매출에누리와환입 − 매출할인
                  = 35,000,000원 − 200,000원 − 200,000원 = 34,600,000원
    ■ 순매입액의 계산 = 총매입액 − 매입에누리와환출 − 매입할인
                  = 18,000,000원 − 250,000원 − 300,000원 = 17,450,000원
    ■ 매출원가의 계산 = 기초상품재고액 + 당기상품순매입액 − 기말상품재고액
                  = 500,000원 + 17,450,000원 − 450,000원 = 17,500,000원
    ■ 매출총이익의 계산 = 순매출액 − 매출원가
                    = 34,600,000원 − 17,500,000원 = 17,100,000원
14. 재고자산의 평가손실은 매출원가에 가산한다.
15. 기말재고자산을 실제보다 높게 계상한 경우에는 매출원가는 실제보다 감소하고, 그 결과 매출총이익과 당기순이익이 증가한다. 당기순이익이 증가하면, 자본총계도 증가한다.
16. 정상 회계처리 : (차) 현금 등   ×××   (대) 선수금   ×××
    오류 회계처리 : (차) 현금 등   ×××   (대) 매   출   ×××
    ⇨ 부채가 과소계상되고, 수익이 과대계상되는 결과가 된다.
17. ■ 5월 7일 : (100개 × 1,000원 + 200개 × 1,300원) / 300개 = 1,200원
    ■ 7월 10일 : (300개 × 1,200원 + 300개 × 1,100원) / 600개 = 1,150원
18. ■ 매출액 = 25개 × 140원 = 3,500원
    ■ 매출원가 = 10개 × 100원 + 15개 × 110원 = 2,650원
    ■ 매출총이익 = 매출액 − 매출원가 = 3,500원 − 2,650원 = 850원
19. 재고자산의 장부상 수량과 실제 수량과의 차이에서 발생하는 감모손실의 경우 정상적으로 발생한 감모손실은 매출원가에 가산하고 비정상적으로 발생한 감모손실은 영업외비용으로 분류한다.
20. 재고자산평가충당금환입은 매출원가에서 차감한다.

◆ 정답 ◆

| 01. ③ | 02. ③ | 03. ④ | 04. ④ | 05. ① | 06. ① | 07. ② | 08. ④ | 09. ④ | 10. ① |
| 11. ③ | 12. ④ | 13. ③ | 14. ② | 15. ④ | 16. ④ | 17. ① | 18. ① | 19. ① | 20. ③ |

CHAPTER 04 투자자산

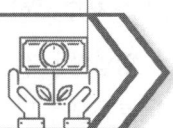

1. 비유동자산

회사의 영업활동을 위하여 **1년 이상**의 기간 동안 회사가 가지고 있는 자산을 말하며, 투자자산, 유형자산, 무형자산, 기타비유동자산으로 구분한다.

구 분	계 정 과 목
투자자산	매도가능증권, 만기보유증권, 지분법적용투자주식, 장기금융상품, 투자부동산, 장기대여금 등
유형자산	토지, 건물, 기계장치, 차량운반구, 비품, 건설중인자산 등
무형자산	영업권, 산업재산권, 개발비, 소프트웨어 등
기타비유동자산	임차보증금, 장기성매출채권, 부도어음과수표 등

2. 투자자산

1 투자자산의 의의

기업이 정상적인 영업활동과는 무관하게 타회사를 지배하거나 통제할 목적 또는 장기적인 투자이윤을 얻을 목적으로 장기적으로 투자된 자산을 말한다.

2 장기금융상품

유동자산에 속하지 않는 금융상품으로 보고기간 종료일 현재 만기가 1년 이후에 도래하는 사용이 제한되어 있는 예금(감채기금예금, 당좌거래 개설보증금 등) 및 기타 정형화된 장기금융상품 등이 있다.

장기성예금	금융기관이 취급하는 정기예금, 정기적금 및 기타 정형화된 상품 등으로 보고기간 종료일로부터 1년 이후에 만기가 도래하는 금융상품
특정현금과예금	당좌거래를 개설하기 위해 은행에 예치하는 당좌개설보증금 등 장기금융상품 중 사용이 제한되어 있는 예금

3 장기대여금

유동자산에 속하지 아니하는 대여금으로 회수기간이 보고기간 종료일로부터 1년 이후에 도래하는 장기의 대여금을 말한다.

4 투자부동산

영업활동과는 직접 관련 없이 투자의 목적 또는 비영업용으로 소유하는 토지, 건물 및 기타의 부동산을 말한다. 처분 시 장부금액과 처분금액을 비교하여 **투자자산처분손익(영업외손익)**으로 회계처리 한다.

회계상 거래	회계처리
[취득시점] 장기투자목적으로 토지를 10,000,000원에 취득하고 보통예금에서 지급하였다.	(차) 투자부동산 10,000,000원　(대) 보통예금　10,000,000원
[처분시점] 10,000,000원에 취득한 투자부동산 전부를 15,000,000원에 처분하고 대금은 동점 발행 어음을 수취하였다.	(차) 미　수　금 15,000,000원　(대) 투자부동산　10,000,000원 　　　　　　　　　　　　　　　　 투자자산처분이익　5,000,000원

[부동산을 구입한 경우의 분류]
① 부동산매매업의 판매목적으로 보유하는 토지, 건물 등 : **재고자산**
② 투자목적으로 보유하는 토지, 건물 등 : **투자자산**
③ 영업 및 업무에 사용할 목적으로 보유하는 토지, 건물 등 : **유형자산**

[투자자산의 취득원가]
① 유가증권(단기매매증권 제외) 취득과 관련된 중개수수료 등의 부대비용은 **취득원가**에 **가산**한다.
② 투자목적 부동산 취득과 관련된 취득세 등의 제세공과금 및 수수료 등의 부대비용은 **취득원가**에 **가산**한다.

5 투자유가증권의 분류

구 분	증권분류		분류기준	재무상태표 표시 (기말평가방법)
	지분증권	채무증권		
매도가능증권	○	○	다른 증권에 해당하지 않는 경우로 **장기간보유**하며 언제든지 매도가 가능한 증권	투자자산 (공정가치법)
만기보유증권	×	○	**만기가 확정된 채무증권으로서 상환금액이 확정**되었거나 확정이 가능한 유가증권을 **만기까지 보유할 적극적인 의도·능력**이 있는 경우	투자자산 (상각후원가법)
지분법적용 투자주식	○	×	**유의적인 영향력**을 행사할 목적으로 보유하고 있는 주식(피투자회사의 의결주식 20% 이상 보유한 경우 유의적인 영향이 있다고 봄)	투자자산 (지분법)

> **[유가증권의 재분류]**
> ① 단기매매증권은 원칙적으로 다른 범주로 재분류 할 수 없으며, 다른 범주의 유가증권의 경우에도 단기매매증권으로 재분류할 수 없다. 단, 단기매매증권의 시장성이 상실된 경우 **매도가능증권으로 재분류 가능**하다.
> ② 매도가능증권은 만기보유증권(지분법적용투자주식)으로 재분류할 수 있으며, 만기보유증권(지분법적용투자주식)은 매도가능증권으로 재분류할 수 있다.
> ③ 보고기간 종료일로부터 만기가 1년 이내 도래하는 투자자산(매도가능증권 또는 만기보유증권)은 **당좌자산(매도가능증권 또는 만기보유증권)으로 재분류하여야** 한다.
> ④ 유가증권과목의 분류를 변경할 때에는 **재분류일 현재의 공정가치로 평가한 후 변경**한다.

(1) 매도가능증권의 취득원가

매도가능증권의 취득원가는 취득시점에 제공한 대가에 취득과 관련된 부대비용을 가산한다.

취득원가 = 매입가액(공정가치) + 취득 시 부대비용(매입수수료, 중개수수료 등)

회계상 거래	회계처리
[취득시점] 장기보유목적으로 (주)두더지의 주식 100,000원에 취득하고, 중개수수료 10,000원을 포함하여 보통예금 계좌에서 대금을 이체하다.	(차) 매도가능증권 110,000원　　(대) 보통예금 110,000원

(2) 매도가능증권의 기말평가(후속측정)

매도가능증권도 단기매매증권처럼 **보고기간 종료일에 공정가치로 평가한 금액**으로 장부금액을 수정하는 것이 원칙이다. 다만, **시장성이 없는** 매도가능증권의 경우에는 공정가치를 신뢰성 있게 측정할 수 없으면 **취득원가로 평가**한다. 장부금액과 공정가치간의 차액은 매도가능증권평가손익 계정과목으로 처리하고 **재무상태표의 자본에 속하는 기타포괄손익누계액**으로 분류한다.

회계상 거래	회계처리
[공정가치 > 장부금액] 당해연도 중 110,000원에 취득한 매도가능증권이 보고기간 종료일 현재 공정가치는 120,000원이다.	(차) 매도가능증권 10,000　　(대) 매도가능증권평가이익 10,000원 　　　　　　　　　　　　　　　　(기타포괄손익누계액)
[공정가치 < 장부금액] 당해연도 기중 110,000원에 취득한 매도가능증권이 보고기간 종료일 현재 공정가치는 95,000원이다.	(차) 매도가능증권평가손실 15,000원　(대) 매도가능증권 15,000원 　　　(기타포괄손익누계액)

매도가능증권평가손익은 기타포괄손익으로 분류함으로써 당기순손익에 변화를 주지 않고 재무상태표에 계상되어 있다가 차기 재평가 시 장부가액보다 공정가치 하락(상승)으로 매도가능증권평가손실(이익) 계상 시 매도가능증권평가이익(손실)을 먼저 상계처리 한다.

제5기 10월 15일에 장기보유목적으로 주식을 50,000원에 취득하고 중개수수료 2,000원과 함께 보통예금계좌에서 이체하다. 12월 31일 공정가치 48,000원에 평가하고 제6기 55,000원에 재평가 하였다.

【해설】

구분	회계처리			
5기 10/15	(차) 매도가능증권	52,000원	(대) 보통예금	52,000원
5기 12/31	(차) 매도가능증권평가손실	4,000원	(대) 매도가능증권	4,000원
6기 12/31	(차) 매도가능증권	7,000원	(대) 매도가능증권평가손실 매도가능증권평가이익	4,000원 3,000원

- 매도가능증권의 취득원가 = 매입가액 50,000원 + 중개수수료 2,000원 = **52,000원**
- 매도가능증권 재평가시 기존에 평가한 매도가능증권평가손익과 우선 상계 후 잔액만 회계처리한다. **재평가로 인하여 인식되는 평가손익은 취득원가와 평가시점의 공정가치와의 차이만 재무상태표에 계상된다.**

(3) 매도가능증권의 처분

매도가능증권을 처분하면 그 장부금액과 처분금액과의 차액에 포함되어 있는 매도가능증권평가손익(기타포괄손익누계액)을 반영(제거)하여 영업외손익인 매도가능증권처분손익으로 인식한다.

- 2024년 9월 10일 매도가능증권 100주를 주당 공정가치 6,000원에 취득
- 2024년 12월 31일 매도가능증권을 1주당 공정가치 8,000원으로 평가

[참고] 2024년 12월 31일 회계처리
(차) 매도가능증권 200,000원 (대) 매도가능증권평가이익 200,000원

회계상 거래	회계처리
[취득원가 < 처분금액] 2025년 9월 10일 매도가능증권 100주를 주당 7,000원에 처분하고 주금은 보통예금에 입금되었다.	(차) 보통예금 700,000원 　　매도가능증권평가이익 200,000원 　　　　(대) 매도가능증권 800,000원 　　　　　　매도가능증권처분이익 100,000원
[취득원가 > 처분금액] 2025년 9월 10일 매도가능증권 100주를 주당 5,500원에 처분하고 주금은 보통예금에 입금되었다.	(차) 보통예금 550,000원 (대) 매도가능증권 800,000원 　　매도가능증권평가이익 200,000원 　　매도가능증권처분손실 50,000원

실무분개 / 실무이론

01. 서울상사에 장기간 대여한 10,000,000원을 이자 1,000,000원과 함께 보통예금으로 입금받았다. (원천징수세액은 고려하지 않음)

02. 신한은행과 당좌거래 계약을 체결하고 당좌거래 개설보증금 3,000,000원과 당좌예금계좌에 10,000,000원을 현금으로 입금하였다.

03. 장기투자 목적으로 (주)한미의 주식 1,000주를 주당 5,000원에 취득하고 현금을 지급하였다.

04. 장기투자 목적으로 보유하고 있는 (주)한미의 주식(장부가액 5,000,000원)의 결산보고일 현재 공정가치는 5,400,000원이다.

05. 기말 현재 당사가 장기투자목적으로 보유한 매도가능증권의 (주)각각오의 주식의 취득원가, 전년도말 및 당해연도말 공정가액은 다음과 같다.

주식명	계정과목	2023년 취득원가	2024년 12월 31일 공정가액	2025년 12월 31일 공정가액
(주)각각오	매도가능증권	5,000,000원	4,000,000원	6,600,000원

06. (주)부동산개발로부터 투자목적으로 토지를 300,000,000원에 구입하고, 현금으로 100,000,000원, 나머지는 약속어음을 발행하여 교부하였다. 또한 당일 취득세와 등록세 10,000,000원은 현금 납부하였다.

07. 보유중인 투자부동산(장부가액 70,000,000원)을 대림건설에 매각하고 대금 90,000,000원은 1개월 후에 받기로 하였다.

08. (주)서울에서 발행한 채권(만기는 2028년 3월 31일이고, 시장성은 없다) 10,000,000원을 만기까지 보유할 목적으로 당좌수표를 발행하여 취득하였다. 단, 채권을 취득하는 과정에서 발생한 수수료 50,000원은 현금으로 지급하였다.

09. 공장 건물을 신축하기 위해 외부로부터 취득한 토지 50,000,000원에 대해 건물 신축을 포기하게 되어, 토지의 보유목적을 지가상승을 목적으로 하는 투자자산으로 변경하였다.

10. 다음 중 일반기업회계기준에 의한 유가증권의 분류로서 적합하지 않은 것은?

① 단기매매증권　　② 만기보유증권　　③ 매도가능증권　　④ 장기보유증권

11. 다음은 유가증권의 취득원가와 평가에 대한 설명이다. 틀린 것은?

① 모든 유가증권의 취득원가는 유가증권 취득을 위하여 제공한 대가의 시장가격에 취득부대비용을 포함한 가액으로 측정한다.
② 제공한 대가의 시장가격이 없는 경우에는 취득한 유가증권 시장가격으로 취득원가를 측정한다.
③ 제공한 대가와 취득한 유가증권 모두 시장가격이 없는 경우에는 공정가액을 추정하여 취득원가를 측정한다.
④ 단기매매증권과 매도가능증권은 공정가액 평가를 원칙으로 한다.

12. 매도가능증권의 평가에 대한 설명 중 가장 옳지 않은 것은?

① 매도가능증권평가손익은 영업외손익으로 손익계산서에 반영된다.
② 장부가액이 공정가액보다 높을 경우에는 매도가능증권평가손실로 계상한다.
③ 단기매매증권이나 만기보유증권으로 분류되지 않는 유가증권에 대한 평가이다.
④ 시장성 있는 매도가능증권은 장부상 금액을 공정가액에 일치시켜야 한다.

13. 다음 중 유가증권에 대한 내용으로 옳지 않은 것은?

① 유가증권은 취득 후에 만기보유증권, 단기매매증권, 매도가능증권, 지분법적용투자주식 중의 하나로 분류한다.
② 유가증권의 분류는 취득 시 결정되면 그 후에 변동되지 않는다.
③ 주로 단기간 내의 매매차익을 목적으로 취득한 유가증권으로서 매수와 매도가 적극적이고 빈번하게 이루어지는 것은 단기매매증권이다.
④ 만기가 확정된 채무증권으로서 상환금액이 확정되었거나 확정이 가능한 채무증권을 만기까지 보유할 적극적인 의도와 능력이 있는 경우에는 만기보유증권이다.

14. 유가증권의 취득과 관련된 직접 거래원가에 관한 설명이다. 틀린 것은?

① 기타의 금융부채로 분류하는 경우에는 공정가치에 가산
② 만기보유증권으로 분류하는 경우에는 공정가치에 가산
③ 매도가능증권으로 분류하는 경우에는 공정가치에 가산
④ 단기매매증권으로 분류하는 경우에는 공정가치에 가산

15. 다음 중 유가증권에 대한 설명으로 옳은 것은?

① 단기매매증권이 시장성을 상실한 경우에는 매도가능증권으로 분류하여야 한다.
② 단기매매증권, 매도가능증권, 만기보유증권은 원칙적으로 공정가치로 평가한다.
③ 단기매매증권과 매도가능증권의 미실현보유이익은 당기순이익항목으로 처리한다.
④ 만기가 확정된 채무증권으로서 상환금액이 확정되었거나 확정이 가능한 채무증권을 만기까지 보유할 적극적인 의도와 능력이 있는 경우에는 매도가능증권으로 분류한다.

◆해설◆

10. 유가증권은 취득 후 보유목적에 따라 단기매매증권, 만기보유증권, 매도가능증권, 지분법적용투자주식 중 하나로 분류한다.
11. 유가증권 중 단기매매증권의 취득과 관련된 부대비용은 당기비용으로 처리한다.
12. 매도가능증권평가손익은 기타포괄손익누계액으로 분류되므로 손익계산서에 기입할 수 없다.
13. 유가증권의 보유의도와 보유능력에 변화가 있는 경우에는 다른 범주로 재분류할 수 있다. 다만, 매도가능증권은 단기매매증권으로 분류할 수 없다.
14. 단기매매증권으로 분류하는 경우에는 당기비용으로 처리한다.
15. ② 단기매매증권, 매도가능증권은 원칙적으로 공정가치로 평가하고, 만기보유증권은 상각후원가로 평가한다.
    ③ 단기매매증권에 대한 미실현보유손익은 당기손익항목으로 처리하나, 매도가능증권에 대한 미실현보유이익은 기타포괄손익누계액으로 처리한다.
    ④ 만기가 확정된 채무증권으로서 상환금액이 확정되었거나 확정이 가능한 채무증권을 만기까지 보유할 적극적인 의도와 능력이 있는 경우에는 만기보유증권으로 분류한다.

◆정답◆

NO	회계처리			
01	(차) 보통예금	11,000,000	(대) 장기대여금(서울상사) 이자수익	10,000,000 1,000,000
02	(차) 특정현금과예금(신한은행) 당좌예금(신한은행)	3,000,000 10,000,000	(대) 현　　금	13,000,000
03	(차) 매도가능증권(투자)	5,000,000	(대) 현　　금	5,000,000
04	(차) 매도가능증권(투자)	400,000	(대) 매도가능증권평가이익 (기타포괄손익누계액)	400,000
05	(차) 매도가능증권(투자)	2,600,000	(대) 매도가능증권평가손실 매도가능증권평가이익	1,000,000 1,600,000
	■ 2024년 12월 31일 결산시 회계처리 　(차) 매도가능증권평가손실 1,000,000원　　(대) 매도가능증권(투자) 1,000,000원 ■ 매도가능증권 재평가시 장부가액보다 공정가치 상승으로 매도가능증권평가이익 계상 시 매도가능증권평가손실을 먼저 장부에서 제거(상계)하고 잔액만 계상한다.			
06	(차) 투자부동산	310,000,000	(대) 현　　금 미지급금((주)부동산개발)	110,000,000 200,000,000
07	(차) 미수금(대림건설)	90,000,000	(대) 투자부동산 투자자산처분이익	70,000,000 20,000,000
08	(차) 만기보유증권(투자)	10,050,000	(대) 당좌예금 현　　금	10,000,000 50,000
09	(차) 투자부동산	50,000,000	(대) 토　　지	50,000,000

10. ④　11. ①　12. ①　13. ②　14. ④　15. ①

CHAPTER 05 유형자산

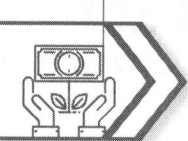

1. 유형자산의 의의 및 종류

1 유형자산의 의의

유형자산은 장기간에 걸쳐 정상적인 영업활동에 보유하는 물리적 실체가 있는 자산으로 1년을 초과하여 사용할 것이 예상되는 비화폐성 장기성 자산을 말한다. 기업의 영업활동이란 재화의 생산과 판매, 용역의 제공 또는 타인에 대한 임대 또는 자체적 사용목적 등을 모두 포함한다.

2 유형자산의 종류

토지	대지, 임야, 전답, 잡종지 등(감가상각 대상 자산이 아님)
건물	건물, 냉난방 · 전기 · 통신 및 기타의 건물부속설비 등
구축물	교량, 저수지, 굴뚝, 정원설비 및 기타의 토목설비 등
기계장치	기계, 운송설비와 기타의 부속설비 등
차량운반구	영업활동에 사용되는 승용차, 트럭 등의 육상운반구 등
비품	컴퓨터, 온풍기, 에어컨 등의 집기비품 등
건설중인자산	유형자산을 건설하기 위해 지출한 금액으로 아직 건설 완료가 되지 않아 임시적으로 처리하는 계정으로 계약금, 중도금 지급 시 처리 ⇨ 건설완료 시 해당계정으로 대체함

2. 유형자산의 취득원가

1 외부구입의 경우

유형자산을 외부에서 구입하는 경우의 취득원가는 매입가액에 유형자산이 본래의 기능을 수행하기까지 발생된 취득부대비용(관리 및 기타 일반간접원가는 제외)을 가산하여 계산한다.

취득원가 = 매입가액 + 취득 시 부대비용 − 매입할인

- **취득 시 부대비용**
① 설치장소 준비를 위한 지출 및 설치비
② 외부 운송비 및 취급비
③ 설계와 관련하여 전문가에게 지급하는 수수료
④ 자본화대상인 차입원가
⑤ 취득세 등 취득과 직접 관련된 제세공과금
⑥ 유형자산의 취득과 관련하여 국 · 공채 등을 불가피하게 매입하는 경우 당해 채권의 매입금액과 현재가치와의 차액
⑦ 유형자산이 정상적으로 작동되는지 여부를 시험하는 과정에서 발생하는 원가(단, 시험과정에서 생산된 재화(시제품)의 순매각금액은 차감)
⑧ 해당 유형자산의 경제적 사용이 종료된 후에 원상회복을 위한 복구원가

회계상 거래	회계처리
[유형자산 취득시점] 공장을 증축할 목적으로 5,000,000원에 토지를 구입하고 대금은 보통예금에서 이체하였다.	(차) 토 지 5,000,000원 (대) 보통예금 5,000,000원
[취득과 관련된 부대비용 발생시점] 토지 취득과 관련하여 취득세 등 제세공과금 100,000원을 현금지급하다.	(차) 토 지 100,000원 (대) 현 금 100,000원

2 자가 건설(건설중인자산)인 경우

> 취득원가 = (건설이나 제조에 사용된 직접재료원가 + 직접노무원가 + 제조간접원가) + 취득 부대비용

회계상 거래	회계처리
[건설원가 발생시점] 공장건물 신축 공사대금 중 계약금 50,000원을 현금지급하다.	(차) 건설중인자산 50,000원 (대) 현 금 50,000원
[건물 완공시점] 공장건물이 완공되어 공사대금 잔금 250,000원을 현금지급하고 건설중인자산을 건물로 대체하다.	(차) 건 물 300,000원 (대) 현 금 250,000원 건설중인자산 50,000원

3. 유형자산 취득의 유형별 회계처리

구 분	내 용
국·공채 구입 (강제매입채권)	국·공채 등을 불가피하게 매입하는 경우 매입가액과 현재가치(공정가치)와의 차액은 유형자산의 취득원가에 포함 ⇨ 토지, 건물, 차량운반구 등 (차) 단기매매증권 등 ××× (대) 현 금 등 ××× 　　(공정가치)　　　　　　　　　(매입가액) 　　차량운반구 등 ×××
건물이 있는 토지를 매입한 경우 (일괄취득)	기존건물을 사용하는 경우 ⇨ 시장가치(공정가치)로 안분 (차) 토 지 ××× (대) 현 금 등 ××× 　　건 물 ××× 새 건물을 신축하기 위해 기존 건물을 철거하는 경우 ⇨ 토지의 취득원가 　　　　취득원가 = 토지·건물 매입가액 + 건물철거비용 등 - 부산물 매각대금 (차) 토 지 ××× (대) 현 금 등 ×××

구 분	내 용
사용 중인 건물을 철거하는 경우	건물의 장부금액은 제거하고 **철거비용은 전액 당기비용**(유형자산처분손익 가감) 처리 (차) 감가상각누계액　　×××　　(대) 건　물 등　　××× 　　 유형자산처분손실　×××
토지 취득 후 지출	진입료 개설, 배수설비, 도로포장, 조경공사 등의 부대시설공사비 ⇨ 내용연수가 **영구적**이거나 유지 · 보수책임이 **회사측에 없는 경우** (차) 토　지　　×××　　(대) 현　금 등　　××× 진입료 개설, 배수설비, 도로포장, 조경공사 등의 부대시설공사비 ⇨ 내용연수가 **한정**되어 있거나 유지 · 보수책임이 **회사측에 있는 경우** (차) 건축물　　×××　　(대) 현　금 등　　×××
현물출자 (주식교부)	취득한 자산의 공정가치로 회계처리 (차) 토　지 등　　×××　　(대) 자본금　　××× 　　　　　　　　　　　　　　 주식발행초과금　×××
증여 · 무상 취득한 경우	취득한 자산의 공정가치로 회계처리 (차) 토　지 등　　×××　　(대) 자산수증이익　　×××
건설자금이자 (차입원가 자본화)	자산의 취득 · 건설 중에 차입한 **금융비용**에 대하여 **자본화**하는 경우 유형자산의 취득원가에 가산 ⇨ 원칙 : 당기비용(이자비용) 처리 (차) 건설중인자산　　×××　　(대) 보통예금 등　　×××
교환으로 인한 취득	**이종자산과의 교환** ⇨ 유형자산처분손익 인식함 다른 종류의 자산과의 교환으로 취득한 유형자산의 취득원가는 **교환을 위하여 제공한 자산의 공정가치**로 측정한다. 다만, 교환을 위하여 제공한 자산의 공정가치가 불확실한 경우에는 교환으로 취득한 자산의 공정가치를 취득원가로 할 수 있다. 자산의 교환에 현금수수액이 있는 경우에는 현금수수액을 반영하여 취득원가를 결정한다. 　　　취득원가 = 제공한 자산의 **공정가치** + 현금지급액 − 현금수령액 (차) 기계장치　　　　×××　　(대) 비　품　　　　××× 　　 감가상각누계액　×××　　　　 현　금 등　　××× 　　　　　　　　　　　　　　　　　 유형자산처분이익　××× **동종자산과의 교환** ⇨ 유형자산처분손익 인식하지 않음 동일한 업종 내에서 유사한 용도로 사용되고 공정가치가 비슷한 동종자산과의 교환으로 취득한 유형자산의 취득원가는 **교환으로 제공한 자산의 장부금액**으로 한다. 동종자산의 교환으로 제공된 유형자산으로부터의 수익창출과정이 아직 완료되지 않았기 때문에 교환에 따른 거래손익을 인식하지 않으며, 교환에 포함된 현금 등의 금액이 **유의적(중요)**이라면 동종자산의 교환으로 보지 않고 이종자산의 교환으로 회계처리 한다. 　　　취득원가 = 제공한 자산의 **장부금액** + 현금지급액 − 현금수령액 (차) 비품(신) 등　　×××　　(대) 비품(구) 등　　××× 　　 감가상각누계액　×××
정부보조금 (국고보조금)	정부보조금에 의한 자산 취득시 공정가치로 취득원가를 계상하고 정부보조금은 취득원가에서 차감하는 형식으로 기재하여 그 자산의 내용연수에 걸쳐 감가상각비와 상계처리 한다.

다음 중 유형자산의 취득원가와 관련된 내용으로 잘못된 것은?

① 유형자산은 최초 취득원가로 측정한다.
② 현물출자, 증여, 기타 무상으로 취득한 자산은 취득원가를 공정가액으로 한다.
③ 건물을 신축하기 위하여 사용 중인 기존 건물을 철거하는 경우 그 건물의 장부가액은 제거하여 처분손실로 반영하고, 철거비용은 전액 당기비용으로 처리한다.
④ 동일한 업종 내에서 유사한 용도로 사용되고 공정가액이 비슷한 동종자산과의 교환으로 유형자산을 취득하는 경우 당해 자산의 취득원가는 교환으로 제공한 자산의 장부가액으로 한다.

【해설】
정답 : ②
현물출자, 증여, 기타 무상으로 취득한 자산은 공정가치를 취득원가로 한다.

4. 유형자산의 취득 후 지출

1 자본적지출(자산처리)

새로운 생산공정의 채택이나 기계부품의 성능개선을 통하여 생산능력증대, 내용연수 연장, 상당한 원가절감이나 품질향상을 가져오는 경우의 지출을 말한다.

[사례] ① 엘리베이터 또는 냉난방 장치 설치
② 본래의 용도를 변경하기 위한 개조
③ 빌딩 피난시설 설치, 개량, 확장, 증설 등 자산의 가치를 증가시키는 것

| (차) 기계장치 등 | ××× | (대) 현금 등 | ××× |

2 수익적지출(비용처리)

유형자산의 수선, 유지를 위한 지출은 해당 자산으로부터 당초 예상되었던 성능수준을 회복하거나 유지를 위한 경우의 지출을 말한다.

[사례] ① 건물 또는 벽의 도장   ② 파손된 유리나 기와의 대체
③ 기계의 소모된 부속품과 벨트 대체   ④ 자동차의 타이어 교체
⑤ 재해로 인한 자산의 외장복구, 도장, 유리 교체 등

| (차) 수선비 등 | ××× | (대) 현금 등 | ××× |

[유형자산 취득 후 지출에 대한 회계처리 오류에 대한 효과]
① 자본적지출(자산)을 비용으로 처리 시 ⇨ 자산의 과소계상, 비용의 과대계상, 이익 과소계상(자본 과소계상)
② 수익적지출(비용)을 자산으로 처리 시 ⇨ 자산의 과대계상, 비용의 과소계상, 이익 과대계상(자본 과대계상)

다음 중 자본적지출로 회계처리 해야 할 것으로 가장 타당한 것은?
① 파손된 유리 등의 교체비용　　② 건물 외벽의 도장비용
③ 기계장치의 소모부속품의 대체　④ 증설·확장을 위한 비용

【해설】
정답 : ④
④ 자본적 지출이므로 자산계정에 기입하고 ①, ②, ③ 수익적 지출이기 때문에 수선비로 처리한다.

5. 유형자산 감가상각

유형자산은 취득시점 이후부터 영업활동에 사용됨으로 인하여 기업의 수익창출에 공헌하게 되고 최초 취득시의 효용은 유형자산이 사용됨에 따라 점차 감소하게 된다. 이런 유형자산의 효용감소를 비용으로 인식하는 것을 감가상각이라 하며, 자산이 사용가능한 때부터 시작한다.

감가상각은 유형자산의 감가상각대상금액(취득원가에서 잔존가치를 차감한 금액)을 그 자산의 내용연수 동안 체계적이고 합리적인 방법으로 기간 배분하는 원가의 배분과정이다.

■ 감가상각비 결정요소

구 분	내 용
취득원가	자산을 취득하기 위하여 자산의 취득시점이나 건설시점에서 지급한 현금및현금성자산 또는 제공하거나 부담할 기타 대가의 공정가치를 말한다.
내용연수	자산의 예상 사용기간 또는 자산으로부터 획득할 수 있는 생산량이나 이와 유사한 단위를 말한다.
잔존가치	자산의 내용연수가 종료되는 시점에서 그 자산의 예상처분가액에서 예상처분비용을 차감한 금액을 말한다. 감가상각대상금액 = (유형자산의 취득원가 + 자본적지출) − 잔존가치

■ 감가상각비의 회계처리

회계기간의 감가상각비는 제조와 관련된 경우에는 관련 자산의 제조원가로 보고되며, 판매 및 관리와 관련된 감가상각비는 판매비와 관리비로 계상한다.

(차) 감가상각비	×××	(대) 감가상각누계액 (자산의 차감평가계정)	×××

3 감가상각비 재무상태표 공시

감가상각누계액은 **유형자산의 차감적 평가계정**으로 재무상태표에는 **유형자산에서 차감하는 형식으로 공시**하며, 취득원가에서 감가상각누계액 계정을 차감한 후의 잔액을 유형자산의 장부가액이라고 한다.

재무상태표

과목	제11(당)기	
	금액	
- 중 략 -		
토　　　지		50,000,000
건　　　물	30,000,000	
감가상각누계액	(2,000,000)	28,000,000
- 중 략 -		

4 감가상각방법

상각방법		연 감가상각비
정액법		감가상각비 = (취득원가 − 잔존가치) × $\dfrac{1}{내용연수}$
체감상각법	정률법	감가상각비 = (취득원가 − 감가상각누계액) × 상각률
	이중체감법	감가상각비 = (취득원가 − 감가상각누계액) × $\dfrac{2}{내용연수}$
	연수합계법	감가상각비 = (취득원가 − 잔존가치) × $\dfrac{내용연수의\ 역순}{내용연수합계}$
생산량비례법		감가상각비 = (취득원가 − 잔존가치) × $\dfrac{당기생산량}{추정총생산량}$

※ 연 감가상각비 계산 시 **월할상각**이 **원칙**이며 1월 미만은 1월로 보아 계산한다.

[감가상각방법에 따른 각각의 특징]
① 정액법(직선법) : 매년 정액으로 가치 감소
② 체감상각법 : 내용연수 초기에 감가상각비 과대계상
③ 생산량비례법 : 생산량에 비례하여 가치 감소
④ 초기 감가상각비 크기 비교 : 정률법(또는 이중체감법) > 연수합계법 > 정액법

5 사용이 중단된 유형자산의 처리

내용연수 도중 사용을 중단하고 처분예정인 유형자산은 **사용을 중단한 시점의 장부금액**으로 표시한다. 이러한 자산에 대해서는 투자자산으로 재분류하고 감가상각을 하지 않으며, 손상차손 발생여부를 매 보고기간말에 검토한다. 내용연수 도중 사용을 중단하였으나, 장래 사용을 재개할 예정인 유형자산에 대해서는 감가상각을 하되, 그 감가상각액은 영업외비용으로 처리한다.

(주)두더지상사는 2025년 1월에 공장에서 사용할 기계장치를 100,000원에 취득하였다.

- 내용연수 : 3년(정률 : 0.6316), 잔존가치 : 5,000원, 추정총생산량 : 1,000개
- 2025년 300개, 2026년 400개, 2027년 300개 생산하였다.

【해설】

상각 방법	계산공식	감가상각비	감가상각 누계액	장부금액
정액법	2025년 : (100,000원 − 5,000원) × 1/3	31,667원	31,667원	68,333원
	2026년 : (100,000원 − 5,000원) × 1/3	31,667원	63,334원	36,666원
	2027년 : (100,000원 − 5,000원) × 1/3	31,666원	95,000원	5,000원
정률법	2025년 : (100,000원 − 0원) × 0.6316	63,160원	63,160원	36,840원
	2026년 : (100,000원 − 63,160원) × 0.6316	23,268원	86,428원	13,572원
	2027년 : (100,000원 − 86,428원) × 0.6316	8,572원	95,000원	5,000원
이중 체감법	2025년 : (100,000원 − 0원) × 2/3	66,666원	66,666원	33,334원
	2026년 : (100,000원 − 66,666원) × 2/3	22,222원	88,888원	11,112원
	2027년 : (100,000원 − 88,888원) × 2/3	7,408원	96,296원	3,704원
연수 합계법	2025년 : (100,000원 − 5,000원) × 3/6	47,500원	47,500원	52,500원
	2026년 : (100,000원 − 5,000원) × 2/6	31,666원	79,166원	20,834원
	2027년 : (100,000원 − 5,000원) × 1/6	15,834원	95,000원	5,000원
생산량 비례법	2025년 : (100,000원 − 5,000원) × 300/1,000	28,500원	28,500원	71,500원
	2026년 : (100,000원 − 5,000원) × 400/1,000	38,000원	66,500원	33,500원
	2027년 : (100,000원 − 5,000원) × 300/1,000	28,500원	95,000원	5,000원

유형자산의 감가상각과 관련한 다음 설명 중 가장 옳지 않은 것은?
① 정액법은 자산의 내용연수 동안 동일한 금액의 감가상각비를 계상하는 방법이다.
② 감가상각의 주목적은 원가의 합리적이고 체계적인 배분에 있다.
③ 감가상각비가 제조와 관련된 경우 판매비와관리비로 구성한다.
④ 유형자산의 잔존가치가 유의적인 경우 매 보고기간 말에 재검토한다.

【해설】
정답 : ③ 감가상각비가 제조와 관련된 경우 제조원가를 구성한다.

6. 유형자산의 손상차손 및 인식 이후의 측정

1 유형자산의 손상차손

매 보고기간 종료일에 진부화 또는 시장가치의 급격한 하락 등으로 인하여 **회수가능가액 [Max (① 순매각(공정)가치, ② 사용가치)]이 장부가액에 현저하게 미달**할 가능성이 있는 경우에는 장부금액을 회수가능액으로 조정하고 그 차액을 손상차손(영업외비용)으로 처리한다.
(단, 회복 시 손상차손을 인식하지 않았을 때의 장부가액을 한도로 환입(영업외수익))

2 유형자산 인식 이후의 측정

유형자산을 취득한 이후 보고기간 말 재무상태표를 보고할 때 원가모형과 재평가모형 중 하나를 선택하여 작성하며, 유형자산의 평가모형을 변경하는 것은 회계정책의 변경에 해당한다.

구 분	내 용
원가모형	유형자산의 취득원가에서 감가상각누계액과 손상차손누계액을 차감한 미상각잔액을 장부에 기록하는 방법을 말한다. 장부금액 = 취득원가 – 감가상각누계액 – 손상차손누계액
재평가모형	장부금액을 재평가일의 공정가치로 수정한 후 그 이후의 감가상각누계액과 손상차손누계액을 차감한 금액으로 장부에 기록하는 방법을 말한다. 장부금액 = 재평가일의 공정가치 – 감가상각누계액 – 손상차손누계액

7. 유형자산의 처분 : 매각(양도) 및 폐기

유형자산의 처분에는 폐기처분, 매각처분, 교환의 3가지가 있다. 유형자산의 내용연수가 경과하여 더 이상 사용가치가 없고, 또한 이의 처분가치가 없는 것을 처분하는 것을 폐기처분이라 하고, 매각처분은 정당한 대가를 받고 판매처분하는 것을 말한다. 교환은 매각처분과 같은 것으로 사용하고 있는 유형자산을 새로운 유형자산과 교환하여 처분하는 것을 말한다.

유형자산 처분시 해당자산과 관련된 감가상각누계액을 장부에서 제거하여야 하고 유형자산의 폐기 또는 처분으로부터 발생하는 손익은 순매각금액과 장부금액의 차액으로 결정하며, 손익계산서에 **유형자산처분손익(영업외손익)**으로 인식한다.

- 순매각금액 = 처분금액 − 처분부대비용
- 유형자산 장부가액 = 취득원가 − 감가상각누계액
- 처분시점까지 감가상각비를 먼저 계상한 후 처분에 대한 회계처리(**선상각후처분**)

구 분	회계처리			
장부가액 < 순매각금액	(차) 감가상각누계액 　　현　금 등	××× ×××	(대) 비　품 등 　　유형자산처분이익	××× ×××
장부가액 > 순매각금액	(차) 감가상각누계액 　　현　금 등 　　유형자산처분손실	××× ××× ×××	(대) 비　품 등	×××

TIP

천재지변 등의 불가항력적인 이유에 의하여 폐기하는 경우는 "**재해손실**"로 처리하며, 보험사에서 보험금을 수령하면 수령시점에 전액 "**보험금수익**"으로 회계처리 한다.

예 제

아래의 자료를 기준으로 기계장치를 2025년 처분한 경우의 회계처리를 하시오.

- 취득일자 : 2024년 1월 5일
- 취득원가 : 20,000,000원
- 감가상각방법 : 정률법
- 내용연수 : 4년(상각률 0.528)
- 처분일자 : 2025년 6월 25일
- 처분가액 : 5,000,000원
- 처분가액은 1개월 후에 수령하기로 하였으며, 처분시점까지 감가상각을 정상적으로 처리하였다.

【해설】

감가상각비	2024년 : (20,000,000원 − 0원) × 0.528 = 10,560,000원
	2025년 : (20,000,000원 − 10,560,000원) × 0.528 × 6개월/12개월 = 2,492,160원
	2025년 처분시점 감가상각누계액 : 10,560,000원 + 2,492,160원 = 13,052,160원
회계처리	[처분시점까지의 감가상각비 회계처리] (차) 감가상각비　　2,492,160원　　(대) 감가상각누계액　　2,492,160원
	[처분에 대한 회계처리] (차) 감가상각 누계액　13,052,160원　　(대) 기계장치　　20,000,000원 　　미　수　금　　5,000,000원 　　유형자산처분손실　1,947,840원

실무분개

01. (주)부흥상사로부터 공장건물 건축용 토지를 60,000,000원에 구입하고, 토지대금 중 40,000,000원과 토지매입에 따른 취득세 등 관련 부대비용 6,000,000원을 보통예금계좌에서 지급하였으며, 나머지는 외상으로 하였다.

02. 창고건물과 토지를 총 220,000,000원에 보통예금으로 지급하고 매입하였다. 토지의 취득가격은 200,000,000원, 창고건물의 취득가격은 20,000,000원이며, 매입에 따른 추가부대비용은 다음과 같이 모두 현금으로 지급하였다.

- 토지 중개수수료 및 등기이전비용 : 1,000,000원
- 토지 조경공사비(영구성 있음) : 2,000,000원
- 배수로 및 하수처리장 설치(유지보수책임은 지방자치단체에 있음) : 3,000,000원
- 대대적인 창고건물의 리모델링을 위한 지출 : 6,000,000원

03. 신축 공장건물에 대한 소유권보존 등기비용으로 취득세 등 합계 3,000,000원과 화재보험료(1년분) 2,000,000원을 보통예금계좌에서 이체하여 지급하였다. 보험료는 전액 비용(제조원가)으로 처리한다. 하나의 전표로 처리하시오.

04. (주)한국건설에 공장 건물 증축을 의뢰하여 완공되었다. 공사대금 100,000,000원 중 60%는 5개월 만기 당사발행 약속어음으로 결제하였으며, 나머지는 당좌수표를 발행하여 지급하였다.

05. 대전에 제2공장을 신축하기 위하여 건물이 세워져 있는 (주)오산공업의 토지를 8,000,000원에 구입하고 대금은 당좌수표를 발행하여 지급하였다. 또한 건물의 철거비용 1,000,000원과 토지 정지비용 800,000원을 당좌수표를 발행하여 지급하였다.

06. 생산라인 증설을 위해 지난 5월 9일 계약금 5,000,000원을 주고 (주)광속테크에 제작 의뢰한 기계장치가 설치완료 되어 잔금 25,000,000원 중 22,000,000원은 소망은행 보통예금으로 지급하고 나머지는 15일 후에 지급하기로 하다. (단, 부가가치세는 고려하지 않을 것)

07. 공장신축을 위한 차입금의 이자비용 1,000,000원을 보통예금 계좌에서 이체하였다. 공장의 착공일은 2025년 12월 1일이며, 완공일은 2028년 10월 31일이다. (단, 차입금의 이자비용은 자본화한다.)

08. 기계장치 취득 후 1년이 지난 현재 주요수선 및 설비증진을 위한 자본적지출로 8,000,000원을 현금으로 지급하였다.

09. 구매하고 보관 중인 원재료 480,000원을 제조공장건물의 수선을 위하여 사용하였다. 건물에 대한 수선은 현상유지를 위해 발생한 일상적인 수선에 해당한다.

10. (주)한국자동차로부터 업무용 승용차를 구입하는 과정에서 취득해야 하는 공채를 현금 200,000원(액면금액)에 구입하였다. 단, 공채의 현재가치는 160,000원이며 회사는 이를 단기매매증권으로 처리하고 있다.

11. 업무용 토지를 구입하면서 다음과 같은 금액을 구매대행회사에 전액 현금으로 지급하다. 회사는 토지 구입 시 필수적으로 매입하는 지역개발채권을 만기까지 보유하기로 하였다.

- 토지가액 : 18,500,000원
- 취득세 및 등록세 : 500,000원
- 지역개발채권매입액 : 500,000원(만기 2031년 5월 18일, 매입가액과 공정가치는 동일)

12. 사용 중인 기계장치(취득원가 : 30,000,000원, 감가상각누계액 : 15,000,000원)를 동일업종인 거래처의 유사한 용도로 사용하던 기계장치(장부가액 : 18,000,000원, 공정가액 : 20,000,000원)와 교환하였다. 교환되는 기계장치 상호간의 공정가액은 동일하다.

13. 자금부족으로 인하여 업무용으로 사용하던 토지(장부금액 19,000,000원)를 35,000,000원에 처분하고, 대금은 (주)루비 발행한 어음(90일 만기)을 받았다.

14. 사용 중인 창고건물(취득가액 50,000,000원, 감가상각누계액 40,000,000원)을 새로 신축하기 위해 철거하였으며, 철거용역업체에 철거비용 2,000,000원을 보통예금에서 지급하였다.

15. 대한화재의 화재보험에 가입되어 있는 공장건물(취득가액 : 45,000,000원, 감가상각누계액 : 38,000,000원)이 화재로 소실되어 보험회사에 보험금을 청구하였다. (당기의 감가상각비는 고려하지 않음)

16. 회사가 소유하고 있는 오토바이(취득원가 1,000,000원, 감가상각누계액 550,000원)는 한 대밖에 없으며 해당 오토바이는 금일 사고로 폐기처분하였다. (당기의 감가상각비는 고려하지 않음)

정답

NO	회계처리			
01	(차) 토　　지	66,000,000	(대) 보통예금 　　　미지급금((주)부흥상사)	46,000,000 20,000,000
02	(차) 토　　지 　　건　　물	206,000,000 26,000,000	(대) 보통예금 　　현　　금	220,000,000 12,000,000
03	(차) 건　　물 　　보험료(제)	3,000,000 2,000,000	(대) 보통예금	5,000,000
04	(차) 건　　물	100,000,000	(대) 미지급금((주)한국건설) 　　당좌예금	60,000,000 40,000,000
05	(차) 토　　지	9,800,000	(대) 당좌예금	9,800,000
06	(차) 기계장치	30,000,000	(대) 선급금((주)광속테크) 　　보통예금(소망은행) 　　미지급금((주)광속테크)	5,000,000 22,000,000 3,000,000
07	(차) 건설중인자산	1,000,000	(대) 보통예금	1,000,000
08	(차) 기계장치	8,000,000	(대) 현　　금	8,000,000
09	(차) 수선비(제)	480,000	(대) 원재료(타계정대체)	480,000
10	(차) 차량운반구 　　단기매매증권	40,000 160,000	(대) 현　　금	200,000
11	(차) 토　　지 　　만기보유증권(투자)	19,000,000 500,000	(대) 현　　금	19,500,000
12	(차) 기계장치(신) 　　감가상각누계액(기계)	15,000,000 15,000,000	(대) 기계장치(구)	30,000,000
13	(차) 미수금((주)루비)	35,000,000	(대) 토　　지 　　유형자산처분이익	19,000,000 16,000,000
14	(차) 감가상각누계액(건물) 　　유형자산처분손실	40,000,000 12,000,000	(대) 건　　물 　　보통예금	50,000,000 2,000,000
15	(차) 감가상각누계액(건물) 　　재해손실	38,000,000 7,000,000	(대) 건　　물	45,000,000
16	(차) 감가상각누계액(차량) 　　유형자산처분손실	550,000 450,000	(대) 차량운반구	1,000,000

실무이론

PART 01 전표관리 및 결산관리

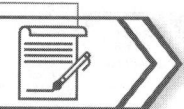

01. 다음은 유형자산의 정의에 대한 설명이다. 틀린 것은?
① 투자목적으로 소유하는 것
② 내구적인 사용이 가능할 것
③ 미래의 경제적 효익이 기대될 것
④ 물리적 실체가 있을 것

02. 다음 중 유형자산으로 볼 수 없는 것은?
① 부동산매매업자가 보유한 판매목적용 토지
② 건설중인 지점 건물
③ 제조용 기계장치
④ 사업용 차량운반구

03. 유형자산의 취득원가 결정에 관한 사항 중 틀린 것은?
① 토지 취득시 납부한 토지관련 취득세는 토지의 취득원가이다.
② 기계장치 구입시 발생한 설치비는 기계장치 취득원가이다.
③ 3대의 기계를 일괄구입시 각 기계의 취득원가는 각 기계의 시가를 기준으로 안분계산 한다.
④ 무상으로 증여받은 비품은 취득원가를 계상하지 않는다.

04. 다음 중 유형자산에 대한 설명 중 잘못된 것은?
① 동일한 업종 내에서 유사한 용도로 사용되고 공정가액이 비슷한 동종자산과의 교환으로 유형자산을 취득하는 경우 당해 자산의 취득원가는 교환으로 제공한 자산의 공정가액으로 한다.
② 현물출자, 증여, 기타 무상으로 취득한 유형자산의 가액은 공정가액을 취득원가로 한다.
③ 건물을 신축하기 위하여 사용중인 기존 건물을 철거하는 경우 그 건물의 장부가액은 제거하여 처분손실로 반영하고, 철거비용은 전액 당기비용으로 처리한다.
④ 유형자산의 취득과 관련하여 국·공채 등을 불가피하게 매입하는 경우 당해 채권의 매입가액과 일반기업회계기준에 따라 평가한 현재가치와의 차액은 유형자산의 취득원가로 구성된다.

05. 다음 중 수익적지출로 회계처리 하여야 할 것으로 가장 타당한 것은?
① 냉난방 장치 설치로 인한 비용
② 파손된 유리의 원상회복으로 인한 교체비용
③ 사용용도 변경으로 인한 비용
④ 증설·확장을 위한 비용

06. 다음은 유형자산의 자본적지출을 수익적지출로 처리한 경우에 대한 설명이다. 맞는 것은?
① 당기순이익이 증가한다. ② 자본이 감소한다.
③ 자기자본이 증가한다. ④ 이익잉여금이 증가한다.

07. 수선비를 비용처리 하지 않고 유형자산의 가액을 증가시킨 경우 해당연도의 상황으로 맞는 것은?
① 당기순이익이 증가한다. ② 자산의 장부가액이 과소계상 된다.
③ 자기자본이 과소계상 된다. ④ 자본의 총액이 과소계상 된다.

08. 다음 중 유형자산에 대한 설명으로 틀린 것은?
① 취득원가에는 자산을 사용할 수 있도록 준비하는데 직접 관련되는 지출 등을 포함한다.
② 자산의 수선 유지를 위한 지출은 감가상각을 통하여 비용처리한다.
③ 감가상각비는 제조와 관련된 경우에는 관련 자산의 제조원가로, 그 밖의 경우에는 판매비와 관리비로 처리한다.
④ 자산 취득에 사용한 정부보조금은 취득원가에서 차감하는 형식으로 표시한다.

09. 다음 중 감가상각대상자산은?
① 개발비 ② 토지
③ 건설중인 자산 ④ 투자부동산

10. 유형자산의 감가상각과 관련한 다음 설명 중 가장 옳지 않은 것은?
① 연수합계법은 자산의 내용연수 동안 동일한 금액의 감가상각비를 계상하는 방법이다.
② 감가상각의 주목적은 원가의 합리적이고 체계적인 배분에 있다.
③ 감가상각비가 제조와 관련된 경우 제조원가를 구성한다.
④ 유형자산의 잔존가치가 유의적인 경우 매 보고기간 말에 재검토한다.

11. 유형자산에 대한 감가상각을 하는 가장 중요한 목적으로 맞는 것은?
① 유형자산의 정확한 가치평가 목적으로
② 사용가능한 연수를 매년마다 확인하기 위해서
③ 현재 판매할 경우 예상되는 현금흐름을 측정할 목적으로
④ 자산의 취득원가를 체계적인 방법으로 기간배분하기 위해서

12. 다음 중 일반기업회계기준상 유형자산의 감가상각에 대한 설명으로 틀린 것은?
① 수익·비용 대응의 원칙에 따라 기업의 수익창출 활동에 기여한 기간 동안 유형자산의 취득원가를 비용으로 인식하는 과정이다.
② 감가상각으로 계상되는 비용을 차변에 감가상각비로 기록하고, 대변에 감가상각누계액으로 기록하여 해당 계정과목에서 차감하여 표시한다.
③ 감가상각방법을 어떻게 선택하는가에 따라 동일한 상황의 기업이라도 당기순이익이 달라질 수 있다.
④ 다른 요건이 동일하다면 유형자산의 취득 초기에는 정액법에 의한 감가상각비가 정률법에 의한 감가상각비 보다 많다.

13. 유형자산 중 감가상각자산을 취득한 연도의 감가상각비를 비교한 것이다. 맞는 것은?
① 정액법 > 정률법　　　　② 정액법 < 정률법
③ 정액법 = 정률법　　　　④ 알 수 없다.

14. 유형자산의 취득원가에서 잔존가치를 차감한 금액을 추정내용연수에 걸쳐 체계적이고 합리적으로 배분하는 절차를 감가상각이라 한다. 일반적으로 보수주의에 의하여 초기에 비용을 많이 계상하는 감가상각 처리 방법은?
① 정액법　　　　　　　　② 정률법
③ 생산량비례법　　　　　④ 연수합계법

15. 최초 취득연도에 정액법에 의하여 감가상각비를 계산하는데 있어 필요하지 않은 자료는?
① 취득원가　　　　　　　② 잔존가치
③ 내용연수　　　　　　　④ 감가상각누계액

16. 다음 자료를 보고 정률법으로 감가상각할 경우 2차 회계연도에 계상될 감가상각비로 맞는 것은?

■ 취득원가 : 10,000,000원　　■ 잔존가치 : 1,000,000원　　■ 내용연수 : 5년(상각률 : 0.45)

① 1,800,000원　② 2,227,500원　③ 2,475,000원　④ 2,677,500원

17. 다음 자료를 보고 정액법으로 감가상각할 경우 1차 회계연도에 계상될 감가상각비로 맞는 것은?

■ 취득원가 : 20,000,000원　　■ 잔존가치 : 2,000,000원　　■ 내용연수 : 10년

① 1,800,000원　② 2,000,000원　③ 9,000,000원　④ 4,500,000원

◆해설◆

01. 유형자산의 정의에 다음과 같은 요건이 필요하다.
    (1) 영업활동에 사용할 것   (2) 내구적인 사용이 가능할 것
    (3) 미래의 경제적효익이 기대될 것   (4) 물리적 실체가 있을 것
02. 부동산매매업자가 판매 목적으로 보유하고 있는 토지는 재고자산으로 분류하여야 한다.
03. 무상으로 증여받은 유형자산은 공정가치로 취득원가를 계상한다.
04. 유사한 용도의 동종자산 교환의 취득원가는 제공한 자산의 장부가액으로 한다.
05. ②는 수익적지출, ①, ③, ④는 자본적지출에 해당한다.
06. 정상 회계처리 : (차) 유형자산   ×××   (대) 현금 등   ×××
    오류 회계처리 : (차) 수선비 등   ×××   (대) 현금 등   ×××
    ⇨ 자산이 과소계상되고 비용이 과대계상된다. 당기순이익이 과소계상되어 자본이 과소(감소)계상된다.
07. 수선비를 비용처리 하지 않고 유형자산의 가액을 증가시킨 경우 해당연도 당기순이익이 증가한다.
08. 유형자산의 수선·유지를 위한 지출은 해당자산으로부터 당초 예상되었던 성능수준을 회복하거나 유지하기 위한 것이므로 일반적으로 발생한 기간의 비용으로 인식한다.
09. 유형자산(토지·건설중인자산 제외), 무형자산은 감가상각 대상 자산이다.
10. 연수합계법은 내용연수동안 감가상각액이 매 기간 감소하는 방법이다.
11. 감가상각은 자산의 취득원가를 체계적인 방법으로 기간배분하기 위해서 하는 것이다.
12. 다른 요건이 동일하다면 유형자산의 취득 초기에는 정률법에 의한 감가상각비가 정액법에 의한 감가상각비보다 많다.
13. 정액법보다는 정률법의 감가상각비가 크다.
14. 보수주의는 당기순이익을 작게 표시하는 방법이다. 정률법은 초기에 감가상각비를 과대계상하여 당기순이익을 적게 표시해 둔다.
15. 정액법의 감가상각비 계산 : (취득원가 - 잔존가치) / 내용연수
16. ■ 1차 연도 감가상각비 10,000,000원 × 0.45 = 4,500,000원
    ■ 2차 연도 감가상각비 (10,000,000원 - 4,500,000원) × 0.45 = 2,475,000원
17. 1차 연도 감가상각비 (10,000,000원 - 2,000,000원) ÷ 10년 = 1,800,000원

◆정답◆

01. ① 02. ① 03. ④ 04. ① 05. ② 06. ② 07. ① 08. ② 09. ① 10. ①
11. ④ 12. ④ 13. ② 14. ② 15. ④ 16. ③ 17. ①

CHAPTER 06 무형자산

1. 무형자산의 의의 및 종류

1 무형자산의 의의

재화의 생산이나 용역의 제공, 타인에 대한 임대 또는 관리에 사용할 목적으로 기업이 보유하고 있으며, 물리적 형체가 없지만 식별가능하고, 기업이 통제하고 있으며 미래 경제적 효익이 있는 비화폐성자산을 말한다.

① **식별가능성** : 자산의 분리가능성 여부에 의해 판단하며 무형자산이 분리가능하면 그 무형자산은 식별가능함
② **통제가능성** : 기업이 제3자의 접근을 제한할 수 있을 것
③ **미래 경제적 효익** : 재화의 매출이나 용역의 수익, 원가절감 또는 자산의 사용에 따른 기타 효익의 형태로 발생할 것이 기대될 것

2 무형자산의 종류

(1) 영업권

기업의 우수한 경영, 좋은 기업이미지, 특별한 기술이나 지식, 독점적 지위, 양질의 고객관계, 유리한 입지조건 등으로 인하여 동종의 다른 기업보다 더 많은 수익을 얻을 경우 그 초과수익을 자본의 가치로 환원한 것이 영업권이다.

영업권은 기업 내부적으로 창출된 영업권과 외부에서 구입한 영업권으로 구분할 수 있으며, 일반기업회계기준은 **외부에서 구입한 영업권만 인정**하고 내부적으로 창출된 영업권은 취득원가를 신뢰성있게 측정할 수 없을 뿐만 아니라 기업이 통제하고 식별가능한 자원도 아니기 때문에 인정하지 않고 있다.

영업권(또는 부의영업권) = 합병등의 대가로 지급한 금액 - 취득한 순자산공정가치

(차) 제자산	×××	(대) 제부채	×××
영업권	×××	현 금 등	×××

(2) 산업재산권

법률의 보호하에서 일정기간 독점적 · 배타적으로 이용할 수 있는 권리를 말하는 것으로 특허권, 상표권, 디자인권, 실용신안권, 상호권 등을 말한다.

구 분	내 용
특허권	특허법에 의하여 발명을 독점적으로 이용할 수 있는 권리
상표권	특허청에 등록한 상표를 지정 상품에 독점적으로 사용할 수 있는 권리
디자인권	디자인을 등록한 자가 그 등록디자인에 대하여 향유하는 독점적 · 배타적 권리
실용신안권	실용신안법에 의하여 실용신안을 등록한 사람이 독점적 · 배타적으로 가지는 권리

(3) 개발비(내부적으로 창출된 무형자산)

개발비는 새로운 제품이나 기술의 개발 또는 개량을 위하여 지출한 금액(소프트웨어 개발과 관련된 비용을 포함)으로 개별적으로 식별가능하고 미래 경제적 효익을 확실하게 기대할 수 있는 것을 말한다. 무형자산을 창출하기 위한 내부 프로젝트를 연구단계와 개발단계로 구분하며, **구분할 수 없는 경우**에는 그 프로젝트에서 발생한 지출 **모두 연구단계에서 발생**한 것으로 본다.

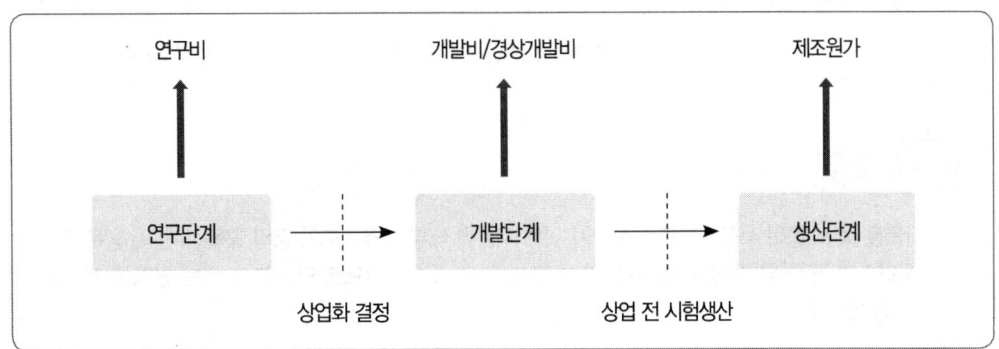

① 연구단계

프로젝트 연구단계에서는 미래 경제적 효익을 창출할 무형자산이 존재한다는 것을 입증할 수 없기 때문에 연구단계에서 발생한 지출은 무형자산으로 인식할 수 없고 기간비용으로 인식한다.

[사례] ㉠ 새로운 지식을 얻고자 하는 활동
㉡ 연구결과 또는 기타 지식을 탐색, 평가 등 활동
㉢ 재료, 장치, 제품, 공정, 시스템 등에 대한 여러 가지 대체 안을 탐색 시 활동

② 개발단계

개발활동이란 새로운 또는 현저히 개량된 재료, 장치, 제품, 공정, 시스템을 생산하기 위하여 연구결과나 기타 지식을 계획적으로 적용하는 활동으로서 상업적인 생산을 시작하기 이전의 활동을 의미한다.

개발단계는 연구단계보다 훨씬 더 진전되어 있는 상태이기 때문에 프로젝트의 개발단계에서 무형자산을 식별할 수 있으며, 그 무형자산이 미래 경제적 효익을 창출할 것임을 입증할 수 있기 때문에 개발단계에서의 지출은 무형자산으로 인식하는 것이다. 단, 요건을 충족하지 못한 개발단계 비용은 제조원가 또는 판매비와관리비로 처리한다.

[사례] ㉠ 생산 전 또는 사용전의 시작품과 모형의 설계, 제작 및 시험하는 활동
㉡ 새로운 기술과 관련된 공구, 금형, 주형 등을 설계하는 활동
㉢ 새롭거나 개선된 재료, 장치, 제품, 공정 등에 대하여 최종적으로 선정된 안을 설계, 제작 및 시험하는 활동

구 분		회계처리
연구단계에서 발생한 비용		연구비(판매비와관리비)
개발단계에서 발생한 비용	무형자산 인식조건 **미충족**	경상개발비 (제조원가 또는 판매비와관리비)
	무형자산으로 인식조건을 **충족**	개발비(무형자산)

 예제

다음은 (주)배움이 무형자산을 창출하기 위해 지출한 내부 프로젝트의 경비 항목이다. 이 항목들에 대하여 연구단계와 개발단계를 구분할 수 없는 경우, 무형자산으로 인식할 수 있는 금액을 계산하면 얼마인가?

- 관련자료 구입비 : 5,000,000원
- 창출관련 행정수수료 : 7,200,000원
- 인건비 : 8,500,000원
- 기타 창출경비 : 900,000원

① 0원　　　② 3,000,000원　　　③ 4,200,000원　　　④ 11,500,000원

【해설】

정답 : ①
무형자산을 창출하기 위한 내부 프로젝트를 연구단계와 개발단계로 구분할 수 없는 경우에는 그 프로젝트에서 발생한 지출은 모두 연구단계에서 발생한 것으로 본다.

(4) 기타 무형자산

구 분	내 용
소프트웨어	자산인식조건을 충족하는 소프트웨어를 구입하여 사용하는 경우 그 구입비용은 무형자산인 소프트웨어 계정과목으로 처리하고, 내부에서 개발된 소프트웨어에 소요된 원가가 자산인식조건을 충족하면 개발비로 처리한다.
라이선스	국가나 허가권자로부터 인·허가과정을 거쳐 확보한 사업허가권으로서 방송사업권이나 통신사업권 등이 해당되며, 일종의 프랜차이즈라 할 수 있다.
프랜차이즈	프랜차이저가 자신의 제품이나 서비스의 판매권, 상표나 상호명의 사용권 또는 용역을 독점적으로 생산 판매할 수 있는 권리로 음식점이나 주유소업 등이 대표적이다.
저작권	문학이나 학술·예술의 범위에 속하는 창작물인 지적재산권에 대하여 저자 또는 제작자가 출판, 재생 또는 판매할 수 있는 배타적이고 독립적인 권리를 말한다.
광업권	일정한 광구에서 등록한 광물과 동 광상 중에 부존하는 다른 광물을 채굴하여 취득할 수 있는 권리를 말한다.
어업권	수산업법에 의하여 등록된 수면에서 독점적·배타적으로 어법을 영위할 수 있는 권리를 말한다.
임차권리금	토지와 건물 등을 임차하는 경우 그 이용권을 갖는 대가로 보증금이외의 금액을 지급하는 것을 임차권리금이라 한다.

2. 무형자산의 취득원가

1 무형자산의 취득

(1) 외부로부터 취득한 무형자산의 취득원가

외부로부터 유상으로 취득한 무형자산은 당해 자산 매입원가뿐만 아니라 취득과 관련하여 발생한 모든 부대원가, 즉 등록비 및 제세공과금과 법률수수료 등을 포함하여 취득원가로 계상해야 한다.

(2) 내부적으로 창출된 무형자산의 취득원가

내부적으로 창출된 무형자산의 취득원가는 그 자산의 창출, 제조, 사용, 준비에 직접 관련된 지출과 합리적이고 일관성 있게 배분된 간접 지출을 모두 포함한다.

> [사례] ① 무형자산의 창출에 직접 종사한 인원에 대한 급여, 상여, 퇴직급여 등의 인건비
> ② 무형자산의 창출에 사용된 재료비, 용역비 등
> ③ 무형자산의 창출에 직접 사용된 유형자산의 감가상각비와 무형자산(산업재산권, 라이선스) 상각비
> ④ 법적 권리를 등록하기 위한 수수료 등 무형자산을 창출하는 데 직접적으로 관련이 있는 지출
> ⑤ 무형자산의 창출에 필요하며 합리적이고 일관된 방법으로 배분할 수 있는 간접비
> ⑥ 자본화 대상 금융비용

2 무형자산의 취득 이후의 지출

무형자산을 취득하거나 완성한 후의 지출로서 다음의 요건을 모두 충족하는 경우에는 자본적 지출로 처리하고, 그렇지 않은 경우에는 발생한 기간의 비용(수익적 지출)으로 인식한다.

① 관련 지출이 무형자산의 미래 경제적 효익을 실질적으로 증가시킬 가능성이 매우 높다.
② 관련 지출이 신뢰성 있게 측정될 수 있으며, 무형자산과 직접 관련된다.

총계정원장에는 다음과 같은 계정잔액이 표시되어 있다. 재무상태표상 무형자산으로 보고될 금액은 얼마인가?

- 유상취득한 영업권   400,000원
- 상표권   600,000원
- 개발비   150,000 (연구단계와 개발단계를 구분할 수 없음)

【해설】
무형자산 금액 = 유상 취득한 영업권 400,000원 + 상표권 600,000원 = 1,000,000원
연구단계와 개발단계를 구분할 수 없으면 모두 연구단계에서 발생한 것으로 본다.

3. 무형자산의 상각 및 손상차손

1 무형자산의 상각

무형자산의 상각은 무형자산의 취득원가를 내용연수 동안 합리적인 방법으로 배분하여 이를 비용으로 처리하는 절차를 말한다.

구 분	내 용
상각대상금액	무형자산의 취득원가에서 잔존가치를 차감한 잔액을 말하며, 무형자산의 잔존가치는 없는 것을 원칙으로 한다. (단, 부의 영업권의 제외)
상각기간 (내용연수)	법령이나 계약에 정해진 경우를 제외하고는 20년을 초과할 수 없으며, 상각은 자산이 사용가능한 때부터 시작한다.
상각방법	합리적인 상각방법으로 하되, 영업권과 합리적인 상각방법을 정할 수 없는 경우 정액법을 사용한다.
회계처리	무형자산상각비의 회계처리방법(공시)은 직접법과 간접법 모두 허용하며 직접법을 사용할 경우 취득원가와 무형자산상각누계액을 주석으로 공시한다. ■ 직접법 (차) 무형자산상각비 ××× (대) 무형자산 ××× ■ 간접법 (차) 무형자산상각비 ××× (대) 무형자산상각누계액 ×××

구 분	내 용
무형자산 상각비 처리	무형자산상각비는 다른 자산의 제조와 관련된 경우에는 관련 자산의 제조원가로 처리하고 이외의 상각비는 판매비와관리비로 회계처리 한다.

KcLep 프로그램은 유형자산 상각법은 "간접법"으로 무형자산 상각법은 "직접법"으로 설정되어 있다.

2 무형자산의 손상차손

자산의 진부화 및 시장가치의 급격한 하락 등으로 인하여 무형자산의 회수가능성이 장부에 미달하고 그 차액이 중요한 경우 손상차손을 설정한다. (단, 회복 시 환입처리하며 장부가액을 초과할 수 없다.)

4. 무형자산의 처분

사용을 중지하고 처분을 위해 보유하는 무형자산은 사용을 중지한 시점에 장부금액으로 표시한다. 처분금액과 장부금액과의 차액은 **무형자산처분손익(영업외손익)**으로 회계처리 한다.

구 분	회계처리			
장부가액 < 처분가액	(차) 현금 등	×××	(대) 특허권 등 무형자산처분이익	××× ×××
장부가액 > 처분가액	(차) 현금 등 무형자산처분손실	××× ×××	(대) 특허권 등	×××

무형자산과 관련한 다음의 설명 중 올바른 것은?
① 무형자산은 진부화되거나 시장가치가 급격히 하락해도 손상차손을 인식할 수 없다.
② 무형자산은 5년 이내의 기간 내에 정액법으로 상각해야 한다.
③ 내부적으로 창출한 영업권은 원가를 신뢰성 있게 측정할 수 없을 뿐만 아니라 기업이 통제하고 있는 식별가능한 자원도 아니기 때문에 자산으로 인식하지 않는다.
④ 내부적으로 창출한 모든 무형자산은 무형자산으로 인식할 수 없다.

【해설】
정답 : ③
① 무형자산은 진부화되거나 시장가치가 급격히 하락하면 손상차손을 인식할 수 있다.
② 무형자산은 법령이나 계약에 정해진 경우를 제외하고 20년 이내의 기간 내에 정액법으로 상각해야 한다.
④ 내부적으로 창출한 무형자산이 인식기준에 부합하는지를 평가하기 위하여 무형자산의 창출과정을 연구단계와 개발단계로 구분하여 개발단계에 해당하는 경우 무형자산으로 인식한다.

실무분개 / 실무이론

01. 신제품 개발에 따른 연구용역비 10,000,000원을 보통예금에서 지급하였다. (무형자산으로 처리할 것)

02. 특허권을 5,000,000원에 구입하고 대금은 보통예금에서 인출하여 지급하였다.

03. 업무에 사용하기 위하여 컴퓨터 소프트웨어를 1,500,000원에 현금으로 구입하였다.

04. 보유중인 특허권(장부가액 15,000,000원)을 20,000,000원에 매각하고, 대금은 보통예금으로 입금되었다. (당기 분 감가상각은 고려하지 말 것)

05. 회사는 기말 현재 결산항목 반영 전에 재무상태표상 개발비 미상각 잔액이 4,800,000원이 있다. 개발비는 전기 초에 설정되어 전기 초부터 사용하였고 모든 무형자산은 사용가능한 시점부터 5년간 상각한다.

06. 다음 중 일반기업회계기준상 무형자산에 해당되는 항목으로만 묶어 놓은 것은?

a. 특허권	b. 개발비	c. 연구비	d. 개업비	e. 상표권	f. 창업비

① a, c, d　　　② a, b, d　　　③ a, b, e　　　④ a, b, f

07. 무형자산과 관련한 다음의 설명 중 적절치 않은 것은?
① 무형자산으로 인식되기 위해서는 식별 가능하여야 한다.
② 무형자산은 기업이 그 무형자산에 대한 미래경제적 효익을 통제할 수 있어야 한다.
③ 내부적으로 창출한 영업권은 원가를 신뢰성 있게 측정할 수 없을 뿐만 아니라 기업이 통제하고 있는 식별가능한 자원도 아니기 때문에 자산으로 인식하지 않는다.
④ 내부적으로 창출한 모든 무형자산은 무형자산으로 인식할 수 없다.

08. 다음 중 일반기업회계기준상 무형자산으로 계상할 수 없는 것은?
① 합병 등으로 인하여 유상으로 취득한 영업권
② 기업의 프로젝트 연구단계에서 발생하여 지출한 연구비
③ 일정한 광구에서 부존하는 광물을 독점적 · 배타적으로 채굴하여 취득할 수 있는 광업권
④ 일정기간동안 독점적 · 배타적으로 이용할 수 있는 산업재산권

09. 다음 항목들 중에서 무형자산으로 인식할 수 없는 것은?
① 향후 5억원의 가치창출이 확실한 개발단계에 2억원을 지출하여 성공한 경우
② 내부창출한 상표권으로서 기말시점에 회사 자체적으로 평가한 금액이 1억원인 경우
③ 통신기술과 관련한 특허권을 출원하는 데 1억원을 지급한 경우
④ 12억원인 저작권을 현금으로 취득한 경우

10. 다음은 무형자산에 관한 설명이다. 잘못된 것은?

① 무형자산의 상각방법은 자산의 경제적 효익이 소비되는 행태를 반영한 합리적인 방법이어야 한다.
② 무형자산의 상각방법에는 정액법, 체감잔액법(정률법 등), 연수합계법, 생산량비례법 등이 있다.
③ 무형자산의 합리적인 상각방법을 정할 수 없는 경우에는 정률법을 사용한다.
④ 무형자산의 상각이 다른 자산의 제조와 관련된 경우에는 관련 자산의 제조원가로, 그 밖의 경우에는 판매비와 관리비로 계상한다.

11. A상사의 2025년 12월 31일의 총계정원장에는 다음과 같은 계정잔액이 표시되어 있다. 재무상태표상 무형자산으로 보고될 금액은 얼마인가?

- 광고대행업체에의 선급금   200,000원
  (내부창출영업권)
- 유상 취득한 영업권   300,000원
- 특허권   500,000원

① 300,000원   ② 500,000원   ③ 800,000원   ④ 1,000,000원

해설

07. 내부적으로 창출한 무형자산이 인식기준에 부합하는지를 평가하기 위하여 무형자산의 창출과정을 연구단계와 개발단계로 구분하여 개발단계에 해당하는 경우 무형자산으로 인식한다.
08. 기업의 연구개발활동 중 연구단계에서 발생하여 지출한 연구비는 당기비용으로 처리한다.
09. 내부창출한 상표는 신뢰성 있는 측정이 아니므로 식별가능하지 않다.
10. 무형자산의 합리적인 상각방법을 정할 수 없는 경우에는 정액법을 사용한다.
11. 무형자산 = 유상취득한 영업권 300,000원 + 특허권 500,000원 = 800,000원

정답

NO	회계처리			
01	(차) 개발비	10,000,000	(대) 보통예금	10,000,000
02	(차) 특허권	5,000,000	(대) 보통예금	5,000,000
03	(차) 소프트웨어	1,500,000	(대) 현 금	1,500,000
04	(차) 보통예금	20,000,000	(대) 특허권 무형자산처분이익	15,000,000 5,000,000
05	(차) 무형자산상각비	1,200,000	(대) 개발비	1,200,000

06. ③ 07. ④ 08. ② 09. ② 10. ③ 11. ③

CHAPTER 07 기타비유동자산

기타비유동자산이란 투자자산, 유형자산, 무형자산에 속하지 않는 비유동자산을 말한다.

구 분		내 용
보증금	임차보증금	타인소유의 부동산이나 동산을 사용하기 위하여 임대차계약을 체결하는 경우에 월세 등을 지급하는 조건으로 임차인이 임대인에게 지급하는 보증금이다.
	전세권	전세금을 지급하고 타인의 부동산을 그 용도에 따라 사용, 수익하는 권리를 말한다.
	영업보증금	채무자가 채권자에게 계약의 이행을 담보하기 위하여 지급하는 보증금으로서 거래보증금, 입찰보증금 및 하자보증금 등의 지급 시 처리하는 계정이다.
장기채권	장기매출채권	일반적인 상거래에서 발생한 채권으로서 보고기간 종료일 현재 만기가 1년 이후에 도래하는 채권을 말한다.
	장기미수금	일반적인 상거래 이외의 거래에서 발생하는 채권으로서 보고기간 종료일 현재 만기가 1년 이후에 도래하는 채권을 말한다.
부도어음과수표		물품대금으로 받은 약속어음(수표)을 지급기일에 지급장소(해당 거래은행)에 제시하고 어음대금을 청구하는데, 어음금액의 지급을 거절하는 것을 어음의 부도라 하고, 지급이 거절된 어음을 부도어음이라 한다. ■ 어음의 부도 ⇨ 부도어음과수표로 처리 ⇨ 대손금 요건 충족 시 대손충당금(또는 대손상각비)과 상계처리
전신전화가입권		특정한 전신 또는 전화를 소유할 수 있는 권리로서 전화통신사업자나 이동통신 사업자에게 전화를 사용하기 위해 미리 예치시키고, 해약을 하면 반환받을 수 있는 금액을 말한다. ⇨ 현재 발생되는 건은 없으며 과거에 발생분 중 현재 돌려받지 않는 부분만 남아있음.
이연법인세자산		일시적인 차이로 인하여 법인세법 등의 법령에 의하여 납부하여야 할 금액이 법인세비용을 초과하는 경우 그 초과하는 금액을 말한다.

실무분개 / 실무이론

PART 01 전표관리 및 결산관리

01. 본점 이전을 위하여 상속빌딩에 임차보증금 50,000,000원을 보통예금계좌에서 송금하였다.

02. 매출 증대를 위해 대왕마트에서 한 달 동안 완구용품을 판매하기로 하고 대형마트용 진열대를 임차하면서 대왕마트에 보증금 3,000,000원과 1개월분 임차료 100,000원을 보통예금계좌에서 이체하다.

03. 영업점을 이전하면서 임대인(성화빌딩)으로부터 임차보증금 중 임차료 미지급액 6,000,000원을 차감한 나머지 194,000,000원을 보통예금으로 반환받았다. (미지급비용 계정과목을 사용하시오.)

04. 배움빌딩과 공장건물의 임대차계약(계약기간 : 2025.5.14. ~ 2026.5.13.)을 체결하고 임차보증금 20,000,000원과 1년분 임차료 12,000,000원을 당좌수표를 발행하여 지급하였다. (단, 임차료는 지급시 전액 자산처리하고, 거래처를 기재한다.)

05. 다음 항목 중 재무상태표상 기타비유동자산에 속하는 계정과목은?
① 만기보유증권 ② 투자자산 ③ 임차보증금 ④ 지분법적용투자주식

해설

05. 임차보증금은 기타비유동자산에 속한다.

정답

NO	회계처리			
01	(차) 임차보증금(상속빌딩)	50,000,000	(대) 보통예금	50,000,000
02	(차) 임차보증금(대왕마트) 임차료(판)	3,000,000 100,000	(대) 보통예금	3,100,000
03	(차) 보통예금 미지급비용(성화빌딩)	194,000,000 6,000,000	(대) 임차보증금(성화빌딩)	200,000,000
04	(차) 임차보증금(배움빌딩) 선급비용(배움빌딩)	20,000,000 12,000,000	(대) 당좌예금	32,000,000

05. ③

CHAPTER 08 부채

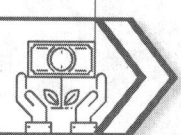

1. 부채의 개념

부채는 과거 사건이나 거래의 결과 현재 부담하여야 하는 경제적의무로 미래에 현금 등의 경제적 효익의 희생을 말한다. 부채는 매입채무·미지급비용 등 영업활동과 관련된 부채는 1년 기준과 정상영업순환주기 기준으로 유동부채와 비유동부채로 분류하도록 규정하고 있다.

유동부채	매입채무(외상매입금, 지급어음), 단기차입금, 미지급금, 선수금, 예수금, 미지급비용, 미지급법인세(또는 당기법인세부채), 미지급세금, 유동성장기부채 등
비유동부채	사채, 장기차입금, 장기성매입채무, 퇴직급여충당부채 등

2. 유동부채

1 유동부채의 의의

미래에 일정한 금액을 현금으로 지불하거나 상품, 용역을 제공해 주어야 할 의무로 **보고기간 종료일 현재 1년 이내**에 지급해 주어야 할 채무 및 지급기일이 1년을 초과하더라도 **정상적인 영업주기 이내**에 지급하여야 하는 매입채무를 말한다.

2 매입채무(↔매출채권)

일반적인 상거래에서 발생한 **외상매입금과 지급어음**으로 한다. 도매업의 상품매입 시, 제조업의 원재료 매입시에 발생한 채무는 일반적으로 외상매입금 계정으로 회계처리하고, 당해 외상매입금에 대하여 어음을 발행하여 지급하는 경우 지급어음으로 회계처리 한다. 재무상태표 작성 시 외상매입금과 지급어음을 합계하여 매입채무로 표시한다.

(1) 외상매입금(↔ 외상매출금)

외상매입금은 일반적인 상거래에서 재화 또는 용역을 구입하고 그 대금을 구입시점 이후에 지급하기로 약정함으로써 발생하는 채무를 말한다.

회계상 거래	회계처리
[재고자산 구입시점] 원재료를 500,000원에 매입하고 대금은 월말에 지급하기로 하였다.	(차) 원재료 500,000원 (대) 외상매입금 500,000원
[외상매입금 결제시점] 외상매입금 500,000원을 보통예금 계좌에서 지급하다.	(차) 외상매입금 500,000원 (대) 보통예금 500,000원

(2) 지급어음(↔ 받을어음)

지급어음이란 일반적인 상거래에서 나타난 어음상의 채무로서, 즉 매입처에 대하여 상품매입 대금이나 외상매입금에 대한 약속어음을 발행한 경우 또는 타인발행 환어음을 인수한 경우에 발생하는 어음채무를 말한다.

회계상 거래	회계처리
[재고자산 구입시점] 원재료를 500,000원에 매입하고 전자어음을 발행하였다.	(차) 원재료 500,000원 (대) 지급어음 500,000원
[지급어음 결제시점] 지급어음 500,000원이 만기일이 도래하여 보통예금 계좌에서 결제하다.	(차) 지급어음 500,000원 (대) 보통예금 500,000원

[어음발행 지급시 회계처리]
- 원재료 등 재고자산 구입 시 어음발행 : 지급어음
- 기계장치 등 유형·무형·투자자산 구입 시 어음발행 : 미지급금
- 금전소비대차계약에 의한 어음발행 : 단(장)기차입금

3 단기차입금(↔단기대여금)

금융기관으로부터의 당좌차월액과 금전소비대차계약에 따라 차입한 금액 중 보고기간 종료일 현재 1년 이내 만기가 도래하는 채무를 말한다.

회계상 거래	회계처리
[단기차입금 발생시점] 한국은행으로부터 1년 뒤 상환하기로 약정하고 200,000원을 차입하여 보통예금에 입금하였다.	(차) 보통예금 200,000원 (대) 단기차입금 200,000원
[단기차입금 상환시점] 한국은행 단기차입금 만기일이 도래하여 원금 200,000원과 이자 5,000원을 보통예금에서 지급하였다.	(차) 단기차입금 200,000원 (대) 보통예금 205,000원 　　 이자비용 5,000원

4 미지급금(↔미수금)

기업의 일반적인 상거래 이외의 거래(유형·무형자산 등)에서 발생하는 채무를 말한다.

회계상 거래	회계처리
[투자·유형·무형자산 구입시점] 관리부에서 사용할 컴퓨터 5대를 구입하고 대금 5,000,000원은 말일에 지급하기로 하였다.	(차) 비 품 5,000,000원 (대) 미지급금 5,000,000원
[미지급금 결제시점] 미지급금 5,000,000원을 보통예금 계좌에서 지급하다.	(차) 미지급금 5,000,000원 (대) 보통예금 5,000,000원

5 선수금(↔선급금)

일반적인 상거래에서 발생한 선수액으로 매출과 관련된 계약금을 받았을 때 사용하는 계정과목이다.

회계상 거래	회계처리
[계약금 수령시점] 제품을 10,000,000원에 매출하기로 계약하고 계약금 10%를 보통예금 통장으로 입금 받았다.	(차) 보통예금 1,000,000원 (대) 선수금 1,000,000원
[제품 매출시점] 제품을 10,000,000원에 매출하고 미리 받은 계약금 1,000,000원을 제외하고 잔액은 월말에 지급 받기로 하였다.	(차) 선수금 1,000,000원 (대) 제품매출 10,000,000원 외상매출금 9,000,000원

6 예수금

근로자 등에게 소득을 지급 시 소득세 등의 세금, 건강보험 등의 사회보험 등 소득자 부담액을 징수하여 보관하였다가 납부하는 경우 사용한다.

회계상 거래	회계처리
[각 소득 지급시점] 본사 직원의 7월 급여 2,000,000원 지급 시 소득세 등 220,000원을 원천징수하고 보통예금 계좌에서 이체 지급하였다.	(차) 급 여 2,000,000원 (대) 예수금 220,000원 보통예금 1,780,000원
[예수금(소득세 및 지방소득세) 납부시점] 급여지급 시 예수한 소득세 등 50,000원을 보통예금에서 납부하였다.	(차) 예수금 50,000원 (대) 보통예금 50,000원

회계상 거래	회계처리			
[예수금(건강보험료) 납부시점] 급여지급 시 예수한 근로자 부담분 건강보험료 70,000원과 회사부담분 70,000원을 보통예금에서 납부하였다.	(차) 예수금 　　 복리후생비	70,000원 70,000원	(대) 보통예금	140,000원
[예수금(국민연금) 납부시점] 급여지급 시 예수한 근로자 부담분 국민연금보험료 100,000원과 회사부담분 100,000원을 보통예금에서 납부하였다.	(차) 예수금 　　 세금과공과	100,000원 100,000원	(대) 보통예금	200,000원

7 가수금(↔가지급금)

현금 등 입금되었으나 계정과목 또는 금액을 확정할 수 없을 때 사용하는 임시 계정과목이다.

회계상 거래	회계처리			
[내용불명의 금액 입금시점] 내용을 알 수 없는 금액 100,000원이 보통예금에 입금되었다.	(차) 보통예금	100,000원	(대) 가수금	100,000원
[가수금 원인 규명시점] 가수금 처리된 100,000원의 원인을 파악한 결과 더지상사의 외상대금을 회수한 것으로 파악되었다.	(차) 가수금	100,000원	(대) 외상매출금	100,000원

8 유동성장기부채

장기차입금 등의 비유동부채 항목 중에서 **보고기간 종료일 현재 만기가 1년 이내에 도래하는 채무로 상환예정**인 경우 대체하는 계정과목이다. 다만, 만기일에 상환하지 않고 차입금을 연장하고자 하는 경우에는 유동성대체를 하지 않는다.

회계상 거래	회계처리			
[결산시점] 장기차입금 중 100,000원이 보고기간 종료일 현재 1년 이내 만기가 도래하고 만기일에 상환할 예정이다.	(차) 장기차입금	100,000원	(대) 유동성장기부채	100,000원

9 미지급세금(또는 당기법인세부채)

미지급세금은 법인세 등의 미지급액을 말하며, 법인세뿐만 아니라 법인세할 지방소득세, 농어촌특별세도 포함한다.

10 미지급배당금

당해연도 이익잉여금처분계산서상의 현금배당액을 말한다. 미지급배당금 계정은 일반적으로 보고기간 종료일 재무상태표에는 나타나지 않으며, 주주총회 결의 시 미지급배당금으로 회계처리 하였다가 배당금 지급 시 상계처리 한다.

11 선수수익(↔선급비용)

선수수익은 **수익**의 **이연**으로 당기에 수입된 수익 중에서 다음 회계연도(차기)에 속하는 수익을 선수수익이라고 하며, 발생주의 원칙에 의해 보고기간 종료일에 선수수익을 계상한다.

[실무사례] 2025년 10월 1일 6개월분 임대료 600,000원 현금 수령
　　　　　 임대료 기간 : 2025.10.1 ~ 2026.3.31(월할계산)

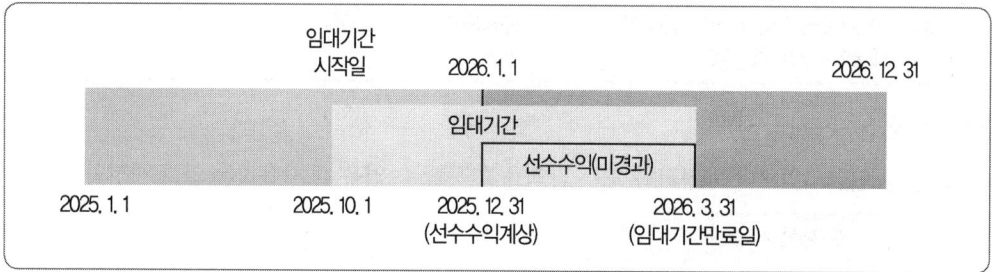

- 선수수익 = 임대료 × 미경과일수 / 임대기간전체일수 = 600,000원 × 3개월 / 6개월 = 300,000원
- 차기 미경과일수 : 2025.01.01 ~ 2025.03.31 ⇨ 3개월

회계상 거래	회계처리
[임대료 입금시점] 6개월 임대료 600,000원 현금 입금되다.	(차) 현 금　　600,000원　　(대) 임대료　　600,000원
[결산시점] 차기 미경과 임대료 300,000원을 계상하다.	(차) 임대료　　300,000원　　(대) 선수수익　300,000원
[차기 재수정분개시점] 차기연도 초에 결산 재수정분개에 의하여 선수수익 상계처리하다.	(차) 선수수익　300,000원　　(대) 임대료　　300,000원

예제

12월 31일 현재 임대료(영업외수익) 관련 기간 미경과분이 있다. 5월 1일 (주)배움으로부터 1년분(2025.5.1. ~ 2026.4.30.) 임대료 7,200,000원을 수취하면서 전부 수익으로 처리한 경우와 선수수익으로 처리한 경우로 구분하여 기말수정분개를 하시오. (월할계산)

【해설】
- 입금시점 임대료(수익) 처리 : 미경과분 부채처리(선수수익) = 7,200,000원 × 4개월/12개월 = 2,400,000원
  회계처리 : (차) 임대료　　2,400,000원　　(대) 선수수익　2,400,000원
- 입금시점 선수수익(부채) 처리 : 경과분 수익처리(임대료) = 7,200,000원 × 8개월/12개월 = 4,800,000원
  회계처리 : (차) 선수수익　4,800,000원　　(대) 임대료　　4,800,000원

12 미지급비용(↔ 미수수익)

미지급비용은 **비용의 발생(예상)**으로 당기에 속하는 비용이지만 보고기간 종료일까지 지급하지 못한 비용을 말하며 지급의 시기가 도래하지 않은 부분으로 발생주의 원칙에 의한다.

[실무사례] 2025년 6월 1일 1년 만기 차입금 1,000,000원 보통예금 입금
        이자율 : 6%(월할계산), 이자지급시기 : 만기일에 일시지급

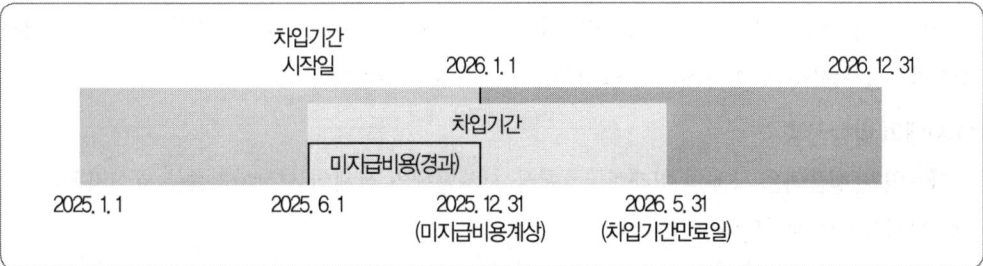

- 미지급비용 = 차입금 × 이자율 × 경과일수 / 이자기간총일수 = 1,000,000원 × 6% × 7개월 / 12개월 = 35,000원
- 당기 경과일수 : 2025.06.01 ~ 2025.12.31 ⇨ 7개월

회계상 거래	회계처리
[차입금 입금시점] 1년 만기 차입금 1,000,000원 보통예금에 입금되다.	(차) 보통예금 1,000,000원 (대) 단기차입금 1,000,000원
[결산시점] 당기 경과일수에 대한 이자 35,000원을 계상하다.	(차) 이자비용 35,000원 (대) 미지급비용 35,000원

[차기 이자지급시점]
차기연도 차입금 원금 1,000,000원과 이자 00,000원을 보통예금에서 지급하다.
	(차) 단기차입금 1,000,000원 (대) 보통예금 1,060,000원
	    미지급비용 35,000원
	    이자비용 25,000원

 예제

10월 1일 우리은행으로부터 50,000,000원을 연이자율 6%로 12개월간 차입(차입기간 : 2025.10.1. ~ 2026.9.30.)했고, 이자는 12개월 후 차입금 상환시 일시에 지급하기로 하였다. 결산분개를 하시오. (월할계산할 것)

【해설】
미지급이자 = 50,000,000원 × 6% × 3개월 / 12개월 = 750,000원
회계처리 : (차) 이자비용 750,000원   (대) 미지급비용 750,000원

3. 비유동부채

1 비유동부채의 의의

미래에 일정한 금액을 현금으로 지불하거나 상품, 용역을 제공해 주어야 할 의무로 **보고기간 종료일 현재 1년 이후에 지급해 주어야 할 채무**를 말한다.

2 사채

기업이 거액의 자금을 비교적 장기간 사용하기 위하여 일반투자자들로부터 집단적·공개적으로 자금을 차용하고 그 증거로서 발행하는 유가증권을 말한다.

(1) 사채의 발행금액

사채의 발행금액은 사채의 미래현금흐름을 사채발행일 현재의 시장이자율(유효이자율)로 할인한 현재가치로 계산된다.

> 사채발행금액 = 만기에 지급할 원금의 현재가치 + 미래 이자지급액의 현재가치
> = (사채의 액면금액 × 원금 현가계수) + (사채의 액면이자 × 연금 현가계수)
> = 사채가 창출하는 미래현금흐름의 현재가치
> = 사채 발행일의 시장가치

(2) 사채의 발행방법

사채의 발행금액은 액면이자율과 시장이자율에 의해서 결정된다. 액면이자율이란 사채발행기업이 지급할 사채의 액면금액을 기준으로 지급하고자 하는 이자율을 의미하며, 시장이자율은 실제 시장에서 지급하는 이자를 말한다. 이 시장이자율이 사채 발행기업이 실제 부담하는 이자율이 되며 이를 "유효이자율"이라 한다.

발행방법	회계처리
액면발행 (액면이자율 = 시장이자율) ⇩ (발행가액 = 액면가액) 10,000원 = 10,000원	사채가 발행될 때 사채의 발행가액이 사채의 액면가액과 같은 경우 (차) 현금 등 10,000원 (대) 사채(액면가액) 10,000원

할증발행
(액면이자율 > 시장이자율)
⇩
(발행가액 > 액면가액)
11,000원 > 10,000원
	사채의 발행가액이 사채의 액면가액보다 큰 경우
	
	(차) 현금 등 11,000원 (대) 사채(액면가액) 10,000원
	                              사채할증발행차금 1,000원
	                              (사채의 가산계정)

할인발행
(액면이자율 < 시장이자율)
⇩
(발행가액 < 액면가액)
8,000원 < 10,000원
	사채의 발행가액이 사채의 액면가액보다 작은 경우
	
	(차) 현금 등 8,000원 (대) 사채(액면가액) 10,000원
	     사채할인발행차금 2,000원
	     (사채의 차감계정)

재무상태표

과목	제11(당)기	
	금액	
	-중 략-	
사 채 사채할인발행차금	50,000,000 (5,000,000)	45,000,000
	-중 략-	

(3) 사채발행비

사채발행비는 사채를 발행할 때 발생되는 인쇄비·수수료 등의 비용을 말하며, **사채발행가액에서 차감**한다.

- 액면발행 시 할인발행되어 사채할인발행차금 발생
- 할인발행 시 사채할인발행차금에 가산 : 사채할인발행차금 증가
- 할증발행 시 사채할증발행차금에 차감 : 사채할증발행차금 감소

(4) 사채발행차금의 처리

사채할인발행차금 및 사채할증발행차금은 사채발행시부터 최종상환시까지의 기간에 유효이자율법을 적용하여 상각 또는 환입하고 동 상각액 또는 환입액은 사채이자에서 가감한다.

발행방법	상각(환입)액	이자비용(유효이자)	사채장부가액
액면발행	0(없음)	액면이자	동일(불변)
할인발행	매년증가	매년증가	매년증가
할증발행	매년증가	매년감소	매년감소

다음 중 사채에 대한 설명으로 틀린 것은?

① 유효이자율 적용 시 사채할인발행차금 상각액은 매년 감소한다.
② 사채할인발행차금은 당해 사채의 액면가액에서 차감하는 형식으로 기재한다.
③ 인쇄비, 수수료등 사채발행비용은 사채의 발행가액에서 차감한다.
④ 사채할인발행차금은 유효이자율법으로 상각하고 그 금액을 사채이자에 포함한다.

【해설】
정답 : ①
유효이자율법 적용 시 사채할증발행차금 상각액, 사채할인발행차금 상각액 모두 매년 증가한다.

3 충당부채

(1) 충당부채

충당부채는 과거사건이나 거래의 결과에 의한 현재의무로서, 지출의 시기 또는 금액이 불확실하지만 그 의무를 이행하기 위하여 자원이 유출될 가능성이 매우 높고 또한 당해 금액을 신뢰성있게 추정할 수 있는 의무를 말한다. 다만, 충당부채의 인식요건 중 하나라도 충족시키지 못하는 경우에는 우발부채로 인식하여 주석공시하며 부채로 인식하지 아니한다.

- 충당부채의 인식요건
① 과거사건이나 거래의 결과로 인하여 현재의무(법적의무)가 존재한다.
② 당해 의무를 이행하기 위하여 자원의 유출 가능성이 매우 높다.
③ 그 의무 이행에 소요되는 금액을 신뢰성 있게 추정할 수 있다.

충당부채 측정	충당부채로 인식하는 금액은 현재의무의 이행에 소요되는 지출에 대한 보고기간 종료일 현재 최선의 추정치이어야 한다. 단, 충당부채의 명목가액과 현재가치의 차이가 중요한 경우 현재가치로 평가한다.
충당부채 변동	보고기간 종료일마다 잔액을 검토하고 보고기간 종료일 현재 최선의 추정치를 반영하여 증감조정 한다.
충당부채 사용	최초의 인식시점에서 의도한 목적과 용도에만 사용하여야 한다.

[우발자산]
우발자산은 자산으로 인식하지 아니하고 자원의 유입가능성이 매우 높은 경우에만 주석에 기재한다. 상황변화로 인하여 자원이 유입될 것이 확정된 경우에는 그러한 상황변화가 발생한 기간에 관련 자산과 이익을 인식한다.

다음 중 충당부채, 우발부채 및 우발자산에 관련된 내용으로 틀린 것은?
① 충당부채를 인식하기 위해서는 과거사건이나 거래의 결과로 현재의무가 존재하여야 한다.
② 충당부채를 인식하기 위해서는 당해 의무를 이행하기 위하여 자원이 유출될 가능성이 매우 높고, 그 의무의 이행에 소요되는 금액을 신뢰성 있게 추정할 수 있어야 한다.
③ 우발자산은 자산으로 인식하지 아니하고 자원의 유입가능성이 매우 높은 경우에만 주석에 기재한다.
④ 우발부채도 충당부채와 동일하게 재무상태표에 부채로 인식한다.

【해설】
정답 : ④
우발부채는 부채로 인식하지 아니한다. 의무를 이행하기 위해 자원이 유출될 가능성이 아주 낮지 않는 한, 우발부채를 주석에 기재한다.

(2) 퇴직급여충당부채

퇴직급여충당부채는 보고기간 종료일 현재 전종업원이 일시에 퇴직할 경우 지급하여야 할 퇴직금에 상당하는 금액으로 하며 이를 퇴직급여추계액이라 한다. 보고기간 종료일 현재 퇴직급여충당부채를 설정할 때 퇴직급여충당부채 설정 전 장부가액과 추계액과의 차액을 **퇴직급여로 추가설정하거나 환입**한다. 이 경우 퇴직급여는 자산의 원가에 포함되는 경우를 제외하고는 비용으로 처리하며 **퇴직급여충당부채환입액은 판매비와관리비의 차감계정**으로 계상한다.

① 퇴직급여충당부채 설정 시 회계처리

퇴직급여충당부채 설정(환입)액 = 퇴직급여추계액 − 퇴직급여충당부채 설정 전 장부금액

회계상 거래	회계처리
[결산시점 : 퇴직급여충당부채 설정] 임·직원이 퇴사할 경우 지급해야 할 퇴직급여추계액은 10,000,000원이며, 설정 전 퇴직급여충당부채 장부잔액은 7,000,000원이 있다.	(차) 퇴직급여 3,000,000원 (대) 퇴직급여충당부채 3,000,000원
[결산시점 : 퇴직급여충당부채 환입] 퇴사시 지급해야 할 퇴직급여추계액은 10,000,000원이며 설정 전 퇴직급여충당부채 장부잔액은 12,000,000원이 있다.	(차) 퇴직급여충당부채 2,000,000원 　　　　　(대) 퇴직급여충당부채환입 2,000,000원

② 퇴직금 지급 시 회계처리

퇴직자의 퇴직금 지급 시 **퇴직급여충당부채와 상계처리**하고 퇴직급여충당부채 **부족액**이 발생하면 **당기 비용처리(퇴직급여)** 한다.

회계상 거래	회계처리
[퇴직금 지급시점] 김영업의 퇴직금 1,000,000원을 보통예금에서 지급하다. 퇴직급여충당부채 장부금액은 10,000,000원이 있으며, 퇴직소득세 등 22,000원을 원천징수하다.	(차) 퇴직급여충당부채 1,000,000원 (대) 예수금 22,000원 　　　　　　　　　　　　　　　　　　보통예금 978,000원

(3) 퇴직연금제도(퇴직보험제도 포함)

① 확정기여형 퇴직연금(DC) 제도

확정기여형 퇴직연금은 종업원이 책임과 권한을 갖고 적립금을 운용하는 연봉제 퇴직금제도이다. 적립금은 당기 비용처리하며 결산 시 퇴직급여충당부채 또는 퇴직연금충당부채를 인식하지 않는다. 해당 퇴직급여를 자산의 원가에 포함되는 경우를 제외하고는 비용으로 인식하며, 보고기간 종료일 이미 납부한 기여금을 차감한 **미적립 금액은 부채(미지급비용)로** 인식한다.

회계상 거래	회계처리
[퇴직연금 불입시점] 국민은행에 확정기여형 퇴직연금 500,000원을 보통예금에서 이체하다.	(차) 퇴직급여 500,000원 (대) 보통예금 500,000원
[결산시점] 결산시 확정기여형 퇴직연금 미적립금 200,000원을 장부에 계상하다.	(차) 퇴직급여 200,000원 (대) 미지급비용 200,000원

② 확정급여형 퇴직연금(DB) 제도

확정급여형 퇴직연금은 기업(사용자)이 책임과 권한을 갖고 적립금을 운용하는 누적제 퇴직금제도이다. 적립금은 퇴직연금운용자산으로 처리하고 **퇴직급여충당부채에 차감하는 형태로 재무상태표에 공시**된다. 퇴직연금운용자산이 퇴직급여충당부채와 퇴직연금미지급금의 합계액을 초과하는 경우에는 그 초과액을 투자자산의 과목으로 표시한다. 퇴직연금 불입분에 운용이익 또는 손실이 발생하면 **원본**에 **전입**되며 **당기손익(영업외손익)**으로 처리한다.

회계상 거래	회계처리
[퇴직연금 불입시점] 국민은행에 확정급여형 퇴직연금 500,000원과 운용수수료 10,000원을 보통예금에서 이체하다.	(차) 퇴직연금운용자산 500,000원 (대) 보통예금 510,000원 수수료비용 10,000원
[퇴직연금 운용수익 발생시점] 국민은행으로부터 확정급여형 퇴직연금에 대한 운용수익 20,000원이 발생하였음을 통보받았다.	(차) 퇴직연금운용자산 20,000원 (대) 퇴직연금운용수익 20,000원 (또는 이자수익)

퇴직자의 퇴직금 지급 시 **퇴직급여충당부채와 상계**처리하고 퇴직급여충당부채 **부족액**이 발생하면 **당기 비용처리(퇴직급여)** 한다. 퇴직연금에서 지급하는 금액은 퇴직연금운용자산을 감소시키고 회사에서 직접 지급하는 금액은 현금 등으로 대체한다.

회계상 거래	회계처리
[퇴직금 지급시점] 영업부 박두철의 퇴직 시 확정급여형퇴직연금(DB)에 가입하여 불입한 금액 중 퇴직금 전액 5,000,000원을 인출하여 지급하였다. 퇴직금 원천징수는 고려하지 않으며 퇴직급여충당부채 잔액은 없다.	(차) 퇴직급여 5,000,000원 (대) 퇴직연금운용자산 5,000,000원

 **예제**

회사 생산직 직원이 퇴직하였으며, 동 직원의 퇴직금은 6,000,000원이다. 회사는 은행에 확정급여형(DB형) 퇴직연금에 가입하고 있고 퇴직급여충당부채 장부가액은 10,000,000원이 있다.

【해설】
퇴직금 지급시 퇴직급여충당부채가 있는 경우 우선 상계 후 퇴직급여충당부채가 부족한 경우 퇴직급여로 처리한다.
회계처리 : (차) 퇴직급여충당부채 6,000,000원   (대) 퇴직연금운용자산 6,000,000원

재무상태표

과목	제11(당)기	
	금액	
- 중 략 -		
퇴직급여충당부채	30,000,000	
퇴직연금운용자산	(20,000,000)	10,000,000
- 중 략 -		

(4) 기타충당부채

구 분	내 용
판매보증충당부채	제품에 결함이 있는 경우 이에 대한 수리 또는 보상을 하기 위해서 설정하는 충당금
하자보수충당부채	건설공사가 완성된 후 하자보수에 대한 보상을 하기 위하여 설정하는 충당금

4 기타비유동부채

장기차입금	금전소비대차계약에 따라 자금을 빌린 경우로서 보고기간 종료일로부터 만기가 1년 이후에 도래하는 채무를 말한다. (차) 보통예금 등 ××× (대) 장기차입금 ×××
임대보증금	임대인이 부동산 또는 동산을 임대하고 받은 보증금을 말하며, 임대보증금은 임대기간이 종료되는 시점에 임차인에게 반환해 주어야 한다. (차) 보통예금 등 ××× (대) 임대보증금 ×××
장기미지급금	일반적인 상거래 이외의 거래에서 발생하는 채무로서 상환기일이 보고기간 종료일로부터 1년 이후에 도래하는 채무를 말한다. (차) 보통예금 등 ××× (대) 장기미지급금 ×××

실무분개

PART 01 전표관리 및 결산관리

01. (주)루비에 휴대폰 4,000,000원(10개, @400,000원)을 판매하기로 계약하고, 대금 중 20%를 당좌예금 계좌로 송금받다.

02. 신한은행에서 10,000,000원을 2개월간 차입하고, 선이자 500,000원을 차감한 잔액이 당사 보통예금 통장에 계좌이체 되다. (선이자는 이자비용으로 회계처리 하기로 한다.)

03. 국민은행에서 2025년 8월 30일까지 상환하기로 하고 5,000,000원을 차입하여 즉시 (주)메이의 미지급금 5,000,000원을 지급하였다.

04. 국민은행에서 차입한 단기차입금을 상환하기 위하여 보통예금 계좌에서 5,000,000원을 국민은행에 이체하였다.

05. (주)대광에 대한 미지급금 50,000,000원을 상환하기 위하여 받을어음(해피상사) 40,000,000원을 배서양도하였으며, 나머지는 보통예금으로 지급하였다.

06. 가수금 1,000,000원의 내역을 확인한 결과 한라상사에 대한 거래로 300,000원은 제품을 매출하기로 하고 받은 계약금이며, 700,000원은 기존에 외상대금 중 일부를 회수한 것이다.

07. 지난달 도시가스공사에 대한 가스수도료 54,000원(미지급비용)을 보통예금에서 이체 지급하였다.

08. 원재료를 매입하고 (주)성공에 대금으로 발행하여 주었던 어음(거래처원장 조회 금액 18,700,000원임)이 만기가 되어서 당좌수표를 발행하여 지급하였다.

09. (주)성공의 외상매입금 900,000원을 지급하기 위하여 약속어음(발행일로부터 90일 만기)을 발행하여 지급하였다.

10. 3월분 영업부 급여 4,000,000원과 생산부 임금 3,000,000원을 지급하면서 소득세, 지방소득세, 건강보험료 등(근로자 부담분) 1,760,000원을 차감한 잔액을 신한은행 보통예금 통장에서 이체하였다.

11. 지난달 영업팀 임직원들에게 급여를 지급하면서 원천징수한 소득세 160,000원을 신용카드(비씨카드)로 납부하였다.

12. 다음과 같이 3월분 건강보험료 및 고용보험료를 보통예금에서 납부하였다.

- 회사부담분 : 200,000원(영업부 직원), 300,000원(생산직 직원)
- 근로자부담분 : 500,000원(급여지급 시 근로자부담분은 원천징수하여 예수금으로 처리)
- 회사부담분 건강보험료 및 고용보험료는 복리후생비로 처리한다.

13. 다음과 같이 3월분 국민연금보험료를 보통예금에서 이체하여 납부하였다.

- 회사부담분 : 400,000원(영업부 직원), 700,000원(생산부 직원)
- 종업원부담분 : 1,100,000원(급여지급시 이 금액을 차감하고 지급함)
- 회사부담분 국민연금보험료는 세금과공과로 회계처리 한다.

14. 제품의 판매용 사진 촬영을 위해서 손 모델인 이아람씨를 고용하고 수수료 3,000,000원 중 원천징수세액 99,000원을 제외한 나머지 금액을 보통예금 계좌에서 지급하였다. (단, 수수료비용 계정과목은 판매비와 관리비 항목을 사용할 것)

15. 신한은행으로부터 차입한 장기차입금 50,000,000원은 2026년 6월 30일에 만기가 도래하고, 회사는 이를 상환할 계획이다.

16. 미지급금 중 BC카드(법인)이용대금 2,000,000원이 당좌예금계좌에서 자동이체 되어 지급결제 처리되었다.

17. 회사는 확정기여형(DC) 퇴직연금에 가입하고 5,000,000원(사무직 3,000,000원, 생산직 2,000,000원)을 보통예금에서 지급하였다.

18. 임원에 대하여 확정급여형(DB) 퇴직연금을 가입하고 10,000,000원을 당좌예금에서 지급하였다.

19. 하나은행으로부터 확정급여형(DB형) 퇴직연금의 운용수익 300,000원이 발생하였음을 통보받았다.

20. 당사는 기말 현재 퇴직급여추계액의 100%를 퇴직급여충당부채로 설정하고 있으며, 기말 현재 퇴직급여추계액 및 당기설정전 퇴직급여충당부채 잔액은 다음과 같다.

구분	퇴직급여추계액	퇴직급여충당부채 설정 전 잔액
제조팀	50,000,000원	25,000,000원
영업팀	40,000,000원	20,000,000원

21. 생산직원 장현정씨의 퇴직으로 퇴직금 12,000,000원 중 소득세 및 지방소득세로 1,320,000원을 원천징수한 후 차인지급액을 전액 보통예금 계좌에서 이체하였다. (퇴직 직전 퇴직금을 지급하기 위한 퇴직급여충당부채는 20,000,000원이다.)

22. 당사는 만기 3년, 액면가액 100,000,000원의 사채를 발행하였으며, 발행가액은 보통예금으로 입금되었다. 유효이자율법에 의한 사채발행가액은 95,000,000원이다.

23. 사채 액면 총액 6,000,000원, 상환기한 5년, 발행가액은 5,800,000원으로 발행하고 납입금은 보통예금 하다. 그리고 사채발행비 100,000원은 현금으로 지급하다.

24. 사채 액면총액 20,000,000원, 상환기간 3년, 발행가액 22,000,000원으로 발행하고 납입금은 보통예금에 입금되었다.

25. 당사의 공장을 (주)부동산에 임대하는 임대차계약을 체결하였으며, 임대보증금 20,000,000원 중 5,000,000원은 (주)부동산 발행 당좌수표로 받고 나머지는 월말에 지급받기로 하였다.

26. 신한은행으로부터 5년 후 상환조건으로 100,000,000원을 차입하고, 보통예금 계좌로 입금받다.

27. 기업은행에서 차입한 장기차입금에 대한 원금 20,000,000원과 이자 300,000원을 보통예금 계좌에서 자동이체하여 지급하였다.

28. 2025년 6월 1일에 공장 건물 중 일부를 임대(임대기간: 2025. 6. 1. ~ 2026. 5. 31.)하고, 일시에 수령한 12개월분 임대료 50,400,000원을 전액 임대료(영업외수익)로 회계처리 하였다. 월할계산 하시오.

29. 2025년 4월 1일에 2년 후에 이자(연 6%)와 원금을 일시 상환하는 조건으로 100,000,000원을 하나은행으로부터 차입하였는데 당기분 이자비용을 인식하기로 한다. (단, 거래처입력은 생략하며, 월할계산 할 것)

정답

NO	회계처리			
01	(차) 당좌예금	800,000	(대) 선수금((주)루비)	800,000
02	(차) 보통예금 　　 이자비용	9,500,000 500,000	(대) 단기차입금(신한은행)	10,000,000
03	(차) 미지급금((주)메이)	5,000,000	(대) 단기차입금(국민은행)	5,000,000
04	(차) 단기차입금(국민은행)	5,000,000	(대) 보통예금	5,000,000
05	(차) 미지급금((주)대광)	50,000,000	(대) 받을어음(해피상사) 　　 보통예금	40,000,000 10,000,000
06	(차) 가수금	1,000,000	(대) 선수금(한라상사) 　　 외상매출금(한라상사)	300,000 700,000
07	(차) 미지급비용	54,000	(대) 보통예금	54,000
08	(차) 지급어음((주)성공)	18,700,000	(대) 당좌예금	18,700,000
09	(차) 외상매입금((주)성공)	900,000	(대) 지급어음((주)성공)	900,000
10	(차) 급여(판) 　　 임금(제)	4,000,000 3,000,000	(대) 예수금 　　 보통예금(신한은행)	1,760,000 5,240,000

NO	회계처리			
11	(차) 예수금	160,000	(대) 미지급금(비씨카드)	160,000
12	(차) 복리후생비(판) 　　복리후생비(제) 　　예수금	200,000 300,000 500,000	(대) 보통예금	1,000,000
13	(차) 세금과공과(판) 　　세금과공과(제) 　　예수금	400,000 700,000 1,100,000	(대) 보통예금	2,200,000
14	(차) 수수료비용(판)	3,000,000	(대) 예수금 　　보통예금	99,000 2,901,000
15	(차) 장기차입금(신한은행)	50,000,000	(대) 유동성장기부채(신한은행)	50,000,000
16	(차) 미지급금(BC카드)	2,000,000	(대) 당좌예금	2,000,000
17	(차) 퇴직급여(판) 　　퇴직급여(제)	3,000,000 2,000,000	(대) 보통예금	5,000,000
18	(차) 퇴직연금운용자산	10,000,000	(대) 당좌예금	10,000,000
19	(차) 퇴직연금운용자산(하나은행)	300,000	(차) 퇴직연금운용수익 　　(또는 이자수익)	300,000
20	(차) 퇴직급여(제) 　　퇴직급여(판) ■ 퇴직급여충당부채 설정액 = 퇴직급여추계액 − 퇴직급여충당부채 설정 전 잔액 ■ 제조팀 = 50,000,000원 × 100% − 25,000,000원 = 25,000,000원 ■ 영업팀 = 40,000,000원 × 100% − 20,000,000원 = 20,000,000원	25,000,000 20,000,000	(대) 퇴직급여충당부채	45,000,000
21	(차) 퇴직급여충당부채	12,000,000	(대) 예수금 　　보통예금	1,320,000 10,680,000
22	(차) 보통예금 　　사채할인발행차금	95,000,000 5,000,000	(대) 사　채	100,000,000
23	(차) 보통예금 　　사채할인발행차금	5,800,000 300,000	(대) 사　채 　　현　금	6,000,000 100,000
24	(차) 보통예금	22,000,000	(대) 사　채 　　사채할증발행차금	20,000,000 2,000,000
25	(차) 현　금 　　미수금((주)부동산)	5,000,000 15,000,000	(대) 임대보증금((주)부동산)	20,000,000
26	(차) 보통예금	100,000,000	(대) 장기차입금(신한은행)	100,000,000
27	(차) 장기차입금(기업은행) 　　이자비용	20,000,000 300,000	(대) 보통예금	20,300,000
28	(차) 임대료 ■ 수령시 수익으로 처리한 경우 미경과분을 선수수익으로 처리 ■ 선수수익 = 50,400,000원 × 5월 / 12월 = 21,000,000원	21,00,0000	(대) 선수수익	21,000,000
29	(차) 이자비용 ■ 이자비용 = 100,00,000원 × 6% × 9월 / 12월 = 4,500,000원	4,500,000	(대) 미지급비용	4,500,000

01. 다음 중에서 일반기업회계기준상 유동부채에 해당하지 않는 것은?
① 예수금   ② 외상매입금   ③ 사채   ④ 선수금

02. 다음 중 매입채무에 해당하는 것은?
① 외상매입금, 지급어음
② 외상매입금, 미지급금
③ 외상매입금, 단기차입금
④ 외상매입금, 미지급비용

03. 다음 중 유동성배열법에 의한 재무상태표 작성시 가장 나중에 배열되는 항목은?
① 장기차입금   ② 미지급법인세   ③ 미지급비용   ④ 매입채무

04. 다음 중 부채에 대한 설명으로 가장 옳지 않은 것은?
① 부채는 과거의 거래나 사건의 결과로 현재 기업실체가 부담하고 있고 미래에 자원의 유출 또는 사용이 예상되는 의무이다.
② 유동성장기부채는 유동부채로 분류한다.
③ 부채는 1년을 기준으로 유동부채와 비유동부채로 분류한다.
④ 정상적인 영업주기 내에 소멸할 것으로 예상되는 매입채무와 미지급비용 등이 보고기간 종료일로부터 1년 이내에 결제되지 않으면 비유동부채로 분류한다.

05. 가수금계정에 대한 설명으로 부적절한 것은?
① 미확정된 거래를 일시적으로 처리해두는 계정이다.
② 차후 거래처나 거래금액, 계정과목 등이 차후 분명해지면 해당계정 과목으로 대체시킨다.
③ 거래처나 거래금액, 계정과목 등이 불분명한 상태에서 현금이 입금되면 우선 가수금계정 차변에 기입한다.
④ 현금이 입금되었는데 그 거래의 내용이 불분명하여 거래처나 거래금액, 계정과목 등을 알 수 없을 경우 가수금계정을 사용한다.

06. 다음 중 유동부채에 해당하는 금액을 모두 합하면 얼마인가?

- 외상매입금 : 50,000원
- 장기차입금 : 1,000,000원(유동성장기부채 200,000원 포함)
- 단기차입금 : 200,000원
- 미지급비용 : 70,000원
- 선 수 금 : 90,000원
- 퇴직급여충당부채 : 80,000원

① 410,000원   ② 520,000원   ③ 530,000원   ④ 610,000원

07. 상품을 2,000,000원에 성설상회에 판매하기로 계약하고 계약금 200,000원을 현금으로 받은 거래의 대변을 (　　　)계정으로 회계처리 하였다.

① 예수금　　　② 선수금　　　③ 가수금　　　④ 선급금

08. 다음 자료에 의하여 기말외상매입금 잔액을 계산하면 얼마인가?

- 기초상품재고액 : 500,000원
- 기중상품매출 : 1,500,000원
- 기초외상매입금 : 400,000원
  단, 상품매입은 전부 외상이다.
- 기말상품재고액 : 600,000원
- 매출총이익률 : 30%
- 기중 외상매입금 지급 : 1,200,000원

① 330,000원　　② 340,000원　　③ 350,000원　　④ 360,000원

09. 다음 중 재무상태표상의 비유동부채로 맞는 것은?

① 퇴직급여충당부채　② 외상매입금　③ 유동성장기부채　④ 단기차입금

10. 비유동부채 중 재무상태표일로부터 1년 이내에 상환될 금액을 대체할 경우 이용되는 계정과목은 무엇인가?

① 장기차입금　② 임대보증금　③ 유동성장기부채　④ 사채

11. 종업원급여는 퇴직급여 외의 종업원급여와 퇴직급여로 구분한다. 다음 중 퇴직급여에 해당하지 않는 것은?

① 퇴직일시금　② 퇴직연금　③ 퇴직 후 의료급여　④ 명예퇴직금

12. 다음 중 일반기업회계기준상 충당부채를 부채로 인식하기 위한 요건이다. 틀린 것은?

① 우발부채도 충당부채와 동일하게 부채로 인식하여야 한다.
② 과거사건이나 거래의 결과로 현재의무가 존재해야 한다.
③ 당해 의무를 이행하기 위하여 자원이 유출될 가능성이 매우 높아야 한다.
④ 그 의무 이행에 소요되는 금액을 신뢰성 있게 추정할 수 있어야 한다.

13. 다음 중 사채에 대한 설명으로 틀린 것은?

① 사채발행비용은 사채의 발행가액에서 차감한다.
② 유효이자율법 적용시 사채할증발행차금 상각액은 매년 증가한다.
③ 유효이자율법 적용시 사채할인발행차금 상각액은 매년 감소한다.
④ 사채할인발행차금은 당해 사채의 액면가액에서 차감하는 형식으로 기재한다.

14. 다음 중 재무상태표에 관련 자산·부채에서 차감하는 형식으로 표시되는 것이 아닌 것은?
① 퇴직급여충당부채   ② 퇴직연금운용자산
③ 감가상각누계액   ④ 대손충당금

해설

01. 사채는 비유동부채에 해당한다.
02. 매입채무란 주영업활동에서 발생된 채무로서 외상매입금과 지급어음을 말한다.
03. 매입채무, 미지급법인세, 미지급비용은 유동부채이고 장기차입금은 비유동부채이므로 장기차입금이 가장 나중에 작성된다.
04. 부채는 1년을 기준으로 유동부채와 비유동부채로 분류한다. 다만, 정상적인 영업주기 내에 소멸할 것으로 예상되는 매입채무와 미지급비용 등은 보고기간 종료일로부터 1년 이내에 결제되지 않더라도 유동부채로 분류한다. 이 경우 유동부채로 분류한 금액 중 1년 이내에 결제되지 않을 금액을 주석으로 기재한다.
05. 가수금계정은 부채항목으로 가수금이 증가되면 가수금계정의 대변에 기입된다. 이후 거래처나 거래금액, 계정과목 등이 분명해지면 가수금계정의 차변에 기입하고 해당계정과목의 대변으로 대체시킨다.
06. 외상매입금 50,000원 + 유동성장기부채 200,000원 + 단기차입금 200,000원 + 미지급비용 70,000원 + 선수금 90,000원 = 610,000원
08. ■ 매출원가 : 1,500,000원 × (1 − 0.30) = 1,050,000원
    ■ 상품 : 기초재고 500,000원 + 기중외상매입 (1,150,000원)
           = 매출원가 1,050,000원 + 기말재고 600,000원
    ■ 외상매입금 : 기초외상매입금 400,000원 + 기중외상매입 1,150,000원
                = 기중외상지급 1,200,000원 + 기말외상매입금 (350,000원)
09. 퇴직급여충당부채를 제외하고는 유동부채이다.
11. 퇴직급여 외의 종업원급여는 임금, 사회보장분담금(예 : 국민연금), 이익분배금, 상여금, 현직종업원을 위한 비화폐성급여(예 : 의료, 주택, 자동차, 무상 또는 일부 보조로 제공되는 재화나 용역), 명예퇴직금(조기퇴직의 대가로 지급하는 인센티브 등을 포함) 등을 말한다. 퇴직급여는 종업원이 퇴직한 이후 지급해야 하는 종업원급여로 퇴직일시금, 퇴직연금, 퇴직 후 급여, 퇴직 후 생명보험, 퇴직 후 의료급여 등을 망라한다.
12. 우발부채는 부채로 인식하지 아니하며 주석으로 공시한다.
13. 유효이자율법 적용시 사채할증발행차금 상각액과 사채할인발행차금 상각액 모두 매년 증가한다.
14. 퇴직급여충당부채는 부채성 항목에 해당한다.

정답

01. ③   02. ①   03. ①   04. ④   05. ②   06. ④   07. ②   08. ③   09. ①   10. ③
11. ④   12. ①   13. ③   14. ①

CHAPTER 09 자본

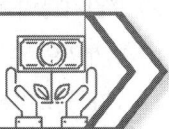

PART 01 전표관리 및 결산관리

1. 자본의 개념과 분류

1 자본의 개념

자본은 기업의 자산에서 부채를 차감한 후의 잔여지분을 나타내며, 주주로부터의 납입자본에 기업활동을 통하여 획득하고 기업의 활동을 위해 유보된 금액을 가산하고, 기업활동으로부터의 손실 및 소유자에 대한 배당으로 인한 주주지분 감소액을 차감한 잔액이다.

자본(자기자본 또는 소유주지분) = 자산 − 부채(타인자본 또는 채권자지분)

(1) 주식회사의 자본금

주식회사는 설립할 때 발행하는 주식 전부를 발기인이 인수하면 발기설립이라 하고, 발기인이 일부를 인수하고 나머지를 일반투자자를 대상으로 모집하면 모집설립이라 한다. 모집설립은 청약에 의해 주식을 발행하는 방법으로 주식청약금을 받으면 신주청약증거금으로 인식하고 주식을 배정하면 자본금으로 대체한다.

구 분	내 용			
발기설립	주식 발행대금 전부 발기인이 인수			
	(차) 보통예금 등	×××	(대) 자본금	×××
모집설립	주식을 공모하고 청약금을 받으면			
	(차) 별단예금	×××	(대) 신주청약증거금 (자본조정)	×××
	청약자에게 주식을 배정하면			
	(차) 신주청약증거금 보통예금 등	××× ×××	(대) 자본금 별단예금	××× ×××

(2) 개인기업의 자본금

① 개인이 출자하여 설립한 기업을 개인기업이라 하며, 개인기업을 설립하기 위하여 출자한 자금을 자본금이라 한다.
② 개인기업에서 자본과 관련된 거래를 처리한 계정을 자본금계정이라 하며, 개인기업의 순이익 발생 시 자본금에 가산하고 순손실 발생 시 자본금에서 차감한다.

기초자본금 + 추가출자액 − 인출금 ± 당기순손익 = 기말자본금

2 자본의 분류

구 분	내 용
자본금	■ 발행주식수 × 1주 액면금액 = 자본금 ■ 계정과목 : 보통주자본금, 우선주자본금
자본잉여금	■ 주식의 발행 및 소각 등 주주와의 거래에서 발생하는 잉여금 ■ 계정과목 : 주식발행초과금, 감자차익, 자기주식처분이익 등
자본조정	■ 주주와의 자본거래에 해당하나 자본금과 자본잉여금으로 분류할 수 없는 항목으로 임시적인 성격에 해당하는 계정 ■ 계정과목 : 주식할인발행차금, 감자차손, 자기주식, 자기주식처분손실, 미교부주식배당금, 신주청약증거금 등
기타포괄 손익누계액	■ 당기손익에 포함되지 않고 자본항목에 포함되는 미실현보유손익 ■ 계정과목 : 매도가능증권평가손익, 해외사업환산손익, 현금흐름위험회피파생상품평가손익, 재평가잉여금 등
이익잉여금	■ 손익거래에서 발생한 당기순손익을 원천으로 하는 잉여금 ■ 계정과목 : 법정적립금(이익준비금, 기타법정적립금), 임의적립금(사업확장적립금, 배당평균적립금 등), 미처분이익잉여금

다음 자료에 의하여 자본총계를 계산하면 얼마인가?

- 현   금 : 500,000원
- 단기대여금   : 250,000원
- 이익준비금 : 20,000원
- 선 수 금 : 200,000원
- 감가상각누계액 : 50,000원
- 기계장치 : 250,000원
- 미지급금 : 60,000원
- 퇴직급여충당부채 : 90,000원
- 임대보증금 : 100,000원

【해설】
- 자산(950,000원) − 부채(450,000원) = 자본(500,000원)
- 자산(현금 500,000원 + 단기대여금 250,000원 + 기계장치 250,000원 − 감가상각누계액 50,000원)
- 부채(선수금 200,000원 + 미지급금 60,000원 + 퇴직급여충당부채 90,000원 + 임대보증금 100,000원)

2. 자본금

1 자본금

자본금이란 법률에 의해 정해진 납입자본금(법정자본금)으로 액면가액에 발행주식수를 곱한 금액을 말하며 보통주자본금과 우선주자본금으로 구분하여 표시한다.

> 자본금 = 발행주식수 × 1주당 액면가액

2 주식의 발행(증자)

주식회사는 회사 설립 시와 설립 후 필요에 따라 주식을 발행하고 자본금 계정은 반드시 액면가액을 기록해야 하며, 자본금이 증가하므로 증자라고 한다. 주식의 액면가액은 법정자본금을 의미하며 발행금액이 반드시 액면가액과 일치하는 것은 아니며, 주식의 발행가액과 액면가액의 차이에 따라 액면발행, 할인발행, 할증발행이 있다.

(1) 액면발행

주식의 발행가액과 액면가액이 동일한 경우를 말하며, 신주발행비가 발생하는 경우에는 주식할인발행차금이 발생한다.

액면발행 (발행가액 = 액면가액) 5,000원 5,000원	액면가액 전액 자본금 처리
	(차) 보통예금 등 5,000원 (대) 자본금(액면가액) 5,000원

(2) 할증발행

발행가액이 액면가액을 초과하여 주식이 발행된 경우를 말하며, 액면가액을 초과하는 금액은 주식발행초과금(자본잉여금)으로 처리한다.

할증발행 (발행가액 > 액면가액) 7,000원 5,000원	액면가액 : 자본금, 초과액 : 주식발행초과금(자본잉여금) 처리
	(차) 보통예금 등 7,000원 (대) 자본금(액면가액) 5,000원 주식발행초과금 2,000원

(3) 할인발행

발행가액이 액면가액에 미달하게 주식이 발행되는 경우를 말하며, 액면가액에 미달하는 금액은 주식할인발행차금(자본조정)으로 처리한다.

할인발행 (발행가액 < 액면가액) 4,000원 5,000원	액면가액 : 자본금, 미달액 : 주식할인발행차금(자본조정) 처리
	(차) 보통예금 등 4,000원 (대) 자본금(액면가액) 5,000원 주식할인발행차금 1,000원

(4) 신주발행비

신주발행비란 주식회사가 주식을 발행하는 과정에서 등록비 및 주식공모를 위한 광고비, 주권인쇄비, 인지세와 같은 여러 가지 비용을 말한다. 일반기업회계기준은 신주발행비가 존재하는 경우에는 **주식의 발행가액에서 차감**하도록 규정하고 있다.

회계상 거래	회계처리
액면가액 100,000원의 주식을 액면발행하고, 주식발행비용 10,000원을 차감한 잔액을 보통예입하다.	(차) 보통예금 90,000원 (대) 자본금 100,000원 주식할인발행차금 10,000원
액면가액 100,000원의 주식을 150,000원에 발행하여 보통예입하고 주식발행비용 10,000원은 현금지급하다.	(차) 보통예금 150,000원 (대) 자본금 100,000원 주식발행초과금 40,000원 현 금 10,000원
액면가액 100,000원의 주식을 70,000원에 발행하여 보통예입하고 주식발행비용 10,000원 현금지급하다.	(차) 보통예금 70,000원 (대) 자본금 100,000원 주식할인발행차금 40,000원 현 금 10,000원

TIP
- 액면발행 : 주식할인발행차금으로 처리
- 할증발행 : 주식발행초과금에서 차감
- 할인발행 : 주식할인발행차금에 가산

예제

(주)배움은 주식 1,000주(1주당 액면가액 1,000원)를 1주당 1,500원에 증자하면서 주식발행관련 제비용으로 100,000원을 지출하였다. 자본금과 주식발행초과금은 얼마인가?

【해설】
주식발행초과금은 주식발행가액이 액면가액을 초과하는 경우 그 초과하는 금액으로 하며, 신주발행수수료 등 신주발행을 위하여 직접 발생한 기타의 비용을 차감한 후의 가액을 말한다.
- 자본금(액면가액) = 1,000주 × 1,000원 = 1,000,000원
- 주식발행초과금 = 1,000주 × (1,500원 − 1,000원) − 100,000원 = 400,000원

3. 자본잉여금

잉여금이란 회사자산에 대한 주주청구권이 회사의 법정자본금을 초과하는 경우에 그 차액으로 표시되는 부분을 말하며, **자본잉여금과 이익잉여금으로 구분**한다. 자본잉여금은 주식발행을 통한 증자 또는 감자 등 주주와의 거래(자본거래)에서 발생하여 자본을 증가시키는 잉여금을 말하며 **주식발행초과금과 기타자본잉여금으로 구분하여 표시**한다.

1 주식발행초과금

주식 발행 시 발행금액이 액면가액을 초과하여 주식이 발행된 경우를 말하며, 액면가액을 초과하는 금액에 신주발행비를 차감한 금액을 말한다.

2 감자차익

주식회사에서 사업의 규모를 축소하기 위하여 발행주식을 매입·소각하거나, 결손금을 보전하기 위하여 자본을 감소시키는 것을 감자라 한다. 감자는 실질적 감자인 유상감자와 형식적 감자인 무상감자로 구분된다.

- 유상감자
  기업이 이미 발행한 주식을 유상으로 재취득하여 소각하는 경우를 말한다.
- 무상감자
  기업이 주주에게 순자산을 반환하지 않고 주식의 액면금액을 감소시키거나 주식수를 감소시키는 경우를 말한다.

회계상 거래	회계처리
[매입가액 < 액면가액] 액면가액 500,000원인 주식을 450,000원에 현금으로 매입하여 소각하였다.	(차) 자본금 500,000원 (대) 현 금 450,000원 감자차익 50,000원

3 자기주식처분이익

자기주식이란 주식회사가 이미 발행한 자기회사 주식을 소각하거나 추후 재발행할 목적으로 취득한 자기회사가 발행한 주식을 말한다. 자기주식은 부(-)의 자본이므로 자본조정으로 처리하여 자본의 차감계정으로 처리하고 취득, 처분(또는 소각)의 회계처리로 구성된다.

(1) 자기주식의 매입

자기주식을 단주처리 등의 사유로 매입할 때 지급한 금액을 자기주식의 취득원가로 인식하고 자본조정으로 분류한다.

회계상 거래	회계처리
자기주식 100주를 주당 9,000원(액면가액 @5,000원)에 현금 매입하였다.	(차) 자기주식 900,000원 (대) 현 금 900,000원

(2) 자기주식의 처분

자기주식을 처분할 때 처분가액이 취득원가(매입가액)를 초과하면 그 초과액은 자기주식처분이익으로 처리한다.

회계상 거래	회계처리
[매입가액 < 처분가액] 주당 9,000원에 취득한 자기주식 50주를 10,000원에 현금 처분하였다.	(차) 현 금 500,000원 (대) 자기주식 450,000원 자기주식처분이익 50,000원

(3) 자기주식의 소각

자기주식의 소각은 주식의 감자를 의미하므로 취득원가와 액면가액의 차액을 비교하여 **감자차손익으로** 처리한다.

다음 자료를 바탕으로 자본잉여금의 금액을 계산하면 얼마인가? (단, 각 계정과목은 독립적이라고 가정한다.)

- 감자차익 : 300,000원
- 이익준비금 : 100,000원
- 사업확장적립금 : 300,000원
- 주식발행초과금 : 500,000원
- 자기주식처분이익 : 300,000원
- 감자차손 : 250,000원
- 자기주식처분손실 : 100,000원
- 주식할인발행차금 : 150,000원

【해설】
자본잉여금 = 감자차익 300,000원 + 주식발행초과금 500,000원 + 자기주식처분이익 300,000원
           = 1,100,000원

4. 자본조정

자본조정은 당해 항목의 성격으로 보아 자본거래에 해당하나 최종 납입된 자본으로 볼 수 없거나 자본의 가감 성격으로 자본금이나 자본잉여금으로 분류할 수 없는 항목이다. 자본조정은 자본에 차감하거나 가산되어야 하는 항목들로서 일정기간이 지남에 따라 소멸되는 특성을 가지고 있고 자본조정 중 자기주식은 별도 항목으로 구분하여 표시한다.

자본에서 차감할 항목	주식할인발행차금, 감자차손, 자기주식, 자기주식처분손실 등
자본에 가산할 항목	미교부주식배당금, 신주청약증거금, 출자전환채무, 주식매수청구권 등

1 주식할인발행차금

주식 발행가액이 액면가액에 미달하는 경우 그 미달하는 금액을 말하며, **발행한 연도부터 3년 이내의 기간에 매기 균등액을 상각하고 동 상각액은 이익잉여금으로 처분**한다.

2 감자차손

기업이 주주에게 감자대가를 지불하고 자본금을 감소시키는 경우 감소된 자본금이 감자대가에 미달하는 경우 그 미달금액을 말한다.

회계상 거래	회계처리
[매입가액 > 액면가액] 액면가액 500,000원인 주식을 520,000원에 현금으로 매입하여 소각하였다.	(차) 자 본 금 500,000원 (대) 현 금 520,000원 감자차손 20,000원

3 자기주식

기업이 자기가 발행한 주식을 소각 및 재발행할 목적으로 다시 취득한 주식(원가법 회계처리)을 말한다.

4 자기주식처분손실

자기주식을 처분할 때 처분가액이 취득원가(매입가액)보다 작은 경우 그 미달액은 자기주식처분손실로 처리한다.

회계상 거래	회계처리
[매입가액 > 처분가액] 주당 9,000원에 취득한 자기주식 50주를 8,500원에 현금 처분하였다.	(차) 현 금 425,000원 (대) 자기주식 450,000원 자기주식처분손실 25,000원

5 미교부주식배당금

이익잉여금의 배당을 주식으로 교부하는 경우 배당지급일까지 임시로 처리하는 계정을 말한다. 미교부주식배당금은 자본에 가산하는 항목으로 배당하는 주식의 액면금액으로 계상하고, 배당지급일이 되어 주식을 교부하면 자본금계정에 대체한다.

6 신주청약증거금

모집설립에 의하여 주식을 발행하기로 하고 주식의 납입대금을 먼저 받은 경우 처리하는 임시계정으로 주식을 발행하여 교부하면 자본금계정에 대체한다.

7 출자전환채무

부채를 자본으로 출자전환 하기로 한 경우 부채를 감소시키고 출자전환채무로 처리한 다음 주식을 발행하여 교부하는 때 출자전환채무를 자본금으로 대체한다.

① 주식할인발행차금 잔액이 있는 경우 주식발행초과금이 발생하면 주식할인발행차금 잔액을 먼저 상계하고 잔액을 주식발행초과금으로 처리한다.

```
(차) 보통예금    ×××        (대) 자본금            ×××
                                  주식할인발행차금    ×××
                                  주식발행초과금      ×××
```

② 주식발행초과금 잔액이 있는 경우 주식할인발행차금이 발생하면 주식발행초과금 잔액을 먼저 상계하고 잔액을 주식할인발행차금으로 처리한다.

```
(차) 보통예금          ×××     (대) 자본금   ×××
    주식발행초과금      ×××
    주식할인발행차금    ×××
```

③ 감자차익과 감자차손, 자기주식처분이익과 자기주식처분손실도 ①, ②와 동일한 회계처리를 한다.
④ 현금배당액에 대하여는 개인주주에게 현금배당액이 지급될 때 배당소득으로 원천징수 해야한다.

5. 기타포괄손익누계액

기타포괄손익이란 일정기간동안 주주와의 자본거래를 제외한 모든 거래와 사건으로 발생한 모든 순자산(자본)의 변동인 포괄손익에서 당기손익항목을 제외한 것을 말한다.

손익거래 중 매각되거나 해외사업장을 청산하는 경우 관련손익을 인식하는 시점에서 소멸되는 특징을 가진 계정과목으로 손익계산서에 당기손익으로 계상되지 않는 미실현보유손익을 말한다.

포괄손익 = 당기순손익 ± 기타포괄손익누계액

구 분	내 용
매도가능증권평가손익	시장성 있는 매도가능증권을 보고기간 종료일에 공정가치로 평가하는 경우 취득원가와 공정가치의 차액을 말한다.
해외사업환산손익	독립적으로 운영되는 해외지점 및 해외사업소에 투자한 금액을 원화로 환산할 경우의 환산손익을 말한다.
현금흐름위험회피 파생상품평가손익	현금흐름의 위험회피를 목적으로 투자한 파생금융상품에서 발생하는 평가손익을 말한다.
재평가잉여금 (또는 재평가차익)	유형자산을 보고기간 종료일에 재평가모형에 의해 공정가치로 재평가하는 경우 장부가액이 상승한 경우의 재평가차익을 말한다.

6. 이익잉여금

이익잉여금(또는 결손금)은 손익계산서에 보고된 손익과 다른 자본항목에서 이입된 금액의 합계액에서 주주에 대한 배당, 자본금으로의 전입 및 자본조정 항목의 상각 등으로 처분된 금액을 차감한 잔액이다. 이익잉여금은 법정적립금, 임의적립금 및 미처분이익잉여금(또는 미처리결손금)으로 구분하여 표시한다.

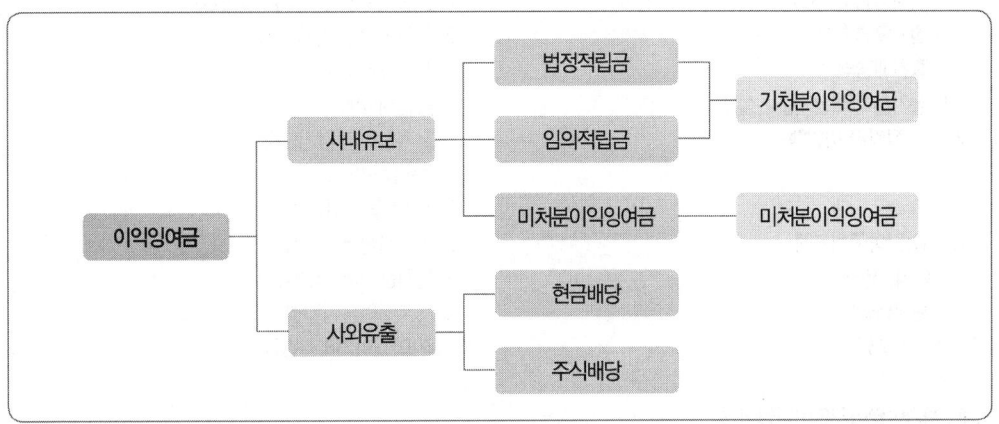

구 분	내 용
이익준비금 (법정적립금)	상법의 규정에 따라 적립하는 법정적립금으로 회사는 그 **자본금의 2분의 1**에 달할 때까지 매기 결산시의 **금전(중간배당금 + 결산배당금)에 의한 이익배당액의 10분의 1 이상의 금액**을 적립하여야 한다.
기타법정적립금 (법정적립금)	상법 이외의 법령의 규정에 의하여 적립된 금액을 말한다.
임의적립금	정관의 규정 또는 주주총회의 결의로 적립된 금액으로서 사업확장적립금, 감채적립금, 배당평균적립금, 결손보전적립금 및 세법상 적립하여 일정기간이 경과한 후 환입될 준비금 등을 말한다.
미처분이익잉여금 (또는 미처리결손금)	기업이 벌어들인 이익 중 배당금이나 다른 잉여금으로 처분되지 않고 남아있는 이익잉여금으로 당기 이익잉여금처분계산서의 전기이월미처분이익잉여금과 당기순이익을 합한 금액을 말한다. 차기이월결손금이란 기업이 결손을 보고한 경우에 보고된 결손금 중 다른 잉여금으로 보전되지 않고 이월된 부분으로서 당기 결손금처리계산서의 차기이월결손금을 말한다.

7. 이익잉여금의 처분

1 이익잉여금처분계산서(또는 결손금처리계산서)

이익잉여금처분계산서는 이익잉여금의 변동내용을 보고하는 양식으로 정기주주총회에서 이익잉여금 처분에 대하여 주주들로부터 승인을 받으며, 보고기간 종료일로부터 3개월 이내 재무제표가 확정된다. 그러므로 보고기간 종료일시점 재무상태표에는 처분하기 전의 이익잉여금으로 표시된다.

이익잉여금처분계산서	결손금처리계산서
Ⅰ. 미처분이익잉여금 1. 전기이월미처분이익잉여금 2. 회계변경누적효과 3. 전기오류수정 4. 중간배당액 5. 당기순이익(당기순손실) Ⅱ. 임의적립금 이입액 　　　⋮ 　　합　계 Ⅲ. 이익잉여금처분액 1. 이익준비금 2. 현금배당액 3. 주식배당금 　　　⋮ Ⅳ. 차기이월미처분이익잉여금	Ⅰ. 미처리결손금 1. 전기이월미처분이익잉여금 　 (또는 전기이월미처리결손금) 2. 회계변경누적효과 3. 전기오류수정 4. 중간배당액 5. 당기순이익(당기순손실) Ⅱ. 결손금처리액 1. 임의적립금이입액 2. 법정적립금이입액 3. 이익준비금이입액 4. 자본잉여금이입액 Ⅲ. 차기이월미처리결손금

2 배당금 지급 시 회계처리

구 분	회계처리			
배당기준일 (결산일)	이익처분관련 회계처리는 없음			
배당결의일 (정기주주총회)	현금　배당 : (차) 이월이익잉여금	×××	(대) 미지급배당금 　　　 (유동부채)	×××
	주식　배당 : (차) 이월이익잉여금	×××	(대) 미교부주식배당금 　　　 (자본조정)	×××
	이익준비금 : (차) 이월이익잉여금	×××	(대) 이익준비금 　　　 (이익잉여금)	×××
배당지급일	현금　배당 : (차) 미지급배당금	×××	(대) 예수금 　　　 보통예금 등	××× ×××
	주식　발행 : (차) 미교부주식배당금	×××	(대) 자본금	×××
재무상태	현금배당(순자산의 유출) (차) 이월이익잉여금(자본감소)	×××	(대) 현금 등(자산감소)	×××
	주식배당(재무상태에 아무런 변화 없음) (차) 이월이익잉여금(자본감소)	×××	(대) 자본금(자본증가)	×××

 **TIP**

[주식배당의 특징]
① 주식배당은 순자산의 유출 없이 배당효과를 얻을 수 있다.
② 자본의 총계에 변동을 가져오지 않는다. (이익잉여금 감소, 자본금 증가)
③ 투자자의 경우 자산 및 수익의 증가로 보지 않고 주석에 주식수와 장부가액(주당 장부가액)만을 수정한다.
④ 주식수의 증가로 미래의 배당압력이 가중될 수 있다.

3 미처리결손금

전기이월미처리결손금(또는 전기이월미처분이익잉여금), 회계변경누적효과, 전기오류수정손익, 중간배당액, 당기순손익 등을 가감한 금액이다.

- 결손금처리순서
전기이월이익잉여금 ⇨ 임의적립금이입액 ⇨ 기타법정적립금이입액 ⇨ 이익준비금이입액 ⇨ 자본잉여금이입액
단, 결손금처리순서는 상법 규정 개정에 의하여 2015년부터는 **기업의 자율적 선택을 존중**하도록 변경되었다.

 **예제1**

다음 보기 중 이익잉여금으로 분류하는 항목을 모두 고른 것은?

ㄱ. 현금배당액의 1/10 이상의 금액을 자본금의 2분의 1에 달할 때까지 적립해야 하는 금액
ㄴ. 액면을 초과하여 주식을 발행할 때 그 액면을 초과하는 금액
ㄷ. 감자를 행한 후 주주에게 반환되지 않고 불입자본으로 남아있는 금액
ㄹ. 장래의 사업확장을 목적으로 하는 적립한 금액

① ㄱ, ㄹ　　② ㄴ　　③ ㄱ, ㄷ　　④ ㄴ, ㄷ

【해설】
정답 : ①
ㄱ. 이익준비금은 이익잉여금으로, ㄴ. 주식발행초과금, ㄷ. 감자차익은 자본잉여금으로, ㄹ. 사업확정적립금은 임의적립금으로 분류

예제2

자본금 10,000,000원인 회사가 현금배당(자본금의 10%)과 주식배당(자본금의 10%)을 각각 실시하는 경우, 이 회사가 적립해야 할 이익준비금의 최소 금액은 얼마인가? (현재 재무상태표상 이익준비금 잔액은 500,000원이다.)

【해설】
이익준비금 최소 적립액 = 현금배당액의 10% = (10,000,000원 × 10%) × 10% = 100,000원

실무분개

01. 당사는 유상증자를 위하여 신주 1,000주(액면가 @5,000원)를 주당 6,000원에 발행하고 전액 당좌예입 하다.

02. 주주총회에서 결의된 바에 따라 유상증자를 실시하여 신주 10,000주(액면가액 1,000원)를 주당 2,500원에 발행하고, 증자와 관련하여 수수료 120,000원을 제외한 나머지 증자대금이 보통예금 계좌에 입금되다.

03. 주식 1,000주(액면가액 5,000원)를 주당 3,000원에 발행하고 납입금은 전액 국민은행 보통예금 계좌에 입금하였다.

04. 주식 10,000주(액면가액 5,000원)를 주당 4,000원에 발행하고 납입금은 전액 국민은행 보통예금 계좌에 입금하였다. 신주발행비 2,000,000원은 전액 현금으로 지급하였다.

05. 1주당 액면금액이 5,000원인 보통주를 주당 6,000원씩 1,000주를 발행하고 대금은 현금으로 받았다. 주식발행비로 200,000원을 현금 지급하였다. (기존 주식할인발행차금 300,000원이 존재함)

06. 신주 20,000주를 발행하여 건물을 취득하였다. 주당 액면가액은 5,000원이며 발행시점의 공정가액은 주당 8,000원이다.

07. 임시 주주총회의 결의로 개인 박정석에게 차입하였던 단기차입금 중 일부인 55,000,000원에 대해 채무의 출자전환을 실시하여 신주 10,000주(주당 액면가액 5,000원)를 교부하였다. 신주발행에 대한 기타 비용은 없다고 가정할 것.

08. 회사가 발행한 주식 1,000주를 주당 5,000원에 현금을 지급하고 매입하여 소각하였다. (단, 주식의 액면금액은 주당 10,000원이며, 소각 전 감자차익 혹은 감자차손은 없다.)

09. 7월 1일에 취득한 자기주식 3,000,000원을 5,000,000원에 판매하고 대금은 전액 (주)성공발행 약속어음으로 수령하였다.

10. 자기주식(취득가액 900,000원)을 750,000원에 매각하고 대금은 현금 받아 보통예입하다.

11. 회사가 보유중인 자기주식 전부를 25,000,000원에 처분하고 매각대금은 보통예금으로 받았다. 단, 처분시점의 자기주식 장부가액은 23,250,000원이고 자기주식처분손실 계정의 잔액은 1,500,000원이다.

12. 보유 중인 자기주식 12,000주를 처분하였다. 자기주식 12,000주에 대한 장부가액은 12,000,000원이고 12,000주 전부를 11,500,000원에 처분하고 그 대가를 전부 보통예금으로 입금받았다. (단, 자기주식처분이익 계정의 잔액이 300,000원 있고, 처분수수료는 없는 것으로 가정한다.)

13. 주주총회에서 전기분 이익잉여금처분계산서(안)대로 처분이 확정되었다. 이익잉여금 처분에 관한 회계처리를 하시오.

> **[전기분 이익잉여금 처분계산서 처분내역]**
> ■ 이익준비금 : 1,000,000원   ■ 현금배당 : 10,000,000원   ■ 주식배당 : 20,000,000원

14. 이익준비금 2,000,000원을 자본전입하기로 이사회 결의하였다. 이사회 결의일에 자본전입에 대한 회계처리를 하시오.

15. 금년 3월 10일에 열린 주주총회에서 결의한 주식배당 20,000,000원에 대해 주식배정을 실시하였다. 단, 원천징수세액은 없는 것으로 한다.

16. 회사는 10월 1일 개최된 이사회에서 현금배당 30,000,000원의 중간배당을 결의하였다. (단, 이익준비금은 고려하지 않는 것으로 한다.)

17. 주주총회에서 결의한 중간배당금 30,000,000원을 현금으로 지급하였다. (원천징수는 없는 것으로 가정함) (본 문제는 중간배당결의일 일반전표에 미지급배당금으로 처리되어 있음)

정답

NO	회계처리			
01	(차) 당좌예금	6,000,000	(대) 자 본 금 주식발행초과금	5,000,000 1,000,000
02	(차) 보통예금	24,880,000	(대) 자 본 금 주식발행초과금	10,000,000 14,880,000
03	(차) 보통예금(국민은행) 주식할인발행차금	3,000,000 2,000,000	(대) 자 본 금	5,000,000
04	(차) 보통예금(국민은행) 주식할인발행차금	40,000,000 12,000,000	(대) 자 본 금 현 금	50,000,000 2,000,000
05	(차) 현 금	5,800,000	(대) 자 본 금 주식할인발행차금 주식발행초과금	5,000,000 300,000 500,000

■ 주식발행비는 주식발행가액에서 차감한다.
   주식발행금액 = 1,000주 × 6,000원 − 200,000원 = 5,800,000원
■ 주식할증발행 시 장부상 주식할인발행차금을 우선 상계하고 잔액만 주식발행초과금으로 처리한다.

06	(차) 건 물	160,000,000	(대) 자 본 금 주식발행초과금	100,000,000 60,000,000

■ 기업이 현물을 제공받고 주식을 발행한 경우에는 제공받은 현물의 공정가치를 주식의 발행금액으로 한다.
■ 건물 취득원가 = 20,000주 × 8,000원(공정가액) = 160,000,000원
■ 자본금 = 20,000주 × 5,000원(액면금액) = 100,000,000원

07	(차) 단기차입금(박정석)	55,000,000	(대) 자 본 금 주식발행초과금	50,000,000 5,000,000

■ 단기차입금이 자본금인 액면금액보다 크다면 그 차액을 주식발행초과금으로 하여 자본잉여금으로 회계처리 한다.
■ 자본금 = 10,000주 × 5,000원(액면금액) = 50,000,000원

08	(차) 자 본 금	10,000,000	(대) 현 금 감자차익	5,000,000 5,000,000

■ 주식을 감자하는 경우 자본금은 액면금액으로 감소시키고 차이 금액은 감자차손익으로 정리한다.

09	(차) 미수금((주)성공)	5,000,000	(대) 자기주식 자기주식처분이익	3,000,000 2,000,000
10	(차) 보통예금 자기주식처분손실	750,000 150,000	(대) 자기주식	900,000

NO	회계처리			
11	(차) 보통예금	25,000,000	(대) 자기주식 자기주식처분손실 자기주식처분이익	23,250,000 1,500,000 250,000
	▪ 자기주식 처분금액이 장부금액보다 크다면 그 차액을 자기주식처분손실의 범위 내에서 상계처리하고, 미상계된 잔액이 있는 경우에는 자본잉여금의 자기주식처분이익으로 회계처리 한다.			
12	(차) 보통예금 자기주식처분이익 자기주식처분손실	11,500,000 300,000 200,000	(대) 자기주식	12,000,000
	▪ 자기주식 처분금액이 장부금액보다 작다면 그 차액을 자기주식처분이익의 범위 내에서 상계처리하고, 미상계된 잔액이 있는 경우에는 자본조정의 자기주식처분손실로 회계처리 한다.			
13	(차) 이월이익잉여금	31,000,000	(대) 이익준비금 미지급배당금 미교부주식배당금	1,000,000 10,000,000 20,000,000
14	(차) 이익준비금	2,000,000	(대) 자 본 금	2,000,000
15	(차) 미교부주식배당금	20,000,000	(대) 자 본 금	20,000,000
16	(차) 이월이익잉여금 (또는 중간배당금)	30,000,000	(대) 미지급배당금	30,000,000
17	(차) 미지급배당금	30,000,000	(대) 현 금	30,000,000

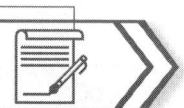

실무이론

01. 다음 자료에 의하여 자본총계를 계산하면 얼마인가?

- 현   금 : 100,000원
- 비   품 : 200,000원
- 미지급금 : 80,000원
- 단기대여금   : 150,000원
- 감가상각누계액 : 50,000원
- 미 수 금   : 90,000원
- 단기차입금 : 50,000원
- 보통예금   : 60,000원
- 지급어음   : 100,000원

① 270,000원　　② 300,000원　　③ 320,000원　　④ 370,000원

02. 다음 중 일반기업회계기준에 의한 자본의 분류 중 틀린 것은?
① 자본금은 법률에 의하여 정해진 납입자본금을 의미하는데, 발행주식수에 발행가액을 곱한 금액이다.
② 이익잉여금은 영업활동을 통하여 발생된 이익이 축적된 부분이다.
③ 자본잉여금은 주주와의 자본거래에서 발생한 것으로서 자본이 증가된 것이다.
④ 주식발행초과금, 감자차익, 자기주식처분이익은 자본잉여금이다.

03. 재무상태표상의 자본금에 대한 설명 중 가장 올바른 것은?
① 자본금은 할인발행 혹은 할증발행에 따라 표시되는 금액이 다르다.
② 자본금은 보통주자본금, 우선주자본금 그리고 기타자본금으로 구분한다.
③ 자본금은 총납입금액에서 주식발행에 따른 제비용을 차감하여 표시된다.
④ 자본금은 반드시 발행주식수 × 1주당 액면가액으로 표시된다.

04. 다음 중 자본에 대한 내용으로 옳지 않은 것은?
① 현물출자로 인한 주식의 발행금액은 제공받은 현물의 공정가치이다.
② 기말 재무상태표상 미처분이익잉여금은 당기 이익잉여금의 처분사항이 반영된 후의 금액이다.
③ 주식배당과 무상증자는 순자산의 증가가 발생하지 않는다.
④ 주식발행초과금은 주식의 발행가액이 액면가액을 초과하는 경우 그 초과금액을 말한다.

05. 다음 중 나머지 셋과 성격이 다른 하나는?
① 주식발행초과금　　　　　② 감자차익
③ 감자차손　　　　　　　　④ 자기주식처분이익

06. 다음 중 이익잉여금 항목에 해당하지 않는 것은?
① 이익준비금　　　　　　　② 임의적립금
③ 주식발행초과금　　　　　④ 미처분이익잉여금

07. 다음 중 자본의 분류와 해당 계정과목의 연결이 올바르지 않은 것은?

① 자 본 금 : 보통주자본금, 우선주자본금
② 자본잉여금 : 주식발행초과금, 자기주식처분이익
③ 자본조정 : 감자차익, 감자차손
④ 이익잉여금 : 이익준비금, 임의적립금

08. 자기주식을 구입가액보다 낮게 처분하여 발생하는 부분은 재무상태표상 자본항목 중 어디에 표시되는가?

① 자본금 ② 자본잉여금
③ 자본조정 ④ 기타포괄손익누계액

09. 다음 중 주식회사의 자본 구성 요소에 관한 설명으로 바르게 짝지은 것은?

> ㉠은 1주의 액면금액에 발행한 주식수를 곱한 금액이다.
> ㉡은 영업활동과 직접적인 관계가 없는 자본거래에서 생긴 잉여금이다.
> ㉢은 회사의 영업활동 결과로 발생한 순이익을 원천으로 하는 잉여금이다.

	㉠	㉡	㉢
①	적립금	자본잉여금	이익잉여금
②	자본금	자본잉여금	이익잉여금
③	자본금	이익잉여금	자본잉여금
④	적립금	이익잉여금	자본잉여금

10. 신주 10,000주(액면가액 1주당 10,000원)를 9,800원에 발행하였다면, 발행차액은 어느 항목에 해당되는가?

① 이익잉여금 ② 자본잉여금
③ 자본조정 ④ 임의적립금

11. 자본증자를 위해 액면 5,000원의 주식을 6,000원에 발행하고 대금은 전액 현금으로 수취하였다. 올바르게 분개된 것은?

① (차) 현 금   6,000원   (대) 자본금   6,000원
② (차) 현 금   6,000원   (대) 자본금   5,000원
                              주식발행초과금 1,000원
③ (차) 현 금   5,000원   (대) 자본금   5,000원
④ (차) 현 금   6,000원   (대) 자본금   5,000원
                              주식할인발행차금 1,000원

12. (주)배움스타의 2025년 1월 1일 자본금은 50,000,000원(주식수 50,000주, 액면가액 1,000원)이다. 2025년 7월 1일에 주당 1,200원에 10,000주를 유상증자 하였다. 2025년 기말 자본금은 얼마인가?

① 12,000,000원   ② 50,000,000원   ③ 60,000,000원   ④ 62,000,000원

13. 자본금이 100,000,000원인 회사가 이월결손금 18,000,000원을 보전하기 위하여 유통 중인 주식 중 1/5에 해당하는 부분을 무상 소각하였다. 이 경우 분개에서 사용하여야 할 자본항목과 금액 중 옳은 것은?
    ① 감자차손 2,000,000원
    ② 주식발행초과금 2,000,000원
    ③ 감자차익 2,000,000원
    ④ 합병차익   2,000,000원

14. 이익잉여금처분계산서에서 확인할 수 없는 항목은 무엇인가?
    ① 기타법정적립금
    ② 배당금
    ③ 주식할인발행차금
    ④ 당기순이익

15. (주)수원기업은 결산시 회사자본의 구성내용이 자본금 50,000,000원 자본잉여금 3,000,000원, 이익준비금 700,000원이었고, 당해 연도의 당기순이익은 500,000원이었다. 현금배당을 300,000원을 할 경우 이익준비금으로 적립해야 할 최소 금액은 얼마인가?
    ① 30,000원   ② 50,000원   ③ 70,000원   ④ 100,000원

16. 주식발행회사가 이익배당을 주식으로 하는 경우(주식배당) 배당 후 상태변화로 가장 옳지 않은 것은?
    ① 배당 후 이익잉여금은 증가한다.
    ② 배당 후 자본금은 증가한다.
    ③ 배당 후 총자본은 불변이다.
    ④ 배당 후 발행주식수는 증가한다.

17. 다음의 회계거래 중에서 자본총액에 변화가 없는 것은?
    ① 주식을 할인발행하다.
    ② 이익준비금을 계상하다.
    ③ 당기순손실이 발생하다.
    ④ 주식을 할증발행하다.

18. 다음 중 자산의 증감도 없고, 자본의 증감도 없는 경우는?
    ① 유상증자
    ② 무상증자
    ③ 주식의 할인발행
    ④ 주식의 할증발행

19. 이익잉여금을 자본금에 전입하였을 경우 다음 설명 중 올바른 것은?
    ① 자본총액이 증가한다.
    ② 자본총액이 감소한다.
    ③ 자본금이 증가한다.
    ④ 자본금이 감소한다.

20. 다음 중 자본에 대한 설명으로 옳지 않은 것은?
    ① 자본금은 우선주자본금과 보통주자본금으로 구분하며, 잉여금은 자본잉여금과 이익잉여금으로 구분 표시한다.
    ② 기타포괄손익누계액은 미실현손익의 성격을 가진 항목으로 당기순이익에 반영된다.
    ③ 주식의 발행은 할증발행, 액면발행 및 할인발행이 있으며, 어떠한 발행을 하여도 자본금은 동일하다.
    ④ 자본은 자본금·자본잉여금·이익잉여금·자본조정 및 기타포괄손익누계액으로 구분 표시한다.

해설

01. ■ 자산(550,000원) - 부채(230,000원) = 자본(320,000원)
    ■ 자산 = 현금 100,000원 + 단기대여금 150,000원 + 비품 200,000원 - 감가상각누계액 50,000원 + 보통예금 60,000원 + 미수금 90,000원
    ■ 부채 = 단기차입금 50,000원 + 미지급금 80,000원 + 지급어음 100,000원
02. 법정자본금은 발행주식수에 액면가액을 곱한 금액이다.
03. 자본금은 반드시 발행주식수에 1주당 액면가액을 곱한 금액으로 기록된다. 또한, 자본금은 보통주자본금과 우선주자본금으로 구분하며 주식발행에 따른 제비용은 발행금액에서 차감한다.
04. 당기 이익잉여금의 처분사항은 차기 주주총회의 처분결의가 있은 후에 회계처리 되므로 기말 재무상태표상 미처분이익잉여금은 당기이익잉여금의 처분사항이 반영되기 전의 금액이다.
05. 주식발행초과금, 감차차익, 자기주식처분이익은 자본잉여금이고, 감자차손은 자본조정이다.
06. 주식발행초과금은 자본잉여금에 해당한다.
08. 자기주식처분손실은 자본조정에 속하는 항목이다.
    회계처리 예 : (차) 현 금   100,000원   (대) 자기주식   150,000원
                     자기주식처분손실 50,000원
10. 주식을 할인발행 하였으므로 액면금액 미달액은 주식할인발행차금(자본조정)으로써 자본에서 차감하는 항목이다.
11. 액면금액을 초과하여 주식을 발행하였을 경우 주식발행초과금계정에 기입하며 자본잉여금으로 분류한다.
12. 기말 자본금 = 50,000,000원 + (10,000주 × 1,000원) = 60,000,000원
13. 자본금 감소액 = 100,000,000원 × 5/5 - 100,000,000원 × 4/5 = 20,000,000원
    (차) 자본금   20,000,000원   (대) 미처리결손금   18,000,000원
                                            감자차익   2,000,000원
14. ■ 주식할인발행차금은 자본조정항목으로 재무상태표에서 확인할 수 있다.
    ■ 이익잉여금처분계산서에서 확인할 수 있는 항목은 주식할인발행차금 상각액이다.
15. 회사는 그 자본의 2분의 1에 달할 때까지 매 결산기의 금전에 의한 이익배당의 10분의 1 이상의 금액을 이익준비금으로 적립하여야 한다. 따라서 30,000원(300,000원 × 1/10)이다.
16. 이익잉여금을 자본전입하므로 주식배당으로 자본금은 증가하고 이익잉여금은 감소한다.
17. 이익준비금의 계상은 미처분이익잉여금 대체이므로 자본총액에 변화가 없다.
18. 무상증자는 동일한 금액의 자본 감소와 자본 증가를 가져오므로, 자산의 증감도 없고, 자본의 증감도 없다.
19. 이익잉여금을 자본금에 전입하는 경우 자본총액에는 변화가 없으며 단지 자본금만 증가한다.
20. 기타포괄손익누계액은 자산을 공정가치로 평가할 때 발생하는 미실현손익의 성격을 가진 항목으로 손익계산서의 당기순이익에 반영되지 않고, 재무상태표에 반영된다.

정답

01. ③ 02. ① 03. ④ 04. ② 05. ③ 06. ③ 07. ③ 08. ③ 09. ② 10. ③
11. ② 12. ③ 13. ③ 14. ③ 15. ① 16. ① 17. ② 18. ② 19. ③ 20. ②

CHAPTER 10 수익과 비용

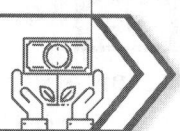

PART 01 전표관리 및 결산관리

1. 수익의 의의

수익은 기업의 경영활동을 통해 발생한 경제적 효익으로 자산의 유입이나 증가 또는 부채의 감소에 따라 자본의 증가를 초래하는 것을 말한다.

수익은 주된 영업활동으로 발생된 수익과 주된 영업활동 이외의 부수적인 거래 등으로 발생한 차익으로 나누며 회계기간 동안에 발생한 경제적 효익의 총유입으로 지분참여자에 의한 출연과 관련된 것은 제외된다.

구 분	계정과목
영업수익	상품매출, 제품매출, 공사수입금 등
영업외수익	이자수익, 배당금수익, 임대료, 단기매매증권평가이익, 단기매매증권처분이익, 외환차익, 외화환산이익, 유형자산처분이익, 투자자산처분이익, 자산수증이익, 채무면제이익, 보험금수익, 잡이익 등

1 영업수익(매출)

(1) 상품매출

사업자등록증의 업태가 도·소매업인 경우 완제품을 매입하여 판매하는 영업을 할 때 영업활동대상이 되는 상품의 총매출액에서 매출할인, 매출환입, 매출에누리 등을 차감한 금액으로 한다.

> 상품매출(순매출액) = 총매출액 − 매출환입및에누리 − 매출할인

(2) 제품매출

사업자등록증의 업태가 제조업인 경우 제조과정을 거쳐 제품을 생산하여 판매하는 영업을 할 때 영업활동의 대상이 되는 제품의 총매출액에서 매출할인, 매출환입, 매출에누리 등을 차감한 금액으로 한다.

> 제품매출(순매출액) = 총매출액 − 매출환입및에누리 − 매출할인

2 영업외수익

영업외수익이란 기업이 주된 영업활동이 아닌 활동으로부터 발생한 수익을 말한다.

계정과목	내　용
이자수익	금융업 이외의 판매업, 제조업 등을 영위하는 기업이 일시적인 유휴자금을 대여하고 받은 이자 및 할인료를 말한다. 이는 실제 현금수령액 뿐만 아니라 기간이 경과함에 따라 발생한 미수이자까지 포함하고 있다.
배당금수익	주식 등 장·단기투자자산과 관련하여 이익 또는 잉여금의 분배로 금전으로 받는 배당금을 말한다.
임대료	영업이외의 목적으로 부동산 또는 동산을 타인에게 임대하여 사용하게 하고 일정기간마다 그 사용대가로 받는 임대료를 처리하는 계정과목이다.
단기매매증권 평가이익	시장성 있는 유가증권을 보고기간 종료일 현재 공정가액으로 평가할 때 장부금액보다 공정가치가 높은 경우에 그 차액을 처리하는 계정을 말한다.
단기매매증권 처분이익	시장성 있는 유가증권을 처분함으로써 처분가액이 장부가액을 초과하는 경우 그 차액을 처리하는 계정을 말한다.
외환차익	기업이 보유하고 있던 외화자산을 회수할 때 원화로 회수하는 금액이 그 외화자산의 장부가액보다 큰 경우 혹은 외화부채를 상환할 때 원화로 상환하는 금액이 그 외화부채의 장부가액보다 낮은 경우에 발생하는 금융상의 이익을 말한다.
외화환산이익	기업이 외국통화를 보유하고 있거나 외화표시의 채권·채무를 가지고 있는 경우에 이것에 대한 취득 당시 또는 발생 당시의 원화가액과 보고기간 종료일의 환율에 의한 원화가액의 차이 중 이익이 발생한 부분을 말한다.
유형자산 처분이익	유형자산을 처분하는 경우 처분가액이 장부가액보다 많은 경우에 발생하는 이익을 말한다.
투자자산 처분이익	다른 회사의 지배나 통제를 목적으로 투자한 자금으로 투자유가증권, 출자금, 관계회사주식, 관계회사사채, 관계회사출자금, 투자부동산 등 매각 시 투자자산의 처분가액이 장부가액을 초과하는 금액을 말한다.
자산수증이익	회사의 결손이 누적되거나 파산상태에 있는 기업의 자본보전 등을 위하여 주주, 임원, 기타 제3자 등이 개인재산을 무상으로 회사의 자산으로 불입하는 경우로 증여받은 금액을 처리하는 계정이 자산수증이익이다. 금전이외의 자산으로 증여받는 경우 수증자산의 공정가액을 기준으로 계상한다.
채무면제이익	회사가 부담할 채무에 대하여 채권자의 채권포기로 인하여 전부 또는 일부를 면제받은 경우 이를 처리하는 계정이다.
보험금수익	보험사고로 인하여 보험금을 지급받는 경우 지급받은 보험금액을 처리하는 계정과목이다.

계정과목	내용
대손충당금 환입	보고기간 종료일 새로이 설정되는 대손충당금이 대손충당금 잔액보다 적을 경우 그 차액을 처리하는 계정과목이다. ■ 매출채권과 관련된 대손충당금환입은 판매관리비에 부(−)의 값으로 공시
사채상환이익	사채 조기상환 시 시장이자율이 상승함에 따라 사채의 시장가치가 하락하므로 장부금액보다 낮은 금액으로 상환하는 경우 그 차액을 처리하는 계정과목이다. ■ 사채 상환시점의 시장이자율 상승 : 사채상환이익 ■ 사채 상환시점의 시장이자율 하락 : 사채상환손실
전기오류 수정이익	과거에 재무제표 작성 시 회계기준에 어긋난 방법으로 회계처리를 했거나 계산을 잘못한 경우 처리하는 계정과목이다.
잡이익	영업활동에 간접적으로 관련 있는 수익으로서 발생빈도가 작고 금액적으로 중요성이 없는 것(자주 발생하지 않으면서 그 금액도 소액인 것)을 처리하는 계정과목이다.

2. 수익의 인식기준

수익과 비용은 원칙적으로 발생기준에 의하여 인식한다. 수익의 인식시점은 업종별로 상이하며, 자산의 증가나 부채의 감소와 관련하여 미래 경제적 효익이 증가하고 이를 신뢰성 있게 측정할 수 있을 때 인식한다.

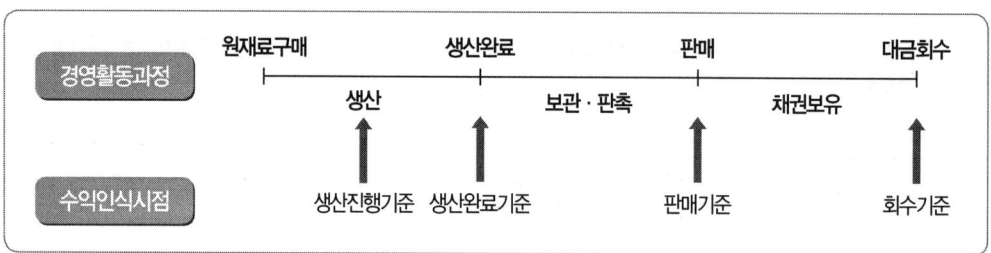

1 재화의 판매

① 재화의 소유에 따른 유의적인 위험과 보상이 구매자에게 이전된다.
② 판매자는 판매한 재화에 대하여 소유권이 있을 때 통상적으로 행사하는 정도의 관리나 효과적인 통제를 할 수 없다.
③ 수익금액을 신뢰성 있게 측정할 수 있다.
④ 경제적 효익의 유입 가능성이 매우 높다.
⑤ 거래와 관련하여 발생했거나 발생할 원가를 신뢰성 있게 측정할 수 있다.

2 용역의 제공

① 거래 전체의 수익금액을 신뢰성 있게 측정할 수 있다.
② 경제적 효익의 유입 가능성이 매우 높다.
③ 진행률을 신뢰성 있게 측정할 수 있다.
④ 이미 발생한 원가 및 거래의 완료를 위하여 투입하여야 할 원가를 신뢰성 있게 측정할 수 있다.

3 거래유형별 수익의 인식

거래구분		수익인식방법
위탁판매		수탁자가 제3자에게 판매한 시점
반품조건부판매 (시용판매)		구매자가 인수를 수락한 시점 또는 반품기간의 종료시점
할부판매 (장·단기 모두)		재화가 인도되는 시점 (현재가치와 명목가액의 차이가 중요한 경우에는 현재가치평가)
방송사의 광고수익		광고를 대중에게 전달하는 시점
광고제작 용역수익		제작기간 동안 진행기준 적용
공연입장료		행사가 개최되는 시점
수강료		강의기간 동안 발생기준 적용
도급공사, 예약판매		진행기준에 따라 인식(제조기간에 상관없음)
재화나 용역의 교환	동종	수익으로 인식하지 않음
	이종	판매기준에 따라 인식
배당금수익		배당금을 받을 권리와 금액이 확정되는 시점
이자수익		유효이자율을 적용하여 발생기준에 따라 인식
로열티수익		발생기준에 따라 인식
상품권매출수익		상품권을 회수할 때(물품 등을 제공하거나 판매한 때) 상품권 판매시는 선수금(상품권선수금 계정 등)으로 처리

TIP

[발생기준]
모든 수익과 비용은 그것이 발생한 기간에 정당하게 배분되도록 처리하여야 한다. 수익과 비용을 그 현금 유·출입이 있는 기간이 아니라 당해 거래 또는 사건이 발생한 기간에 인식하는 것을 말한다.

3. 비용의 의의

비용은 기업의 경영활동을 통해 발생한 자산의 유출이나 소멸 또는 부채의 증가에 따라 자본의 감소를 초래하는 것을 말한다.

비용은 주된 영업활동으로 발생된 비용과 주된 영업활동 이외의 부수적인 거래 등으로 발생한 차손으로 나누며 회계기간 동안에 발생한 경제적 효익의 감소로서 지분참여자에 대한 분배와 관련된 것은 제외된다.

구 분		계정과목
영업비용	매출원가	상품매출원가, 제품매출원가, 공사원가 등
	판매비와관리비	급여, 퇴직급여, 복리후생비, 여비교통비, 기업업무추진비, 차량유지비, 수수료비용, 광고선전비, 세금과공과, 도서인쇄비, 운반비, 교육훈련비, 감가상각비, 대손상각비, 소모품비, 보험료, 통신비, 임차료, 수도광열비, 잡비 등
영업외비용		기부금, 이자비용, 유형자산처분손실, 단기매매증권평가손실, 단기매매증권처분손실, 외환차손, 외화환산손실, 매출채권처분손실, 재해손실, 잡손실 등
법인세		법인세비용(법인세등)

1 매출원가

매출원가란 상품, 제품 등의 매출액에 대응되는 원가로서 일정기간 중에 판매된 상품이나 제품 등에 대하여 배분된 매입원가 또는 제조원가를 말한다.

(1) 상품매출원가

상품매매업에서 상품매출액에 대응하는 원가로서 상품매출원가를 계산한다.

$$상품매출원가 = \underbrace{기초상품재고액 + 당기상품매입액}_{(판매가능가액)} - 기말상품재고액$$

(2) 제품매출원가

제조업의 제품매출액에 대응하는 원가로서 제품매출원가를 계산한다.

$$제품매출원가 = \underbrace{기초제품재고액 + 당기제품제조원가}_{(판매가능가액)} - 기말제품재고액$$

2 판매비와관리비

판매비와관리비란 상품과 제품 및 용역의 판매활동 또는 기업의 관리와 유지에서 발생하는 비용으로 매출원가에 속하지 않는 모든 영업비용을 말한다. 다만, 제품제조와 관련되어 있는 경우에는 제조경비로 회계처리 한다.

계정과목	내 용
급여	판매 및 관리 부문에 종사하는 종업원에 대한 정기적인 급여와 임금, 상여금과 제수당을 말한다. ■ 판매 및 관리부문 : 급여 및 상여금 ■ 제조업의 생산직(또는 현장직) : 임금 및 상여금 ■ 일용직근로자 : 잡급
퇴직급여	판매 및 관리업무에 종사하는 종업원의 퇴직금 또는 기말결산시 설정된 퇴직급여충당금전입액을 말한다. 종업원이 퇴사하는 경우 지급되는 퇴직금은 우선 퇴직급여충당부채와 상계하고, 동 퇴직급여충당부채를 초과하여 지급되는 퇴직금은 퇴직급여계정으로 회계처리 한다.
복리후생비	판매부서와 관리업무에 종사하는 종업원들에 대한 복리비와 후생비로서 법정복리비, 복리시설부담금, 후생비, 건강보험료(사용자부담분), 고용보험료(사용자부담분), 산재보험료, 기타 사회통념상 타당하다고 인정되는 장례비, 경조사비, 위로금 등을 말한다. ■ 사회보험 근로자(종업원)부담금 : 예수금 ■ 사회보험 사업주(회사)부담금 : 복리후생비
여비교통비	여비란 기업의 임원이나 종업원이 업무수행을 위하여 장거리 지방 출장 가는 경우에 지급 되는 금액으로 운임, 일당, 숙박료, 식사대 등이 포함된다. 교통비는 가까운 거리에 출장 가는 경우 소요된 실비로서 교통비, 고속도로통행료, 주차료 등을 말한다.
기업업무추진비	영업활동과 관련하여 고객 또는 거래처에 대한 기업업무추진비용으로 거래처에 대한 경조금, 선물대, 기밀비 등을 포함한다. 기업업무추진비는 업무와 관련하여 지출한 비용이라는 것이 업무와 무관하게 지출한 비용인 기부금과 구별된다.
통신비	전화요금, 우편요금, 인터넷사용료 등의 통신을 위해 소요된 비용을 말한다.
수도광열비	수도료, 전력비, 연료비, 가스료 등을 말한다. ■ 판매 및 관리부문 전기료 · 가스료 등 : 수도광열비 ■ 제조현장(생산부)의 전기료 : 전력비 ■ 제조현장(생산부)의 가스료 등 : 가스수도료
감가상각비	감가상각비는 건물, 비품, 차량운반구 등 유형자산에 대한 당해연도 가치감소분을 말한다.
임차료	토지, 건물 등의 임차료로서 특허권사용료, 기술도입사용료를 포함한다.
수선비	유형자산인 건물, 기계장치 등의 수선비를 말한다.
차량유지비	차량운반구의 유지비용으로 차량주유대금, 주차비, 통행료, 차량수리비 등을 말한다.

계정과목	내용
세금과공과	국가 또는 지방자치단체가 부과하는 국세, 지방세 및 공공단체, 조합, 재단 등의 공과금과 벌금, 과료, 과징금, 국민연금보험료(사용자부담분)을 처리하는 과목이다. | 구 분	계정과목
이익에 부과되는 법인세, 법인세할지방소득세	법인세비용
자산구입시 부과되는 취득세, 관세 등	취득원가 가산
재산유지 관련 세금(재산세, 자동차세, 사업소세, 면허세 등)	세금과공과	
보험료	건물, 비품, 차량운반구 등에 대한 화재 및 손해보험 등의 보험료, 판매와 관련된 해상보험료, 보관중인 재고자산에 대한 화재보험료 등을 말한다. ■ 만기환급금이 없는 순수보장성 보험료 : 당기 비용처리 → 보험료 ■ 만기환급금이 있는 저축성 보험료 : 자산처리 → 장기성예금 등
경상연구개발비	개발활동 및 연구활동을 수행하는 과정에서 발생하는 비용을 말한다.
운반비	상품, 제품의 발송 및 운송과정에서 발생한 운임 등을 말한다.
교육훈련비	종업원의 직무능력향상을 위한 교육 및 훈련과 관련된 비용으로 강사초청료, 학원연수비 등이 포함된다.
도서인쇄비	도서인쇄비는 도서구입비 및 인쇄와 관련된 비용을 말한다.
포장비	상품 및 제품 등을 포장하는데 지출한 비용을 처리할 때 사용하는 계정과목이다.
소모품비	소모품비는 소모성 비품구입에 관한 비용으로 사무용용지, 소모공구구입비, 주방용품구입비, 문구구입비, 기타소모자재 등의 구입비를 말한다.
수수료비용	제공받은 용역의 대가를 지불할 때 사용되는 비용을 말하며 금융수수료, 자문용역비, 법률수수료, 안전검사수수료, 증명발급수수료 등을 처리하는 과목이다.
광고선전비	상품 또는 제품의 판매촉진활동과 관련된 비용으로 불특정다수에 대한 광고선전을 목적으로 지출하는 비용을 말한다. 특정고객만을 상대로 지출하는 비용은 기업업무추진비로, 신제품 또는 신판로 개척을 위해 지출한 임시적이며 거액의 비용은 개발비(무형자산 요건 충족)로 계상한다.
대손상각비	일반적인 상거래에서 발생한 매출채권에 대한 대손상각을 말한다. 회수가 불확실한 채권에 대하여 합리적이고 객관적인 기준에 따라 산출된 대손추인액과 회수불가능한 채권은 대손상각비로 처리한다. 일반적인 상거래이외의 기타채권에 대한 대손상각은 영업외비용으로 처리한다.
건물관리비	건물이나 시설의 관리에 지출된 비용을 처리하는 계정과목이다.
무형자산상각비	무형자산의 당해연도 가치감소분을 반영할 때 사용하는 계정과목이다.
견본비	제품 등의 홍보를 위하여 샘플을 제작하거나 견본품을 제공할 때 사용하는 계정과목이다.
잡비	판매비와관리비 중에서 열거한 비용 이외에 발생빈도나 금액이 중요하지 않은 경우 사용하는 계정과목이다.

3 영업외비용

영업외비용이란 발생한 비용이 주된 영업활동이 아닌 활동에서 발생한 비용을 말한다.

계정과목	내용
이자비용	차입금으로 인해 발생하는 지급이자, 사채이자가 해당된다.
외환차손	외화자산의 회수 또는 외화부채의 상환시에 발생하는 차손을 말한다. 회사가 보유하고 있던 외화자산을 회수할 때 원화회수액이 그 외화자산의 장부가액보다 작은 경우, 혹은 외화부채를 상환할 때 원화상환액이 그 외화부채의 장부가액보다 큰 경우 그 차액을 처리하는 계정이 외환차손이다.
기부금	대가없이 무상으로 기증하는 금전, 기타의 자산가액을 말하며, 상품 등을 기부 시 원가로 회계처리 한다.
기타의대손상각비	일반적인 상거래 이외에서 발생한 채권(미수금, 대여금)의 대손발생에 따른 비용을 처리하는 계정과목이다.
외화환산손실	보고기간 종료일에 화폐성 외화자산 또는 외화부채를 환산하는 경우 환율의 변동으로 인하여 발생 하는 환산손실을 말한다.
매출채권처분손실	매출채권을 타인에게 양도 또는 할인하는 경우 할인이자와 수수료 등을 매출채권처분손실로 계상한다.
단기매매증권평가손실	결산시 단기매매증권을 공정가액으로 평가하는 경우 장부가액보다 공정가액이 하락한 경우에 그 차액을 단기매매증권평가손실로 계상한다.
단기매매증권처분손실	단기매매증권을 처분하는 경우 장부가액보다 처분가액이 더 적은 경우에 그 차액을 단기매매증권처분손실로 계상한다.
재고자산감모손실	상품 등을 보관하는 과정에서 파손, 마모, 도난, 분실 등으로 인해서 실제재고수량이 장부상의 재고수량보다 적은 경우가 발생하는 손실을 처리하는 계정과목으로 원가성이 없는 감모손실만 해당한다.
유형자산처분손실	유형자산을 장부가액보다 낮은 가액으로 처분하는 경우 발생하는 손실을 말한다. 장부가액이란 취득가액에서 감가상각누계액 잔액을 차감한 가액을 말한다.
무형자산처분손실	무형자산을 장부가액보다 낮은 가액으로 처분하는 경우 발생하는 손실을 말한다.
재해손실	화재, 풍수해, 지진 등 천재지변 또는 돌발적인 사건으로 인하여 발생한 재산의 손실액을 말한다.
잡손실	상기에 열거된 영업외비용 중 그 금액이 중요하지 않거나, 그 항목이 구체적으로 밝혀지지 않은 비용은 잡손실로 처리한다.

4 법인세비용

법인세는 회사가 일정한 회계기간 동안 벌어들인 소득에 대해 부과되는 세금으로, 손익계산서상 중요한 비용이며, 법인세와 지방소득세를 포함하여 결산 시 계상한다.

4. 비용의 인식기준

비용은 수익이 인식된 시점에 이에 대응(수익·비용대응의 원칙)하여 인식한다.

1 직접대응

직접대응이란 보고된 수익과의 인과관계를 기초로 비용을 인식하는 방법이다. 따라서 직접대응은 수익과 비용의 인과관계가 명확한 경우에 적용되는 방법이다. (예 : 매출원가, 판매원의 수수료 등)

2 간접대응(체계적이고 합리적인 방법)

특정 수익과 직접적인 인과관계를 명확히 알 수 없지만 발생한 원가가 일정기간 동안 수익창출활동에 기여한 것으로 판단되면 해당되는 기간에 합리적이고 체계적으로 배분하는 것을 말한다. (예 : 감가상각비 등)

3 당기비용(기간비용)

직접대응과 간접대응 방법을 모두 적용할 수 없는 경우로 당기에 발행한 원가가 미래에 경제적 효익을 제공하지 못하거나 미래 효익의 가능성이 불확실한 경우에는 발생하는 회계기간에 비용으로 인식한다. (예 : 광고선전비 등)

5. 손익계산서 계산구조

손익계산서	
과 목	금 액
Ⅰ. 매출액	×××
Ⅱ. 매출원가	×××
Ⅲ. 매출총손익	×××
Ⅳ. 판매비와관리비	×××
Ⅴ. 영업손익	×××
Ⅵ. 영업외수익	×××
Ⅶ. 영업외비용	×××
Ⅷ. 법인세비용차감전순손익	×××
Ⅸ. 법인세비용	×××
Ⅹ. 당기순손익	×××

① 순매출액
= 총매출액 − 매출에누리·할인·환입
② 매출원가
- 상품매출원가
= 기초상품재고액 + 당기순매입액 − 기말상품재고액
- 제품매출원가
= 기초제품재고액 + 당기제품제조원가 − 기말제품재고액
③ 매출총손익
= 순매출액 − 매출원가
④ 영업손익
= 매출총손익 − 판매비와관리비
⑤ 법인세비용차감전순손익
= 영업손익 + 영업외수익 − 영업외비용
⑥ 당기순손익
= 법인세비용차감전순손익 − 법인세비용

6. 외화채권·채무 평가

1 외화채권·채무 발생시점 회계처리

외화거래가 발생한 경우에는 거래발생일 현재의 환율을 적용하여 회계처리를 하며 환율 환산에 대한 부분은 고려하지 않는다.

회계상 거래	회계처리
[외화채권 발생시점] 제품을 ABC상사에 U$10,000을 외상으로 매출하였다. (매출시점 적용환율 : 1,000원/1$)	외상매출금 = U$10,000 × 1,000원 = 10,000,000원 (차) 외상매출금 10,000,000원 (대) 제품매출 10,000,000원

2 외화채권·채무 결산시점 회계처리

외화거래로 인하여 발생한 채권·채무가 보고기간 종료일에 잔액이 있는 경우에는 **보고기간 종료일의 매매기준율**로 평가하고 장부가액과의 차액은 **외화환산손익(영업외손익)**으로 처리한다.

구 분	환율상승	환율하락
외화채권	외화환산이익 발생	외화환산손실 발생
외화채무	외화환산손실 발생	외화환산이익 발생

회계상 거래	회계처리
[결산시점] ABC상사의 외상매출금 (U$10,000, 장부가액 10,000,000원)의 결산시의 매매기준율은 1,050원/1$이다.	외화환산이익 = U$10,000 × (1,050원 − 1,000원) = 500,000원 (차) 외상매출금 500,000원 (대) 외화환산이익 500,000원

3 외화채권·채무 회수(또는 상환)시점 회계처리

외화채권을 회수하거나 외화채무를 상환하는 경우 외화금액의 원화 환산액과 장부가액과의 차액은 **외환차손익(영업외손익)**으로 처리한다.

회계상 거래	회계처리
[외화채권 회수시점] ABC상사의 외상매출금 (U$10,000, 장부가액 10,500,000원)이 보통예금에 입금되었다. (회수시점의 적용환율 : 1,030원/1$)	외환차손 = U$10,000 × (1,050원 − 1,030원) = 200,000원 (차) 보통예금 10,300,000원 (대) 외상매출금 10,500,000원 외환차손 200,000원

실무분개

 PART 01 전표관리 및 결산관리

01. 보유 중인 (주)배움의 주식에 대하여 중간배당금 5,000,000원을 보통예금계좌로 입금받았다.

02. 매입거래처 (주)루비의 외상매입금 17,000,000원 중 10,000,000원은 3개월 만기 약속어음을 발행하여 지급하고, 나머지는 면제받았다.

03. 당사의 최대주주인 이재민으로부터 업무용 토지를 기증 받았다. 본 토지에 대한 취득세로 15,000,000원이 현금으로 은행에 납부되었다. 수증일 현재의 공정가액은 300,000,000원이다.

04. 이자수익 200,000원에 대하여, 원천징수세액을 제외한 나머지 금액이 보통예금으로 입금되었다.
(원천징수세율은 15.4%로 가정하고, 자산으로 처리한다.)

05. 7월 17일에 발생한 화재로 인하여 소실된 제품(원가 10,000,000원)에 대한 보험금 7,000,000원을 보험회사로부터 보통예금계좌로 입금받았다. (당사는 삼현화재에 화재보험이 가입되어 있다.)

06. 다음과 같이 10월분 영업부 직원 급여를 당사의 보통예금에서 지급하였다.

직종구분	급여총액	근로소득세 등 공제액 합계	차인지급액
영업부	5,000,000원	270,000원	4,730,000원

07. 제조부서의 당월 상여금을 예수금(소득세 등)을 제외하고 보통예금계좌에서 이체하다.
(상여금 총액은 15,000,000원이고, 이 중 예수금은 1,000,000원이다.)

08. 공장건물 청소원인 김연아에게 인건비 500,000원을 현금으로 지급하고 일용직 근로소득으로 신고하였다. 이와 관련된 원천징수세액은 없으며 동 금액은 잡급으로 처리하기로 한다.

09. 10월 10일 다음과 같이 9월분 건강보험료를 현금으로 납부하다.

- 회사부담분 : 350,000원(생산부직원), 200,000원(영업부직원)
- 종업원부담분 : 550,000원(종업원 급여는 종업원부담분의 건강보험료를 차감하고 지급함)
- 회사부담분의 건강보험료는 복리후생비로 처리한다.

10. 당사는 영업부 직원 김무생의 모친 조의금으로 100,000원을 현금으로 전달하였다.

11. 당사의 제품(원가 : 100,000원, 판매가 : 120,000원)을 생산직 직원의 복리후생 목적으로 제공하였다. (재화의 간주공급에 해당하지 아니함)

12. 전 직원(관리직 30명, 생산직 70명)에 대한 독감예방접종을 세명병원에서 실시하고, 접종비용 5,000,000원을 사업용카드인 국민카드로 결제하였다. (미지급금으로 회계처리 할 것)

13. 영업부에서 매출거래처 직원과 식사를 하고, 식사비용 120,000원을 법인카드인 비씨카드로 결제하였다.

14. 원재료 매입거래처의 대표이사 모친이 사망하여 200,000원에 화환을 현금 구입하여 전달하다.

15. 9월 25일에 지급한 직원 급여와 관련된 차감 징수액(국민연금, 근로소득세, 지방소득세)과 국민연금 회사 부담분을 합한 금액 620,000원을 다음과 같이 보통예금으로 납부하였다. 단, 회사부담분 국민연금은 '세금과공과' 계정으로 계상한다.

   - 국민연금 400,000원 : 회사부담분 200,000원과 근로자부담분 200,000원을 합한 금액이고, 회사부담분 중 영업부 직원 비율은 30%이며 제조부 직원 비율은 70%이다.
   - 소득세등 220,000원 : 근로소득세 200,000원과 지방소득세 20,000원을 합한 금액이다.

16. 공장 건물에 대한 재산세 1,550,000원과 영업부 사무실에 대한 재산세 2,370,000원을 보통예금으로 납부하였다.

17. 영업부 건물의 임차보증금에 대한 간주임대료의 부가가치세를 건물소유주에게 보통예금 계좌에서 이체하였다. (임차계약시 간주임대료에 대한 부가가치세를 임차인부담으로 계약을 체결하였음. 간주임대료의 부가가치세는 500,000원임)

18. 1기 확정신고에 대한 부가가치세 14,548,060원(납부지연가산세 포함)을 보통예금에서 납부하다. (6월 30일 부가가치세의 미지급세금은 14,274,000원이며, 납부지연가산세 274,060원은 판매관리비의 세금과공과로 처리할 것)

19. 본사의 홍보부는 새로 출시한 제품을 광고하기 위하여 조선일보에 광고를 게재하고 대금 500,000원을 현금으로 지급하였다.

20. 공장의 기계장치를 (주)대성기업에서 수리하고 당좌수표를 발행하여 수리비용 3,000,000원을 지급하다. (수익적지출로 회계처리할 것)

21. 본사 영업팀에서 사용한 수도요금 120,000원과 공장의 전기요금 2,500,000원을 현금으로 은행에 납부하였다.

22. 영업부서의 난방용 유류대 350,000원과 공장 작업실의 난방용 유류대 740,000원을 보통예금 이체로 결제하였다.

23. 공장건물의 화재와 도난에 대비하여 (주)미래화재에 손해보험을 가입한 후 보험료 3,000,000원을 보통예금계좌에서 송금하고 전액 비용으로 회계처리 하였다.

24. 판매부서는 저축성(만기환급) 보험료로 대박보험(10년 만기, 3년차 납입)에 3,000,000원을 보통예금으로 납부하였다.

25. 본사 영업사원에 대하여 새로이 명함을 인쇄하여 배부하였다. 대금 90,000원은 현금으로 지급하였다.

26. 생산직원의 원가절감교육을 위해 외부강사를 초청하여 교육하고 강사료 중 원천징수세액 99,000원을 제외하고 나머지 금액 2,901,000원은 당사 보통예금계좌에서 강사의 보통예금 계좌로 송금하였다.

27. 회사에서 보관 중이던 원재료(원가 600,000원, 시가 800,000원)를 영업부 소모품으로 사용하였다. (비용으로 처리할 것)

28. 제품 1개(원가 : 500,000원)를 매출거래처에 견본품으로 무상 제공하였다. 단, 견본비 계정으로 처리할 것.

29. 홍콩지점관리를 목적으로 대표이사의 국외출장 왕복항공료 3,000,000원을 법인카드(하나카드)로 결제하였다.

30. 당월분 공장임차료 500,000원과 송금수수료 1,600원을 보통예금에서 인출하여 지급하였다.

31. 생산라인에 필요한 외국기술서적의 번역을 의뢰한 프리랜서에게 번역비 1,000,000원에서 원천징수세액 33,000원을 차감한 금액을 자기앞수표로 지급하였다. (수수료비용으로 회계처리 할 것)

32. 당사에서 생산한 전자제품 5,000,000원을 사회복지공동모금회에 현물기부 하였다.

33. 개인 이시영씨로부터 차입한 자금에 대한 이자비용 1,000,000원이 발생하여 원천징수세액 275,000원을 차감한 나머지 금액 725,000원을 현금으로 지급하였다.

34. 본사 창고에서 화재가 발생하여 창고에 보관하고 있던 제품 15,000,000원(장부가액)이 소실되었다. 당사는 이와 관련한 보험에 가입되어 있다.

35. 외상매입금계정에는 홍콩 거래처 만리상사에 대한 외화외상매입금 2,400,000원($2,000)이 계상되어 있다. (회계기간 종료일 현재 적용환율 : $1당 1,180원)

36. 기말 외상매출금 중에는 브리티시 기업의 외화로 계상된 외상매출금 130,000,000원($100,000)이 포함되어 있다. (결산일 현재 적용환율 : 1,280원/$)

37. ABC에 수출(선적일자 12월 10일)한 제품 외상매출금이 보통예금 계좌에 원화로 환전되어 입금되었다.

| ▪ 외상매출금 : 2,000달러 | ▪ 12월 10일 환율 : 1,200원/달러 | ▪ 12월 13일 환율(입금일) : 1,100원/달러 |

정답

NO	회계처리			
01	(차) 보통예금	5,000,000	(대) 배당금수익	5,000,000
02	(차) 외상매입금((주)루비)	17,000,000	(대) 지급어음((주)루비) 채무면제이익	10,000,000 7,000,000
03	(차) 토 지	315,000,000	(대) 현 금 자산수증이익	15,000,000 300,000,000
04	(차) 선납세금 보통예금	30,800 169,200	(대) 이자수익	200,000
05	(차) 보통예금	7,000,000	(대) 보험금수익	7,000,000
06	(차) 급여(판)	5,000,000	(대) 보통예금 예수금	4,730,000 270,000
07	(차) 상여금(제)	15,000,000	(대) 보통예금 예수금	14,000,000 1,000,000
08	(차) 잡급(제)	500,000	(대) 현 금	500,000
09	(차) 복리후생비(제) 복리후생비(판) 예수금	350,000 200,000 550,000	(대) 현 금	1,100,000
10	(차) 복리후생비(판)	100,000	(대) 현 금	100,000
11	(차) 복리후생비(제)	100,000	(대) 제 품 (타계정으로 대체)	100,000
12	(차) 복리후생비(제) 복리후생비(판)	3,500,000 1,500,000	(대) 미지급금(국민카드)	5,000,000
13	(차) 기업업무추진비(판)	120,000	(대) 미지급금(비씨카드)	120,000
14	(차) 기업업무추진비(제)	200,000	(대) 현 금	200,000
15	(차) 예수금 세금과공과(제) 세금과공과(판)	420,000 140,000 60,000	(대) 보통예금	620,000
16	(차) 세금과공과(제) 세금과공과(판)	1,550,000 2,370,000	(대) 보통예금	3,920,000
17	(차) 세금과공과(판)	500,000	(대) 보통예금	500,000
18	(차) 미지급세금 세금과공과(판)	14,274,000 270,060	(대) 보통예금	14,548,060
19	(차) 광고선전비(판)	500,000	(대) 현 금	500,000
20	(차) 수선비(제)	3,000,000	(대) 당좌예금	3,000,000

NO	회계처리			
21	(차) 전력비(제) 　　 수도광열비(판)	2,500,000 120,000	(대) 현　　　금	2,620,000
22	(차) 가스수도료(제) 　　 수도광열비(판)	740,000 350,000	(대) 보통예금	1,090,000
23	(차) 보험료(제)	3,000,000	(대) 보통예금	3,000,000
24	(차) 장기성예금(대박보험)	3,000,000	(대) 보통예금	3,000,000
25	(차) 도서인쇄비(판)	90,000	(대) 현　　　금	90,000
26	(차) 교육훈련비(제)	3,000,000	(대) 예 수 금 　　 보통예금	99,000 2,901,000
27	(차) 소모품비(판)	600,000	(대) 원재료 　　 (타계정으로 대체)	600,000
28	(차) 견본비(판)	500,000	(대) 제　　품 　　 (타계정으로 대체)	500,000
29	(차) 여비교통비(판)	3,000,000	(대) 미지급금(하나카드)	3,000,000
30	(차) 임차료(제) 　　 수수료비용(판)	500,000 1,600	(대) 보통예금	501,600
31	(차) 수수료비용(제)	1,000,000	(대) 예 수 금 　　 현　　　금	33,000 967,000
32	(차) 기 부 금	5,000,000	(대) 제　　품 　　 (타계정으로 대체)	5,000,000
33	(차) 이자비용	1,000,000	(대) 예 수 금 　　 현　　　금	275,000 725,000
34	(차) 재해손실	15,000,000	(대) 제　　품 　　 (타계정으로 대체)	15,000,000
35	(차) 외상매입금(만리상사)	40,000	(대) 외화환산이익	40,000
	▪ 외화환산이익 = ($2,000 × 1,180원) − 2,400,000원 = △40,000원(부채감소)			
36	(차) 외화환산손실	2,000,000	(대) 외상매출금(브리티시)	2,000,000
	▪ 외화환산손실 = ($100,000 × 1,280원) − 130,000,000원 = △2,000,000원(자산감소)			
37	(차) 보통예금 　　 외환차손	2,200,000 200,000	(대) 외상매출금(ABC)	2,400,000
	▪ 외환차손 = $2,000 × (1,100원 − 1,200원) = △200,000원			

단원평가 실무이론

01. 일반기업회계기준상 영업외손익이 아닌 것은?
 ① 자산수증이익
 ② 유형자산처분이익
 ③ 채무면제이익
 ④ 외상매출금대손상각비

02. 다음 자료를 이용하여 영업손익 계산에 포함되지 않는 금액은?

■ 매 출 액:	200,000,000원	■ 기업업무추진비:	6,000,000원
■ 매출원가:	50,000,000원	■ 이자비용:	3,000,000원
■ 기타의 대손상각비(단기대여금):	4,000,000원	■ 유형자산처분이익:	2,000,000원

 ① 10,000,000원 ② 8,000,000원 ③ 9,000,000원 ④ 5,000,000원

03. 대형마트에서 상품권 500,000원을 소비자에게 현금으로 판매하면서 상품권 판매시점에서 상품매출로 회계처리 하였을 경우 나타난 효과로 가장 올바른 것은?
 ① 자본 과소계상
 ② 자산 과소계상
 ③ 수익 과소계상
 ④ 부채 과소계상

04. 다음 중 일반기업회계기준에 의한 수익인식기준으로 올바른 것은?
 ① 위탁판매 – 수탁자에게 상품을 인도한 날
 ② 상품권판매 – 상품권을 회수한 날
 ③ 정기간행물(가액이 매기간 동일)판매 – 구독금액을 일시에 수령한 날
 ④ 할부판매 – 매회할부금을 회수하는 날

05. 일반기업회계기준상 수익에 대한 내용으로 올바르지 않은 것은?
 ① 경제적 효익의 유입가능성이 매우 높고, 그 효익을 신뢰성 있게 측정할 수 있을 때 인식한다.
 ② 판매대가의 공정가액으로 측정하며, 매출에누리·할인·환입은 차감한다.
 ③ 성격과 가치가 상이한 재화나 용역간의 교환 시 교환으로 제공한 재화나 용역의 공정가액으로 수익을 측정하는 것이 원칙이다.
 ④ 성격과 가치가 유사한 재화나 용역간의 교환 시 제공한 재화나 용역의 공정가액으로 수익을 측정하는 것이 원칙이다.

06. 다음 중 재화의 판매로 인한 수익인식 조건이 아닌 것은?

① 재화의 소유에 따른 유의적인 위험과 보상이 구매자에게 이전된다.
② 수익금액을 신뢰성 있게 측정할 수 있다.
③ 경제적 효익의 유입 가능성이 매우 높다.
④ 판매자는 판매한 재화에 대하여 소유권이 있을 때 통상적으로 행사하는 정도의 관리나 효과적인 통제를 할 수 있다.

07. 아래의 계정과목 중에서 일반기업회계기준의 판매비와관리비에 포함되는 것들을 모두 고른 것은?

| A. 대손상각비 | B. 건물감가상각비 | C. 임원의 급여 |
| D. 기부금 | E. 이자수익 | F. 이자비용 |

① A, B, C   ② B, C, D   ③ C, D, E   ④ D, E, F

08. 다음 자료를 이용하여 판매비와관리비를 계산하면 얼마인가?

■ 매출총이익	500,000원	■ 차량유지비	10,000원
■ 이자비용	10,000원	■ 기부금	50,000원
■ 매출채권에 대한 대손상각비	30,000원		

① 60,000원   ② 50,000원   ③ 40,000원   ④ 30,000원

09. 다음 자료를 이용하여 영업이익을 계산하면 얼마인가?

■ 매출액	100,000,000원	■ 광고비	6,000,000원
■ 매출원가	60,000,000원	■ 기부금	1,000,000원
■ 본사 총무부 직원 인건비	4,000,000원	■ 유형자산처분이익	2,000,000원

① 40,000,000원   ② 30,000,000원   ③ 29,000,000원   ④ 26,000,000원

10. 다음은 기업에서 납부하는 각종 세금이다. 일반적으로 회계처리하는 계정과목이 틀리게 연결된 것은?

① 종업원의 급여 지급시 원천징수한 근로소득세 – 예수금계정
② 건물의 취득시 납부한 취득세 – 건물계정
③ 회사에서 보유하고 있는 차량에 대한 자동차세 – 차량운반구계정
④ 법인기업의 소득에 대하여 부과되는 법인세 – 법인세비용계정 또는 법인세등계정

11. 다음 중 수익과 비용의 직접적인 인과관계에 따라 비용을 인식하는 방법으로 가장 적절한 것은?
① 감가상각비
② 무형자산상각비
③ 매출원가
④ 사무직원 급여

12. 다음 발생하는 비용 중 영업비용에 해당하지 않는 것은?
① 거래처 사장인 김수현에게 줄 선물을 구입하고 50,000원을 현금 지급하다.
② 회사 상품 홍보에 50,000원을 현금 지급하다.
③ 외상매출금에 대해 50,000원의 대손이 발생하다.
④ 회사에서 국제구호단체에 현금 50,000원을 기부하다.

13. (주)흑룡상사는 거래처와 제품 판매계약을 체결하면서 계약금 명목으로 수령한 2,000,000원에 대하여 이를 수령한 시점에서 미리 제품매출로 회계처리 하였다. 이러한 회계처리로 인한 효과로 가장 올바른 것은?
① 자산 과대계상
② 비용 과대계상
③ 자본 과소계상
④ 부채 과소계상

14. 다음의 자료로 매출총이익, 영업이익과 당기순이익을 계산하면 얼마인가?

- 매 출 액 : 2,000,000원
- 기 부 금 : 30,000원
- 급　여 : 300,000원
- 재해손실 : 70,000원
- 매출원가 : 900,000원
- 임차료 : 50,000원

	매출총이익	영업이익	당기순이익
①	1,000,000원	750,000원	650,000원
②	750,000원	1,100,000원	650,000원
③	1,100,000원	750,000원	650,000원
④	1,100,000원	270,000원	650,000원

해설

01. 외상매출금 대손상각비는 판매비와관리비이다.

02. 기타의대손상각비 4,000,000원 + 이자비용 3,000,000원 + 유형자산처분이익 2,000,000원 = 9,000,000원

03. 상품권을 판매하였을 경우에는 수익으로 처리하지 않고, 부채(선수금)로 처리하여야 함에도 불구하고 상품매출(수익)로 회계처리 하였으므로 부채가 과소계상되고 수익(자본)은 과대계상하게 된다. 단, 자산은 변함이 없다.

04.
- 위탁판매 – 수탁자가 소비자에게 상품을 판매한 날
- 정기간행물(가액이 매기간 동일) 판매 – 구독기간에 걸쳐 정액법으로 인식
- 할부판매 – 재화가 인도되는 날

05. 성격과 가치가 유사한 재화나 용역간의 교환은 동종자산의 교환에 해당하므로 수익을 발생시키는 거래로 보지 않는다.

06. 판매자는 판매한 재화에 대하여 소유권이 있을 때 통상적으로 행사하는 정도의 관리나 효과적인 통제를 할 수 없다.

07.
- 판매비와관리비 : 대손상각비, 건물감가상각비, 임원의 급여
- 영업외비용 : 기부금, 이자비용
- 영업외수익 : 이자수익

08. 대손상각비와 차량유지비가 판매비와관리비에 해당하므로
10,000원 + 30,000원 = 40,000원이다.

09. 매출액 100,000,000원 – 매출원가 60,000,000원 – 인건비 4,000,000원 – 광고비 6,000,000원 = 30,000,000원

10. 자동차세는 세금과공과 계정에 기입한다.

11.
- 매출원가 : 매출액(수익) 대비 매출원가(비용)
- 감가상각비, 무형자산상각비, 사무직원 급여는 판매비와관리비로서 기간비용이다.

12. ④는 기부금으로 회계처리 하며 영업외비용에 해당한다.

13. 선수수익 과소계상 및 매출수익 과대계상되므로 자본 과대계상 된다.

14.
- 매출총이익 = 매출액 – 매출원가
  = 2,000,000원 – 900,000원 = 1,100,000원
- 영업이익 = 매출총이익 – 판매비와관리비
  = 1,100,000원 – (급여 300,000원 + 임차료 50,000원) = 750,000원
- 당기순이익 = 영업이익 + 영업외수익 – 영업외비용 – 법인세비용
  650,000원 = 750,000원 + 0원 – (재해손실 70,000원 + 기부금 30,000원) – 0원

정답

01. ④ 02. ③ 03. ④ 04. ② 05. ④ 06. ④ 07. ① 08. ③ 09. ② 10. ③
11. ③ 12. ④ 13. ④ 14. ③

PART 02 원가회계

CHAPTER 01 원가회계의 개념
CHAPTER 02 제조업의 원가흐름
CHAPTER 03 원가의 배분
CHAPTER 04 부문별 원가계산
CHAPTER 05 제품별 원가계산

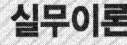

직무명	분류번호	능력단위명	수준	능력단위요소
회계·감사	0203020103_20v4	원가계산	2	1 원가요소 분류하기 2 원가배부하기 3 원가계산하기

능력단위정의	원가계산이란 기업운영에 있어 원가분석 및 정보를 제공·활용하기 위해 원가요소 분류, 배부, 계산하는 능력이다.

NCS 능력단위	능력단위요소	수 행 준 거
0203020103_20v4 원가계산	0203020103_20v4.1 원가요소 분류하기	1.1 회계관련규정에 따라 원가와 비용을 구분할 수 있다. 1.2 회계관련규정에 따라 제조원가의 계정흐름에 대해 분개할 수 있다. 1.3 회계관련규정에 따라 원가를 다양한 관점으로 분류할 수 있다.
	0203020103_20v4.2 원가배부하기	2.1 원가계산 대상에 따라 직접원가와 간접원가를 구분할 수 있다. 2.2 원가계산 대상에 따라 합리적인 원가배부기준을 적용할 수 있다. 2.3 보조부문의 개별원가와 공통원가를 집계할 수 있다. 2.4 보조부문의 개별원가와 공통원가를 배부할 수 있다.
	0203020103_20v4.3 원가계산하기	3.1 원가계산시스템의 종류에 따라 원가계산방법을 선택할 수 있다. 3.2 업종특성에 따라 개별원가계산을 할 수 있다. 3.3 업종특성에 따라 종합원가계산을 할 수 있다.

CHAPTER 01 원가회계의 개념

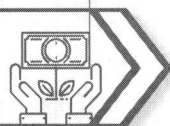

1. 원가회계의 개념

회계는 재무회계와 관리회계로 구분하며 원가회계는 관리회계의 일부분으로 특정한 목적을 위하여 원가정보를 식별, 분류, 집계하는 과정이다. 원가계산은 좁은 의미의 원가회계로 구분의 의미가 없지만 제품의 생산을 위하여 소비된 경제적 가치를 측정, 분류 및 기록하는 것은 원가회계라 하고 그 원가를 집계하여 분류, 계산하는 과정은 원가계산이라 한다.

2. 원가회계의 목적

원가회계는 경영자의 다양한 의사결정에 필요한 원가정보를 제공하고 재무제표 작성에 필요한 원가자료를 제공하는 등의 여러 목적을 갖고 있다.
① 재무제표작성에 필요한 원가자료의 제공
② 가격계산에 필요한 원가자료의 제공
③ 원가관리에 필요한 원가자료의 제공
④ 예산편성 및 예산통제에 필요한 원가자료의 제공
⑤ 경영의 기본계획설정에 필요한 원가정보의 제공

3. 원가의 개념 및 비용과의 관계

1 원가의 개념

원가란 재화나 용역을 얻기 위해서 희생된 자원 가치, 즉 경제적 효익의 희생을 화폐단위로 측정한 것을 의미한다. 즉, 원가는 제조기업이 재화나 용역을 생산하는데 사용한 모든 원재료, 생산설비 등의 소비액을 말한다.

2 원가회계와 관련된 기본개념

구 분	내 용
원가대상	원가를 따로 측정하고자 하는 활동이나 항목으로 원가 집적대상이라고도 한다.
원가집합	원가대상에 직접적으로 추적할 수 없는 간접원가들을 모아둔 것으로 여기에 집계된 원가는 둘 이상의 원가대상에 배분되어야 할 공통비이다.
원가배분	원가집합에 집계된 간접원가를 일정한 배부기준에 따라 원가대상에 배분한 과정을 말한다.

4. 원가의 분류

원가는 제조활동과의 관련성 유무에 따라서 제조원가와 기간원가로 나눌 수 있다. 제조활동에서 발생되는 원가를 제조원가라 하며 제품생산과 관련없이 발생되어 기간에 비용으로 처리되는 원가를 기간원가라 한다. 원가는 사용목적에 따라 아래와 같이 다양하게 분류할 수 있다.

1 발생형태에 따른 분류(원가의 3요소)

재료비	제품 생산을 위하여 소비된 원재료의 가치
노무비	제품 생산을 위하여 투입된 노동력의 대가
제조경비	제품 생산에 소비된 원가요소 중 재료비와 노무비를 제외한 원가

2 추적가능성에 따른 분류

직접원가(직접비)	특정원가대상에 직접적으로 추적할 수 있는 원가 예) 직접재료비(주요재료비, 부품비), 직접노무비(임금)
간접원가(간접비)	특정원가대상에 직접적으로 추적할 수 없는 원가 예) 간접재료비(보조재료비), 간접노무비(공장감독자 급여), 간접경비(전기사용료, 수도사용료 등)

3 원가행태에 따른 분류

원가행태란 조업도의 변화에 따른 원가발생의 변동상태를 지칭하는 말이다. 조업도란 기업의 생산설비의 이용정도를 나타내는 지표를 말하는 것으로 생산량, 작업시간, 기계시간 등을 사용한다.

(1) 변동원가(변동비)

조업도의 증감에 따라 변하는 원가, 즉 조업도가 증가하면 총원가는 비례하여 증가하지만 단위당원가는 일정하다.

예) 직접재료비, 직접노무비 등

(2) 고정원가(고정비)

조업도의 증감에 관계없이 관련범위 내에서 항상 일정하게 발생하는 원가, 즉 조업도가 증가하여도 총원가는 일정하지만 단위당원가는 체감한다.

예) 감가상각비, 공장임차료, 화재보험료, 재산세 등

―― 변동원가와 고정원가의 비교 ――

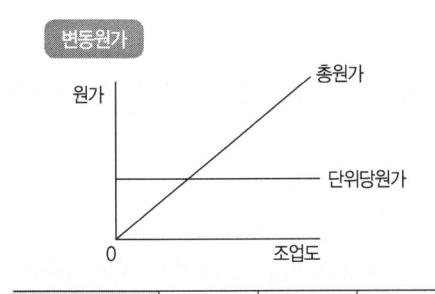
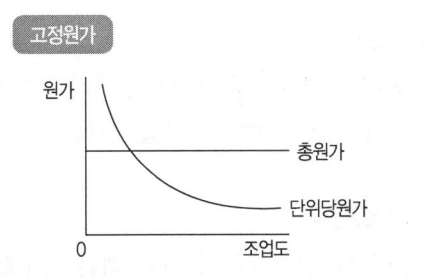

조업도(생산량)	100개	200개	300개
총원가(변동비)	5,000원	10,000원	15,000원
단위당원가	@₩50	@₩50	@₩50
조업도 증가에 총원가는 증가, 단위당원가는 일정			

조업도(생산량)	100개	200개	300개
총원가(고정비)	6,000원	6,000원	6,000원
단위당원가	@₩60	@₩30	@₩20
조업도 증가에 총원가는 일정, 단위당원가는 체감			

(3) 준변동원가(혼합원가)

조업도의 증감에 관계없이 발생하는 고정비와 조업도의 변화에 따라 일정비율로 변화하는 변동비의 두 가지 요소가 동시에 구성된 원가를 말한다.

> 예) 전력비, 전화요금, 가스요금 등

(4) 준고정원가(준고정비)

일정한 조업도 범위내에서는 고정비와 같이 일정한 원가이나 조업도가 일정수준이상 증가하면 원가총액이 증가한다.

> 예) 생산관리자의 급여, 생산량에 따른 설비자산의 구입가격, 임차료 등

―― 준변동원가와 준고정원가의 비교 ――

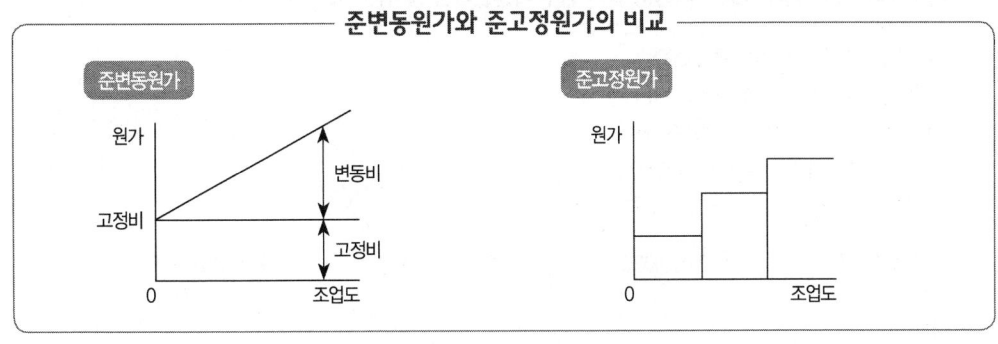

4 제조활동과의 관련성에 의한 분류

(1) 제조원가
제조원가란 제품을 제조하기 위하여 소비된 경제적가치의 소비액을 일컫는 것으로 직접재료비, 직접노무비, 제조간접비로 구분된다.

(2) 비제조원가
판매비와 관리비 등에서 발생하는 원가로 기업의 제조활동과 직접적인 관련이 없는 원가이다.

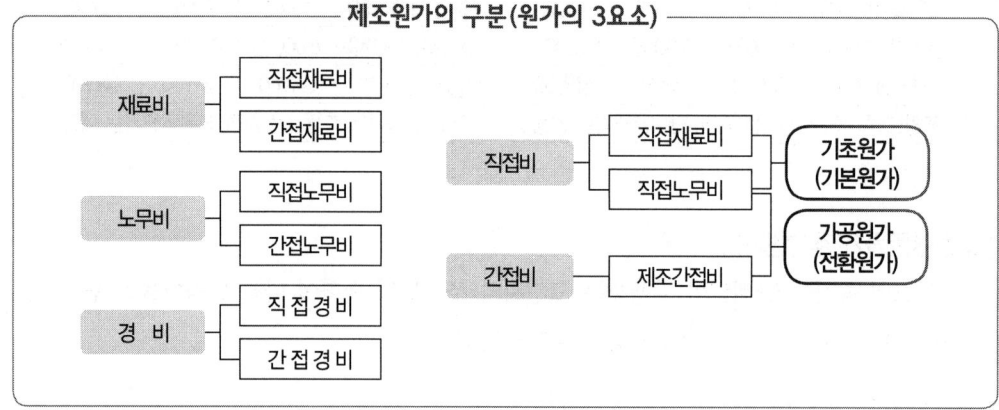

제조원가의 구분(원가의 3요소)

TIP
- 생산근로자의 식대 : 제조원가
- 판매근로자의 식대 : 비제조원가

예제

(주)배움의 제2기 원가 자료가 다음과 같을 경우 가공원가는 얼마인가?

- 직접재료원가 구입액 : 800,000원
- 직접재료원가 사용액 : 900,000원
- 직접노무원가 발생액 : 500,000원
- 변동제조간접원가 발생액 : 600,000원
  (변동제조간접원가는 총제조간접원가의 40%이다.)

① 2,000,000원　　② 2,400,000원　　③ 2,800,000원　　④ 2,900,000원

【해설】

정답 : ①

가공원가 = 직접노무비 + 제조간접원가
　　　　= 500,000원(직접노무비) + 600,000원/0.4(제조간접원가) = 2,000,000원

5 제조형태에 따른 분류

개별원가계산	여러 종류의 제품을 개별적으로 생산할 때 사용되는 원가계산 방법(소량주문생산)
종합원가계산	같은 종류의 제품을 연속적으로 대량 생산할 때 사용되는 원가계산 방법(대량생산)

6 경제적 효익의 소멸 여부에 따른 분류

미소멸원가	미래의 경제적 효익을 제공할 수 있는 원가 ⑩ 미사용된 원재료
소멸원가	미래의 경제적 효익을 제공할 수 없는 원가 ⑩ 소비된 원재료

7 통제가능성에 따른 분류

통제가능원가	특정한 경영자가 원가 발생액에 대하여 영향을 미칠 수 있는 원가 ⑩ 직접재료비, 직접노무비 등
통제불능원가	특정한 경영자가 원가 발생액에 대하여 영향을 미칠 수 없는 원가 ⑩ 감가상각비, 임차료 등

8 원가계산 범위에 따른 분류

전부원가계산	직접재료비, 직접노무비, 변동제조간접비(간접재료비, 간접노무비 등)와 고정제조간접비 (공장설비에 대한 감가상각비, 재산세 등)를 포함한 원가계산
직접(변동)원가계산	직접재료비, 직접노무비, 변동제조간접비는 제조원가에 포함시키고 고정제조간접비는 기간비용으로 처리하는 방법의 원가계산

 예제

원가에 대한 다음의 설명 중 틀린 것은?

① 원가의 추적가능성에 따라 통제가능원가와 통제불능원가로 분류된다.
② 조업도(제품생산량)가 증가함에 따라 단위당 변동비는 일정하고 단위당 고정비는 감소한다.
③ 직접노무비, 제조간접비는 모두 가공원가에 해당한다.
④ 제조원가는 직접재료원가, 직접노무원가, 제조간접원가를 말한다.

【해설】
정답 : ①
원가의 추적가능성에 따라 직접원가와 간접원가로 분류되며 ①은 통제가능성에 따른 분류이다.

9 의사결정과의 관련성에 따른 분류

(1) 관련원가와 비관련원가

관련원가란 여러 대안 사이에 차이가 나는 원가로서 의사결정에 직접적으로 관련되는 원가(미래원가이면서 차액원가)를 말하며, 비관련원가는 특정 의사결정과 관계없는 원가를 말한다.

(2) 매몰원가(역사적원가, 기발생원가)

매몰원가란 과거의 의사결정으로부터 이미 발생한 원가로서 현재 또는 미래에 어떤 의사결정을 하더라도 회수할 수 없는 원가를 말한다. 따라서 매몰원가는 의사결정을 할 때 어떤 대안을 선택하든지 회복할 수 없으므로 미래의 의사결정에 고려하지 않는 비관련원가이다.

(3) 기회원가(기회비용)

기회원가는 재화·용역 또는 생산설비를 현재의 용도 이외의 다른 용도로 사용했을 경우 여러 대안 중에 하나의 안을 선택함으로써 포기하게 된 다른 안으로부터 기대되는 포기된 가장 큰 금액(이익)을 말한다.

(4) 차액원가

대안 간에 차이가 발생하는 원가의 차이를 말하며 각 원가요소별로 계산할 수도 있고 총원가의 차이로 계산할 수도 있다.

(5) 회피가능원가와 회피불능원가

회피가능원가는 특정 대안을 선택함으로써 절감되거나 회피할 수 있는 원가(관련원가)를 말하며, 회피불능원가는 특정 대안의 선택여부에 관계없이 계속해서 발생하는 원가(비관련원가)로 의사결정에서 배제한다.

(6) 현금지출원가와 연기가능원가

현금지출원가는 특정 의사결정의 결과 현재 또는 가까운 장래에 현금지출을 필요로 하는 원가를 말하며, 연기가능원가는 단기적 경영능률에 영향을 미치지 않고 미래로 그 발생을 연기할 수 있는 원가로 수선유지비가 대표 예이다.

10 원가측정방법에 따른 분류

실제원가계산	제품의 생산이 완료된 후에 실제로 발생한 원가(사후원가, 역사적원가)
표준원가계산	과학적인 방법을 기초로 하여 미래에 발생되리라고 예상한 원가(사전원가)

기계장치의 매각을 수리 후 처분결정을 하였을 경우 기회원가와 매몰원가는 얼마인가?

- 취득원가 : 10,000원
- 바로 처분가액 : 1,000원
- 감가상각누계액 : 7,000원
- 수리(비용 500원) 후 처분가액 : 2,000원

【해설】

[수리 후 처분 선택]
- 기회원가 : 1,000원(수리 후 처분 시 현금유입액 : 2,000원 − 500원 = 1,500원)
- 매몰원가 : 10,000원 − 7,000원 = 3,000원

5. 원가의 구성

— 원가의 구성도 —

			이 익	
		판매비와관리비		
	제조간접비		판매원가 (총원가)	판매가격
직접재료비		제조원가		
직접노무비	직접원가			
직접제조경비				

① 직접원가 = 직접재료비 + 직접노무비 + 직접제조경비
② 제조원가 = 직접원가 + 제조간접비
③ 판매원가(총원가) = 제조원가 + 판매비와관리비
④ 판매가격 = 판매원가 + 이익

6. 원가계산의 절차

원가계산은 **원가요소별 → 부문별 → 제품별** 계산의 3단계로 한다.

원가요소별 계산	원가를 발생형태에 따라 재료비, 노무비, 경비의 원가요소로 분류하여 계산한다.
부문별 계산	요소별로 파악된 원가를 발생장소인 부문별로 집계하는 절차이다. ① 직접비 : 각각의 특정 제품에 직접 부과 ② 간접비 : 부문별로 집계
제품별 계산	직접비 부과액과 제조부문에서 제품에 배분한 금액을 제품별로 집계하여 최종단계의 원가를 계산한다.

실무이론

01. 다음 중에서 원가회계 목적과 관련이 가장 적은 것은?
① 재무제표의 작성에 유용한 원가정보를 제공한다.
② 원가통제에 대한 유용한 원가정보를 제공한다.
③ 경영자에게 경영의사결정에 유용한 원가정보를 제공한다.
④ 투자자에게 합리적인 의사결정에 관한 정보제공을 목적으로 한다.

02. 가공원가에 대한 설명 중 옳은 것은?
① 제조과정에서 발생하는 모든 원가
② 이미 발생하여 의사결정에 영향을 주지 못하는 원가
③ 직접노무비와 제조간접비의 합계
④ 미래에 발생할 것이 예상되는 원가

03. 원가에 대한 설명 중 가장 옳은 것은?
① 직접재료비는 기초원가와 가공원가 모두 해당된다.
② 매몰원가는 의사결정과정에 영향을 미치는 원가를 말한다.
③ 고정원가는 조업도와 상관없이 일정하게 증가하는 원가를 말한다.
④ 직접원가란 특정한 원가집적 대상에 추적할 수 있는 원가를 말한다.

04. 원가회계와 관련하여 다음 설명 중 가장 적절치 않은 것은 어느 것인가?
① 제품원가에 고정제조간접비를 포함하는지의 여부에 따라 전부원가계산과 종합원가계산으로 구분된다.
② 제품생산의 형태에 따라 개별원가계산과 종합원가계산으로 구분된다.
③ 원가는 제품과의 관련성(추적가능성)에 따라 직접비와 간접비로 구분된다.
④ 원가는 조업도의 증감에 따라 원가총액이 변동하는 변동비와 일정한 고정비로 분류할 수 있다.

05. 원가회계에 있어 고정비와 변동비에 대한 설명 중 옳은 것은?
① 고정비는 관련범위 내에서 조업도가 증가하면 증가한다.
② 변동비는 관련범위 내에서 조업도가 증가하면 일정하다.
③ 고정비는 관련범위 내에서 조업도가 증가하면 단위당 고정비가 감소한다.
④ 변동비는 관련범위 내에서 조업도가 증가하면 단위당 변동비가 증가한다.

06. 일반적으로 조업도가 증가할수록 발생원가 총액이 증가하고, 조업도가 감소할수록 발생원가 총액이 감소하는 원가형태에 해당되는 것은?

① 공장 기계장치에 대한 감가상각비 ② 공장 건물에 대한 재산세
③ 원재료 운반용 트럭에 대한 보험료 ④ 개별 제품에 대한 포장비용

07. 다음은 (주)배움전자의 공장전기요금고지서의 내용이다. 원가 행태상의 분류로 옳은 것은?

- 기본요금 : 1,000,000원 (사용량과 무관)
- 사용요금 : 3,120,000원 (사용량 : 48,000kw, kw당 65원)
- 전기요금합계 : 4,120,000원

① 고정원가 ② 준고정원가 ③ 변동원가 ④ 준변동원가

08. (주)배움은 기계장치 1대를 매월 100,000원에 임차하여 사용하고 있으며, 기계장치의 월 최대 생산량은 1,000단위이다. 당월 수주물량이 1,500단위여서 추가로 1대의 기계장치를 임차하기로 하였다. 이 기계장치에 대한 임차료의 원가행태는 무엇인가?

① 고정원가 ② 준고정원가 ③ 변동원가 ④ 준변동원가

09. 제조원가 중 원가행태가 다음과 같은 경우의 원가로서 가장 부적합한 것은?

조업도	100시간	500시간	1,000시간
총원가	5,000원	5,000원	5,000원

① 재산세 ② 전기요금
③ 정액법에 의한 감가상각비 ④ 임차료

10. 다음 중 제조원가로 분류할 수 없는 것은?

① 공장건물의 재산세 ② 제품에 대한 광고선전비
③ 공장기계의 감가상각비 ④ 공장근로자 회사부담분 국민연금

11. 제조원가에 관한 설명 중 가장 틀린 것은?

① 간접비는 제조 및 생산과정에서 발생하는 원가이지만 특정제품 또는 특정부문에 직접 추적할 수 없는 원가를 의미한다.
② 고정비는 조업도의 변동과 상관없이 관련범위 내에서는 일정하다.
③ 조업도의 증감에 따라 총원가가 증감하는 원가를 변동비라 하고 직접재료비와 직접노무비가 여기에 속한다.
④ 원가배분방법 중 용역의 수수관계를 완전히 고려하는 원가배분방법은 단계배분법이다.

12. 공장에서 사용하던 화물차(취득원가 3,500,000원, 처분시점까지 감가상각누계액 2,500,000원)가 고장이 나서 매각하려고 한다. 동 화물차에 대해 500,000원 수선비를 투입하여 처분하면 1,200,000원을 받을 수 있지만, 수선하지 않고 처분하면 600,000원을 받을 수 있다. 이 경우에 매몰원가는 얼마인가?

① 400,000원 ② 500,000원 ③ 1,000,000원 ④ 1,200,000원

13. 다음 중 기본원가(prime costs)를 구성하는 것으로 맞는 것은?
① 직접재료비 + 직접노무비
② 직접노무비 + 제조간접비
③ 직접재료비 + 직접노무비 + 제조간접비
④ 직접재료비 + 직접노무비 + 변동제조간접비

14. 다음 자료에서 기본원가(혹은 기초원가)와 가공비의 합은 얼마인가?

- 직접재료비 : 150,000원
- 직접노무비 : 320,000원
- 간접재료비 : 50,000원
- 간접노무비 : 80,000원
- 간접경비 : 30,000원
- 광고선전비 : 300,000원

① 630,000원 ② 760,000원 ③ 930,000원 ④ 950,000원

15. 다음 자료에서 기초원가와 가공비 양자 모두에 해당하는 금액은 얼마인가?

- 직 접 재 료 비 : 300,000원
- 직 접 노 무 비 : 400,000원
- 변동제조간접비 : 200,000원
- 고정제조간접비 : 150,000원

① 350,000원 ② 400,000원 ③ 450,000원 ④ 500,000원

16. 다음 중 일반적인 제조기업의 원가계산흐름을 바르게 설명한 것은?
① 부문별 원가계산 → 요소별 원가계산 → 제품별 원가계산
② 부문별 원가계산 → 제품별 원가계산 → 요소별 원가계산
③ 요소별 원가계산 → 부문별 원가계산 → 제품별 원가계산
④ 요소별 원가계산 → 제품별 원가계산 → 부문별 원가계산

◆해설◆

01. 투자자에게 합리적인 의사결정에 관한 정보제공은 재무회계의 의의에 관련된 내용이다.

02. ① 제조원가, ② 매몰원가, ④ 표준원가에 대한 설명이다.

03. ① 직접재료비는 기초원가에 해당된다.
② 매몰원가는 의사결정과정에 영향을 미치지 않는 원가를 말한다.
③ 고정원가는 일정 조업도내에서 일정하게 발생하는 원가를 말한다.

04. 제품원가에 고정제조간접비를 포함하는지의 여부에 따라 전부원가계산과 변동원가계산으로 구분된다.

05. ■ 고정비는 관련범위 내에서 원가총액이 일정하므로 조업도가 증가하면 단위당 고정비가 감소하게 된다.
■ 변동비는 관련범위 내에서 조업도가 증가하면 원가총액이 증가하므로 단위당 변동비는 일정하다.

06. 포장비용의 경우 변동비에 해당되며, ①, ②, ③은 고정비이다.

07. 고정원가와 변동원가가 혼합된 것으로 사용량과 무관하게 발생하는 기본요금과 사용량에 따라 비례적으로 발생하는 추가요금이 혼합된 준변동원가에 해당한다.

08. 준고정원가란 특정범위의 조업도구간(관련범위)에서는 원가발생이 변동없이 일정한 금액으로 고정되어 있으나, 조업도 수준이 그 관련범위를 벗어나면 일정액만큼 증가 또는 감소하는 원가로서 투입요소의 불가분성 때문에 계단형의 원가 행태를 지니므로 계단원가라고도 한다. 생산량에 따른 설비자산의 구입가격 또는 임차료, 생산감독자의 급여 등이 이에 해당한다.

09. 조업도가 변화하더라도 총원가가 일정한 경우는 고정비이며, 전기료의 경우 혼합원가(준변동비)에 해당한다.

10. 제품에 대한 광고선전비는 판매비와관리비로 분류한다.

11. 원가배분방법 중 용역의 수수관계를 완전히 고려하는 원가배분방법은 상호배분법이다.

12. 매몰원가는 과거에 발생한 원가로써 의사결정에 영향을 주지 않는 원가를 말한다. 따라서 화물차의 매몰원가는 취득원가에서 감가상각누계액을 차감한 장부금액 1,000,000원이 되는 것이다.

14. ■ 기본원가 = 직접재료비 + 직접노무비 = 150,000원 + 320,000원 = 470,000원
■ 가 공 비 = 직접노무비 + 제조간접비 = 320,000원 + 160,000원 = 480,000원

15. 직접노무비는 기초원가와 가공비 모두에 해당된다.

16. 제조기업의 원가계산흐름 : 요소별 원가계산 → 부문별 원가계산 → 제품별 원가계산

◆정답◆

01. ④ 02. ③ 03. ④ 04. ① 05. ③ 06. ④ 07. ④ 08. ② 09. ② 10. ②
11. ④ 12. ③ 13. ① 14. ④ 15. ② 16. ③

CHAPTER 02 제조업의 원가흐름

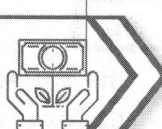

1. 제조기업의 원가계산 흐름

재료비, 노무비, 제조경비계정에서 월차손익계정까지 일련의 원가 관련 계정의 대체과정을 원가의 흐름이라 한다.

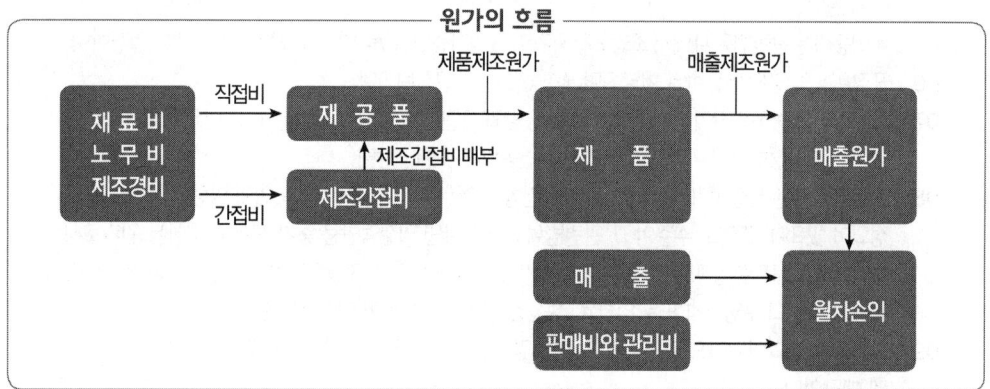

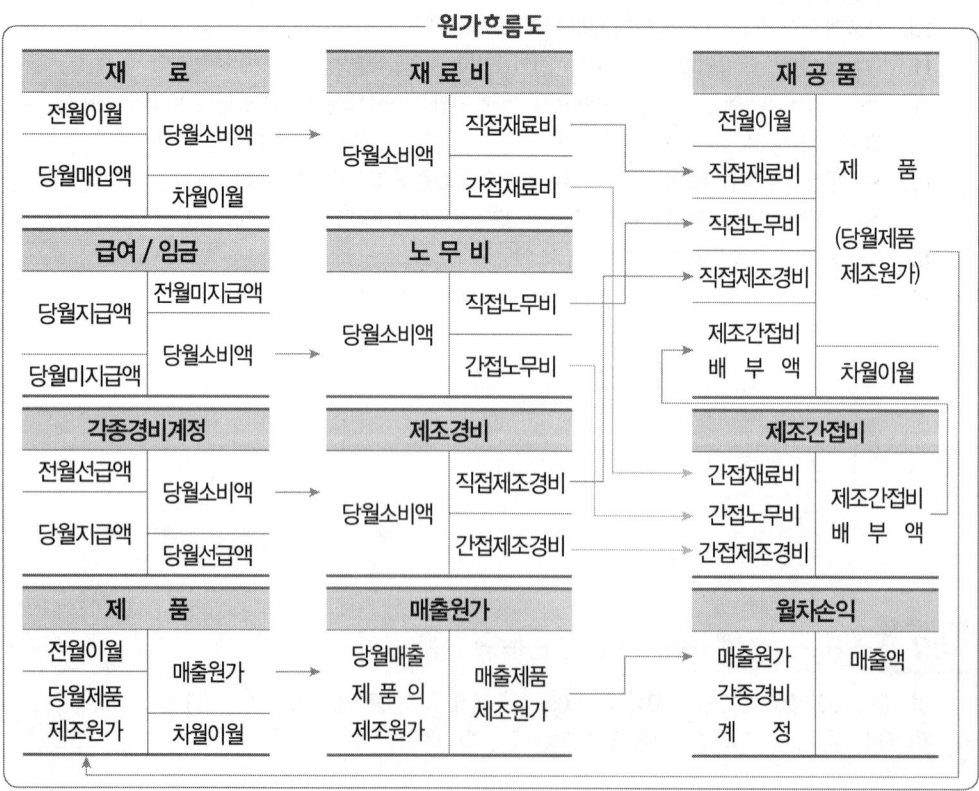

구 분	계산구조
직접원가	직접재료비 + 직접노무비 + 직접제조경비
제조간접비	간접재료비 + 간접노무비 + 간접제조경비
당월총제조원가	직접재료비 + 직접노무비 + 직접제조경비 + 제조간접비
당월완성품제조원가	월초재공품재고액 + 당월총제조원가 − 월말재공품재고액
매출원가	월초제품재고액 + 당월완성품제조원가 − 월말제품재고액

2. 재료비

제품의 제조를 위하여 소비된 재료의 가치를 의미한다.

1 재료비의 분류

(1) 제조활동의 사용형태에 따른 분류

구 분	내 용
주요재료비	제품의 주요부분을 구성하는 재료비 ⑩ 가구제조업의 목재, 기계제조업의 철판 등
보조재료비	제품의 제조과정에서 보조적으로 소비되는 재료비 ⑩ 가구제조의 페인트, 제과업의 포장재료, 기계제조업의 나사 등
부품비	별도의 가공과정을 거치지 않고 제품에 그대로 부착되어 그 제품의 구성부문이 되는 물품을 소비함으로써 발생하는 원가요소 ⑩ 기구제조업의 가구 장식품, 자동차제조업의 타이어 등
소모공구기구비품비	사용기간이 1년 이내인 소모성 공구와 기구 및 비품을 소비함으로써 발생하는 원가요소 ⑩ 망치, 스패너, 드라이버 등

(2) 제품과의 관련성에 따른 분류(추적가능성에 따른 분류)

구 분	내 용
직접재료비	특정 제품의 제조에만 소비된 재료비로 주요재료비와 부품비가 이에 해당한다.
간접재료비	둘 이상의 제품제조에 공통적으로 소비된 재료비로 보조재료비와 소모공구기구비품비가 이에 해당된다.

2 재료비소비액 계산

기초재료재고액 + 당월재료매입액 − 기말재료재고액 = 당월재료소비액

3 재료의 감모손실

재료의 기말재고수량을 조사한 결과 파손, 도난, 부패, 증발 등의 사유로 실제재고수량이 장부상의 재고수량보다 부족한 경우 그 차이를 재료감모손실이라 한다.

구 분	차 변		대 변	
재고감모손실 발생 시	재료감모손실	×××	재 료	×××
감모손실이 정상적일 때	제조간접비	×××	재료감모손실	×××
감모손실이 비정상적일 때	손익(영업외비용)	×××	제조간접비	×××

3. 노무비

제품의 제조를 위하여 노동력을 소비함으로써 발생한 원가요소를 말한다.

1 노무비의 분류

(1) 지급형태에 따른 분류

구 분	내 용
임 금	작업현장에서 직접 제조활동에 종사하는 생산직 근로자에게 지급하는 보수
급 료	생산현장이 아닌 사무직 종사자에게 지급하는 보수
잡 급	임시로 고용된 공장노무자에게 지급하는 보수
종업원제수당	비정기적으로 지급되는 보수로 상여금과 제수당

(2) 제품과의 관련성에 따른 분류(추적가능성에 따른 분류)

구 분	내 용
직접노무비	특정제품의 제조에만 작업하는 종업원에 대한 임금 예 작업현장에서 제품 제조에 직접종사하는 종업원의 임금
간접노무비	둘 이상의 제품의 제조에 공통으로 작업하는 종업원의 임금 예 수리공, 운반공 등과 같이 여러 제품생산에 노동력을 제공한 임금

2 노무비소비액 계산

$$당월지급액 + 전월선급액 + 당월미지급액 - 전월미지급액 - 당월선급액 = 당월노무비소비액$$

다음 자료에 의하여 당월의 노무비 지급액을 계산하시오.

- 당월 노무비 소비액 480,000원
- 전월말 노무비 미지급액 20,000원
- 당월말 노무비 미지급액 30,000원

【해설】
- 노무비 소비액 = 당월지급액 + 당월미지급액 - 전월미지급액
  480,000원 = 당월지급액 + 30,000원 - 20,000원
  ∴ 노무비지급액 470,000원

4. 제조경비

제품의 제조를 위하여 소비된 원가요소 중 재료비와 노무비를 제외한 원가요소를 말한다.

1 제조경비의 분류

(1) 발생형태에 따른 분류 및 제조경비 소비액 계산

구 분	내 용

월할경비	① 1년 또는 일정기간분을 총괄하여 일시에 지급되는 제조경비
	  ㉠ 임차료, 보험료, 감가상각비, 세금과공과, 특허권사용료 등
	② 월할제조경비는 일괄지급된 제조경비 중 월별할당액을 계산하여 이 금액을 소비액으로 계상한다.
	  당월소비액 = 발생금액 ÷ 해당개월 수

측정경비	① 계량기에 의하여 소비액을 측정하는 제조경비
	  ㉠ 전력비, 가스수도료 등
	② 측정경비 소비액
	  당월소비액 = 당월사용량 × 단위당가격

구 분	내 용
지급경비	① 매월의 소비액을 그 달에 지급하는 제조경비 　예) 수선비, 운반비, 외주가공비 등 ② 지급경비 소비액 　당월소비액 = 당월지급액 + (전월선급액 + 당월미지급액) − (당월선급액 + 전월미지급액) 　　　　　　　　　제조경비 　　전월 선급액　×××｜전월미지급액　××× 　　당월 지급액　×××｜당월 소비액　××× 　　당월미지급액　×××｜당월 선급액　×××
발생경비	현금의 지출없이 발생하는 제조경비 　예) 재료감모손실

수도광열비에 대한 자료가 다음과 같다. 당월의 수도광열비 소비액은 얼마인가?

- 당월지급액 : 5,000원
- 당월선급액 : 3,000원
- 전월미지급액 : 1,000원
- 당월미지급액 : 4,000원
- 전월선급액 : 2,000원

【해설】
- 당월소비액 = 당월지급액 + (전월선급액 + 당월미지급액) − (당월선급액 + 전월미지급액)
  = 5,000원 + (2,000원 + 4,000원) − (3,000원 + 1,000원) = 7,000원

(2) 제품과의 관련성에 따른 분류(추적가능성에 따른 분류)

구 분	내 용
직접제조경비	특정제품의 제조에만 직접 소비된 경비 　예) 특허권사용료, 외주가공비, 특정제품의 설계비 등
간접제조경비	여러 제품의 제조에 공통으로 소비된 경비로 대부분의 제조경비가 여기에 해당한다.

5. 재공품

재공품이란 생산과정 중에 있는 미완성품 재고자산을 말한다. 재공품계정은 제조원가의 흐름과 관련하여 중요한 계정으로 당기총제조원가가 재공품계정 차변에 투입되고 당기에 제품이 완성되면 당기제품제조원가인 제품으로 대체된다.

	재공품		
기초재공품	×××	당기제품제조원가 ×××	⇨ 재무상태표 제품계정 차변에 대체
직접재료비	×××		
직접노무비	×××		
제조간접비	×××	기말재공품 ×××	⇨ 재무상태표상의 재공품

1 당기총제조원가

당기총제조원가는 당기에 발생한 직접재료비, 직접노무비, 제조간접비의 합계액을 말한다.

> 당기총제조원가 = 직접재료비 + 직접노무비 + 제조간접비

2 당기제품제조원가

당기제품제조원가는 당기에 완성된 완성품의 원가로 기초재공품재고액에 당기총제조원가를 합계한 후 기말재공품재고액을 차감한 금액으로 한다.

> 당기제품제조원가 = 기초재공품재고액 + 당기총제조원가 − 기말재공품재고액

예제

다음의 자료로 당기총제조원가를 구하시오.

㉠ 당기에 직접재료를 5,000,000원에 구입하였다.
㉡ 당기에 발생한 직접노무원가는 3,500,000원이다.
㉢ 제조간접원가는 2,000,000원이 발생하였다.
㉣ 기초원재료재고는 500,000원이고 기말원재료재고는 2,000,000원이다.

【해설】
- 직접재료비 = 기초원재료재고 + 당기매입원재료 − 기말원재료재고
  = 500,000원 + 5,000,000원 − 2,000,000원 = 3,500,000원
- 당기총제조원가 = 직접재료원가 + 직접노무원가 + 제조간접원가
  = 3,500,000원 + 3,500,000원 + 2,000,000원 = 9,000,000원

6. 제품

제품이란 생산과정이 완료되고 판매를 위해 보유하고 있는 완성품을 말한다. 제품계정은 당기에 완성된 제품의 원가로 당기제품제조원가에 집계되어 제품계정 차변에 대체되고, 당기에 판매된 제품의 원가는 매출원가로 대체된다.

제 품				
기초제품	×××	제품매출원가	×××	⇨ 손익계산서 매출원가계정 차변에 대체
당기제품제조원가	×××	기말제품	×××	⇨ 재무상태표상의 제품

1 매출원가

매출원가는 당기에 판매한 제품의 원가로 기초제품재고액에 당기제품제조원가를 합계한 후 기말제품제고액을 차감한 금액으로 한다.

> 제품매출원가 = 기초제품재고액 + 당기제품제조원가 − 기말제품재고액

7. 제조원가의 회계처리

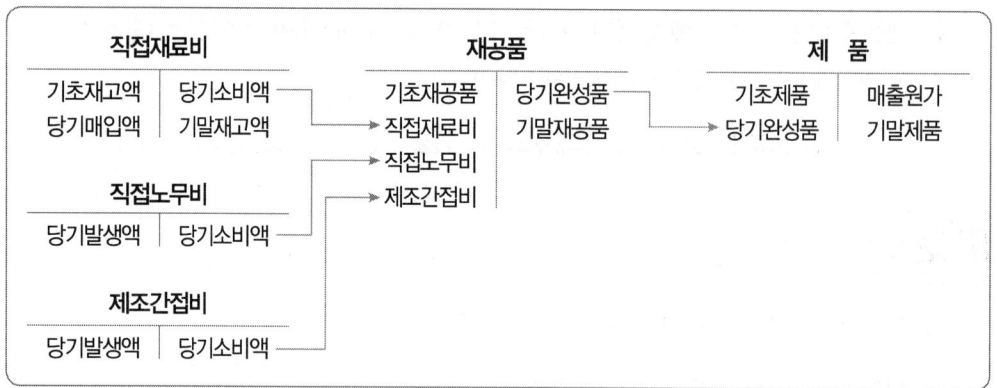

구 분	차 변		대 변	
원재료 등을 현금으로 구입한 경우	원재료 등	×××	현 금	×××
임금 등을 현금으로 지급한 경우	임 금 등	×××	현 금	×××
각종 제조경비를 현금으로 지급한 경우	각종경비	×××	현 금	×××
원재료를 작업 현장에 출고한 경우	재 료 비	×××	원 재 료	×××
재료비 소비액	재 공 품	×××	재 료 비	×××

구 분		차 변		대 변	
임금(노무비) 소비액		재 공 품	×××	임 금	×××
각종 제조경비 소비액		재 공 품	×××	각종경비	×××
완성품원가를 제품계정에 대체		제 품	×××	재 공 품	×××
제품을 외상으로 매출한 경우	원가대체	제품매출원가	×××	제 품	×××
	매가대체	외상매출금	×××	제품매출	×××
외상대금을 현금으로 회수한 경우		현 금	×××	외상매출금	×××

(주)배움의 당기총제조원가, 당기제품제조원가 및 제품매출원가를 계산하시오.

[당해 원가자료]
- 원재료매입액 400,000원
- 직접노무비 800,000원
- 제조간접비 700,000원

구 분	기초재고	기말재고
원재료	140,000원	150,000원
재공품	150,000원	200,000원
제 품	250,000원	350,000원

【해설】

```
            원재료                                     재공품
기초   140,000  소비    390,000      기초      150,000  제품제조원가  1,840,000
매입   400,000  기말    150,000      직접재료비 390,000  기말           200,000
       540,000          540,000      직접노무비 800,000
                                     제조간접비 700,000
                                              2,040,000              2,040,000

              제 품
기초         250,000  제품매출원가  1,740,000
제품제조원가 1,840,000  기말           350,000
            2,090,000              2,090,000
```

① 당기총제조원가 = 직접원가 + 제조간접비
   = 390,000원 + 800,000원 + 700,000원 = 1,890,000원
② 당기제품제조원가 = 기초재공품재고액 + 당기총제조원가 − 기말재공품재고액
   = 150,000원 + 1,890,000원 − 200,000원 = 1,840,000원
③ 제품매출원가 = 기초제품재고액 + 당기제품제조원가 − 기말제품재고액
   = 250,000원 + 1,840,000원 − 350,000원 = 1,740,000원

8. 제조원가명세서

당기에 제품제조를 위하여 제조공정에 투입된 생산요소와 재공품계정의 증감을 일목요연하게 보여주는 손익계산서의 부속명세서이다.

제조원가명세서

(주)배움　　2025년 1월 1일부터 2025년 12월 31일까지　　(단위 : 원)

과　목	금　액	
재　　　료　　　비		390,000
1.기초원재료재고액	140,000	
2.당기원재료매입액	400,000	
3.기말원재료재고액	(150,000)	
노　　　무　　　비		800,000
제　조　간　접　비		700,000
1.감　가　상　각　비	400,000	
2.전　　력　　비	200,000	
3.수　선　유　지　비	100,000	
당 기 총 제 조 비 용		1,890,000
기 초 재 공 품 재 고 액		150,000
합　　　　　계		2,040,000
기 말 재 공 품 재 고 액		(200,000)
당 기 제 품 제 조 원 가		1,840,000

손 익 계 산 서

(주)배움　　2025년 1월 1일부터 2025년 12월 31일까지　　(단위 : 원)

과　목	금　액	
매　　　출　　　액		×××
매　　출　　원　　가		1,740,000
기 초 제 품 재 고 액	250,000	
당 기 제 품 제 조 원 가	1,840,000	
기 말 제 품 재 고 액	(350,000)	
매　출　총　이　익		×××
판　매　관　리　비		×××
영　업　이　익		×××
⋮		⋮

다음 중 제조원가명세서를 작성하기 위하여 필요하지 않은 것은?
① 당기 직접노무원가 발생액　② 당기 기말제품 재고액　③ 당기 직접재료 구입액　④ 당기 직접재료 사용액

【해설】
정답 : ②
당기 기말제품재고액은 손익계산서에서 매출원가를 산출하는데 필요한 자료이므로 제조원가명세서와는 상관없는 자료이다.

실무이론

01. 제조부문에서 발생하는 노무비에 대한 설명으로 옳지 않은 것은?

① 직접비와 간접비로 나뉜다.
② 직접노무비는 기초원가와 가공원가 모두에 해당한다.
③ 간접노무비는 제조간접비에 반영된다.
④ 발생된 노무비 중 미지급된 노무비는 원가에 반영되지 않는다.

02. 다음 자료에 의하여 당월의 노무비 지급액은?

- 당월 노무비 발생액 : 500,000원
- 전월말 노무비 미지급액 : 20,000원
- 당월말 노무비 미지급액 : 60,000원

① 540,000원   ② 520,000원   ③ 460,000원   ④ 440,000원

03. 제조공장에서의 전력비에 대한 자료가 다음과 같을 경우 4월에 발생한 전력비 금액은 얼마인가?

- 4월 지급액 : 1,300,000원
- 4월 선급액 : 230,000원
- 4월 미지급액 : 360,000원

① 710,000원   ② 1,170,000원   ③ 1,430,000원   ④ 1,890,000원

04. 다음 자료에 의하여 당기총제조원가를 구하시오.

- 기본원가 570,000원
- 가공원가 520,000원
- 제조간접비 200,000원

① 770,000원   ② 1,070,000원   ③ 720,000원   ④ 1,270,000원

05. 다음 중 원가집계 계정의 흐름으로 가장 옳은 것은?

① 매출원가 → 재공품 → 재료비 → 제품
② 재료비 → 매출원가 → 재공품 → 제품
③ 재료비 → 재공품 → 제품 → 매출원가
④ 매출원가 → 재료비 → 재공품 → 제품

06. 다음 중 제조원가명세서에 대한 설명 중 틀린 것은?

① 제조원가명세서를 통해 당기원재료매입액을 파악할 수 있다.
② 제조원가명세서를 통해 당기총제조비용을 파악할 수 있다.
③ 제조원가명세서를 통해 당기매출원가를 파악할 수 있다.
④ 제조원가명세서를 통해 기말재공품원가를 파악할 수 있다.

07. 다음 중 제조원가명세서에 포함되지 않는 항목은?
① 당기제조경비　　　　　　　② 당기제품제조원가
③ 매출원가　　　　　　　　　④ 당기총제조원가

08. 다음 중 원가집계계정의 흐름으로 가장 맞는 것은?
① 당기총제조비용은 제품계정 차변으로 대체
② 당기제품제조원가는 재공품계정 차변으로 대체
③ 당기매출원가는 상품매출원가계정 차변으로 대체
④ 당기재료비소비액은 재료비계정 차변으로 대체

09. 다음 중 재공품계정의 대변에 기입되는 사항은?
① 제조간접비 배부액　　　　　② 직접재료비 소비액
③ 당기 제품제조원가　　　　　④ 재공품 전기이월액

10. 기말재공품액이 기초재공품액 보다 더 큰 경우 다음 중 맞는 설명은?
① 기초재공품액에 당기총제조원가를 더한 금액이 당기제품제조원가가 된다.
② 당기총제조원가가 당기제품제조원가보다 작다.
③ 당기제품제조원가가 제품매출원가보다 반드시 더 크다.
④ 당기제품제조원가가 당기총제조원가보다 작다.

11. 원가자료가 다음과 같을 때 당기의 직접재료비를 계산하면 얼마인가?

- 당기총제조원가는 5,204,000원이다.
- 제조간접비는 직접노무비의 75%이다.
- 제조간접비는 당기총제조원가의 24%이다.

① 2,009,600원　　② 2,289,760원　　③ 2,825,360원　　④ 3,955,040원

12. 원가자료가 다음과 같을 때 당기의 직접노무비를 계산하면 얼마인가?

- 기초원재료 : 100,000원　　• 당기매입원재료 : 600,000원　　• 기말원재료 : 200,000원
- 제조간접비 : 1,500,000원　　• 기초재공품 : 1,000,000원　　• 기말재공품 : 500,000원
- 당기제품제조원가 : 4,000,000원

① 500,000원　　② 1,000,000원　　③ 1,500,000원　　④ 2,000,000원

13. 다음의 자료에 의하여 매출원가를 계산하면 얼마인가?

- 제조지시서 #1 : 제조원가 52,000원
- 제조지시서 #2 : 제조원가 70,000원
- 제조지시서 #3 : 제조원가 50,000원
- 월초제품고액 : 50,000원
- 월말제품재고액 : 40,000원 단, 제조지시서 #3은 미완성품이다.

① 182,000원   ② 122,000원   ③ 132,000원   ④ 172,000원

14. 당기제품제조원가는 850,000원이다. 다음 주어진 자료에 의하여 기말재공품원가를 계산하면 얼마인가?

- 직접재료비 : 200,000원
- 직접노무비 : 300,000원
- 변동제조간접비 : 300,000원
- 고정제조간접비 : 100,000원
- 기초재공품 : 250,000원
- 기말재공품 : ?
- 기초제품 : 500,000원
- 기말제품 : 400,000원

① 300,000원   ② 350,000원   ③ 400,000원   ④ 450,000원

15. 다음 자료에 의하여 당기제품매출원가를 계산하면 얼마인가?

- 기초재공품재고액 : 300,000원
- 당기총제조비용 : 1,000,000원
- 기말재공품재고액 : 400,000원
- 기초제품재고액 : 200,000원
- 기말제품재고액 : 300,000원
- 판매가능재고액 : 1,100,000원

① 1,000,000원   ② 900,000원   ③ 800,000원   ④ 700,000원

16. 기말재공품은 기초재공품에 비해 500,000원 증가하였으며, 제조과정에서 직접재료비가 차지하는 비율은 60%이다. 당기제품제조원가가 1,500,000원이라면, 당기총제조원가에 투입한 가공원가는 얼마인가?

① 200,000원   ② 400,000원   ③ 600,000원   ④ 800,000원

17. 다음은 제조기업의 원가계산과 관련된 산식이다. 틀린 것은?

① 당기총제조원가 = 직접재료비(+)직접노무비(+)제조간접비
② 직접재료비 = 기초원재료재고액(+)당기원재료매입액(−)기말원재료재고액
③ 당기제품제조원가 = 기초공품재고액(+)당기총제조원가(−)기말재공품재고액
④ 매출원가 = 기초제품재고액(+)당기제품제조원가(+)기말제품재고액

18. 다음 자료를 이용하여 당기제품제조원가를 구하면 얼마인가?

- 기초원재료재고 : 80,000원
- 기말원재료재고 : 40,000원
- 당기원재료매입 : 200,000원
- 직접노무비 : 300,000원
- 제조간접비 : 200,000원
- 기초재공품재고 : 100,000원
- 기말재공품재고 : 140,000원
- 기초제품재고 : 60,000원

① 340,000원   ② 660,000원   ③ 700,000원   ④ 740,000원

해설

01. 발생된 노무비라면 미지급되었더라도 원가에 포함한다.
02. 노무비 지급액 = 500,000원 + 20,000원 − 60,000원 = 460,000원
03. 전력비 = 1,300,000원 − 230,000원 + 360,000원 = 1,430,000원
04. ■ 가공원가는 직접노무비와 제조간접비의 합이므로 직접노무비는 320,000원
   ■ 기본원가는 직접재료비와 직접노무비의 합이므로 직접재료비는 250,000원
     또는 당기총제조원가는 기본원가와 제조간접비의 합(770,000원)이다.
06. 당기매출원가는 손익계산서에서 파악할 수 있다.
07. 제조원가명세서에 매출원가는 포함되지 않으며, 손익계산서에 표시된다.
08. ① 당기총제조비용은 재공품계정 차변으로 대체
    ② 당기제품제조원가는 제품계정 차변으로 대체
    ③ 당기매출원가는 제품매출원가계정 차변으로 대체
09. 당기 제품제조원가와 재공품 차기이월액은 대변에 기입되며, ①, ②, ③은 차변에 기입된다.
10. 기말재공품액 − 기초재공품액 = 당기총제조원가 − 당기제품제조원가
     따라서, 기말재공품액 > 기초재공품액 = 당기총제조원가 > 당기제품제조원가
11. ■ 제조간접비 = 5,204,000원 × 24% = 1,248,960원
   ■ 직접노무비 = 1,248,960원 ÷ 75% = 1,665,280원
   ■ 직접재료비 = 5,204,000원 − 1,248,960원 − 1,665,280원 = 2,289,760원
12. ■ 원재료비(500,000원) = 100,000원 + 600,000원 − 200,000원
   ■ 당기총제조비용(3,500,000원) = 4,000,000원 − 1,000,000원 + 500,000원
   ■ 직접노무비(1,500,000원) = 3,500,000원 − 500,000원 − 1,500,000원
13. 제조지시서 #3은 미완성품이므로 재공품계정의 기말재고액에 해당한다.
    제품계정 : 월초제품재고액 + 당월완성품제조원가 = 매출원가 + 월말제품재고액
         50,000원 + 52,000원 + 70,000원 = 매출원가(132,000원) + 40,000원
14. 당기제품제조원가(850,000원)
   = 직접재료비 + 직접노무비 + 변동제조간접비 + 고정제조간접비 + 기초재공품 − 기말재공품
   = 200,000원 + 300,000원 + 300,000원 + 100,000원 + 250,000원 − 기말재공품(?)
    따라서 기말재공품원가는 300,000원이 된다.
15. ■ 당기제품제조원가 = 기초재공품재고액 + 당기총제조비용 − 기말재공품재고액
            = 300,000원 + 1,000,000원 − 400,000원 = 900,000원
   ■ 당기제품매출원가 = 기초제품재고액 + 당기제품제조원가 − 기말제품재고액
            = 200,000원 + 900,000원 − 300,000원 = 800,000원
   ■ 판매가능재고액 = 기초제품재고액 + 당기제품제조원가
            = 200,000원 + 900,000원 = 1,100,000원
16. ■ 당기제품제조원가 = 당기총제조원가 + 기초재공품 − 기말재공품
   ■ 당기총제조원가(2,000,000원)
     = 당기제품제조원가(1,500,000원) − 기초재공품(0원) + 기말재공품(500,000원)
   ■ 가공원가(800,000원) = 당기총제조원가(2,000,000원) × 가공원가 비율(40%)
17. 매출원가 = 기초제품재고액(+)당기제품제조원가(−)기말제품재고액

18.
- 원재료사용액 = 80,000원 + 200,000원 − 40,000원 = 240,000원
- 당기총제조원가 = 직접재료비 사용액 + 직접노무비발생액 + 제조간접비 발생액
   = 240,000원 + 300,000원 + 200,000원 = 740,000원
- 당기제품제조원가 = 기초재공품재고액 + 당기총제조원가 − 기말재공품재고액
   = 100,000원 + 740,000원 − 140,000 = 700,000원

정답

| 01. ④ | 02. ③ | 03. ③ | 04. ① | 05. ③ | 06. ③ | 07. ③ | 08. ④ | 09. ③ | 10. ④ |
| 11. ② | 12. ③ | 13. ③ | 14. ① | 15. ③ | 16. ④ | 17. ④ | 18. ③ | | |

CHAPTER 03 원가의 배분

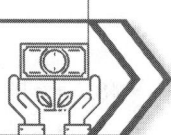

1. 원가배분

1 원가배분의 의의

원가배분이란 일정한 배부기준에 따라 공통비를 각 원가대상(원가집적대상)에 대응시키는 과정을 말한다. 원가대상(원가집적대상)이란 원가가 개별적으로 집적되는 활동이나 조직의 하부단위 등을 말한다. 즉, 원가를 부과할 수 있는 단위이면 그것이 제품이든 부문이든 모두 원가대상이 될 수 있다.

2 원가배분의 목적

경영자의 의사결정에 필요한 정보를 제공하기 위한 것이며, 아래와 같은 사항이다.
① 최적의 자원배분을 위한 경제적 의사결정
② 경영자와 종업원의 동기부여 및 성과평가
③ 외부보고를 위한 재고자산 및 이익의 측정
④ 제품가격결정 및 제품선택 의사결정

3 원가배분(원가배부)기준

구 분	내 용
인과관계기준	원가배분대상과 배분대상 원가간의 인과관계를 통하여 특정원가를 원가배분대상에 대응시키는 가장 이상적인 배분기준이며 공통원가의 발생원인에 근거하여 배분한다.
부담능력기준	원가배분대상인 제품이나 부문의 부담 능력을 기준으로 원가를 배분하는 방법이다. 즉, 보다 많은 수익을 올리는 원가배분대상이 공통비를 보다 더 부담할 능력을 지닌다는 가정하에 원가를 배분하는 방법이다.
수혜기준	원가배분대상이 공통비로부터 제공받는 경제적 효익의 정도에 비례하여 원가를 배분하는 기준으로 수익자부담원칙에 입각한 배분기준이다. 물량기준법에 의한 결합원가의 배분방법이 수혜기준에 의한 대표적인 예이다.
공정성과 공평성기준	배분기준의 포괄적인 원칙으로 공통원가를 원가배분대상에 배분하는 배분기준은 공정성과 공평성을 가져야 한다는 것이다.

2. 제조간접비 배부

1 제조간접비의 의의

간접재료비, 간접노무비, 간접제조경비 등과 같이 두 종류 이상의 제품을 제조하기 위하여 공통적으로 발생하는 원가요소를 말하며 각 제품에 직접 부과할 수 없는 원가이다. 따라서 제조간접비는 월 말에 전체발생액을 집계하고, 적당한 배부기준에 의하여 각 제품에 배부한다.

2 제조간접비의 배부방법

(1) 실제배부법(⇨ 실제개별원가계산)

실제배부법은 원가계산말에 실제로 발생한 제조간접비를 일정한 배부기준에 의해 각 제품에 배부하는 방법이다.

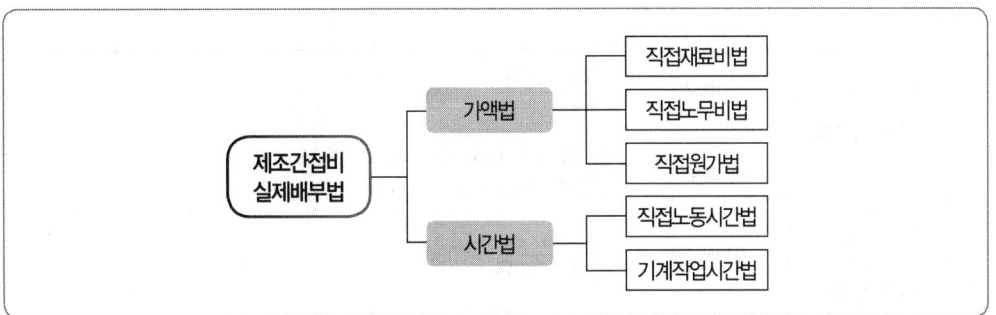

① 가액법

배부방법	실제배부율	제조간접비 배부액
직접재료비법	$\dfrac{\text{제조간접비 총액}}{\text{직접재료비 총액}}$	실제배부율 × 제품별 직접재료비
직접노무비법	$\dfrac{\text{제조간접비 총액}}{\text{직접노무비 총액}}$	실제배부율 × 제품별 직접노무비
직접원가법	$\dfrac{\text{제조간접비 총액}}{\text{직접원가 총액}}$	실제배부율 × 제품별 직접원가

② 시간법

제조간접비의 배부기준을 개별 제품의 제조에 투입된 직접노동시간이나 기계작업시간을 사용한다.

배부방법	실제배부율	제조간접비 배부액
직접노동시간법	$\dfrac{\text{제조간접비 총액}}{\text{총직접노동시간}}$	실제배부율 × 제품별 직접노동시간
기계작업시간법	$\dfrac{\text{제조간접비 총액}}{\text{총기계운전시간}}$	실제배부율 × 제품별 기계운전시간

다음 (주)배움의 5월분 원가자료에 의하여 직접재료비법, 직접노무비법, 직접원가법으로 배부율과 제조간접비 배부액을 계산하시오.

- 당월의 제조간접비 총액 700,000원
- 직접제조경비는 없다.

구 분	갑제품	을제품	합 계
직접재료비	2,000,000원	3,000,000원	5,000,000원
직접노무비	4,000,000원	1,000,000원	5,000,000원
제조간접비			700,000원

【해설】

직접재료비법	① 배부율	$\dfrac{700,000원}{5,000,000원} = 0.14$
	② 배부액	갑제품 : 2,000,000원 × 0.14 = 280,000원 을제품 : 3,000,000원 × 0.14 = 420,000원
직접노무비법	① 배부율	$\dfrac{700,000원}{5,000,000원} = 0.14$
	② 배부액	갑제품 : 4,000,000원 × 0.14 = 560,000원 을제품 : 1,000,000원 × 0.14 = 140,000원
직접원가법	① 배부율	$\dfrac{700,000원}{10,000,000원} = 0.07$
	② 배부액	갑제품 : 6,000,000원 × 0.07 = 420,000원 을제품 : 4,000,000원 × 0.07 = 280,000원

[제조간접비의 배부방법]
1단계 : 배부율을 구한다.
2단계 : 배부액을 구한다.

[예정원가계산의 필요성]
직접재료비나 직접노무비는 소비와 동시에 계산이 가능하지만 제조간접비의 배부계산은 원가계산이 기말에 이루어지게 된다. 그러한 이유 때문에 제품의 제조원가계산을 신속히 하기 위해서는 제조간접비의 예정배부가 필요하게 된다.

(2) 예정배부법(⇨ 정상개별원가계산)

예정배부법이란 연초에 미리 제조간접원가 예정배부율을 산정한 다음 제품의 완성시에 이 예정배부율을 사용하여 각각 제품에 배부할 제조간접원가 배부액을 결정하는 방법이다. 계절별로 제품의 생산량에 큰 차이를 보이는 냉·난방기, 청량음료 등의 제품을 제조하는 기업에서는 제조간접비의 실제배부법 보다는 예정배부법을 사용하여야 한다.

① 제조간접비 예정배부

- 제조간접비 예정배부율 = $\dfrac{\text{예정제조간접비 총액}}{\text{예정배부기준의 총계}}$
- 제조간접비 예정배부액 = 예정배부율 × 제품별 실제배부기준

직접작업시간법으로 계산한 제조지시서 #101의 제조간접비 예정배부액을 계산하시오.

- 연간 예정제조간접비 총액 : 100,000원
- 연간 예정직접작업시간 : 1,000시간
- 제조지시서별 실제작업시간 : #101 – 500시간, #201 – 300시간

【해설】
- 예정배부율 : 100,000원 ÷ 1,000시간 = 100원/직접작업시간당
- 예정배부액 : 100원 × 500시간 = 50,000원

② 제조간접비의 배부차이

정상개별원가계산은 제조간접비 예정배부율을 이용하여 제조간접비를 계산하나 외부보고 재무제표에는 실제발생액으로 제조간접비를 반영하므로 제조간접비 실제발생액과 예정배부액과의 차이를 조정해야 한다.

제조간접비 배부차이 = 실제발생액 – 예정배부액

발생한 제조간접비 배부차이를 조정하는 방법에는 비례배분법, 매출원가조정법, 영업외손익 등이 있다.

㉠ 비례배분법 : 제조간접비 배부차이를 기말재공품, 기말제품, 매출원가의 상대적 비율에 비례하여 배분하는 방법이다.
㉡ 매출원가 조정법 : 제조간접비 배부차이를 매출원가에 가감하는 방법이다.
㉢ 영업외손익법 : 제조간접비 배부차이를 영업외손익으로 처리하는 방법이다.

 **예제**

(주)배움의 제조간접비 예정배부율은 작업시간당 10,000원이다. 작업시간이 800시간이고, 제조간접비 배부차이가 1,000,000원 과대배부라면, 실제 제조간접비 발생액으로 맞는 것은?

① 6,000,000원 ② 7,000,000원 ③ 8,000,000원 ④ 9,000,000원

【해설】

정답 : ②

- 제조간접비 배부차이 = 실제발생액 − 예정배부액
  1,000,000원(과대) = ? − (10,000원 × 800시간) = 7,000,000원

3 제조간접비 회계처리

(1) 실제 제조간접비의 배부

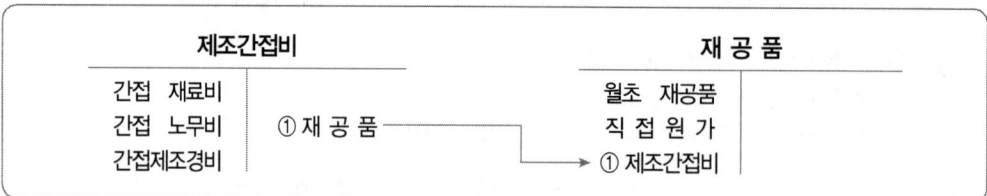

구 분	차 변		대 변	
① 제조간접비의 배부	재 공 품	×××	제조간접비	×××

(2) 제조간접비의 예정배부

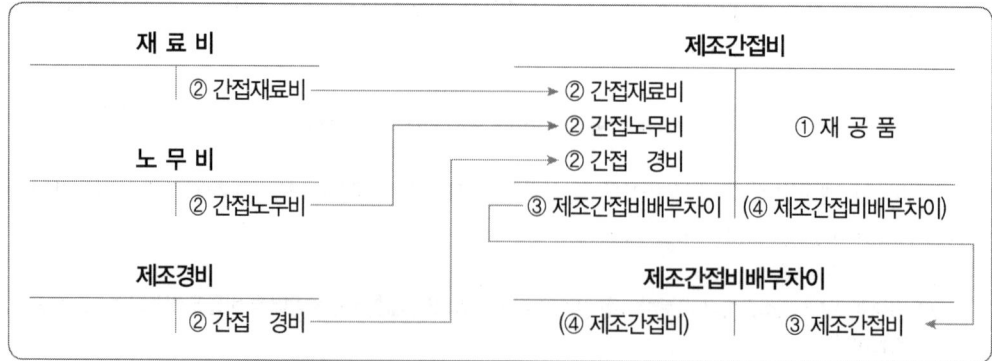

구 분	차 변		대 변	
① 제조간접비의 예정배부	재 공 품	×××	제조간접비	×××
② 제조간접비의 실제발생액	제조간접비	×××	재 료 비 노 무 비 제조경비	××× ××× ×××
③ 제조간접비차이(과대배부)	제조간접비	×××	제조간접비배부차이	×××
④ 제조간접비차이(과소배부)	제조간접비배부차이	×××	제조간접비	×××

(3) 제조간접비 배부차이 처리(매출원가법)

① 제조간접비 과대배부 : 실제발생액(70원) < 예정배부액(100원)

```
          제조간접비                      제조간접비배부차이
   실제발생액(70원)  │                ② 매출원가(30원) │ ① 제조간접비(30원)
   ─────────────  │ 예정배부액(100원)
   ① 제조간접비배부차이(30원) │
```

구 분	과대배부(실제발생액 < 예정배부액)	
	차 변	대 변
① 배부차이 발생	제조간접비 30원	제조간접비배부차이 30원
② 매출원가에 대체	제조간접비배부차이 30원	매출원가 30원

② 제조간접비 과소배부 : 실제발생액(150원) > 예정배부액(100원)

```
          제조간접비                      제조간접비배부차이
                  │ 예정배부액(100원)   ① 제조간접비(50원) │ ② 매출원가(50원)
   실제발생액(150원) ├──────────────
                  │ ① 제조간접비배부차이(50원)
```

구 분	과소배부(실제발생액 > 예정배부액)	
	차 변	대 변
① 배부차이 발생	제조간접비배부차이 50원	제조간접비 50원
② 매출원가에 대체	매출원가 50원	제조간접비배부차이 50원

실무이론

01. 제조간접비에 대한 다음 설명 중 맞는 것은?
① 가공비가 된다.
② 모든 노무비를 포함한다.
③ 변동비만 포함된다.
④ 고정비만 포함된다.

02. 개별원가계산시 실제제조간접비 배부율 및 배부액과 예정제조간접비 배부율 및 배부액을 산정하는 산식 중 올바르지 않은 것은?
① 실제제조간접비배부율 = 실제제조간접비 합계액/실제조업도(실제 배부기준)
② 예정제조간접비배부율 = 예정제조간접비 합계액/예정조업도(예정 배부기준)
③ 실제제조간접비배부액 = 개별제품등의 실제조업도(실제 배분기준) × 제조간접비 실제 배부율
④ 예정제조간접비배부액 = 개별제품등의 예정조업도(예정 배분기준) × 제조간접비 예정 배부율

03. (주)대한산업은 직접노무비를 기준으로 제조간접비를 배부한다. 다음 자료에 의하여 갑제품에 배부되어야 할 제조간접비를 계산하면 얼마인가?

- 제조간접비 총액   700,000원
- 직접노무비 총액   500,000원
- 갑제품 직접노무비 300,000원
- 을제품 직접노무비 200,000원

① 300,000원 ② 420,000원 ③ 500,000원 ④ 700,000원

04. (주)알파항공기의 작업내용이다. 항공기 제작과 관련하여 5월 중에 발생한 원가자료는 다음과 같다. B항공기의 당기총제조원가는 얼마인가?

	A항공기	B항공기	C항공기	합계
직접재료비	30,000원	30,000원	40,000원	100,000원
직접노무비	60,000원	40,000원	100,000원	200,000원

※ 5월 중에 제조간접비 발생액은 160,000원이다. 회사는 직접노무비를 기준으로 제조간접비를 배부한다.

① 100,000원 ② 102,000원 ③ 110,000원 ④ 122,000원

05. 다음 자료에 의하여 제조간접비를 계산하면 얼마인가?

- 당기총제조원가 : 600,000원
- 직접비(기본원가) : 300,000원
- 가공원가 : 500,000원

① 100,000원 ② 200,000원 ③ 300,000원 ④ 400,000원

06. 개별원가계산을 하고 있는 세원제약의 4월의 제조지시서와 원가자료는 다음과 같다.

	제조지시서	
	#101	#102
생 산 량	1,000단위	1,000단위
직접노동시간	600시간	600시간
직접재료비	1,350,000원	1,110,000원
직접노무비	2,880,000원	2,460,000원

4월의 실제 제조간접비 총액은 4,000,000원이고, 제조간접비는 직접노동시간당 2,700원의 배부율로 예정배부되며, 제조지시서 #101은 4월 중 완성되었고, #102는 미완성상태이다. 4월말 생산된 제품의 단위당 원가는 얼마인가?

① 5,900원　② 5,850원　③ 5,520원　④ 5,190원

07. 제조간접비 예정배부율은 직접노동시간당 90원이고, 직접노동시간이 43,000시간 발생했을때 제조간접비 배부차이가 150,000원 과소배부인 경우 제조간접비 실제발생액은 얼마인가?

① 3,720,000원　② 3,870,000원　③ 4,020,000원　④ 4,170,000원

08. (주)세무는 직접원가를 기준으로 제조간접비를 배부한다. 다음 자료에 의해 작업지시서 No.1의 제조간접비 배부액은 얼마인가?

	공장전체발생원가	작업지시서 No.1
직접재료비	1,000,000원	300,000원
직접노무비	1,500,000원	400,000원
기 계 시 간	150시간	15시간
제조간접비	7,500,000원	( )

① 700,000원　② 2,100,000원　③ 3,000,000원　④ 3,651,310원

09. 한국전자는 제조간접비를 직접노무시간을 기준으로 예정배부하고 있다. 당해 연도 초의 예상직접노무시간은 70,000시간이다. 당기 말 현재 실제제조간접비 발생액이 2,150,000원이고 실제직접노무시간이 75,000시간일 때 제조간접비 배부차이가 250,000원 과대배부된 경우 당해 연도초의 제조간접비 예상액은 얼마였는가?

① 1,900,000원　② 2,240,000원　③ 2,350,000원　④ 2,400,000원

10. (주)크로바는 제조간접비를 직접노무시간을 기준으로 배부하고 있다. 당해 제조간접비 배부차이는 100,000원이 과대배부 되었다. 당기말 현재 실제제조간접비발생액은 500,000원이고, 실제직접노무시간이 20,000시간일 경우 예정배부율은 얼마인가?

① 25원/시간당　② 30원/시간당　③ 40원/시간당　④ 50원/시간당

11. 여범제조(주)의 기말재공품계정은 기초재공품에 비하여 400,000원 증가하였다. 또한, 재공품 공정에 투입한 직접재료비와 직접노무비, 제조간접비의 비율이 1:2:3이었다. 여범제조(주)의 당기제품제조원가가 800,000원이라면, 재공품에 투입한 직접노무비는 얼마인가?

① 100,000원　② 200,000원　③ 400,000원　④ 600,000원

12. (주)세창의 당기 직접재료비는 50,000원이고, 제조간접비는 45,000원이다. (주)세창의 직접노무비는 가공비의 20%에 해당하는 경우, 당기의 직접노무비는 얼마인가?

① 9,000원   ② 10,000원   ③ 11,250원   ④ 12,500원

해설

01. 제조간접비는 직접노무비와 더불어 가공비를 구성한다.
02. 예정제조간접비배부액 = 개별제품등의 실제조업도(실제 배분기준) × 제조간접비 예정배부율
03. 300,000원 × 700,000원 / 500,000원 = 420,000원
04. ■ 제조간접비배부율 = 제조간접비 / 직접노무비총계
    　　　　　　　　　= 160,000원 / 200,000원 = 80%
    ■ 당기총제조원가 = 직접재료비 + 직접노무비 + 제조간접비
    　　　　　　　　 = 30,000원 + 40,000원 + (40,000원 × 80%) = 102,000원
05. ■ 당기총제조원가 = 직접재료비 + 직접노무비 + 제조간접비 = 600,000원
    ■ 직접비(기본원가) = 직접재료비 + 직접노무비 = 300,000원
    　따라서 제조간접비는 300,000원이 된다.
06. ■ #101 제조간접비 배부액 = 600시간 × 2,700원 = 1,620,000원
    ■ 제품 단위당 원가 = (1,620,000원 + 1,350,000원 + 2,880,000원) / 1,000단위 = 5,850원
07. 실제발생액 = 예정배부액 90원 × 43,000원 + 과소배부액 150,000원 = 4,020,000원
08. ■ 제조간접비 배부율 = 제조간접비 / 직접원가
    　　　　　　　　　　= 7,500,000원 / 2,500,000원 = 3원 / 직접원가당
    ■ 제조간접비 배부액 = 700,000원 × 3원 = 2,100,000원
09. ■ 제조간접비 과대배부 : 실제발생액 < 예정배부액
    ■ 실제발생(2,150,000원) + 과대배부액(250,000원) = 제조간접비배부액(2,400,000원)
    ■ 제조간접비 예정배부율 = 2,400,000원 ÷ 75,000원 = 32
    ■ 제조간접비 예상액 = 70,000원 × 32 = 2,240,000원
10. ■ 예정배부액 − 실제발생액(500,000) = 100,000원 (과대배부)
    ■ 예정배부액 = 600,000원
    ■ 예정배부액 600,000원 = 실제직접노무시간(20,000시간) × 예정배부율
    ■ 예정배부율 = 30원/시간당
11. 800,000원 + 400,000원 = 1,200,000원(당기총제조원가)
    1,200,000원 × 2/6 = 400,000원
12. ■ 가공비 = 직접노무비 + 제조간접비
    ■ 직접노무비 = (직접노무비 + 제조간접비) × 0.2 = (직접노무비 + 45,000원) × 0.2
    　위 식을 직접노무비에 대하여 풀면, 직접노무비 = 11,250원

정답

01. ① 02. ④ 03. ② 04. ② 05. ③ 06. ② 07. ③ 08. ② 09. ② 10. ②
11. ③ 12. ③

CHAPTER 04 부문별 원가계산

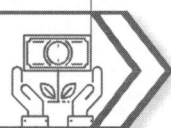

1. 부문별 원가계산의 기초

1 부문별 원가계산 의의
　제품의 원가를 산정함에 있어 제조간접비(부문비)를 각 제품에 보다 더 정확하게 배부하기 위해 우선적으로 그 발생 장소인 부문별로 분류, 집계하는 절차를 말한다.

2 원가부문의 설정

구 분	내 용
제조부문	제품의 제조활동을 직접 담당하는 부분으로 절단부문, 조립부문 등이 있다.
보조부문	제품의 제조활동에 직접 참여하지 않고 제조부문의 제조활동을 보조하기 위하여 여러 가지 용역을 제공하는 부문으로 동력부문, 수선부문 등이 있다.

2. 부문별 원가계산의 절차

　제조부문과 보조부문 등 부문별로 제조간접비를 집계하고 집계된 보조부문원가를 제조부문에 배분한 후 제조부문에서 발생한 제조간접비와 보조부문에서 배분된 원가를 합계하여 개별작업에 배부하는 단계를 거치게 된다.
① 제1단계 : 부문개별비(부문직접비)를 각 부문에 부과
② 제2단계 : 부문공통비(부문간접비)를 각 부문에 배부
③ 제3단계 : 보조부문비를 제조부문에 배부
④ 제4단계 : 제조부문비를 각 제품에 배부

3. 부문공통비의 배부

　원가요소 소비액 중 특정 부문의 원가가 아닌 둘 이상의 부문에 공통으로 사용된 원가를 말하고 적절한 배부기준에 의하여 각각의 부문에 배부하는 방법을 부문공통비 배부라 한다.
　부문 공통비의 배분 시 적용되는 배부기준은 다음과 같다.

구 분	배 부 기 준
간접재료비	직접재료비
간접노무비	직접노무비, 직접작업시간, 직접작업의 종업원 수
건물감가상각비, 건물보험료	사용(점유)면적, 건물가액
기계장치감가상각비, 기계보험료	기계장치의 가액, 기계작업(운전)시간
임차료, 청소비	사용(점유)면적
전력비	전력사용량, 마력수 × 운전시간
가스비, 수도비	가스·수도의 사용량
수선비	수선횟수, 수선시간, 기계장치의 가액
복리후생비	종업원 수
재산세, 임차료, 화재보험료	토지 또는 건물의 가액, 면적

4. 보조부문비의 배부기준 및 방법

1 배부기준

보조부문	배 부 기 준
동력부문	사용전력량, 전기용량(Kw/h)
수선유지부문	수선횟수, 수선유지시간
검사부문	검사수량, 검사시간
구매부문	주문횟수, 주문비용
노무관리부문	종업원 수
공장사무부문	종업원 수

TIP

[보조부문을 제조부문으로 배분하는 이유]
① 정확한 원가계산   ② 보조부문용역의 과다소비 방지   ③ 외부구입에 관한 의사결정

2 배부방법

보조부문이 제조부문에만 용역을 제공하고 있다면 보조부문의 발생원가를 제조부문에 배분하는 업무는 어렵지 않으나 보조부분간 용역을 서로 주고 받은 경우에는 보조부분원가의 배부는 복잡해진다. 그러므로 보조부문 상호간의 용역수수관계를 어느 정도 고려하느냐에 따라 직접배부법, 단계배부법, 상호배부법으로 구분된다.

(1) 직접배부법

보조부문간의 용역의 수수관계를 완전히 무시하고, 각 제조부문이 사용한 용역의 상대적 비율에 따라 보조부문비를 제조부문에 직접 배분하는 방법이다.

즉, 보조부문비를 보조부문에는 전혀 배분하지 않고 직접 제조부문에 모두 배분하는 방법이며 계산이 간단하고 배부순서를 결정할 필요가 없다는 장점은 있으나, 보조부문 상호간의 용역수수관계를 무시하기 때문에 보조부문 상호간에 많은 용역을 주고 받는 경우에는 정확성이 떨어진다는 단점이 있다.

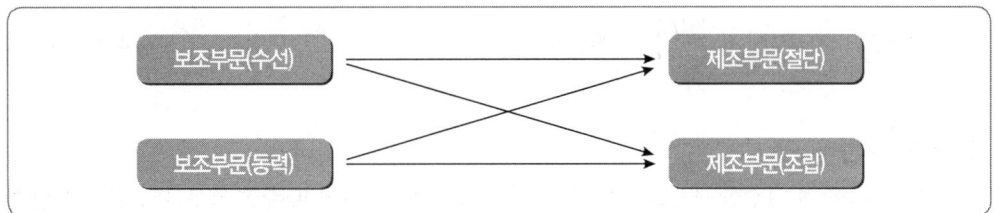

예제

(주)배움의 다음 자료에 의하여 직접배부법으로 보조부문비배부표를 작성하시오. 다음 자료는 당월 중에 각 부문에서 발생한 제조간접비와 보조부문이 다른 부문에 제공한 용역의 양은 다음과 같다.

비 목	보조부문		제조부문		합 계
	동력부문	수선부문	절단부문	조립부문	
자기부문발생액	120,000원	80,000원	500,000원	400,000원	1,100,000원
제공한용역					
동력부문(Kw)	–	10,000	35,000	15,000	60,000
수선부문(시간)	300	–	450	550	1,300

【해설】

부문비배부표

비 목	배부기준	금 액	보조부문		제조부문	
			동력부문	수선부문	절단부문	조립부문
자기부문비		1,100,000원	120,000원	80,000원	500,000원	400,000원
보조부문비						
동력부문비	Kw/h	120,000원			84,000원	36,000원
수선부문비	수선시간	80,000원			36,000원	44,000원
보조부문합계		200,000원			120,000원	80,000원
제조부문비합계		1,100,000원			620,000원	480,000원

- 동력부문

 절단부문 = 120,000원 × $\frac{35,000}{50,000}$ = 84,000원

 조립부문 = 120,000원 × $\frac{15,000}{50,000}$ = 36,000원

- 수선부문

 절단부문 = 80,000원 × $\frac{450}{1,000}$ = 36,000원

 조립부문 = 80,000원 × $\frac{550}{1,000}$ = 44,000원

(2) 단계배부법

보조부문들간에 일정한 배분순위를 정한 다음, 그 배분순위에 따라 보조부문의 원가를 단계적으로 타보조부문과 제조부문에 배분하는 방법이며 **보조부문간 용역수수관계를 일부 인식하는 방법**이며, 일단 배분된 부문은 다시는 배분받지 못한다. 단계배부법은 보조부문 상호간의 용역수수관계를 일부 인식하여 배분한다는 장점은 있으나, 어느 보조부문원가부터 배분하는 가에 따라 제조부문에 집계되는 원가가 달라지므로 합리적인 배부순서 결정의 어려움이 있다. 또한, 배부순서 결정 오류 시 직접배부법 대비 정확성이 떨어지고 원가배분에 많은 시간이 필요하다는 단점이 있다.

[배부순서의 결정] ① 다른 보조부문에 대한 용역 제공비율이 큰 것부터
② 용역을 제공하는 다른 보조부문의 수가 많은 것부터
③ 발생원가가 큰 것부터

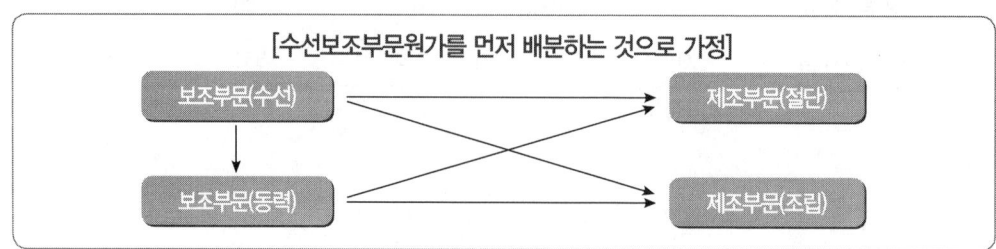

[수선보조부문원가를 먼저 배분하는 것으로 가정]

(주)배움의 다음 자료에 의하여 단계배부법으로 보조부문비배부표를 작성하시오. 다음 자료는 당월 중에 각 부분에서 발생한 제조간접비와 보조부문이 다른 부문에 제공한 용역의 양이며 수선부문비를 먼저 배부하는 것으로 한다.

비 목	보조부문		제조부문		합 계
	동력부문	수선부문	절단부문	조립부문	
자기부문발생액	120,000원	80,000원	500,000원	400,000원	1,100,000원
제공한용역					
동력부문(Kw)	–	20,000	20,000	60,000	100,000
수선부문(시간)	600	–	600	800	2,000

【해설】

부문비배부표

비 목	배부기준	금 액	보조부문		제조부문	
			동력부문	수선부문	절단부문	조립부문
자기부문비		1,100,000원	120,000원	80,000원	500,000원	400,000원
보조부문비						
수선부문비	수선시간	80,000원	24,000원	(80,000원)	24,000원	32,000원
동력부문비	Kw/h	144,000원	(144,000원)		36,000원	108,000원
보조부문합계		224,000원			60,000원	140,000원
제조부문비합계		1,100,000원			560,000원	540,000원

- 수선부문

  절단부문 = 80,000원 × $\dfrac{600}{2,000}$ = 24,000원

  조립부문 = 80,000원 × $\dfrac{800}{2,000}$ = 32,000원

  동력부문 = 80,000원 × $\dfrac{600}{2,000}$ = 24,000원

- 동력부문

  절단부문 = 144,000원 × $\dfrac{20,000}{80,000}$ = 36,000원

  조립부문 = 144,000원 × $\dfrac{60,000}{80,000}$ = 108,000원

(3) 상호배부법

보조부문 상호간의 용역수수를 전부 고려하여 그에 따라 각 보조부문비를 제조부문과 다른 보조부문에 배분하는 방법으로, 이론적으로 가장 타당하다. 상호배부법은 정확한 보조부문원가 배분이 가능하고 배부순서를 결정할 필요가 없는 장점이 있으나 연립방정식에 의해 계산하여야 하므로 복잡하다는 단점이 있다.

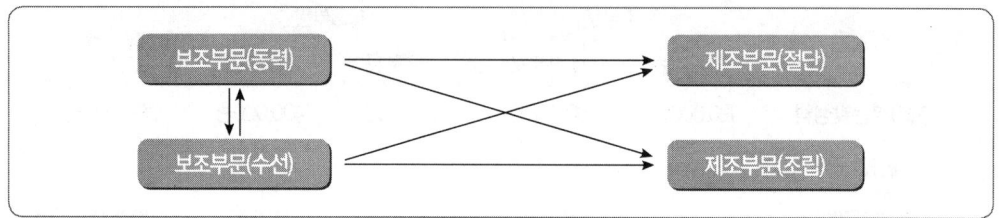

[원가계산의 정확성]
직접배부법 < 단계배부법 < 상호배부법

5. 원가행태에 따른 보조부문비의 배부

1 단일배부율법

보조부문비를 **변동비와 고정비로 구분하지 않고** 모든 보조부문의 원가를 **하나의 기준으로 배분하는 방법**으로 보조부문비 중 고정비도 변동비처럼 배분된다.

이 방법은 시간과 비용이 상대적으로 적게 소요되고 간편하지만 원가행태에 따른 구분이 없으므로 정확한 원가배분이 이루어지지 않기 때문에 부문의 최적이라 하더라도 전체로는 최적의 의사결정이 되지 않는 문제점을 가지고 있다.

> 보조부문비 배부액 = 보조부문원가(변동비 + 고정비) × 실제사용량

2 이중배부율법

보조부문비를 원가행태에 따라 **변동비와 고정비로 분류**하여 **각각 다른 배부기준을 적용하는 방법**이다. 이중배부율법은 원가발생액과 원가대상 사이의 인과관계를 고려하여 배부하며, 단일배부율법에 비해 보다 정교한 원가배부방법으로 원가부문의 계획이나 통제 또는 성과평가에 유용한 정보를 제공한다.

> 변동비 배부액 = 보조부문원가의 변동비 × 실제사용량
> 고정비 배부액 = 보조부문원가의 고정비 × 최대사용가능량

- 변동비 : **실제 용역사용량**을 기준으로 배분
- 고정비 : 제조부문에서 사용할 수 있는 **최대 사용가능량**을 기준으로 배분

실무이론

01. 부문공통비인 건물의 감가상각비 배분기준으로 가장 적합한 것은?
① 각 부문의 인원수　　② 각 부문의 면적
③ 각 부문의 작업시간　　④ 각 부문의 노무비

02. (주)대한상사는 2025년도 상반기 영업실적이 좋아 기업 전사원에게 복리후생비를 지급하려 한다. 이 기업은 기업본사부 뿐만 아니라 공장 지점, 영업소에도 전사원에게 균등하게 복리후생비를 지급하려고 한다. 기업전체의 복리후생비를 각 본사와 지사에 배부하기 위한 기준으로 가장 적합한 것은?
① 각 지사의 전력소비량　　② 각 지사의 연료소비량
③ 각 지사의 면적　　④ 각 지사의 종업원 수

03. 다음은 무엇에 대한 설명인가?

> 보조부문원가를 보조부문의 배부순서를 정하여 한 번만 다른 보조부문과 제조부문에 배부한다.

① 개별배분법　　② 직접배분법　　③ 단계배분법　　④ 상호배분법

04. 다음 중 보조부문원가를 제조부문에 배분하는 원가방식이 아닌 것은?
① 단일배분율법　　② 직접배분법　　③ 단계배분법　　④ 상호배분법

05. 보조부문비의 배부방법 중 단계배부법에 대한 설명으로 틀린 것은?
① 보조부문 상호간의 용역수수를 완전히 고려하는 방법이다.
② 보조부문의 배부순서를 합리적으로 결정하는 것이 매우 중요하다.
③ 보조부문의 배부순서에 따라 배부액이 달라질 수 있다.
④ 최초 배부되는 부문의 경우 자신을 제외한 다른 모든 부문에 배부된다.

06. 보조부문비를 제조부문에 배부하는 방법에 대한 설명 중 틀린 것은?
① 직접배부법은 보조부문 상호간의 용역수수를 전혀 고려하지 않는 방법이다.
② 단계배부법은 보조부문 상호간의 용역수수를 일부 고려하는 방법이다.
③ 상호배부법은 보조부문 상호간의 용역수수를 완전히 고려하는 방법이다.
④ 계산의 정확성은 직접배부법 > 단계배부법 > 상호배부법 순으로 나타난다.

07. 보조부문비의 배분방법인 직접배분법, 상호배분법 및 단계배분법의 세 가지를 서로 비교하는 설명으로 가장 옳지 않은 것은?

① 가장 정확한 계산방법은 상호배분법이다.
② 가장 정확성이 부족한 계산방법은 단계배분법이다.
③ 배분순서가 중요한 계산방법은 단계배분법이다.
④ 계산방법이 가장 간단한 배분법은 직접배분법이다.

08. 다음 중 제조간접비의 배부와 관련하여 그 성격이 다른 하나는?

① 직접배부법 ② 단계배부법 ③ 상호배부법 ④ 비례배분법

09. 다음은 보조부문원가에 관한 자료이다. 보조부문의 제조간접비를 다른 보조부문에는 배부하지 않고 제조부문에만 직접 배부할 경우 수선부문에서 조립부문으로 배부될 제조간접비는 얼마인가?

		보조부문		제조부문	
		수선부문	관리부문	조립부문	절단부문
제조간접비		80,000원	100,000원		
부문별배부율	수선부문		20%	40%	40%
	관리부문	50%		20%	30%

① 24,000원 ② 32,000원 ③ 40,000원 ④ 50,000원

10. (주)세원은 A, B 제조부문과 X, Y의 보조부문이 있다. 각 부문의 용역수수관계와 제조간접비 발생원가가 다음과 같다. 직접배부법에 의해 보조부문의 제조간접비를 배부한다면 B제조부문의 총제조간접비는 얼마인가?

	보조부문		제조부문		합계
	X	Y	A	B	
자기부문발생액	150,000원	250,000원	300,000원	200,000원	900,000원
[제공한 횟수]					
X		200회	300회	700회	1,200회
Y	500회	-	500회	1,500회	2,500회

① 200,000원 ② 292,500원 ③ 492,500원 ④ 600,000원

11. (주)한우물은 단계배부법을 이용하여 보조부문 제조간접비를 제조부문에 배부하고자 한다. 각 부문별 원가발생액과 보조부문의 용역공급이 다음과 같을 경우 수선부문에서 절단부문으로 배부될 제조간접비는 얼마인가? (단, 전력부문부터 배부한다고 가정함)

구 분	제조부문		보조부문	
	조립부문	절단부문	전력부문	수선부문
자기부문 제조간접비	200,000원	400,000원	200,000원	360,000원
전력부문 동력공급(kw)	300	100	–	100
수선부문 수선공급(시간)	10	40	50	–

① 160,000원　　② 200,000원　　③ 244,000원　　④ 320,000원

◆해설◆

01. 부문공통비인 건물의 감가상각비는 각 부문의 면적으로 배부한다.
02. 복리후생비를 배부하려면 종업원수가 배부기준으로 가장 적당하다.
03. 보조부문원가를 보조부문의 배부순서를 정하여 한 번만 다른 보조부문과 제조부문에 배부방법은 단계배분법을 말한다.
04. 단일배분율법은 보조부문원가의 행태별 배분 방식이다.
05. 보조부문 상호간의 용역수수를 완전히 고려하는 방법은 상호배부법이다.
06. 계산의 정확성은 직접배부법 < 단계배부법 < 상호배부법 순으로 나타난다.
07. 가장 정확성이 적은 것은 보조부문상호간 용역수수를 고려하지 않는 직접배분법이다.
08. 비례배분법은 제조간접비의 배부차액을 처리하는 방법이며, 나머지는 보조부문비를 제조부문에 배부하는 방법이다.
09. 80,000원 × 40% / (40% + 40%) = 40,000원
10. 　■ X 부문 배부액 = 150,000원 × (700회 / 1,000회) = 105,000원
　　■ Y 부문 배부액 = 250,000원 × (1,500외 / 2,000외) = 187,500원
　　■ B 부문 총제조간접비 = 200,000원 + 105,000원 + 187,500원 = 492,500원
11. 　■ 전력부문(제조간접비 200,000원)을 제조부문 및 수선부문에 1차 배분
　　수선부문 배부액 = 200,000원 × 100kw / (300 + 100 + 100)kw = 40,000원
　　■ 수선부문 제조간접비 = 360,000원(자기부문) + 40,000원(전력부문 배부액) = 400,000원
　　■ 수선부문에서 제조부문의 조립부문 및 절단부문에 수선시간을 기준으로 배부
　　절단부문 배부액 = 400,000원 × 40시간 / (10 + 40)시간 = 320,000원

◆정답◆

01. ②　02. ④　03. ③　04. ①　05. ①　06. ④　07. ②　08. ④　09. ③　10. ③
11. ④

05 제품별 원가계산

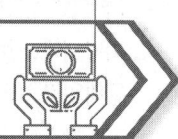

PART 02 원가회계

1. 개별원가계산

개별원가계산은 성능, 품질, 규격 등이 다른 여러 종류의 제품을 주문에 의해 소량을 개별적으로 생산하는 건설업, 기계제조업, 항공기제조업, 가구제조업, 조선업 등에서 사용하는 원가계산제도이며 제품별로 부과된 직접비와 간접비 배부액을 집계하는 방법으로 개별 제품 원가를 계산한다.

개별원가계산은 제품의 생산활동 시 발생하는 원가를 **직접재료비, 직접노무비, 제조간접비로 구분하여 작업원가표에 집계**하며, 집계된 원가는 완성되면 제품의 원가이지만 완성되기 전에는 기말(월말)재공품의 평가액이 된다.

1 개별원가계산의 절차

구 분	내 용
1단계	개별작업에 대한 제조직접비(직접노무비, 직접재료비)를 직접부과
2단계	개별작업에 직접부과 할 수 없는 제조간접비를 집계
3단계	제조간접비 배부기준을 설정
4단계	설정된 배부기준율에 따라 제조간접비의 배분

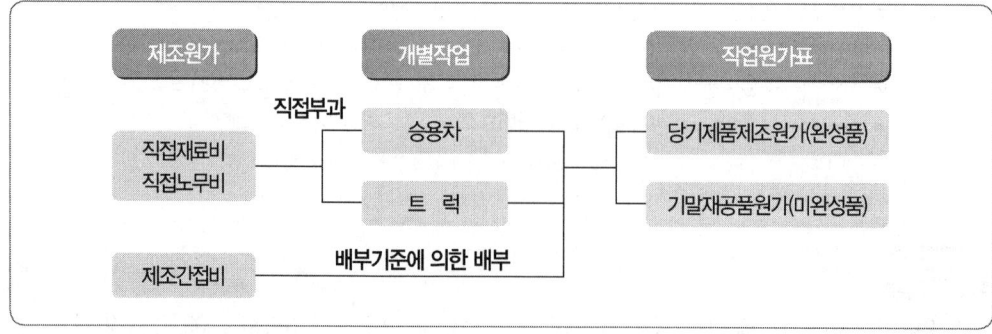

2 실제개별원가계산

개별작업에 실제로 발생한 직접재료비와 직접노무비를 추적·부과하고 제조간접비는 일정기간동안 실제 발생한 제조간접비를 동일기간의 실제 배부기준 총수로 나눈 실제배부율에 의하여 개별제품에 배부하는 원가계산방법이다.

- 제조간접비 실제배부율 = $\dfrac{\text{실제제조간접비 총액}}{\text{실제배부기준의 총계}}$
- 제조간접비 배부액 = 제조간접비 실제배부율 × 제품별 실제배부기준

3 정상개별원가계산

실제개별원가계산은 실제제조간접비가 기말에 집계되므로 원가계산이 기말까지 지체되어 원가계산이 지연된다. 또한 조업도가 월별·계절별로 차이가 나면 제품단위당 원가가 월별·계절별로 달라지므로 여러 가지 문제점이 발생되며 이를 해결하고자 정상개별원가계산이 도입되었다.

정상개별원가계산은 **직접재료비와 직접노무비**는 실제개별원가계산과 같이 **실제발생액**을 개별작업에 직접 부과하며, 개별작업에 직접 부과할 수 없는 **제조간접비**는 회계연도 초에 연간 제조간접비 예산과 연간 예정조업도를 예측하여 **예정배부율을 이용하여 제조간접비를 먼저 배부**하여 제품원가 계산을 하고 추후 실제발생 제조간접비를 집계한다.

외부에 보고하는 재무제표는 실제발생한 제조간접비를 반영하므로 예정배부된 제조간접비와 실제발생한 제조간접비의 차이가 발생하며 이를 제조간접비 배부차이라고 한다. 제조간접비 배부는 [CHAPTER 03 **원가의 배분**]을 참고한다.

구 분	내 용
1단계	회계연도 연초에 예정배부율 산출 제조간접비 예정배부율 = $\dfrac{\text{예정제조간접비 총액}}{\text{예정배부기준의 총계}}$
2단계	기중에 실제 조업도에 따라 제조간접비 배부 ① 제조간접비 예정배부액 = 예정배부율 × 제품별 실제배부기준 ② 제조간접비 실제발생액 집계 ③ 제조간접비 배부차이 집계
3단계	회계연도 말에 제조간접비 배부차이를 조정

2. 종합원가계산

1 종합원가계산의 의의

종합원가계산은 동종한 제품을 연속적으로 대량생산(방직업, 정유업, 식품가공업, 제지업, 제분업 등)하는 기업에서 사용하는 제품 원가계산 제도이다.

종합원가계산에서는 원가계산기간별로 원가를 집계하며 일정한 원가계산기간 동안에 발생한 총제조원가를 동 기간 중에 만들어진 완성품 환산량으로 나누어 제품의 단위당 원가를 계산하게 되는 것이다.

2 종합원가계산의 종류

구 분	내 용
단순 종합원가계산	단일공정을 통하여 단일제품을 연속적으로 생산하는 형태의 원가계산방법 (예 : 얼음 및 벽돌제조업 등)
공정별 종합원가계산	두 개 이상의 제조공정을 통하여 동일 종류의 제품을 연속적으로 대량생산하고 있는 형태에서 사용하고 있는 원가계산방법(예 : 제지업, 제당업 등)
조별 종합원가계산	이종제품을 연속적으로 대량생산하는 경우에 제품의 종류마다 조를 설정하여 조별로 원가계산을 하는 방법(예 : 자동차제조업, 통조림제조업 등)
등급별 종합원가계산	동일한 재료와 동일한 공정을 통하여 계속적으로 동일한 종류의 제품을 생산하나 규격, 모양, 무게, 품질 등이 서로 다른 제품을 생산하는 경우 사용하는 원가계산방법 (예 : 정유업, 제화업 등)
연산품 종합원가계산	동일한 재료를 사용하고 동일한 공정을 거쳐 계속적으로 생산되는 서로 다른 두 종류 이상의 제품을 생산하는 경우 사용하는 원가계산방법(예 : 정유업, 정육업 등)

3 종합원가계산의 절차

구 분	내 용
1단계	물량의 흐름을 파악한다.
2단계	원가요소별로 완성품환산량을 계산한다.
3단계	원가요소별로 발생한 원가를 집계한다.
4단계	원가요소별로 완성품환산량 단위당원가를 산출한다.
5단계	완성품제조원가와 기말재공품원가를 계산한다.

4 완성품환산량

종합원가계산에서는 완성품환산량을 기준으로 원가를 완성품과 기말재공품에 배부한다. 완성품환산량이란 일정기간에 투입한 원가를 그 기간에 완성품만을 생산하는데 투입했더라면 완성되었을 완성품수량으로 나타낸 수치를 말한다.

구 분	내 용
완성품	당해 생산공정에서 생산이 완료된 것을 말하는 것으로 가공비 완성도는 100%이다.
기말재공품	당해 생산공정에서 생산이 완료되지 않고 가공 중에 있는 것으로 가공비 완성도가 100% 미만에 해당한다.
완성품환산량	완성품(100% 가공)과 기말재공품(100% 미만 가공)을 동등한 자격으로 일치시켜 주는 척도가 필요한데 이것이 완성품환산량이다. ■ 완성품에 대한 완성품환산량 = 완성품수량 × 완성도(진척도) ■ 기말재공품에 대한 완성품환산량 = 기말재공품수량 × 완성도(진척도) ■ 완성도는 원가요소별로 파악되어야 함

■ 재료비 및 가공비의 완성품환산량 계산방법 : 월말수량 100개(완성도 60%)
① 재료비가 공정의 착수시점에 전부 투입되는 경우
  재료비의 완성도 100%로 계산 ⇨ 월말재공품완성품환산량 100개 × 100% = 100개
② 재료비가 제조진행에 따라 투입되는 경우
  완성도를 적용하여 계산 ⇨ 월말재공품완성품환산량 100개 × 60% = 60개
③ 가공비는 항상 제조진행에 따라 투입하는 것으로 본다.

5 종합원가계산방법

(1) 평균법

당월에 완성된 제품은 그것이 월초재공품에서 완성된 것이든, 당월착수분에서 완성된 것이든 구분 없이 당월에 완성된 것으로 보는 방법이다.

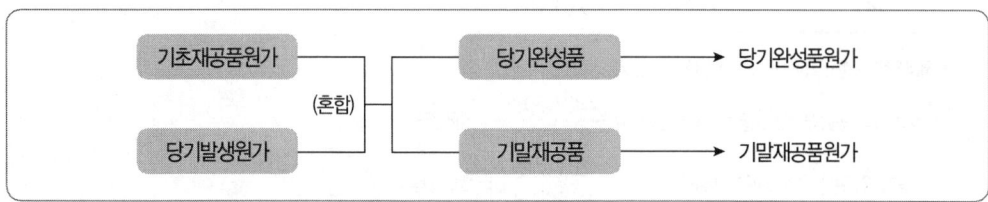

① 완성품환산량 = 당기완성수량 + 기말재공품환산량
② 완성품환산량단위당원가 = $\dfrac{(기초재공품원가 + 당기투입원가)}{완성품환산량}$
③ 기말재공품원가 = 완성품환산량단위당원가 × 기말재공품환산량
  ⇨ 기말재공품 평가는 직접재료비와 가공비를 구분하여 계산한 후 합산한다.

 **예제1**

다음 자료를 보고 평균법에 의한 완성품원가 및 월말재공품 원가를 계산하시오.

- 기초재공품 10,000개 (가공비 진척도 50%) (재료비 48,000원, 가공비 6,000원)
- 당기투입량 70,000개 (재료비 392,000원, 가공비 150,000원)
- 기말재공품 20,000개 (가공비 진척도 25%)
- 재료비는 공정초에 전량 투입되고, 가공비는 공정전반에 걸쳐 균등하게 발생한다.

【해설】

■ 제1단계 : 물량의 흐름(단위 : 개)

재 공 품			
기초	10,000개(50%)	완성	60,000개
착수	70,000개	기말	20,000개(25%)
	80,000개		80,000개

■ 제2단계 : 완성품환산량의 계산

	물량흐름	완성품환산량	
		재료비	가공비
완 성 품	60,000개(100%)	60,000개	60,000개
기말재공품	20,000개(25%)	20,000개*	5,000개**
계		80,000개	65,000개

* 재료비 기말재공품(공정초 전량 투입 : 완성도 100%) = 20,000개 × 100% = 20,000개
** 가공비 기말재공품(공정전반 투입 : 완성도 25%) = 20,000개 × 25% = 5,000개

■ 제3단계 : 총원가의 계산

	재료비	가공비
기초재공품	48,000원	6,000원
당기발생원가	392,000원	150,000원
계	440,000원	156,000원

■ 제4단계 : 완성품환산량의 단위당 원가

① 재료비의 완성품환산량 단위당 원가 = $\dfrac{440,000원}{80,000개}$ = @5.5원

② 가공비의 완성품환산량 단위당 원가 = $\dfrac{156,000원}{65,000개}$ = @2.4원

■ 제5단계 : 월말재공품 평가

① 완성품원가 : (60,000개 × @5.5원) + (60,000개 × @2.4원) = 474,000원
② 기말재공품원가 : 재료비(20,000개 × @5.5원) + 가공비(5,000개 × @2.4원) = 122,000원

예제2

다음 자료를 활용하여 평균법에 의한 재료비와 가공비의 완성품환산량을 계산하시오.

- 기초재공품 : 700개(완성도 30%)
- 당기착수량 : 1,500개
- 당기완성품 : 1,700개
- 기말재공품 : 500개(완성도 50%)
- 재료는 공정초에 전량 투입되고, 가공비는 공정전반에 걸쳐 균등하게 투입된다.

【해설】
- 평균법에 의한 완성품환산량 = 당기완성수량 + 기말재공품완성품환산량
① 재료비 완성품환산량 = 1,700개 + (500개 × 100%) = 2,200개
② 가공비 완성품환산량 = 1,700개 + (500개 × 50%) = 1,950개

(2) 선입선출법

월초재공품을 우선적으로 가공하여 완성시키고, 당월 착수분을 완성시키는 방법으로 기말재공품을 당월 착수분으로만 이루어지는 방법이다.

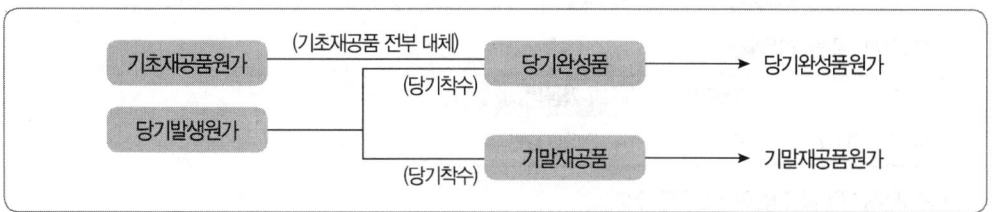

① 완성품환산량 = 당기완성수량 − 기초재공품환산량 + 기말재공품환산량
     = 기초재공품수량 × (1 − 완성도) + 당기제조착수수량 중 완성수량 + 기말재공품수량 × 완성도
② 완성품환산량단위당원가 = $\dfrac{\text{당기투입원가}}{\text{완성품환산량}}$
③ 기말재공품원가 = 완성품환산량단위당원가 × 기말재공품환산량
   ⇨ 기말재공품 평가는 직접재료비와 가공비를 구분하여 계산한 후 합산한다.

예제1

다음 자료를 보고 선입선출법에 의한 월말재공품 원가를 계산하시오.

- 기초재공품   200개 (완성도 60%) (재료비 180,000원, 가공비 70,000원)
- 기말재공품   600개 (완성도 70%)
- 당기투입량 2,400개 (재료비 480,000원, 가공비 345,000원)
- 완성품수량 2,000개
- 재료비는 공정초에 전량 투입되고 가공비는 공정전반에 걸쳐 균등하게 발생한다.

【해설】

- 제1단계 : 물량의 흐름(단위 : 개)

재 공 품			
기초	200개(60%)	완성	2,000개
착수	2,400개	기말	600개(70%)
	2,600개		2,600개

⇨ 기초 200개, 착수 1,800개

- 제2단계 : 완성품환산량의 계산

	물량흐름	완성품환산량	
		재료비	가공비
완 성 품	2,000개		
	기초재공품 200개(40%)	0개	80개
	당기투입분 1,800개(100%)	1,800개	1,800개
기말재공품	600개(70%)	600개	420개
계		2,400개	2,300개

① 재료비 : 2,000개 − 200개 + 600개 = 2,400개   ② 가공비 : 2,000개 − 120개 + 420개 = 2,300개

- 제3단계 : 총원가의 계산

	재료비	가공비
당기발생원가	480,000원	345,000원

- 제4단계 : 완성품환산량의 단위당 원가

① 재료비의 완성품환산량 단위당 원가 = $\dfrac{480,000원}{2,400개}$ = @200원

② 가공비의 완성품환산량 단위당 원가 = $\dfrac{345,000원}{2,300개}$ = @150원

- 제5단계 : 월말재공품 평가

① 완성품원가 : 기초재공품원가 250,000원 + (1,800개 × @200원) + (1,880개 × @150원) = 892,000원
② 기말재공품원가 : 재료비(600개 × @200원) + 가공비(420개 × @150원) = 183,000원

예제 2

재료비는 공정 초기에 모두 발생되고 가공비는 공정이 진행됨에 따라 균등하게 발생할 경우, 다음 자료에 의한 재료비의 완성품 환산량을 계산하시오.

- 기초재공품 : 2,000개(완성도 : 30%)
- 기말재공품 : 1,000개(완성도 : 40%)
- 당기완성품 수량 : 4,000개
- 회사는 선입선출법을 적용하여 기말재공품을 평가한다.

【해설】

재료비 완성품환산량 = 당기완성품수량 + 기말재공품완성품환산량 − 기초재공품완성품환산량
= 4,000개 + (1,000개 × 100%) − (2,000개 × 100%) = 3,000개

[평균법과 선입선출법의 특징]
① 기초재공품원가가 없다면 평균법과 선입선출법은 동일하다.
② 평균법은 기초재공품도 당기 투입분으로 보아 완성품환산량을 계산하므로 간편한 방법이다.
③ 선입선출법은 기초재공품원가와 당기발생원가를 구분하여 작업하므로 계산과정이 복잡하다.

6 개별원가계산과 종합원가계산의 비교

구 분	종합원가계산	개별원가계산
생산형태	동종 제품의 연속 대량 생산	고객의 주문에 따라 제품을 생산하는 주문 생산 형태
적용대상업종	정유업, 제분업, 제당업, 방직업, 철강업, 제지업, 화학품제조업	건설업, 조선업, 기계제작업, 항공기제조업
제조지시서	계속제조지시서	특정제조지시서
원가계산방법	공정별, 기간별원가계산을 하므로 직접재료비와 가공비의 구분과 완성품환산량의 계산이 중요	제조지시서별 원가계산을 위하여 직접비, 간접비의 구분과 제조간접비의 배부가 중요
기말재공품의 평가	제조원가를 완성품원가와 기말재공품으로 분배하는 절차가 필요하고 기말재공품 완성품 환산량에 단위당 원가를 곱하여 계산한다.	미완성된 제조지시서의 원가를 집계하면 된다.
완성품 단위당원가	완성품제조원가(=기초재공품원가+당기 제조원가투입액 – 기말재공품원가)를 완성 수량으로 나눈다.	완성된 제품의 원가계산자료의 합계액을 완성수량으로 나누어 구한다.
원가계산의 정확성	상대적으로 정확성이 떨어진다.	제품별 정확한 원가계산이 가능
원가계산의 비용	상대적으로 덜 복잡하여 비용이 많이 들지 않는다.	상세한 기록이 필요하여 원가계산 비용이 많이 소요된다.
보고서식	제조원가보고서	작업원가표

[제조원가계산의 구분]
개별원가계산은 제조간접비의 배부가 중요하므로 직접비(직접재료비, 직접노무비)와 제조간접비로 구분하며 종합원가계산은 단일제품을 연속 대량 생산한다는 가정이므로 제조간접비의 배부가 의미가 없기에 재료비와 가공비로 구분한다.

> **예제**
>
> 종합원가계산방법과 개별원가계산방법에 대한 내용으로 가장 올바르지 않은 것은?
>
> | 구 분 | 종합원가계산방법 | 개별원가계산방법 |
> |---|---|---|
> | ① 핵심과제 | 완성품환산량 계산 | 제조간접비 배분 |
> | ② 업 종 | 식품 제조업 등 | 조선업 등 |
> | ③ 원가집계 | 개별작업별 집계 | 공정 및 부문별 집계 |
> | ④ 장 점 | 경제성 및 편리함 | 정확한 원가계산 |
>
> 【해설】
> 정답 : ③
>
> | 구 분 | 종합원가계산방법 | 개별원가계산방법 |
> |---|---|---|
> | 원가집계 | 공정 및 부문별 집계 | 개별작업별 집계 |

3. 공손품, 작업폐물, 부산물의 구분

1 공손품

재료의 불량, 작업기술의 미숙, 기계 등의 정비불량 등으로 가공과정에 실패한 불합격품을 공손이라 한다. 공손된 물량에 이미 투입된 원가를 어떻게 처리할 것인가에 대한 문제가 있으며, 일반적인 처리기준은 공손의 발생원인과 발생시점에 따라 다음과 같이 처리한다.

구 분	내 용	
정상적인 공손	제품의 원가로 처리	기말재공품이 **검사시점 통과** : 완성품과 기말재공품에 배부
		기말재공품이 **검사시점 미통과** : 완성품에만 배부
비정상 공손	기간비용인 영업외비용으로 처리	

2 작업폐물

제품의 제조과정에 투입된 원재료로부터 발생하는 찌꺼기나 조각을 말하며 판매가치가 상대적으로 작은 것을 말한다. 예를 들어 가구제작업의 나무토막, 톱밥 등의 부스러기인 잔폐물 등이 대표적이다.

① 작업폐물이 발생한 제조지시서의 직접재료비에서 차감하여 제조원가에서 차감하고 작업폐물이 발생한 부문의 부문비에서 차감한다.
② 작업폐물의 금액이 적은 경우 처분하여 잡이익(영업외수익)으로 처리한다.

3 부산물

제품제조과정에서 발생한 이용가치나 매각가치가 작은 제2차적인 생산물인 비누공장에서의 글리세린 같은 제품을 부산물이라 한다.

실무이론

01. 다음은 개별원가계산제도에 대한 설명이다. 틀린 것은?

① 제품을 비반복적으로 생산하는 업종에 적합한 원가계산제도이다.
② 조선업, 건설업 등 주문생산에 유리하다.
③ 공장전체 제조간접비 배분율을 적용하는 것이 제조부문별 제조간접비 배분율을 적용하는 것보다 더 정확한 원가배분방법이다.
④ 제조간접비는 일정한 배분기준에 따라 배부하게 된다.

02. 개별원가계산제도에 있어 각 작업별 직접재료비, 직접노무비, 제조간접비를 집계, 기록되는 장소는?

① 작업원가표 ② 제조지시서 ③ 세금계산서 ④ 매입주문서

03. 다음 중 종합원가계산방식이 가장 적절한 것은 무엇인가?

① 소형차 ② 비행기
③ 특별주문 드레스 ④ 선박

04. 개별원가계산과 종합원가계산의 차이점을 설명한 것 중 틀린 것은?

① 개별원가계산은 다품종 소량주문 생산, 종합원가계산은 동종제품 대량 생산하는 업종에 적합하다.
② 개별원가계산은 각 작업별로 원가를 집계하나 종합원가계산은 공정별로 원가를 집계한다.
③ 개별원가계산은 제조지령서별로 개별원가계산표를 작성하며, 종합원가계산은 공정별로 제조원가보고서를 작성한다.
④ 개별원가계산은 완성품환산량을 기준으로 원가를 완성품과 기말재공품에 배부하며, 종합원가계산은 작업원가표에 의해 원가를 배부한다.

05. 다음은 종합원가계산에 대한 설명이다. 틀린 것은?

① 조선업 같은 주문생산에 유리하다.
② 원가를 재료비와 가공비로 구분하여 계산한다.
③ 원가계산을 하기 위해 완성품환산량의 개념이 필요하다.
④ 연속하여 반복적으로 생산하는 제품형태에 적합하다.

06. 종합원가계산에 관한 다음 설명 중 가장 옳은 것은?
① 종합원가계산은 다품종 소량생산방식의 생산형태에 적합하다.
② 제조공정이 2이상 연속 되는 경우에는 적용할 수 없다.
③ 기초재공품의 완성도에 관계없이 평균법과 선입선출법의 원가계산액은 동일하다.
④ 종합원가계산은 재공품을 완성품환산량으로 환산하여 집계한다.

07. 개별원가계산과 종합원가계산에 대한 내용으로 틀린 것은?
① 개별원가계산의 핵심은 제조간접비 배부에 있다.
② 종합원가계산의 핵심은 완성품환산량을 계산하는데 있다.
③ 개별원가계산은 정확한 원가계산을 할 수 있고 시간과 비용이 절약된다.
④ 종합원가계산은 대량연속 생산형태에 적합하다.

08. 종합원가계산에서 평균법을 적용하여 완성품환산량의 원가를 계산할 때 고려해야 할 원가는?
① 당기총제조비용
② 당기총제조비용과 기말재공품재고액의 합계
③ 당기총제조비용과 기말재공품재고액의 차액
④ 당기총제조비용과 기초재공품재고액의 합계

09. 다음 중 종합원가계산에서 재료비와 가공비의 완성도에 관계없이 완성품환산량의 완성도가 항상 가장 높은 것은 무엇인가?
① 가공비　　② 직접노무원가　　③ 전공정원가　　④ 직접재료원가

10. 종합원가계산하에서는 원가흐름 또는 물량흐름에 대해 어떤 가정을 하느냐에 따라 완성품환산량이 다르게 계산된다. 다음 중 평균법에 대한 설명으로 틀린 것은?
① 전기와 당기발생원가를 구분하지 않고 모두 당기발생원가로 가정하여 계산한다.
② 계산방법이 상대적으로 간편하다.
③ 원가통제 등에 보다 더 유용한 정보를 제공한다.
④ 완성품환산량 단위당 원가는 총원가를 기준으로 계산된다.

11. 선입선출법에 따른 종합원가계산에 관한 다음 설명 중 가장 옳지 않은 것은?
① 먼저 제조착수된 것이 먼저 완성된다고 가정한다.
② 기초재공품이 없는 경우 제조원가는 평균법과 동일하게 계산된다.
③ 완성품환산량은 당기 작업량을 의미한다.
④ 전기의 성과를 고려하지 않으므로 계획과 통제 및 성과평가목적에는 부합하지 않는다.

12. 원가계산 방법에 대한 설명 중 틀린 것은?

① 실제원가계산은 직접재료비, 직접노무비, 제조간접비를 실제원가로 측정하는 방법이다.
② 정상원가계산은 직접재료비는 실제원가로 측정하고, 직접노무비와 제조간접비를 합한 가공원가는 예정배부율에 의해 결정된 금액으로 측정하는 방법이다.
③ 표준원가계산은 직접재료비, 직접노무비, 제조간접비를 표준원가로 측정하는 방법이다.
④ 원가의 집계방식에 따라 제품원가를 개별 작업별로 구분하여 집계하는 개별원가계산과 제조공정별로 집계하는 종합원가계산으로 구분할 수 있다.

13. 기초재공품은 20,000개(완성도 20%), 당기완성품 수량은 170,000개, 기말재공품은 10,000개(완성도 40%)이다. 평균법과 선입선출법의 가공비에 대한 완성품환산량의 차이는 얼마인가? 단, 재료는 공정초에 전량 투입되고, 가공비는 공정전반에 걸쳐 균등하게 투입된다.

① 4,000개 ② 5,000개 ③ 6,000개 ④ 7,000개

14. (주)전진은 평균법에 의한 종합원가계산을 하고 있다. 재료비는 공정시작 시점에서 전량 투입되며, 가공원가는 공정 전반에 걸쳐 고르게 투입된다. 다음 자료를 통하여 완성품환산량으로 바르게 짝지어진 것은?

- 기초재공품 : 0개
- 완 성 수 량 : 400개
- 착 수 수 량 : 500개
- 기말재공품 : 100개(완성도 50%)

	재료비완성품환산량	가공비완성품환산량		재료비완성품환산량	가공비완성품환산량
①	400개	450개	②	450개	500개
③	500개	450개	④	400개	500개

15. 다음 자료를 보고 평균법에 의한 재료비의 완성품환산량을 계산하면 얼마인가?

- 기초재공품 12,000단위 (완성도 : 60%)
- 기말재공품 24,000단위 (완성도 : 40%)
- 착수량 32,000단위, 완성품수량 20,000단위
- 원재료와 가공비는 공정전반에 걸쳐 균등하게 발생한다.

① 25,600단위 ② 29,600단위 ③ 34,000단위 ④ 54,000단위

16. 종합원가계산을 이용하는 기업의 가공비 완성품환산량을 계산하면 얼마인가?

- 기초재공품 : 2,000개(완성도 30%)
- 당기완성품 : 7,000개
- 당기착수량 : 8,000개
- 기말재공품 : 3,000개(완성도 30%)
- 재료는 공정초에 전량 투입되고, 가공비는 공정전반에 걸쳐 균등하게 투입된다.
- 원가흐름에 대한 가정으로 선입선출법을 사용하고 있다.

① 7,300개 ② 7,400개 ③ 7,500개 ④ 8,000개

17. 다음 중 공손에 대한 회계처리 중 틀린 것은?

① 공손이 정상적인가 아니면 비정상적인가를 고려하여야 한다.
② 정상적 공손은 제품원가의 일부를 구성한다.
③ 공손은 어떠한 경우에나 원가로 산입하지 않고 영업외비용으로 처리한다.
④ 공손의 비중이 적은 경우에는 공손을 무시한 채 회계처리하는 경우도 있다.

◆해설◆

01. 부문별 제조간접비 배분율을 적용하는 것이 더 정확한 원가배분방법이다.
02. 개별원가계산에서 원가를 집계 계산하는 장소는 작업원가표이다.
03. 종합원가계산방식은 동종제품을 연속적으로 대량생산(정유업, 제지업, 자동차제조업 등)하는 기업에서 사용하는 제품원가계산방법이다. ②·③·④는 개별원가계산방법이 적합하다.
04. 종합원가계산은 완성품환산량을 기준으로 원가를 완성품과 기말재공품에 배부하며 개별원가계산은 작업원가표에 의해 원가를 배부한다.
05. 종합원가계산은 대량생산에 유리하다.
06. ① 종합원가계산은 소품종 대량생산방식의 생산형태에 적합
② 제조공정이 2 이상 연속되는 경우 공정별종합원가계산 적용
③ 기초재공품이 없는 경우에 원가계산액이 동일할 수 있으나, 기초재공품의 완성도가 다른 경우 원가계산액은 상이하다.
07. 개별원가계산은 정확한 원가계산을 할 수 있지만 시간과 비용이 과다하게 든다.
09. 전공정원가는 전공정에서 원가가 모두 발생하였기때문에 100%로 계산된다. 따라서 완성도에 관계없이 항상 완성품환산량의 완성도가 항상 가장 높은 것은 전공정원가이다.
10. 전기와 당기발생원가를 각각 구분하여 완성품환산량을 계산하기 때문에 보다 정확한 원가계산이 가능하고 원가통제 등에 더 유용한 정보를 제공하는 물량흐름의 가정은 선입선출법이다.
11. 선입선출법은 당기작업량과 당기투입원가에 중점을 맞추고 있으므로 계획과 통제 및 제조부문의 성과평가에도 유용한 정보를 제공할 수 있다.
12. 정상원가계산의 경우 직접재료비와 직접노무비를 실제원가로 측정하고 제조간접비는 예정배부액으로 산정하는 원가계산방법이다.
13. ■ 완성품환산량 차이 : 4,000개 = 174,000개 − 170,000개
■ 평균법에 의한 가공비의 완성품환산량 = 170,000개 + 10,000개 × 0.4 = 174,000개
■ 선입선출법에 의한 가공비의 완성품환산량
= 170,000개 + 10,000개 × 0.4 − 20,000개 × 0.2 = 170,000개
14. ■ 재료비 : 착수한 수량 500개
■ 가공비 : (완성수량 400개 + 기말재공품 100개 × 50%) = 450개
15. ■ 평균법에 의한 기말재공품완성품환산량 = 완성품수량 + 기말재공품환산량
29,600단위 = 20,000단위 + (24,000단위 × 0.4)
16. 2,000개 × (1 − 0.30) + 5,000개 + 3,000개 × 0.30 = 7,300개
17. 비정상적 공손은 영업외비용으로 처리한다.

◆정답◆

01. ③ 02. ① 03. ① 04. ④ 05. ① 06. ④ 07. ③ 08. ④ 09. ③ 10. ③
11. ④ 12. ② 13. ① 14. ③ 15. ② 16. ① 17. ③

PART 03

부가가치세

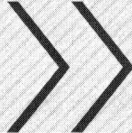

CHAPTER 01 부가가치세의 기본개념
CHAPTER 02 과세거래
CHAPTER 03 영세율과 면세
CHAPTER 04 거래징수와 세금계산서
CHAPTER 05 과세표준과 납부세액
CHAPTER 06 부가가치세 신고·납부절차

직무명	분류번호	능력단위명	수준	능력단위요소
세무	0203020205_23v6	부가가치세 신고	3	1 세금계산서 발급·수취하기 3 부가가치세 신고하기

능력단위정의	부가가치세신고란 상품의 거래나 서비스의 제공에서 얻어지는 부가가치에 대해 과세되는 금액에 대하여 부가가치세법에 따라 신고 및 납부 업무를 수행하는 능력이다.

NCS 능력단위	능력단위요소	수 행 준 거
0203020205_23v6 부가가치세 신고	0203020205_23v6.1 세금계산서 발급·수취하기	1.1 세금계산서의 발급방법에 따라 세금계산서를 발급하고 세금계산서합계표를 국세청에 전송할 수 있다. 1.2 수정세금계산서 발급사유에 따라 세금계산서를 수정 발행할 수 있다. 1.3 부가가치세법에 따라 세금계산서합계표를 작성할 수 있다.
	0203020205_23v6.3 부가가치세 신고하기	3.1 부가가치세법에 따른 과세기간을 이해하여 예정·확정 신고를 할 수 있다. 3.2 부가가치세법에 따라 납세지를 결정하여 상황에 맞는 신고를 할 수 있다. 3.3 부가가치세법에 따른 일반과세자와 간이과세자의 차이를 판단할 수 있다. 3.4. 부가가치세법에 따른 재화의 공급과 용역의 공급의 범위를 판단할 수 있다. 3.5 부가가치세법에 따른 부가가치세신고서를 작성할 수 있다.

CHAPTER 01 부가가치세의 기본개념

1. 부가가치세의 의의

부가가치세(Value Added Tax)란 재화나 용역이 생산·제공되거나 유통되는 모든 단계에서 창출된 부가가치를 과세표준으로 하여 과세하는 조세라고 정의할 수 있다.

부가가치세는 사업자가 재화나 용역의 공급, 재화의 수입을 할 경우 최종소비자로부터 걷어서 내도록 하는 세금이다.

2. 부가가치세의 특징

구 분	내 용
① 국세	국가를 과세의 주체로 한다.
② 간접세	납세의무자와 담세자가 서로 다르며, 납세의무자는 부가가치세법상 사업자이고 담세자는 최종소비자이다.
③ 일반소비세	면세로 열거되지 않는 한 모든 재화·용역의 공급이 과세대상이다.
④ 물세	담세력을 고려하지 않고 수입이나 재산 그 자체에 대하여 부과하는 조세이다.
⑤ 다단계거래세	재화·용역이 최종소비자에게 도달될 때까지의 모든 거래단계마다 부가가치세를 과세한다.
⑥ 소비형 부가가치세	각 거래 단계에서 발생하는 부가가치세에 과세하는 일반소비세이다.
⑦ 전단계세액공제법	매출세액에서 매입세액을 차감하여 납부세액을 계산한다.
⑧ 면세제도	부가가치세의 역진성 완화를 목적으로 한다.
⑨ 소비지국과세원칙	외국으로 수출하는 경우에는 영세율('0'의 세율)을 적용하여 수출국(생산지국)에서는 부가가치세를 과세하지 않고, 외국에서 수입하는 경우에는 국내산과 동일하게 세관장이 과세하도록 한다.

3. 부가가치세의 계산(전단계세액공제법)

부가가치세를 과세하는 방법에는 전단계세액공제법, 전단계거래액공제법, 가산법 등이 있는데, 우리나라 부가가치세법은 전단계세액공제법을 사용하여 부가가치세를 계산한다.

> 납부세액 = (매출 공급가액 × 세율) − (매입 공급가액 × 세율)
> = 매출세액 − 매입세액

※ 甲사업자 ➡ 乙사업자 ➡ 丙사업자 ➡ 최종소비자의 거래단계 가정(상품)

구 분	甲	乙	丙	최종소비자	결론
매 출 액	10,000	20,000	30,000		❶ 최종소비자의 부담 ㉠ 재화의 가격 : 30,000원 ㉡ 부가가치세 : 3,000원 ❷ 과세당국의 징수액 : 3,000원
매 입 액	−	10,000	20,000	30,000	
부가가치	10,000	10,000	10,000		
매출세액	1,000	2,000	3,000		
매입세액	−	1,000	2,000	3,000	
납부세액	1,000	1,000	1,000		

• 甲사업자 입장

구 분	회 계 처 리
공급시점	(차) 현 금　　　　　　　11,000원　　(대) 상품매출　　　　　　　　10,000원 　　　　　　　　　　　　　　　　　　　　　부가세예수금(유동부채)　1,000원

• 乙사업자 입장

구 분	회 계 처 리
매입시점	(차) 상　　품　　　　　　10,000원　　(대) 현　　금　　　　　　　11,000원 　　　부가세대급금(당좌자산)　1,000원
공급시점	(차) 현　　금　　　　　　22,000원　　(대) 상품매출　　　　　　　20,000원 　　　　　　　　　　　　　　　　　　　　　부가세예수금　　　　　　2,000원

• 丙사업자 입장

구 분	회 계 처 리
매입시점	(차) 상　　품　　　　　　20,000원　　(대) 현　　금　　　　　　　22,000원 　　　부가세대급금　　　　2,000원
공급시점	(차) 현　　금　　　　　　33,000원　　(대) 상품매출　　　　　　　30,000원 　　　　　　　　　　　　　　　　　　　　　부가세예수금　　　　　　3,000원

[소비지국과세원칙]
무역상품에 대하여 소비지국에서 과세권을 행사하는 방식으로 수출상품에 대해서는 이미 과세된 간접세를 환급하여 줌으로써 간접세의 부담을 완전히 제거하며, 수입상품에 대해서는 국내에서 생산된 물품과 동일하게 간접세를 부과한다. (우리나라에서는 수출상품에 대하여 영세율을 적용하여 이미 부과된 부가가치세를 완전히 제거하고 있다.)

[전단계세액공제법]
일반 소비자가 아닌 사업자의 경우 물건을 매출할 때 상대방으로부터 받은 부가가치세에서 물건을 매입하면서 낸 부가가치세를 공제한 잔액을 세금으로 국가에 납부하는 방법이다.

[역진성완화]
부가가치세는 모두에게 동일 세율이 적용되기 때문에 가난한 사람들은 부유한 사람들보다 소득대비 더 많은 세금을 부담하게 되므로 면세제도를 두어 역진성을 완화하고 있다.

4. 납세의무자

부가가치세 납세의무자는 영리목적의 유무에 불구하고 사업상 독립적으로 재화 또는 용역을 공급하는 자(계속성, 반복성) 즉, 사업자이다. 따라서 부가가치세 신고는 담세자인 최종소비자가 하는 것이 아니라 납세의무자인 개인·법인(국가·지방자치단체와 지방자치단체조합 포함) 사업자, 법인격이 없는 사단·재단 또는 그 밖의 단체는 부가가치세를 납부할 의무가 있다.

1 사업자의 요건

(1) 영리성

부가가치세법상 사업자는 영리목적 유무와는 무관하다. 이는 부가가치세가 간접세로서 사업자가 아닌 최종소비자가 실질적인 세부담을 지기 때문에 사업자의 영리성 여부와는 무관하며, 사업자간의 경쟁관계에서 중립성을 유지하기 위함이다.

(2) 사업성

사업성이 있어야 한다. 이는 적어도 부가가치를 창출할 수 있을 정도의 사업형태를 갖추고 사회통념상 인정될 수 있는 정도의 계속적 또는 반복적으로 재화 또는 용역을 공급하게 되면 사업성이 있다고 할 수 있다.

(3) 독립성

독립성을 갖추어야 한다. 이는 인적기준과 물적기준으로 구분할 수 있는데, 인적기준이란 타인에게 고용 또는 종속되지 않아야 한다는 것이고, 물적기준이란 주된 사업에 부수되는 등 다른 사업의 연장이 아닌 별개의 것이어야 한다.

(4) 과세대상이 되는 재화·용역의 공급, 재화의 수입

과세대상인 재화 또는 용역을 공급하는 자 또는 과세대상인 재화를 수입하는 자이어야 한다. 따라서 면세대상 재화 또는 용역을 공급하는 자 또는 면세대상인 재화를 수입하는 자는 부가가치세법상 사업자가 아닌 것이다. 또한, 신탁재산과 관련된 재화 또는 용역을 공급하는 때에는 수탁자가 신탁재산별로 각각 별도의 납세의무자로서 부가가치세를 납부할 의무가 있다.

2 사업자의 분류

유 형		구분기준	납부세액 계산구조	증빙발급
과세사업자	일반과세자	법인사업자	매출세액 - 매입세액	세금계산서
		개인사업자		
	간이과세자	개인사업자로서 직전연도의 공급대가 합계액 1억400만원에 미달하는 자	공급대가 × 부가가치율 × 10%	세금계산서 및 영수증
겸영사업자		과세사업과 면세사업을 겸영(업)하는 사업자 ⇨ 부가가치세법상 사업자등록		세금계산서 및 계산서
면세사업자		부가가치세법상 사업자가 아니고 법인세법(또는 소득세법)상 사업자		계산서

※ 간이과세자 중 직전연도 공급대가 합계액 4,800만원 미만인 경우 세금계산서 대신 영수증을 발급한다.

5. 사업자등록

사업자등록이란 부가가치세법상 납세의무자인 사업자의 인적사항 등 과세자료를 파악하는 데 적합한 사항을 신고하여 등재하게 함과 동시에 사업자등록번호를 부여하는 제도를 말한다.

부가가치세법상 사업자등록은 과세사업자에게만 적용되는 규정이다. 부가가치세법상 사업자가 아닌 면세사업자는 부가가치세법이 아닌 법인세법 또는 소득세법상 사업자등록의무를 진다.

1 사업자등록 신청

사업자는 사업장마다 **사업개시일로부터 20일 이내**에 사업장 관할세무서장에게 등록하여야 한다. 다만, 신규로 사업을 개시하고자 하는 자는 사업개시일 전이라도 등록할 수 있다. 사업자등록의 신청은 사업장 관할 세무서장이 아닌 다른 세무서장에게도 할 수 있다.

> [사업개시일]
> ① 제조업 : 제조장별로 재화의 제조를 시작하는 날
> ② 광업 : 사업장별로 광물의 채취·채광을 시작하는 날
> ③ 기타의 사업 : 재화 또는 용역의 공급을 시작하는 날

2 사업자등록증의 발급

사업자등록신청을 받은 세무서장은 그 신청내용을 조사한 후 사업자등록증을 **신청일로부터 2일(토요일·공휴일·근로자의 날은 제외) 이내**에 신청자에게 발급하여야 한다.

다만, 사업장시설이나 사업현황을 확인하기 위하여 국세청장이 필요하다고 인정하는 경우에는 발급기한을 5일(토요일·공휴일·근로자의 날은 제외)이내에서 연장하고 조사한 사실에 따라 사업자등록증을 발급할 수 있다.

3 사업자등록의 사후관리(정정신고 및 재발급)

사업자가 다음에 해당하는 경우에는 **지체없이** 사업자등록정정신고서를 관할세무서장에게 제출하여야 하며, 사업자등록의 정정신고를 받은 세무서장은 해당 정정내용을 확인한 후 사업자등록증의 기재사항을 정정하여 등록증을 재발급하여야 한다.

재발급기한	사업자등록 정정사유
신고일 당 일	① 상호를 변경하는 때 ② 통신판매업자가 사이버몰의 명칭 또는 인터넷 도메인이름을 변경하는 때
신고일부터 2일 이내	① 법인 또는 국세기본법에 의하여 법인으로 보는 단체 외의 단체 중 소득세법상 1거주자로 보는 단체의 대표자를 변경하는 때(**개인사업자의 대표자 변경 : 폐업사유**) ② 상속으로 인하여 사업자의 명의가 변경 되는 때 ③ 임대인, 임대차 목적물·그 면적, 보증금, 차임 또는 임대차기간의 변경이 있거나 새로이 상가건물을 임차한 때 ④ 사업자단위 과세사업자가 종된 사업장을 신설 또는 이전하는 때 ⑤ 사업자단위 과세사업자가 종된 사업장의 사업을 휴업하거나 폐업하는 때 ⑥ 사업의 종류에 변동이 있는 때 ⑦ 사업장(사업단위 과세사업자는 사업자단위 과세적용사업장)을 이전하는 때 ⑧ 공동사업자의 구성원 또는 출자지분의 변경이 있는 때 ⑨ 사업자단위 과세사업자가 사업자단위 과세 적용사업장을 변경하는 때

6. 과세기간

1 과세기간

과세기간이란 과세표준과 세액계산의 기초가 되는 기간을 말하며 부가가치세의 과세기간은 다음과 같이 구분된다.

구 분	과 세 기 간
계속사업자	① 일반과세자 : 제1기 : 1.1 ~ 6.30 제2기 : 7.1 ~ 12.31 ② 간이과세자 : 1.1 ~ 12.31

구 분	과 세 기 간
신규사업자	① 사업개시일 ~ 해당 과세기간 종료일 ② 사업개시전 등록의 경우 : 등록일(등록신청일) ~ 해당 과세기간의 종료일
폐업자	① 해당 과세기간 개시일 ~ 폐업일 ② 사업개시전에 등록한 후 사업을 시작하지 아니하게 되는 경우 등록일(등록신청일) ~ 사실상 그 사업을 시작하지 아니하게 되는 날 ⇨ 사업개시전 등록신청을 한 사업자가 6개월이 되는 날까지 정당한 사유 없이 재화와 용역의 공급실적이 없는 때에는 그 6개월이 되는 날에 사업을 시작하지 아니하게 되는 것으로 본다.
과세유형 변경시	① 일반과세자가 간이과세자로 변경되는 경우 : 그 변경 이후 7월 1일 ~ 12월 31일 ② 간이과세자가 일반과세자로 변경되는 경우 : 그 변경 이전 1월 1일 ~ 6월 30일
간이과세 포기자	① 간이과세자로서의 과세기간 : 포기신고일이 속하는 과세기간의 개시일부터 그 신고일이 속하는 달의 말일까지의 기간 ② 일반과세자로서의 과세기간 : 포기신고일이 속하는 다음달 1일부터 해당 과세기간의 종료일까지의 기간

2 예정신고기간

부가가치세법은 각 과세기간마다 예정신고기간을 설정하여 사업자에게 그 예정신고기간에 대한 과세표준과 세액을 그 예정신고기간 종료일부터 25일 이내에 신고납부하도록 하고 있는데 이것을 예정신고납부라고 한다. 이러한 예정신고기간은 다음과 같다.

구 분	예정신고기간
계속사업자	제1기 : 1월 1일 ~ 3월 31일 제2기 : 7월 1일 ~ 9월 30일
신규사업자	사업개시일 ~ 그 예정신고기간의 종료일

7. 납세지(사업장)

납세지란 관할세무서를 결정하는 기준이 되는 장소를 말하며, 부가가치세법상 납세지는 사업장별로 판정한다. 즉, 한 사업자가 둘 이상의 사업장을 갖고 있을 때에는 각 사업장별로 납세지를 결정한다.

사업자는 사업장마다 사업자등록을 하여야 하며, 사업장별로 구분하여 세금계산서를 발급·수취하고 사업장별로 각각 납부(환급)세액을 계산하여 이를 각 사업장 관할세무서장에게 신고·납부하여야 한다.

1 사업장

(1) 사업장의 범위

구 분	사업장별 납세지
광 업	광업사무소의 소재지
제조업	최종 제품을 완성하는 장소(단, 따로 제품 포장만을 하거나 용기에 충전만을 하는 장소와 저유소는 제외)
건설업·운수업·부동산매매업	① 법인사업자 : 법인의 등기부상의 소재지(등기부상 지점소재지 포함) ② 개인사업자 : 사업에 관한 업무를 총괄하는 장소 ③ 법인명의로 등록된 차량을 개인이 운용하는 경우 : 법인의 등기부상소재지(등기부상 지점소재지 포함) ④ 개인명의로 등록된 차량을 다른 개인이 운용하는 경우 : 그 등록된 개인이 업무를 총괄하는 장소
부동산 임대업	그 부동산의 등기부상의 소재지
다단계판매업	등록한 다단계판매업자의 주된 사업장의 소재지
이동통신역무를 제공하는 전기통신사업	① 법인사업자 : 법인의 본점소재지 ② 개인사업자 : 사업에 관한 업무를 총괄하는 장소
수자원 개발사업, 무인자동판매기를 통한 사업, 우정사업의 소포우편물 공급사업	그 사업에 관한 업무를 총괄하는 장소
한국철도공사가 경영하는 사업	그 사업에 관한 업무를 지역별로 총괄하는 장소
비거주자 또는 외국 법인	비거주자 또는 외국법인의 국내사업장
신탁재산의 수탁업	해당 신탁재산의 등기부상 소재지, 등록부상 등록지 또는 신탁사업에 관한 업무를 총괄하는 장소
기타	위 이외의 장소도 사업자의 신청에 의하여 사업장으로 등록할 수 있고 사업장을 설치하지 않은 경우에는 사업자의 주소지나 거소지를 사업장으로 한다.

(2) 직매장·하치장·임시사업장

구 분	내 용
직매장	직매장이란 사업자가 자기의 사업과 관련하여 생산 또는 취득한 재화를 직접 판매하기 위하여 특별히 판매시설을 갖춘 장소를 말한다. 따라서 직매장에서는 판매행위(재화의 공급)가 이루어지므로 사업장에 해당한다.
하치장	하치장이란 사업자가 재화의 보관·관리시설만을 갖춘 장소를 말한다. 따라서 하치장에서는 판매행위(재화의 공급)가 이루어지지 아니하므로 사업장에 해당하지 아니한다. ⇨ 하치장설치신고서를 하치장을 둔 날로부터 10일이내 하치장 관할세무서장에게 제출

구 분	내 용
임시사업장	임시사업장이란 사업장이 있는 사업자가 기존사업장 외에 각종 경기대회·전람회·국제회의 그 밖에 이와 유사한 행사가 개최되는 장소에서 임시로 개설한 사업장을 말한다. 이러한 임시사업장은 기존사업장에 포함되는 것으로 한다. ⇨ 임시사업장의 개설과 폐쇄신고는 개시일 및 폐쇄일로부터 10일이내 관할세무서장에 신고

2 주사업장 총괄납부

둘 이상의 사업장이 있는 사업자는 부가가치세를 주된 사업장에서 총괄하여 납부할 수 있는데, 이를 "주사업장 총괄납부"라 한다. 이러한 주사업장 총괄납부는 사업자의 납세편의를 도모하고 사업장별로 납부세액과 환급세액이 발생하는 경우의 자금 부담을 완화시켜주기 위한 제도이다. 주사업장 총괄납부는 말 그대로 납부의 총괄이므로 사업자등록·부가가치세의 신고·세금계산서의 발급 및 수령 등은 여전히 각 사업장별로 하여야 함에 유의하여야 한다.

3 사업자단위 과세제도

둘 이상의 사업장이 있는 사업자는 해당 사업자의 본점 또는 주사무소(이하 "사업자단위과세 적용사업장"이라 함)의 관할세무서장에게 사업자등록을 하고 납세의무를 이행할 수 있는데, 이를 "사업자단위 과세제도"라 한다.

사업자단위 과세제도의 적용을 받는 사업자는 사업자등록, 세금계산서 및 영수증의 발급, 신고·납부 또는 환급 등 일체를 사업자단위 과세 적용사업장에서 사업자단위로 할 수 있으며, 결정·경정 및 징수권도 사업자단위 과세 적용사업장 관할세무서장이 행사한다.

4 주사업장 총괄납부와 사업자단위 과세제도 비교

구 분	주사업장 총괄납부	사업자단위 과세제도
주사업장 (총괄사업장)	• 법인사업자 : 본점(주사무소) 또는 지점(분사무소) • 개인사업자 : 주사무소	• 법인사업자 : 본점(주사무소) • 개인사업자 : 주사무소
효력	주된 사업장 관할세무서장에게 총괄납부	총괄사업장 관할세무서장에게 신고·납부 등
신청	• 기존사업자 : 총괄납부하고자 하는 과세기간 개시 20일 전까지 신청 • 신규사업자 : 주사업장의 사업자등록증을 교부받은 날부터 20일이내 신청	• 기존사업자 : 적용받고자 하는 과세기간 개시 20일 전까지 신청 • 신규사업자 : 사업개시일로부터 20일이내 사업자단위로 사업자등록 신청
포기	각 사업장에서 납부하고자 하는 과세기간 개시 20일 전에 포기신고	각 사업장에서 납부하고자 하는 과세기간 개시 20일 전에 포기신고

실무이론

01. 다음 중 우리나라의 부가가치세법의 특징이 아닌 것은?
① 개별소비세
② 소비형 부가가치세
③ 간접세
④ 전단계세액공제법

02. 홍길동은 일반과세사업자로 2025년 9월 1일에 사업을 시작하여 당일 사업자등록 신청을 하였다. 홍길동의 부가가치세법상 2025년 제2기 과세기간은?
① 2025년 1월 1일 ~ 12월 31일
② 2025년 9월 1일 ~ 12월 31일
③ 2025년 1월 1일 ~ 9월 1일
④ 2025년 7월 1일 ~ 12월 31일

03. 부가가치세법상 부가가치세의 과세기간으로 옳지 않은 것은?
① 계속사업자 제1기 : 1월 1일 ~ 6월 30일
② 계속사업자 제2기 : 7월 1일 ~ 12월 31일
③ 사업개시 전 등록한 사업자 : 사업개시일 ~ 당해과세기간 종료일
④ 폐업자 : 당해 과세기간 개시일 ~ 폐업일

04. 다음의 보기에서 부가가치세법상 납세의무에 관한 설명 중 옳은 것은?
① 부가가치세의 납세의무자는 최종소비자이다.
② 거주자는 국외에 소재하는 부동산의 임대용역에 대해서도 납세의무를 진다.
③ 비사업자인 개인이 차량을 매각한 경우에는 납세의무를 지지 않는다.
④ 부가가치세법에서는 국가 및 지방자치단체는 납세의무자에 포함되지 않는다.

05. 다음 중 사업자등록의 정정사유가 아닌 것은?
① 상호를 변경하는 때
② 사업의 종류에 변경이 있는 때
③ 사업장을 이전할 때
④ 증여로 인하여 사업자의 명의가 변경되는 때

06. 부가가치세법상 납세지로 볼 수 없는 것은?
① 제조업의 최종제품을 완성하는 장소
② 부동산임대업의 부동산 소재지가 아닌 본점 또는 주사무소 소재지
③ 직매장
④ 광업의 광업사무소 소재지

07. 다음 중 사업자등록에 대한 설명으로 옳지 않은 것은?
① 신규로 사업을 개시한 자는 사업장마다 사업개시일부터 20일 이내에 사업자등록신청을 하는 것이 원칙이다.
② 세무서장은 사업자등록 신청일로부터 2일(토요일·일요일·근로자의 날 제외) 이내에 사업자등록증을 발급한다.
③ 사업장시설이나 사업현황을 확인하기 위하여 국세청장이 필요하다고 인정하는 경우 발급기한을 5일 이내에서 연장하고 사업장등록증을 발급할 수 있다.
④ 신규로 사업을 개시하려는 자는 사업개시일 전에는 등록할 수 없다.

08. 다음 중 부가가치세법상 세금계산서를 발급할 수 있는 자는?
① 면세사업자로 등록한 자
② 사업자등록을 하지 않은 자
③ 사업자등록을 한 일반과세자
④ 간이과세자 중 직전 사업연도 공급대가가 4,800만원 미만인 자

해설

01. 개별소비세가 아니라 일반소비세이다.
02. 신규사업자의 최초 과세기간은 사업개시일로부터 당해 과세기간의 종료일까지이다.
03. 사업개시 전 등록의 경우 : 등록일 ~ 당해 과세기간 종료일
04. ① 최종소비자는 담세자이다.
   ② 국외에 소재하는 부동산의 임대용역은 사업장이 국외에 있으므로 부가가치세가 과세되지 않는다.
   ④ 국가 및 지방자치단체는 납세의무자에 포함된다.
05. 증여로 인하여 사업자의 명의가 변경되는 경우에는 정정사유가 아닌 폐업 사유가 된다.
06. 부동산임대업은 납세지가 부동산 소재지이다.
07. 신규로 사업을 개시하려는 자는 사업개시일 이전이라도 사업자등록을 신청할 수 있다.
08. ①은 계산서 발급, ②는 미등록사업자로 세금계산서 발급이 불가능하며, ④는 4,800만원 이상인 경우 세금계산서 발급이 가능하다.

정답

01. ① 02. ② 03. ③ 04. ③ 05. ④ 06. ② 07. ④ 08. ③

CHAPTER 02 과세거래

과세거래간 부가가치세의 과세대상이 되는 거래를 말한다. 부가가치세법상 과세대상이 되는 거래는 ① **재화의 공급**, ② **용역의 공급**, ③ **재화의 수입**이다.

1. 재화의 공급

1 재화의 개념

재화란 재산가치가 있는 모든 유체물과 무체물을 말한다.

구 분	구체적 범위
유체물	상품, 제품, 원재료, 건물, 구축물, 기계장치, 차량운반구, 비품 등 모든 유형적 물건
무체물	가스, 전기, 열 등 관리할 수 있는 자연력 또는 특허권, 실용신안권, 디자인권, 상표권, 어업권, 댐사용권 등 재산적 가치가 있는 무체물

※ 화폐, 어음, 수표, 주식, 사채 등은 재화로 보지 아니한다. (소비의 대상이 아님)

2 공급의 범위

공급은 실지공급과 간주공급으로 나누어진다.

재화의 공급	실질공급	대가를 받고 재화를 인도한 거래
	간주공급	대가를 받지 않고 재화를 인도했거나 재화의 인도 자체가 없는 거래

재화의 실지공급은 계약상 원인에 따른 공급과 법률상 원인에 따른 공급으로 구분된다.

(1) 계약상의 원인에 의한 공급

매매계약, 가공계약, 교환계약, 현물출자 등 그 밖의 계약상 원인에 따라 재화를 양도하는 것은 재화의 공급으로 본다.

[가공계약의 구분]
① 자기가 주요자재의 전부 또는 일부를 부담하고 상대방으로부터 인도받은 재화에 공작을 가하여 새로운 재화를 만드는 것은 재화의 공급으로 본다.
② 상대방으로부터 인도받은 재화에 자기가 주요자재를 전혀 부담하지 않고 단순히 가공만 하여 주는 것은 용역의 공급으로 구분된다. 단, 건설업의 경우 건설업자가 건설자재의 전부 또는 일부를 부담하는 경우에도 용역의 공급으로 본다.

(2) 법률상의 원인에 의한 공급

경매·수용 그 밖의 법률상 원인에 따라 재화를 인도하거나 양도하는 것은 재화의 공급으로 본다. 그러나 다음의 경우에는 재화의 공급으로 보지 아니한다.

> ① 국세징수법에 따른 공매, 지방세 징수를 위한 공매, 민사집행법에 따른 경매에 의하여 재화를 인도·양도하는 것은 과세되는 재화의 공급으로 보지 않는다.
> ② 도시 및 주거환경정비법, 공익사업을 위한 토지 등의 취득 및 보상에 관한 법률 등에 따른 수용절차에 있어서 수용대상인 재화의 소유자가 해당 재화를 철거하는 조건으로 그 재화에 대한 대가를 받는 경우에는 재화의 공급으로 보지 아니한다.

3 재화의 간주공급(재화 공급의 특례)

일정한 대가를 받지 않고 재화를 공급하거나 재화의 이동이 없는 경우에도 일정한 건에 해당하면 재화의 공급으로 간주(**매입세액 공제분에 한함**)하여 과세대상으로 보도록 하는 것을 말한다.

(1) 자가공급

자가공급이란 사업자가 자기의 사업과 관련하여 생산하거나 취득한 재화를 자기의 사업을 위하여 직접 사용·소비하는 경우로 본래 재화의 공급에 해당하지 않지만 다음의 3가지 경우에는 이를 재화의 공급으로 의제한다.

① 면세사업에의 전용

자기의 사업과 관련하여 생산·취득한 재화를 자기의 면세사업을 위하여 직접 사용·소비하는 것은 재화의 공급으로 본다. 다만, 처음부터 매입세액이 공제되지 않은 것(불공제원인은 불문)은 재화의 공급으로 보지 아니한다.

② 개별소비세 과세대상 자동차(비영업용소형승용차)와 그 유지를 위한 재화

자기의 사업과 관련하여 생산·취득한 재화를 비영업용 소형승용차로 사용하거나 그 유지에 사용·소비하는 것은 재화의 공급으로 본다. 다만, 처음부터 매입세액이 공제되지 않은 것(불공제원인은 불문)은 재화의 공급으로 보지 아니한다.

> [사례]
> ⊙ 자동차 제조회사가 자가생산한 소형승용자동차를 업무용으로 사용하는 경우
> ⓒ 운수업을 영위하는 사업자가 운수사업용으로 소형승용자동차를 구입하여 매입세액을 공제받은 후 이를 임직원의 업무용으로 사용하는 경우
> ⓒ 주유소나 자동차부품판매업을 영위하는 사업자가 휘발유나 부품을 자기의 업무용 소형승용자동차에 사용·소비하는 경우

③ 판매목적 타사업장 반출

2 이상의 사업장이 있는 사업자가 자기 사업과 관련하여 생산·취득한 재화를 타인에게 직접 판매할 목적으로 자기의 다른 사업장에 반출하는 것은 재화의 공급으로 본다. 다만, 주사업장 총괄납부사업자 또는 사업자단위과세사업자가 총괄납부를 하는 과세기간에 반출하는 것은

재화의 공급으로 의제하지 않는다. 이 경우에도 세금계산서를 발급하고 관할세무서장에게 신고·납부한 경우에는 재화의 공급으로 본다.

구 분	판매목적 타사업장 반출
일반적인 경우	재화의 공급으로 봄(세금계산서 발급 ○)
주사업장 총괄납부 또는 사업자단위과세의 경우	원칙 : 재화의 공급으로 보지 않음
	세금계산서를 발급한 경우 : 재화의 공급으로 봄

[간주공급이 아닌 자가공급 사례]
① 자기의 다른 사업장에서 원료·자재 등으로 사용·소비하기 위하여 반출하는 경우
② 자기 사업장의 기술개발을 위하여 시험용으로 사용·소비하는 경우
③ 수선 및 사후 무료서비스 제공을 위하여 사용·소비하는 경우
④ 불량품 교환·광고선전을 위한 상품 진열 등의 목적으로 자기의 타사업장에 반출하는 경우

(2) 개인적 공급

자기의 사업과 관련하여 생산·취득한 재화를 사업과 직접 관계없이 사업자나 그 사용인의 개인적 목적 또는 기타의 목적을 위하여 사업자가 재화를 사용·소비하는 것은 재화의 공급으로 본다. 이 경우 시가보다 낮은 대가를 받고 제공하는 것은 시가와 받은 대가의 차액에 한정한다.

[간주공급이 아닌 개인적공급 사례]
실비변상적이거나 복리후생인 목적으로 사용인에게 재화를 무상으로 공급하는 것에 해당하는 경우
① 사업을 위해 착용하는 작업복·작업모·작업화·직장체육비·직장연예비에 사용·소비하는 경우
② ㉠, ㉡, ㉢의 경우로 구분하여 각각 1인당 연간 10만원 이하 재화(연간 10만원 초과하는 경우 초과금액에 대해서는 재화의 공급으로 봄)
  ㉠ 경조사와 관련된 재화 ㉡ 설날·추석과 관련된 재화 ㉢ 창립기념일 및 생일 등과 관련된 재화

(3) 사업상 증여

자기의 사업과 관련하여 생산·취득한 재화를 자기의 고객이나 불특정 다수인에게 그 대가를 받지 않거나 현저히 낮은 대가를 받고 증여하는 것은 재화의 공급으로 본다.

[간주공급이 아닌 사업상 증여 사례]
① 증여하는 재화의 대가가 주된 거래인 재화공급의 대가에 포함되는 것
② 무상으로 견본품을 인도·양도하거나 불특정다수인에게 광고선전물을 배포하는 것
③ 재난 및 안전관리 기본법의 적용을 받아 특별재난지역에 공급하는 물품(기부목적사용)
④ 자기적립마일리지등으로만 전부를 결제받고 공급하는 재화

(4) 폐업시 잔존재화

사업자가 사업을 폐업하는 경우 남아 있는 재화는 자기에게 공급하는 것으로 본다. 다만, 매입세액이 공제되지 아니한 것은 재화의 공급으로 보지 아니한다.

[폐업시 잔존재화에 해당하지 않는 사례]
① 사업의 종류변경 시 변경 전 사업의 잔존재화
② 겸영사업자가 그 중 일부를 폐지 시 폐지사업 관련 잔존재화
③ 직매장을 폐지하고 다른 사업장으로 이전 시 직매장의 잔존재화

(5) 재화의 간주공급 시 세금계산서 발급여부

재화의 간주공급에 대하여는 원칙적으로 세금계산서 발급의무가 면제되나, 직매장 반출(= 타사업장의 반출 포함)이 과세거래에 해당하는 경우에는 반드시 세금계산서를 발급하여야 한다.

[재화의 간주공급 요약]

구 분		매입세액 공제여부	간주공급 여부	과세표준	공급시기	세금계산서 발급여부
자가공급	면세사업전용	○	○	시가	사용 · 소비 되는 때	×
	개별소비세 과세대상 자동차와 그 유지를 위한 재화					
	직매장(타사업장) 반출	×	○	원가	반출하는 때	○
개인적공급		○	○	시가	사용 · 소비 되는 때	×
사업상증여		○	○	시가	증여하는 때	×
폐업시잔존재화		○	○	시가	폐업하는 때	×

4 재화의 공급으로 보지 아니하는 경우

다음에 해당하는 것은 재화의 공급으로 보지 않는다.

① **담보의 제공** : 담보제공은 채권담보의 목적에 불과하므로 재화의 공급으로 보지 않는다.

② **포괄적인 사업의 양도** : 사업장별로 그 사업에 관한 모든 권리와 의무를 포괄적으로 승계시키는 사업의 양도는 재화의 공급으로 보지 않는다.

③ **조세의 물납** : 사업자가 사업용 자산을 상속세 및 증여세법, 종합부동산세법, 지방세법 규정에 의하여 물납을 하는 것은 재화의 공급으로 보지 않는다.

④ 공매 · 강제경매에 대한 재화의 양도 : 국세징수법에 의한 공매 및 민사집행법에 의한 강제경매에 의하여 재화를 인도 또는 양도하는 것은 재화의 공급으로 보지 않는다.
⑤ 하치장 반출 : 하치장은 사업장에 해당하지 않으므로 하치장반출은 재화의 공급으로 보지 않는다.
⑥ 화재 · 도난 등으로 인한 재화의 망실

2. 용역의 공급

1 용역의 범위

용역이란 재화 외의 재산가치가 있는 모든 역무 및 그 밖의 행위를 말한다.

① 건설업
② 숙박 및 음식점업
③ 운수 및 창고업
④ 금융 및 보험업
⑤ 정보통신업(출판업과 영상 · 오디오 기록물 제작 및 배급업은 제외)
⑥ 부동산업(논 · 밭 · 과수원 · 목장용지 · 임야 또는 염전임대업, 공익사업 관련 지역권 · 지상권 설정 및 대여사업 제외)
⑦ 전문, 과학 및 기술 서비스업과 사업시설 관리, 사업지원 및 임대서비스업
⑧ 공공행정, 국방 및 사회보장행정
⑨ 교육서비스업
⑩ 보건업 및 사회복지 서비스업
⑪ 예술, 스포츠 및 여가관련 서비스업
⑫ 협회 및 단체, 수리 및 기타 개인서비스업과 제조업 중 산업용 기계 및 장비 수리업
⑬ 가구내 고용활동 및 달리 분류되지 않은 자가소비 생산활동
⑭ 국제 및 외국기관의 사업

> 건설업과 부동산업 중 다음에 해당하는 사업은 재화를 공급하는 사업으로 본다.
> ① 부동산의 매매(주거용 또는 비거주용 및 그 밖의 건축물을 자영건설하여 분양 · 판매하는 경우를 포함) 또는 그 중개를 사업목적으로 나타내어 부동산을 판매하는 사업
> ② 사업상의 목적으로 1과세기간 중에 1회 이상 부동산을 취득하고 2회 이상 판매하는 사업

2 공급의 범위

(1) 실지공급

용역의 실지공급이란 계약상 또는 법률상의 모든 원인에 따라 역무를 제공하거나 재화 · 시설물 또는 권리를 사용하게 하는 것을 말한다.

> [용역의 공급사례]
> ① 건설업의 경우 건설사업자가 건설자재의 전부 또는 일부를 부담하는 것
> ② 자기가 주요자재를 전혀 부담하지 아니하고 상대방으로부터 인도받은 재화를 단순히 가공만 해 주는 것
> ③ 산업상 · 상업상 또는 과학상의 지식 · 경험 또는 숙련에 관한 정보를 제공하는 것

(2) 간주공급

자가공급, 무상공급, 근로제공 등은 용역의 공급으로 보지 아니한다. 다만, **사업자가 특수관계인에게 사업용 부동산의 임대용역을 무상으로 제공하는 것은 용역의 공급으로 본다.**

3. 부수재화 또는 용역

부수재화 또는 용역은 주된 재화 또는 용역의 공급에 부수되어 공급되는 것으로 **주된** 거래에 부수되는 재화 또는 용역과 **주된** 사업에 부수되는 재화 또는 용역으로 구분된다.

1 부수재화 또는 용역의 범위

구분	부수재화 또는 용역의 범위	사례
거래와 관련된 경우	① 해당 대가가 주된 거래인 재화 또는 용역의 공급대가에 통상적으로 포함되어 공급되는 재화 또는 용역	재화의 공급시 배달·운반용역
	② 거래의 관행으로 보아 통상적으로 주된 거래인 재화 또는 용역의 공급에 부수하여 공급되는 것으로 인정되는 재화 또는 용역	보증수리용역
사업과 관련된 경우	① 주된 사업과 관련하여 우발적 또는 일시적으로 공급되는 재화 또는 용역	은행의 사업용 고정자산 매각
	② 주된 사업과 관련하여 주된 재화의 생산에 필수적으로 부수하여 생산되는 재화	부산물 매각

2 부수재화 또는 용역의 과세대상여부 판정

주된 거래에 부수되는 재화 또는 용역은 주된 재화 또는 용역의 공급에 포함되어 주된 거래의 과세·면세 여부에 따라 결정하며, 주된 사업에 부수되는 재화 또는 용역은 별도의 공급으로 보되, 과세 및 면세 여부 등은 주된 사업의 과세 및 면세 여부에 따라 결정한다.

구분	부수재화 또는 용역의 과세대상여부 판정
거래와 관련된 경우	① 주된 재화 또는 용역 : 과세 ⇨ 부수되는 재화 또는 용역 : 과세
	② 주된 재화 또는 용역 : 면세 ⇨ 부수되는 재화 또는 용역 : 면세
사업과 관련된 경우	① 우발적·일시적 공급 : 주된 사업이 **면세**이면 부수재화 또는 용역은 과세·면세를 불문하고 **무조건 면세**이나, 주된 사업이 **과세**이면 부수재화 또는 용역은 해당 부수재화 또는 용역이 과세면 과세, 면세면 면세된다. (예) 은행 또는 보험사가 업무용차량을 매각시 계산서 교부
	② 부산물 : 주산물이 과세면 과세, 면세면 면세된다.

4. 재화의 수입

재화의 수입은 다음 물품을 우리나라에 반입하는 것(보세구역을 거치는 것은 보세구역에서 반입하는 것)을 말한다.

1 재화의 수입으로 보는 경우
① 외국으로부터 우리나라에 도착된 물품
② 외국의 선박에 의하여 공해에서 채포된 수산물을 인취
③ 수출신고가 수리된 물품으로서 선적(기적포함)이 완료된 물품을 우리나라에 인취하는 것

2 재화의 수입으로 보지 않는 경우
① 수출신고가 수리된 물품으로서 선(기)적되지 아니한 것을 보세구역으로부터 인취하는 것
② 외국에서 보세구역(수출자유지역 포함)으로 재화를 반입하는 것

5. 공급시기(=거래시기)와 공급장소

1 재화의 공급시기

구 분		재화의 공급시기
일반적인 공급시기	재화의 이동이 필요한 경우	재화가 인도되는 때
	재화의 이동이 필요하지 아니한 경우	재화가 이용가능하게 되는 때
	위 이외의 경우	재화의 공급이 확정되는 때
거래형태에 따른 공급시기	현금, 외상, 할부판매	재화가 인도·이용가능하게 되는 때
	상품권등 판매 후 그 상품권이 현물과 교환되는 경우	재화가 실제로 인도되는 때
	재화의 공급으로 보는 가공계약	가공된 재화를 인도하는 때
	반환조건부·동의조건부·기타 조건부판매	그 조건이 성취되어 판매가 확정되는 때
	기한부 판매	기한이 경과되어 판매가 확정되는 때
	장기할부, 완성도기준, 중간지급조건부 판매	대가의 각 부분을 받기로 한 때
	자가공급·개인적공급	재화가 사용 또는 소비되는 때

구 분			재화의 공급시기
거래형태에 따른 공급시기	자기공급 중 직매장반출		재화를 반출하는 때
	사업상증여		재화를 증여하는 때
	폐업시 잔존재화		폐업하는 때
	무인판매기에 의한 재화 공급		무인판매기에서 현금을 인취하는 때
	수출재화	내국물품의 국외반출 · 중계무역방식의 수출	수출재화의 선적일(또는 기적일)
		원양어업 · 위탁판매수출	수출재화의 공급가액이 확정되는 때
		위탁가공무역방식의 수출 · 외국인도수출	외국에서 해당 재화가 인도되는 때

2 용역의 공급시기

구 분		용역의 공급시기
일반적인 공급시기	① 역무가 제공되거나 재화, 시설물 또는 권리가 사용되는 때 ② 통상적인 용역공급의 경우에는 역무의 제공이 완료되는 때	
거래형태에 따른 공급시기	완성도기준 · 중간지급조건, 장기할부, 부동산임대	대가의 각 부분을 받기로 한 때
	임대보증금 등에 대한 간주임대료, 부동산임대 공급에 대한 대가를 선불 또는 후불로 받는 경우	예정신고기간 또는 과세기간의 종료일
	위 기준을 모두 적용할 수 없는 때	역무의 제공이 완료되고 그 공급가액이 확정되는 때

① **위탁판매** : 수탁자 또는 대리인의 공급을 기준으로 거래형태에 따른 공급시기 적용
② **장기할부판매(회수기준)** : 2회 이상의 대가를 분할하여 수령하는 것으로서 재화의 인도일의 다음날로부터 최종 부불금의 지급기일까지의 기간이 1년 이상일 것
③ **중간지급조건부 공급** : 재화의 인도일 이용가능일 전에 계약금 이외의 대가를 분할하여 지급하는 경우로서 계약금을 지급하기로 한 날부터 잔금을 지급하기로 한 날까지의 기간이 6개월 이상인 경우
④ **완성도기준지급 공급** : 재화의 제작기간이 장기간을 요하는 경우에 그 진행도 또는 완성도를 확인하여 그 비율만큼 대가를 지급하는 것

3 공급시기의 특례

(1) 폐업하는 경우
폐업 전에 공급한 재화 또는 용역의 공급시기가 폐업일 이후에 도래하는 경우에는 그 **폐업일**을 공급시기로 한다.

(2) 세금계산서의 선 발급 시(= 공급시기 전 세금계산서 발급)
재화 또는 용역의 **공급시기가 도래하기 전**에 재화 또는 용역에 대한 **대가의 전부 또는 일부를 받고** 이와 동시에 당해 받은 대가에 대하여 세금계산서 또는 영수증을 발급하는 경우에는 그 **발급하는 때**를 공급시기로 한다. 세부적인 사항은 세금계산서 발급시기에서 다루기로 한다.

(3) 대가를 전혀 받지 않고 공급시기가 도래하기 전에 세금계산서를 발급하는 경우
① 장기할부 판매하는 재화 또는 용역
② 전력·통신 등 그 공급단위를 구획할 수 없는 재화 또는 용역을 계속적으로 공급하는 경우

4 재화의 수입시기
재화의 수입시기는 "관세법"에 따른 수입신고가 수리된 때로 한다.

5 재화 및 용역의 공급장소
공급장소는 우리나라 과세권이 미치는 거래여부에 대한 판정 기준이다.

구 분		공급장소
재화	재화의 이동이 필요한 경우	재화의 이동이 시작되는 장소
	재화의 이동이 필요하지 아니한 경우	재화가 공급되는 시기에 재화가 있는 장소
용역	원칙	역무가 제공되거나 시설물, 권리 등 재화가 사용되는 장소
	국내 및 국외에 걸쳐 용역이 제공되는 국제운송의 경우 사업자가 비거주자 또는 외국법인인 경우	여객이 탑승하거나 화물이 적재되는 장소
	국외사업자로부터 전자적 용역을 국내에서 공급받는 경우	용역을 공급받는 자의 사업장 소재지·주소지·거소지

실무이론

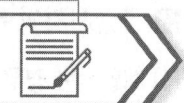

01. 다음 중 부가가치세법상 재화의 공급으로 보는 것은?
　① 증여세를 건물로 물납하는 경우　② 사업의 포괄양수도
　③ 차량을 담보목적으로 제공하는 경우　④ 폐업시 잔존재화

02. 다음 중 부가가치세법상 간주공급에 해당하지 아니하는 것은?
　① 비영업용소형승용차의 양도
　② 자기사업과 관련하여 취득한 재화(매입세액공제 받음)를 면세사업에 사용
　③ 자기사업과 관련하여 취득한 재화(매입세액공제 받음)를 개인적목적에 사용
　④ 사업을 폐업하는 경우 잔존재화 (매입세액공제 받음)

03. 다음은 부가가치세법상 간주공급에 관한 설명이다. 가장 틀린 것은?
　① 간주공급은 자가공급, 개인적공급, 사업상증여, 폐업시 잔존재화로 분류한다.
　② 간주공급은 실지공급과 같이 세금계산서를 교부하여야 한다.
　③ 자가공급은 면세전용, 비영업용소형승용차의 구입과 유지를 위한 재화, 판매목적 타사업장반출로 분류한다.
　④ 자가공급, 개인적공급, 사업상증여의 공급시기는 재화가 사용되거나 소비되는 때이다.

04. 다음 중 부가가치세법상 공급시기가 잘못된 것은?
　① 외상판매의 경우 : 재화가 인도되거나 이용가능하게 되는 때
　② 장기할부판매의 경우 : 대가의 각 부분을 받기로 한 때
　③ 무인판매기로 재화를 공급하는 경우 : 무인판매기에서 현금을 인취하는 때
　④ 폐업시 잔존재화의 경우 : 재화가 사용 또는 소비되는 때

05. 부가가치세법상 용역의 공급으로 과세하지 아니하는 것은?
　① 고용관계에 의하여 근로를 제공하는 경우
　② 사업자가 특수관계 있는 자에게 사업용 부동산의 임대용역을 무상공급하는 경우
　③ 상대방으로부터 인도받은 재화에 주요자재를 전혀 부담하지 아니하고 단순히 가공만 하는 경우
　④ 건설업자가 건설자재의 전부 또는 일부를 부담하고 공급하는 용역의 경우

06. 부가가치세법상 부동산임대용역을 공급하는 경우에 전세금 또는 임대보증금에 대한 간주임대료의 공급시기는?
　① 그 대가의 각 부분을 받기로 한 때　② 용역의 공급이 완료된 때
　③ 그 대가를 받은 때　④ 예정신고기간 또는 과세기간 종료일

07. 부가가치세법상 용역의 공급에 대한 설명이다. 가장 옳지 않은 것은?
① 용역은 재화외의 재산가치가 있는 모든 역무 및 그 밖의 행위를 말한다.
② 산업상, 상업상 또는 과학상의 지식, 경험 또는 숙련에 관한 정보를 제공하는 경우 부가가치세 과세대상이다.
③ 용역의 무상공급의 경우 부가가치세 과세대상이다.
④ 건설업은 건설자재의 일부 또는 전부를 부담하는 경우에도 용역의 공급으로 본다.

08. 다음 중 부가가치세법상 과세대상과 과세기간에 대한 설명으로 옳지 않은 것은?
① 재화의 수입은 과세대상이다.
② 수표, 어음 등의 화폐대용증권은 과세대상이 아니다.
③ 고용관계에 의하여 근로를 제공하는 경우 과세대상이 아니다.
④ 폐업하는 경우의 과세기간은 폐업일이 속하는 과세기간의 개시일부터 과세기간종료일까지로 한다.

09. 다음 중 부가가치세법상 주된 사업에 부수되는 재화·용역의 공급으로서 면세 대상이 아닌 것은?
① 은행업을 영위하는 면세사업자가 매각한 사업용 부동산인 건물
② 약국을 양수도하는 경우로서 해당 영업권 중 면세 매출에 해당하는 비율의 영업권
③ 가구제조업을 영위하는 사업자가 매각한 사업용 부동산 중 토지
④ 부동산임대업자가 매각한 부동산임대 사업용 부동산 중 상가 건물

해설

01. 사업자가 사업을 폐업하는 경우 남아 있는 재화(매입세액이 공제되지 아니한 재화는 제외한다)는 자기에게 공급하는 것으로 본다.
02. 비영업용소형승용차의 양도는 재화의 실질공급이다.
03. 간주공급은 세금계산서를 교부하지 않는다. (자가공급 중 판매목적타사업장반출 제외)
04. 폐업시 잔존재화는 의제공급에 해당하는 것으로 공급시기는 폐업하는 때로 한다.
05. 고용관계에 의하여 근로를 제공하는 경우 부가가치세법상 용역의 공급으로 보지 않는다. 그리고 사업자가 특수관계 있는 자에게 사업용 부동산의 임대용역을 무상공급하는 경우 용역의 공급이다.
06. 부동산임대용역의 간주임대료의 공급시기는 예정신고기간 또는 과세기간 종료일이다.
07. 용역의 무상공급의 경우는 현행 부가가치세법상 용역의 공급으로 보지 않는다.
08. 폐업하는 경우의 과세기간은 폐업일이 속하는 과세기간의 개시일부터 폐업일까지로 한다.
09. 부동산임대업자가 해당 사업에 사용하던 건물을 매각하는 경우는 과세 대상이다.

정답

01. ④ 02. ① 03. ② 04. ④ 05. ① 06. ④ 07. ③ 08. ④ 09. ④

CHAPTER 03 영세율과 면세

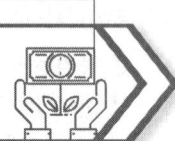

1. 영세율

1 영세율의 개념

영세율이란 재화 또는 용역을 공급할 때 과세표준에 적용하는 세율을 영(0)으로 하는 것으로서 매출세액이 영(0)이 된다. 결국 영세율이 적용되면 해당 영세율이 적용된 거래 이전단계까지 창출된 모든 부가가치에 대해서 과세하지 않는 효과를 가져오게 된다. 이러한 이유로 영세율을 **완전면세제도**라고 한다.

2 영세율의 취지

(1) 국제적 이중과세의 방지(소비지국 과세원칙)

국가 간에 이동이 이루어지는 재화의 수출·입은 각 국가에서 소비세를 과세하는 경우에는 국제적인 이중과세가 발생되므로 관세 및 무역에 관한 일반협정(GATT)상의 소비지국 과세원칙에 따라 재화의 소비지인 수입국에서 과세하도록 함으로써 국제적인 이중과세의 방지를 위한 제도이다.

(2) 수출촉진

영세율이 적용되는 재화·용역은 부가가치세 부담이 완전히 없어지게 되므로 수출하는 재화·용역의 가격조건이 그 만큼 유리하게 되어 국제경쟁력이 강화되며, 영세율이 적용되는 경우에는 조기 환급 대상이 되므로 수출업자의 자금부담을 그 만큼 해소할 수 있어 수출을 촉진시키기 위한 조세지원제도이다.

3 영세율의 적용대상자

(1) 과세사업자

영세율은 부가가치세법상 과세사업자(간이과세자 포함)에 한하여 적용한다. 따라서 부가가치세법상 사업자가 아닌 면세사업자는 면세포기를 함으로써 영세율을 적용받을 수 있다.

(2) 상호면세주의

비거주자 또는 외국법인의 국가에서 대한민국의 거주자 또는 내국법인에게 동일한 면세를 하는 경우에 한하여 영의 세율을 적용하거나 우리나라에 주재하거나 파견된 외교관·외교사절 또한 주한외국공관에 근무하는 외국인으로서 당해 국가의 공무원신분을 가진 자에게 당해 국가에서 우리나라의 외교관 등에게 동일한 면세를 하는 경우에 한하여 영의 세율을 적용하는 것을 상호면세라 한다.

4 영세율 적용대상의 범위

구 분	영세율 대상

수출하는 재화	① 내국물품을 외국으로 반출하는 것(우리나라 선박에 의하여 공해에서 채취한 수산물 포함)
	② 내국신용장 또는 구매확인서에 의하여 공급하는 재화
	③ 국내의 사업장에서 계약과 대가수령 등 거래가 이루어지는 것
	   ㉠ 외국인도수출
	      수출대금은 국내에서 영수하지만 국내에서 통관되지 아니한 수출품 등을 외국으로 인도하는 수출
	   ㉡ 중계무역수출
	      수출목적으로 물품 등을 수입하여 국내에 반입하지 않고 바로 해외에서 인도하는 수출
	   ㉢ 위탁판매수출
	      물품을 무환으로 수출하여 당해 물품이 판매된 범위안에서 대금을 결제하는 계약에 의한 수출
	   ㉣ 위탁가공무역수출
	      가공임지급조건으로 외국에서 가공(제조, 조립, 재생, 개조를 포함)할 원료의 전부 또는 일부를 거래상대방에서 수출하거나 외국에서 조달하여 가공한 후 가공물품을 외국으로 인도하는 수출
	④ 한국국제협력단 · 한국국제보건의료재단 · 대한적십자사에 공급하는 재화
	⑤ 비거주자 및 외국법인에게 공급하는 수탁가공무역 수출용으로 공급하는 재화

국외제공용역	우리나라 거주자 또는 내국법인이 제공하는 용역으로서 해외건설공사와 같이 용역제공의 장소가 국외인 경우를 말한다.
선박 · 항공기의 외국항행용역	선박 또는 항공기에 의하여 여객이나 화물을 국내에서 국외로, 국외에서 국내로 또는 국외에서 국외로 수송하는 것을 말한다. 외국항행용역에 있어서 국내거래와 국제거래가 혼합된 경우 이를 구분하기가 곤란하므로 그 전체를 영세율로 적용한다.

기타 외화획득 재화 · 용역	① 국내에서 비거주자 또는 외국법인에게 공급하는 특정 재화 또는 사업에 해당하는 용역
	② 수출재화임가공용역(직접도급계약에 의한 임가공용역만 영세율 적용)
	③ 기타 외화획득 재화 · 용역의 공급
	   ㉠ 국내사업장이 없는 경우 : 그 대금을 외국환은행에서 원화로 받는 것
	   ㉡ 국내사업장이 있는 경우 : 국외의 비거주자 또는 외국법인과 직접계약에 의해 공급하는 재화 · 용역으로서 그 대금을 당해 국외의 비거주자 또는 외국법인으로부터 외국환은행을 통하여 원화로 받는 것

조세특례제한법상 영세율 적용대상	① 방위산업물자 ② 석유류 ⇨ 국군 조직법에 의하여 설치된 기관 또는 부대 ③ 도시철도 건설용역(민간투자법에 따른 사업시행자가 공급하는 경우 제외, 2026.12.31.까지) ④ 사회간접자본 시설 · 건설용역(2026.12.31.까지) ⑤ 농 · 축 · 임업용 기자재 ⑥ 어업용 기자재 ⑦ 장애인용 보장구 등

[내국신용장(Local L/C)]
수출업자가 수출이행에 필요한 완제품·원자재 또는 임가공용역을 국내에서 조달 또는 공급받기 위하여 물품 구입대금 등의 사전지급 대신 해외로부터 받은 원신용장을 담보로 국내은행이 수출업자의 신청에 의해 국내의 원자재 등 공급업자를 수혜자로 하여 개설하는 제2 또는 제3의 신용장을 말하며, 은행이 대금지급을 보증한다.

[구매확인서]
내국신용장에 의하지 아니하고 국내에서 외화획득용 원료·물품·용역 또는 외화획득용 전자적 형태의 무체물을 수출업자에게 공급하는 경우에 수출업자와 원재료 등 공급자의 신청에 의해 외국환은행의 장이 내국신용장에 준하여 발급하는 것으로서 수출용 재화 또는 용역에 관한 수출신용장 등 근거서류 및 그 번호와 선적기일 등이 기재된 것을 말한다.

2. 면세

1 면세의 의의

면세란 국민들의 복리후생 등을 위하여 일정한 재화·용역의 공급과 재화의 수입에 대하여 부가가치세를 면제하는 제도를 말한다.

면세제도는 면세대상거래의 매출세액만을 면제하고, 전단계에서 발생한 매입세액은 공제 또는 환급하지 않는 부분면세방법을 택하고 있다.

2 면세의 취지

면세는 소득에 대한 부가가치세부담의 역진성을 완화시킴과 동시에 최종소비자의 부가가치세 부담을 경감시켜주기 위하여 도입된 것이다.

3 면세 적용대상의 범위

구 분	면 세 대 상
기초생활 필수품	① 미가공 식료품 등(식용에 공하는 농산물·축산물·수산물·임산물 포함) ⇨ 국적불문 ② 국내에서 생산된 식용에 공하지 아니하는 미가공 농·축·수·임산물 ③ 수돗물 ⇨ 생수는 과세 ④ 연탄과 무연탄 ⇨ 유연탄·갈탄·착화탄(연탄용 불쏘시개)은 과세 ⑤ 여성용 생리처리 위생용품과 영유아용 기저귀와 분유(액상분유 포함) ⑥ 여객운송용역 ⇨ 시내버스, 지하철, 일반 고속버스(우등 제외) 등(항공기·고속철도, 우등고속버스·전세버스운송사업, 택시, 항해시속 20노트 이상의 여객선 등은 과세) ⑦ 주택과 이에 부수되는 토지의 임대용역(도시계획안 5배, 외 10배) 주택의 부수토지 = MAX[㉠, ㉡] ㉠ 건물정착면적 × 5배(도시지역 밖은 10배) ㉡ 건물의 연면적 (지하층의 면적, 지상층의 주차장으로 사용되는 면적, 주민공동시설면적 제외)

구 분	면 세 대 상
국민후생 용역	① 의료보건용역과 혈액(치료 · 예방 · 진단 목적으로 조제한 동물의 혈액 포함) 　㉠ 의사 · 치과의사 · 한의사 등이 제공하는 용역 　　⇨ 미용목적 성형수술(쌍꺼풀수술, 코성형수술, 유방확대 · 축소술, 주름살제거술, 지방흡인 　　　술)은 과세, 단, 유방재건술은 면세 　㉡ 접골사 · 침사 등이 제공하는 용역 　㉢ 임상병리사 · 방사선사 · 물리치료사 등이 제공하는 용역 　㉣ 약사가 제공하는 의약품의 조제용역 ⇨ 의약품의 단순판매는 과세 　㉤ 수의사가 제공하는 용역 　　⇨ 가축 · 수산동물 · 장애인보조견 · 수급자가 기르는 동물에 대한 진료용역과 질병 예방 및 　　　치료 목적의 동물 진료용역이 면세이며, 수의사 및 동물병원이 제공하는 애완동물 진료 　　　용역은 과세 　㉥ 장의업자가 제공하는 장의용역 　㉦ 분뇨의 수집 · 운반 · 처리 및 정화조청소용역, 적축물처리용역 　㉧ 노인장기요양보험법에 따른 장기요양기관이 장기요양인정을 받은 자에게 제공하는 신체 　　활동 · 가사활동의 지원 또는 간병 등의 용역 등 ⇨ 간병, 산후조리, 보육용역(사회적기업 · 　　협동조합) ② 인가 · 허가 받은 교육용역(사회적기업 · 협동조합 포함) 　⇨ 무허가 · 무인가 교육용역 및 성인대상 영리학원인 무도학원 및 자동차운전학원은 과세
문화관련 재화용역	① 도서(도서대여 및 실내 도서열람용역 포함) · 신문 · 잡지 · 관보 · 뉴스통신 ⇨ 방송과 광고는 과세 ② 예술창작품 · 예술행사 · 문화행사 · 비직업운동경기 ③ 도서관 · 과학관 · 박물관 · 미술관 · 동물원 · 식물원의 입장 　⇨ 오락 및 유흥시설과 함께 있는 동 · 식물원 및 해양수족관은 과세
부가가치 구성요소	① 금융 · 보험용역 ② 토지의 공급 ⇨ 토지의 임대는 과세 ③ 주택과 이에 부수되는 토지의 임대용역 | 구분	공급	임대
---	---	---
토지	■ 토지의 공급 : 면세	■ 일반적인 토지의 임대 : 과세 ■ 주택부수토지의 임대 : 면세
건물	■ 건물의 공급 : 과세 ■ 국민주택이하 주택 : 면세	■ 건물의 임대 : 과세 ■ 주택의 임대 : 면세	 ④ 저술가 등이 직업상 제공하는 인적용역 ⇨ 변호사업 · 공인회계사업 · 세무사업 · 관세사업 · 　기술사업 · 건축사업 등의 인적용역은 과세
그 밖의 재화용역	① 우표 · 인지 · 증지 · 복권 · 공중전화 ⇨ 수집용 우표는 과세 ② 판매가격이 200원 이하인 담배 ⇨ 일반 담배는 과세 ③ 종교 · 학술 · 자선 · 구호 · 기타 공익을 목적으로 하는 단체가 공급하는 재화 · 용역 ④ 국가 · 지방자치단체 · 지방자치단체조합이 공급하는 재화 · 용역 ⑤ 국가 · 지방자치단체 · 지방자치단체조합 또는 공익단체에 무상 공급하는 재화 · 용역 　⇨ 유상공급은 과세 ⑥ 시내버스 · 마을버스 · 농어촌버스로 공급되는 전기 · 수소전기 버스(2025.12.31.까지)

4 면세포기

(1) 면세포기대상
① 영세율 적용대상이 되는 재화·용역
② 학술연구단체 또는 기술연구단체가 공급하는 재화·용역

(2) 면세포기의 효과
① 효력발생시기

일반적인 경우 면세포기의 효력은 **사업자등록 이후의 공급분부터 적용**되며, 신규사업자가 사업자등록신청과 함께 면세포기신청을 한 경우에는 사업개시일부터 면세포기의 효력이 발생한다.

② 면세의 재적용

면세포기신고를 한 사업자는 **신고한 날로부터 3년간**은 부가가치세의 면세를 적용받지 못한다. 이와 같이 면세포기신고를 한 사업자가 3년이 경과한 후 다시 부가가치세의 면세를 적용받고자 하는 때에는 면세적용신고서와 함께 발급받은 사업자등록증을 제출하여야 한다.

3. 영세율과 면세의 비교

구 분	면 세	영세율
목적	소득대비 세부담의 역진성 완화	① 국가간 이중과세의 방지 ② 수출산업의 지원·육성
대상	기초생활필수품 등	수출 등 외화획득 재화·용역
면세정도	부분면세(불완전면세)	완전면세
거래중간단계에서의 적용시	환수효과와 누적효과 발생	환수효과 발생
과세대상여부	부가가치세 과세대상에서 제외	부가가치세 과세대상에 포함
사업자여부	부가가치세법상 사업자가 아님	부가가치세법상 사업자임
의무이행여부	부가가치세법상 각종 의무를 이행할 필요가 없으나 다음의 협력의무는 있다. ① 매입처별세금계산서합계표 제출의무 ② 대리납부의무	영세율 사업자는 부가가치세법상 사업자이므로 부가가치세법상 제반의무를 이행하여야 한다.

PART 03 부가가치세

실무이론

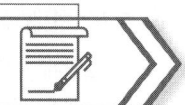

01. 다음 중 부가가치세 면세대상에 해당하지 않는 것은?
① 시내버스, 우등고속버스 등의 여객운송용역
② 대통령령으로 정하고 있는 교육용역
③ 주택임대
④ 미가공 식료품

02. 다음에서 부가가치세가 면세되는 재화와 용역에 해당하는 것은 모두 몇 개인가?

| 가. 수돗물 | 나. 의료보건용역 | 다. 전세버스 운송용역 |
| 라. 주택임대 | 마. 토지임대 | 바. 고속철도에 의한 여객운송용역 |

① 2개　　　　② 3개　　　　③ 4개　　　　④ 5개

03. 부가가치세법상 사업자가 행하는 다음의 거래 중 부가가치세가 과세되는 것은?
① 상가에 부수되는 토지의 임대
② 주택의 임대
③ 국민주택 규모 이하의 주택의 공급
④ 토지의 공급

04. 다음 중 부가가치세법상 영세율 적용대상에 해당하는 것은?
① 자동차 대여용역
② 일정한 면적이내의 주택임대용역
③ 선박 또는 항공기의 외국항행용역
④ 도서 대여용역

05. 다음 중 부가가치세법상 영세율에 대한 설명 중 틀린 것은?
① 수출하는 재화에 적용된다.
② 내국신용장에 의할 경우 영세율세금계산서를 발행해야 한다.
③ 최종소비자에게 부가가치세의 부담을 경감시키기 위한 불완전면세제도이다.
④ 영세율적용대상자는 부가가치세법상 과세사업자이어야 한다.

06. 부가가치세법상 영세율이 적용 되는 것은?
① 연탄과 무연탄
② 복권과 공중전화
③ 여성용 생리 처리 위생용품
④ 내국신용장에 의하여 공급하는 재화·용역

07. 부가가치세법상 영세율이 적용 되지 않는 것은?
① 수출하는 재화
② 항공기의 외국항행용역
③ 국외에서 제공하는 용역
④ 국가에 무상으로 공급하는 용역

08. 다음 중 부가가치세법상 영세율과 면세에 대한 설명 중 틀린 것은?
① 영세율은 완전면세제도이고 면세는 불완전면세제도이다.
② 영세율은 부가가치세법상 사업자만이 적용받을 수 있고 면세사업자인 상태에서 영세율을 적용받을 수 없다.
③ 영세율과 면세가 동시에 적용되는 경우에는 면세를 포기하고 영세율을 적용받을 수 있다.
④ 영세율과 면세의 경우 모두 부가가치세신고 의무는 면제된다.

◆해설◆

01. 우등고속버스는 과세대상이다.
02. 수돗물, 의료보건용역, 주택임대는 면세에 해당한다.
03. 상가(과세)에 부수되는 토지의 임대는 과세거래이며, ②·③·④는 면세대상에 해당한다.
04. 선박 또는 항공기의 외국항행용역은 영세율 적용 대상에 해당한다.
05. 수출시 "0"의 세율을 적용하여 매입세액을 공제받는 완전면세제도이다.
06. 내국신용장 및 구매확인서에 의하여 공급하는 재화·용역은 영세율에 해당하며 나머지는 면세에 해당한다.
07. 국가에 무상으로 공급하는 용역은 면세에 해당한다.
08. 영세율의 경우에는 부가가치세 제반의무가 존재하며, 면세는 일정한 협력의무 외의 부가가치세법상의 의무사항은 없다.

◆정답◆

01. ① 02. ② 03. ① 04. ③ 05. ③ 06. ④ 07. ④ 08. ④

CHAPTER 04 거래징수와 세금계산서

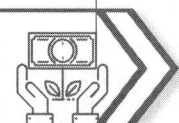

1. 거래징수

1 거래징수의 의의

거래징수제도는 사업자에게 부가가치세의 징수의무와 권한을 부여하고 있는 것으로서 이로 인하여 부가가치세는 최종소비자에게 전가된다. 따라서 부가가치세는 최종소비자가 부담하는 것이다.

[거래징수 시 유의사항]
① 사업자란 과세사업자를 의미하므로 면세사업자는 거래징수의무가 없다.
② 거래징수는 공급받는 자와는 관련이 없으므로 과세되는 재화·용역을 공급하는 사업자는 해당 공급받는 자가 과세사업자·면세사업자·최종소비자인지를 구분하지 아니하고 거래징수의무를 진다.

2 거래징수의 특례

(1) 재화의 수입

재화의 수입 시 공급자는 국외의 사업자이므로 현실적으로 거래징수를 할 여지가 없다. 이에 따라 부가가치세법에서는 재화의 수입 시 세관장이 관세법에 따라 부가가치세를 징수하도록 규정하고 있다.

(2) 대리납부

국내사업장이 없는 비거주자 또는 외국법인등 국외사업자로부터 국내에서 용역 또는 권리를 공급받는 자(공급받은 그 용역 등을 과세사업에 제공하는 경우는 제외하되, 매입세액이 공제되지 아니하는 용역 등을 공급받는 경우는 포함)는 그 대가를 지급하는 때에 그 대가를 받은 자로부터 부가가치세를 징수하여 대리 납부하는 것을 말한다.

2. 세금계산서

1 세금계산서의 의의

세금계산서란 사업자가 재화 또는 용역을 공급할 때 부가가치세를 거래징수하고, 거래사실과 부가가치세의 징수사실을 증명할 수 있는 일종의 증명서류에 해당한다. 이러한 세금계산서는 증명서류로서의 역할뿐만 아니라 과세자료, 청구서, 영수증, 기장의 근거자료로 이용되기도 한다.

2 세금계산서의 기재사항

필요적 기재사항	① 공급하는 사업자의 등록번호와 성명 또는 명칭 ③ 공급가액과 부가가치세액	② 공급받는 자의 등록번호 ④ 작성년월일
임의적 기재사항	① 공급하는 자의 주소 ③ 공급품목과 공급연월일	② 공급받는자의 상호·성명·주소 ④ 단가와 수량 등

3 세금계산서의 종류

구 분			발급의무	비 고
사업자	과세사업자	일반과세자	세금계산서	최종소비자대상업종은 영수증 발급
		간이과세자	세금계산서	신규사업자 등 예외적으로 영수증 발급
	면세사업자		계산서	최종소비자대상업종은 영수증 발급
세관장(수입재화에 대해 발급)			수입세금계산서	과세대상은 세금계산서, 면세대상은 계산서 발급

※ 영수증 범위 : 신용카드매출전표·직불카드영수증·기명식선불카드영수증·현금영수증·금전등록기계산서

3. 전자세금계산서

1 전자세금계산서의 발급

법인사업자와 소득세법상 **직전연도의 사업장별 재화 및 용역의 공급가액**(면세공급가액 포함)의 합계액이 8천만원 이상(2024.6.30. 이전은 1억원)인 개인사업자(그 이후 직전연도의 사업장별 재화 및 용역의 공급가액이 8천만원 미만이 된 개인사업자를 포함)는 재화 또는 용역의 공급시기가 속하는 달의 **다음달 10일**까지 다음의 방법 중 하나로 전자세금계산서를 발급하여야 한다. 다만, 다음달 10일이 공휴일 또는 토요일일 때에는 바로 다음 영업일까지 전자세금계산서를 발급할 수 있다.

① 전사적기업자원관리설비(ERP)를 이용하는 방법
② 전자세금계산서 발급업무를 대행하는 사업자(ASP)의 전자세금계산서 발급시스템을 이용하는 방법
③ 국세청이 구축한 전자세금계산서 발급시스템을 이용하는 방법(국세청 홈택스)
④ 전자세금계산서 발급이 가능한 현금영수증 발급장치 및 그 밖에 국세청장이 지정하는 전자세금계산서 발급시스템을 이용하는 방법

전자세금계산서 **의무발급 개인사업자**는 사업장별 재화 및 용역의 공급가액의 합계액이 **8천만원 이상인 해의 다음 해 제2기 과세기간이 시작하는 날부터 전자세금계산서를 발급**해야 한다. 다만, 사업장별 재화와 용역의 공급가액의 합계액이 수정신고 또는 과세관청의 결정과 경정으로 8천만원 이상이 된 경우에는 수정신고 등을 한 날이 속하는 과세기간의 다음 과세기간이 시작하는 날부터 전자세금계산서를 발급해야 한다.

[개인사업자 전자세금계산서 발급 기간]
- 직전연도 공급가액 합계액 8천만원 이상 : 당해연도 7월 1일부터 계속하여 발급

2 전자세금계산서의 전송

사업자가 전자세금계산서를 발급하였을때에는 해당 전자세금계산서 **발급일의 다음날까지** 세금계산서발급명세를 국세청장에게 전송하여야 한다. **(세금계산서합계표 제출의무 면제)**

4. 매입자발행세금계산서

1 매입자발행세금계산서의 정의

납세의무자로 등록한 사업자(세금계산서 발급의무가 있는 간이과세자 포함)로서 사업자가 재화 또는 용역을 공급하고 세금계산서 발급시기에 세금계산서를 발급하지 아니한 경우(사업자의 부도·폐업, 공급 계약의 해제·변경 등의 사유가 발생한 경우로서 사업자가 수정세금계산서를 발급하지 않은 경우 포함) 그 재화 또는 용역을 공급받은 자는 해당 **재화 또는 용역의 공급시기가 속하는 과세기간의 종료일로부터 1년 이내**에 관할 세무서장의 확인을 받아 매입자발행세금계산서를 발행할 수 있다.

다만, 거래사실의 확인신청 대상이 되는 거래는 **거래건당 공급대가(부가가치세 포함 금액)가 5만원 이상**인 경우로 한다.

2 매입세액 공제대상

법령에 의해 공급받는 자가 발행한 매입자발행세금계산서에 기재된 그 부가가치세액은 부가가치세 신고시 매입자발행세금계산서합계표를 제출한 경우에는 매입세액으로 공제받을 수 있다.

5. 수입세금계산서

세관장은 수입되는 재화에 대하여 부가가치세를 징수할 때(부가가치세의 납부가 유예되는 때를 포함)에는 수입된 재화에 대한 세금계산서를 수입하는 자에게 발급하여야 한다.

6. 세금계산서의 발급·발급시기

1 세금계산서의 발급

사업자가 재화 또는 용역을 공급하는 경우에는 공급자가 공급받는 자에게 세금계산서를 발급하여야 한다. 이 경우 세금계산서는 공급자가 2매를 발급하여 1매는 공급자가 보관하고, 1매는 공급받는 자에게 발급(교부)한다.

2 세금계산서의 발급시기

구 분	내 용
원칙	재화 또는 용역의 **공급시기**에 **발급**하여야 한다.
공급시기 전 발급 (선 발행 세금계산서)	① 재화 또는 용역의 **공급시기 전에 재화 또는 용역에 대한 대가의 전부 또는 일부를 받고**, 그 받은 대가에 대하여 세금계산서(또는 영수증)을 발급하면 그 세금계산서 등을 발급하는 때를 각각 그 재화 또는 용역의 공급시기로 본다. ② 사업자가 재화 또는 용역의 공급시기가 되기 전에 세금계산서를 발급하고 **그 세금계산서 발급일부터 7일 이내에 대가를 받으면** 해당 세금계산서를 발급한 때를 재화 또는 용역의 공급시기로 본다. ③ 위 ②에도 불구하고 다음 어느 하나에 해당하는 경우에는 재화 또는 용역을 공급하는 사업자가 그 재화 또는 용역의 공급시기가 되기 전에 세금계산서를 발급하고 그 세금계산서 발급일로부터 7일이 지난 후 대가를 받더라도 해당 세금계산서를 발급한 때를 재화 또는 용역의 공급시기로 본다. 　㉠ 거래 당사자 간의 **계약서·약정서** 등에 대금 청구시기(세금계산서 발급일을 말함)와 지급시기를 따로 적고, 대금 청구시기와 지급시기 사이의 **기간이 30일 이내인 경우** 　㉡ 재화 또는 용역의 공급시기가 세금계산서 발급일이 속하는 **과세기간 내**(공급받는 자가 조기환급을 받은 경우에는 세금계산서 발급일로부터 30일 이내)에 **도래하는 경우** ④ 다음의 경우에는 **공급시기**가 도래하기 전에 대가를 받지 않고 세금계산서 또는 영수증을 발급하는 경우에는 그 발급하는 때를 재화 또는 용역의 공급시기로 본다. 　㉠ 장기할부판매로 재화를 공급하거나 장기할부조건부로 용역을 공급하는 경우의 공급시기 　㉡ 전력이나 그 밖에 공급단위를 구획할 수 없는 재화를 계속적으로 공급하는 경우의 공급시기 　㉢ 그 공급단위를 구획할 수 없는 용역을 계속적으로 공급하는 경우의 공급시기
공급시기 후 발급 (월합계 세금계산서)	다음의 어느 하나에 해당하는 경우에는 재화 또는 용역의 **공급일이 속하는 달의 다음 달 10일**(그 날이 공휴일 또는 토요일인 경우에는 바로 다음 영업일을 말함)까지 세금계산서를 발급할 수 있다. ① 거래처별로 1역월(1曆月)의 공급가액을 합하여 해당 달의 말일을 작성연월일로 하여 세금계산서를 발급하는 경우 　공급시기 : "1월 1일 ~ 1월 31일"의 경우 　　　　　→ "1월 31일"을 작성연월일로 하여 2월 10일까지 발급 ② 거래처별로 1역월 이내에서 사업자가 임의로 정한 기간의 공급가액을 합하여 그 기간의 종료일을 작성연월일로 하여 세금계산서를 발급하는 경우 　공급시기 : "1월 1일 ~ 1월 15일", "1월 16일 ~ 1월 31일"의 경우 　　　　　→ "1월 15일", "1월 31일"을 작성연월일로 하여 2월 10일까지 발급 ③ 관계 증명서류 등에 따라 실제거래사실이 확인되는 경우로서 해당 거래일을 작성연월일로 하여 세금계산서를 발급하는 경우 　공급시기 : "1월 7일" 매출분 세금계산서 발급 누락 　　　　　→ "1월 7일"을 작성연월일로 하여 2월 10일까지 발급 여기서 "1역월"이란 달력에 의한 1개월을 의미한다. 따라서 2월 16일부터 3월 15일까지의 기간은 1역월이 아니므로 해당 거래분을 합계하여 세금계산서를 작성할 수 없다.

7. 세금계산서의 수정

세금계산서를 발급한 후 그 기재사항에 관하여 착오 또는 정정사유가 발생한 경우에는 당초 발급한 세금계산서를 수정하여 재발급할 수 있다. 이를 "수정세금계산서"라 하며, 당초승인번호를 기재하여 발급한다. 단, 해당거래에 대하여 세무조사 통지를 받거나 경정·결정이 있을 것을 알고 수정세금계산서를 발급할 수는 없다.

[세금계산서 수정사유]
① 처음 공급한 재화가 환입된 경우
② 계약의 해제(해지)로 인하여 재화 또는 용역이 공급되지 아니한 경우
③ 공급가액에 추가 또는 차감되는 금액이 발생한 경우
④ 재화 또는 용역의 공급 후 내국신용장이나 구매확인서가 과세기간 종료 후 25일 이내 개설·발급된 경우
⑤ 필요적 기재사항 등이 착오로 잘못 기재된 경우
⑥ 필요적 기재사항 등이 착오 외의 사유로 잘못 기재된 경우
⑦ 착오에 의한 이중 발급한 경우
⑧ 면세 등 발급대상이 아닌 거래 등에 대하여 발급한 경우
⑨ 세율을 잘못 적용하여 발급한 경우
⑩ 간이과세자(또는 일반과세자)에서 일반과세자(또는 간이과세자)로 전환 후 과세유형 전환 전에 공급 재화·용역에 대해 수정(전자)세금계산서를 발급하는 경우

8. 영수증

1 개요

원칙적으로 세금계산서의 필요적 기재사항 중 공급받는 자와 부가가치세액을 별도로 기재하지 아니한 계산서를 영수증이라 한다.

2 영수증 유형

① 신용카드매출전표·직불카드영수증·기명식 선불카드영수증·현금영수증
② 금전등록기계산서
③ 승차권·항공권·입장권·관람권 등
④ 전기사업자가 발급하는 비산업용 전력사용료에 대한 영수증
⑤ 그 밖에 ①~④와 유사한 영수증

3 영수증 발급시기

영수증의 발급시기는 재화 또는 용역의 공급시기이다.

4 영수증을 발급하는 사업자의 범위

① 간이과세자(**신규사업자 및 직전연도 공급대가 합계액이 4,800만원 미만인 사업자**)
② 최종소비자를 대상으로 하는 다음의 사업을 영위하는 일반과세사업자

> ㉠ 소매업
> ㉡ 음식점업(다과점업 포함)
> ㉢ 숙박업
> ㉣ 미용, 욕탕 및 유사서비스업
> ㉤ 여객운송업(전세버스운송사업자는 제외)
> ㉥ 입장권을 발행하여 영위하는 사업
> ㉦ 변호사, 공인회계사, 세무사 등 인적용역의 과세사업과 행정사업(**사업자에게 공급하는 분 제외**)
> ㉧ 우정사업의 소포우편물 배달사업, 의료보건용역, 전자서명인증서를 발급하는 사업, 간편사업자등록을 한 사업자가 국내에 전자적 용역을 공급하는 사업
> ㉨ 주로 사업자가 아닌 최종소비자에게 재화·용역을 공급하는 사업으로서 세법이 정하는 사업(운수업 및 주차장 운영업, 부동산중개업, 사회서비스업 및 개인서비스업 등)

③ 영수증교부의무자(**①에 해당하는 간이과세자는 제외**)라도 공급을 받는 사업자가 사업자등록증을 제시하고 세금계산서의 발급을 요구하는 때에는 세금계산서를 발급하여야 한다. 다만, **다음의 사업자는 세금계산서를 발급할 수 없다.**

> ㉠ 미용, 욕탕 및 유사서비스업
> ㉡ 여객운송업(전세버스운송사업자는 제외)
> ㉢ 입장권을 발행하여 영위하는 사업
> ㉣ 의료보건용역, 응급환자 이송용역 등

5 세금계산서 및 영수증 발급의무 면제

① 택시운송사업자, 노점, 행상, 무인판매기를 이용하여 재화 또는 용역을 공급하는 자
② 소매업을 영위하는 자가 제공하는 재화·용역 ⇨ **공급받는 자가 요구하는 경우에는 세금계산서 발급**
③ 미용, 욕탕 및 유사서비스업을 영위하는 자가 공급하는 용역
④ 간주공급에 해당하는 재화의 공급 ⇨ **직매장 반출은 세금계산서 발급**
⑤ 부동산임대용역 중 간주임대료
⑥ 영세율 적용대상 재화 또는 용역

> ㉠ 수출하는 재화 ⇨ 내국신용장·구매확인서에 의한 공급, 한국국제협력단·한국국제보건의료재단·대한적십자사에 공급하는 재화의 경우에는 세금계산서 발급
> ㉡ 국외에서 제공하는 용역
> ㉢ 항공기의 외국항행용역
> ㉣ 선박의 외국항행용역 ⇨ 공급받는 자가 국내사업장이 있는 경우에는 세금계산서 발급
> ㉤ 그 밖의 외화획득 재화·용역

⑦ 전자서명법에 따른 전자서명인증사업자가 인증서를 발급하는 용역 ⇨ 공급받는 자가 요구하는 경우 세금계산서 발급
⑧ 간편사업자등록을 한 사업자가 국내에 공급하는 전자적 용역
⑨ 도로 및 관련 시설 운영용역을 공급하는 자 ⇨ 공급받는 자가 요구하는 경우에는 세금계산서 발급
⑩ 전력(또는 도시가스)을 실지로 소비하는 자(사업자가 아닌 자에 한함)을 위하여 전기사업자(또는 도시가스사업자)로부터 전력(또는 도시가스)을 공급받는 명의자가 공급하는 재화·용역
⑪ 국내사업장이 없는 비거주자 또는 외국법인에게 공급하는 재화·용역

실무이론

01. 다음 ( ) 안에 들어갈 용어로 올바른 것은?

> 부가가치세법 15조에 따르면 사업자가 재화 또는 용역을 공급하고 부가가치세법에 따른 과세표준에 세율을 적용하여 계산한 부가가치세를 그 공급받는 자로부터 징수하는 것을 ( )라 한다.

① 원천징수 ② 거래징수 ③ 납세징수 ④ 통합징수

02. 다음 중 거래징수의 내용으로 틀린 것은? (공급하는 사업자는 과세사업자임)
① 공급받는 자는 부가가치세를 지급할 의무를 짐
② 공급자가 부가가치세를 거래상대방으로부터 징수하는 제도
③ 공급가액에 세율을 곱한 금액을 공급받는 자로부터 징수
④ 공급받는 자가 면세사업자이면 거래징수의무가 없음

03. 다음 중 세금계산서의 원칙적인 발급시기로서 옳은 것은?
① 재화 또는 용역의 공급시기
② 재화 또는 용역의 공급시기가 속하는 달의 말일까지
③ 재화 또는 용역의 공급시기가 속하는 달의 다음달 10일까지
④ 재화 또는 용역의 공급시기가 속하는 달의 다음달 15일까지

04. 부가가치세법상 세금계산서의 필요적 기재사항으로 올바르지 않은 것은?
① 공급연월일   ② 공급자의 등록번호와 성명 또는 명칭
③ 공급받는 자의 등록번호   ④ 공급가액과 부가가치세액

05. 다음은 사업자간의 거래내용이다. (주)용감이 전자세금계산서를 발행하고자 할 때, 다음 내용에 추가적으로 반드시 있어야 하는 필요적 기재사항은 무엇인가?

> (주)용감(사업자 등록번호 : 129-86-49875, 대표자 : 신보라)은 (주)강남스타일(사업자 등록번호 : 124-82-44582, 대표자 : 박재상)에게 소프트웨어 프로그램 2개를 10,000,000원(부가가치세 별도)에 공급하였다.

① 공급받는자의 사업장 주소   ② 작성연월일
③ 업태 및 종목   ④ 품목 및 수량

06. 다음 중 세금계산서 발급의무 면제대상으로 틀린 것은?
① 개인적공급　　　　　　　　② 판매목적 타사업장 반출
③ 간주임대료　　　　　　　　④ 폐업시 잔존재화

07. 다음 중 세금계산서 발급의무가 면제되는 경우에 해당되지 않는 항목은?
① 내국신용장 또는 구매확인서에 의하여 공급하는 재화
② 판매목적 타사업장 반출을 제외한 간주공급
③ 부동산임대용역 중 간주임대료
④ 택시운송 사업자가 제공하는 용역

08. 부가가치세법상 법인사업자가 전자세금계산서를 발급하는 경우 전자세금계산서 발급명세서를 언제까지 국세청장에게 전송하여야 하는가?
① 전자세금계산서 발급일의 다음 날
② 전자세금계산서 발급일의 일주일 이내
③ 전자세금계산서 발급일이 속하는 달의 다음 달 10일 이내
④ 전자세금계산서 발급일이 속하는 예정신고기한 또는 확정신고기한 이내

09. 다음 (　　) 안에 들어갈 말은 무엇인가?

> 부가가치세법상 사업자가 재화 또는 용역을 공급하고 세금계산서를 발급하지 아니한 경우 당해 재화 또는 용역을 공급받은 자는 관할세무서무장의 확인을 받아 (　　)발행 세금계산서를 발행할 수 있다.

① 사업자　　　　② 매입자　　　　③ 중개인　　　　④ 매출자

10. 다음 중 부가가치세법상 세금계산서에 대한 설명으로 틀린 것은?
① 국세청에 전송된 전자세금계산서는 별도 출력보관의무가 없다.
② 법인사업자와 직전연도의 공급가액의 합계액이 8천만원 이상인 개인사업자는 세금계산서를 발급하려면 전자세금계산서로 발급하여야 한다.
③ 월합계로 발급하는 전자세금계산서는 재화 및 용역의 공급일이 속하는 달의 다음달 10일까지 발급할 수 있는 경우도 있다.
④ 일반적으로 간이과세자(직전연도 공급대가 합계액 4,800만원 미만인 사업자)와 면세사업자는 세금계산서를 발급할 수 있다.

11. 다음 중 부가가치세법상 수정(전자)세금계산서를 발급할 수 없는 경우는 어느 것인가?
① 처음 공급한 재화가 환입된 경우
② 해당거래에 대하여 세무조사 통지를 받은 후에, 세금계산서의 필요적 기재사항이 잘못 기재된 것을 확인한 경우
③ 착오로 전자세금계산서를 이중으로 발급한 경우
④ 과세기간의 확정신고기한까지 경정할 것을 전혀 알지 못한 경우로서 필요적 기재사항이 착오 외의 사유로 잘못 적힌 경우

해설

01. 사업자가 재화 또는 용역을 공급하고 부가가치세법에 따른 과세표준에 세율을 적용하여 계산한 부가가치세를 그 공급 받는 자로부터 징수하는 것을 거래징수라 한다.
02. 공급자는 공급받는 자가 과세사업자이건 면세사업자이건 거래징수의무를 진다.
03. 세금계산서의 원칙적인 발급시기는 재화 또는 용역의 공급시기이다.
04. 공급연월일이 아니라 작성연월일이 필요적 기재사항이다.
05. 작성연월일은 필요적 기재사항이다.
06. 판매목적 사업장 반출은 세금계산서 발급대상이다.
07. 내국신용장 또는 구매확인서에 의하여 공급하는 재화의 경우 세금계산서를 발급해야 한다.
08. 사업지기 전자세금계산서를 발급하였을 때에는 발급일의 다음날까지 국세청장에게 전송하여야 한다.
09. 매입자발행 세금계산서에 기재된 부가가치세액은 공제받을 수 있다.
10. 일반적으로 신규사업자 및 직전연도 공급대가 합계액이 4,800만원 미만인 간이과세자와 면세사업자는 세금계산서를 발급할 수 없다.
11. 해당거래에 대하여 세무조사 통지를 받은 후에, 세금계산서의 필요적 기재사항이 잘못 기재된 것을 확인한 경우 수정세금계산서를 발급할 수 없다.

정답

01. ② 02. ④ 03. ① 04. ① 05. ② 06. ② 07. ① 08. ① 09. ② 10. ④
11. ②

CHAPTER 05 과세표준과 납부세액

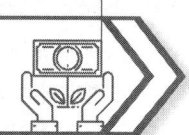

PART 03 부가가치세

1. 부가가치세의 계산구조

일반과세자가 각 과세기간별로 신고·납부하는 부가가치세의 계산구조는 다음과 같다.

과 세 표 준	재화·용역의 공급가액(VAT 제외 금액)
(×) 세 율	10% (영세율 : 0%)
매 출 세 액	(±) 대손세액가감
(−) 매 입 세 액	세금계산서상의 매입세액, 신용카드매출전표 등 수령명세서의 매입세액, 의제매입세액 등
납 부 세 액	
(−) 공 제 세 액	신용카드매출전표등발행세액공제, 예정신고미환급세액, 예정고지세액, 조세특례제한법상 공제·경감세액
(+) 가 산 세	
차감납부세액	(△) 환급세액

2. 과세표준(=공급가액)과 매출세액

1 과세표준과 매출세액의 계산구조

부가가치세 과세표준은 일정 과세기간에 공급한 재화·용역의 공급가액을 합산한 금액으로 하며, 부가가치세 매출세액은 과세표준에 세율을 곱하여 계산한 금액으로 본다. 또한, 대손세액이 발생한 경우에는 매출세액에서 공제하며, 대손세액을 회수한 경우에는 매출세액에 가산한다.

	구 분			금 액	세율	세 액
과세표준 및 매출세액	과세	세 금 계 산 서 발 급 분	(1)		10/100	
		매입자발행 세금계산서	(2)		10/100	
		신용카드·현금영수증발행분	(3)		10/100	
		기타(정규영수증 외 매출분)	(4)		10/100	
	영세율	세 금 계 산 서 발 급 분	(5)		0/100	
		기 타	(6)		0/100	
	예 정 신 고 누 락 분		(7)			
	대 손 세 액 가 감		(8)			
	합 계		(9)		㉮	

※ 예정신고 시 누락한 매출세액이 있는 경우에는 확정신고 시 해당 금액을 "(7)란"에 기재하여 납부하여야 한다.

2 과세표준의 계산

(1) 과세표준의 의의

재화 또는 용역의 공급에 대한 부가가치세의 과세표준은 해당 과세기간에 공급한 재화 또는 용역의 공급가액을 합한 금액으로 하며, 부가가치세는 포함하지 않는다. 사업자가 재화 또는 용역을 공급하고 그 대가로 받은 금액에 부가가치세가 포함되어 있는지가 분명하지 아니한 경우에는 그 대가로 받은 금액에 110분의 100을 곱한 금액을 공급가액으로 한다.

(2) 공급유형별 과세표준

구 분	과 세 표 준
금전으로 대가를 받은 경우	그 금전가액
금전 이외의 물건으로 받은 경우	자신이 공급한 재화 또는 용역의 시가
특수관계인 거래에서 부당하게 낮은 대가를 받은 경우 (신탁재산 포함)	자신이 공급한 재화 또는 용역의 시가
폐업하는 경우	폐업 시 남아 있는 재화의 시가
간주공급(자가공급의 직매장반출은 제외)	자기가 공급한 재화 또는 용역의 시가
직매장반출에 따라 재화를 공급하는 것으로 보는 경우	해당 재화의 취득가액 등을 기준으로 매입세액을 공제받은 해당 재화의 가액. 다만, 취득가액에 일정액을 더하여 반출하는 경우에는 그 취득가액에 일정액을 더한 금액을 공급가액으로 본다.
외상거래, 할부거래 등의 재화 또는 용역을 공급하는 경우	공급한 재화의 총 공급가액
장기할부판매, 완성도기준지급·중간지급조건부 또는 계속적인 재화·용역의 공급	계약에 따라 받기로 한 대가의 각 부분
위탁가공무역방식으로 수출하는 경우	완성된 제품의 인도가액

※ 시가란 사업자가 특수관계인이 아닌 자와 해당 거래와 유사한 상황에서 계속적으로 거래한 가격 또는 제3자간에 일반적으로 거래된 가격을 말한다.

예제

(주)회계는 2025년 3월 5일 폐업하였다. 폐업시 자산 보유내역은 다음과 같다. 부가가치세 신고 시의 과세표준은 얼마인가?

- 재고자산 : 원가 7,000,000원(시가 8,000,000원)

【해설】
폐업시 잔존재화인 재고자산의 과세표준은 시가이므로 8,000,000원이다.

- **공급가액** : 부가가치세가 포함되지 않은 금액 ⇨ 일반과세자 과세표준
- **공급대가** : 부가가치세가 포함된 금액 ⇨ 간이과세자 과세표준

3 일반적인 과세표준의 계산식

(1) 과세표준에 포함하는 항목

① 할부판매, 장기할부판매의 경우 이자 상당액

② 대가의 일부로 받는 운송비, 포장비, 하역비, 운송보험료, 산재보험료 등

③ 개별소비세, 주세, 교통세, 교육세 및 농어촌특별세 상당액

(2) 과세표준에 포함하지 않는 항목

① 매출에누리와 매출환입, 매출할인

② 공급받는 자에게 도달하기 전에 파손·훼손 또는 멸실된 재화의 가액

③ 재화·용역의 공급과 직접 관련되지 아니하는 국고보조금과 공공보조금

④ 계약에 의하여 확정된 공급대가의 지급지연으로 인하여 받은 연체이자 등

⑤ 반환조건의 물건의 용기대금과 포장비용

⑥ 대가와 구분하여 기재한 경우로서 해당 종업원에 지급된 사실이 확인된 봉사료

4 과세표준에서 공제해서는 안 되는 항목

재화·용역을 공급한 후에 그 공급가액에 대하여 다음에 해당하는 경우에는 과세표준에서 공제하지 않는다.

① 대손금

② 금전으로 지급하는 판매장려금 (현물지급 ⇨ 사업상증여로 보아 과세함)

③ 하자보증금

다음 자료를 이용하여 부가가치세 과세표준을 계산하면 얼마인가?

- 매출액 : 70,000,000원
- 매출에누리 : 5,000,000원
- 대손금액 : 1,100,000원
- 매입에누리 : 5,000,000원

【해설】

- 과세표준 = 매출액 70,000,000원 − 매출에누리 5,000,000원 = 65,000,000원

매출에누리, 매출환입, 매출할인은 과세표준에서 차감항목이며, 대손금·판매장려금·하자보증금은 공제되지 않는 항목이다.

5 대가를 외국통화나 그 밖의 외국환으로 받은 경우의 과세표준

대가를 외국통화나 그 밖의 외국환으로 받는 때에는 다음 금액을 과세표준으로 한다.

구 분	외화환산액(= 과세표준)
공급시기 되기 전에 원화로 환가한 경우	그 환가한 금액
공급시기 이후에 외화통화나 그 밖의 외국환 상태로 보유하거나 지급받는 경우	공급시기의 외국환거래법에 따른 **기준환율** 또는 **재정환율**에 따라 계산한 금액

※ 기준(또는 재정)환율 조회 : 서울외국환중개(주)(http://www.smbs.biz)

미국 SUN사에 제품을 $20,000에 직수출(수출신고일 11월 26일, 선적일 12월 12일)하고, 수출대금은 12월 31일에 미국달러화로 받기로 하였다. 수출과 관련된 내용은 다음과 같다.

일 자	11월 26일	12월 12일	12월 31일
기준환율	1,150/$	1,100/$	1,200/$

【해설】

과세표준 = $20,000 × 1,100원(선적일) = 22,000,000원

회계처리 : (차) 외상매출금 22,000,000원   (대) 제품매출 22,000,000원

6 수입재화의 과세표준

재화의 수입에 대한 부가가치세의 과세표준은 관세의 과세가격과 관세·개별소비세·주세·교육세·농어촌특별세 및 교통·에너지·환경세의 합계액으로 한다.

과세표준 = 관세의 과세가격 + 관세 + 개별소비세 + 주세 + 교육세 + 농어촌특별세 + 교통·에너지·환경세

7 과세표준의 계산특례

(1) 간주공급의 과세표준

① 일반적인 경우는 해당 재화의 **시가**를 과세표준으로 한다.

② 예외적으로 비상각자산인 직매장 반출의 경우는 원칙은 해당 재화의 취득가액이며, 감가상각 자산인 경우는 해당재화의 **간주시가**로 한다.

(2) 간주임대료의 과세표준

$$간주임대료 = 해당\ 과세기간의\ 전세금 \cdot 임대보증금 \times \frac{해당\ 과세기간일수}{365(윤년\ 366)} \times 계약기간\ 1년의\ 정기예금이자율$$

[간주임대료 회계처리]

간주임대료에 대한 부가가치세를 부담하는 사업자의 "**세금과공과**"로 회계처리 한다.

8 대손세액공제

대손세액공제란 사업자가 공급한 재화 또는 용역에 대한 외상매출금 등 채권의 대손이 발생하여 관련 부가가치세를 거래징수하지 못하는 경우 **대손(공급일로부터 10년이 지난 날이 속하는 과세기간)이 확정된 날이 속하는 과세기간의 확정신고 기간의 매출세액**에서 해당 거래징수하지 못한 **부가가치세 상당액을 차감**할 수 있도록 하는 제도를 말한다.

$$대손세액공제액 = 대손금액(공급대가) \times \frac{10}{110}$$

[대손세액공제 사유]
① 상법·어음법·수표법·민법에 따른 소멸시효가 완성된 채권(외상매출금·미수금·어음·대여금 등)
② 채무자 회생 및 파산에 관한 법률에 따른 회생계획인가의 결정 또는 법원의 면책결정에 따라 회수불능으로 확정된 채권
③ 민사집행법에 따라 채무자의 재산에 대한 경매가 취소된 압류채권
④ 채무자의 파산, 강제집행, 형의 집행, 사업의 폐지, 사망, 실종 또는 행방불명으로 회수할 수 없는 채권
⑤ 부도발생일부터 6개월 이상 지난 수표 또는 어음상의 채권 및 외상매출금(중소기업의 외상매출금으로서 부도발생일 이전의 것에 한함). 다만, 해당 법인이 채무자의 재산에 대하여 저당권을 설정하고 있는 경우는 제외한다.
⑥ 중소기업의 외상매출금 및 미수금으로서 회수기일이 2년 이상 지난 외상매출금 등(다만, 특수관계인과의 거래는 제외)
⑦ 재판상 화해 등 확정판결과 같은 효력을 가지는 것으로서 법으로 정하는 것에 따라 회수불능으로 확정된 채권
⑧ 회수기일이 6개월 이상 지난 채권 중 채권가액이 30만원 이하(채무자별 채권가액의 합계액 기준)인 채권

(주)세무는 2024년 11월 20일 (주)회계에게 기계장치를 11,000,000원(부가가치세 포함)에 공급하고 어음을 교부받았다. 그런데 2025년 2월 10일 (주)회계에 부도가 발생하여 은행으로부터 부도확인을 받았다. ((주)회계의 재산에 대한 저당권 설정은 없다.) (주)세무가 대손세액공제를 받을 수 있는 부가가치세 신고시기와 공제대상 대손세액으로 가장 올바른 것은?

공제시기	공제대상 대손세액
① 2025년 1기 예정신고	1,000,000원
② 2025년 1기 확정신고	1,100,000원
③ 2025년 2기 예정신고	1,100,000원
④ 2025년 2기 확정신고	1,000,000원

【해설】
정답 : ④
- 어음의 부도는 부도발생일로부터 6개월이 경과한 날이 속하는 과세기간의 확정신고 기간의 매출세액에서 공제한다. → 대손확정일 : 2025년 8월 11일 : 2025년 2기 확정신고
- 대손세액 공제액 = 대손금 11,000,000원 × 10 / 110 = 1,000,000원

3. 세율

우리나라 부가가치세의 세율 구조는 단일비례세율(10%)이며, 일정한 재화 또는 용역에 대하여 "0"의 세율을 적용한다.

4. 매입세액공제와 납부세액의 계산

1 매입세액과 납부세액의 계산구조

부가가치세 납부세액은 전단계세액공제법에 의하므로 국가에 납부하여야 할 납부세액은 매출세액에서 매입세액을 공제하여 계산한다. 단, 당해 단계에서 공급한 재화 등에 대한 매출세액보다 당해 단계 이전에서 과세된 매입세액이 클 경우 환급세액이 발생하게 된다.

납부(환급)세액 = 매출세액 ± 대손세액가감 − 매입세액

구 분				금 액	세율	세 액
과세표준 및 매출세액	과세	세금계산서 발급분	(1)		10/100	
		매입자발행 세금계산서	(2)		10/100	
		신용카드·현금영수증발행분	(3)		10/100	
		기타(정규영수증 외 매출분)	(4)		10/100	
	영세율	세금계산서 발급분	(5)		0/100	
		기 타	(6)		0/100	
	예 정 신 고 누 락 분		(7)			
	대 손 세 액 가 감		(8)			
	합 계		(9)		㉮	
매입세액	세금계산서 수취분	일 반 매 입	(10)			
		수출기업수입분납부유예	(10-1)			
		고 정 자 산 매 입	(11)			
	예 정 신 고 누 락 분		(12)			
	매 입 자 발 행 세 금 계 산 서		(13)			
	그 밖 의 공 제 매 입 세 액		(14)			
	합계(10)−(10-1)+(11)+(12)+(13)+(14)		(15)			
	공 제 받 지 못 할 매 입 세 액		(16)			
	차 감 계 (15) − (16)		(17)		㉯	
납부(환급)세액 (매출세액 ㉮ − 매입세액 ㉯)					㉰	

2 공제하는 매입세액

(1) 공제받을 수 있는 매입세액

사업자가 재화 또는 용역을 공급받을 때 거래징수를 당한 매입세액 중 ㉠자기의 사업을 위하여 사용하였거나 사용할 목적으로 공급받은 재화 또는 용역의 공급에 대한 부가가치세액과 ㉡자기의 사업을 위하여 사용하였거나 사용할 목적으로 수입하는 재화의 수입에 대한 부가가치세액은 매출세액에서 공제된다. 매입세액의 공제시기는 재화 또는 용역을 공급받는 시기 및 재화의 수입시기가 속하는 과세기간의 매출세액에서 공제한다.

(2) 세금계산서 수취분에 대한 매입세액

사업자가 사업을 위하여 사용하였거나 사용할 목적으로 공급받은 재화 및 용역에 대한 증빙으로 세금계산서(또는 수입세금계산서)를 수취한 경우 부가가치세 신고 시 [매입처별 세금계산서합계표]를 제출하여 매입세액을 공제받는다. 다만, 세법상 공제받지 못할 매입세액에 해당하는 경우에는 "공제받지 못할 매입세액"에 추가로 기재하여 매입세액에서 차감한다. 매입자발행세금계산서가 있는 경우에는 [매입자발행세금계산서합계표]를 제출하여 매입세액 공제가 가능하다.

(3) 신용카드매출전표수령명세서 등 제출분 매입세액

사업자가 세법에 정하는 일반과세자로부터 재화 또는 용역을 공급받고 영수증에 해당하지만 부가가치세액이 별도로 기재된 신용카드매출전표(직불카드영수증·기명식 선불카드영수증·현금영수증 포함)를 발급받은 때에는 다음의 요건을 충족하는 경우에는 공제할 수 있는 매입세액으로 본다.

> ① 신용카드매출전표 등 수령명세서를 제출할 것
> ② 신용카드매출전표 등을 그 거래사실이 속하는 과세기간에 대한 확정신고를 한 날로부터 5년간 보관할 것

3 공제하지 아니하는 매입세액

다음의 사유에 해당하는 경우의 매입세액은 거래 상대 사업자 또는 세관장에게 부가가치세를 거래징수 당한 사실이 있다하더라도 매출세액에서 공제 받을 수 없다.

(1) 매입처별 세금계산서합계표의 미제출 등

① 매입처별 세금계산서합계표를 제출하지 아니한 경우
② 제출한 매입처별 세금계산서합계표의 기재사항 중 거래처별 등록번호 또는 공급가액의 전부 또는 일부가 기재되어 있지 아니하였거나 사실과 다르게 기재된 경우

다만, 다음 중 하나에 해당하는 경우의 매입세액은 공제가 허용된다.

㉠ 매입처별 세금계산서합계표 또는 신용카드매출전표등의 수령명세서를 과세표준수정신고와 함께 제출하는 경우
㉡ 매입처별 세금계산서합계표 또는 신용카드매출전표등의 수령명세서를 경정청구와 함께 제출하여 경정기관이 경정하는 경우
㉢ 발급받은 세금계산서에 대한 매입처별 세금계산서합계표 또는 신용카드매출전표등의 수령명세서를 국세기본법의 규정에 의해 기한 후 과세표준신고서와 함께 제출하여 관할세무서장이 결정하는 경우
㉣ 발급받은 세금계산서에 대한 매입처별 세금계산서합계표의 거래처별 등록번호 또는 공급가액이 착오로 사실과 다르게 적힌 경우로서 발급받은 세금계산서에 의하여 거래사실이 확인되는 경우
㉤ 발급받은 세금계산서 또는 신용카드매출전표를 경정에 있어서 경정기관의 확인을 거쳐 제출하는 경우

(2) 세금계산서의 미제출 등(단, 공급가액이 사실과 다른 경우에는 실제가액과의 차액)

① 세금계산서 또는 수입세금계산서를 발급받지 아니한 경우
② 발급받은 세금계산서 또는 수입세금계산서의 필요적 기재사항의 전부 또는 일부가 기재되지 않았거나 사실과 다르게 기재된 경우

다만, 다음 중 하나에 해당하는 경우의 매입세액은 공제가 허용된다.

㉠ 사업자등록을 신청한 사업자가 사업자등록증 발급일까지의 거래에 대하여 해당 사업자 또는 대표자의 주민등록번호를 적어 발급받은 경우
㉡ 발급받은 세금계산서의 필요적 기재사항 중 일부가 착오로 사실과 다르게 적혔으나 그 세금계산서에 적힌 나머지 필요적 기재사항 또는 임의적 기재사항으로 보아 거래사실이 확인되는 경우
㉢ 재화 또는 용역의 공급시기 이후에 발급받은 세금계산서로서 해당 공급시기가 속하는 과세기간에 대한 확정신고기한까지 발급받은 경우
㉣ 발급받은 전자세금계산서로서 국세청장에게 전송되지 아니하였으나 발급한 사실이 확인되는 경우
㉤ 전자세금계산서 외의 세금계산서로서 재화 또는 용역의 공급시기가 속하는 과세기간에 대한 확정신고기한까지 발급받았고, 그 거래사실도 확인되는 경우
㉥ 실제로 재화 또는 용역을 공급하거나 공급받은 사업장이 아닌 사업장을 적은 세금계산서를 발급받았더라도 그 사업장이 총괄하여 납부하거나 사업자 단위 과세 사업자에 해당하는 사업장인 경우로서 그 재화 또는 용역을 실제로 공급한 사업자가 납세지 관할 세무서장에게 해당 과세기간에 대한 납부세액을 신고하고 납부한 경우
㉦ 재화 또는 용역의 공급시기가 속하는 과세기간에 대한 확정신고기한이 지난 후 세금계산서를 발급받았더라도 그 세금계산서의 발급일이 확정신고기한 다음 날부터 1년 이내이고 다음 각 목의 어느 하나에 해당하는 경우
  가. 과세표준수정신고서와 경정 청구서를 세금계산서와 함께 제출하는 경우
  나. 해당 거래사실이 확인되어 납세지 관할 세무서장 등이 결정 또는 경정하는 경우
㉧ 재화 또는 용역의 공급시기 전에 세금계산서를 발급받았더라도 재화 또는 용역의 공급시기가 그 세금계산서의 발급일부터 6개월 이내에 도래하고 해당 거래사실이 확인되어 납세지 관할 세무서장등이 결정 또는 경정하는 경우

(3) 사업과 관련 없는 지출에 대한 매입세액

사업과 관련 없는 지출에 대한 매입세액은 매출세액에서 공제하지 아니한다.

① 사업자가 그 업무와 관련 없는 자산을 취득·관리함으로써 발생하는 취득비·유지비·수선비와 이와 관련되는 필요경비
② 사업자가 그 사업에 직접 사용하지 아니하고 타인(종업원을 제외한다)이 주로 사용하는 토지·건물 등의 유지비·수선비·사용료와 이와 관련되는 지출금
③ 사업자가 그 업무와 관련 없는 자산을 취득하기 위하여 차입한 금액에 대한 지급이자
④ 사업자가 사업과 관련없이 지출한 기업업무추진비: 뇌물, 노동법상 위반하여 지급하는 급여

(4) 개별소비세법 과세대상 자동차의 구입과 임차 및 유지에 관한 매입세액

개별소비세가 과세되는 비영업용 소형승용차(운수업, 자동차판매업 등에서 직접 영업에 사용하는 것은 제외한다)는 사업을 위하여 사용하기도 하나 그 사용구분이 매우 곤란하여 일률적으로 그 구입과 유지에 대한 매입세액은 매출세액에서 공제하지 않는다.

> ① 영업으로 직접 사용되지 아니하는 자동차(= 비영업용 자동차)
> 운수업, 자동차판매업, 자동차임대업, 운전학원업, 경비업(출동차량에 한정) 및 이와 유사한 업종에서와 같이 자동차를 직접 영업에 사용하는 것 이외의 목적으로 사용하는 자동차를 말한다.
> ② 개별소비세법 과세대상 자동차의 범위
> 8인승 이하의 일반형 승용자동차 및 배기량 1,000cc초과 자동차(배기량이 1,000cc 이하로서 길이 3.6미터 이하이고 폭이 1.6미터 이하인 경차 제외) 및 125cc초과 2륜 자동차

(5) 기업업무추진비 지출과 관련된 매입세액

기업업무추진비 및 이와 유사한 비용의 지출에 대한 매입세액은 공제되지 아니한다.

(6) 면세사업 등(면세사업 등을 위한 투자에 관련된 매입세액 포함)에 관련된 매입세액

면세사업(공통매입세액 안분계산분 포함) 및 부가가치세가 과세되지 아니하는 재화 또는 용역을 공급하는 사업과 관련된 매입세액은 공제되지 아니한다.

(7) 토지 관련 매입세액

토지의 조성 등을 위한 자본적 지출에 관련된 매입세액으로 다음 어느 하나에 해당하는 경우를 말하며, 매입세액은 공제되지 아니한다.

> ① 토지의 취득 및 형질변경, 공장부지 및 택지의 조성 등에 관련된 매입세액
> (예) 조경공사, 골프장 코스 공사
> ② 건축물이 있는 토지를 취득하여 그 건축물을 철거하고 토지만을 사용하는 경우에는 철거한 건축물의 취득 및 철거비용과 관련된 매입세액
> ③ 토지의 가치를 현실적으로 증가시켜 토지의 취득원가를 구성하는 비용에 관련된 매입세액
> (예) 진입도로공사(포장·통신시설·상하수도 등)

(8) 사업자등록을 신청하기 전의 매입세액

사업자등록을 하기전의 매입세액은 매출세액에서 공제하지 아니한다. 다만, 공급시기가 속하는 과세기간이 끝난 후 20일 이내에 등록을 신청한 경우 등록 신청일로부터 공급시기가 속하는 과세기간 기산일까지 역산한 기간 이내의 매입세액은 공제 가능하다.

> [사업개시 후 사업자등록 신청(제1기 과세기간에 사업개시 가정)]
> ▪ 2025년 7월 20일 등록신청 : 2025년 1기분(01.01 ~ 06.30)부터 공제가능
> ▪ 2025년 7월 21일 등록신청 : 2025년 2기분(07.01 ~ 12.31)부터 공제가능

5. 차가감납부(환급)할 세액의 계산

차감·가감하여 납부(환급)할 세액 = 납부(환급)세액 − 경감·공제세액 − 예정신고미환급세액 + 가산세액

구 분		금 액	세율	세 액
납부(환급)세액 (매출세액 ㉮ − 매입세액 ㉯)				㉰
경감·공제세액	그 밖의 경감·공제세액	(18)		
	신용카드매출전표등 발행공제 등	(19)		
	합 계	(20)		㉱
소규모 개인사업자 부가가치세 감면세액		(20-1)		㉲
예 정 신 고 미 환 급 세 액		(21)		㉳
예 정 고 지 세 액		(22)		㉴
사 업 양 수 자 가 대 리 납 부 한 세 액		(23)		㉵
매 입 자 납 부 특 례 에 따 라 납 부 한 세 액		(24)		㉶
신 용 카 드 업 자 가 대 리 납 부 한 세 액		(25)		㉷
가 산 세 액 계		(26)		㉸
차감·가감하여납부할세액(환급받을세액)(㉰−㉱−㉲−㉳−㉴−㉵−㉶−㉷+㉸)		(27)		
총 괄 납 부 사 업 자 가 납 부 할 세 액 (환 급 받 을 세 액)				

1 경감·공제세액

전자신고 세액공제	사업자가 **직접 전자신고방법**에 의하여 부가가치세 **확정신고**를 하는 경우에는 해당 납부세액에서 1만원을 공제하거나 환급세액에 가산한다.
전자세금계산서 발급 세액공제 (2027.12.31.까지)	직전연도 재화 및 용역의 공급가액 합계액이 **3억원 미만**인 **개인사업자(간이과세자 포함)**가 전자세금계산서를 발급하고 발급일의 다음 날까지 국세청장에게 전송하면 해당 납부세액에서 **연간 100만원 한도 내 금액(발급건수 당 200원)**까지 전자세금계산서 발급에 대한 세액공제를 적용받을 수 있다.
신용카드 매출전표 등 발행세액공제 (2026.12.31.까지)	일반과세자 중 영수증 교부의무자(**법인 제외**)가 신용카드매출전표(직불카드영수증·기명식선불카드영수증·현금영수증 포함)을 발행하거나 전자화폐로 대금결제를 받는 경우에는 신용카드매출전표 발행 세액공제를 적용받을 수 있다. (단, **직전연도 공급가액 10억 초과자는 제외**) 세액공제액 = MIN[① 발행금액 또는 결제금액 × 1.3%, ② 연간 1,000만원]

2 예정신고미환급세액

조기환급을 제외하고는 부가가치세법상 환급세액은 **확정신고기한 경과 후 30일 내에 환급**한다. 따라서 예정신고기간 중에 발생한 환급세액은 예정신고시 환급되지 아니하고, 확정신고시의 납부세액에서 공제세액으로 차감한다.

01. 다음 중 부가가치세법상 과세표준의 산정방법이 옳지 않은 것은?
   ① 재화의 공급에 대하여 부당하게 낮은 대가를 받는 경우 : 자기가 공급한 재화의 시가
   ② 재화의 공급에 대하여 대가를 받지 아니하는 경우 : 자기가 공급한 재화의 시가
   ③ 특수관계인에게 용역을 공급하고 부당하게 낮은 대가를 받는 경우 : 자기가 공급한 용역의 시가
   ④ 특수관계 없는 타인에게 용역을 공급하고 대가를 받지 아니하는 경우 : 자기가 공급한 용역의 시가

02. 다음 중 부가가치세의 과세표준에서 공제하지 않는 것은 어느 것인가?
   ① 대손금과 장려금
   ② 환입된 재화의 가액
   ③ 매출할인
   ④ 매출에누리액

03. 다음 중 과세표준에 포함하지 않는 금액으로 틀린 것은?
   ① 부가가치세
   ② 매출에누리, 매출환입 및 매출할인
   ③ 공급자가 부담하는 원자재 등의 가액
   ④ 공급받는 자에게 도달하기 전에 파손·훼손 또는 멸실된 재화의 가액

04. 2025년 제1기 부가가치세 확정신고시 과세표준에 포함되지 않는 것은?
   ① 토지의 임대
   ② 수출하는 재화
   ③ 영유아용 기저귀와 분유
   ④ 국민주택 초과 규모 주택의 공급

05. 다음 중 자동차를 수입하는 경우 수입세금계산서상의 공급가액에 포함되지 않는 것은?
   ① 교육세   ② 관세   ③ 개별소비세   ④ 취득세

06. 다음 중 부가가치세법상 아래의 괄호 안에 공통으로 들어갈 내용으로 옳은 것은?

   > 가. 부가가치세 매출세액은 (   )에 세율을 곱하여 계산한 금액이다.
   > 나. 재화 또는 용역의 공급에 대한 부가가치세의 (   )(은)는 해당 과세기간에 공급한 재화 또는 용역의 공급가액을 합한 금액으로 한다.
   > 다. 재화의 수입에 대한 부가가치세의 (   )(은)는 그 재화에 대한 관세의 과세가격과 관세, 개별소비세, 주세, 교육세, 농어촌특별세 및 교통·에너지·환경세를 합한 금액으로 한다.

   ① 공급대가   ② 간주공급   ③ 과세표준   ④ 납부세액

07. 현행 부가가치세법상 매입세액으로 공제가 가능한 것은?
① 세금계산서 미수취 관련 매입세액
② 사업과 직접 관련이 없는 지출에 대한 매입세액
③ 기업업무추진비 및 이와 유사한 비용의 지출에 관련된 매입세액
④ 매입자발행세금계산서상의 매입세액

08. 다음 중 부가가치세법상 매입세액공제가 가능한 것은?
① 면세사업과 관련하여 포장용기를 구매하고 발급받은 신용카드매출전표상의 매입세액
② 제조업을 영위하는 법인이 업무용 소형승용차(1,998cc)의 유지비용을 지출하고 발급받은 현금영수증상의 매입세액
③ 제조부서의 화물차 수리를 위해 지출하고 발급받은 세금계산서상의 매입세액
④ 회계부서에서 사용할 물품을 구매하고 발급받은 간이영수증에 포함되어 있는 매입세액

09. 부가가치세법상 매입세액으로 공제가 불가능한 경우로 옳은 것은?
① 소매업자가 사업과 관련하여 받은 간이영수증에 의한 매입세액
② 음식업자가 계산서를 받고 구입한 농산물의 의제매입세액
③ 신용카드매출전표 등 적격증빙 수령분 매입세액
④ 종업원 회식비와 관련된 매입세액

10. 다음 중 부가가치세법상 매입세액공제가 가능한 금액은?

- 기업업무추진비 지출에 대한 매입세액 : 100,000원
- 면세사업과 관련된 매입세액 : 100,000원
- 토지관련 매입세액 : 100,000원

① 0원 ② 100,000원 ③ 200,000원 ④ 300,000원

11. 대천종합상사는 2025년 4월 15일에 사업을 개시하고, 4월 30일에 사업자등록신청을 하여, 5월 2일에 사업자등록증을 교부받았다. 다음 중 대천종합상사의 제1기 부가가치세 확정신고시 공제가능매입세액은 얼마인가? (단, 모두 세금계산서를 받은 것으로 가정한다.)

- 3월 15일 : 상품구입액 300,000원(매입세액 30,000원) – 대표자 주민번호 기재분
- 4월 15일 : 비품구입액 500,000원(매입세액 50,000원) – 대표자 주민번호 기재분
- 5월 10일 : 복리후생사용액 200,000원(매입세액 20,000원)
- 6월 4일 : 상품구입액 1,000,000원(매입세액 100,000원)

① 120,000원 ② 150,000원 ③ 170,000원 ④ 200,000원

12. (주)평화는 일반과세사업자이다. 다음 자료에 대한 부가가치세액은 얼마인가? (단, 거래금액에는 부가가치세가 포함되어 있지 않다.)

■ 외상판매액	20,000,000원
■ 사장 개인사유로 사용한 제품(원가 800,000원, 시가 1,200,000원)	800,000원
■ 비영업용 승용차(2,000CC) 매각대금	1,000,000원
■ 화재로 인하여 소실된 제품	2,000,000원
계	13,800,000원

① 2,080,000원   ② 2,120,000원   ③ 2,220,000원   ④ 2,380,000원

13. 다음 중 부가가치세법상 대손사유에 해당하지 않는 것은?
① 소멸시효가 완성된 어음·수표
② 특수관계인과의 거래로 인해 발생한 중소기업의 외상매출금으로서 회수기일이 2년 이상 지난 외상매출금
③ 채무자의 파산, 강제집행, 형의 집행, 사업의 폐지, 사망, 실종, 행방불명으로 인하여 회수할 수 없는 채권
④ 부도발생일부터 6개월 이상 지난 외상매출금(중소기업의 외상매출금으로서 부도발생일 이전의 것에 한정한다)

14. 다음 자료를 바탕으로 부가가치세 납부세액 계산시 매출세액에서 차감할 수 있는 대손세액은 얼마인가? (세부담최소화를 가정한다.)

내 역	공급가액
(가) 파산에 따른 매출채권	20,000,000원
(나) 부도발생일로부터 6월이 경과한 부도수표	10,000,000원
(다) 상법상 소멸시효가 완성된 매출채권	1,000,000원

① 2,000,000원   ② 2,100,000원   ③ 3,000,000원   ④ 3,100,000원

15. 다음 자료에 의하여 부가가치세법상 제조업을 영위하는 일반과세사업자가 납부해야 할 부가가치세액은?

- 전자세금계산서 교부에 의한 제품매출액 : 48,400,000원(공급대가)
- 지출증빙용 현금영수증에 의한 원재료 매입액 : 30,800,000원(부가세 별도)
- 신용카드에 의한 업무용 승용차(1,200cc) 구입 : 13,000,000원(부가세 별도)

① 1,320,000원   ② 1,160,000원   ③ 720,000원   ④ 20,000원

해설

01. 대가를 받지 아니하고 타인에게 용역을 공급하는 경우 용역의 공급으로 보지 아니한다.
02. 대손금과 장려금, 하자보증금은 부가가치세의 과세표준에서 공제하지 않는다.
03. 공급받는 자가 부담하는 원자재 등의 가액은 과세표준에 포함하지 않으나, 공급자 부담분은 포함한다.
04. 영유아용 기저귀와 분유는 부가가치세가 면제되는 항목이다.
05. 수입 시 과세표준
    = 관세의 과세가격 + 관세 + 개별소비세·주세·교통에너지환경세·교육세·농어촌특별세
07. 매입자발행세금계산서상의 매입세액은 공제 가능하다.
08. ① 면세사업은 매출세액이 없으므로 매입세액불공제 대상이다.
    ② 비영업용소형승용차의 구입, 유지, 임차를 위한 비용은 매입세액을 불공제한다.
    ③ 화물차는 비영업용 소형승용차가 아니므로 매입세액공제 가능하다.
    ④ 세금계산서, 신용카드매출전표, 현금영수증에 기재된 매입세액이 공제 가능하다.
09. 소매업자가 사업과 관련하여 받은 간이영수증에 의한 매입세액은 매입세액의 공제가 불가능하다.
10. 기업업무추진비 지출에 대한 매입세액, 면세사업과 관련된 매입세액, 토지관련 매입세액은 불공제에 해당한다.
11. 공제가능 매입세액(200,000원) = 30,000원 + 50,000원 + 20,000원 + 100,000원
    공급시기가 속하는 과세기간이 끝난 후 20일 이내에 등록 신청한 경우 그 과세기간 내 매입세액은 공제가능하므로 3월 15일 및 4월 15일 모두 매입세액 공제가 가능하다.
12. 제품을 재해로 인하여 소실한 경우에는 재화의 공급으로 보지 아니하며, 간주공급에 해당하는 경우에는 시가를 기준으로 과세한다.
    2,000,000원(외상판매액) + 120,000원(개인적공급) + 100,000원(비영업용승용차매각대금)
    = 2,220,000원
13. 중소기업의 외상매출금 및 미수금(이하 "외상매출금등"이라 한다)으로서 회수기일이 2년 이상 지난 외상매출금 등은 부가가치세법상 대손 사유에 해당한다. 다만, 특수관계인과의 거래로 인하여 발생한 외상매출금 등은 제외한다.
14. 차감 대손세액 = 공급대가 × 10/110
    = (22,000,000원 + 11,000,000원 + 1,100,000원) × 10/110
    = 3,100,000원
15. ■ 매출세액 = 48,400,000원 × 10/110 = 4,400,000원
    ■ 매입세액 = 30,800,000원 × 10% = 3,080,000원
        ⇨ 신용카드에 의한 승용차(1,200cc) 구입은 공제받지 못할 매입세액에 해당한다.
    ■ 납부세액 = 매출세액 − 매입세액 = 4,400,000원 − 3,080,000원 = 1,320,000원

정답

| 01. ④ | 02. ① | 03. ③ | 04. ③ | 05. ④ | 06. ③ | 07. ④ | 08. ③ | 09. ① | 10. ① |
| 11. ④ | 12. ③ | 13. ② | 14. ④ | 15. ① | | | | | |

CHAPTER 06 부가가치세 신고·납부절차

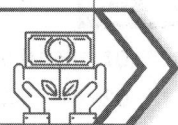

1. 부가가치세 신고·납부

1 예정신고와 납부

(1) 일반적인 경우

사업자는 각 예정신고기간에 대한 과세표준과 납부세액 또는 환급세액을 그 **예정신고기간이 끝난 후 25일 이내**에 각 사업장 관할 세무서장에게 신고하고 해당 예정신고기간의 납부세액을 납부하여야 한다. 다만, **직전 과세기간의 과세표준이 1억 5천만원 미만인 법인사업자**에 대해서는 개인사업자와 같이 **예정고지** 대상에 추가하여 **영세 법인사업자**의 신고부담을 완화한다.

(2) 개인사업자의 경우

개인사업자는 예정신고기간마다 직전과세기간에 대한 납부세액의 50%(1,000원 미만인 단수가 있을 때에는 그 단수금액은 버린다)에 상당하는 금액을 결정하여 해당 예정신고기간이 끝난 후 25일까지 징수한다. 다만, **다음의 경우에는 징수하지 아니한다.**

> ① 징수하여야 할 금액이 50만원 미만인 경우
> ② 간이과세자에서 해당 과세기간 개시일 현재 일반과세자로 변경된 경우
> ③ 납세자가 재난등 사유로 관할 세무서장이 징수하여야 할 금액을 사업자가 납부할 수 없다고 인정되는 경우

개인사업자는 위와 같이 **예정고지**에 의한 징수가 **원칙**이지만 다음의 경우에는 **예정신고·납부**를 할 수 있다.

> ① 휴업 또는 사업 부진으로 인하여 각 예정신고기간의 공급가액 또는 납부세액이 직전 과세기간의 공급가액 또는 납부세액의 3분의 1에 미달하는 자
> ② 각 예정신고기간분에 대해 조기환급을 받고자 하는 자
> ③ 예정부과 기간에 세금계산서를 발급한 간이과세자(**강제규정**)

2 확정신고와 납부

사업자는 각 과세기간에 대한 과세표준과 납부세액 또는 환급세액을 그 **과세기간이 끝난 후 25일(폐업하는 경우 폐업일이 속한 달의 다음 달 25일)** 이내에 대통령령으로 정하는 바에 따라 납세지 관할 세무서장에게 신고하여야 한다. 다만, 예정신고를 한 사업자 또는 조기에 환급을 받기 위하여 신고한 사업자는 이미 신고한 과세표준과 납부한 납부세액 또는 환급받은 환급세액은 신고하지 아니한다.

납세의무자가 재화의 수입에 대하여 「관세법」에 따라 관세를 세관장에게 신고하고 납부하는

경우에는 재화의 수입에 대한 부가가치세를 함께 신고하고 납부하여야 한다.

세관장은 매출액에서 수출액이 차지하는 비율 등 법 요건을 충족하는 중소·중견사업자가 물품을 제조·가공하기 위한 원재료 등 소정의 재화의 수입에 대하여 부가가치세의 납부유예를 미리 신청하는 경우에는 재화를 수입할 때 부가가치세의 납부를 유예할 수 있다.

과세기간		구 분	신고할 사항	신고·납부기한
일반과세자	제1기 (1.1~6.30)	제1기 예정신고기간	1.1~3.31의 부가가치세	4.1~4.25
		제1기 확정신고기간	4.1~6.30의 부가가치세	7.1~7.25
	제2기 (7.1~12.31)	제2기 예정신고기간	7.1~9.30의 부가가치세	10.1~10.25
		제2기 확정신고기간	10.1~12.31의 부가가치세	다음해 1.1~1.25
간이과세자		간이과세기간	1.1~12.31의 부가가치세	다음해 1.1~1.25

2. 환급

환급이란 부가가치세 납부세액계산 시 매입세액이 매출세액을 초과하는 경우에 그 초과하는 세액을 사업자에게 되돌려 주는 것을 말한다. 이러한 환급은 일반환급과 조기환급 두 가지가 있다.

1 일반환급

① 각 과세기간별로 해당 과세기간에 대한 환급세액을 그 **확정신고기한 경과 후 30일 이내**에 사업자에게 환급하여야 한다.
② 예정신고기간에 대한 일반환급세액은 환급하지 않고 확정신고시 납부세액에서 공제한다.

2 조기환급

조기환급이란 각 과세기간별·예정신고기간별(3개월) 또는 조기환급기간별(매월 또는 매 2월)로 환급세액을 **확정신고기한·예정신고기한 또는 조기환급신고기한 경과 후 15일 이내**에 환급하는 것을 말한다. 사업장 관할세무서장은 사업자가 다음 중 어느 하나에 해당하는 경우에는 위의 일반환급절차에도 불구하고 환급세액을 사업자에게 조기 환급할 수 있다.

구 분	내 용
조기환급 대상	① 영세율이 적용되는 경우 ② 사업설비(감가상각자산)를 신설·취득·확장 또는 증축하는 경우 ③ 재무구조개선계획을 이행 중인 경우
조기환급 방법	① 예정 또는 확정신고기간별 신고와 환급은 그 예정 또는 확정신고기한 경과 후 15일 이내 환급하여야 한다. ② 매 1월 또는 매 2월 단위로 조기환급기간 종료일로부터 25일 내에 신고하여 조기환급신고 기간경과 후 15일 이내에 환급하여야 한다.

실무이론

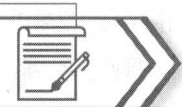

01. 부가가치세법상 예정신고납부에 대한 설명이다. 가장 옳지 않은 것은?
① 법인사업자는 예정신고기간 종료 후 25일 이내에 부가가치세를 신고·납부하여야 한다.
② 개인사업자는 예정신고기간 종료 후 25일 이내에 예정고지된 금액을 납부하여야 한다.
③ 개인사업자에게 징수하여야 할 예정고지금액이 30만원 미만인 경우 징수하지 아니한다.
④ 개인사업자는 사업실적이 악화된 경우 등 사유가 있는 경우에는 예정신고납부를 할 수 있다.

02. 다음 중 부가가치세법상 조기환급과 관련된 내용으로 틀린 것은?
① 조기환급 : 조기환급신고 기한 경과 후 25일 이내 환급
② 조기환급기간 : 예정신고기간 또는 과세기간 최종 3월 중 매월 또는 매 2월
③ 조기환급신고 : 조기환급기간 종료일로부터 25일 이내에 조기환급기간에 대한 과세표준과 환급세액신고
④ 조기환급대상 : 영세율적용이나 사업 설비를 신설, 취득, 확장 또는 증축하는 경우 등

해설

01. 개인사업자에게 징수하여야 할 예정고지금액이 50만원 미만인 경우 징수하지 아니한다.
02. 조기환급은 조기환급신고 기한 경과 후 15일 이내 환급하여야 한다.

정답

01. ③   02. ①

PART 04

보론

CHAPTER 01　재무비율분석
CHAPTER 02　비영리회계

직무명	분류번호	능력단위명	수준	능력단위요소
회계 · 감사	0203020106_20v4	재무비율분석	3	2 재무비율 계산하기

능력단위정의	재무비율분석이란 재무제표상의 관련항목을 대응시켜 수익성, 활동성, 안정성, 유동성, 성장성, 기타 재무비율 등의 비율을 산출하고 분석하는 능력이다.

NCS 능력단위	능력단위요소	수 행 준 거
0203020106_20v4 재무비율분석	0203020106_20v4.2 재무비율 계산하기	2.1 재무제표를 이용하여 수익성 비율을 계산할 수 있다. 2.2 재무제표를 이용하여 활동성 비율을 계산할 수 있다. 2.3 재무제표를 이용하여 안정성 비율을 계산할 수 있다. 2.4 재무제표를 이용하여 성장성 비율을 계산할 수 있다. 2.5 재무제표를 이용하여 기타 재무비율을 계산할 수 있다.

직무명	분류번호	능력단위명	수준	능력단위요소
회계 · 감사	0203020109_20v4	비영리회계	4	1 비영리대상 판단하기 2 비영리회계 처리하기

능력단위정의	비영리회계란 비영리조직의 회계보고를 위하여 비영리대상 파악, 비영리 회계처리, 비영리회계 보고서를 작성하는 능력이다.

NCS 능력단위	능력단위요소	수 행 준 거
0203020109_20v4 비영리회계	0203020109_20v4.1 비영리대상 판단하기	1.1 비영리조직에 관한 일반적 정의에 의거하여 비영리조직 여부를 판단할 수 있다. 1.2 비영리조직 관련규정에 따라 비영리법인 여부를 판단할 수 있다. 1.3 비영리조직 관련규정에 따라 회계단위를 구분할 수 있다.
	0203020109_20v4.2 비영리회계 처리하기	2.1 비영리조직 관련규정에 따라 영리활동으로 인한 거래와 비영리활동으로 인한 거래를 구분할 수 있다. 2.2 비영리활동으로 인한 거래가 발생하면 해당 비영리조직의 개별적인 특성에 따라 회계처리할 수 있다. 2.3 비영리활동으로 인한 거래가 발생하면 복식부기 기반의 발생주의회계를 사용하여 회계처리할 수 있다.

CHAPTER 01 재무비율분석

PART 04 보론

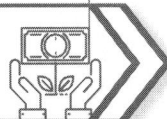

구 분			내 용
재무비율분석 의의			재무비율분석은 재무제표상의 관련 항목들을 대응시켜 비율을 산출하고, 산출된 비율을 통해 기업의 수익성과 재무적 위험, 성장성 등을 평가하는 분석 방법이다. 재무비율분석은 간편하고 이용하기 쉽기 때문에, 전통적으로 기업 분석을 위한 예비적인 분석 방법으로 많이 사용되어 왔다.
수익성 분석 비율		의의	수익성이란 일정 기간 동안의 경영 성과를 의미하는 것으로, 수익성 분석 비율에는 자본 수익성 비율과 매출 수익성 비율 그리고 자산의 활용도를 측정하는 활동성(효율성)비율이 있다.
	자본 수익성 비율	자기자본 이익율	자기자본 이익률(ROE : return on equity)은 당기순이익을 자기 자본으로 나눈 비율로서 주주 입장에서의 투자 수익률을 나타내기도 하고, 기업의 입장에서는 사후적인 자기 자본 비용의 대용치이다. 따라서 자기 자본 이익률이 자기 자본비용보다 크다면 기업 가치는 증가하고, 반대의 경우에는 기업 가치가 감소한다. $$자기자본\ 이익률 = \frac{당기순이익}{(기초자기자본 + 기말자기자본) \div 2} = \frac{당기순이익}{평균자기자본}$$
		총자산 이익률	총자산 이익률(ROA : return on assets)은 당기 순이익을 총자산으로 나눈 비율로서, 기업의 종합적인 경영 성과를 나타낸다. $$총자산이익률 = \frac{당기순이익}{(기초총자산 + 기말총자산) \div 2} = \frac{당기순이익}{매출액} \times \frac{매출액}{총자산(평균)}$$ $$= 매출액순이익률 \times 총자산\ 회전율$$
	매출 수익성 비율	매출액 총이익률	매출액 총이익률은 기업의 생산과 관련된 수익성을 측정하는 비율이다. ▪ 매출액 총이익률 = $\frac{매출총이익}{매출액}$ ▪ 매출원가율 = 1 − 매출액 총이익률
		매출액 영업 이익률	매출액 영업이익률은 기업의 영업 활동(생산 및 판매 관리 활동)의 수익성을 평가한다. $$매출액\ 영업이익률 = \frac{영업이익}{매출액}$$
		매출액 순이익률	매출액 순이익률은 영업 활동과 재무 활동 및 투자 활동을 총망라한 경영 활동의 성과를 최종적으로 평가하는 비율이다. $$매출액\ 순이익률 = \frac{당기순이익}{매출액}$$

구 분		내 용
수익성 분석 비율	활동성 비율	
	의의	활동성 비율은 기업의 영업 활동에 투입된 자산을 얼마나 효율적으로 사용하고 있는가를 나타내는 비율로 효율성 비율이라고도 한다. 활동성 비율은 매출액을 투입된 자산으로 나눈 회전율로 측정되는데, 이때 분모에 해당하는 투입 자산은 자본수익성 비율을 계산할 때와 마찬가지로 기초와 기말의 평균값을 사용한다.
	총자산 회전율	총자산 회전율은 총자본 회전율이라고도 하며 총자산 회전율이 높다는 것은 한 단위의 자산에서 보다 높은 매출액이 실현되었다는 것을 의미하므로 자산이 효율적으로 사용되었다는 것을 뜻한다. 그러나 총자산 회전율이 낮으면, 기업의 자산 투자가 과다하였거나 또는 자산이 비효율적으로 이용되고 있다는 것을 의미한다. $$\text{총자산 회전율} = \frac{\text{매출액}}{\text{총자산(평균)}}$$
	비유동 자산 회전율	비유동자산 회전율의 비율이 낮은 경우에는 비유동자산 투자가 과다하였거나 또는 비유동자산이 비효율적으로 이용되고 있음을 의미한다. 비유동자산의 대표 항목인 유형자산에 대한 투자 효율성을 측정하는 유형자산 회전율도 많이 이용된다. ■ $\text{비유동자산 회전율} = \frac{\text{매출액}}{\text{비유동자산(평균)}}$ ■ $\text{유형자산 회전율} = \frac{\text{매출액}}{\text{유형자산(평균)}}$
	재고자산 회전율	재고자산 회전율은 재고자산관리의 효율성을 나타내며 재고자산 비율이 높다는 것은 적은 재고 자산으로 일정액의 매출을 달성한 것이므로 재고 자산이 효율적으로 관리되고 있음을 의미한다. 재고자산 회전율을 계산할 때 매출액 대신 매출원가를 분자로 사용하는 것은 매출액은 시가로 표시되고 재고자산은 원가로 표시되기 때문에 분자 분모가 서로 다른 기준에 의해 평가되는 문제점을 해결하기 위한 것이다. 한편 재고자산 회전율을 기간 형태로 바꾼 것을 재고자산 보유기간(재고자산 회전기간)이라고 하는데 이는 재고자산이 판매되기까지 평균적으로 얼마의 시간이 소요되는가를 나타낸다. ■ $\text{재고자산 회전율} = \frac{\text{매출원가}}{\text{재고자산(평균)}}$ ■ $\text{재고자산 보유기간} = \frac{365}{\text{재고자산 회전율}} = \frac{\text{재고자산(평균)}}{\text{매출원가} \div 365} = \frac{\text{재고자산(평균)}}{\text{일평균 매출원가}}$
	매출채권 회전율	매출채권 회전율은 매출 채권의 투자효율성 즉, 매출 채권이 현금화되는 속도를 나타낸다. 매출채권 회수기간은 매출채권 회전율을 기간 형태로 표현한 것으로 365일을 매출채권 회전율로 나누어 계산된다. 재고자산 보유기간과 매출채권 회수기간을 더한 것을 영업 순환 주기라고도 부른다. ■ $\text{매출채권 회전율} = \frac{\text{매출액}}{\text{매출채권(평균)}}$ ■ $\text{매출채권 회수기간} = \frac{365}{\text{매출채권 회전율}} = \frac{\text{매출채권(평균)}}{\text{매출액} \div 365} = \frac{\text{매출채권(평균)}}{\text{일평균 매출액}}$

구 분			내 용
재무적 위험 분석 비율		의의	재무적 위험 분석 비율은 기업의 지급 불능 위험을 나타내는 비율로서, 단기적 지급능력을 나타내는 유동성 비율과 장기적 지급 능력을 평가하는 레버리지 비율로 구성된다.
	유동성 비율	의의	유동성 비율은 기업의 단기적 지급 능력을 평가하는 비율로, 주로 유동자산과 유동부채를 비교하여 산정된다.
		유동비율	유동비율은 유동성을 평가하는데 가장 보편적으로 사용된다. 유동 자산이 유동 부채보다 충분히 많으면 단기지급능력이 양호한 것으로 평가하게 된다. $$유동비율 = \frac{유동자산}{유동부채}$$
		당좌비율	당좌비율은 유동자산에서 재고 자산을 차감한 자산인 당좌자산을 유동부채로 나눈 비율이다. 재고자산은 판매 과정을 거쳐야만 현금화될 수 있고, 재고자산 평가방법에 따라 그 가치가 다르게 나타날 수 있으며, 또 진부화 되어 판매가 어려운 재고 자산이 발생할 수도 있다. 따라서 재고 자산을 제외한 당좌자산을 유동부채와 비교함으로써 보다 엄격한 기업의 단기 지급 능력을 평가할 수 있다. $$당좌비율 = \frac{유동자산 - 재고자산}{유동부채}$$
		현금비율	현금비율은 당좌자산 중 대손 가능성이 있는 매출채권을 제외하고 측정된 것으로 가장 보수적인 유동성 비율이다. $$현금비율 = \frac{현금및현금성자산}{유동부채}$$
	레버리지 비율	의의	기업이 부채를 사용하게 되면 고정비 성격의 이자비용이 발생하는데, 이 이자비용은 영업성과에 따라 손익을 확대시키는 효과를 가져온다. 이러한 손익 확대 효과 때문에 부채가 많을수록 기업의 지급 불능 위험은 높아지게 되는데, 이를 측정하는 것이 레버리지 비율이다. 즉, 레버리지 비율은 부채 의존에 따른 장기적인 지급 능력을 평가하는 비율이다.
		부채비율	부채비율은 기업의 타인 자본 의존도를 평가하는 것으로, 이 비율이 높아질수록 재무 위험이 증가하고, 기업의 지급 불능 위험은 높아진다. $$부채비율 = \frac{부채}{자기자본}$$
		비유동 비율	기업이 조달한 자금은 유동자산과 비유동자산에 투자하게 되는데, 유동자산에 투자된 자금은 단기간에 회수할 수 있지만 비유동자산에 투자된 자금은 회수하는데 장기간이 소요된다. 따라서 유동자산에 투자되는 자금은 단기자금으로 조달하고, 비유동자산에 투자되는 자금은 장기 자금으로 조달하는 것이 자금 운용의 안정성을 확보하는 방법일 것이다. 이러한 자금 운용과 자금 조달 사이의 재무적 안정성과 지급 능력 정도를 평가하는 비율이 비유동비율과 비유동 장기 적합률이다.

구 분		내 용
재무적 위험 분석 비율	레버리지 비율	비유동 비율	■ 비유동비율 = $\dfrac{비유동자산}{자기자본}$ ■ 비유동 장기 적합률 = $\dfrac{비유동자산}{비유동부채 + 자기자본}$
		이자 보상 비율	부채비율이 일정 시점의 부채 의존도를 알려준다면, 이자보상비율은 부채 사용에 따른 일정 기간의 이자비용에 대한 안전도를 나타내준다. 이자보상비율 = $\dfrac{이자\ 및\ 법인세비용\ 차감\ 전\ 순이익}{이자비용}$ = $\dfrac{당기순이익 + 법인세비용 + 이자비용}{이자비용}$
성장성 분석 비율	의의		성장성 분석 비율은 일정 기간 동안 기업의 규모나 성과가 얼마나 증가하였는지를 나타내는 비율로 표시된다.
	매출액 증가율		매출액 증가율은 기업의 매출액이 전기에 비해 얼마나 증가하였는지를 측정하는 비율로 기업의 외형적 성장을 평가하는데 사용된다. 매출액 증가율 = $\dfrac{당기말\ 매출액 - 전기말\ 매출액}{전기말\ 매출액}$
	순이익 증가율		순이익 증가율은 당기 순이익이 전기에 비해 얼마나 증가하였는지를 측정하는 비율로서 실질적인 기업의 성장을 평가하는데 사용된다. 순이익 증가율 = $\dfrac{당기순이익 - 전기순이익}{전기순이익}$
	총자산 증가율		총자산 증가율은 전기 말에 비해 기업의 총자산 규모가 얼마나 증가하였는지를 나타내는 비율로 매출액 증가율과 함께 기업의 외형적 성장을 평가하는데 주로 사용된다. 총자산 증가율 = $\dfrac{당기말\ 총자산 - 전기말\ 총자산}{전기말\ 총자산}$
	자기자본 증가율		자기자본 증가율은 전기 말에 비해 기업의 자기 자본이 얼마나 증가하였는지를 나타내는 비율이다. 자기자본의 증가는 유상 증자와 이익의 사내 유보에 의해서 나타난다. 자기자본 증가율 = $\dfrac{당기말\ 자기자본 - 전기말\ 자기자본}{전기말\ 자기자본}$

구 분		내 용
기타 재무 비율	주가 이익 비율	주가 이익 비율(PER : price-earnings ratio)은 투자자가 기업의 미래에 대한 전망을 어떻게 하고 있는가를 보여주는 지표이다. $$\text{주가 이익 비율} = \frac{\text{주가}}{\text{주당 순이익}}$$
	주가 순자산 비율	주가 순자산 비율(PBR : price-to-book value ratio)은 기업의 미래 수익성(자기 자본 이익률)과 위험(자기 자본 비용)의 관계를 보여주는 것으로, 기업의 자기 자본 이익률이 자기 자본 비용보다 높을 것으로 예상 된다면 주식 가격은 주당 순자산보다 크게 되어 주가 순자산 비율은 1보다 커진다. $$\text{주가 순자산 비율} = \frac{\text{주가}}{\text{주당 순자산}}$$
	주가 매출액 비율	주가 매출액 비율(PSR : price-sales ratio)은 미래 수익성 전망과 위험에 따라 결정되는데, 적자 기업에도 적용이 가능하다는 장점이 있다. $$\text{주가 매출액 비율} = \frac{\text{주가}}{\text{주당 매출액}}$$
	주가 현금흐름 비율	주가 현금흐름 비율(PCR : price-to-cash flow ratio)은 보통 현금흐름은 현금흐름표상 영업활동 현금 흐름을 사용한다. 이 비율은 기업의 회계 처리 방법의 선택에 따라 달라지는 순이익과 달리, 기업의 회계 정책에 거의 영향을 받지 않는 영업 활동 현금 흐름을 사용하였다는 특징이 있다. $$\text{주가 현금흐름 비율} = \frac{\text{주가}}{\text{주당 영업활동 현금흐름}}$$

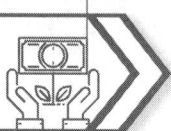

CHAPTER 02 비영리회계

1. 비영리 조직

비영리 조직은 영리를 추구하지 않는 조직체이다. 비영리 조직은 정부·공공 부문·비영리 법인(기관)·자선 단체 등을 포함한다.

구 분	내 용
미국회계학회의 정의	미국회계학회(AAA)는 다음에 열거하는 특성 중에 하나 이상을 충족하면 비영리 조직체로 규정하고 있다. ① 의도적·개인적 이윤 추구 동기가 없을 것 ② 개인 또는 개별적으로 지분을 소유하고 있지 않을 것 ③ 지분이 매각 또는 교환되지 않을 것 ④ 자본의 출자자 또는 기증자로부터 제공 자원에 대해 직접적이거나 비례적으로 재무적 편익을 요구받지 않을 것
한국회계기준원의 정의	'비영리 조직'은 일반 사회의 공익 등을 목적으로 설립되어 비영리 사업을 영위하는 모든 조직을 말하며, 특정인의 이익과 영리를 목적으로 설립되어 운영되고 있는 영리 조직과 대조되는 개념이다. 예를 들면, 비영리 조직에는 사회 복지 사업, 교육 사업, 연구와 학술 활동의 영위 또는 지원, 교화, 종교, 자선 등의 사업을 영위하는 조직이 있다.
비영리 조직체의 종류	미국회계학회의 정의에 따라 비영리 조직체를 규정하면 대학, 종교 단체, 종합 병원, 자발적인 보건 복지 기관, 자선 단체, 정부 기관 등이 대표적이다. 반면에 협동조합, 노동조합, 무역협회, 골프 클럽 등은 조직의 구성원, 회원 등에게 재무상의 효익을 제공할 수 있기 때문에 비영리 조직체가 아니다.

2. 비영리 법인

법인은 설립 목적에 따라 영리 법인과 비영리 법인으로 구분할 수 있다. 영리란 사업 목적이 이윤을 추구하고, 그 이익을 구성원에게 분배하여 경제적 이익을 도모하는 것을 의미한다.

구 분	내 용
영리 법인	영리 법인은 영리를 목적으로 「상법」에 의해 설립된 주식회사, 합자 회사, 합명 회사, 유한 회사 등이 대표적이다.
비영리 법인	비영리 법인은 학술, 종교, 자선, 기예, 사교, 기타 영리 아닌 사업을 목적으로 「민법」 등에 의해 설립된다. 「민법」에 의해 설립되는 비영리 법인은 사단 법인과 재단법인이 있고, 특별법에 근거하여 설립되는 재단 법인으로 학교 법인(사립학교법), 의료법인(의료법), 사회 복지 법인(「사회복지사업법」) 등이 있다.

구 분		내 용
비영리법인	사단법인	사단 법인은 일정 목적을 위해 사람들이 결합한 단체로서 주무 관청의 허가를 받아 설립한 단체이다. 사단 법인은 사람이라는 구성원이 필수 요소이고, 사단 법인의 의사 결정은 사원 총회를 통해 이루어진다. 사단 법인은 임의 해산이 가능하고, 그 설립 목적이 영리를 추구하든, 비영리를 추구하든 설립할 수 있다.
	재단법인	재단 법인은 특정한 목적을 위해 주무 관청의 허가를 받아 설립된 재단을 말한다. 재단법인은 일정한 목적을 위해 출연한 재산이 필수 요소이고, 재단 법인의 운영은 설립자의 설립 목적에 따라 운영된다. 재단 법인은 임의 해산을 할 수 없고, 그 설립 목적이 비영리를 추구하는 경우에만 설립할 수 있다.
	특별법에 의해 설립된 비영리 법인	①「사립학교법」: 학교 법인 ②「의료법」: 의료 법인 ③「사회복지사업법」: 사회 복지 법인 ④「공익법인의 설립·운영에 관한 법률」의 규정
	세법상 비영리 법인	(1)「법인세법」 ① 법인세의 납세 의무와 관련하여「민법」에 의하여 설립된 법인 ②「사립학교법」의 규정에 의하여 설립된 학교 법인 ③ 기타 특별법에 의하여 설립된 법인 등으로「민법」제32조의 규정에 명시된 설립 목적 및 기타 그와 유사한 설립 목적을 가진 법인 (2)「상속세 및 증여세법」 ① 종교의 보급, 기타 교화에 현저히 기여하는 사업 ② 교육법의 규정에 의한 교육 기관을 운영하는 사업 ③「사회복지사업법」의 규정에 의하여 설립한 사회 복지 법인이 운영하는 사업 ④「의료법」또는「정신보건법」의 규정에 의한 의료 법인 또는 정신 의료 법인이 운영하는 사업 ⑤ 공익 법인의 설립·운영에 관한 법률의 적용을 받는 법인이 운영하는 사업 ⑥ 예술 및 문화에 현저히 기여하는 사업으로서 영리를 목적으로 하지 아니하는 사업 ⑦ 공중위생 및 환경 보호에 현저히 기여하는 사업으로서 영리를 목적으로 하지 아니하는 사업 ⑧ 공원, 기타 공중이 무료로 이용하는 시설을 운영하는 사업 ⑨「법인세법 시행령」또는「소득세법 시행령」이 정하는 지정 기부금 단체가 운영하는 고유 목적 사업 ⑩ 기타 기획재정부령이 정하는 사업을 영위하는 자를 비영리 조직(공익 법인 등)

3. 비영리 회계처리

1 영리 조직과 비영리 조직의 특성

영리는 재산상의 이익을 의미하고, 영리 조직은 재산상의 이익을 얻을 목적으로 활동하는 조직을 말한다. 반면에 비영리는 재산상의 이익을 추구하지 않는 것이고, 비영리 조직은 공공 목적에 봉사하는 정부와 기업 외의 자발적 비영리 단체를 의미한다.

[영리 조직과 비영리 조직의 비교]

구 분	영리 조직	비영리 조직
조직 목적	이익 추구	사회복지, 공익 서비스 제공
자원 조달 방법	자기자본, 타인자본 조달	조세, 기부금, 보조금, 회비
자원 활용	자유 활동	법규, 규칙, 정관 등 적용
정보 이용자	주주, 채권자 등	자원 제공자
재무정보	재무상태, 현금흐름 등	지속 가능한 서비스 등

2 영리 활동과 비영리 활동의 구분

구 분	내 용
수익 사업	수익 사업은 일반적으로 경제적 효익을 얻는 사업을 말하며, 「법인세법」에서는 다음에 해당하는 사업을 수익 사업으로 규정하고 있다. 비영리 조직의 수익 사업에 대해서도 과세하고 있다. ① 제조업, 건설업, 도·소매 및 소비자 용품 수리업, 부동산·임대 및 사업 서비스업 등 수익이 발생하는 사업 ② 「소득세법」에 의한 이자·할인액·배당금 ③ 주식·출자 지분 등의 양도로 인하여 생기는 수입 ④ 고정 자산의 처분으로 인하여 생기는 수입
고유 목적 사업	고유 목적 사업은 법인의 설립 목적이 되는 사업을 말한다. 영리 법인은 영리를 목적으로 설립된 법인이므로 영리 사업이 고유 목적 사업이고, 비영리 법인은 영리외의 것을 고유 목적으로 하여 설립된 법인이다.
비영리 법인의 고유 목적 사업	비영리 법인의 고유 목적 사업은 학술·종교·자선·사교 등이다. 비영리 법인이 당해 고정 자산 처분일 현재 3년 이상 계속하여 법령 또는 정관에 규정된 고유 목적 사업에 직접 사용한 경우 당해 고정 자산의 처분으로 인한 수입에 대하여 법인세를 과세하지 않는다.

3 비영리 조직의 수익 사업

비영리 조직이 목적 달성을 위해 필요한 범위 내에서 수익 사업을 영위할 수 있는데, 수익 사업을 영위하기 위해서는 법인의 정관에서 정하는 바에 따라 운영해야 한다.

구 분	내 용
대학 회계 규칙상 수익 사업	「사립학교법」에서 사립 대학은 교육 재원을 마련하기 위한 수단으로 수익 사업을 허용하고 있다. ① 수익 사업 유형 　사립 대학의 수익 사업 유형은 부동산 임대업, 의료업, 금융업, 출판사업, 건설업, 여행업, 전산 교육 사업, 어학 사업 등 다양하게 수행할 수 있다. ② 구분 회계 처리 　사립 대학의 수익 사업은 「법인세법 시행령」에 의해 구분하여 별도 회계 처리하고, 실무 차원에서 수익 사업별 예산과 결산서도 구분, 작성해야 한다.
의료 법인의 부대 사업	「의료법」은 의료 기관이 의료 업무 외에 다음의 부대 사업을 할 수 있으며, 이 경우 부대 사업으로 얻은 수익에 관한 회계는 의료 법인의 다른 회계와 구분하여 계산해야 한다. ① 의료인과 의료 관계자 양성이나 보수 교육 ② 의료나 의학에 관한 조사 연구 ③ 노인 의료 복지 시설의 설치·운영 ④ 장례식장의 설치·운영 ⑤ 부설 주차장의 설치·운영 ⑥ 의료업 수행에 수반되는 의료 정보 시스템 개발·운영 사업 ⑦ 기타 휴게 음식점, 일반 음식점, 이용업, 미용업 등 환자 또는 의료 법인이 개설한 의료 기관 종사자 등의 편의를 위한 사업
사회복지 사업법상의 수익 사업	사회복지사업법은 사회복지법인이 목적사업의 경비에 충당하기 위하여 필요할 때에는 법인의 설립 목적 수행에 지장이 없는 범위 내에서 수익사업을 영위할 수 있도록 규정하고 있다.

4 영리 회계와 비영리 회계의 차이점 분석

구 분	영리 회계	비영리 회계
이윤 추구	이윤 추구, 기간 성과 측정	이윤 동기 없음, 일방적 소비와 지출
원가 회수	이윤에 의한 원가 회수	원가 회수 없음(공공성, 사회성)
수익 창출	수익에 근거한 원가 지출	수익과 관련 없이 서비스 제공
순이익 계산	순자산, 잔여재산 등 계상	지분이 없어 순이익 계산하지 않음
회계 단위	기업 전체	사업 목적별 회계
예산	임의적, 내부 통제 목적	예산에 의해 규제, 한정
성과 측정	화폐적 평가	화폐적 평가, 양적·질적 평가
세무회계	모든 수익에 과세	수익 사업에 한해 과세

**Perfect
전산회계 1급**
www.bobook.co.kr

전산회계 **1**급

PART **01** 실무프로그램의 시작
PART **02** 회계정보시스템운용
PART **03** 전표관리
PART **04** 결산관리
PART **05** 회계정보분석

전산실무

Perfect 전산회계 1급
www.bobook.co.kr

전산실무 출제유형

전산실무는 시험의 70%(70점) 비중을 차지하며 출제 메뉴는 다음과 같다.

구분	출제 메뉴	세부사항	배점
문제 [1]	기초정보관리 및 전기분 재무제표	① 회사등록 ② 환경등록 ③ 거래처등록 ④ 계정과목 및 적요등록 ⑤ 전기분재무제표 입력 ⑥ 거래처별초기이월	10점 (3문제)
문제 [2]	일반전표입력	부가가치세신고와 관련 없는 거래자료 입력	18점 (6문제)
문제 [3]	매입매출전표입력	부가가치세신고와 관련 있는 거래자료 입력	18점 (6문제)
문제 [4]	전표입력 오류수정	일반전표 및 매입매출전표 입력 자료의 수정·삭제	6점 (2문제)
문제 [5]	결산자료입력	① 수동결산 : 일반전표입력 메뉴 ② 자동결산 : 결산자료입력 메뉴 ③ 고정자산등록(출제비중 낮음)	9점 (3문제)
문제 [6]	장부조회	각종 장부, 세금계산서합계표, 부가가치세신고서 등의 조회	9점 (3문제)

※ 문제 [4]와 문제 [5]는 서로 한 문제 상충관계 됨

PART 01

실무프로그램의 시작

CHAPTER 01 실무프로그램의 시작

백데이터 다운로드 및 설치방법

1. 도서출판 배움 홈페이지(www.bobook.co.kr)에 접속한다.
2. 홈페이지 교재실습/백데이터 자료실을 클릭한다.
3. 교재실습/백데이터 자료실 ⇨ [2025_Accounting_1grade] 백데이터를 선택하여 다운로드 한다.
4. 다운로드한 파일을 선택 후 실행하면 [내컴퓨터 ⇨ C: ₩KcLepDB ⇨ KcLep]에 자동으로 복구 저장된다.
5. 한국세무사회 자격시험 케이렙 프로그램 을 실행한다.

   실행화면에서 회사등록 ⇨ F4 회사코드재생성 을 실행하여야 선택하고자 하는 회사가 생성된다.

   회사등록
   ⊗ 닫기   코드   삭제   인쇄   조회
   ≡ F3 검색   CF3 조건검색   F4 회사코드재생성   F6 회사명되돌리기   CF8 세무서코드자동변경

   3100.(주)남동산업, 3200.(주)성남, 3300.(주)서울스포츠, 3400.(주)세원 : 집중심화연습 회사

6. 웹하드(www.webhard.co.kr) 다운로드 방법
   ① 오른쪽 상단의 [로그인] 버튼을 클릭하여 아이디와 비밀번호를 입력한다. [아이디 : bobookcokr / 비밀번호 : book9750]
   ② [내리기전용] ⇨ [전산세무회계] ⇨ [전산회계 1급] 폴더에서 백데이터를 선택하여 다운로드 한다.
   ③ 이외의 사항은 위와 동일하다.

전산실무

PART 01 실무프로그램의 시작

01 실무프로그램의 시작

1. 프로그램의 시작

1 최초 로그인

① 바탕화면에서  아이콘을 클릭한다.
② 사용자 설정화면에서 사용자가 작업할 "종목선택"을 선택한다.
③ 등록된 회사가 없으므로 화면하단의 회사등록 버튼을 클릭하여 작업할 회사를 먼저 등록한 다음
④ 회사코드와 회사명을 선택하고 로그인 을 클릭하여 시작한다.

> **TIP**
> 프로그램 설치 후 처음 시작할 때는 "**회사등록**"을 먼저하고, 한번 회사등록이 된 후에는 회사코드로 선택하여 로그인한다.

2 회사등록 후 사용자 로그인

① 바탕화면에서 [아이콘] 아이콘을 클릭한다.
② 사용자 설정화면에서 사용자가 작업할 "종목선택"을 선택한다.
③ "회사코드"란에서 [...] 버튼을 클릭하여 작업할 회사를 선택한다.
④ [로그인] 을 클릭하여 시작한다.

3 급수별 프로그램 구성

구분	전산회계 2급	전산회계 1급	전산세무 2급	전산세무 1급
기업기준	개인기업, 도·소매업	법인기업, 제조업	법인기업, 제조업	법인기업, 제조업
재무회계	회계원리	회계원리	중급회계	고급회계
원가회계	–	기초원가	원가계산	고급원가계산
부가가치세법	–	부가가치세 기초	부가가치세 실무	부가가치세 실무
소득세법	–	–	근로소득 원천징수 실무	근로·퇴직·사업·기타·이자·배당소득 원천징수 실무
법인세법	–	–	–	법인 세무조정실무

[전산회계 1급 기본메뉴 구성]

① 작업 중인 회사에서 다른 회사를 선택하여 작업하고자 할 때 활용한다.
(회사선택은 이미 선택된 급수에서의 회사변경만 가능하다.)

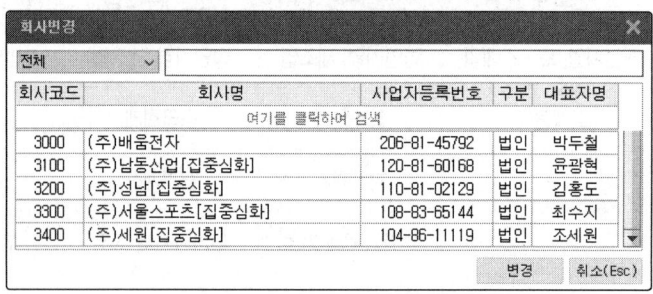

② 기수, 원천 작업연도, 부가세 작업연도를 변경하고자 할 때 활용한다.
(단, 전산회계 1급은 원천 작업연도 변경 버튼은 활성화 되지 않는다.)

③ 검색을 선택하면 검색 가능한 메뉴화면이 활성화 되며 메뉴이름 2글자를 입력하거나 초성 2글자를 입력하면 해당모듈 안에 있는 메뉴를 검색하여 실행가능하다.

④ 찾는 방법
검색 버튼을 클릭하거나 화면에서 마우스 중간의 휠(단축키 : Ctrl + Enter)을 누르면 화면 중간에 메뉴검색창이 뜬다. ③에서와 마찬가지로 메뉴이름 2글자 또는 초성 2글자를 입력하면 프로그램 안에 있는 모든 메뉴를 검색해 준다.

거래
메뉴코드도움
전체
거래
번호
모듈
메뉴명
여기를 클릭하여 검색
1009 회계 거래처등록
1022 회계 거래처별초기이월
1034 회계 거래처원장
1143 회계 거래처별계정과목별원장
확인(Enter)
취소(Esc)

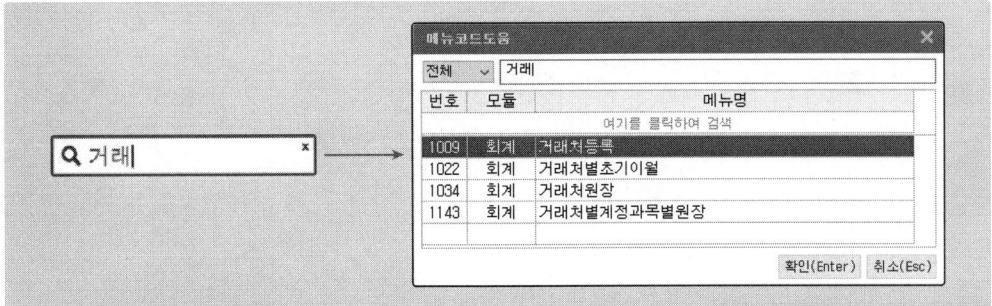

4 전산회계 1급 프로세스

전산회계 1급을 구성하는 프로그램의 전체 프로세스는 다음과 같다.

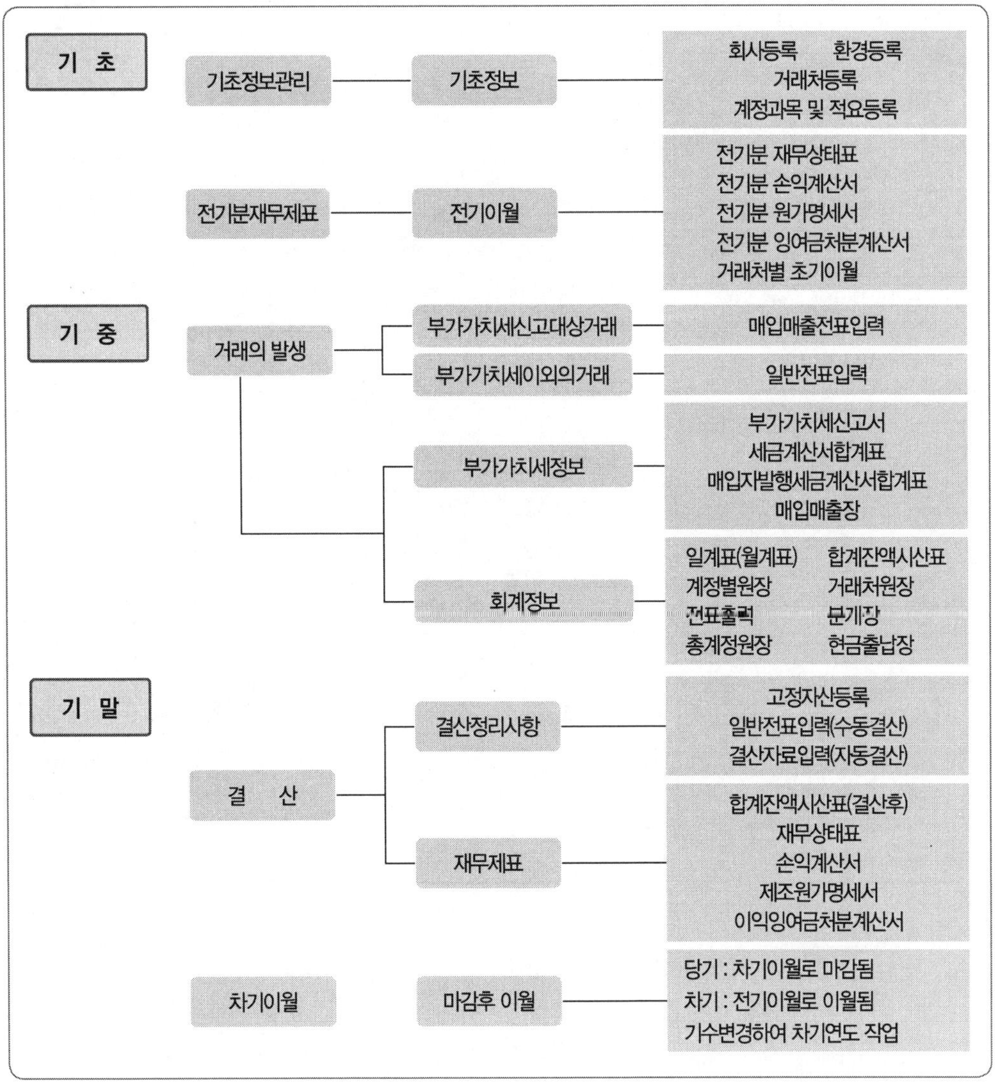

기 초
기초정보관리
기초정보
회사등록 환경등록
거래처등록
계정과목 및 적요등록
전기분재무제표
전기이월
전기분 재무상태표
전기분 손익계산서
전기분 원가명세서
전기분 잉여금처분계산서
거래처별 초기이월
기 중
거래의 발생
부가가치세신고대상거래
매입매출전표입력
부가가치세이외의거래
일반전표입력
부가가치세정보
부가가치세신고서
세금계산서합계표
매입자발행세금계산서합계표
매입매출장
회계정보
일계표(월계표) 합계잔액시산표
계정별원장 거래처원장
전표출력 분개장
총계정원장 현금출납장
기 말
결 산
결산정리사항
고정자산등록
일반전표입력(수동결산)
결산자료입력(자동결산)
재무제표
합계잔액시산표(결산후)
재무상태표
손익계산서
제조원가명세서
이익잉여금처분계산서
차기이월
마감후 이월
당기 : 차기이월로 마감됨
차기 : 전기이월로 이월됨
기수변경하여 차기연도 작업

**Perfect
전산회계 1급**
www.bobook.co.kr

PART 02
회계정보시스템운용

전산실무

CHAPTER 01 회사등록
CHAPTER 02 환경등록
CHAPTER 03 거래처등록
CHAPTER 04 계정과목 및 적요등록
CHAPTER 05 전기이월작업

NCS 학습모듈	대분류	경영 · 회계 · 사무	
	중분류	재무 · 회계	
	소분류		회계
	세분류		회계 · 감사

NCS 능력단위	능력단위요소	수 행 준 거
0203020105_20v4 회계정보시스템 운용	0203020105_20v4.1 회계 관련 DB마스터 관리하기	1.1 DB마스터 매뉴얼에 따라 계정과목 및 거래처를 관리할 수 있다. 1.2 DB마스터 매뉴얼에 따라 비유동자산의 변경 내용을 관리할 수 있다. 1.3 DB마스터 매뉴얼에 따라 개정된 회계관련규정을 적용하여 관리할 수 있다.

PART 02 회계정보시스템운용

CHAPTER 01 회사등록

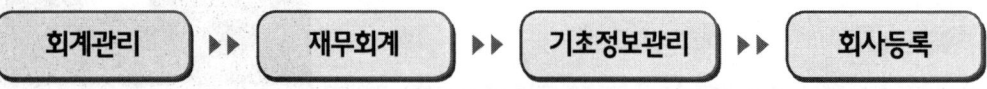

[회사등록]은 프로그램을 운용하여 작업할 기본회사를 등록하는 메뉴로서 프로그램 운영상 가장 먼저 등록되어야 한다. [회사등록]에 등록된 사항은 프로그램 운영 전반 및 각종 신고서에 반영되므로 정확히 입력해야 한다.

회사등록 필드 설명

항 목		입력내용 및 방법
기본사항	코드	"0101~9999"번호 중 사용자가 원하는 숫자 4자리를 입력하며, 자동입력시 Enter 를 누른다.
	회사명	사업자등록증에 표기된 상호를 입력한다.
	구분	법인의 경우는 "1.법인"(자동으로 선택), 개인인 경우는 "2.개인"을 선택한다.
	사용	로그인 시 사용여부(0.사용, 1.미사용)를 선택 입력한다.
	회계연도	등록할 회사의 기수와 회계연도를 입력하며, 1기로 등록된 회사는 당해연도에 사업자등록을 하였다는 의미이므로 초기이월 작업은 필요하지 않다.
	사업자등록번호 법인등록번호 대표자주민번호	정확하게 기재 시는 흰색으로 표기되며 세무 신고시에 중요한 체크사항이므로 틀리지 않도록 주의한다. 사업자등록번호는 ×××-××-××××× 형태의 10자리로 구성되어 있고, 아래의 기준에 의해 부여된다. □□□ - □□ - □□□□□ ↓ ↓ ↓ ↓ 세무서코드 / 법인, 개인 기타 구분 / 일련번호 / 검증번호 사업자등록번호(또는 대표자주민번호) 입력이 잘못되면 팝업창이 활성화되며 정확하게 입력한다. ? Check 사업자등록번호가 잘못 입력되었습니다. 입력을 허락하시겠습니까? 예(Y) 아니오(N)

항 목		입력내용 및 방법
기본사항	대표자명	대표자가 2인 이상일 때는 대표자 1인만을 입력하고 그 밖의 대표자는 "~외 몇 명"으로 입력한다.
	대표자 외국인여부	대표자가 내국인이면 "0.부", 외국인이면 "1.여"를 선택한다.
	사업장주소	F2나 💬를 선택하여 도로명을 입력 후 Enter 또는 검색을 누른다. 인터넷이 연결되어 있지 않은 경우라면 화면 하단의 "인터넷이 안되는 경우 이 버튼을 눌러주세요(F2)" 버튼을 클릭하여 구주소(지번) 검색으로 주소를 입력한다. 검색란에 해당 지번 2자를 입력하면 검색이 되며, 신주소 및 구주소를 구분하여 검색하면 더 편리하게 사용할 수 있다.
	본점주소	본점 우편번호와 소재지를 입력하며 사업장주소 입력 시 자동으로 본점 주소가 입력되며 사업장주소와 동일하지 않으면 주소를 검색하여 입력한다.
	업태 종목 주업종코드	① 사업자등록상의 업태와 종목을 입력하며, 업태란 사업의 형태를 말하는 것이고 종목은 업태에 따라 취급하는 품목을 말한다. ② 주업종코드는 전자신고 시 필수 입력사항이며, 업종이 다수인 경우 **주업종(매출액이 큰 업종)코드**를 입력하여 부가가치세, 원천징수, 법인세, 종합소득세 전자신고 "Header"에 수록되도록 하다
	사업장전화번호 사업장팩스번호	사업장의 대표 전화번호 및 팩스번호를 입력하며 신고서에 반영된다.
	법인구분	"1.내국법인, 2.외국법인, 3.외투법인" 중 해당 번호를 입력한다.
	법인종류별구분	법인의 상장 및 비상장 등을 선택 입력한다.
	중소기업여부	사용자가 중소기업이면 "1.여", 중소기업에 해당하지 않으면 "0.부"을 입력한다.
	설립연월일 개업연월일 폐업연월일	사업장 설립, 개업, 폐업일자를 입력하며 신고자료 조회에 영향을 준다.
	사업장동코드 본점동코드	행정관할 동코드를 입력하며, 지방소득세 납부 시 필요하며 정확하게 입력한다.

항 목		입력내용 및 방법
기본사항	사업장관할세무서 본점관할세무서	F2나 💬를 선택하여 관할세무서명 두자 조회 후 선택한다. 각종 납부서상 세무서 계좌번호와 연결되므로 필수 입력사항이다.
	지방소득세납세지	행정관할 동코드를 입력하며, 지방소득세 납부 시 필요하며 정확하게 입력한다.
	지방세법인구분	지방소득세 전자신고시 기재되는 회사의 상호 형태를 기재한다.
추가사항	부가세신고방법	"1.사업장별, 2.총괄납부, 3.사업자단위" 중 하나를 선택하여 입력한다. ① 1.사업장별 : 각 사업장별로 부가가치세를 신고·납부하고자 하는 경우 선택 ② 2.총괄납부 : 납부를 주사업장에서 하고자 하는 경우에 선택 ③ 3.사업자단위 : 납부뿐만이 아니라 신고, 세금계산서 발급 등도 주사업장에서 할 경우 선택
	반기별납부여부	원천징수세액 신고·납부를 매월하지 않고 6개월분을 합하여 다음 달 10일까지 신고시 선택한다.
	신고담당자 신고담당부서 신고담당자전화번호 대표자핸드폰번호 신고담당자이메일	세금신고와 관련된 담당자, 부서, 전화번호, 이메일 등을 입력한다.
	홈택스로그인ID	세금 신고 시 필요한 국세청 홈택스 ID를 입력한다.
	주류코드	주류매매업을 개시하여 등록한 경우 사업자등록증의 주류코드를 입력한다.
	국세환급금계좌 국세환급금계좌번호	국세환급 받을 은행명, 지점명, 계좌번호를 입력하며 신고서식에 자동반영 된다.
	사업자단위승인번호	사업자단위과세제도 적용을 받는 사업자는 과세관청으로부터 받은 승인번호를 입력한다.
	종사업자번호	총괄납부사업자 및 사업자단위과세제도 적용하는 기업 중 종사업자에 해당하는 경우 번호를 입력한다.
	영문회사명 영문주소 영문대표자명	영문 회사명, 주소, 대표자명을 입력한다.
	비밀번호	로그인 회사의 비밀번호를 설정하고자 하는 경우 입력한다.
	본점여부 본점회사코드 본점전화번호	로그인 회사가 본점인 경우에는 "1.여"를 선택, 지점인 경우에는 "0.부"를 입력한다. "0.부"를 선택한 지점은 본점회사코드를 입력한다.
	수입부가가치세 납부유예	부가가치세 신고 시 수입세금계산서에 대한 부가가치세 납부유예를 신청한 경우 "1.여"를 선택하고 기간을 입력한다.

(주)배움전자의 사업자등록증이다. 회사코드는 "3000"으로 등록하며, 회계연도는 1월 1일부터 12월 31일이다.

사 업 자 등 록 증
(법인사업자)

등록번호 : 206-81-45792

법인명(단체명) : (주)배움전자
대 표 자 : 박두철
개 업 년 월 일 : 2016년 3월 14일   법인등록번호 : 110111-2569741
사업장소재지 : 서울특별시 성동구 마조로15길 13(마장동)
본 점 소 재 지 : 서울특별시 성동구 마조로15길 13(마장동)
사 업 의 종 류 : [업태] 제조업   [종목] 컴퓨터

교 부 사 유 : 신규

사업자단위과세 적용사업자여부 : 여( ) 부(✓)
전자세금계산서 전용 메일주소 : bobook@daum.net

2016년 3월 14일

성 동 세 무 서 장

◈ 추가사항
- 대표자주민번호 : 690524-1256785
- 주업종코드 : 300100
- 설립연월일 : 2016년 3월 14일
- 법인구분(법인종류별구분) : 내국법인(중소기업)
- 중소기업여부 : 중소기업
- 지방세법인구분 : 주식회사 ○○

 예제 따라하기

① 사업장 관할 세무서는 각종 납부서상의 세무서 계좌번호와 연결되며, 전자신고 시 필수항목이므로 반드시 입력해야 한다. 사업장이전의 경우 사업자등록번호는 변화가 없으나 관할세무서는 변경되므로 반드시 확인하여 수정해야 한다.

② 회사등록 시 회사코드, 회사명, 회계기수 및 회계연도는 필수 입력사항이므로 반드시 입력되어야 한다.

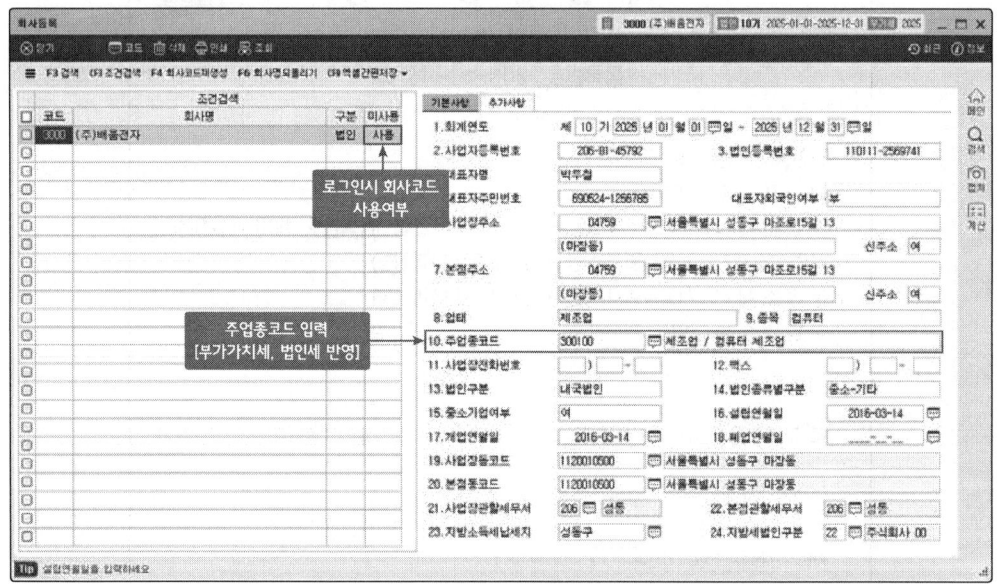

 TIP

① 재로그인 하고자 하는 경우는 회사등록 후 사례기업의 기초정보등록 등 관련 업무를 수행하기 위해서는 [회사] 버튼을 선택하여 등록된 "3000. (주)배움전자"로 재로그인하여야 한다.
② 각 메뉴 작업 후 종료시에는 상단의 [닫기] 버튼 또는 Esc 키를 눌러서 메뉴를 종료한다.

[1] 다음 사업자등록증을 보고 회사등록사항을 정정하시오. [회사코드 : 3100.(주)남동산업]

사 업 자 등 록 증

(법인사업자)

등록번호 : 229-81-28156

① 법인명(단체명) : (주)남동산업
② 대표자 : 윤광현
③ 개업년월일 : 2007년 2월 1일
④ 법인등록번호 : 110111-1754864
⑤ 사업장소재지 : 서울특별시 서초구 방배로 142
⑥ 사업의 종류 : [업태] 제조   [종목] 전자부품
⑦ 교부사유

2007년 2월 1일

서 초 세 무 서 장

[2] 회사등록에서 해당사항을 모두 수정하시오. [회사코드 : 3200.(주)성남]

※ 당사는 4월 30일 본사를 이전하였고 대표이사도 새로 부임하였다.
- 대표이사 : 김은종 (681028-1251582)
- 사업장(본점) 소재지 : 경기도 안산시 단원구 광덕서로 100(고잔동, 두성타워)
- 사업장(본점) 관할세무서 : 안산세무서

[3] 회사등록메뉴에서 다음 사항을 수정하시오. [회사코드 : 3300.(주)서울스포츠]

(주)서울스포츠는 이사회 결의에 따라 2025년 4월 1일 신임 대표이사가 취임하였다.
- 대표이사 : 최지원
- 주민등록번호 : 700326-2236510
- 법인형태 : 내국 중소기업 법인(비상장)

※ **집중심화연습 해답은** [최신기출문제&해답 ➡ PART 03] 584페이지에서 확인 가능합니다.

CHAPTER 02 환경등록

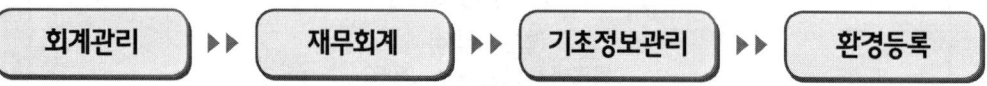

[환경등록] 메뉴는 프로그램을 운용하여 작업할 기본회사의 시스템환경을 설정하기 위한 메뉴로 회사등록 후 바로 설정한다. [환경등록]은 시스템전반에 걸쳐 영향을 미치기 때문에 초기설정 값을 신중하게 고려하여 결정한다.

환경등록 필드 설명

항 목		입력내용 및 방법
환경등록은 입력의 편의를 위해 설정하며, 환경등록 수정 시 다른 메뉴들은 종료하고 수정한다. 환경등록 회계 탭은 일반전표와 매입매출전표 입력시 현장코드 등 Enter 키 자동복사 사용여부 및 빠른 입력을 위해 기초코드 등을 설정하는 곳이다.		
회계	부가세 소수점관리	매입매출전표입력 입력시 수량, 단가 및 금액의 소수점 관리를 위한 항목이다. 수량 및 단 가는 소수점 자리수의 입력과 이에 따른 이하 자릿수의 처리방법을 선택한다. 금액은 소수점 첫째 자리에서 처리방법을 선택한다. 1. 절사 2. 올림 3. 반올림
	분개유형 설정	① 구분 : 매입, 매출 　매입매출전표 입력 시 자동분개 되는 매입, 매출 계정코드이며, 기본값이 "0146(상품)", "0401(상품매출)"로 설정되어 있으므로 자주 사용하는 계정과목이 제품매출, 원재료 매입이거나, 다른 매출·매입일 때 해당 계정과목으로 수정한다. ② 구분 : 매입채무, 매출채권 　매입매출전표 입력 시 자동분개 되는 매입채무, 매출채권 계정코드이며, 기본값이 "0251(외상매입금)", "0108(외상매출금)"으로 설정되어 있으므로 주 매입채무계정이 외상매입금, 주 매출채권계정이 외상매출금이 아닌 경우에는 사용자가 직접 해당 계정과목으로 수정한다. ③ 구분 : 신용카드 매출채권·매입채무 　신용카드 매출채권·매입채무는 "0120(미수금)", "0253(미지급금)"으로 설정되어 있으며 수정 가능하다.
	추가계정 설정	[2.분개유형 설정] 이외에 추가로 자동분개 되는 계정과목 코드를 추가로 설정하는 곳이다. 매입매출전표입력에서 환경등록의 추가계정 설정값을 사용하고자 할 때에는 [매입매출전표입력]메뉴의 분개란에서 "5.추가"를 선택한다.

항 목		입력내용 및 방법
회계	부가세 포함 여부	① 카과, 현과의 공급가액 부가세 포함 부가세 "1.전체포함"으로 설정된 경우 매입매출전표에서 유형 "17.카과", "57.카과" 입력 시 공급가액란에 부가가치세를 포함한 금액을 입력하면 그 입력한 금액에서 부가가치세를 제외한 금액(100/110)이 자동 산출된다. "0.미포함"으로 설정된 경우 매입매출전표에서 유형 "17.카과", "57.카과" 입력 시 공급가액과 부가가치세를 따로 입력한다. (기본설정은 "1.전체포함"으로 되어 있으며 "현과"도 동일하다.) ② 건별공급가액에 부가세 포함 카드입력방식과 동일하다. ③ 과세공급가액에 부가세 포함 매입매출전표 유형이 "11.과세", "51.과세"일 때 공급가액란에 부가가치세 포함 금액(공급대가)을 입력하면 자동으로 공급가액과 부가가치세로 나누어 구분해 준다. (기본 설정값은 "0.전체미포함"으로 되어 있으며, 매입매출전표입력에서 공급가액란에 공급가액을 입력하면 부가세란은 공급가액의 10% 자동입력 된다.)
	봉사료 사용여부	사용여부를 "0.사용안함"으로 설정된 경우 매입매출전표입력 메뉴의 카드 관련 매출거래에서 '봉사료' 구분기재를 사용할 수 없고 사용여부를 "1.사용"으로 설정 시 매입매출전표입력의 카드매출전표에서 구분기재 입력한 '봉사료'는 부가가치세 부속서류 [신용카드매출전표발행집계표]의 '봉사료'란에 반영된다.
	유형	① 불공(54)의 불공제사유 재화 또는 용역을 공급받고 수취한 세금계산서 중 불공제 사유에 해당하는 것 중 빈번하게 발생하는 불공제 사유를 등록하면, 매입매출전표입력의 "매입/불공"일 때 등록해 놓은 불공제 사유가 자동 반영된다. 또한 매입매출전표입력에 자동 반영된 불공제 사유도 직접 수정 가능하다. ② 영세율 매출(12, 16)구분 2013년 7월 1일 공급분부터 "영세율 매출명세서"를 추가로 부가가치세신고 시 제출하므로서 "12.영세", "16.수출" 유형으로 입력 시 가장 빈번하게 사용하는 사유를 등록하면, 사유가 자동 반영된다. 또한 매입매출전표입력에 자동 반영된 사유도 직접 수정 가능하다.
	단가표시	수량과 공급가액을 입력하면 자동으로 공급가액을 수량으로 나누어 단가를 표시해 준다. 기본 설정 값은 "0.사용안함"으로 되어있다.
	표준(법인세)용 재무제표	표준재무제표 작성에 해당하는 "1.일반법인, 2.금융기관" 중 선택한다.
	건물 외 유형고정자산 상각방법	건물 외 유형 고정자산 상각방법을 "1.정률법, 2.정액법" 중 선택한다.
	고정자산 간편자동등록 사용	일반전표입력 또는 매입매출전표입력 시 고정자산 금액을 입력하면서 바로 고정자산 간편 자동등록을 사용하면 "1.사용", 사용하지 않으면 "0.사용안함"을 선택한다.
	현장 · 부서사원 · 프로젝트코드 엔터키 자동복사	전표 입력 시 현장 등 설정 값을 Enter 입력 시 자동복사 기능을 "0.사용안함"과 "1.사용" 중 선택할 수 있다.
	세금계산서 인쇄시 복수거래 정렬방법	매입매출전표입력에서 복수거래 입력 후, 세금계산서에 인쇄할 때 "1.입력순" 또는 "2.금액순"으로 정렬방법을 선택한다.

항목		입력내용 및 방법
회계	의제류 자동 설정	① 의제류 자동 설정 "1.의제매입, 2.재활용, 3.구리 스크랩등" 중 하나를 선택하여 설정하면 [매입매출전표입력]의 의제류매입 탭에서 면세 매입을 입력하면 의제매입 또는 재활용 등으로 자동 선택된다. 해당 사항이 없는 경우는 "0.없음"을 선택한다. ② 의제매입공제율 : 업종에 따른 공제율을 입력한다. ③ 재활용매입공제율 : 재활용폐자원 등에 대한 매입세액 공제특례에 해당하는 공제율을 입력한다. ④ 구리 스크랩등 구리 스크랩 등에 대한 매입세액 공제특례에 해당하는 공제율을 입력한다.
	신용카드매입 입력창 사용여부	일반전표입력 시 거래건당 3만원 초과거래에 대한 신용카드 등 사용여부를 선택하고자 하는 경우 "1.사용"을 선택한다.
	휴일표시 사용여부	사용여부를 "1.사용"으로 설정하면 휴일 사용 카드·현금을 별도로 표시하여 업무용과 가사경비·개인사용 등을 구분할 수 있으며 휴일체크가 가능하다.

(주)배움전자(회사코드 : 3000)의 환경등록을 다음과 같이 설정하시오.

① 분개유형 설정
 매출 : 0404.제품매출   매출채권 : 0108.외상매출금
 매입 : 0153.원재료   매입채무 : 0251.외상매입금
 신용카드매출채권 : 0108.외상매출금   신용카드매입채무 : 0253.미지급금
② 부가세 포함 여부
 카과, 현과의 공급가액 부가세 포함 : 1.전체포함
 건별 공급가액에 부가세 포함 : 1.포함   과세 공급가액에 부가세 포함 : 0.전체미포함
③ 고정자산 간편자동등록 사용 : 0.사용안함

 예제 따라하기

① 분개유형 설정의 매출에서 "0401.상품매출"을 "0404.제품매출"로 수정한다.
② 분개유형 설정의 매입에서 "0146.상품"을 "0153.원재료"로 수정한다.
③ 분개유형 설정의 신용카드매출채권에서 "0120.미수금"을 "0108.외상매출금"으로 수정한다.
④ 분개유형 설정의 매출채권과 매입채무, 신용카드매입채무는 설정값 그대로 사용한다.
⑤ 부가세 포함 여부는 설정값 그대로 사용한다.
⑥ 고정자산 간편자동등록 사용에서 "1.사용"을 "0.사용안함"으로 수정한다.

심화연습

[1] (주)세원은 공장을 신축하면서 업종을 도매/의류에서 제조/의류로 변경하였다. 사업자등록증을 보고 업종(주업종코드 : 181109) 및 기본계정(매출/매입)을 수정하시오. [회사코드 : 3400.(주)세원]

사 업 자 등 록 증

(법인사업자)

등록번호 : 104-86-11119

① 법인명(단체명) : (주)세원
② 대표자 : 조세원
③ 개업년월일 : 2015년 4월 10일
④ 법인등록번호 : 110111-3776387
⑤ 사업장소재지 : 서울특별시 중구 소공로6가길 13
⑥ 사업의 종류 : [업태] 제조   [종목] 의류
⑦ 교부사유 : 업종변경

2025년 7월 15일

중 부 세 무 서 장

※ 집중심화연습 해답은 [최신기출문제&해답] ➡ PART 03] 584페이지에서 확인 가능합니다.

CHAPTER 03 거래처등록

회계관리 ▶▶ 재무회계 ▶▶ 기초정보관리 ▶▶ 거래처등록

[거래처등록]은 관리하고자 하는 거래처의 기본정보를 등록하는 메뉴이다. 상품매출 등의 거래 시 외상거래 등 채권·채무에 관한 거래가 발생했을 때, 보조장부로 거래처별 장부를 만들어 관리하게 되는데, 프로그램에서는 이를 거래처코드로 등록하고 거래처코드별로 집계된 [거래처원장]을 작성할 수 있다.

[거래처등록]은 매출 시 세금계산서발급 등을 위해 실무에서는 매출처의 사업자등록증 부본을 받아 등록하며, 매입 시는 세금계산서나 일반 간이영수증에 표시된 거래상대방의 인적사항을 보고 입력할 수 있다.

구 분	코드범위	거래처별 구분
일반거래처	00101 ~ 97999	채권·채무관리, 부가가치세신고거래처, 일반관리 거래처 등
금융기관	98000 ~ 99599	당좌예금, 보통예금, 정기예·적금 관련 거래처 등
신용카드	99600 ~ 99999	기업의 매출카드(가맹점) 및 매입카드와 관련 거래처 등

TIP

구 분	거래처입력	반영되는 프로그램
일반거래처/금융기관	일반전표입력	거래처원장관리
	매입매출전표입력	부가가치세 신고 시 세금계산서합계표에 거래처코드별 집계
신용카드	매입매출전표입력	신용카드매출전표발행집계표 및 신용카드매출전표 등 수령명세서

1. 일반거래처

부가가치세 신고와 관련된 거래는 거래처등록을 하여 관리하며, 이외의 채권·채무 및 관리가 필요한 거래처를 등록한다.

일반거래처등록 필드 설명

항 목	입력내용 및 방법
코드	"00101 ~ 97999"의 범위 내에서 코드번호를 임의로 선택하여 입력한다. 거래처명을 입력한 후 Enter 키를 누르면 거래처코드가 자동으로 부여되며, 코드범위를 벗어난 숫자를 입력하면 입력되지 않음에 유의한다.
거래처명	한글 15자, 영문 30자 이내로 거래처의 사업자등록상 법인명 또는 상호명을 입력한다.
유형	유형은 "1.매출, 2.매입, 3.동시" 중 선택하며, 동시는 매출과 매입이 동시에 해당될 때 선택한다. 선택없이 Enter를 누를 경우 "3.동시"가 선택된다.
사업자등록번호	거래처로부터 받은 사업자등록증 사본을 보고 사업자등록번호를 입력한다. 사업자등록상태조회를 클릭할 경우 국세청 홈페이지로 연결되어 등록하고자 하는 사업자등록번호를 조회하여 폐업자 또는 간이과세자 여부를 확인할 수 있다. 1. 사업자등록번호 210-10-43186
주민등록번호	주민기재분 세금계산서 발행 시 주민등록번호를 입력한다. 상대거래처가 기업체가 아닌 일반인의 경우 세금계산서 합계표상 주민등록기재분으로 표시하여야 하므로 주민기재분란에 "1.여"를 선택한다. 2. 주민 등록 번호 760501-2352633 주 민 기 재 분 여 0:부 1:여
대표자명	거래처 사업자등록증의 대표자명을 입력한다.
업종	거래처의 사업자등록증상의 업태·종목을 입력한다.
주소	우편번호 란에서 F2 키를 이용하여 거래처의 사업장주소를 입력한다.
연락처	거래처의 전화번호와 팩스번호를 입력한다
담당(부서)사원	거래처를 담당하는 당사의 담당사원을 입력한다.
인쇄할거래처명	거래처명에 입력된 거래처명과 다르게 인쇄하고자 하는 경우에 거래처명을 수정 입력한다.
담보설정액	거래처에 설정된 담보액을 입력한다.
여신한도액	거래처의 여신한도 설정액을 입력한다.
주류코드	거래처 중 주류업체에 해당되면 해당코드를 선택한다.
입금계좌번호	거래처와 관련된 거래대금의 수수 은행, 예금주, 계좌번호를 입력한다.
업체담당자연락처	전자세금계산서를 수령할 거래처의 담당자의 이메일, 전화번호, 메신저 아이디 등을 입력한다. "사용"으로 체크된 사원에게 전자세금계선가 발행된다.

항 목	입력내용 및 방법
거래처분류명	거래처를 분류하고자 하는 몇 개 부류로 나누고 [분류등록]에서 각각 등록을 선행한 후 거래처분류명에서 등록한 코드를 선택한다. 입력된 분류명은 거래처원장에서 조회 시 분류명으로 조회할 수 있다.
주 신고거래처	사업자단위과세자와 거래하는 경우 주사업장 및 종사업장번호를 입력한다.
거래시작(종료)일	등록된 거래처와 거래가 시작(종료)된 일자를 입력하여 관리한다.
비고	등록된 거래처에 부가적인 내용을 기재하고자 하는 경우 사용한다.
사용여부	사용여부에서 "0.부" 선택 시 거래처 코드도움(F2) 등에서 조회되지 않는다.

※ "상세입력안함"을 체크하면 하단 입력사항으로 커서가 이동하지 않고 바로 다음 거래처코드로 이동한다.

상세 입력 안함

다음 자료를 이용하여 (주)배움전자(회사코드 : 3000)의 일반거래처 등록을 하시오.

코드	거래처명	유형	등록번호	대표자 성명	업태 종목	주소
101	(주)성진	매출	101-81-10339	김성진	도매 전자제품	서울특별시 종로구 종로3길 36 (청진동)
102	(주)지성	매출	134-81-47379	황지성	도매 전자제품	인천광역시 남동구 서판로 16 (만수동)
103	다팔아상사	매출	130-04-86501	송동현	도매 가전제품	서울특별시 강남구 논현로 100 (개포동)
104	마도(주)	매출	139-81-38900	이태림	도매 전자제품	경기도 안산시 단원구 고잔1길 66 (고잔동)
201	(주)성민	매입	113-81-42120	유재석	제조 전자제품	서울특별시 서초구 서초대로50길 14(서초동)
202	(주)코어드	매입	119-81-46779	최두진	제조 계산기	서울특별시 강남구 테헤란로 532 (대치동)
203	공공상사	매입	122-16-69066	구지태	제조 전자변성기	서울특별시 마포구 도화2길 2 (도화동)
204	반석상사	매입	133-23-62697	유진솔	제조 반도체	서울특별시 금천구 디지털로 224 (가리봉동)
301	기아자동차(주)	매입	137-81-11981	오진석	소매 자동차	서울특별시 구로구 고척로 100 (개봉동)

※ (주)성진 업체담당자연락처 : 담당자 - 김세라, 메일주소 - bobook@bestbill.com
※ 거래시작일 : 2025년 1월 1일

예제 따라하기

[거래처등록]의 "일반거래처" TAB에 해당 예제를 입력한다.

No	코드	거래처명	등록번호	유형
1	00101	(주)성진	101-81-10339	매출
2	00102	(주)지성	134-81-47379	매출
3	00103	다팔아상사	130-04-86501	매출
4	00104	마도(주)	139-81-38900	매출
5	00201	(주)성민	113-81-42120	매입
6	00202	(주)코어드	119-81-46779	매입
7	00203	공공상사	122-16-69066	매입
8	00204	반석상사	133-23-62697	매입
9	00301	기아자동차(주)	137-81-11981	매입

1. 사업자등록번호: 101-81-10339 사업자등록상태조회
2. 주민 등록 번호: 주 민 기 재 분 부 0:부 1:여
3. 대표자성명: 김성진
4. 업 종: 업태 도매 종목 전자제품
5. 주 소: 03156 서울특별시 종로구 종로3길 36 (청진동)

상세 입력 안함

6. 연 락 처: 전화번호 ( ) -   팩스번호 ( ) -
7. 담당(부서)사원: + 키 입력 시 신규 등록 가능
8. 인쇄할거래처명: (주)성진
9. 담 보 설 정 액: 10. 여 신 한 도 액:
11. 주 류 코 드:
12. 입금 계좌 번호: 은 행
    예금주   계좌번호
13. 업체담당자연락처: 조회/등록 김세라 bobook@bestbill.com 보내기
14. 거래처 분류명:
15. 주 신고거래처: 종 사업장 번호
16. 거래시작(종료)일: 시작 2025-01-01 ~ 종료:
17. 비 고:
18. 사 용 여 부: 여 0:부 1:여

2. 금융기관

기업이 거래하고 있는 금융기관을 입력한다.

금융기관등록 필드 설명

항 목	입력내용 및 방법
코드	"98000 ~ 99599"의 범위 내에서 사용자가 입력한다. 코드를 일련번호순으로 부여하고자 하는 경우에는 금융기관 코드에서 일련번호 숫자를 넣으면 자동으로 완성된다. 예를 들어, "98001"로 부여하고자 하면 "1"을 입력하면 "98001"로 완성된다.
거래처명	보통예금, 당좌예금 등의 해당 계좌 금융기관명을 입력한다.
유형	예금의 종류를 말하며 "1.보통예금", "2.당좌예금", "3.정기적금", "4.정기예금", "5.기타" 중 선택한다.
계좌번호	관리하고자 하는 통장의 계좌번호를 입력한다.
계좌개설은행/지점	계좌개설은행 및 지점을 코드도움으로 조회하여 입력한다.
계좌개설일	계좌개설일을 입력한다.
예금종류/만기	예금이 자유로운 입출금방식인지에 따라 저축예금 등으로 표기한다. 예·적금인 경우에는 만기일자를 표기한다.
이자율/매월납입액	이자율 및 적금인 경우에는 매월납입액을 기입한다.

다음 자료를 이용하여 (주)배움전자(회사코드 : 3000)의 금융기관 등록을 하시오.

코드	거래처명	유형	계좌번호	개설은행 · 지점	계좌개설일
98000	기업은행	당좌예금	801-21-0726-595	기업은행 성동점	2017. 4. 1
98001	우리은행	보통예금	2689-452-23567	우리은행 성동점	2017. 4. 1
98002	금화은행	기타	36545-25-45789		

※ 기업은행과 우리은행 계좌는 사업용 계좌에 해당한다.

 예제 따라하기

[거래처등록]의 "금융기관" TAB에 해당 예제를 입력한다.

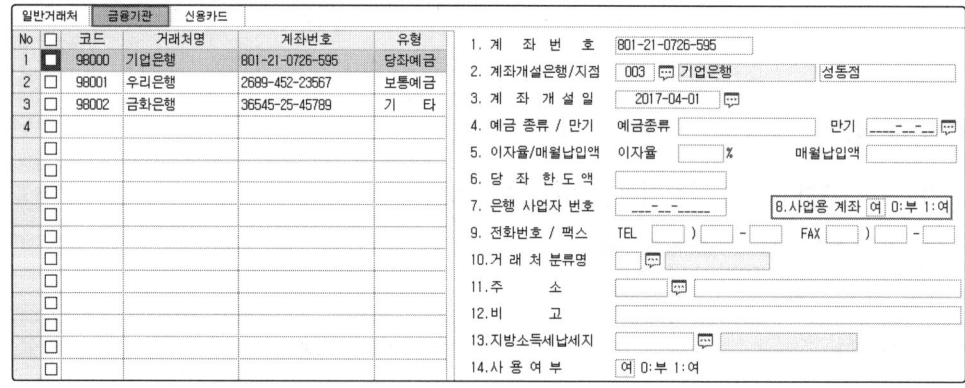

3. 신용카드

기업이 카드매출과 관련하여 신용카드사에 가맹 약정되어 있는 경우 및 매입카드로 사용하는 신용카드를 입력한다.

신용카드등록 필드 설명

항 목	입력내용 및 방법
코드	"99600 ~ 99999"의 범위 내에서 사용자가 입력한다.
거래처명	신용카드사 및 신용카드 상호명을 입력한다.
유형	매출가맹점인 경우에는 "1.매출", 매입(구매)카드인 경우에는 "2.매입"을 선택한다.

항 목	입력내용 및 방법
가맹점(카드)번호	유형이 "1.매출"인 경우는 가맹점번호를 입력하고, "2.매입"인 경우는 신용카드번호를 입력한다.
사업자등록번호	신용카드 거래처의 사업자등록번호를 입력한다.
카드종류(매입)	"1.일반카드", "2.복지카드", "3.사업용카드" 중 하나를 선택하여 입력한다. 이 구분입력은 [신용카드매출전표등 수령명세서]에 반영된다.
카드소유담당	유형이 "2.매입"인 경우 신용카드를 소유하고 있는 임직원을 입력한다.
결제계좌	매출과 매입 카드의 결제은행과 계좌번호를 코드도움(F2)으로 선택한다.

실무예제

다음 자료를 이용하여 **(주)배움전자(회사코드 : 3000)**의 신용카드를 등록 하시오.

코드	거래처명	유형	가맹점(카드)번호	카드종류(매입)	결제계좌
99600	기업카드사	매출	56893265		기업은행 801-21-0726-595
99700	우리카드	매입	9408-0000-3481-0019	3.사업용카드	우리은행 2689-452-23567

※ 매출카드 : 직불 · 기명식 선불전자지급수단 – 부

예제 따라하기

[거래처등록]의 "신용카드" TAB에 해당 예제를 입력한다.

① 매출카드

No	코드	거래처명	가맹점(카드)번호	유형
1	99600	기업카드사	56893265	매출

1. 사업자등록번호
2. 가 맹 점 번 호   56893265   직불, 기명식 선불전자지급수단 부
7. 결 제 계 좌   은행명 003 기업은행
           계좌번호 801-21-0726-595

② 매입카드

No	코드	거래처명	가맹점(카드)번호	유형
1	99700	우리카드	9408-0000-3481-0019	매입

1. 사업자등록번호
2. 가 맹 점 번 호
3. 카드번호(매입)   9408-0000-3481-0019
4. 카드종류(매입)   3 3.사업용카드
7. 결 제 계 좌   은행명 020 우리은행
           계좌번호 2689-452-23567

[반드시 거래처코드를 입력해야 하는 계정과목]

채권계정	채무계정
외상매출금	외상매입금
받을어음 및 부도어음과수표	지급어음
미수금	미지급금
선급금	선수금
장(단)기대여금	장(단)기차입금, 유동성장기부채
가지급금	가수금
임차보증금	임대보증금
보통예금 등	

※ 예금 및 가수금은 시험 지문에 별도의 표시가 있는 경우 반드시 입력함에 유의한다.

[1] 세무고문을 맡고 있는 세무사사무소의 사업자등록증의 내용은 아래 자료와 같다. 거래처로 등록(거래처 코드 : 200, 유형 : 동시)하시오. [회사코드 : 3100.(주)남동산업]

- 사업자등록번호 : 110-81-61865
- 성　명 : 김영중
- 업태/종목 : 서비스/세무사
- 상　호 : 세무사김영중사무소
- 사업장주소 : 서울특별시 광진구 동일로 144
- ※ 주소입력 시 우편번호 입력은 생략해도 무방함.

[2] 개인 이새롬이 세금계산서 교부를 요청하여 주민등록번호로 세금계산서를 발행하려고 한다. 거래처를 등록하시오. [회사코드 : 3200.(주)성남]

이름 : 이새롬　　코드 : 1000　　주민등록번호 : 780101-2123453　　유형 : 동시

[3] 다음의 신용카드 내역을 거래처 등록란에 입력하시오. [회사코드 : 3400.(주)세원]

코드	거래처명	유형	카드종류	가맹점(카드)번호
99611	현대카드	매출		24002580
99612	삼성카드	매입	사업용카드	4500-1101-0052-6668
99613	외환카드	매입	일반카드	9404-1004-4352-5200

※ 집중심화연습 해답은 [최신기출문제&해답 ➡ PART 03] 585페이지에서 확인 가능합니다.

CHAPTER 04 계정과목 및 적요등록

PART 02 회계정보시스템운용

회계관리 ▶▶ 재무회계 ▶▶ 기초정보관리 ▶▶ 계정과목및적요등록

계정과목은 시스템 전반에 영향을 미치므로 프로그램을 처음 사용하는 시점에서 정확하게 설정하여야 한다. 기업회계기준에 따라 가장 일반적인 계정과목은 이미 등록되어 있는 상태이므로 회사의 특성에 따라 계정과목을 계정과목코드체계에 따라 수정하거나 추가하여 사용할 수 있다. 또한, 전표입력 시 편의와 능률을 향상시키기 위해 자주 사용되는 적요를 입력하여 사용하는 메뉴이다.

계정과목 및 적요등록 필드 설명

항 목	입력내용 및 방법
계정체계	계정과목 코드는 101부터 999까지의 코드로 구성되어 있으며, 자산선택 후 재고자산 등을 선택하면 해당 계정으로 바로 이동한다. 또한 우측의 코드체계와 계정과목이 상호 관련을 가지고 있으므로 새로이 계정과목을 등록하는 경우 코드체계의 범위내에서 등록하여야 재무제표 작성 시 문제가 발생되지 않는다.
코드/계정과목	기업회계기준에 따라 가장 일반적인 계정과목은 이미 등록되어 있는 상태이므로 회사 특성에 따라 계정과목을 계정과목코드 체계에 따라 수정하거나 추가하여 사용할 수 있다. 신규로 등록하는 계정과목은 코드체계 범위 내에서 "사용자설정계정과목"란에 추가로 등록하여 사용할 수 있다. **붉은색 계정과목의 수정**은 "Ctrl + F2"을 동시에 누르면 수정된다.
성 격	계정과목의 성격을 나타내며 일반적인 항목으로 초기값이 설정되어 있으며, 계정과목에 따라 계정성격이 다르므로 사용자가 선택한다. 단, 붉은색 계정과목의 성격은 수정 불가능하다. 재무제표의 자동작성을 위해 계정과목이 갖는 특성을 구분할 필요가 있으며 신규계정과목 등록 시 정확한 구분이 필요하다.
관 계	본 계정과목과 연관된 계정을 연결하는 기능으로써, 결산 시 매출원가 대체분개를 자동으로 하기 위한 상대계정을 선택하거나 재무제표 작성 시 관련 계정과목과 함께 작성되도록 하는 기능이다. [사례] 109.대손충당금 관계코드 ➡ 108.외상매출금 : 재무제표 출력 시 하단에 출력 451.상품매출원가 관계코드 ➡ 146.상품 : 결산 시 대체분개를 자동 분개
적 요	현금적요, 대체적요 각각 50개씩 등록 가능하며, 고정적요는 수정 및 삭제가 불가능하다. ■ 현금적요 : 화면의 우측하단에 나타나 있으며, 현금의 입금과 출금의 거래를 기록하기 위한 적요를 말한다. ■ 대체적요 : 화면의 우측하단에 나타나 있으며, 현금의 입금 또는 출금이 수반되지 않은 거래를 기록하기 위한 적요를 말한다.

적요란 거래내역을 간단하게 요약 정리한 것으로, 매일 매일의 거래내역을 전표입력하다 보면 같은 내용의 거래가 반복되는 경우가 많으므로 반복되는 적요를 등록하여 전표입력 시 등록된 내용의 번호를 선택하여 입력하면 업무시간이 절약된다. 실무에서 전표결제 시 적요가 중요한 역할을 하지만, **전산회계시험**에서는 "**타계정대체**"를 **제외**하고는 "**적요의 입력은 생략할 것**"으로 출제하고 있어 반드시 입력해야 하는 사항은 아니다.

실무예제

다음 제시에 따라 (주)배움전자(회사코드 : 3000)의 계정과목등록 및 수정 또는 적요를 등록하시오.

[1] 판매관리비 코드 범위 내에 "업무추진비(코드 : 853)" 계정을 등록하시오. (성격 : 3.경비)
[2] "138.전도금" 계정을 "소액현금"으로 수정하시오.
[3] 복리후생비(판매관리비) 계정의 대체적요에 "3.야근식대 미지급"을 등록하시오.
[4] 영업외수익 코드 범위 내에 905.단기투자자산평가이익과 906.단기투자자산처분이익을 단기매매증권평가이익과 단기매매증권처분이익으로 수정하시오.

예제 따라하기

1 신규 계정과목 등록

① [계정체계]의 [판매관리비]를 선택하여 "853.사용자설정계정과목"란을 선택한다.
② "사용자설정계정과목"에 "업무추진비"를 덧씌워 입력한다.

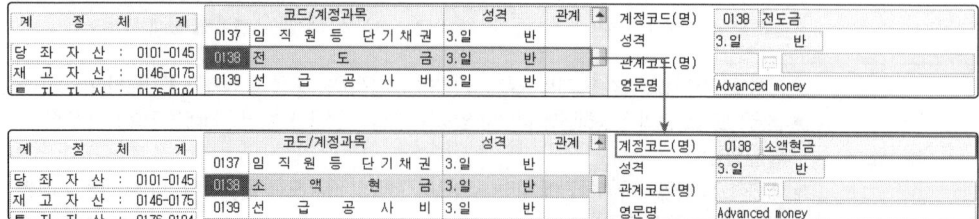

2 적색 계정과목 수정

① 커서를 코드란에 두고 "138"을 입력하여 [138.전도금] 계정으로 이동한다.
② 계정과목이 적색이므로 커서를 계정과목란에 가져간 다음 "Ctrl + F2"를 동시에 누른 후 우측 계정코드(명)란에 "소액현금"을 입력한다.

3 적요입력

① 코드란에서 "811"을 입력하거나 마우스 오른쪽을 클릭하여 찾기(Ctrl + F)를 선택하여 "찾을내용"에 계정과목을 입력 후 Enter↵ 한다.

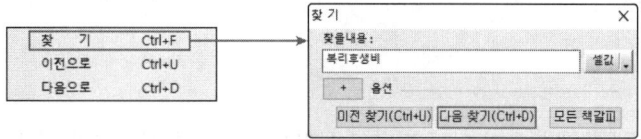

② 대체적요의 적요NO란에 숫자 "3"를 입력하고 적요내용을 입력한다.

4 계정과목 수정

코드란에서 수정하고자 하는 코드번호를 입력하여 이동하고 우측 계정코드(명)란에 해당 계정과목을 덧씌워 입력한다.

 심화연습

---

[1] 계정과목 및 적요등록 메뉴에서 정부보조금 계정과목을 코드 0217에 차감(기계장치 계정과목에서 차감)항목으로 등록하시오. [회사코드 : 3100.(주)남동산업]

[2] 계정과목 및 적요등록 메뉴에서 만기보유증권(투자자산) 계정과목에 대체적요 7번 "국공채 매각으로 인한 당좌예금 입금"으로 등록하시오. [회사코드 : 3200.(주)성남]

[3] 판매비와관리비 항목으로 차량리스료 계정과목을 추가하려고 한다. 해당 항목에 아래의 계정과목을 추가 등록하시오. [회사코드 : 3300.(주)서울스포츠]

| ① 코드 : 853 | ② 계정과목 : 차량리스료 | ③ 성격 : 경비 |

※ **집중심화연습 해답**은 [최신기출문제&해답 ➡ PART 03] 585페이지에서 확인 가능합니다.

CHAPTER 05 전기이월작업

당해연도 중에 개업한 경우가 아닌 전년도 이전에 개업한 회사에 대하여 시스템을 처음 사용하면서 전기분의 자료를 입력할 필요없이 전년도의 결산 재무제표를 입력하므로써 전기분과 당기분의 비교식 재무제표를 작성할 수 있게 된다. 물론 전년도에 전산회계프로그램을 사용하여 거래를 입력하고 결산을 완료하였다면 [마감후이월]을 통해 자동으로 전기분 자료를 받을 수 있겠지만, 그렇지 않은 경우 직접 입력을 한다.

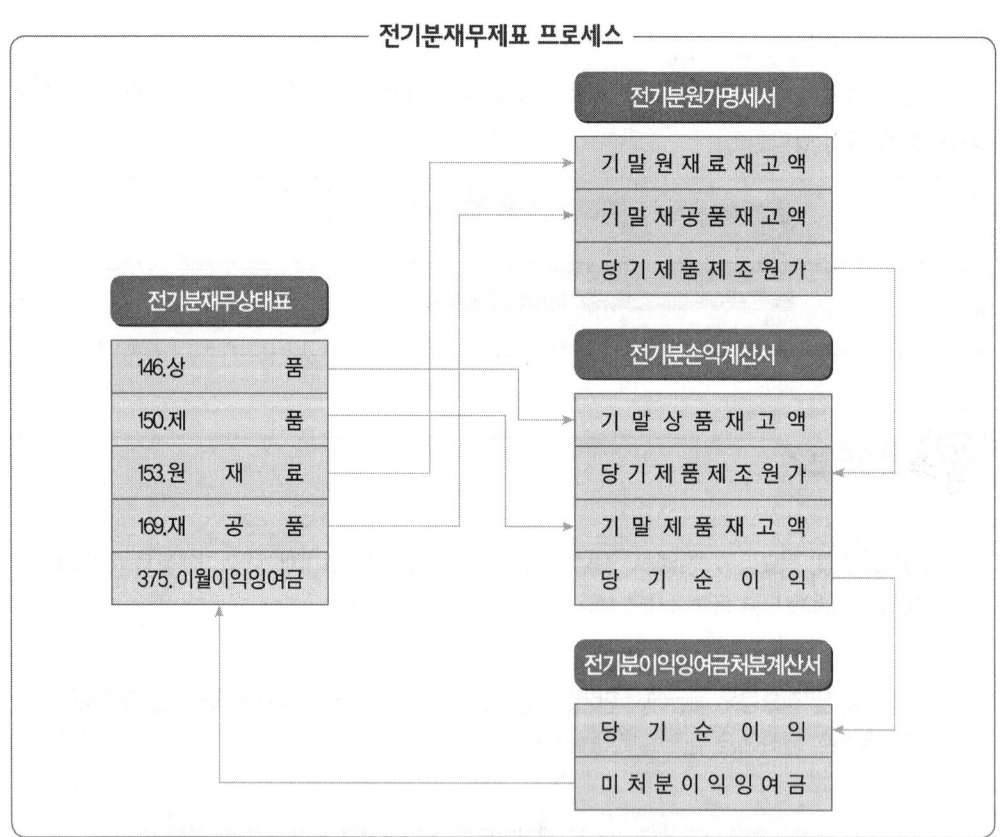

① 전기분 재무상태표의 "**제품(상품)금액**"은 전기분 손익계산서의 "**기말제품(상품)재고액**"과 **일치**
② 전기분 재무상태표의 "**원재료(재공품)금액**"은 전기분 원가명세서의 "**기말원재료(재공품)재고액**"과 **일치**
③ 전기분 원가명세서의 "**당기제품제조원가**"는 전기분 손익계산서의 "**당기제품제조원가**"와 **일치**
④ 전기분 손익계산서의 "**당기순이익**"은 전기분 잉여금처분계산서의 "**당기순이익**"과 **일치**
⑤ 전기분 잉여금처분계산서의 "**미처분이익잉여금**"은 전기분 재무상태표의 "**이월이익잉여금**"과 **일치**

1. 전기분 재무상태표

계속기업의 경우 전년도의 결산시 작성된 재무제표 중 재무상태표 항목은 이월을 받게 되는데 전기분 재무상태표는 각 계정별로 이월시킴과 동시에 당기분 보고용 비교식 재무상태표의 전기 자료를 제공한다.

실무프로세스의 이해

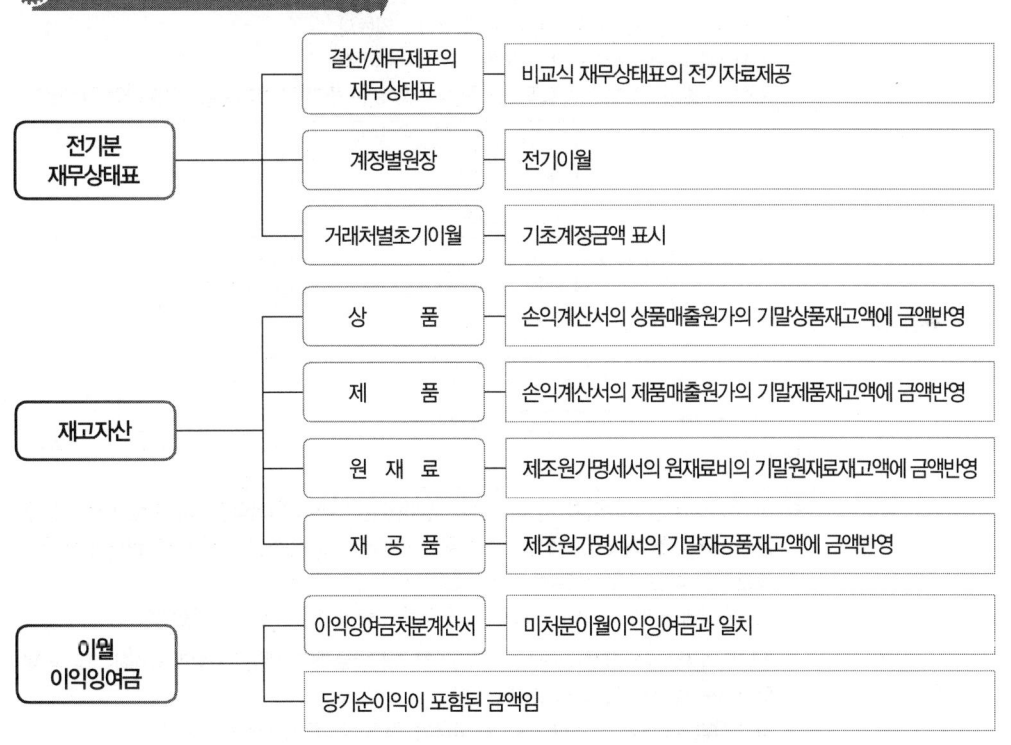

항 목	입력내용 및 방법
코 드	입력하고자하는 계정과목명은 코드도움(F2)을 받아서 입력하거나 계정코드란에서 계정과목 2자 이상을 입력하여 과목을 검색 입력도 가능하다. 또한 계정과목 코드번호를 알고 있는 경우 직접 입력한다.
계정과목선택	대손충당금, 감가상각누계액 등은 해당계정의 바로 아래의 계정을 선택한다. 가지급금, 가수금 등은 각 사원별로 구분하여 입력한다. 대손충당금 코드 입력방식 사례 : 108(외상매출금 코드) + 1 ⇨ 109 입력
금 액	"+"키를 누르면 천원단위 '000'을 입력하여 주므로 빠른 입력이 가능하다. 대차차액이 발생하면 종료 시 오류메세지가 뜨며 재무제표에 차액이 발생되므로 정확하게 기재한다. 예 : "5,000,000" → "5++"
유의사항	① 충당부채, 결손금의 경우 음수(-)로 입력하지 않는다. ② 가지급금, 가수금계정은 각 사원별로 구분하여 입력한다. ③ 퇴직급여충당부채(295)와 퇴직연금충당부채(329)는 원가 구성항목별로 구분하여 입력한다. 부채 및 자본 | 코드	계정과목	금액
---	---	---
0251	외상매입금	85,040,000
0252	지급어음	33,000,000
0253	미지급금	12,500,000
0259	선수금	5,000,000
0260	단기차입금	50,000,000
0295	퇴직급여충당부채	10,000,000
0331	자본금	50,000,000
0351	이익준비금	10,000,000
0375	이월이익잉여금	47,150,000	 퇴직급여충당부채(295) : 제조 6,000,000 / 보관 / 판관비 4,000,000 퇴직연금충당부채(329) : 제조 / 도급 / 보관 / 판관비 ④ 법인의 잉여금 계정입력 시 미처분이익잉여금은 "375.이월이익잉여금"으로, 미처리결손금은 "376.이월결손금"으로 입력하며 당기순이익과 당기순손실은 입력하지 않도록 한다. ⑤ 화면 우측 하단의 **대차차액은 없어야 한다**. ⑥ 입력순서에 관계없이 코드순으로 정렬되므로 우측에 계정별 합계가 계산된다.
참 고	① 전년도의 재무상태표를 입력하는 메뉴로 각 계정별로 초기이월을 시킴과 동시에 비교식 재무상태표 전기에 대한 자료로 제공된다. ② 최초 작업년도에만 입력하며, 차기는 마감후 이월 작업으로 자동반영 된다.

실무예제

(주)배움전자(회사코드 : 3000)의 전기분 재무상태표를 전기분재무제표의 전기분 재무상태표에 입력하시오.

재 무 상 태 표

회사명 : (주)배움전자　　　　제9기 2024. 12. 31. 현재　　　　(단위 : 원)

과 목	금 액		과 목	금 액	
자　　　　산			부　　　　채		
Ⅰ.유 동 자 산		152,340,000	Ⅰ.유 동 부 채		185,540,000
(1)당 좌 자 산		107,340,000	외 상 매 입 금		85,040,000
현　　　　금		15,560,000	지 급 어 음		33,000,000
당 좌 예 금		30,000,000	미 지 급 금		12,500,000
보 통 예 금		25,000,000	선　수　금		5,000,000
단기매매증권		5,000,000	단 기 차 입 금		50,000,000
외 상 매 출 금	22,000,000		Ⅱ.비 유 동 부 채		10,000,000
대 손 충 당 금	220,000	21,780,000	퇴직급여충당부채		10,000,000
받 을 어 음		10,000,000			
(2)재 고 자 산		45,000,000	부 채 총 계		195,540,000
제　　　　품		15,000,000			
원　재　료		20,000,000	자　　　　본		
재　공　품		10,000,000	Ⅰ.자 본 금		50,000,000
Ⅱ.비 유 동 자 산		150,350,000	자　본　금		50,000,000
(1)투 자 자 산		0	Ⅱ.자 본 잉 여 금		0
(2)유 형 자 산		150,350,000	Ⅲ.자 본 조 정		0
토　　　　지		80,000,000	Ⅳ.기타포괄손익누계액		0
건　　　　물	50,000,000		Ⅴ.이 익 잉 여 금		57,150,000
감가상각누계액	1,250,000	48,750,000	이 익 준 비 금		10,000,000
차 량 운 반 구	20,000,000		미처분이익잉여금		47,150,000
감가상각누계액	4,000,000	16,000,000	(당기순이익		
비　　　　품	7,000,000		18,800,000원)		
감가상각누계액	1,400,000	5,600,000	자 본 총 계		107,150,000
(3)무 형 자 산		0			
(4)기타비유동자산		0			
자 산 총 계		302,690,000	부채와 자본 총계		302,690,000

※ 퇴직급여충당부채 : 제조(생산직) 6,000,000원, 판관비(사무직) 4,000,000원
※ 프로그램 입력시 계정과목을 입력하여야 하므로 흐린색 글씨의 과목과 금액을 입력한다.

 예제 따라하기

① 대손충당금, 감가상각누계액 입력 시 음수(-)를 사용하지 않으며 관련계정은 다음과 같다.
예를 들어 108.외상매출에 대한 대손충당금　　　109.대손충당금 계정
　　　　202.건물에 대한 감가상각누계액　　　　203.감가상각누계액 계정

② 법인의 잉여금 계정 : 미처분이익잉여금(375.이월이익잉여금), 미처리결손금(376.이월결손금) 코드를 사용하며 당기순이익, 당기순손실은 입력하지 않는다.

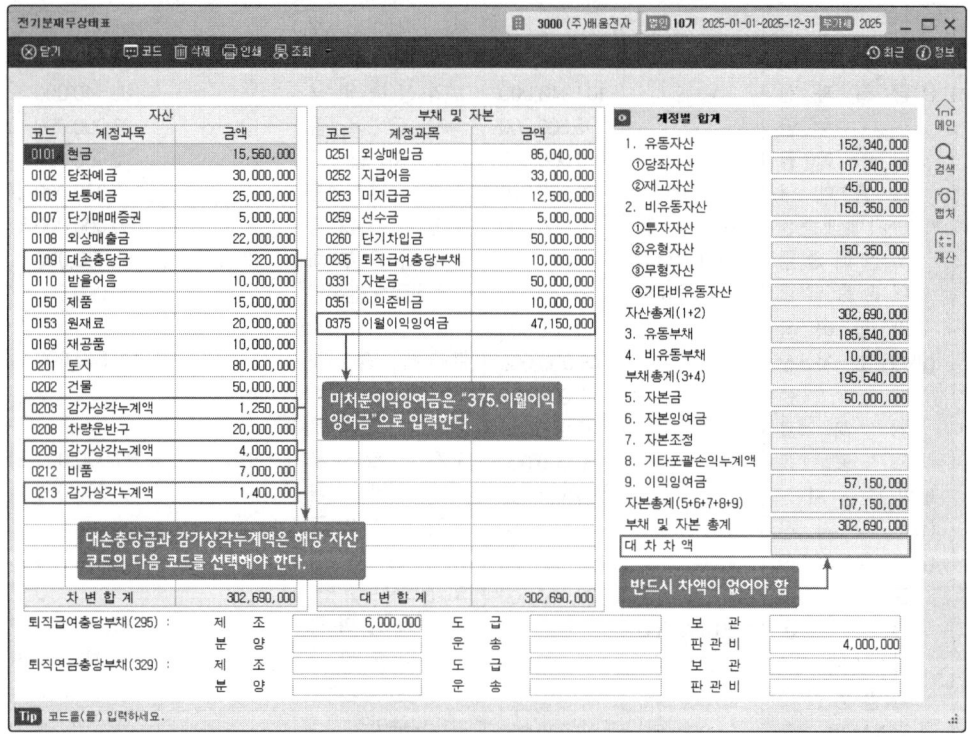

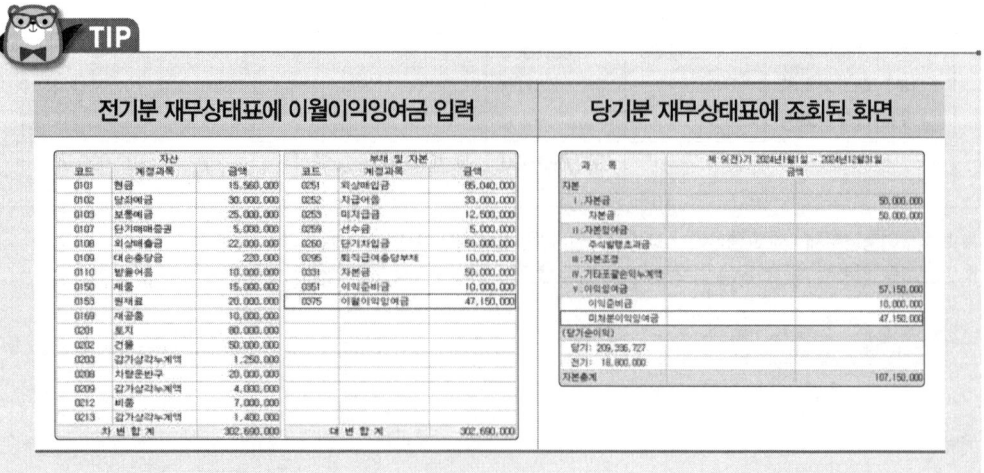

2. 전기분 원가명세서

전기분 원가명세서는 계속기업의 비교식 원가명세서의 작성자료를 제공함과 동시에 손익계산서의 부속자료로 당기제품제조원가를 입력하는 메뉴이다. 전기분 재무상태표 및 전기분손익계산서와 마찬가지로 [마감후 이월] 메뉴에서 전년도 장부를 마감하면 자동 이월된다.

실무프로세스의 이해

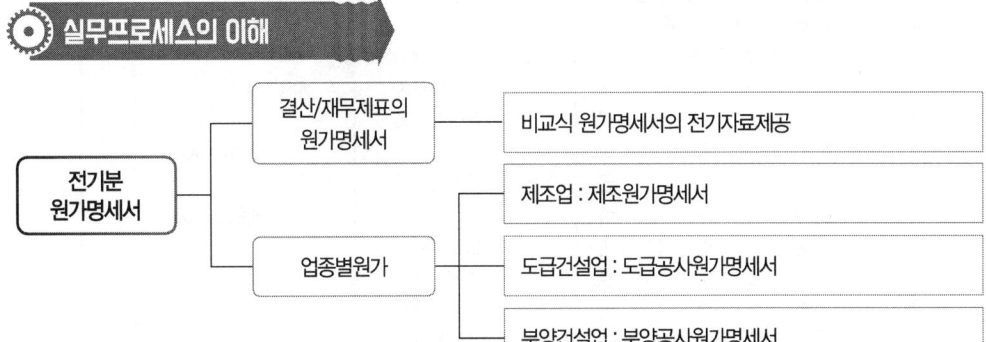

항 목	입력내용 및 방법
원가설정	F4 원가설정 버튼을 클릭하면 매출원가 코드와 원가경비를 입력할 수 있는 화면이 활성화 되며 편집(Tab) 키를 누른 후 설정하고자 하는 매출원가 코드와 원가경비를 [사용여부 – 1.여]으로 변경 설정한다.
코 드	입력하고자하는 계정과목명은 코드도움(F2)을 받아서 입력하거나 직접 한글을 입력 후 Enter하여 입력한다. 계정과목 코드번호를 알고 있는 경우 직접 입력한다.
계정과목선택	① 계정과목코드와 금액을 입력하면 원재료비의 경우 재료비 보조화면이 나타나며 **기말재고액은 재무상태표 초기이월에 입력된 재고계정(원재료) 금액이 자동반영** 된다. (재고자산의 기말재고액란에는 자동반영으로 커서가 가지 않는다.) ② **기초재공품재고액, 타계정에서 대체액, 타계정으로 대체액** 등은 별도의 계정 과목이 존재하지 않으므로 **직접 커서를 두고 입력**한다.

(주)배움전자(회사코드 : 3000)의 전기분 원가명세서를 전기분재무제표의 전기분 원가명세서에 입력하시오.

제 조 원 가 명 세 서

회사명 : (주)배움전자   제9기 2024.1.1 ~ 2024.12.31   (단위 : 원)

과 목	금 액	
Ⅰ. 원 재 료 비		134,000,000
기 초 원 재 료 재 고 액	12,000,000	
당 기 원 재 료 입 고 액	142,000,000	
기 말 원 재 료 재 고 액	20,000,000	
Ⅱ. 노 무 비		93,700,000
임 　 금	93,700,000	
Ⅲ. 경 비		36,900,000
복 리 후 생 비	13,540,000	
가 스 수 도 료	4,700,000	
전 력 비	6,100,000	
세 금 과 공 과	1,870,000	
감 가 상 각 비	3,750,000	
수 선 비	1,300,000	
보 험 료	1,200,000	
차 량 유 지 비	890,000	
소 모 품 비	750,000	
외 주 가 공 비	2,800,000	
Ⅳ. 당 기 총 제 조 비 용		264,600,000
Ⅴ. 기 초 재 공 품 재 고 액		20,000,000
Ⅵ. 합 계		284,600,000
Ⅶ. 기 말 재 공 품 재 고 액		10,000,000
Ⅷ. 타 계 정 대 체 액		0
Ⅸ. 당 기 제 품 제 조 원 가		274,600,000

 예제 따라하기

① 메뉴를 선택하면 원가선택 팝업창이 나오면 편집(Tab) 버튼을 누른다. "455.제품매출원가"의 사용여부를 "1.여"로 선택하고 하단의 선택(Tab) 버튼을 누른 다음 확인(Enter) 버튼을 누른다.

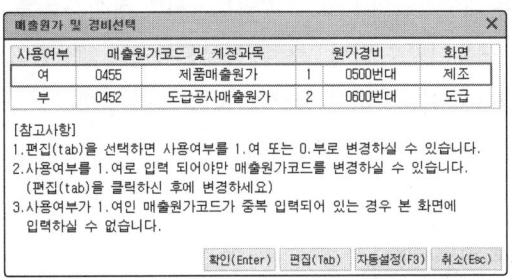

② 원가설정이 끝나면 [전기분 재무상태표]의 재고자산 데이터가 변경되었다는 메시지가 표시되며 해당 자료를 입력한다.

③ "501.원재료비" 계정과목을 입력하면 기초원재료재고액 등을 입력하는 화면이 나오며, 기말원재료재고액은 [전기분재무상태표]에서 자동반영 된다.

④ **기초재공품재고액, 타계정에서 대체액, 타계정으로 대체액은 우측항목별합계액란에 직접 입력**한다.

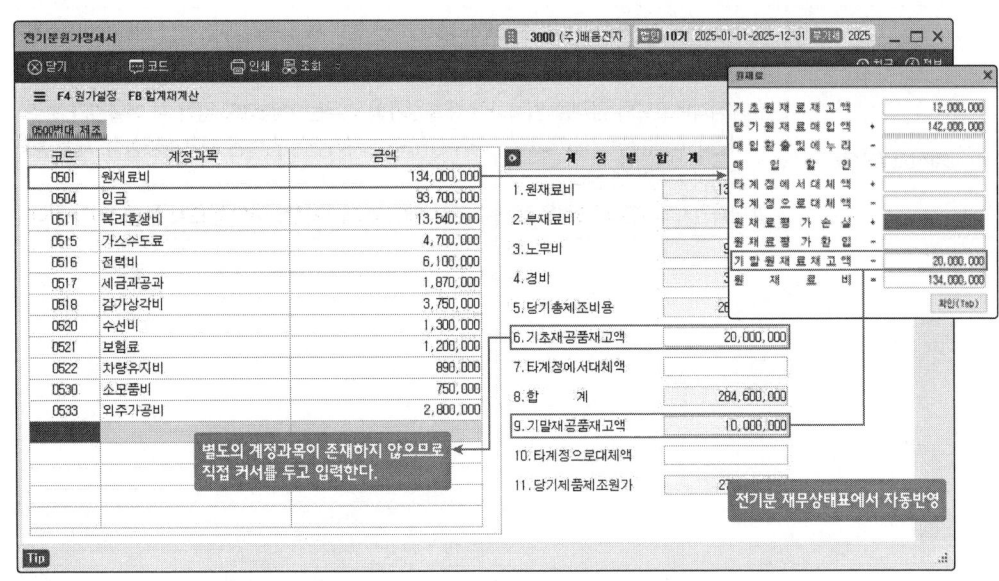

3. 전기분 손익계산서

전기분 손익계산서는 계속기업의 비교식 손익계산서의 작성자료를 제공함과 동시에 기업의 당기순이익을 계산하는 메뉴이기도 하다. 즉, 손익계산서에서 계산된 당기순손익은 재무상태표에 주기사항으로 표시되며 손익계산서가 작성되어야만 재무상태표의 당기순손익란에 반영되고 이익잉여금처분계산서의 당기순이익에 반영된다.

실무프로세스의 이해

전기분 손익계산서
- 결산/재무제표의 손익계산서 — 비교식 손익계산서의 전기자료제공
- 결산/재무제표의 재무상태표 이익잉여금처분계산서 — 미처분이익잉여금항목의 전기분 당기순이익 표시

항 목	입력내용 및 방법
회계기간	전기분 손익계산서에 대해 입력 시 직전연도의 1월 1일부터 12월 31일 까지를 전기의 회계기간으로 자동 인식한다. 그러나 직전연도에 기중에 개업을 한 경우 회계기간이 1년 미만이거나 회계기간이 1월 1일부터 시작하지 않은 경우에는 수정이 필요하다.
코 드	입력하고자하는 계정과목명은 코드도움(F2)을 받아서 입력하거나 직접 한글을 입력 후 Enter 하여 입력한다. 계정과목 코드번호를 알고 있는 경우 직접 입력한다.
계정과목선택	① 계정과목코드와 금액을 입력하면 매출원가의 경우는 계정코드 입력 시 매출원가 보조화면이 나타나며 기말재고액은 재무상태표 초기이월에 입력된 재고계정(상품, 제품 등) 금액이 자동반영 된다. ② **매출원가의 기말재고액은 전기분재무상태표에 재고자산입력이 반드시 선행되어야 한다.**

(주)배움전자(회사코드 : 3000)의 전기분 손익계산서를 전기분재무제표의 전기분 손익계산서에 입력하시오.

손 익 계 산 서

회사명 : (주)배움전자 　　제9기 2024.1.1 ~ 2024.12.31 　　(단위 : 원)

과 목	금 액	
I. 매　　　　출　　　　액		495,500,000
제　품　매　출		495,500,000
II. 매　　출　　원　　가		267,100,000
제 품 매 출 원 가		
기 초 제 품 재 고 액	7,500,000	
당 기 제 품 제 조 원 가	274,600,000	
기 말 제 품 재 고 액	15,000,000	
III. 매　출　총　이　익		228,400,000
IV. 판　매 비 와 관 리 비		209,700,000
급　　　　　　　　여	146,500,000	
복　리　후　생　비	19,550,000	
여　비　교　통　비	2,750,000	
기 업 업 무 추 진 비	12,370,000	
통　　신　　비	2,130,000	
수　도　광　열　비	3,500,000	
세　금　과　공　과	5,250,000	
감　가　상　각　비	4,800,000	
임　　차　　료	3,500,000	
보　　험　　료	2,350,000	
차　량　유　지　비	4,700,000	
소　모　품　비	2,300,000	
V. 영　　업　　이　　익		18,700,000
VI. 영　업　외　수　익		2,100,000
이　　자　　수　　익	1,200,000	
임　　대　　료	900,000	
VII. 영　업　외　비　용		1,900,000
이　　자　　비　　용	1,900,000	
VIII. 법 인 세 차 감 전 순 이 익		18,900,000
IX. 법　　인　　세　　등		100,000
법　인　세　비　용	100,000	
X. 당　기　순　이　익		18,800,000

※ 프로그램 입력시 계정과목을 입력하여야 하므로 흐린색 글씨의 과목과 금액을 입력한다.

 **예제 따라하기**

① "455.제품매출원가"를 선택하면 표시되는 보조화면에서 기초제품재고액 및 당기제품제조원가를 입력하고 기말제품재고액은 [전기분재무상태표]의 입력금액이 자동 반영된다.
② 입력이 완료되면 우측항목별 합계액에 당기순이익 금액 확인한다.

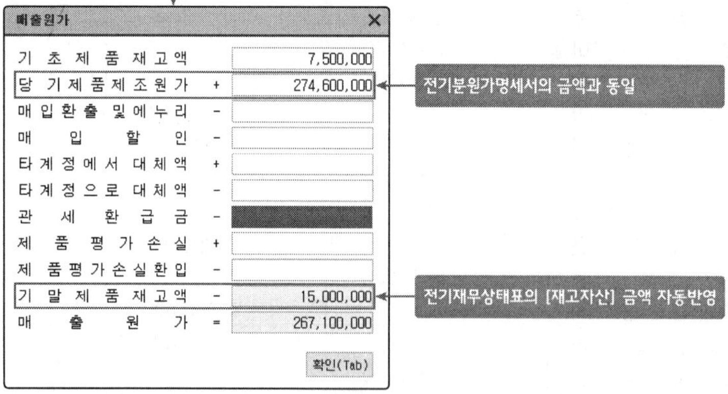

4. 전기분 이익잉여금처분계산서

법인기업은 당기순이익과 전년도에서 이월된 이익 등을 주주총회를 통해 배당하거나 적립 등의 용도로 처분하게 된다. 법인은 결산일로부터 3개월 이내에 주주총회를 하여 이익에 대한 처분을 하며, 이익처분이나 전입액 등을 보고하는 서식이다. 그러나 결산일은 결산기준일일 뿐 주주총회가 있기 이전으로 처분을 할 수 없으므로 전기이월 되어 넘겨받는 시점에서는 처분내역이 없음에 유의하여야 한다.

전기분 이익잉여금처분계산서는 당기순이익 및 처분내역을 입력하고 비교식 이익잉여금처분계산서를 작성하기 위하여 입력하는 메뉴이다.

실무프로세스의 이해

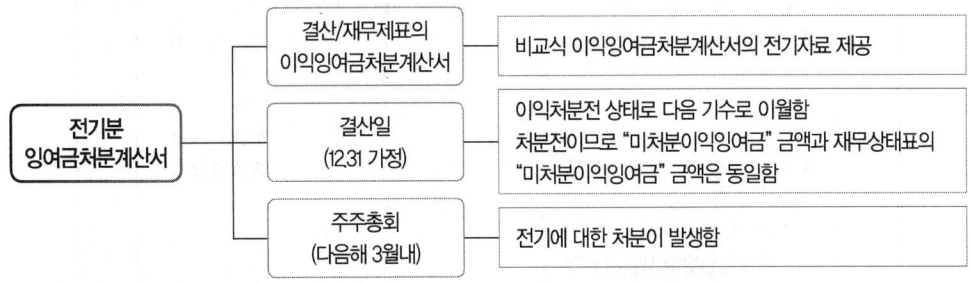

항 목	입력내용 및 방법
코 드	입력하고자하는 계정과목은 코드도움(F2)을 받아서 입력하며 계정과목 코드번호를 알고 있는 경우 직접 입력한다.
칸추가(F4)	집계항목을 추가하는 기능으로, 집계항목의 하위항목이 추가된다. 추가 불가능한 항목에서는 해당 버튼이 비활성화 된다.
불러오기(F6)	전기분 손익계산서의 당기순이익 또는 당기순손실을 불러온다.
기본과목으로 변경	현재까지 입력된 데이터가 모두 삭제되며, 화면 및 내용이 초기화된다.
참 고	① 전기분 손익계산서가 작성되어 있다면 당기순이익은 자동 반영된다. ② 전기분 손익계산서가 당기순손실이면 자동으로 과목이 변경된다. ③ 전기이월미처분이익잉여금이 아닌 전기이월미처리결손금일 때 금액란에 마이너스(-)로 금액을 입력하면 과목란이 전기이월미처리결손금으로 자동 변경된다.

(주)배움전자(회사코드 : 3000)의 전기분 이익잉여금처분계산서를 전기분재무제표의 전기분잉여금처분계산서에 입력하시오.

이 익 잉 여 금 처 분 계 산 서

제9기 2024.1.1 ~ 2024.12.31
처분확정일 2025년 3월 27일

회사명 : (주)배움전자 (단위 : 원)

과 목	금 액	
Ⅰ.미 처 분 이 익 잉 여 금		47,150,000
1.전기이월미처분이익잉여금	28,350,000	
2.회 계 변 경 의 누 적 효 과		
3.전 기 오 류 수 정 이 익		
4.전 기 오 류 수 정 손 실		
5.중 간 배 당 금		
6.당 기 순 이 익	18,800,000	
Ⅱ.임 의 적 립 금 등 의 이 입 액		0
1.	0	
2.	0	
합 계		47,150,000
Ⅲ.이 익 잉 여 금 처 분 액		5,500,000
1.이 익 준 비 금	500,000	
2.기 업 합 리 화 적 립 금		
3.주식할인발행차금상각액		
4.배 당 금		
가.현 금 배 당	5,000,000	
나.주 식 배 당		
5.사 업 확 장 적 립 금		
6.감 채 적 립 금		
7.배 당 평 균 적 립 금		
Ⅳ. 차기이월미처분이익잉여금		41,650,000

예제 따라하기

① 전기분 손익계산서가 작성되어 있으면 당기순이익은 자동으로 반영되며, "Ⅰ.미처분이익잉여금"의 금액은 전기분 재무상태표의 "이월이익잉여금"과 동일한 금액이다.
② 기타 처분내역을 추가 입력한다.

TIP

[이익잉여금처분 회계처리]
① 처분확정일자(2025.3.27) 회계처리
   (차변) 이월이익잉여금   5,500,000원   (대변) 이익준비금   500,000원
                                              미지급배당금   5,000,000원
② 배당금지급일자 회계처리(원천징수세액 770,000원 가정)
   (차변) 미지급배당금   5,000,000원   (대변) 현금 등   4,230,000원
                                              예수금   770,000원

5. 거래처별 초기이월

　재고자산 등의 외상매입거래에 대하여 또는 특정한 계정과목에 대하여 거래처별 장부를 만들고자 할 때 사용하는 메뉴이며, 계정과목별로 관리대상 거래처와 전기말 잔액을 입력한다.

실무프로세스의 이해

- 거래처등록 ─ 거래처별초기이월 ─ 거래처원장의 전기이월
- 자금관련계정 ─ 받을어음, 지급어음, 단기대여금 계정 등 ─ 자금관련 계정과목은 받을어음현황, 지급어음현황, 일일자금명세(경리일보) 등에 반영

항 목	입력내용 및 방법
불러오기	전기재무상태표에 입력된 계정과목의 금액을 일괄로 반영 시 사용하는 툴바이다.
어음책	지급어음에 대하여 초기이월을 하고자 하는 경우 어음등록을 먼저 하여야 한다.
코　드	① F2 키를 누르면 전기분재무상태표상의 계정과 금액을 자동반영 한다. 　(거래처별 잔액관리를 원하는 계정만 선택하여 확인을 누른다.) ② 상단에 "불러오기"키를 클릭해서 전기분 재무상태표에 입력된 모든 내용을 자동반영한다.
참　고	① 사용자가 초기이월 작업 시 범할 수 있는 오류방지를 위하여 전기분 재무상태표에 입력된 각각의 계정과목에 따른 금액에 준하여 각 거래처별로 입력할 수 있도록 되어 있다. ② 거래처별로 초기이월액을 입력하기 위해서 Tab으로 이동하여 작업한다. 　(전기재무상태표 및 거래처등록이 선행되어 있어야 거래처별로 잔액관리가 가능하다.)

(주)배움전자(회사코드 : 3000)의 거래처별 채권·채무의 잔액은 다음과 같다. 거래처별초기이월 메뉴에 등록하시오.

계정과목	거래처	금 액
당좌예금	98000.기업은행	30,000,000원
보통예금	98001.우리은행	25,000,000원
외상매출금	00101.(주)성진	10,000,000원
	00102.(주)지성	12,000,000원
받을어음	00103.다팔아상사	10,000,000원
외상매입금	00201.(주)성민	45,040,000원
	00202.(주)코어드	40,000,000원
지급어음	00201.(주)성민	10,000,000원
	00202.(주)코어드	23,000,000원
미지급금	00203.공공상사	12,500,000원
선수금	00101.(주)성진	5,000,000원
단기차입금	98002.금화은행	50,000,000원

① 왼쪽 상단의 [F4불러오기]키를 클릭하여 전기분 재무상태표에 입력된 자료를 자동으로 반영받는다.

② 화면좌측의 계정과목에 커서를 두고 화면우측에서 거래처코드를 코드도움([F2])으로 선택 후 금액을 입력하고 반드시 [Enter ↵]하여 저장한다.

[당좌예금 계정에 입력된 화면]

코드	계정과목	재무상태표금액	코드	거래처	금액
0101	현금	15,560,000	98000	기업은행	30,000,000
0102	당좌예금	30,000,000			
0103	보통예금	25,000,000		합 계	30,000,000
0107	단기매매증권	5,000,000		차 액	0

"0"됨을 확인

[보통예금 계정에 입력된 화면]

코드	계정과목	재무상태표금액	코드	거래처	금액
0102	당좌예금	30,000,000	98001	우리은행	25,000,000
0103	보통예금	25,000,000			
0107	단기매매증권	5,000,000		합 계	25,000,000
0108	외상매출금	22,000,000		차 액	0

[외상매출금 계정에 입력된 화면]

코드	계정과목	재무상태표금액	코드	거래처	금액
0107	단기매매증권	5,000,000	00101	(주)성진	10,000,000
0108	외상매출금	22,000,000	00102	(주)지성	12,000,000
0109	대손충당금	220,000			
0110	받을어음	10,000,000		합 계	22,000,000
0150	제품	15,000,000		차 액	0

[받을어음 계정에 입력된 화면]

코드	계정과목	재무상태표금액	코드	거래처	금액
0109	대손충당금	220,000	00103	다필아상사	10,000,000
0110	받을어음	10,000,000			
0150	제품	15,000,000		합 계	10,000,000
0153	원재료	20,000,000		차 액	0

[외상매입금 계정에 입력된 화면]

코드	계정과목	재무상태표금액	코드	거래처	금액
0213	감가상각누계액	1,400,000	00201	(주)성민	45,040,000
0251	외상매입금	85,040,000	00202	(주)코어드	40,000,000
0252	지급어음	33,000,000			
0253	미지급금	12,500,000		합 계	85,040,000
0259	선수금	5,000,000		차 액	0

[지급어음 계정에 입력된 화면]

코드	계정과목	재무상태표금액	코드	거래처	금액
0213	감가상각누계액	1,400,000	00201	(주)성민	10,000,000
0251	외상매입금	85,040,000	00202	(주)코어드	23,000,000
0252	지급어음	33,000,000			
0253	미지급금	12,500,000		합 계	33,000,000
0259	선수금	5,000,000		차 액	0

[미지급금 계정에 입력된 화면]

코드	계정과목	재무상태표금액	코드	거래처	금액
0252	지급어음	33,000,000	00203	공공상사	12,500,000
0253	미지급금	12,500,000			
0259	선수금	5,000,000		합 계	12,500,000
0260	단기차입금	50,000,000		차 액	0

[선수금 계정에 입력된 화면]

코드	계정과목	재무상태표금액		코드	거래처	금액
0253	미지급금	12,500,000		00101	(주)성진	5,000,000
0259	선수금	5,000,000				
0260	단기차입금	50,000,000			합 계	5,000,000
0295	퇴직급여충당부채	10,000,000			차 액	0

[단기차입금 계정에 입력된 화면]

코드	계정과목	재무상태표금액		코드	거래처	금액
0259	선수금	5,000,000		98002	금화은행	50,000,000
0260	단기차입금	50,000,000				
0295	퇴직급여충당부채	10,000,000			합 계	50,000,000
0331	자본금	50,000,000			차 액	0

심화연습

[1] 전기분원가명세서에 입력된 내용 중 복리후생비가 7,600,000원이 아니라 7,000,000원이고, 소모품비는 1,200,000원이 아니라 1,800,000원이다. 전기분원가명세서를 수정하시오.
[회사코드 : 3100,(주)남동산업]

[2] 전기분손익계산서를 검토한 결과 다음과 같은 오류가 발견되었다. 전기분손익계산서, 전기분이익잉여금처분계산서, 전기분재무상태표 중 관련된 부분을 수정하시오. [회사코드 : 3200,(주)성남]

계정과목	틀린 금액	올바른 금액	내 용
상여금(0803)	4,300,000원	3,400,000원	입력오류

[3] 다음은 전기분 자료 중 원재료, 재공품, 제품의 기초재고액이다. 주어진 자료로 수정 추가 입력하여 관련 재무제표를 수정하시오. [회사코드 : 3300,(주)서울스포츠]

- 기초원재료 1,500,000원
- 기초재공품 3,500,000원
- 기초제품 6,500,000원

[4] (주)세원의 전기분이익잉여금 처분내용은 다음과 같다. 전기 이익잉여금처분계산서를 완성하시오. [회사코드 : 3400,(주)세원]

- 사업확장적립금의 이입 : 3,000,000원
- 이익준비금 : 상법규정의 10%
- 현금배당 : 20,000,000원
- 주식배당 : 10,000,000원

[5] 전기말 거래처별 채권, 채무에 대한 거래처와 오류금액을 다음과 같이 수정하시오.

[회사코드 : 3200.(주)성남]

채권·채무	거 래 처	금 액
외상매출금	(주)스마일전자 → (주)대한모터스 (주)용인 → (주)온마트	15,400,000원 → 14,600,000원 14,600,000원 → 15,400,000원
외상매입금	(주)하하통신 → (주)대서유통 (주)민국 → (주)와동 (주)울산 → 뉴젠통신	50,000,000원 → 44,000,000원 6,000,000원 → 40,000,000원 34,000,000원 → 6,000,000원

[6] 다음과 같이 미지급금 계정의 거래처별 금액이 틀린 것을 발견하였다. 거래처별 초기이월을 수정하시오. [회사코드 : 3300.(주)서울스포츠]

	거래처	오류 금액	맞는 금액
미지급금	(주)날씬닷컴	4,000,000원	12,910,000원
	대박용달	9,900,000원	990,000원

[7] 전기분 재무상태표 작성시 담당자의 실수로 장기차입금계정이 누락되었다. 전기분 재무상태표, 거래처별초기이월과 거래처등록(금융)에 추가로 입력하시오. [회사코드 : 3400.(주)세원]

- 차입은행 : 복지은행(코드:98500, 유형:5.기타)
- 계정과목 : 장기차입금
- 금   액 : 30,000,000원

[8] 당해 연도의 정확한 기말 원재료 금액은 9,000,000원이다. 전기분재무상태표, 전기분원가명세서, 전기분손익계산서 및 전기분잉여금처분계산서를 모두 수정 입력하시오.

[회사코드 : 3100.(주)남동산업]

※ 집중심화연습 해답은 [최신기출문제&해답 ➡ PART 03] 586페이지에서 확인 가능합니다.

PART 03

전표관리

CHAPTER 01 일반전표입력
CHAPTER 02 매입매출전표입력
CHAPTER 03 부가가치세신고서 및 부속서류 작성
CHAPTER 04 전표입력 오류수정

전산실무

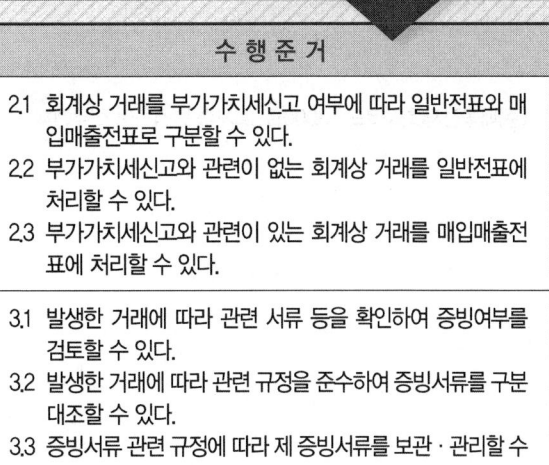

NCS 학습모듈		
대분류	경영 · 회계 · 사무	
중분류	재무 · 회계	
소분류		회계
세분류		세무

NCS 능력단위	능력단위요소	수 행 준 거
0203020201_23v6 적격증빙관리	0203020201_23v6.2 전표 처리하기	2.1 회계상 거래를 부가가치세신고 여부에 따라 일반전표와 매입매출전표로 구분할 수 있다. 2.2 부가가치세신고와 관련이 없는 회계상 거래를 일반전표에 처리할 수 있다. 2.3 부가가치세신고와 관련이 있는 회계상 거래를 매입매출전표에 처리할 수 있다.
	0203020201_23v6.3 적격증빙 서류관리하기	3.1 발생한 거래에 따라 관련 서류 등을 확인하여 증빙여부를 검토할 수 있다. 3.2 발생한 거래에 따라 관련 규정을 준수하여 증빙서류를 구분 대조할 수 있다. 3.3 증빙서류 관련 규정에 따라 제 증빙서류를 보관 · 관리할 수 있다. 3.4 업무용승용차 관련 거래를 인식하고 차량별로 운행일지를 관리할 수 있다.

CHAPTER 01 일반전표입력

PART 03 전표관리

    기업은 매일 발생하는 회계상의 거래는 부가가치세와 관련 없는 일반거래와 부가가치세와 관련 있는 거래로 구분된다. 부가가치세와 관련 없는 일반거래는 [일반전표입력] 메뉴에 거래내용을 입력하여 제 장부 및 재무제표 등에 자동반영 된다. 반면에 부가가치세와 관련된 거래는 [매입매출전표입력] 메뉴에 입력하여 부가가치세 신고서 및 부속서류 등에 반영한다.

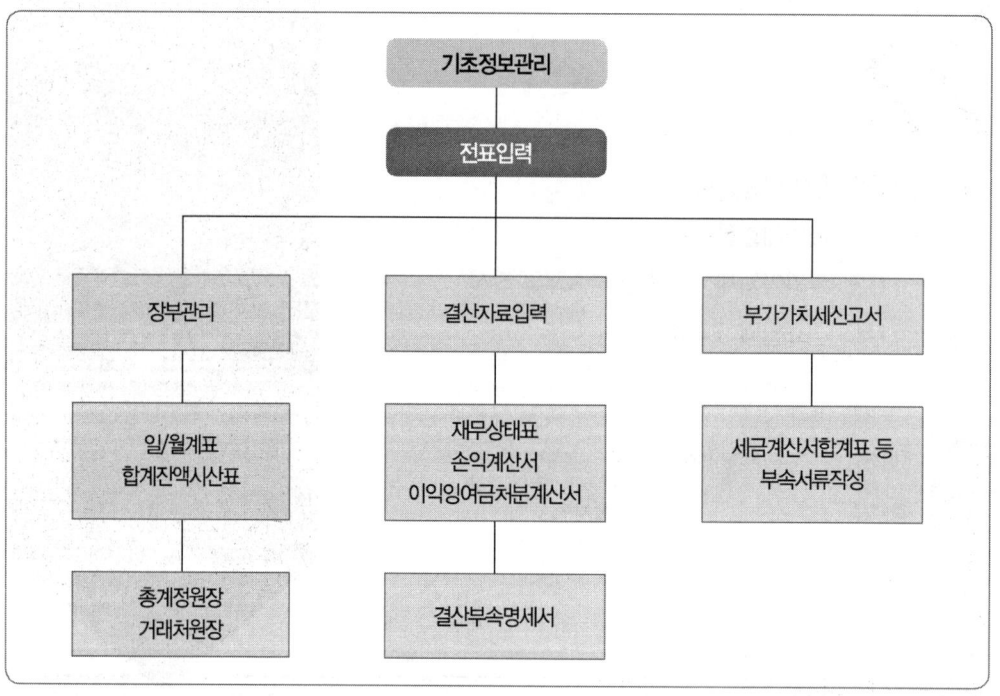

(주)배움전자(회사코드 : 3000)로 회사를 변경하여 실무예제 · 신규거래처 등록 · 유형별개연습을 진행하시오.

1. 일반전표입력

[일반전표입력] 메뉴는 부가가치세신고와 관련된 매입매출거래(세금계산서, 계산서, 수입세금계산서, 신용카드 등 거래) 이외의 모든 거래를 입력하는 메뉴이다. 일반전표입력 메뉴에서는 발생된 증빙을 보고 KcLep 프로그램이 요구하는 형식에 맞추어 입력하며, 입력된 자료는 자동으로 정리, 분류, 집계되어 분개장 및 총계정원장 등의 메뉴에서 내용을 조회 및 출력을 할 수 있게 한다.

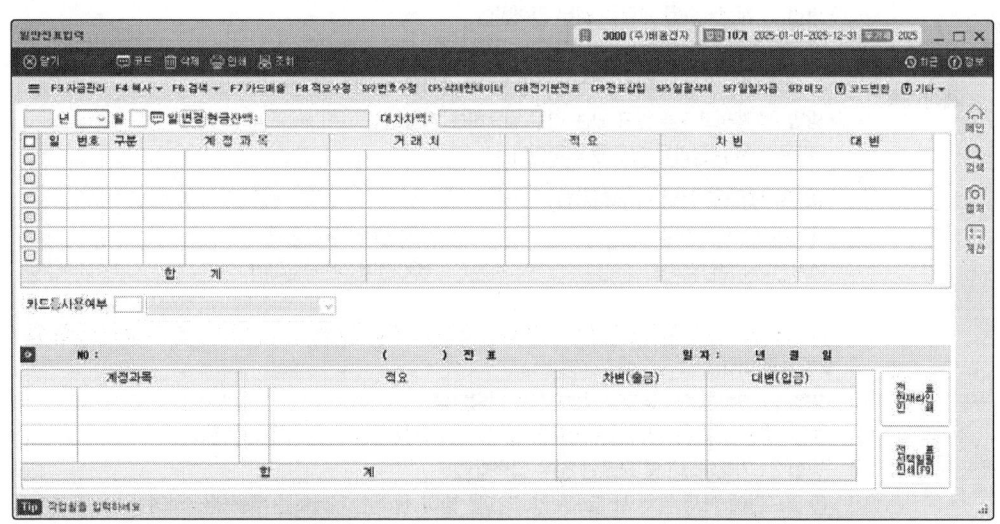

일반전표입력 필드 설명

항 목	입력내용 및 방법
	일반전표입력 메뉴가 활성화되면 우측 상단에 작업년도가 자동으로 표시되며 커서는 월에 위치한다.
월, 일	① 입력하고자 하는 전표의 해당 월 2자리 숫자를 직접 입력하거나 열람단추를 클릭, 1월~12월 중 해당 월을 선택한다. ② 일자를 직접 입력하여 일일거래를 입력하거나, 해당 월만 입력 후 일자별 거래를 연속적으로 입력한다. 일자가 동일한 경우는 일자를 입력하지 않고 Enter를 치면 된다.
현금잔액	현금 잔액란에 표시된 금액은 전기분재무상태표의 현금으로 입력한 금액이며, 현금 계정과목의 입·출금에 따라 금액이 변경되며 버튼을 클릭하면 [현금출납장]이 조회된다.
번 호	① 전표번호는 각 일자별로 "00001"부터 자동 부여되며, 한번 부여 후 삭제된 번호는 다시 부여되지 않는다. 대체분개 입력 시는 차·대변 합계가 일치할 때까지 1개의 전표로 인식, 동일한 번호가 부여되며, 차·대변의 합계가 일치된 다음 입력되는 전표는 새로운 전표로 보아 다음 번호로 부여된다. ② 전표번호를 수정하고자 하는 경우는 "SF2번호수정"을 클릭하여 번호를 수정한다.

항 목	입력내용 및 방법
구 분	전표의 유형을 입력하는 란으로 해당란에 커서가 위치하면 화면의 좌측하단의 메세지란에 다음과 같은 도움말이 나타난다. 1. 출금 2. 입금 3. 차변 4. 대변 5. 결산차변 6. 결산대변 ① 현금전표 – 출금전표 : 1, 입금전표 : 2 ② 대체전표 – 차변 : 3, 대변 : 4 ③ 결산전표 – 결산차변 : 5, 결산대변 : 6 (결산대체분개시만 사용함)

계정과목	거래 자료의 계정과목을 입력하며 코드번호는 3자리 입력 또는 선택으로 이루어진다. 기존에 없는 새로운 계정과목이나 계정과목명 변경 시에는 [기초정보관리 ⇨ 계정과목및적요등록] 메뉴에서 해당코드와 해당계정과목을 등록하여 사용한다.
	• **방법 1 : 계정코드를 모르는 경우 입력방법**
	  ① 코드란에 커서 위치 시 코드도움(F2)을 받아 원하는 계정을 부분 검색하여 Enter 로 입력
	  ② 코드란에 커서 위치 시 계정과목명 앞 두 글자를 입력하여 Enter 로 입력
	• **방법 2 : 계정코드를 알고 있는 경우 입력하는 방법**
	  코드란에서 계정과목 코드를 입력한다.
	
	[비용계정과목 선택 시 유의사항]
	500번대 : 제조경비 600번대 : 도급경비
	700번대 : 분양경비 800번대 : 판매관리비

거래처	채권 및 채무 관련계정 등의 거래처별 잔액 또는 거래내역을 관리하기 위해서는 거래처 코드를 입력하는 란이다.
	• **방법 1 : 거래처코드를 알고 있는 경우 입력방법**
	  해당 거래처코드를 입력하며 코드를 입력하면 거래처명은 자동으로 반영된다.
	• **방법 2 : 거래처코드를 모르는 경우 입력방법**
	  ① 코드란에 커서 위치 시 코드도움(F2)을 받아 원하는 거래처를 부분 검색하여 Enter 로 입력 (사업자등록번호로도 검색이 가능함)
	  ② 코드란에 커서 위치 시 "+"키 또는 "00000"을 치고 원하는 거래처명 또는 사업자등록번호를 입력하여 Enter
	• **직전거래처코드와 동일한 경우 입력방법**
	  "거래처명"만이 아닌 "거래처코드"까지 직전 전표와 동일한 입력을 원할 경우에는 거래처 코드란에서 "+"키를 누른 후 Enter 키를 누르면 자동 반영된다.
	• **신규거래처일 경우 입력방법**
	  코드란에 커서 위치 시 "+"키를 입력하고 거래처명을 입력하여 Enter ➡ 수정(tab)을 클릭하여 기본사항을 입력

적 요	적요는 숫자 0, 1~8, F2 중 해당 번호를 선택, 입력한다. ① 0 또는 Enter : 임의의 적요를 직접 입력하고자 할 때 선택한다. ② 1~8 또는 F2 : 화면 하단에 보여지는 내장적요로, 해당번호를 선택 입력한다. 기 내장 적요 외에 빈번하게 사용하는 적요의 경우에는 적요 코드 도움 창에서 적요편집(F8)키를 눌러 기 등록된 적요를 수정 또는 추가할 수 있다.
금 액	금액 입력 시 키보드의 "+"키는 "000"을 의미한다. 그러므로 2,000,000원을 입력할 경우 [2"+""+" 로 입력]하여 활용한다.

1 출금거래 입력하기

출금거래란 현금이 지출된 거래를 말하며, 대변에 "현금" 계정과목만 기재된다.

[분 개]	(차변) 복리후생비 등 ××× (대변) 현 금 ×××
[입력방법]	① 구분을 '1'로 선택한 다음 차변계정과목을 입력한다. ② 계정과목의 코드란에 커서가 있을 때 한글 2글자를 입력한 후 Enter를 치면 조회되는 계정과목 중 선택하는 방법으로 입력한다. ③ 거래처 코드란에서 차변계정과목의 관리가 필요한 경우 코드까지 입력한다. 거래처코드란에 "+"키 또는"00000"을 입력한 후 상호명을 입력하고 Enter를 치면 이미 등록된 거래처는 코드번호를 표시해 주고, 등록되지 않은 거래처는 거래처등록의 메시지를 표시해 준다. [수정(tab)]키를 이용하여 직접 등록할 수 있다. ④ 적요는 등록된 번호 중 선택하거나 '0'을 선택하여 직접 입력할 수 있으며, 등록된 적요내용을 수정하여 선택할 수 있다. ⑤ 금액은 "차변(또는 대변)"으로 기재된 란에 거래금액을 입력한다.

1월 3일 사무실에서 사용할 차와 음료를 현금구입하고 수취한 영수증이다. (복리후생비로 처리)

영 수 증(공급받는자용)

(주)배움전자 귀하

공급자	사업자 등록번호	301-33-16515		
	상 호	드림사무	성 명	하광조
	사업장 소재지	서울 강남구 강남대로 476		
	업 태	도소매업	종 목	문구외

작성일자	공급대가총액	비고
2025.1.3.	₩29,000	

공 급 내 역

월/일	품명	수량	단가	금액
1/3	음료 등			29,000

합 계	₩ 29,000
위 금액을 영수(청구)함	

(1) 1월 3일 일반전표입력

작성일자를 회계처리 일자로 입력하고 "구분 : 1.출금"을 선택한 다음 차변계정과목과 거래처, 적요, 금액을 입력한다.

구분	계정과목		거래처	적요	차변	대변
1.출금	811	복리후생비	드림사무	음료등 현금 구입	29,000	(현금)
분개	(차) 복리후생비(판)		29,000원	(대) 현 금		29,000원

[입력된 화면]

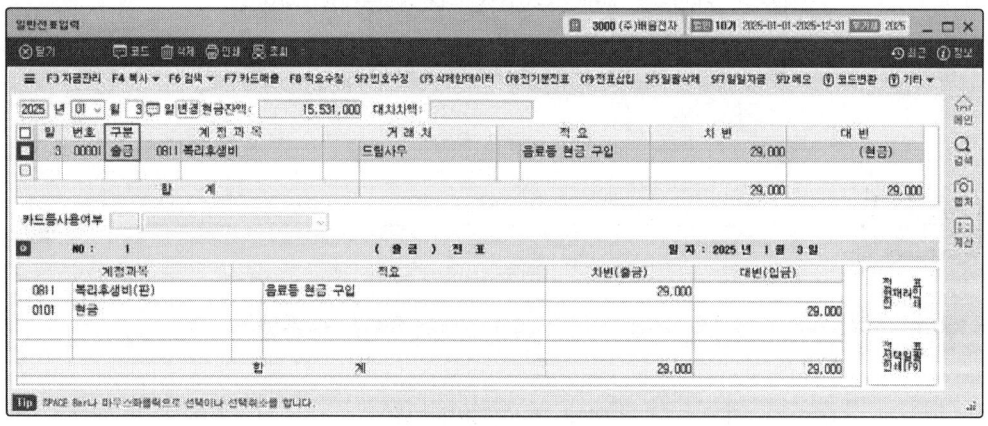

2 입금거래 입력하기

입금거래란 현금이 입금된 거래를 말하며, 차변에 "현금" 계정과목만 기재된다.

[분 개]	(차변) 현 금 ××× (대변) 보통예금 등 ×××
[입력방법]	① 구분을 '2'로 선택한 다음 대변계정과목을 입력한다. ② 거래처코드란에서 대변계정과목의 관리가 필요한 경우 코드와 거래처명을 입력한다. ③ 적요는 등록된 번호 중 선택하거나 '0'을 선택하여 직접 입력할 수 있으며, 등록된 적요내용을 수정하여 선택할 수 있다. ④ 금액은 "차변(또는 대변)"으로 기재된 란에 거래금액을 입력한다.

1월 5일   현금시재로 사용하고자 우리은행 보통예금에서 인출하다.

■ 보통예금(우리은행) 거래내역

번호	거래일	내용	찾으신금액	맡기신금액	잔액	처리점
		계좌번호	2689-452-23567		(주)배움전자	
1	20250105	현금인출	200,000		24,800,000	성수

 예제 따라하기

(1) 1월 5일 일반전표입력

거래일을 회계처리 일자로 입력하고 "구분 : 2.입금"을 선택한 다음 대변계정과목과 거래처, 적요, 금액을 입력한다.

구분	계정과목		거래처		적요	차변	대변
2.입금	103	보통예금	98001	우리은행	2 보통예금 현금인출	(현금)	200,000
분개	(차) 현 금		200,000원		(대) 보통예금		200,000원

[입력된 화면]

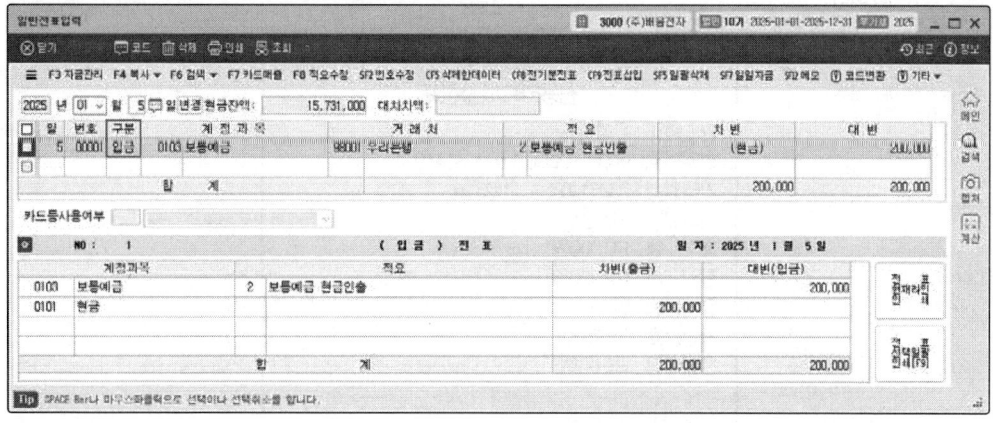

 TIP

보통예금 등의 예금과 관련된 거래에 대하여는 반드시 거래처코드를 입력하여 거래처원장에 반영하여야 한다.
단, **시험은 지문에 주어진 경우만 입력**한다.

3 대체거래 입력하기

대체거래란 현금이 포함되지 않은 거래를 말하며, 현금이 포함된 거래도 대체거래로 입력할 수 있다.

[분 개]	(차변) 복리후생비 등　　×××　　(대변) 미지급금 등　　×××
[입력방법]	① 구분을 '3'으로 선택하여 차변계정과목에 대한 거래처코드, 적요, 금액을 입력한 다음 구분을 '4'로 선택하여 대변계정과목에 대한 거래처코드, 적요, 금액을 입력한다. 　• 순서가 바뀔 수 있으며, 거래에 따라 차변이 두 줄 이상이거나 대변이 두줄 이상이 될 수도 있다. 　• 현금이 포함된 대체거래의 입력시(구분이 3 또는 4일 때) 101.현금계정의 입력이 가능하다. ② 거래처 관리가 필요한 경우 코드와 거래처명을 입력한다. ③ 적요는 등록된 번호 중 선택하거나 '0'을 선택하여 직접 입력할 수 있으며, 등록된 적요내용을 수정하여 선택할 수 있다. ④ 금액은 "차변(또는 대변)"으로 기재된 란에 거래금액을 입력한다.

1월 10일　영업부에서 매출처 임원과의 식사비용을 사업용 신용카드(우리카드)로 결제하고 수취한 신용카드매출전표이다.

```
              신용카드매출전표
    카드종류 : 우리카드
    회원번호 : 9408-0000-****-0**9
    거래일시 : 2025.1.10.    21:05:16
    거래유형 : 신용승인
    매   출 : 170,000원
    합   계 : 170,000원
    결제방법 : 일시불
    승인번호 : 94525201
    은행확인 : 국민은행
    ------------------------------------
    가맹점명 : 마장갈비
                - 이 하 생 략 -
```

 예제 따라하기

(1) 1월 10일 일반전표입력

① 거래일시를 회계처리 일자로 입력하고 "구분 : 3.차변"을 선택한 다음 차변계정과목과 거래처, 적요, 금액을 입력한다.
② 또한 "구분 : 4.대변"을 선택한 다음 대변계정과목과 거래처, 적요, 금액을 입력한다.

구분	계정과목		거래처		적요	차변	대변
3.차변	813	기업업무추진비		마장갈비	1 신용카드등 사용 일반접대비	170,000	
4.대변	253	미지급금	99700	우리카드	매출처식대 카드결제		170,000
분개	(차) 기업업무추진비(판)		170,000원		(대) 미지급금		170,000원

[입력된 화면]

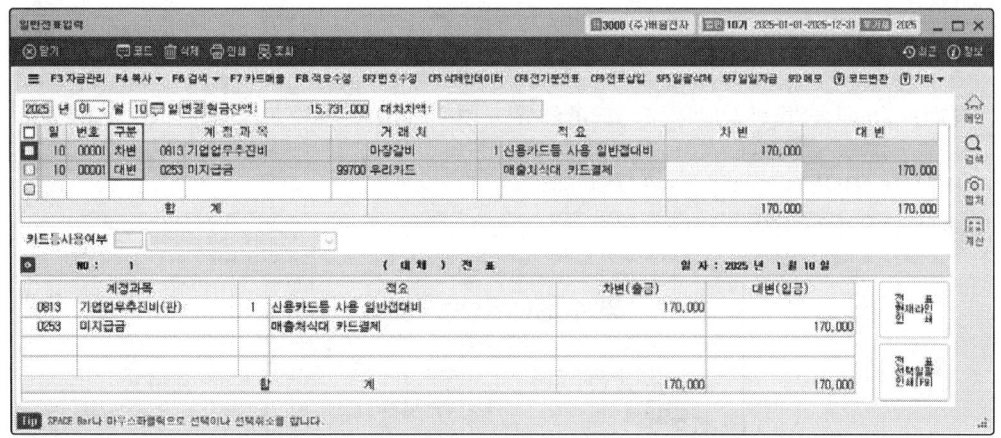

 TIP

[전표 입력 시 거래처와 적요입력]
실무에서는 거래처 코드를 공란으로 두고 거래처명만 입력하여 증빙관리를 하나 시험은 **거래처 코드**를 반드시 입력해야 하는 **채권·채무**에 대해서만 채점을 한다. 또한, **적요**도 실무에서는 입력하여 거래의 내용을 관리 및 결재 시 활용하나 시험은 **[타계정 대체]**만 **채점**하므로 생략하여도 무방하다.

[신용카드 결제시 계정과목]
신용카드로 자산의 구입대금 및 비용을 결제하면 구입(사용)처에는 대금을 지불한 것이 되나 신용카드사에는 아직 대금을 결제하지 않은 것으로 일정기간 후 신용카드 결제대금 결제일에 대금을 지불하므로 "**미지급금**"으로 처리하면 된다. 그러나 비용발생분에 대해서는 신용카드대금이 일정기간 뒤에 결제일이 도래하므로 "**미지급비용**"으로 처리해도 무방하다.

2. 신규거래처 등록

신규거래처 등록은 [기초정보관리 ⇨ 거래처등록] 메뉴에서 기존데이터에 추가하여 거래처를 등록한다. 다만, 신규거래처 등록은 [일반전표입력] 및 [매입매출전표입력] 메뉴에서도 직접 등록이 가능하다.

항 목		입력내용 및 방법
거래처등록항목	등록(Enter)	자동 부여되는 번호(00101~99999의 범위에서 사용되지 않은 번호 중 빠른 번호로 부여됨) 또는 번호를 수정 후 이외의 등록사항이 필요하지 않은 경우 선택하며, 키보드의 Enter 키 이용도 가능하다.
	수정(tab)	자동 부여된 코드가 아닌 임의의 다른 코드로 등록을 원할 때나 거래처의 세부항목을 등록할 때 버튼을 선택, 클릭을 하면 전표입력화면의 "거래처내용등록" 화면에 커서가 이동하며 세부사항을 입력한다.
	취소(Esc)	신규거래처 등록을 원하지 않을 경우 선택한다.

1월 12일 직원의 중식을 회사가 제공하고 있으며 당해연도 1월부터 바른식당과 계약에 의하여 식대는 월말에 일괄 결제하기로 하였다.
- 식사이용시 간이영수증 수취하여 미지급관리
- 신규거래처등록 : 거래처코드(302)

영 수 증(공급받는자용)

(주)배움전자 귀하

공급자	사업자등록번호	123-56-12349		
	상 호	바른식당	성 명	박보람
	사업장소재지	서울특별시 성동구 마조로 51-5		
	업 태	음식점	종 목	한식

작성일자	공급대가총액	비고
2025.1.12.	₩45,000	

공 급 내 역

월/일	품명	수량	단가	금액
1/12	백반	7		45,000
합 계			₩45,000	
위 금액을 영수(청구)함				

예제 따라하기

① 작성일자를 회계처리 일자로 입력한다.
② "구분 – 3.차변"을 입력하고 계정과목(811.복리후생비), 거래처, 적요, 금액을 입력한다.
③ "구분 – 4.대변"을 입력하고 계정과목(253.미지급금), 신규거래처등록, 적요, 금액을 입력한다.

거래처코드에서 "+"키를 누르면 "00000"이 자동 표시 되며 거래처명 입력 후 Enter를 누른다.

거래처등록 팝업화면에서 거래처코드 "00302" 입력 후 "수정[tab]"을 클릭하여 세부사항을 입력한다.

일반전표 화면에서 세부사항을 입력한다.

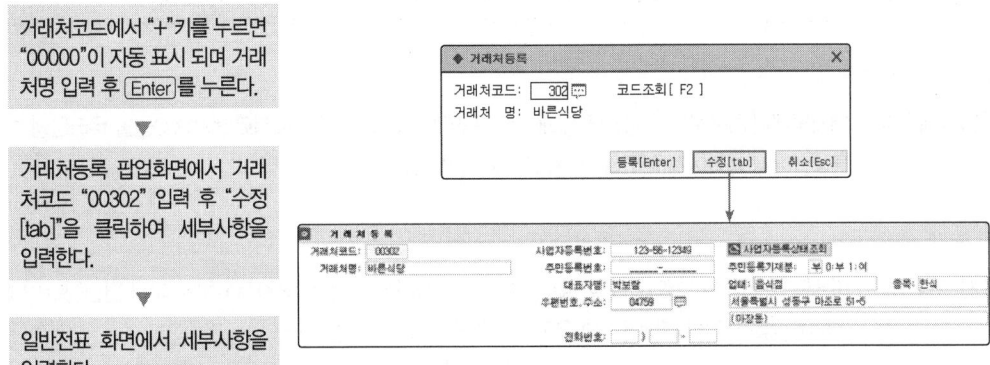

구분	계정과목		거래처	적요	차변	대변
3.차변	811	복리후생비	바른식당	직원중식대 미지급	45,000	
4.대변	253	미지급금	00302 바른식당	직원중식대 미지급		45,000
분개	(차) 복리후생비(판)		45,000원	(대) 미지급금		45,000원

[입력된 화면]

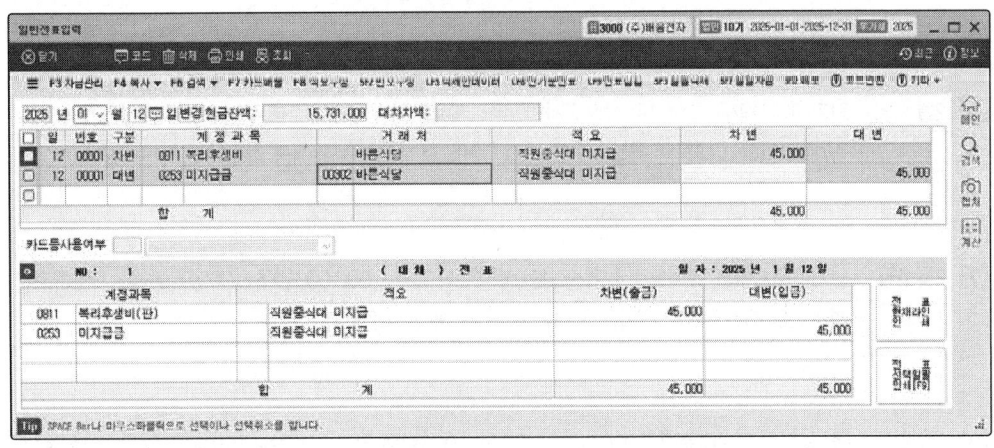

3. 유형별 분개 연습하기(회사코드 : 3000. (주)배움전자)

입력 시 유의사항

- 일반적인 적요의 입력은 생략하지만, 타계정 대체거래는 적요번호를 선택하여 입력한다.
- 채권·채무와 관련된 거래는 별도의 요구가 없는 한 반드시 기 등록되어 있는 거래처코드를 선택하는 방법으로 거래처명을 입력한다.
- 제조경비는 500번대 계정코드를, 판매비와관리비는 800번대 계정코드를 사용한다.
- 회계처리 시 계정과목은 별도제시가 없는 한 등록되어 있는 계정과목 중 가장 적절한 과목으로 한다.

[2월 거래]

[1] 2월 2일   영업부에서 사용하는 승용차에 대해 1년간 동양보험에 가입하고 보험료 850,000원을 우리은행 보통예금에서 계좌이체 하였다. (비용으로 처리하시오.)

[2] 2월 3일   마케팅부서에서 마케팅교육을 실시하고 초청강사에게 강사료 1,200,000원에 대해 원천징수세액 39,600원을 제외한 금액을 우리은행 보통예금에서 이체 지급하였다.

[3] 2월 4일   우리은행에서 보고기간 종료일로부터 2년 후 상환조건으로 100,000,000원을 대출 받아 보통예금으로 대체입금하고 회사가 소유하고 있는 토지를 동 대출의 담보로 제공하였다.

[4] 2월 5일   당좌예금 통장에서 우리은행에 정기예금(6개월 만기) 10,000,000원을 예입하다.

[5] 2월 7일   공공상사에 대한 미지급금 2,500,000원이 당일 보통예금계좌에서 이체 지급되었다.

[6] 2월 10일 단기매매차익을 목적으로 상장회사인 (주)회계사랑의 주식 500주를 주당 6,000원(액면가액 5,000원)에 구입하고 대금은 매입수수료 25,000원을 포함하여 보통예금 계좌에서 이체하였다.

[7] 2월 11일 단기매매차익을 목적으로 보유중이던 상장주식 일부 5,000,000원을 8,000,000원에 처분하고 거래수수료 70,000원을 제외한 금액이 보통예금에 입금되었다.

[8] 2월 12일 (주)성진의 외상매출금 5,000,000원 중 1,000,000원은 현금으로 받고 나머지 잔액은 동점발행 약속어음으로 받았다.

[9] 2월 13일   다팔아상사에 대한 받을어음 3,000,000원이 만기가 도래하여 추심수수료 5,000원을 차감한 금액을 당좌예금에 입금하였다.

[10] 2월 14일   거래처인 다팔아상사로부터 받은 받을어음 5,000,000원을 거래은행인 국민은행에 할인하고 할인료 120,000원을 제외한 금액은 보통예금에 입금하였다. (매각거래로 처리할 것)

[11] 2월 15일   인천세관으로부터 수입한 원재료에 대한 통관수수료 160,000원을 현금으로 지급하였다.
(취득원가로 회계처리하며 원재료는 공장에 입고됨)

[12] 2월 16일   (주)지성의 파산으로 인해 외상매출금 1,000,000원이 회수불가능하게 되어 대손 처리하였다. 대손세액공제는 고려하지 않기로 한다.

[13] 2월 17일   거래처인 (주)성민의 외상매입금 15,000,000원 중 10,000,000원은 당좌수표 발행하여 지급하고, 나머지 금액은 면제받았다.

[14] 2월 18일   (주)성민에 발행하여 만기가 도래한 지급어음 10,000,000원을 보통예금에서 이체 지급하였다.

[15] 2월 25일   다음과 같이 2월분 급여를 보통예금계좌에서 직원의 보통예금계좌로 이체 지급하였다.

구 분	관리직(원)	생산직(원)	합 계(원)
기본급	2,000,000	3,000,000	5,000,000
소득세	18,120	88,180	106,300
지방소득세	1,810	8,810	10,620
국민연금	90,000	135,000	225,000
건강보험	63,820	95,730	159,550
고용보험	13,000	19,500	32,500
공제계	186,750	347,220	533,970
차인지급액	1,813,250	2,652,780	4,466,030

[2월 거래 입력]

NO	월	일	구분	계정과목	거래처	차변	대변
[1]	2	2	차변	보험료(판)		850,000	
			대변	보통예금	우리은행		850,000
[2]	2	3	차변	교육훈련비(판)		1,200,000	
			대변	예 수 금			39,600
			대변	보통예금	우리은행		1,160,400

- 원천징수란 세법상 특정 소득에 대해 납세의무자가 소득세를 직접 납부하지 아니하고, 소득을 지급하는 자가 원천징수의무자가 되어 소득을 지급할 때 일정 세율에 따라 계산한 세액을 소득 귀속자로부터 징수하여 세무관서에 납부하는 것을 말한다.

소득세 등을 원천징수 하면 → 예수금, 법인세를 원천징수 당하면(원천납부) → 선납세금

NO	월	일	구분	계정과목	거래처	차변	대변
[3]	2	4	차변	보통예금		100,000,000	
			대변	장기차입금	우리은행		100,000,000
[4]	2	5	차변	정기예금	우리은행	10,000,000	
			대변	당좌예금			10,000,000
[5]	2	7	차변	미지급금	공공상사	2,500,000	
			대변	보통예금			2,500,000
[6]	2	10	차변	단기매매증권		3,000,000	
			차변	수수료비용(영업외비용)		25,000	
			대변	보통예금			3,025,000

- 단기매매증권의 취득과 관련한 부대비용은 영업외비용인 수수료비용으로 처리한다.

NO	월	일	구분	계정과목	거래처	차변	대변
[7]	2	11	차변	보통예금		7,930,000	
			대변	단기매매증권			5,000,000
			대변	단기매매증권처분이익			2,930,000

- 단기매매증권처분손익 = 처분가액 − 장부가액 − 처분 수수료
  = 8,000,000원 − (5,000,000원 + 70,000원) = 2,930,000원(이익)
- 단기매매증권 처분과 관련한 수수료 등의 부대비용은 당기 비용(처분손익에 가감) 처리한다.

NO	월	일	구분	계정과목	거래처	차변	대변
[8]	2	12	차변	현 금		1,000,000	
			차변	받을어음	(주)성진	4,000,000	
			대변	외상매출금	(주)성진		5,000,000
[9]	2	13	차변	당좌예금		2,995,000	
			차변	수수료비용(판)		5,000	
			대변	받을어음	다팔아상사		3,000,000

NO	월	일	구분	계정과목	거래처	차변	대변
[10]	2	14	차변	보통예금		4,880,000	
			차변	매출채권처분손실		120,000	
			대변	받을어음	다팔아상사		5,000,000

- 보유중인 어음을 할인 시 매각거래는 '매출채권처분손실'로 처리하고 차입거래는 '이자비용'으로 처리한다.

| [11] | 2 | 15 | 출금 | 원 재 료 | | 160,000 | (현금) |

- 재고자산 취득시 발생하는 부대비용은 취득원가에 가산한다.

[12]	2	16	차변	대손충당금(109)		220,000	
			차변	대손상각비(판)		780,000	
			대변	외상매출금	(주)지성		1,000,000

- 회계처리 시점의 [합계잔액시산표]를 조회하여 외상매출금의 대손충당금 잔액을 확인후 회계처리 한다.
- 대손금은 관련 대손충당금과 우선 상계하고 대손충당금 잔액이 부족하면 당기 비용(대손상각비) 처리한다.

[13]	2	17	차변	외상매입금	(주)성민	15,000,000	
			대변	당좌예금			10,000,000
			대변	채무면제이익			5,000,000

- 채무를 면제 받는 경우 '채무면제이익(영업외수익)'으로 처리한다.

[14]	2	18	차변	지급어음	(주)성민	10,000,000	
			대변	보통예금			10,000,000

[15]	2	25	차변	급 여(판)		2,000,000	
			차변	임 금(제)		3,000,000	
			대변	예 수 금			533,970
			대변	보통예금			4,466,030

- 관리직(본사, 사무직, 영업부 등)의 금액은 급여(801)로, 생산직(공장, 생산직, 제조부 등)의 금액은 임금(504)으로 차변에 입력하고, 공제금액은 모두 계산하여 대변에 예수금으로 입력한다.

[2월 회계처리 입력된 화면]

일	번호	구분	계정과목	거래처	적요	차변	대변
2	00001	차변	0821 보험료		보험료 1년치 보통예금 대체	850,000	
2	00001	대변	0103 보통예금	98001 우리은행	보험료 1년치 보통예금 대체		850,000
3	00001	차변	0825 교육훈련비		마케팅교육 강사료 보통예금 대체	1,200,000	
3	00001	대변	0254 예수금		강사료 원천징수세액		39,600
3	00001	대변	0103 보통예금	98001 우리은행	강사료 보통예금 대체		1,160,400
4	00001	차변	0103 보통예금		대출금 보통예금 입금	100,000,000	
4	00001	대변	0293 장기차입금	98001 우리은행	장기차입금 보통예금 대체		100,000,000
5	00001	차변	0105 정기예금	98001 우리은행	4 정기예금 불입관련 당좌예금 대체	10,000,000	
5	00001	대변	0102 당좌예금		정기예금 불입관련 당좌예금 대체		10,000,000
7	00001	차변	0253 미지급금	00203 공공상사	1 미지급금 예금 지급	2,500,000	
7	00001	대변	0103 보통예금		미지급금 예금 지급		2,500,000
10	00001	차변	0107 단기매매증권		1 주식매입	3,000,000	
10	00001	차변	0984 수수료비용		주식 매입수수료	25,000	
10	00001	대변	0103 보통예금		주식매입대금 지급		3,025,000
11	00001	차변	0103 보통예금		단기매매증권 처분금액 입금	7,930,000	
11	00001	대변	0107 단기매매증권		5 단기매매증권 매도		5,000,000
11	00001	대변	0906 단기매매증권처분이익		1 주식처분이익		2,930,000
12	00001	차변	0101 현금		외상매출금 현금 회수	1,000,000	
12	00001	차변	0110 받을어음	00101 (주)성진	3 외상매출금 어음회수	4,000,000	
12	00001	대변	0108 외상매출금	00101 (주)성진	외상매출금 회수		5,000,000
13	00001	차변	0102 당좌예금		4 받을어음 당좌입금	2,995,000	
13	00001	차변	0831 수수료비용		받을어음 추심수수료	5,000	
13	00001	대변	0110 받을어음	00103 다팔아상사	6 받을어음 당좌추심		3,000,000
14	00001	차변	0103 보통예금		3 어음할인 예금입금	4,880,000	
14	00001	차변	0956 매출채권처분손실		받을어음 매각할인료	120,000	
14	00001	대변	0110 받을어음	00103 다팔아상사	받을어음 할인(매각)		5,000,000
15	00001	출금	0153 원재료		통관수수료 현금지급	160,000	(현금)
16	00001	차변	0109 대손충당금		3 외상매출금 대손상계	220,000	
16	00001	차변	0835 대손상각비		외상매출금의 대손	780,000	
16	00001	대변	0108 외상매출금	00102 (주)지성	외상매출금의 대손		1,000,000
17	00001	차변	0251 외상매입금	00201 (주)성민	1 외상매입금 수표발행 지급	15,000,000	
17	00001	대변	0102 당좌예금		외상매입금 수표발행 지급		10,000,000
17	00001	대변	0918 채무면제이익		4 외상대금 채무면제이익		5,000,000
18	00001	차변	0252 지급어음	00201 (주)성민	2 지급어음 결제	10,000,000	
18	00001	대변	0103 보통예금		지급어음 결제		10,000,000
25	00001	차변	0801 급여		2 급여 지급	2,000,000	
25	00001	차변	0504 임금		2 생산직종업원 임금지급	3,000,000	
25	00001	대변	0254 예수금		급여관련 소득세 등 예수		533,970
25	00001	대변	0103 보통예금		급여지급		4,466,030
			합 계			169,665,000	169,665,000

일변경현금잔액: 16,571,000 대차차액:

[3월 거래]

[1] 3월 5일 금화은행으로부터 차입한 단기차입금 25,000,000원을 상환함과 동시에 이자 2,000,000원을 보통예금에서 이체하여 지급하였다.

[2] 3월 6일 당사의 신제품 개발을 위해 보통예금에서 인출된 개발비 2,000,000원에 대하여 자산 계정을 사용하여 회계처리 하시오.

[3] 3월 10일 2월분 급여와 관련된 원천징수금액 중 소득세 및 지방소득세 116,920원을 현금으로 납부하였다.

[4] 3월 10일 2월분 국민연금을 현금으로 납부하였다. 총금액은 450,000원이며, 이 중 50%는 직원부담분이고 나머지 50%는 회사부담분(관리직 90,000원, 생산직 135,000원)이다. 단, 회사부담분은 세금과공과로 처리한다.

[5] 3월 10일 2월분 급여와 관련된 원천징수금액 중 건강보험료 및 고용보험료 근로자부담분 192,050원과 회사부담분 192,050원을 현금으로 납부하였다. (관리직 76,820원, 생산직 115,230원이며 회사부담분은 '복리후생비'로 처리한다.)

[6] 3월 14일 (주)코어드에 원재료를 주문하면서 계약금으로 3,000,000원을 보통예금에서 이체하였다.

[7] 3월 27일 주주총회를 통하여 2024년도 결산에 대하여 이익잉여금처분계산서(안)의 내용대로 이익잉여금이 처분되었다.

이익잉여금처분계산서(안)

- 이익준비금 : 500,000원
- 현금배당 : 5,000,000원

[3월 거래 입력]

NO	월	일	구분	계정과목	거래처	차변	대변
[1]	3	5	차변	단기차입금	금화은행	25,000,000	
			차변	이자비용		2,000,000	
			대변	보통예금			27,000,000
[2]	3	6	차변	개 발 비		2,000,000	
			대변	보통예금			2,000,000
[3]	3	10	출금	예 수 금		116,920	(현금)
■ 근로자가 부담한 원천징수금액은 예수금으로 처리하고 납부시 상계처리 한다.							
[4]	3	10	차변	예 수 금		225,000	
			차변	세금과공과(판)		90,000	
			차변	세금과공과(제)		135,000	
			대변	현 금			450,000
■ 근로자가 부담한 원천징수금액은 예수금 상계처리하고 회사부담분은 세금과공과 처리한다.							
[5]	3	10	차변	예 수 금		192,050	
			차변	복리후생비(판)		76,820	
			차변	복리후생비(제)		115,230	
			대변	현 금			384,100
■ 근로자가 부담한 원천징수금액은 예수금 상계처리하고 회사부담분은 복리후생비 처리한다.							
[6]	3	14	차변	선 급 금	(주)코어드	3,000,000	
			대변	보통예금			3,000,000
[7]	3	27	차변	이월이익잉여금		5,500,000	
			대변	이익준비금			500,000
			대변	미지급배당금			5,000,000

[3월 회계처리 입력된 화면]

일	번호	구분	계정과목	거래처	적요	차변	대변
5	00001	차변	0260 단기차입금	98002 금화은행	2 차입금 상환시 보통인출	25,000,000	
5	00001	차변	0951 이자비용		3 차입금이자 보통인출	2,000,000	
5	00001	대변	0103 보통예금		차입금 및 이자 보통예금 인출		27,000,000
6	00001	차변	0226 개발비		신제품 개발비 보통예금 인출	2,000,000	
6	00001	대변	0103 보통예금		신제품 개발비 보통예금 인출		2,000,000
10	00001	출금	0254 예수금		소득세 및 지방소득세 현금납부	116,920	(현금)
10	00002	차변	0254 예수금		국민연금 직원부담분 납부	225,000	
10	00002	차변	0817 세금과공과		국민연금 회사부담분 납부	90,000	
10	00002	차변	0517 세금과공과		국민연금 회사부담분 납부	135,000	
10	00002	대변	0101 현금		국민연금 현금 납부		450,000
10	00003	차변	0254 예수금		건강보험료등 근로자부담분 납부	192,050	
10	00003	차변	0811 복리후생비		건강보험료등 회사부담분 납부	76,820	
10	00003	차변	0511 복리후생비		건강보험료등 회사부담분 납부	115,230	
10	00003	대변	0101 현금		건강보험료등 현금 납부		384,100
14	00001	차변	0131 선급금	00202 (주)코어드	원재료 주문 계약금 보통대체	3,000,000	
14	00001	대변	0103 보통예금		원재료 주문 계약금 보통대체		3,000,000
27	00001	차변	0375 이월이익잉여금		3 이월이익잉여금 당기처분액	5,500,000	
27	00001	대변	0351 이익준비금		4 이익준비금 당기적립액		500,000
27	00001	대변	0265 미지급배당금		2 잉여금 배당처분		5,000,000
			합계			38,451,020	38,451,020

[4월 거래]

[1] 4월 3일 대표이사로부터 공정가액 100,000,000원인 토지를 무상으로 기증받았다. 본 토지에 대한 이전비용 5,000,000원은 당좌수표를 발행하여 지급하였다.

[2] 4월 7일 사용 중인 창고건물(취득가액 5,000,000원, 감가상각누계액 1,000,000원)을 새로 신축하기 위해 철거하였으며, 철거용역업체에 철거비용 500,000원을 보통예금에서 지급하였다.

[3] 4월 10일 제2공장을 신축하기 위하여 건물이 세워져 있는 반석상사의 토지를 8,000,000원에 구입하고 대금은 전자어음을 발행하여 지급하였다. 또한 건물의 철거비용 1,000,000원과 토지 정지비용 800,000원을 당좌수표를 발행하여 지급하였다.

[4] 4월 12일 공장신축을 위한 차입금의 이자비용 1,000,000원을 보통예금 계좌에서 이체하였다. 공장의 착공일은 전기 12월 1일이며, 완공일은 차기 10월 31일이다. (단, 차입금의 이자비용은 자본화한다.)

[5] 4월 13일 업무용 승용차를 구입하면서 다음과 같은 금액을 구매대행회사에 전액 보통예금 계좌에서 지급하다. 회사는 차량구입시 필수적으로 매입하는 지역개발채권을 만기까지 보유하기로 하였다.

- 취득세 등 : 500,000원
- 지역개발채권매입액 : 500,000원(만기 2032년 5월 18일, 현재가치 400,000원)

[6] 4월 23일 기계장치 취득 후 2년이 지난 현재 주요수선 및 설비증설을 위한 자본적지출로 6,500,000원을 현금 지출하였다.

[7] 4월 25일   영업용 화물차의 타이어와 엔진오일을 카센터에서 교체하고 570,000원을 현금으로 지급하다.
             (수익적 지출로 회계처리)

[8] 4월 26일   공장의 온풍기를 수리하고 그 대금 1,200,000원은 당사 보통예금계좌에서 대종설비 계좌로 이체
             하였다. (수익적 지출로 처리할 것)

[9] 4월 30일   공장 건물을 신축하기 위해 외부로부터 취득한 토지 50,000,000원에 대해 건물 신축을 포기하게
             되어, 토지의 보유목적을 지가상승을 목적으로 하는 투자자산으로 변경하였다.

[4월 거래 입력]

NO	월	일	구분	계정과목	거래처	차변	대변
[1]	4	3	차변	토 지		105,000,000	
			대변	자산수증이익			100,000,000
			대변	당좌예금			5,000,000
	■ 자산의 취득과 관련된 부대비용은 취득원가에 가산하며 무상으로 증여받은 취득원가는 증여받은 시점의 공정가액이다.							
[2]	4	7	차변	감가상각누계액(203)		1,000,000	
			차변	유형자산처분손실		4,500,000	
			대변	건 물			5,000,000
			대변	보통예금			500,000
	■ 사용 중인 건물과 관련된 철거비용은 당기비용(유형자산처분손실) 처리한다.							
[3]	4	10	차변	토 지		9,800,000	
			대변	미지급금	반석상사		8,000,000
			대변	당좌예금			1,800,000
	■ 토지의 취득원가 = 매입가액 + 구건물 철거비용 등 = 8,000,000원 + 1,800,000원 = 9,800,000원 ■ 상거래 이외의 거래에서 수취(또는 발행)하는 어음은 미수금(또는 미지급금)으로 처리한다.							
[4]	4	12	차변	건설중인자산		1,000,000	
			대변	보통예금			1,000,000
	■ 차입금과 관련된 비용은 당기비용으로 처리하는 것이 원칙이나 금융비용을 자본화하는 경우는 취득원가에 가산한다.							
[5]	4	13	차변	차량운반구		600,000	
			차변	만기보유증권(181)		400,000	
			대변	보통예금			1,000,000
	■ 자산의 취득세 등 부대비용과 강제매입채권의 매입가액과 현재가치(공정가치)의 차이는 취득원가에 가산한다. ■ 차량운반구 = 취득세등 500,000원 + (매입가액 500,000원 − 현재가치 400,000원) = 600,000원							

NO	월	일	구분	계정과목	거래처	차변	대변
[6]	4	23	출금	기계장치		6,500,000	(현금)
	■ 자본적지출 : 취득원가로 가산(자산처리)　　■ 수익적지출 : 당기 비용처리(수선비 등)							
[7]	4	25	출금	차량유지비(판)		570,000	(현금)
	■ 차량과 관련된 지출은 "차량유지비"로 처리하며 화물차에 해당하여도 영업용(또는 상품 및 제품) 관련 차량은 판매비와 관리비로 처리한다.							
[8]	4	26	차변	수선비(제)		1,200,000	
			대변	보통예금			1,200,000
[9]	4	30	차변	투자부동산		50,000,000	
			대변	토　　　지			50,000,000

[4월 회계처리 입력된 화면]

일	번호	구분	계정과목	거래처	적요	차변	대변
3	00001	차변	0201 토지		토지 무상취득	105,000,000	
3	00001	대변	0917 자산수증이익		토지 무상취득		100,000,000
3	00001	대변	0102 당좌예금		토지 이전비용 수표발행		5,000,000
7	00001	차변	0203 감가상각누계액		2 건물 철거시 감가상각누계액 대체	1,000,000	
7	00001	차변	0970 유형자산처분손실		건물 철거시 손실발생	4,500,000	
7	00001	대변	0202 건물		건물 철거 대체		5,000,000
7	00001	대변	0103 보통예금		창고건물 철거비용 보통인출		500,000
10	00001	차변	0201 토지		신축 토지구입 및 구건물 철거비용	9,800,000	
10	00001	대변	0253 미지급금	00204 반석상사	토지구입대금 전자어음 발행		8,000,000
10	00001	대변	0103 보통예금		구건물 철거비용 및 토지 정지비용		1,800,000
12	00001	차변	0214 건설중인자산		공장신축 차입금 이자비용	1,000,000	
12	00001	대변	0103 보통예금		공장신축 차입금 이자비용		1,000,000
13	00001	차변	0208 차량운반구		승용차 취득세등 및 지역개발채권 구입	600,000	
13	00001	차변	0181 만기보유증권		승용차 취득관련 지역개발채권매입	400,000	
13	00001	대변	0103 보통예금		승용차 취득세 및 지역개발채권 매입		1,000,000
23	00001	출금	0206 기계장치		기계장치 주요수선 및 설비증설	6,500,000	(현금)
25	00001	출금	0822 차량유지비		화물차 타이어 및 엔진오일 교체	570,000	(현금)
26	00001	차변	0520 수선비		공장 온풍기 수리비 보통인출	1,200,000	
26	00001	대변	0103 보통예금		공장 온풍기 수리비 보통인출		1,200,000
30	00001	차변	0183 투자부동산		토지 용도변경 대체	50,000,000	
30	00001	대변	0201 토지		유형자산을 투자부동산으로 대체		50,000,000
			합　　　계			180,570,000	180,570,000

일변경 현금잔액: 8,549,980

[5월 거래]

[1] 5월 3일 생산직원 이생산씨가 개인적인 이유로 퇴직하여 다음과 같이 퇴직금을 보통예금에서 지급하였다. (퇴직금을 지급하기 위한 퇴직급여충당부채가 충분하며, 적요번호 "2번"을 선택한다.)

　　　■ 퇴직급여 : 4,000,000원　　■ 퇴직관련 소득세등 : 132,000원　　■ 차감지급액 : 3,868,000원

[2] 5월 4일 액면총액 10,000,000원(1,000좌, @10,000원)의 사채를 1좌당 8,000원으로 할인발행하고 납입금은 우리은행 보통예금계좌에 예입하였다.

[3] 5월 6일 당사는 이사회의 결의로 신주 100,000주(액면가액 1주당 500원)를 1주당 900원에 발행하고 전액 현금으로 납입받아 즉시 기업은행에 당좌예입 하였다.

[4] 5월 10일 영업부 직원에 대하여 확정기여형(DC) 퇴직연금에 가입하고 5,000,000원을 보통예금에서 지급하였다. 이 금액에는 연금운용에 대한 수수료 100,000원이 포함되어 있다.

[5] 5월 12일 3월 27일 주주총회에서 결의한 배당금 5,000,000원을 현금으로 지급하였다.
(원천징수는 없는 것으로 한다.)

[6] 5월 27일 액면가액이 1주당 5,000원인 보통주를 증권시장에서 주당 9,000원씩 10,000주를 발행하고, 주식발행에 소요된 인쇄비, 광고비, 수수료 등의 주식발행비로 5,000,000원을 제외한 금액을 보통예금으로 입금받았다.

[7] 5월 28일 사채 액면 총액 60,000,000원, 상환기한 5년, 발행가액은 58,000,000원으로 발행하고 납입금은 보통예금하다. 그리고 사채발행비 1,000,000원은 현금으로 지급하다.

[8] 5월 29일 전기에 대손이 확정되어 대손충당금과 상계처리 하였던 마도(주)의 외상매출금 중 일부인 2,000,000원을 현금으로 회수하였다.

[9] 5월 30일 부산으로 출장갔던 영업부 사원 김철수(신규거래처(코드 : 303) 등록하여 입력할 것)로부터 내용불명의 돈 5,000,000원이 회사 보통예금 계좌에 입금되었다.

[5월 거래 입력]

NO	월	일	구분	계정과목	거래처	차변	대변
[1]	5	3	차변	퇴직급여충당부채		4,000,000	
			대변	예 수 금			132,000
			대변	보통예금			3,868,000
	■ 퇴직금 지급시 퇴직급여충당부채와 우선 상계하고 부족한 경우 당기 비용 처리하며, "2.퇴직시 퇴직급여충당부채 상계(제조)"를 선택하면 [결산자료입력] 메뉴의 [퇴직충당 ⇨ 설정전잔액 : 당기감소]에 자동반영 된다.							
[2]	5	4	차변	보통예금	우리은행	8,000,000	
			차변	사채할인발행차금		2,000,000	
			대변	사　　채			10,000,000
	■ 액면가액 = 발행가액 ⇨ 액면발행 ■ 액면가액 < 발행가액 ⇨ 할증발행 : 사채할증발행차금(사채의 가산계정) ■ 액면가액 > 발행가액 ⇨ 할인발행 : 사채할인발행차금(사채의 차감계정) ■ 지문에 은행이 명기된 경우 반드시 거래처코드에 거래은행을 입력한다.							
[3]	5	6	차변	당좌예금	기업은행	90,000,000	
			대변	자 본 금			50,000,000
			대변	주식발행초과금			40,000,000
	■ 액면가액 = 발행가액 ⇨ 액면발행 ■ 액면가액 < 발행가액 ⇨ 할증발행 : 주식발행초과금(자본잉여금) ■ 액면가액 > 발행가액 ⇨ 할인발행 : 주식할인발행차금(자본조정)							

NO	월	일	구분	계정과목	거래처	차변	대변
[4]	5	10	차변	퇴직급여(판)		4,900,000	
			차변	수수료비용(판)		100,000	
			대변	보통예금			5,000,000
	■ 퇴직연금확정기여형(DC) 불입액 : 퇴직급여　　■ 퇴직연금확정급여형(DB) 불입액 : 퇴직연금운용자산							
[5]	5	12	출금	미지급배당금		5,000,000	(현금)
[6]	5	27	차변	보통예금		85,000,000	
			대변	자 본 금			50,000,000
			대변	주식발행초과금			35,000,000
	■ 신주발행비 : 할증발행 ⇨ 주식발행초과금에서 차감, 할인발행 ⇨ 주식할인발행차금에 가산							
	■ 주식발행초과금 = 90,000,000원 - 50,000,000원 - 5,000,000원 = 35,000,000원							
[7]	5	28	차변	보통예금		58,000,000	
			차변	사채할인발행차금		3,000,000	
			대변	사　　채			60,000,000
			대변	현　　금			1,000,000
	■ 사채발행비 : 할증발행 ⇨ 사채할증발행차금에서 차감, 할인발행 ⇨ 사채할인발행차금에 가산							
	■ 사채할인발행차금 = 60,000,000원 - 58,000,000원 + 1,000,000원 = 3,000,000원							
[8]	5	29	입금	대손충당금(109)		(현금)	2,000,000
	■ 대손금을 회수하면 해당 채권의 대손충당금으로 회계처리 한다.							
[9]	5	30	차변	보통예금		5,000,000	
			대변	가 수 금	김철수		5,000,000
	■ 신규거래처 등록은 "거래처코드"란에서 "+"키를 누르고 등록이 가능하다.							

[5월 회계처리 입력된 화면]

일	번호	구분	계정과목	거래처	적요	차변	대변
3	00001	차변	0295 퇴직급여충당부채		2 퇴직시 퇴직급여충당부채 상계(제조)	4,000,000	
3	00001	대변	0254 예수금		퇴직급여 소득세등 원천징수		132,000
3	00001	대변	0103 보통예금		퇴직금 보통예금 대체		3,868,000
4	00001	차변	0103 보통예금	98001 우리은행	사채 발행대금 보통예입	8,000,000	
4	00001	차변	0292 사채할인발행차금		1 사채발행시 할인차금	2,000,000	
4	00001	대변	0291 사채		1 회사채 발행		10,000,000
6	00001	차변	0102 당좌예금	98000 기업은행	신주 100,000주*900원 발행대금	90,000,000	
6	00001	대변	0331 자본금		신주발행 100,000주*500원		50,000,000
6	00001	대변	0341 주식발행초과금		주식발행 시 할증발행		40,000,000
10	00001	차변	0806 퇴직급여		확정기여형 퇴직연금 불입액	4,900,000	
10	00001	차변	0831 수수료비용		퇴직연금 운용수수료	100,000	
10	00001	대변	0103 보통예금		확정기여형 퇴직연금 불입액 보통인출		5,000,000
12	00001	출금	0265 미지급배당금		1 미지급 배당금 지급	5,000,000	(현금)
27	00001	차변	0103 보통예금		신주 10,000주*9,000원 발행대금	85,000,000	
27	00001	대변	0331 자본금		신주발행 100,000주*5,000원		50,000,000
27	00001	대변	0341 주식발행초과금		주식발행시 할증발행		35,000,000
28	00001	차변	0103 보통예금		사채 발행대금 보통예입	58,000,000	
28	00001	차변	0292 사채할인발행차금		1 사채발행시 할인차금	3,000,000	
28	00001	대변	0291 사채		1 회사채 발행		60,000,000
28	00001	대변	0101 현금		사채발행비 현금지급		1,000,000
29	00001	입금	0109 대손충당금		전기대손 외상매출금 현금 회수	(현금)	2,000,000
30	00001	차변	0103 보통예금		출장시 내용불명 대금 보통예입	5,000,000	
30	00001	대변	0257 가수금	00303 김철수	출장시 내용불명 대금 보통예입		5,000,000
			합　계			267,000,000	267,000,000

[6월 거래]

[1] 6월 2일 당사는 매출거래처인 (주)세진에 선물을 하기 위해 롯데마트에서 갈비세트를 750,000원에 구입하고, 전액 당사의 우리카드로 결제하였다.

[2] 6월 7일 본사 영업사원에 대하여 새로이 명함을 인쇄하여 배부하고 대금 90,000원은 현금으로 지급하다.

[3] 6월 10일 회사의 체육대회날 성남식당에서 임직원 식사를 제공하고 식대 2,500,000원(생산직직원 1,700,000원, 사무직직원 800,000원)을 우리카드로 결제하였다.

[4] 6월 12일 (주)성민으로부터 관리부에서 착용할 유니폼을 구입하고 대금 4,000,000원은 전자어음을 발행하여 지급하였다. (비용으로 계상할 것)

[5] 6월 15일 사무실에서 사용하는 전화요금 215,000원, 공장에서 사용하는 전화요금 179,000원을 거래은행에서 현금으로 납부하였다.

[6] 6월 21일 전기요금 350,000원(본사 140,000원, 공장 210,000원)이 보통예금 통장에서 자동 인출되었다.

[7] 6월 25일 반석상사로부터 영업부에서 사용할 소모품을 구입하고 대금 300,000원은 거래처로부터 받아서 보관중인 자기앞수표로 지급하였다. (비용으로 계상할 것)

[8] 6월 30일 회사는 6월 30일 개최된 이사회에서 현금배당 2,000,000원의 중간배당을 결의하였으며 중간배당금으로 회계처리 한다. (단, 이익준비금은 고려하지 않는 것으로 한다.)

[6월 거래 입력]

NO	월	일	구분	계정과목	거래처	차변	대변
[1]	6	2	차변	기업업무추진비(판)		750,000	
			대변	미지급금 또는 미지급비용	우리카드		750,000
[2]	6	7	출금	도서인쇄비(판)		90,000	(현금)
[3]	6	10	차변	복리후생비(제)		1,700,000	
			차변	복리후생비(판)		800,000	
			대변	미지급금 또는 미지급비용	우리카드		2,500,000
[4]	6	12	차변	복리후생비(판)		4,000,000	
			대변	미지급금	(주)성민		4,000,000
	▪ 상거래에서 발행한 어음 : 지급어음				▪ 상거래 이외에서 발행한 어음 : 미지급금		
[5]	6	15	차변	통신비(판)		215,000	
			차변	통신비(제)		179,000	
			대변	현　금			394,000

NO	월	일	구분	계정과목	거래처	차변	대변
[6]	6	21	차변	수도광열비(판)		140,000	
			차변	전력비(제)		210,000	
			대변	보통예금			350,000

- 사무실 전기요금 : 수도광열비   ■ 공장 전기요금 : 전력비

[7]	6	25	출금	소모품비(판)		300,000	(현금)

- 보관중인 자기앞수표는 현금으로 회계처리

[8]	6	30	차변	중간배당금		2,000,000	
			대변	미지급배당금			2,000,000

- 중간배당금 회계처리 문구가 없는 경우 이월이익잉여금 또는 미처분이익잉여금을 사용하여도 된다.

[6월 회계처리 입력된 화면]

일	번호	구분	계정과목	거래처	적요	차변	대변
2	00001	차변	0813 기업업무추진비		1 신용카드등 사용 일반접대비	750,000	
2	00001	대변	0253 미지급금	99700 우리카드	매출거래처 선물 카드구입		750,000
7	00001	출금	0826 도서인쇄비		영업사원 명함 인쇄비	90,000	(현금)
10	00001	차변	0511 복리후생비		체육대회 생산직식대 카드결제	1,700,000	
10	00001	차변	0811 복리후생비		체육대회 임직원식대 카드결제	800,000	
10	00001	대변	0253 미지급금	99700 우리카드	체육대회 임직원식대 카드결제		2,500,000
12	00001	차변	0811 복리후생비		관리부 유니폼 구입	4,000,000	
12	00001	대변	0253 미지급금	00201 (주)성민	관리부 유니폼 구입대금 전자어음발행		4,000,000
15	00001	차변	0814 통신비		사무실 전화요금 현금납부	215,000	
15	00001	차변	0514 통신비		공자 전화요금 현금납부	179,000	
15	00001	대변	0101 현금		전화요금 현금납부		394,000
21	00001	차변	0815 수도광열비		사무실 전기요금 보통예금인출	140,000	
21	00001	차변	0516 전력비		공장 전기요금 보통예금인출	210,000	
21	00001	대변	0103 보통예금		전기요금 보통예금인출		350,000
25	00001	출금	0830 소모품비		영업부 소모품 구입	300,000	(현금)
30	00001	차변	0372 중간배당금		중간배당금 결의	2,000,000	
30	00001	대변	0265 미지급배당금		2 잉여금 배당처분		2,000,000
		합 계				10,384,000	10,384,000

[8월 거래]

[1] 8월 5일   우리은행의 정기예금 10,000,000원이 만기되어 이자와 함께 당사 보통예금에 입금되었다.

```
─ 거 래 내 역 ─
■ 정기예금 원금 : 10,000,000원     ■ 법인세     : 154,000원
■ 이    자 : 1,000,000원           ■ 차인지급액 : 10,846,000원
```

[2] 8월 7일   공장건물에 대한 화재보험료 1,000,000원을 현금으로 납부하고 비용으로 처리하였다.

[3] 8월 10일   영업부 건물의 임차보증금에 대한 간주임대료의 부가가치세를 건물소유주에게 보통예금 계좌에서 이체하였다. (임차계약 시 간주임대료에 대한 부가가치세를 임차인부담으로 계약을 체결하였으며 간주임대료의 부가가치세는 500,000원임)

[4] 8월 12일   신입사원 채용을 위하여 생활정보지 '메트로'에 신입사원 채용광고를 게재하고 대금 100,000원은 현금으로 지급하였다.

[5] 8월 13일   창고에 보관 중인 제품(원가 1,000,000원)이 화재로 인하여 소실되었다. 당 회사는 화재보험에 가입되어 있다.

[6] 8월 14일   생산된 제품(원가 2,000,000원, 시가 3,500,000원)을 성동구청에 전달하였다.

[7] 8월 15일   (주)지성의 제품 외상대금 3,000,000원을 회수함에 있어 100,000원은 사전약정에 의해 할인하여 주고 2,000,000원은 약속어음으로 받았으며 잔액은 동점발행 당좌수표로 받았다.

[8] 8월 20일   화재로 인하여 소실된 제품(원가 1,000,000원)에 대한 보험금 5,000,000원을 보험회사로부터 보통예금계좌로 입금받았다. (당사는 삼성화재에 화재보험이 가입되어 있다.)

[9] 8월 21일   강한 태풍으로 재난을 당한 불우이웃을 돕기 위하여 성금 3,000,000원을 관할 주민 센터에 현금으로 지급하였다.

[10] 8월 28일   본사의 법인균등할주민세 62,500원이 구청으로부터 부과되었으며, 법인카드인 우리카드로 납부하였다.

[11] 8월 29일   생산부서에서 새로운 기술적 지식을 얻기 위해 계획적인 탐구활동을 하면서 사용한 물품의 대금 5,000,000원을 당좌수표를 발행하여 지급하였다. (단, 이는 자산 인식 조건을 충족하지 못하였다.)

[12] 8월 31일   당해 사업연도 법인세의 중간예납세액 2,400,000원을 보통예금계좌에서 이체 납부하였다. (단, 법인세납부액은 자산계정으로 처리할 것)

[8월 거래 입력]

NO	월	일	구분	계정과목	거래처	차변	대변
[1]	8	5	차변	보통예금		10,846,000	
			차변	선납세금		154,000	
			대변	정기예금	우리은행		10,000,000
			대변	이자수익			1,000,000

- 원천징수의무자의 지급액에 대한 원천징수세액 : 예수금 처리
- 법인의 법인세 및 법인소득분 지방소득세 원천납부세액 : 선납세금 처리

NO	월	일	구분	계정과목	거래처	차변	대변
[2]	8	7	출금	보험료(제)		1,000,000	(현금)
[3]	8	10	차변	세금과공과(판)		500,000	
			대변	보통예금			500,000
	■ 간주임대료에 대한 부가가치세 : 부담자의 세금과공과로 회계처리							
[4]	8	12	출금	광고선전비(판)		100,000	(현금)
[5]	8	13	차변	재해손실		1,000,000	
			대변	제품(적요:8.타계정 대체)			1,000,000
	■ 재고자산을 판매 및 생산목적 이외의 다른 용도로 사용한 경우 적요번호 '8.타계정으로 대체액'을 반드시 선택한다. ■ 천재지변 등의 불가항력에 의해 발생한 손실은 보험가입여부 관계없이 발생시점에 '재해손실' 처리한다.							
[6]	8	14	차변	기 부 금		2,000,000	
			대변	제품(적요:8.타계정 대체)			2,000,000
	■ 재고자산은 원가로 계산되어 있으므로 재고자산 감소는 원가로 상계하여야 한다.							
[7]	8	15	차변	매출할인(406)		100,000	
			차변	받을어음	(주)지성	2,000,000	
			차변	현 금		900,000	
			대변	외상매출금	(주)지성		3,000,000
	■ 외상대금을 조기회수하는 경우 '매출할인'으로 처리하며 반드시 관련 계정과목을 사용하여야 한다. 예를 들어 제품매출은 '406.매출할인', 상품매출은 '403.매출할인' 코드를 사용한다. ■ 타인(동점)발행 당좌수표는 현금으로 회계처리 한다.							
[8]	8	20	차변	보통예금		5,000,000	
			대변	보험금수익			5,000,000
	■ 제품에 대한 회계처리는 화재 발생시점에 처리하고 보험사로부터 보험금을 수령하면 전액 당기 수익(보험금수익)으로 처리한다.							
[9]	8	21	출금	기 부 금		3,000,000	(현금)
[10]	8	28	차변	세금과공과(판)		62,500	
			대변	미지급금 또는 미지급비용	우리카드		62,500
[11]	8	29	차변	경상연구개발비(제)		5,000,000	
			대변	당좌예금			5,000,000
	■ 무형자산인식조건 충족 : 개발비 ■ 무형자산인식조건 미충족 : 경상연구개발비							
[12]	8	31	차변	선납세금		2,400,000	
			대변	보통예금			2,400,000
	■ 법인의 원천납부세액 및 중간예납세액은 선납세금으로 처리한다.							

[8월 회계처리 입력된 화면]

일	번호	구분	계정과목	거래처	적요	차변	대변
5	00001	차변	0103 보통예금		정기예금 및 이자수익 입금	10,846,000	
5	00001	차변	0136 선납세금		1 이자소득 원천징수세액	154,000	
5	00001	대변	0105 정기예금	98001 우리은행	5 정기예금 인출관련 보통예금 대체		10,000,000
5	00001	대변	0901 이자수익		3 정기적금인출시 이자수입		1,000,000
7	00001	출금	0521 보험료		공장건물 화재보험료 현금납부	1,000,000	(현금)
10	00001	차변	0817 세금과공과		간주임대료에 대한 부가가치세	500,000	
10	00001	대변	0103 보통예금		간주임대료에 대한 부가가치세		500,000
12	00001	출금	0833 광고선전비		신입사원 채용광고 게재비	100,000	(현금)
13	00001	차변	0961 재해손실		창고화재로 인한 제품 소실	1,000,000	
13	00001	대변	0150 제품		8 타계정으로 대체액 손익계산서 반영분		1,000,000
14	00001	차변	0953 기부금		생산 제품 성동구청에 전달	2,000,000	
14	00001	대변	0150 제품		8 타계정으로 대체액 손익계산서 반영분		2,000,000
15	00001	차변	0406 매출할인		1 매출할인의 외상대금상계	100,000	
15	00001	차변	0110 받을어음	00102 (주)지성	3 외상매출금 어음회수	2,000,000	
15	00001	차변	0101 현금		외상매출금 당좌수표 회수	900,000	
15	00001	대변	0108 외상매출금	00102 (주)지성	외상매출금 회수		3,000,000
20	00001	차변	0103 보통예금		화재보험료 보통예금 입금	5,000,000	
20	00001	대변	0919 보험금수익		화재보험료 보통예금 입금		5,000,000
21	00001	출금	0953 기부금		재난 불우이웃돕기 성금 현금지급	3,000,000	(현금)
28	00001	차변	0817 세금과공과		법인균등할주민세 카드납부	62,500	
28	00001	대변	0253 미지급금	99700 우리카드	법인균등할주민세 카드납부		62,500
29	00001	차변	0523 경상연구개발비		기술적 지식 탐구활동 물품구입대금	5,000,000	
29	00001	대변	0102 당좌예금		기술적 지식 탐구활동 물품구입대금		5,000,000
31	00001	차변	0136 선납세금		법인세 중간예납세액 보통예금대체	2,400,000	
31	00001	대변	0103 보통예금		법인세 중간예납세액 보통예금대체		2,400,000
		합 계				34,062,500	34,062,500

심화연습

[1] 다음 거래 자료를 일반전표입력 메뉴에 추가 입력하시오. (일반전표입력의 모든 거래는 부가가치세를 고려하지 말 것) [회사코드 : 3100.(주)남동산업]

① 8월 5일   김해남씨로부터 장기투자목적으로 토지를 취득하면서 6,000,000원은 당좌수표를 발행하여 지급하고, 나머지 1,000,000원은 30일 후에 지급하기로 하였다. 또한 이전등기하면서 취득세 150,000원을 현금으로 지급하였다.

② 8월 14일   대성기업에 대한 외상매출금 2,700,000원과 외상매입금 3,800,000원을 상계처리하고 나머지 잔액은 당좌수표를 발행하여 대성기업에 지급하였다.

③ 8월 26일   다우상사에 수출(선적일자 6월 25일)한 제품 외상매출금이 보통예금 계좌에 원화로 환전되어 입금되었다.

- 외상매출금 : 3,000달러
- 6월 25일 환율 : 1,200원/달러
- 8월 26일 환율 : 1,300원/달러

④ 9월 19일   거래처인 선경(주)의 외상매입금 32,500,000원 중 30,000,000원은 당좌수표로 지급하고, 나머지 금액은 면제받았다.

⑤ 9월 26일   제조부 소속 신상용 대리(6년 근속)의 퇴직으로 퇴직금 9,000,000원 중 소득세 및 지방소득세로 230,000원을 원천징수한 후 차인지급액을 전액 국민은행 보통예금 계좌에서 이체하였다. (퇴직 직전 퇴직급여충당부채 잔액은 없었다.)

⑥ 9월 30일   제2기 부가가치세 예정신고분에 대한 부가가치세 예수금 37,494,500원과 부가가치세 대급금 20,248,400원을 상계처리하고 잔액을 10월 25일 납부할 예정이다. 9월 30일 기준으로 적절한 회계처리를 하시오. (미지급세금 계정을 사용할 것)

⑦ 10월 5일   하나은행으로부터 확정급여형(DB형)퇴직연금의 운용수익 500,000원이 발생하였음을 통보받았다.

⑧ 10월 12일 장기보유투자목적으로 상장법인 (주)배움상사의 주식 300주(액면가액 1주당 10,000원)를 한국증권거래소에서 1주당 9,000원에 취득하고, 중개수수료 100,000원과 함께 보통예금계좌에서 이체하다.

⑨ 10월 15일 1주당 액면금액이 5,000원인 보통주를 주당 6,000원씩 1,000주를 발행하고 대금은 현금으로 받았다. 주식발행비로 200,000원을 현금 지급하였다. (기존 주식할인발행차금 300,000원이 존재함)

[2] 다음 거래 자료를 일반전표입력 메뉴에 추가 입력하시오. (일반전표입력의 모든 거래는 부가가치세를 고려하지 말 것) [회사코드 : 3200.(주)성남]

① 7월 4일   회사는 임직원을 위해 기쁨은행에 확정급여형(DB) 퇴직연금에 가입하고 7월분 퇴직연금 10,000,000원을 보통예금에서 납입하였다.

② 7월 17일   (주)동화로부터 받아 보관하던 받을어음 5,000,000원을 만기일이 되어 결제은행에 제시하였으나 부도처리 되었다는 것을 대한은행으로부터 통보받았다. 당일자로 회계처리 하시오.

③ 7월 23일   공장건물의 화재와 도난에 대비하여 (주)미래화재에 손해보험을 가입한 후 보험료 3,000,000원을 보통예금계좌에서 송금하고 전액 비용으로 회계처리 하였다.

④ 8월 7일   (주)한국자동차로부터 업무용 승용차를 구입하는 과정에서 취득해야 하는 공채를 현금 200,000원(액면금액)에 구입하였다. 단, 공채의 현재가치는 160,000원이며 회사는 이를 단기매매증권으로 처리하고 있다.

⑤ 8월 14일 제품의 수출을 위하여 중국에 출장 갔던 우상일은 6월 5일에 지급하였던 출장비 1,500,000원 중 1,250,000원을 사용하고 나머지는 회사에 현금으로 반납하였다. (단, 거래처를 입력할 것)

⑥ 8월 30일 미국에서 수입한 원재료 5톤을 인천공항에서 공장까지 운송하고 운송료 2,000,000원을 현금으로 지급하였다.

⑦ 8월 31일 뉴젠통신의 파산으로 인해 단기대여금 5,000,000원이 회수가 불가능하여 대손처리 하였다. 대손충당금을 조회하여 회계처리하며 대손세액공제는 고려하지 않기로 한다.

⑧ 9월 5일 신주 20,000주를 발행하여 건물을 취득하였다. 주당 액면가액은 5,000원이며 발행시점의 공정가액은 주당 8,000원이다.

⑨ 9월 12일 회사가 보유중인 자기주식 전부를 25,000,000원에 처분하고 매각대금은 보통예금으로 받았다. 단, 처분시점의 자기주식 장부가액은 23,250,000원이고 자기주식처분손실계정의 잔액은 1,500,000원이다.

[3] 다음 거래 자료를 일반전표입력 메뉴에 추가 입력하시오. (일반전표입력의 모든 거래는 부가가치세를 고려하지 말 것) [회사코드 : 3300.(주)서울스포츠]

① 7월 16일 공장신축을 위한 차입금의 이자비용 5,000,000원을 현금으로 지급하였다. 차입금의 이자비용을 자본적 지출로 처리하시오. (공장의 착공일은 2024년 6월 15일이며, 완공일은 2026년 12월 31일이다.)

② 7월 25일 제1기 확정신고분 부가가치세와 신용카드수수료(판관비) 35,000원을 포함하여 신용카드(비씨카드)로 납부하였다. (단, 6월 30일에 적정하게 회계처리된 부가가치세관련 분개를 확인 후 회계처리 할 것)

③ 8월 19일 (주)이브에 대한 외상매입금 10,000,000원을 결제하기 위하여 당사가 제품매출 대가로 받아 보유하고 있던 (주)진성상사의 약속어음 10,000,000원을 배서하여 지급하였다.

④ 8월 25일 회사 판매직 직원이 퇴직하였으며, 동 직원의 퇴직금은 8,000,000원이며 즉시 지급하였다. 회사는 은행에 확정급여형(DB형) 퇴직연금에 가입하고 있고 관련 자료를 조회한 후 회계처리 한다.

⑤ 9월 3일 단기매매차익을 목적으로 상장회사인 (주)도전의 주식 100주를 주당 15,000원(액면가액 5,000원)에 구입하고 매입수수료 5,000원을 포함하여 당사의 보통예금계좌에서 인터넷뱅킹으로 지급하였다.

⑥ 9월 14일 공장에서 사용하는 기계장치 취득 후 1년이 지난 현재 주요수선 및 설비증진을 위한 지출 10,000,000원과 기계의 소모성 부속품 교체비용 500,000원을 현금으로 지급하였다.

⑦ 10월 5일 임시 주주총회의 결의로 개인 박두철에게 차입하였던 단기차입금 중 일부인 55,000,000원에 대해 채무의 출자전환을 실시하여 신주 10,000주(주당 액면가액 5,000원)를 교부하였다. 신주발행에 대한 기타 비용은 없다고 가정할 것.

⑧ 10월 20일 보유 중인 자기주식 12,000주를 처분하였다. 자기주식 12,000주에 대한 장부가액은 12,000,000원이고 12,000주 전부를 11,500,000원에 처분하고 그 대가를 전부 보통예금으로 입금받았다. (단, 자기주식처분이익 계정의 잔액이 300,000원 있고, 처분수수료는 없는 것으로 가정한다.)

[4] 다음 거래 자료를 일반전표입력 메뉴에 추가 입력하시오. (일반전표입력의 모든 거래는 부가가치세를 고려하지 말 것) [회사코드 : 3400.(주)세원]

① 7월 5일 지난 해 대손이 확정되어 대손충당금과 상계 처리한 외상매출금 450,000을 현금으로 회수하였다. (부가가치세법상 대손세액은 고려하지 말 것)

② 7월 13일 2월 25일에 열린 주주총회에서 결의했던 금전 배당금 20,000,000원을 보통예금으로 지급하였다. (단, 2월 25일의 회계처리는 적정하게 이루어졌고 원천징수는 없는 것으로 가정한다.)

③ 7월 18일 주주총회에서 결의된 바에 따라 유상증자를 실시하여 신주 10,000주(액면가액 1,000원)를 주당 2,500원에 발행하고, 증자와 관련하여 수수료 120,000원을 제외한 나머지 증자대금이 보통예금계좌에 입금되다.

④ 7월 27일 창고 임차보증금에 대한 계약금 2,000,000원을 (주)삼성개발에 당점발행 당좌수표로 지급하였다. 계약기간은 2025년 8월 1일부터 2026년 7월 31일까지이다.

⑤ 8월 10일 7월분 건강보험료를 현금으로 납부하였다. 총금액은 412,500원이며, 이 중 50%는 직원부담분이고 나머지 50%는 회사부담분(제조부문 직원분 : 123,750원, 관리부문 직원분 : 82,500원)이다. 단, 회사부담분은 복리후생비로 처리한다.

⑥ 9월 8일 회사는 대한은행과 당좌차월 계약(한도 50,000,000원)을 맺고 있으며, 현재 당좌수표 발행액은 당좌예금 예입액을 초과한 상태이다. 당일 회사는 7월 20일에 (주)헬싱에서 외상으로 구입한 기계장치의 구입대금 22,000,000원을 당좌수표를 발행하여 지급하였으며 현재 당좌예금 잔액은 18,000,000원이다.

⑦ 10월 26일 회사가 발행한 주식 1,000주를 주당 5,000원에 현금을 지급하고 매입하여 소각하였다. (단, 주식의 액면금액은 주당 10,000원이며, 소각 전 감자차익 혹은 감자차손은 없다.)

※ 집중심화연습 해답은 [최신기출문제&해답 ➡ PART 03] 592페이지에서 확인 가능합니다.

CHAPTER 02 매입매출전표입력

PART 03 전표관리

거래 자료의 입력이란 전표나 증빙을 보고 KcLep 프로그램이 요구하는 형식에 맞추어 입력하는 작업을 말한다. 이 거래 자료의 유형별로 입력된 자료를 분류, 정리, 계산, 집계, 보관 및 출력 등의 업무가 전산시스템이 자동으로 수행하여 준다.

거래 자료 중 세금계산서, 영세율세금계산서, 계산서, 신용카드매출전표, 현금영수증 등 매출자료 및 매입자료, 부가가치세 신고와 관련한 거래 자료를 KcLep의 [매입매출자료입력] 메뉴에 입력하여 관리하고자 한다.

[거래 자료에 의한 유형의 구분]

구 분	과 세	영 세	면 세
의미	• 재화·용역 공급 시 10% 부가가치세 징수	• 수출재화·공급시 영세율 적용 • 매출세액은 발생하지 않고 매입세액에 대한 환급이 적용 (완전면세)	• 생활필수품 등에 대한 부가가치세 면세
적용대상	• 재화의 공급 • 용역의 공급 • 재화의 수입	• 수출하는 재화 • 국외에서 제공하는 용역 • 선박 또는 항공기의 외국항행용역 등 • 기타 외화 획득 재화·용역 • 조세특례제한법에 의한 영세율 적용	• 기초생활필수품 • 국민후생용역 • 문화관련 재화, 용역 • 부가가치 생산요소 (토지, 금융보험용역, 인적용역 등)
관련 증빙서류	• 세금계산서 • 신용카드매출전표 • 현금영수증 등	• 영세율세금계산서 • 수출신고필증 • 신용카드매출전표 등	• 계산서 • 신용카드매출전표 • 현금영수증 등
신고방법	• 부가가치세 신고기간에 신고	• 부가가치세 신고기간에 신고	• 부가가치세 납세의무 없음 • 면세사업장현황신고(개인)
세무신고 첨부서류	• 부가가치세신고서 • 세금계산서합계표 • 관련 신고부속서류	• 부가가치세신고서 • 세금계산서합계표 • 영세율첨부서류	• 면세사업장현황신고(개인) • 수입금액신고서 • 세금계산서합계표(매입) • 계산서합계표(매입/매출)

(주)배움전자(회사코드 : 3000)로 회사를 변경하여 실무예제 · 매입/매출유형별분개연습을 진행하시오.

1. 매입매출전표입력

부가가치세와 관련된 거래 자료를 입력하는 메뉴로 과세유형에 따라 부가가치세 금액과 화면 하단의 계정과목이 자동을 표시되고 부가가치세신고서에 반영되므로 부가가치세에 대한 정확한 구분을 이해하고 입력해야 한다.

상단부는 부가가치세 관련 각 신고자료(부가가치세신고서, 세금계산서합계표, 매입매출장 등)로 활용되고, 하단부의 분개는 각 재무회계자료(총계정원장, 재무제표 등)에 반영된다. 단, 매입거래 중 **고정자산취득과 관련된 거래는 반드시 하단부의 분개를 입력하여야** 부가가치세신고서의 고정자산매입분에 반영됨에 유의한다.

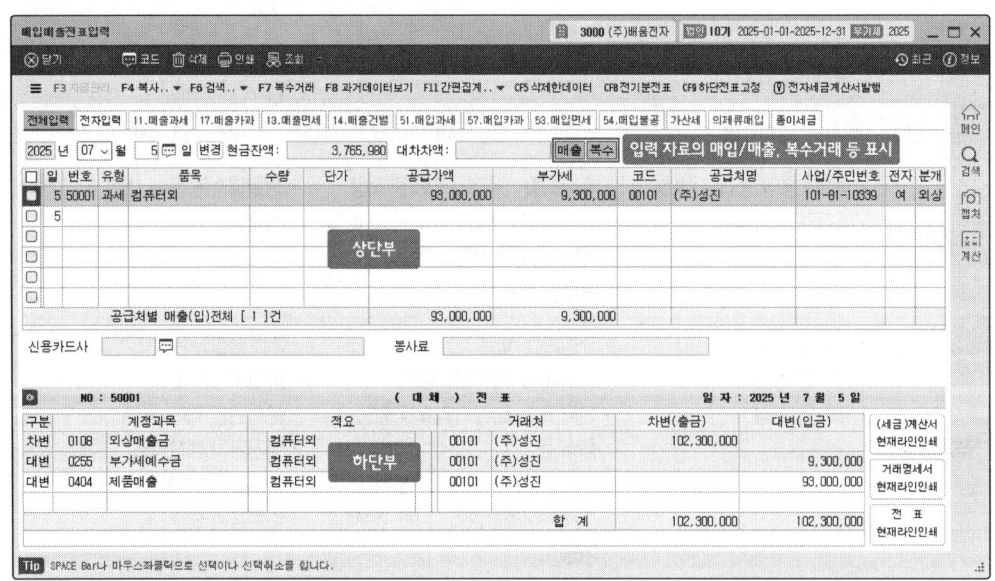

매입매출전표입력 필드 설명

항 목	입력내용 및 방법
월, 일	① 입력하고자 하는 전표의 해당 월 2자리 숫자를 직접 입력하거나 열람단추를 클릭, 1월~12월 중 해당 월을 선택한다. ② 일자를 직접 입력하여 일일거래를 입력하거나, 해당 월만 입력 후 일자별 거래를 연속적으로 입력한다. 일자가 동일한 경우는 일자를 입력하지 않고 Enter 를 치면 된다.

항 목	입력내용 및 방법
유형	입력되는 매입매출자료의 유형코드 2자리를 입력한다. 유형은 크게 매출과 매입으로 구분되어 있으며, 유형코드에 따라 부가가치세신고서 등의 각 부가가치세 관련 해당 자료에 자동 반영되므로 정확한 입력을 하여야 한다. 부가세유형 매출: 11.과세 과세매출, 16.수출 수출, 21.전자 전자회폐, 12.영세 영세율, 17.카과 카드과세, 22.현과 현금과세, 13.면세 계산서, 18.카면 카드면세, 23.현면 현금면세, 14.건별 무증빙, 19.카영 카드영세, 24.현영 현금영세, 15.간이 간이과세, 20.면건 부증빙 매입: 51.과세 과세매입, 56.금전 금전, 61.현과 현금과세, 52.영세 영세율, 57.카과 카드과세, 62.현면 현금면세, 53.면세 계산서, 58.카면 카드면세, 54.불공 불공제, 59.카영 카드영세, 55.수입 수입분, 60.면건 무증빙
품목	세금계산서 등에 기재되는 품명을 직접 기재하며 다수의 품명을 기재하는 경우 복수거래(F7) 버튼을 클릭하여 입력이 가능하다. 복 수 거 래 내 용 (F7) (입력가능갯수 : 100개) No 품목 규격 수량 단가 공급가액 부가세 합계 비고 1 컴퓨터 100 900,000 90,000,000 9,000,000 99,000,000 2 키보드 100 30,000 3,000,000 300,000 3,300,000 3 합 계 90,000,000 9,300,000 102,300,000
수량 단가	물품 수량(해당사항이 없을 경우 Enter 키를 누르면 단가로 커서 이동)과 물품 단가(해당사항이 없을 경우 Enter 키를 누르면 공급가액으로 커서 이동)를 직접 기재하며, 수량, 단가의 소수점관리를 원하면 환경등록이 선행되어야 한다.
공급가액 부가세	수량, 단가를 입력한 경우 공급가액 및 부가가치세는 자동으로 입력되며, 공급가액을 직접 입력 시는 금액을 입력한 후 Enter 키를 치면 부가가치세(공급가액의 10%)가 자동으로 표시되며 환경등록에 따라 공급가액의 절사방법으로 "1.절사, 2.올림, 3.반올림"을 선택할 수 있다.
코드 공급처명 사업/주민번호	일반전표입력과 동일하다. ① 신규 거래처 등록 시 거래처 코드란에서 "+"키를 입력하여 "00000"을 나오게 하고 신규 공급자를 등록한다. ② 주민등록기재분 세금계산서의 입력 : 주민등록 기재분 해당 거래처일 경우는 세부항목 입력사항 "5.주민등록번호" 입력 우측에 "1.주민등록번호"를 선택하면 세금계산서합계표에 [주민기재분]으로 자동 반영된다.
전자	전자(세금)계산서 여부를 구분하여 (세금)계산서합계의 "전자(세금)계산서"란에 집계하도록 한다. 전자인 경우 '1.여'를 선택한다.
분개	매입매출거래의 회계처리를 위한 입력 란으로서 분개의 번호를 선택하면 해당 거래 유형에 따라 최대 5개까지(환경등록 선행) 자동분개 되어 입력된다. (기본계정의 입력은 환경등록에서 등록) (1) 0.분개없음 : 하단부에 분개를 하지 않을 때 사용하며 예를 들어 부가가치세 신고기간이 임박하여 자료가 취합된 경우, 모든 거래를 분개까지 하려면 많은 시간이 소요되므로 분개를 생략하고자 할 때 선택한다. (부가가치세신고관련 제반사항은 분개와 상관없이 작성되며, **고정자산 매입분은 회계처리 반영하여야 [고정자산취득]으로 반영됨에 유의 ⇒ 부가가치세신고서, 세금계산서합계표 등) (2) **1.현금** : 전액 현금거래일 경우 선택한다. ① 매출 – 부가세예수금과 기본계정으로 자동분개(부가세예수금을 제외한 계정과목 수정 및 추가분개 가능) ② 매입 – 부가세대급금과 기본계정으로 자동분개(부가세대급금을 제외한 계정과목 수정 및 추가분개 가능)

항 목	입력내용 및 방법
분개	(3) **2.외상** : 전액 외상거래(외상매출금, 외상매입금)일 경우 선택한다. (환경등록에서 추가계정 설정 가능) 단, 외상거래일지라도 미수금, 미지급금의 경우는 "3.혼합"을 선택해야 한다. ① 매출 – 차변계정은 외상매출금으로, 대변계정은 부가세예수금과 기본계정으로 자동분개(부가세예수금은 수정 불가능하며, 기본계정은 수정 및 추가분개 가능) ② 매입 – 대변계정은 외상매입금으로, 차변계정은 부가세대급금과 기본계정으로 자동분개(부가세대급금은 수정 불가능하며, 기본계정은 수정 및 추가분개 가능) (4) **3.혼합** : 상기 이외의 거래로서 기타 다른 계정과목을 사용하고자 할 때 선택한다. 다만, '1.현금'과 '2.외상' 대신 '3.혼합'을 사용하여도 무방하다. ① 매출 – 대변계정은 부가세예수금과 기본계정으로 자동분개 되며, 차변계정은 비워져 있으므로 사용자가 직접 입력한다. ② 매입 – 차변계정은 부가세대급금과 기본계정으로 자동분개 되며, 대변계정은 비워져 있으므로 사용자가 직접 입력한다. 거래처코드를 입력할 때 유의하여야 할 계정과목 : 보통예금, 받을(지급)어음 등 (5) **4.카드** : 카드매출, 카드매입의 경우 카드사를 선택하면 [환경등록]에서 설정된 기본계정과 거래처에 카드사가 자동 반영된다. (6) **5.추가** : [환경등록]의 "3.추가계정 설정"에 입력한 계정과목으로 회계처리하는 경우 선택하며, 다수의 업종에 경우 매출(매입)계정과목을 추가로 등록하여 사용할 수 있다.
적요	매입매출전표의 하단부의 적요는 별도로 입력하지 않으면 상단 품명란의 적요가 자동으로 입력된다. 적요를 직접 입력할 때에는 '0'을 사용하며 이미 등록된 적요를 선택하기 위해서는 코드도움(F2)을 클릭하면 된다. [적요번호를 반드시 선택해야 하는 사례] ① 재고자산의 '타계정으로 대체액'의 경우 ② 의제매입세액공제신고서 자동반영의 경우 ③ 재활용폐자원매입세액공제신고서 자동반영의 경우
간편집계표 ⇩ 예정누락분	① 부가세신고 관련하여 예정신고(1기 예정 : 1월~3월, 2기 예정 : 7월~9월) 시 누락된 전표를 표시할 때 사용하는 메뉴이다. 부가세신고서 예정신고누락분에 데이터가 반영된다. ② 예정누락분 전표를 체크하고 "Shift+F5"나 간편집계표의 "예정누락분"을 클릭 ➡ 확정신고 개시년월 ➡ 확인(Tab) 선택 입력된 자료는 세금계산서 합계표, 부가가치세 신고서에 자동 반영된다.

항 목	입력내용 및 방법
간편집계표 ⇩ 수정세금계산	발급된 세금계산서에 수정사유가 발생한 경우 반드시 "**전자수정세금계산서**"를 발급하여 부가가치세신고를 하여야 하며, **발급기한이 경과한 경우라도 법 요건을 충족하였다면 가산세는 적용되지 않는다.**
빠른 매입매출전표 입력	TAB을 선택하여 일정 유형을 일괄적으로 입력할 수 있으며, [TAB 화면설정]에서 변경 가능하다.

구 분	내 용
전체입력	모든 유형의 매입매출전표 입력
전자입력	모든 거래 자료를 전자(세금)계산서로만 입력
11.매출과세 ~ 53.매입면세	모든 거래 자료가 '11.과세' 유형부터 '53.면세' 유형 중 선택한 특정 유형으로만 입력 가능
가산세	거래 자료가 가산세 대상인 경우 입력하며 [가산세]란에서 가산세 유형을 선택하여 부가가치세신고서에 반영하고자 하는 경우 입력
의제류매입	거래 자료가 의제매입(또는 재활용폐자원)세액 대상인 경우 일괄입력하며 [의제구분및매입액]란에서 공제 유형을 선택하고 [세율]란에서 공제율을 입력한다. 관련 부가가치세 부속서류(의제매입세액공제신고서등)에 자동반영 된다.
종이세금	전자세금계산서가 아닌 수기 발행 종이(세금)계산서를 일괄 입력하는 경우 사용

항 목	입력내용 및 방법
간편집계표 ⇩ TAB 화면설정	(1) 입력방식 　① [1.연월일] : 월별로 입력할 때 선택 　② [2.년월 ~ 년월] : 1년치 또는 일정 범위를 정한 월을 한번에 입력할 때 선택 (2) 부가세유형 　상단부의 '빠른 매입매출전표 입력' TAB을 설정하는 메뉴이다. (3) 합계옵션 　상단의 입력 TAB을 선택하였을 때 입력한 데이터의 집계를 선택하는 메뉴이다.

2. 매출유형별 실무프로세스

[매출전표 유형별 설명]

매출코드	유형	내용
11	과세	부가가치세 10% 세금계산서 발급 시 선택한다.
12	영세	**영세율(Local L/C, 구매확인서에 의한 매출)** 세금계산서 발급 시 선택하며, 전표입력 시 '**영세율구분**'을 반드시 선택하여 [영세율 매출명세서] 부가가치세 부속서류에 반영한다. [환경등록] 메뉴에서 '영세율구분' 기본 설정값을 설정하여 반영할 수도 있다. 　　6　유형:불공(54)의 불공제 사유　　　2 　　　유형:영세율매출(12.16) 구분
13	면세	계산서 발급 시 선택한다.
14	건별	세금계산서가 발행되지 않은 과세매출 입력 시 선택한다. [사례] 　소매매출로 영수증 또는 금전등록기 영수증 발행과 간주공급, 간주임대료 입력 시 선택
15	간이	세금계산서가 발행되지 않는 과세매출 입력 시 선택하며 간이과세자가 사용하므로 일반과세자는 사용하지 않는다.
16	수출	영세율세금계산서 발급 의무가 면제되는 경우에 선택하며, 전표입력 시 '**영세율구분**'을 반드시 선택하여 [영세율 매출명세서] 부가가치세 부속서류에 반영한다. [사례] 　직수출(수출신고필증 등), 중계무역, 외국인도 등
17	카과	신용카드에 의한 과세매출 입력 시 선택한다. 입력된 자료는 [신용카드매출전표발행집계표] '**과세분**'에 자동 반영되며, 거래처등록 시 매출카드사의 가맹점등록사항을 반드시 입력해야 한다.
18	카면	신용카드에 의한 면세매출 입력 시 선택한다. 입력된 자료는 [신용카드매출전표발행집계표] '**면세분**'에 자동 반영된다.
19	카영	신용카드에 의한 영세율매출 입력 시 선택한다. 입력된 자료는 [신용카드매출전표발행집계표] '**과세분**'에 자동 반영된다.
20	면건	계산서가 발행되지 않은 면세매출 입력 시 선택한다.
21	전자	전자적결제(전자화폐) 수단으로의 매출 입력 시 선택한다. [전자화폐결제명세서]에 가맹점별로 집계되며, 거래처등록 시 가맹점등록사항을 반드시 입력한다.
22	현과	현금영수증에 의한 과세매출 입력 시 선택한다. 입력된 자료는 [신용카드매출전표발행집계표] '**과세분**'에 자동 반영된다.
23	현면	현금영수증에 의한 면세매출 입력 시 선택한다. 입력된 자료는 [신용카드매출전표발행집계표] '**면세분**'에 자동 반영된다.
24	현영	현금영수증에 의한 영세율매출 입력 시 선택한다. 입력된 자료는 [신용카드매출전표발행집계표] '**과세분**'에 자동 반영된다.

1 과세매출(세금계산서 발급)

일반과세사업자가 매출 시 10% **부가가치세**가 있는 세금계산서를 **발급**하면 이를 [매입매출전표입력] 메뉴에 입력한다. 부가가치세 신고 시 내역을 집계하여 [매출처별 세금계산서합계표]를 작성하고 [부가가치세신고서]에 반영한다.

(1) 과세매출 - 일반과세(사업자와의 거래)

| 10% 부가가치세 있는 세금계산서 발급 | ▶ | 유형 : 11.과세매출 선택 |

실무예제

7월 5일 제품을 판매하고 발급한 전자세금계산서이며, 전액 외상거래이다. 품목을 관리할 목적으로 복수거래키를 사용하여 등록하기로 한다.

<table>
<tr><td colspan="11">전자세금계산서(공급자 보관용)　　승인번호　123410064100004204621622</td></tr>
<tr><td rowspan="6">공
급
자</td><td>등록번호</td><td colspan="3">206-81-45792</td><td rowspan="6">공
급
받
는
자</td><td>등록번호</td><td colspan="3">101-81-10339</td></tr>
<tr><td>상 호</td><td>(주)배움전자</td><td>성 명
(대표자)</td><td>박두철</td><td>상 호</td><td>(주)성진</td><td>성 명
(대표자)</td><td>김성진</td></tr>
<tr><td>사업장
주소</td><td colspan="3">서울특별시 성동구 마조로15길 13(마장동)</td><td>사업장
주소</td><td colspan="3">서울특별시 종로구 종로3길 36(청진동)</td></tr>
<tr><td>업 태</td><td>제조</td><td colspan="2">종사업장번호</td><td>업 태</td><td>도매</td><td colspan="2">종사업장번호</td></tr>
<tr><td>종 목</td><td colspan="3">컴퓨터주변기기</td><td>종 목</td><td colspan="3">전자제품</td></tr>
<tr><td>이메일</td><td colspan="3">bobook@daum.net</td><td>이메일</td><td colspan="3">12354@daum.net</td></tr>
<tr><td colspan="2">작성일자</td><td colspan="2">2025. 7. 5.</td><td>공급가액</td><td colspan="2">93,000,000</td><td>세 액</td><td colspan="2">9,300,000</td></tr>
<tr><td colspan="2">비 고</td><td colspan="9"></td></tr>
<tr><td>월</td><td>일</td><td>품 목</td><td>규 격</td><td>수 량</td><td>단 가</td><td colspan="2">공 급 가 액</td><td>세 액</td><td colspan="2">비 고</td></tr>
<tr><td>7</td><td>5</td><td>컴퓨터</td><td></td><td>100</td><td>900,000</td><td colspan="2">90,000,000</td><td>9,000,000</td><td colspan="2"></td></tr>
<tr><td>7</td><td>5</td><td>키보드</td><td></td><td>100</td><td>30,000</td><td colspan="2">3,000,000</td><td>300,000</td><td colspan="2"></td></tr>
<tr><td colspan="2">합계금액</td><td>현 금</td><td colspan="2">수 표</td><td>어 음</td><td colspan="2">외상미수금</td><td colspan="3" rowspan="2">이 금액을　□ 영수　함
　　　　　　☑ 청구</td></tr>
<tr><td colspan="2">102,300,000</td><td></td><td colspan="2"></td><td></td><td colspan="2">102,300,000</td></tr>
</table>

 예제 따라하기

(차) 외상매출금	102,300,000원	(대) 제품매출	93,000,000원
		부가세예수금	9,300,000원

① 작성일자를 확인하여 회계처리 일자(2025.07.05)로 입력하고 품명란에서 [F7복수거래]를 선택하여 품명을 입력한다.

No	품목	규격	수량	단가	공급가액	부가세	합계	비고
1	컴퓨터		100	900,000	90,000,000	9,000,000	99,000,000	
2	키보드		100	30,000	3,000,000	300,000	3,300,000	
3								
				합 계	93,000,000	9,300,000	102,300,000	

② 공급가액과 부가세는 자동반영 되며 공급처 코드란에서 "성진"을 입력하여 공급처를 선택하고 전자세금계산서이므로 "전자 – 1.여"를 선택한다.

③ 외상거래이므로 "분개 – 2.외상"을 선택하고 하단의 분개내역을 확인한다.

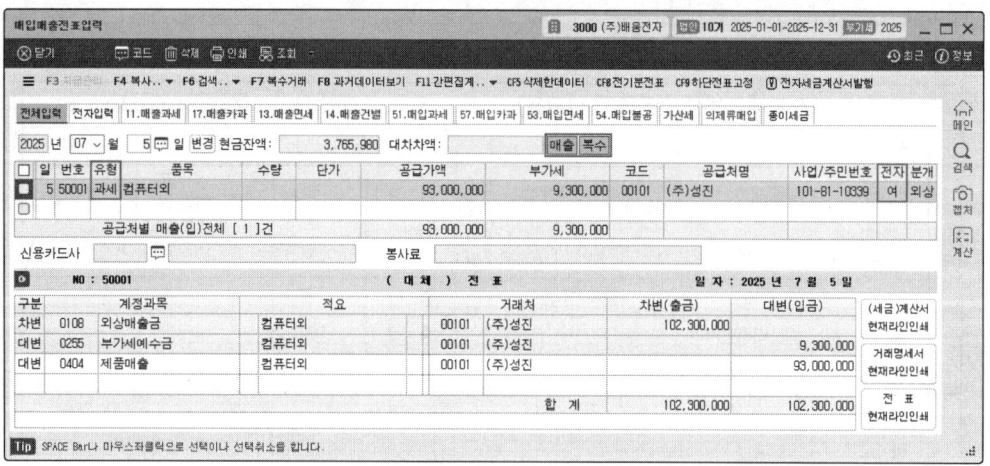

(2) 과세매출 – 일반과세(비사업자와의 거래)

사업자등록증이 없는 비사업자에게 매출 시 10% 부가가치세 있는 세금계산서 발급 ▶ 유형 : 11.과세매출 선택
거래처등록 : 1.주민등록번호 선택

실무예제

7월 6일 제품을 판매하고 발급한 전자세금계산서이며, 우리은행 보통예금계좌로 판매 즉시 입금받았다. 김민환씨는 사업자등록 예정자로서 주민등록증 제시에 의하여 "주민기재분" 세금계산서를 발급하였다.
(신규 거래처등록 코드 – 105)

	전자세금계산서(공급자 보관용)					승인번호		123410064100004204621622	
공급자	등록번호	206-81-45792			공급받는자	등록번호		730101-1512121	
	상호	(주)배움전자	성명(대표자)	박두철		상호		성명(대표자)	김민환
	사업장주소	서울특별시 성동구 마조로15길 13(마장동)				사업장주소		서울특별시 성동구 마조로 11길 4(행당동)	
	업태	제조	종사업장번호			업태		종사업장번호	
	종목	컴퓨터주변기기				종목			
	이메일	bobook@daum.net				이메일		kmh@naver.com	
작성일자	2025. 7. 6.		공급가액	5,500,000		세액		550,000	
비고									

월	일	품목	규격	수량	단가	공급가액	세액	비고
7	6	컴퓨터 셋트		5	1,100,000	5,500,000	550,000	

합계금액	현금	수표	어음	외상미수금	이 금액을 ☑영수 함 □청구
6,050,000	6,050,000				

예제 따라하기

(차) 보통예금	6,050,000원	(대) 제품매출	5,500,000원
		부가세예수금	550,000원

① 작성일자를 확인하여 회계처리 일자(2025.07.06)로 입력하고 품명, 수량, 단가를 입력하여 공급가액과 부가세를 자동반영 한다.

② 신규거래처이므로 공급처코드란에서 "+"키를 누른 후 공급처명에 "김민환"을 입력 후 Enter↵ 하여 공급처코드를 입력한다. "수정(Tab)"을 클릭하여 세부사항을 추가 입력한다.

③ 전자세금계산서이므로 "전자 - 1.여"를 선택하며 대금을 보통예금으로 입금 받았으므로 "분개 - 3.혼합"을 선택하고 하단의 분개내역에서 차변계정과목을 "보통예금" 거래처는 "우리은행"을 입력한다.

□	일	번호	유형	품목	수량	단가	공급가액	부가세	코드	공급처명	사업/주민번호	전자	분개
□	6	50001	과세	컴퓨터 셋트	5	1,100,000	5,500,000	550,000	00105	김민환	730101-1512121	여	혼합
□													
				공급처별 매출(입)전체 [1]건			5,500,000	550,000					

신용카드사			봉사료		
▶	NO : 50001		(대체) 전 표		
구분	계정과목	적요	거래처	차변(출금)	대변(입금)
대변	0255 부가세예수금	컴퓨터 셋트 5X1100000	00105 김민환		550,000
대변	0404 제품매출	컴퓨터 셋트 5X1100000	00105 김민환		5,500,000
차변	0103 보통예금	컴퓨터 셋트 5X1100000	98001 우리은행	6,050,000	
			합 계	6,050,000	6,050,000

 **TIP**

보통예금도 거래처 관리를 반드시 하여야하므로 **시험문제 지문에 은행이 명기**된 경우 **반드시 입력**한다.

(3) 과세매출 - 일반과세(고정자산매각)

기계장치, 차량운반구 등 매각 시 10% 부가가치세 있는 세금계산서 발급 ▶ 유형 : 11.과세매출 선택

 실무예제

7월 15일 영업팀에서 사용중인 차량을 10,000,000원(부가가치세 별도)에 기아자동차(주)에 매각하고 전자세금계산서를 발급하였으며 대금은 전액 현금으로 받았으며 당기의 감가상각은 고려하지 않는다.
(취득가액 15,000,000원, 전년도까지 감가상각누계액 3,000,000원)

전자세금계산서(공급자 보관용)					승인번호		12341015410000 4204621525	
공급자	등록번호	206-81-45792			공급받는자	등록번호	137-81-11981	
	상 호	(주)배움전자	성 명 (대표자)	박두철		상 호	기아자동차(주)	성 명 (대표자)	오진석
	사업장 주소	서울특별시 성동구 마조로15길 13(마장동)				사업장 주소	서울특별시 구로구 고척로 100(개봉동)	
	업 태	제조	종사업장번호			업 태	소매	종사업장번호	
	종 목	컴퓨터주변기기				종 목	자동차	
	이메일	bobook@daum.net				이메일	kia@naver.com	
작성일자	2025. 7. 15.	공급가액		10,000,000	세 액		1,000,000	
비 고								

월	일	품 목	규 격	수 량	단 가	공 급 가 액	세 액	비 고
7	15	소나타				10,000,000	1,000,000	

합 계 금 액	현 금	수 표	어 음	외상미수금	이 금액을	☑영수 / □청구 함
11,000,000	11,000,000					

(차) 감가상각누계액	3,000,000원	(대) 차량운반구	15,000,000원
현금	11,000,000원	부가세예수금	1,000,000원
유형자산처분손실	2,000,000원		

① 작성일자를 확인하여 회계처리 일자(2025.07.15)로 입력하고 품명, 공급가액을 입력하여 부가세를 자동반영하며 공급처 코드란에서 "기아"를 입력하여 공급처를 선택한다.

② 전자세금계산서이므로 "전자 - 1.여"를 선택하고 **고정자산 매각거래**는 "**분개 - 3.혼합**"을 선택하여 하단의 분개내역을 입력한다.

③ 대변 계정과목 "제품매출"을 "**차량운반구**"로 수정하고 금액은 "**취득가액 15,000,000원**"으로 수정 입력한다.

④ 차변 계정과목은 차량운반구와 관련된 "감가상각누계액(209)"을 입력하고 금액 "3,000,000원", 현금수령액 "11,000,000원"을 입력한다. 상단의 "**대차차액 △2,000,000원**"을 확인하고 "**유형자산처분손실**"을 추가 입력한다.

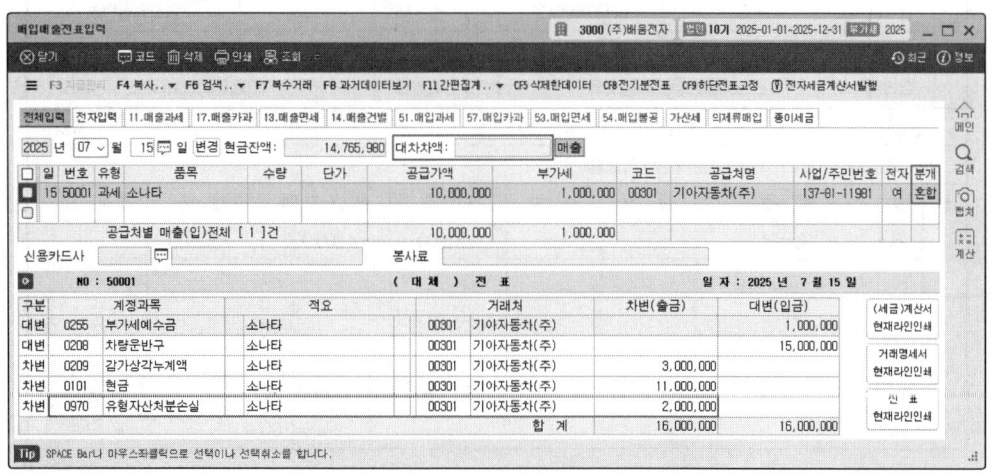

[고정자산 매각 시 유형자산처분손익 확인]
회계처리 시 처분하는 고정자산 계정과목과 취득원가를 대변에 입력하고 차변에 관련 감가상각누계액 및 대금회수 관련사항을 입력한 후 상단의 **[대차차액]**란을 확인하여 입력한다.
① 대차차액이 **양수**인 경우 : **유형자산처분이익**으로 처리
② 대차차액이 **음수**인 경우 : **유형자산처분손실**로 처리

(4) 과세매출 - 반품거래

> 매출 반품(환입)시
> 10% 부가가치세 있는 세금계산서 발급
>
> ▶
>
> 유형 : 11.과세매출 선택
> 수량(△) 입력, 금액(△) 입력

7월 16일 영업팀에서는 7월 5일 (주)성진에 판매한 컴퓨터 5대 4,500,000원이 불량으로 판명되어 반품되었다. 반품에 대한 전자수정세금계산서를 발급하였으며 전액 외상매출금과 상계처리하기로 하였다.

전자수정세금계산서(공급자 보관용)					승인번호	12341006410000420462124		
공급자	등록번호	206-81-45792			공급받는자	등록번호	101-81-10339	
	상 호	(주)배움전자	성 명 (대표자)	박두철		상 호	(주)성진	성 명 (대표자)	김성진
	사업장 주소	서울특별시 성동구 마조로15길 13(마장동)				사업장 주소	서울특별시 종로구 종로3길 36(청진동)	
	업 태	제조		종사업장번호		업 태	도매	종사업장번호
	종 목	컴퓨터주변기기				종 목	전자제품	
	이메일	bobook@daum.net				이메일	12354@daum.net	
작성일자	2025. 7. 16.	공급가액	-4,500,000	세 액	-450,000	수정사유	환입	
비 고	2025. 7. 5(당초세금계산서 작성일)							

월	일	품 목	규 격	수 량	단 가	공 급 가 액	세 액	비 고
7	16	컴퓨터		-5	900,000	-4,500,000	-450,000	

합 계 금 액	현 금	수 표	어 음	외상미수금	이 금액을	☐ 영수 함
-4,950,000				-4,950,000		☑ 청구

(차) 외상매출금	-4,950,000	(대) 제품매출	-4,500,000
		부가세예수금	-450,000

① 작성일자를 확인하여 회계처리 일자(2025.07.16)로 입력하고 품명, 수량(-5), 단가(900,000원)을 입력하여 공급가액, 부가세를 자동반영 한다.

② 전자세금계산서이므로 "전자 - 1.여"을 선택하고 대금은 외상매출금과 상계하기로 하였으므로 "분개 - 2.외상"을 선택하여 하단의 분개내역을 확인한다.

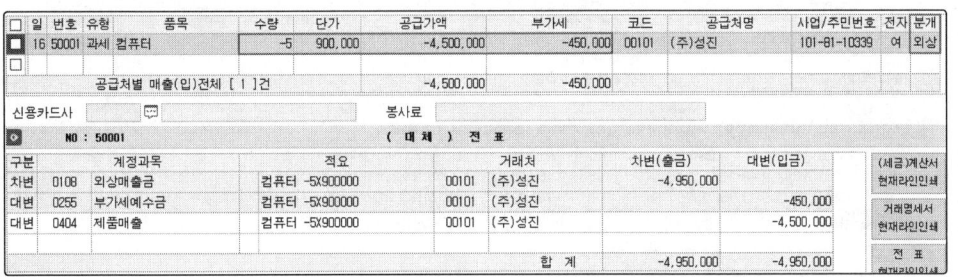

🐻 **TIP**

[수정전자세금계산서 입력 시 유의사항]

지문에 '**수정세금계산서 사유**'를 적용하라는 문구가 있는 경우 **[간편집계표 ⇨ 수정세금계산]** 버튼을 선택하여 사유를 입력한다.

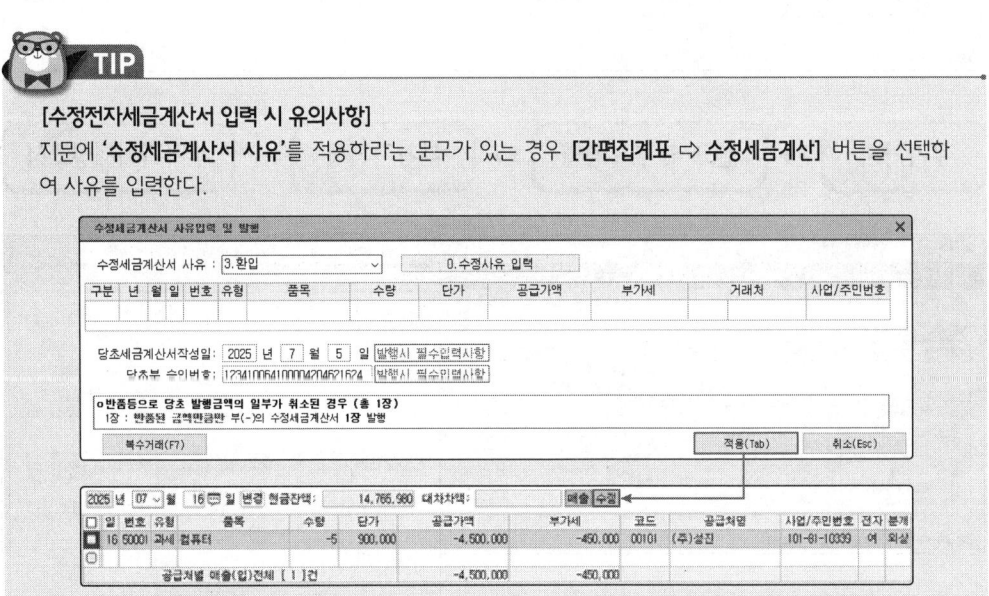

 결과확인하기

부가가치 ▶▶ 신고서/부속명세 ▶▶ 부가가치세 ▶▶ 세금계산서합계표

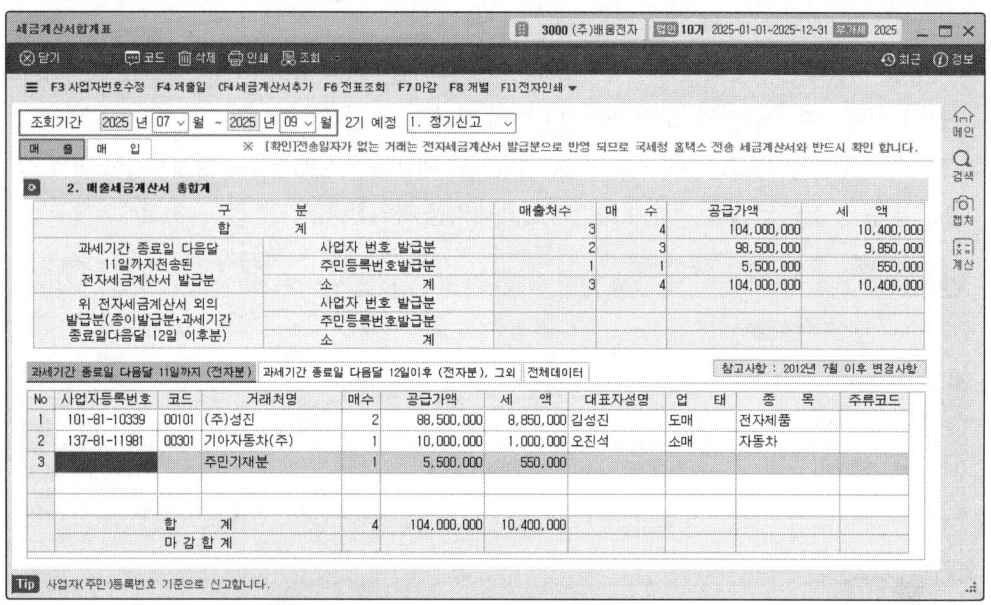

부가가치 ▶▶ 신고서/부속명세 ▶▶ 부가가치세 ▶▶ 부가가치세신고서

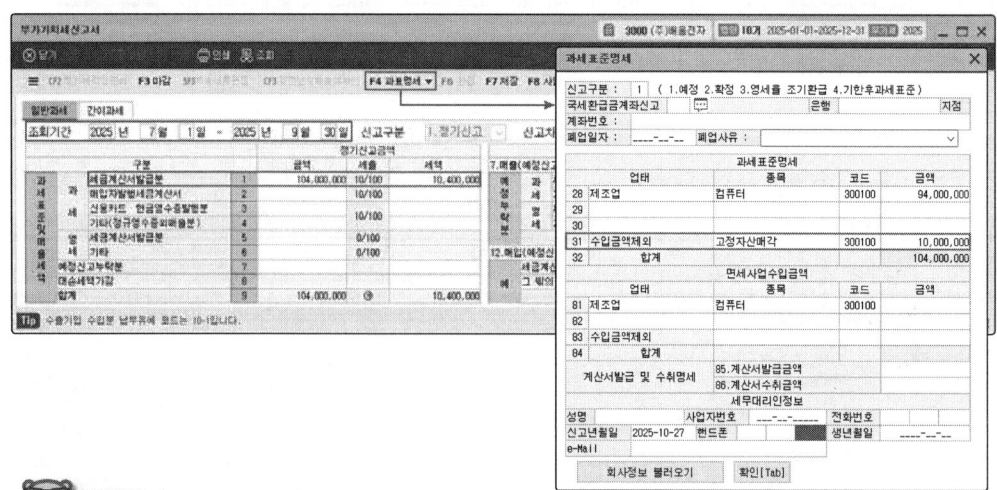

TIP

부가가치세신고서에 과세매출은 과세표준명세에 반영되며, 법인의 경우 **고정자산매각**은 손익계산서 매출에 해당되지 않으므로 **[수입금액제외(31)란]**에 반영되며, 종목(고정자산매각)은 직접 입력한다.

2 영세매출

(1) 영세매출 - 세금계산서 발급분

일반과세사업자가 매출 시 **0%(영의 세율)이 적용**되는 재화·용역을 공급하고 **영세율(전자) 세금계산서**를 발급한 경우 이를 [매입매출전표입력] 메뉴에 입력한다. 부가가치세 신고 시 내역을 집계하여 [매출처별 세금계산서합계표]를 작성하고 [부가가치세신고서]에 반영한다.

| 내국신용장 또는 구매확인서에 의한 영세율 세금계산서 발급 | ▶ | 유형 : 12.영세매출 선택 |

실무예제

7월 20일 영업팀에서는 마도(주)에 컴퓨터를 판매하고 내국신용장(Local L/C)에 의해 영세율전자세금계산서를 발급하였으며 대금은 전액 외상으로 하였다. (영세율구분 및 서류번호(LCC1234)를 입력한다.)

영세율전자세금계산서(공급자 보관용)								승인번호	12341006410000420462 1710	
공급자	등록번호	206-81-45792			공급받는자	등록번호	139-81-38900			
	상 호	(주)배움전자	성 명 (대표자)	박두철		상 호	마도(주)	성 명 (대표자)	이태림	
	사업장 주소	서울특별시 성동구 마조로15길 13(마장동)				사업장 주소	경기도 안산시 단원구 고잔길 66(고잔동)			
	업 태	제조		종사업장번호		업 태	도매		종사업장번호	
	종 목	컴퓨터주변기기				종 목	전자제품			
	이메일	bobook@daum.net				이메일	mado@daum.net			
작성일자	2025. 7. 20.		공급가액		17,400,000		세 액			
비 고	내국신용장번호 : LCC1234									
월	일	품 목	규 격	수 량	단 가	공 급 가 액	세 액	비 고		
7	20	컴퓨터		20	870,000	17,400,000				
합 계 금 액	현 금		수 표		어 음	외상미수금	이 금액을 ☐영수 ☑청구 함			
17,400,000						17,400,000				

| (차) 외상매출금 | 17,400,000원 | (대) 제품매출 | 17,400,000원 |

① 작성일자를 확인하여 회계처리 일자(2025.07.20)로 입력하고 품명, 수량, 단가를 입력하여 공급가액을 자동반영하며 공급처 코드란에서 "마도"를 입력하여 공급처를 선택, 전자세금계산서이므로 "전자 - 1.여"를 입력한다.

② 영세율구분란에서 코드도움(F2) 또는 ▥를 클릭하여 "3.내국신용장·구매확인서에 의하여 공급하는 재화"를 선택하고 서류번호(LCC1234)를 입력한다.

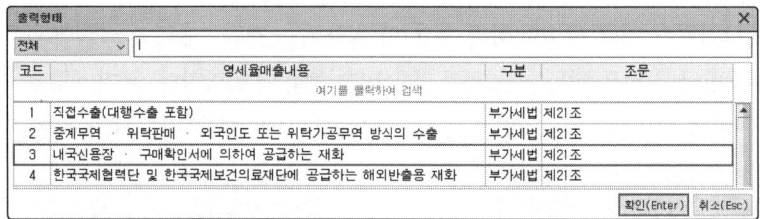

③ 외상거래이므로 "분개 – 2.외상"을 선택하고 하단의 분개내역을 확인한다.

결과확인하기

부가가치 ▶▶ 신고서/부속명세 ▶▶ 부가가치세 ▶▶ 세금계산서합계표

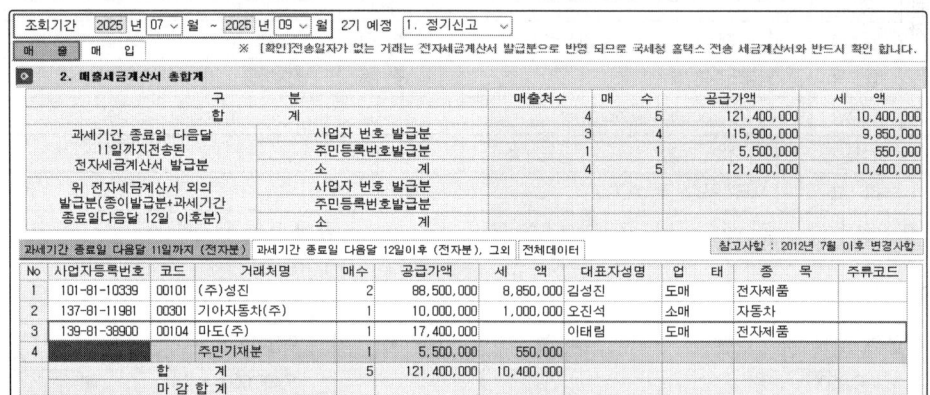

부가가치 ▶▶ 신고서/부속명세 ▶▶ 부가가치세 ▶▶ 부가가치세신고서

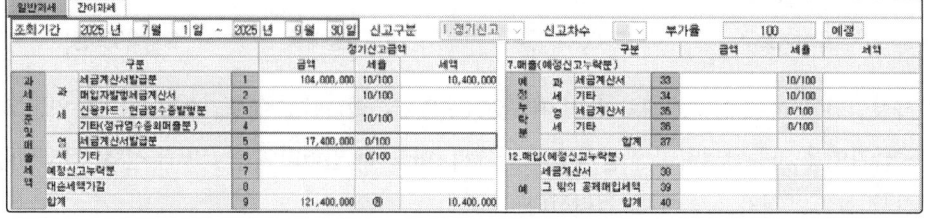

(2) 수출매출 - 직수출 및 중계무역 등

일반과세사업자가 매출 시 0%(영의 세율)이 적용되는 재화·용역을 공급하고 **세금계산서 발급의무가 면제**된 경우 이를 [매입매출전표입력] 메뉴에 입력한다. 부가가치세 신고 시 내역을 집계하여 [수출실적명세서] 등을 작성하고 [부가가치세신고서]에 반영한다.

직수출 등에 의한 매출 ▶ 유형 : 16.수출매출 선택

7월 21일 미국의 James CO.,LTD에 수출계약을 맺고 Master L/C에 의해 컴퓨터 50대(개당 $750, 선적일(7월 21일)의 매매기준율 1,000원)을 수출 선적하고 대금은 전액 외상으로 하였다.
거래처 신규 등록(공급처코드 : 106)하고 영세율 구분에서 사유를 선택한다.
(수출신고필증 번호 11863-19-120643X)

예제 따라하기

| (차) 외상매출금 | 37,500,000원 | (대) 제품매출 | 37,500,000원 |

① 선적일자를 확인하여 회계처리 일자(2025.07.21)로 입력하고 품명, 수량, 단가를 입력하여 공급가액을 자동반영 한다.
② 신규거래처이므로 공급처코드란에서 "+"키를 누른 후 공급처명에 "James CO.,LTD"를 입력하고 [Enter.]하면 공급처등록 팝업창이 활성화된다. 공급처코드를 확인하고 세부 등록사항이 없으므로 [등록(Enter)]을 누른다.

③ 영세율구분란에서 코드도움([F2]) 또는 📋를 클릭하여 "1.직접수출(대행수출 포함)"을 선택하여 적용하고 수출신고필증번호를 하이픈 없이 입력한다.

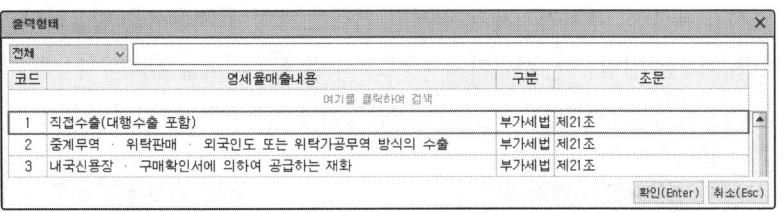

④ 외상거래이므로 "분개 – 2.외상"을 선택하고 하단의 분개내역을 확인한다.

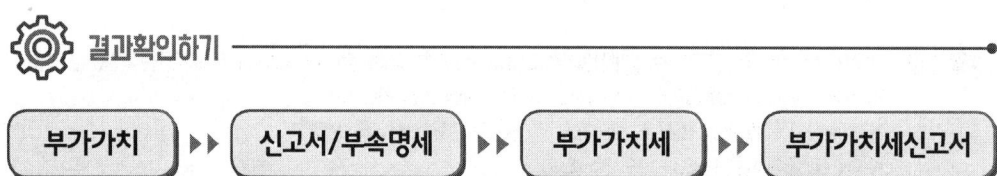

결과확인하기

부가가치 ▶▶ 신고서/부속명세 ▶▶ 부가가치세 ▶▶ 부가가치세신고서

TIP

[영세율 적용 매출 입력 시 유의사항]
매출유형 중 영세율매출인 '**12.영세**', '**16.수출**', '**19.카영**', '**24.현영**'의 경우 '**영세율구분**' 코드를 선택하면 [영세율매출명세서]에 자동 반영된다. 전산회계 1급부터 '**영세율구분**'은 **채점 대상**이며 영세율관련 부속명세서는 전산세무 2급에서 출제된다.

3 면세매출(계산서 발급)

면세사업자가 매출 시 **부가가치세가 면제**된 거래에 대하여 **계산서를 발급**하면, 이를 [매입매출전표입력] 메뉴에 입력한다. 부가가치세 신고 시 발급된 내역을 집계하여 [계산서합계표]를 작성하고 [부가가치세신고서] '면세수입금액'에 반영한다.

면세적용 품목 매출 시 계산서 발급 ▶ 유형 : 13.면세매출 선택

7월 23일 영업팀에서는 다팔아상사에 면세가 적용되는 컴퓨터교재(상품)를 판매하고 전자계산서를 발급하였으며 대금은 전액 현금으로 받았다.

전자계산서(공급자 보관용)						승인번호		12341015410000420462 1525	
공급자	등록번호	206-81-45792			공급받는자	등록번호		130-04-86501	
	상 호	(주)배움전자	성 명(대표자)	박두철		상 호	다팔아상사	성 명(대표자)	송동현
	사업장주소	서울특별시 성동구 마조로15길 13(마장동)				사업장주소	서울특별시 강남구 논현로 100(개포동)		
	업 태	제조	종사업장번호			업 태	도매	종사업장번호	
	종 목	컴퓨터주변기기				종 목	가전제품등		
	이메일	bobook@daum.net				이메일	dapa@naver.com		
작성일자		2025. 7. 23.	공급가액		3,000,000		비 고		
비 고									

월	일	품 목	규 격	수 량	단 가	공 급 가 액	비 고
7	23	컴퓨터교재		100	30,000	3,000,000	

합 계 금 액	현 금	수 표	어 음	외상미수금	이 금액을 □ 영수 함 ☑ 청구
3,000,000	3,000,000				

예제 따라하기

(차) 현 금	3,000,000원	(대) 상품매출	3,000,000원

① 작성일자를 확인하여 회계처리 일자(2025.07.23)로 입력하고 품명, 수량, 단가를 입력하여 공급가액을 자동반영하며 공급처 코드란에서 "다팔"을 입력하여 공급처를 선택, 전자계산서이므로 "전자 – 1.여"를 입력한다.

② **상품** 현금거래이므로 "분개 – 1.현금"을 선택하여 하단의 분개내역에 자동반영하고, 대변의 '제품매출'을 '**상품매출**'로 수정 입력한다.

부가가치 ▶▶ 신고서/부속명세 ▶▶ 부가가치세 ▶▶ 부가가치세신고서

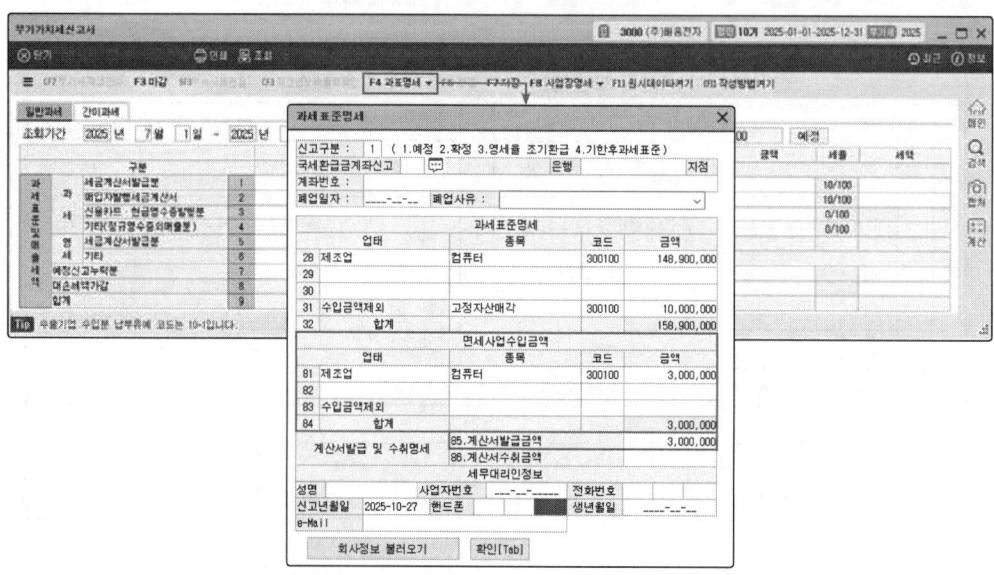

TIP

① 매입매출전표입력 메뉴에 입력 시 '유형:13.면세'는 부가가치세가 면제되는 매출건으로 일반과세자 부가가치세신고서 "4쪽 중 제3쪽"에 **[면세사업수입금액]** 및 **[계산서발급금액(85)란]**에 반영된다. 단, 프로그램에서는 F4 과표명세 선택하여 확인할 수 있다.
② 계산서 발급 시 매출처별계산서합계표(전산회계1급 메뉴 아님)에 자동 반영된다.

4 카드매출(신용카드매출전표 발급)

과세사업자이면서 영수증발급대상자가 10% 부가가치세가 있는 **신용카드매출전표를 발급**하여 매출이 발생한 경우 [매입매출전표입력] 메뉴에 입력한다. 부가가치세 신고 시 [신용카드매출전표발행집계표]를 작성하고 [부가가치세신고서]에 반영한다.

10% 부가가치세 포함된 신용카드매출전표 발급	▶	유형 : 17.카드과세매출 선택

실무예제

8월 10일 (주)지성에 키보드 등 컴퓨터 주변제품을 10,120,000원(부가가치세 포함)에 매출하고 기업카드로 결제받고 신용카드매출전표영수증을 발급하였다.

```
             신용카드매출전표
카드종류 : 기업카드
회원번호 : 3322-1234-**76-56**
거래일시 : 2025.08.10.    10:01:23
거래유형 : 신용승인
판 매 액 :  9,200,000원
부 가 세 :    920,000원
합   계 : 10,120,000원
결제방법 : 일시불
승인번호 : 98776544
은행확인 : 기업은행
- - - - - - - - - - - - - - - - - - - - - - - -
가맹점명 : (주)배움전자
가맹점번호 : 00034567812
            - 이 하 생 략 -
```

 예제 따라하기

(차) 외상매출금	10,120,000원	(대) 제품매출	9,200,000원
		부가세예수금	920,000원

① 거래일시를 확인하여 회계처리 일자(2025.08.10)로 입력한다.
② 공급가액에 **공급대가(합계금액)**를 입력한 후 Enter↵ 키를 누르면 공급가액과 부가가치세가 자동으로 구분되어 입력되며 공급처 코드란에서 "지성"을 입력하여 공급처를 선택한다.
③ 신용카드사(기업카드사)를 코드도움(F2) 또는 🔍를 선택하여 입력하고 카드매출이므로 "**분개 - 4.카드**"를 선택한다. 하단의 분개는 [환경등록]에서 설정한 내용이 반영되고 차변계정과목의 거래처는 "카드사"가 자동 반영된다.

□	일	번호	유형	품목	수량	단가	공급가액	부가세	코드	공급처명	사업/주민번호	전자	분개
■	10	50001	과과	키보드등			9,200,000	920,000	00102	(주)지성	134-81-47379		카드
□													
		공급처별 매출(입)전체 [1]건					9,200,000	920,000					

| 신용카드사 | 99600 | 🔍 기업카드사 | | 봉사료 | |

NO : 50001   (대 체) 전 표

구분	계정과목		적요	거래처		차변(출금)	대변(입금)
차변	0108	외상매출금	키보드등	99600	기업카드사	10,120,000	
대변	0255	부가세예수금	키보드등	00102	(주)지성		920,000
대변	0404	제품매출	키보드등	00102	(주)지성		9,200,000
					합 계	10,120,000	10,120,000

5 현금영수증매출(지출증빙 또는 소득공제용 현금영수증 발급)

과세사업자이면서 영수증발급대상자가 **10% 부가가치세**가 있는 **현금영수증**을 발급하여 매출이 발생한 경우 [매입매출전표입력] 메뉴에 입력한다. 부가가치세 신고 시 [신용카드매출전표발행집계표]를 작성하고 [부가가치세신고서]에 반영한다.

10% 부가가치세 포함된 현금영수증 발급	▶	유형 : 22.현금과세매출 선택

 실무예제

8월 12일 비사업자인 김민환에게 프린터기를 330,000원(부가가치세 포함)에 현금판매하고 현금영수증을 발급하였다.

```
             현금영수증
            CASH RECEIPT
-----------------------------------
거래일시          2025-08-12  14:38:04
품   명                         제품
식별번호                   208341****
승인번호                    170724105
판매금액                     300,000원
부가가치세                    30,000원
봉 사 료                          0원
합   계                     330,000원
-----------------------------------
현금영수증가맹점명           (주)배움전자
사업자번호              206-81-45792
대표자명 : 박두철       TEL : 022681515
주소 : 서울 성동구 마조로15길 13(마장동)
CATID : 1123973           전표No :
현금영수증 승인번호          170724105
```

 예제 따라하기

(차) 현 금	330,000원	(대) 제품매출	300,000원
		부가세예수금	30,000원

① 거래일시를 확인하여 회계처리 일자(2025.08.12)로 입력한다.
② 공급가액에 **공급대가(합계금액)**를 입력한 후 [Enter ↵]키를 누르면 공급가액과 부가가치세가 자동으로 구분되어 입력되며 공급처 코드란에서 "김민"을 입력하여 공급처를 선택한다.

③ 현금매출이므로 "분개 - 1.현금"을 선택하고 하단의 분개를 확인한다.

□	일	번호	유형	품목	수량	단가	공급가액	부가세	코드	공급처명	사업/주민번호	전자	분개
□	12	50001	현과	프린터기			300,000	30,000	00105	김민환	730101-1512121		현금

	공급처별 매출(입)전체 [1]건		300,000	30,000				
신용카드사			봉사료					

NO : 50001 (입 금) 전 표

구분		계정과목	적요		거래처	차변(출금)	대변(입금)
입금	0255	부가세예수금	프린터기	00105	김민환	(현금)	30,000
입금	0404	제품매출	프린터기	00105	김민환	(현금)	300,000
					합 계	330,000	330,000

결과확인하기

부가가치 ▶▶ 신고서/부속명세 ▶▶ 부가가치세 ▶▶ 부가가치세신고서

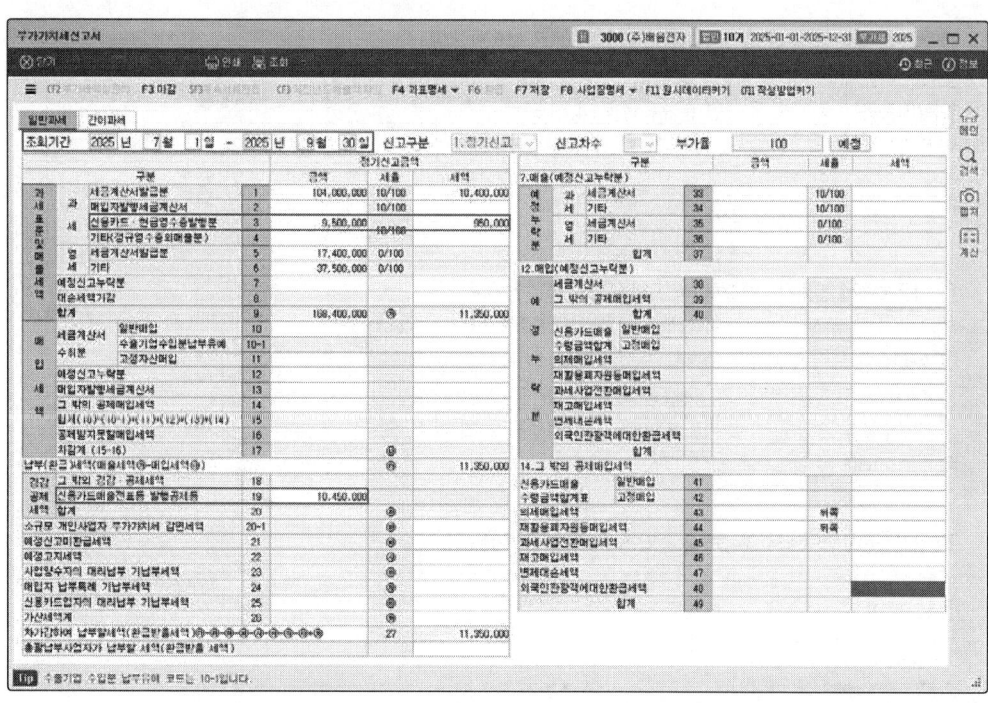

[부가가치세신고서 반영 유의사항]

① 부가가치세신고서 "**신용카드·현금영수증발행분(3)란**"에 금액이 반영된 경우에는 [신용카드매출전표발행집계표(전산회계1급 범위 제외)]를 작성하며 신용카드매출전표발행집계표의 매출분 합계액이 신고서의 "**신용카드매출전표등 발행공제등(19)란**"에 반영된다.

② 부가가치세신고서 "**신용카드매출전표등발행공제등(19)란**"에 금액이 반영된 개인사업자의 경우 신용카드매출전표 발행세액공제를 적용받을 수 있다. (직전연도 공급가액 10억원 이하인 경우)

세액공제액 = MIN[㉠, ㉡]
㉠ 발행금액 또는 결제금액 × 1.3%
㉡ 연간 1,000만원

[환경등록에서 부가세 포함 여부 설정에 따른 입력 방식]

[부가세 포함 여부]을 "**1.전체포함**"으로 설정되어 있는 경우에는 공급가액란에 부가가치세가 포함된 **공급대가**를 입력한 후 Enter 키를 누르면 공급가액과 부가가치세가 자동으로 구분되어 입력된다. 만약 "**0.전체미포함**"으로 되어 있으면 공급가액란에 **공급가액**을 입력하면 10% 부가가치세가 자동 계산되어 입력된다.

4	부가세 포함 여부	
	카과, 현과의 공급가액에 부가세 포함	1.전체포함
	건별 공급가액에 부가세 포함	1.포함
	과세 공급가액에 부가세 포함	0.전체미포함

[환경등록에서 신용카드매출채권을 외상매출금으로 설정한 경우]

[환경등록] 메뉴에서 "분개유형 설정"의 신용카드매출채권이 "**외상매출금**"으로 되어 있다면 분개유형을 "**4.카드**"로 선택하면 계정과목이 차변에 외상매출금으로 자동 반영되고, 거래처 또한 입력한 카드사로 자동 반영된다. 또는 분개유형 "**2.외상**"으로 입력할 수도 있다.

2	분개유형 설정		
	매 출	0404	제품매출
	매 출 채 권	0108	외상매출금
	매 입	0153	원재료
	매 입 채 무	0251	외상매입금
	신용카드매출채권	0108	외상매출금
	신용카드매입채무	0253	미지급금

[환경등록에서 신용카드매출채권을 미수금으로 설정한 경우]

[환경등록] 메뉴에서 "분개유형 설정"의 신용카드매출채권이 "**미수금**"으로 되어 있었다면, ① 분개유형은 "4.카드"로 하고 계정과목을 "미수금"에서 "외상매출금"으로 수정한다. 또는 ② 분개유형을 "3.혼합"으로 하고 차변에 "외상매출금"을 입력하고, 거래처는 카드사를 입력한다.

2	분개유형 설정		
	매 출	0404	제품매출
	매 출 채 권	0108	외상매출금
	매 입	0153	원재료
	매 입 채 무	0251	외상매입금
	신용카드매출채권	0120	미수금
	신용카드매입채무	0253	미지급금

[매입매출전표입력에서 '분개 - 3.혼합'으로 회계처리 하는 경우]

□	일	번호	유형	품목	수량	단가	공급가액	부가세	코드	공급처명	사업/주민번호	전자	분개
□	10	50001	카과	키보드등			9,200,000	920,000	00102	(주)지성	134-81-47379		혼합

공급처별 매출(입)전체 [1]건   9,200,000   920,000

신용카드사 99600 기업카드사   봉사료

NO : 50001   (대체) 전 표

구분		계정과목	적요	거래처	차변(출금)	대변(입금)
대변	0255	부가세예수금	키보드등	00102 (주)지성		920,000
대변	0404	제품매출	키보드등	00102 (주)지성		9,200,000
차변	0108	외상매출금	키보드등	99600 기업카드사	10,120,000	
				합 계	10,120,000	10,120,000

6 건별매출

과세사업자이면서 재화나 용역을 공급하고 **기타증빙(세금계산서, 신용카드매출전표, 현금영수증 이외의 증빙)을 발급한 경우 및 증빙이 전혀 발급되지 않은 경우** "유형:14.건별"로 [매입매출전표입력] 메뉴에 입력한다. 부가가치세 신고 시 별도의 부속서류는 없으며 [부가가치세신고서]에 직접 반영하여 신고한다.

10% 부가가치세가 있는 소매매출 ▶ 유형 : 14.건별매출 선택

실무예제

8월 14일 비사업자인 김민환에게 프린터기 275,000원(부가가치세 포함)을 판매하고 대금은 현금으로 받았으며, 현금영수증은 발급하지 않았다.

예제 따라하기

(차) 현 금	275,000원	(대) 제품매출	250,000원
		부가세예수금	25,000원

① 증빙이 없는 거래이므로 매출이 발생한 일자를 회계처리 일자(2025.08.14)로 입력하고 "유형:14.건별"을 입력한다.
② 공급가액에 **공급대가(합계금액)**를 입력한 후 Enter↵ 키를 누르면 공급가액과 부가가치세가 자동으로 구분되어 입력되며 공급처 코드란에서 "김민"을 입력하여 공급처를 선택한다.
③ 현금매출이므로 "분개 - 1.현금"을 선택하고 하단의 분개를 확인한다.

□	일	번호	유형	품목	수량	단가	공급가액	부가세	코드	공급처명	사업/주민번호	전자	분개
□	14	50001	건별	프린터기			250,000	25,000	00105	김민환	730101-1512121		현금
□													

공급처별 매출(입)전체 [1]건	250,000	25,000	
신용카드사		봉사료	

NO : 50001 (입 금) 전 표

구분	계정과목	적요	거래처	차변(출금)	대변(입금)	
입금	0255 부가세예수금	프린터기	00105 김민환	(현금)	25,000	(세금)계산서 현재라인인쇄
입금	0404 제품매출	프린터기	00105 김민환	(현금)	250,000	거래명세서 현재라인인쇄
			합 계	275,000	275,000	전 표

 결과확인하기

부가가치 ▶▶ 신고서/부속명세 ▶▶ 부가가치세 ▶▶ 부가가치세신고서

 TIP

① 건별매출은 세금계산서가 발급되지 않은 **무증빙** 과세매출 및 **간주공급** 입력 시 [14.건별]을 선택한다.
  (예 : 증빙을 전혀 발급하지 않거나, 영수증 등을 발급했을 경우)
② [환경등록] 메뉴에서 아래와 같이 건별에 대해 "부가세 포함 여부"가 "1.포함"으로 설정되어 있는 경우에는 공급가액란에 부가가치세가 포함된 공급대가를 입력한 후 Enter키를 치면 공급가액과 부가가치세가 자동으로 구분되어 입력된다. 만약 "0.미포함"으로 되어 있으면 공급가액란에 공급가액을 입력하면 10% 부가가치세가 자동 계산되어 입력된다.

4	부가세 포함 여부	
	카드, 현금의 공급가액에 부가세 포함	1.전체포함
	건별 공급가액에 부가세 포함	1.포함
	과세 공급가액에 부가세 포함	0.전체미포함

7 매출유형별 분개 연습하기(회사코드 : 3000.(주)배움전자)

입력 시 유의사항

- 일반적인 적요의 입력은 생략하지만, 타계정 대체거래는 적요번호를 선택하여 입력한다.
- 채권·채무와 관련된 거래는 별도의 요구가 없는 한 반드시 기 등록되어 있는 거래처코드를 선택하는 방법으로 거래처명을 입력한다.
- 제조경비는 500번대 계정코드를, 판매비와관리비는 800번대 계정코드를 사용한다.
- 회계처리 시 계정과목은 별도제시가 없는 한 등록되어 있는 계정과목 중 가장 적절한 과목으로 한다.
- 입력화면 하단의 분개까지 처리하고, 전자세금계산서는 전자입력으로 반영한다.

[매출 유형 : 11.과세]

[1] 5월 2일 (주)성진에 제품을 10,000,000원(부가가치세 별도)에 판매하고 전자세금계산서를 발급하였다. 대금은 전액 현금으로 회수하였다.

[2] 5월 11일 계양상사(공급처코드번호 : 107, 사업자등록번호 : 125-04-20133 신규 등록할 것)에 모니터(제품) 10대를 1대당 600,000원(부가가치세 별도)에 판매하고 전자세금계산서를 발급하였다. 대금 중 3,000,000원은 현금으로 받고 나머지 금액은 외상으로 하였다.

[3] 5월 12일 (주)지성에 다음과 같이 제품을 매출하고 전자세금계산서를 발급하였다. 대금은 전액 외상으로 하였다. (복수거래)

품 목	수 량	단 가	공급가액	부가가치세
모니터	30개	120,000원	3,600,000원	360,000원
하 드	50개	400,000원	20,000,000원	2,000,000원

[4] 5월 13일 제품을 비사업자인 김민환에게 판매하고, 공급가액 1,000,000원(부가가치세 별도)의 전자세금계산서를 발급하고 대금은 현금으로 수취하였다.

[5] 5월 14일 공장에서 사용하던 비품(취득원가 5,000,000원, 감가상각누계액 1,000,000원)를 반석상사에 5,000,000원(부가가치세 별도)에 매각하고 대금 2,000,000원을 자기앞수표로 잔액은 2달 후에 받기로 하고 전자세금계산서를 발급하였다. (당기의 감가상각은 고려하지 말 것)

[6] 5월 15일 계양상사에 판매한 모니터 제품 중 1대가 불량으로 반품받고 반품 재화에 대하여 전자세금계산서를 발급하였다. 대금은 전액 외상매출금과 상계한다.

품 목	수 량	단 가	공급가액	부가가치세
모니터	-1	600,000원	-600,000원	-60,000원

[7] 5월 16일 (주)지성에 제품을 5,000,000원(부가가치세 별도)에 판매하고 전자세금계산서를 발급하였다. 대금은 전액 기업카드로 결제받았다.

[매출 유형 : 12.영세]

[8] 5월 17일 해외수출대행업체인 마도(주)에 내국신용장에 의하여 제품 200개를 개당 50,000원에 납품하고 영세율로 전자세금계산서를 발급하였다. 대금 중 절반은 동사 발행 당좌수표로 받고 잔액은 외상으로 하였다. (서류번호는 생략)

[9] 5월 18일 수출업체인 계양상사에 구매확인서에 따라 $30,000(기준환율 1,000원/$1)에 제품을 납품하고 영세율전자세금계산서를 발급하였으며, 대금은 약속어음으로 받았다. (서류번호는 생략)

[매출 유형 : 13.면세]

[10] 5월 19일   다팔아상사에 상품(회계솔루션서적) 500,000원을 판매하고 전자계산서를 발급하였다. 대금 중 200,000원은 현금으로 회수하고 잔액은 당사 보통예금계좌로 입금되었다.

[매출 유형 : 14.건별]

[11] 5월 20일   제품을 개인 김민환에게 소매로 판매하고 대금 440,000원(부가가치세 포함)을 현금으로 받았다.

[12] 5월 25일   매출거래처 (주)성진의 창립기념 선물용으로 당사 제품인 컴퓨터(원가 7,000,000원, 시가 8,000,000원)를 무상으로 제공하였다.

[매출 유형 : 16.수출]

[13] 5월 21일   미국에 소재한 James CO.,LTD에 제품을 직수출하였고 대금은 아직 수령하지 못하였다. 선적일은 5월 21일이고 물품대금은 총 8,000달러이며, 선적일 현재의 기준환율은 달러당 1,015원이다. (수출신고번호 생략)

[14] 5월 26일   미국의 James CO.,LTD에 제품을 $50,000에 직수출하면서 제품의 선적은 5월 26일에 이루어 졌다. 대금은 다음과 같이 나누어 받기로 하였는데, 5월 26일 $30,000은 당사 외화통장 보통예금 계좌에 입금되었다. (수출신고번호 생략)

수출대금	대금수령일	결제방법	비 고
$30,000	5월 26일	외화통장으로 입금	선적일
$20,000	6월 10일	외화통장으로 입금	잔금청산일

- 5월 26일 : 1$당 1,080원(기준환율과 입금일의 환율은 같다고 가정한다.)

[매출 유형 : 17.카과]

[15] 5월 22일   개인 소비자 김민환에게 제품 3,300,000원(부가가치세 포함)을 판매하고, 신용카드매출전표(기업카드)를 발행하였다. 분개는 외상매출금으로 회계처리 하시오.

[매출 유형 : 22.현과]

[16] 5월 23일   비사업자인 김민환에게 제품을 판매하고 대금 330,000원(공급대가)은 세금계산서 발급 없이 현금으로 받고 현금영수증을 교부하였다.

[매출유형별 분개]

NO	일자	유형	품목	공급가액	부가세	공급처명	전자	분개
[1]	5/2	11.과세	제품	10,000,000	1,000,000	(주)성진	여	현금
	구분	계정과목		거래처		차변	대변	
	입금	부가세예수금		(주)성진		(현금)	1,000,000	
	입금	제품매출		(주)성진		(현금)	10,000,000	

NO	일자	유형	품목	공급가액	부가세	공급처명	전자	분개
[2]	5/11	11.과세	제품	6,000,000	600,000	계양상사	여	혼합
	구분	계정과목		거래처	차변		대변	
	대변	부가세예수금		계양상사			600,000	
	대변	제품매출		계양상사			6,000,000	
	차변	현　　금		계양상사	3,000,000			
	차변	외상매출금		계양상사	3,600,000			

■ 신규거래처 등록은 코드란에서 "+"키를 누르고 등록한다.

NO	일자	유형	품목	공급가액	부가세	공급처명	전자	분개
[3]	5/12	11.과세	모니터외(복수)	23,600,000	2,360,000	(주)지성	여	외상
	구분	계정과목		거래처	차변		대변	
	차변	외상매출금		(주)지성	25,960,000			
	대변	부가세예수금		(주)지성			2,360,000	
	대변	제품매출		(주)지성			23,600,000	

NO	일자	유형	품목	공급가액	부가세	공급처명	전자	분개
[4]	5/13	11.과세	제품	1,000,000	100,000	김민환	여	현금
	구분	계정과목		거래처	차변		대변	
	입금	부가세예수금		김민환	(현금)		100,000	
	입금	제품매출		김민환	(현금)		1,000,000	

NO	일자	유형	품목	공급가액	부가세	공급처명	전자	분개
[5]	5/14	11.과세	비품	5,000,000	500,000	반석상사	여	혼합
	구분	계정과목		거래처	차변		대변	
	대변	부가세예수금		반석상사			500,000	
	대변	비　품		반석상사			5,000,000	
	대변	유형자산처분이익		반석상사			1,000,000	
	차변	감가상각누계액(213)		반석상사	1,000,000			
	차변	현　　금		반석상사	2,000,000			
	차변	미　수　금		반석상사	3,500,000			

NO	일자	유형	품목	공급가액	부가세	공급처명	전자	분개
[6]	5/15	11.과세	반품	-600,000	-60,000	계양상사	여	외상
	구분	계정과목		거래처	차변		대변	
	차변	외상매출금		계양상사	-660,000			
	대변	부가세예수금		계양상사			-60,000	
	대변	제품매출		계양상사			-600,000	

NO	일자	유형	품목	공급가액	부가세	공급처명	전자	분개
[7]	5/16	11.과세	제품	5,000,000	500,000	(주)지성	여	카드
	신용카드사			기업카드사				
	구분	계정과목		거래처	차변		대변	
	차변	외상매출금		기업카드사	5,500,000			
	대변	부가세예수금		(주)지성			500,000	
	대변	제품매출		(주)지성			5,000,000	

■ 세금계산서 매출분에 대하여 신용카드 결제를 받은 경우 [분개 – 4.카드]를 선택하고 신용카드사에 "기업카드사"를 입력한다.

NO	일자	유형	품목	공급가액	부가세	공급처명	전자	분개
[8]	5/17	12.영세	제품	10,000,000	0	마도(주)	여	혼합
	영세율 구분			③ 내국신용장 · 구매확인서에 의하여 공급하는 재화				
	구분	계정과목		거래처	차변		대변	
	대변	제품매출		마도(주)			10,000,000	
	차변	현 금		마도(주)	5,000,000			
	차변	외상매출금		마도(주)	5,000,000			

NO	일자	유형	품목	공급가액	부가세	공급처명	전자	분개
[9]	5/18	12.영세	제품	30,000,000	0	계양상사	여	혼합
	영세율 구분			③ 내국신용장 · 구매확인서에 의하여 공급하는 재화				
	구분	계정과목		거래처	차변		대변	
	대변	제품매출		계양상사			30,000,000	
	차변	받을어음		계양상사	30,000,000			

NO	일자	유형	품목	공급가액	부가세	공급처명	전자	분개
[10]	5/19	13.면세	상품	500,000		다팔아상사	여	혼합
	구분	계정과목		거래처	차변		대변	
	대변	상품매출		다팔아상사			500,000	
	차변	현 금		다팔아상사	200,000			
	차변	보통예금		다팔아상사	300,000			

NO	일자	유형	품목	공급가액	부가세	공급처명	전자	분개
[11]	5/20	14.건별	제품	400,000	40,000	김민환		현금
	구분	계정과목		거래처	차변		대변	
	입금	부가세예수금		김민환	(현금)		40,000	
	입금	제품매출		김민환	(현금)		400,000	

NO	일자	유형	품목	공급가액	부가세	공급처명	전자	분개
[12]	5/25	14.건별	사업상증여	8,000,000	800,000	(주)성진		혼합
	구분	계정과목		거래처	차변		대변	
	대변	부가세예수금		(주)성진			800,000	
	대변	제품(8.타계정으로 대체)		(주)성진			7,000,000	
	차변	기업업무추진비(판)		(주)성진	7,800,000			

- 간주공급(사업상증여)시 과세표준(공급가액) : 8,000,000원(시가)
- 제품 : 7,000,000원(원가), 타용도로 사용하였으므로 적요코드에 반드시 "8.타계정으로 대체"를 입력한다.

NO	일자	유형	품목	공급가액	부가세	공급처명	전자	분개
[13]	5/21	16.수출	제품	8,120,000	0	James CO.,LTD		외상
	영세율 구분			① 직접수출(대행수출 포함)				
	구분	계정과목		거래처	차변		대변	
	차변	외상매출금		James CO.,LTD	8,120,000			
	대변	제품매출		James CO.,LTD			8,120,000	

NO	일자	유형	품목	공급가액	부가세	공급처명	전자	분개
[14]	5/26	16.수출	제품	54,000,000	0	James CO.,LTD		혼합
	영세율 구분			① 직접수출(대행수출 포함)				
	구분	계정과목		거래처	차변		대변	
	대변	제품매출		James CO.,LTD			54,000,000	
	차변	보통예금		James CO.,LTD	32,400,000			
	차변	외상매출금		James CO.,LTD	21,600,000			

- 외화로 대가를 받는 경우 과세표준은 외화보유 및 공급시기 이후 외화 수령하는 경우 기준환율로 환산한 금액이다.

NO	일자	유형	품목	공급가액	부가세	공급처명	전자	분개
[15]	5/22	17.카과	제품	3,000,000	300,000	김민환		카드
	신용카드사			기업카드사				
	구분	계정과목		거래처	차변		대변	
	차변	외상매출금		기업카드사	3,300,000			
	대변	부가세예수금		김민환			300,000	
	대변	제품매출		김민환			3,000,000	

NO	일자	유형	품목	공급가액	부가세	공급처명	전자	분개
[16]	5/23	22.현과	제품	300,000	30,000	김민환		현금
	구분	계정과목		거래처	차변		대변	
	입금	부가세예수금		김민환	(현금)		30,000	
	입금	제품매출		김민환	(현금)		300,000	

결과확인하기

회계관리 ▶▶ 재무회계 ▶▶ 장부관리 ▶▶ 매입매출장

부가가치 ▶▶ 신고서/부속명세 ▶▶ 부가가치세 ▶▶ 부가가치세신고서

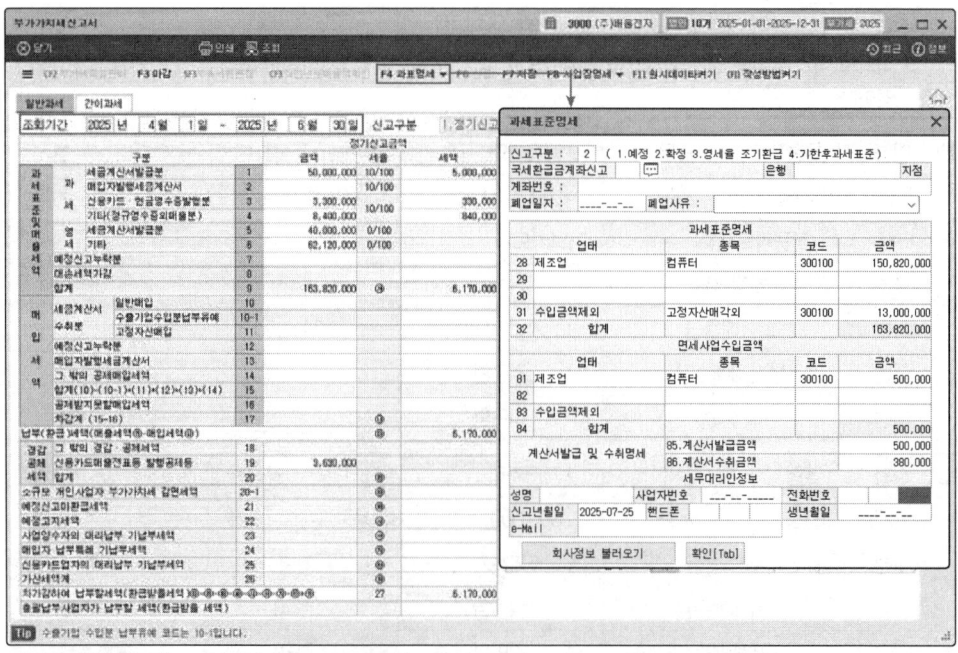

※ 수입금액제외(31란) : 고정자산매각 5,000,000원 + 사업상증여 8,000,000원 = 13,000,000원

3. 매입유형별 실무프로세스

[매입전표 유형별 설명]

매출코드	유형	내용
51	과세	교부받은 **매입세금계산서(공제가능)** 입력 시 선택한다.
52	영세	교부받은 **영세율** 매입세금계산서 입력 시 선택한다.
53	면세	교부받은 **매입계산서** 입력 시 선택한다.
54	불공	**매입세액공제를 받을 수 없는 세금계산서(수입세금계산서 중 불공제분 포함)** 입력 시 선택한다. ① 사유별로 우측 해당번호 선택 ② "공제받지못할매입세액명세서" 서식에 사유별로 자동반영 ③ [9.공통매입세액 안분계산분], [11.납부세액재계산분]은 겸영사업자가 사용하며, "공제받지못할매입세액명세서" 서식에 자동반영하여 계산하고자 할 경우 선택 출력형태 전체 번호　불공제사유 여기를 클릭하여 검색 1　①필요적 기재사항 누락 등 2　②사업과 직접 관련 없는 지출 3　③개별소비세법 제1조제2항제3호에 따른 자동차 4　④기업업무추진비 및 이와 유사한 비용 관련 5　⑤면세사업 관련 6　⑥토지의 자본적 지출 관련 7　⑦사업자등록 전 매입세액 8　⑧금.구리 스크랩 거래계좌 미사용 관련 매입세액 9　⑨공통매입세액안분계산분 10　⑩대손처분받은 세액 11　⑪납부세액재계산분 확인(Enter)　취소(Esc)
55	수입	재화의 수입 시 세관장이 발행한 **수입세금계산서(매입세액공제)** 입력 시 선택한다. 수입세금계산서상의 과세표준(= 공급가액)은 단지 부가가치세 징수를 위한 과세표준일뿐 회계처리 대상은 아니다. 따라서 본 프로그램에서는 수입세금계산서의 경우 하단부 분개는 부가가치세만 표시 되도록 되어있다.
56	금전	매입세액공제가 가능한 금전등록기 이면확인영수증 입력 시 선택한다. (현재는 폐지)
57	카과	**매입세액공제**가 가능한 재화 등을 매입하고 **신용카드매입전표**를 수취한 경우 선택한다. 입력된 자료는 [신용카드매출전표수령명세서]에 자동 반영되며, 거래처등록 시 매입카드를 반드시 입력해야 한다.
58	카면	면세사업자에게 면세재화를 공급받고 신용카드매입전표를 수취한 경우 선택한다.
59	카영	영세율이 적용되는 재화 등을 매입하고 신용카드매입전표를 수취한 경우 선택한다.
60	면건	계산서가 교부되지 않은 면세 매입 입력 시 선택한다.
61	현과	**매입세액공제**가 가능한 재화 등을 매입하고 **현금영수증(지출증빙)**을 수취한 경우 선택한다. 입력된 자료는 [신용카드매출전표수령명세서]에 자동 반영된다.
62	현면	현금영수증에 의한 면세 매입을 입력 시 선택한다.

1 과세매입(세금계산서 수취)

10% 부가가치세가 별도로 징수된 **공제 가능 매입세금계산서**를 발급받은 경우 [매입매출전표입력] 메뉴에 입력하여 [세금계산서합계표]를 작성하고 [부가가치세신고서]에 반영한다.

(1) 과세매입 - 재고자산 매입(과세사업자)

10% 부가가치세 있는 재고자산 매입 시 세금계산서 수취	▶	유형 : 51.과세매입 선택

7월 1일 생산부는 (주)성민에서 원재료를 75,000,000원(부가가치세 별도)에 구입하면서 전자세금계산서를 수취하고 대금은 전액 외상으로 하였다.

	전자세금계산서(공급받는자 보관용)					승인번호	12341102410000 4204621901		
공급자	등록번호	113-81-42120			공급받는자	등록번호	206-81-45792		
	상 호	(주)성민	성 명 (대표자)	유재석		상 호	(주)배움전자	성 명 (대표자)	박두철
	사업장 주소	서울특별시 서초구 서초대로50길 14(서초동)				사업장 주소	서울특별시 성동구 마조로15길 13(마장동)		
	업 태	제조	종사업장번호			업 태	제조	종사업장번호	
	종 목	전자제품				종 목	컴퓨터주변기기		
	이메일	sm@naver.com				이메일	bobook@daum.net		
작성일자	2025. 7. 1		공급가액	75,000,000		세 액	7,500,000		
비 고									
월	일	품 목	규 격	수 량	단 가	공 급 가 액	세 액	비 고	
7	1	pc 4aa		150	500,000	75,000,000	7,500,000		
합 계 금 액	현 금		수 표		어 음	외상미수금	이 금액을	☐ 영수 ☑ 청구	함
82,500,000						82,500,000			

(차) 원재료	75,000,000원	(대) 외상매입금	82,500,000원
부가세대급금	7,500,000원		

① 작성일자를 확인하여 회계처리 일자(2025.07.01)로 입력하고 품목, 수량, 단가를 입력하여 공급가액, 부가세를 자동반영 한다.

② 공급처 코드란에서 "성민"을 입력하여 공급처를 선택하고 전자세금계산서이므로 "전자 - 1.여"를 선택한다. 재고자산 매입 외상거래이므로 "분개 - 2.외상"을 선택하고 하단의 분개 내역을 확인한다.

□	일	번호	유형	품목	수량	단가	공급가액	부가세	코드	공급처명	사업/주민번호	전자	분개
□	1	50001	과세	pc 4aa	150	500,000	75,000,000	7,500,000	00201	(주)성민	113-81-42120	여	외상

| | | 공급처별 매출(입)전체 [1]건 | | | 75,000,000 | 7,500,000 | | | |

신용카드사 　　　　　　　　　　　　　　　　봉사료

NO : 50001　　　　　　　　　(대 체) 전 표

구분		계정과목	적요		거래처	차변(출금)	대변(입금)	
대변	0251	외상매입금	pc 4aa 150X500000	00201	(주)성민		82,500,000	(세금)계산서 현재라인인쇄
차변	0135	부가세대급금	pc 4aa 150X500000	00201	(주)성민	7,500,000		거래명세서 현재라인인쇄
차변	0153	원재료	pc 4aa 150X500000	00201	(주)성민	75,000,000		전 표
					합 계	82,500,000	82,500,000	

(2) 과세매입 - 고정자산 매입

10% 부가가치세 있는 고정자산 매입 시 세금계산서 수취　▶　유형 : 51.과세매입 선택

실무예제

7월 2일　생산부에서 사용할 압축기를 구입하고 대금은 당월 말에 지급하기로 하며 고정자산 등록은 추후 등록할 예정이므로 등록을 생략한다.

전자세금계산서(공급받는자 보관용)						승인번호		12341102410000420462187	
공급자	등록번호	119-81-46779			공급받는자	등록번호		206-81-45792	
	상호	(주)코어드	성명(대표자)	최두진		상호	(주)배움전자	성명(대표자)	박두철
	사업장주소	서울특별시 강남구 테헤란로 532(대치동)				사업장주소	서울특별시 성동구 마조로15길 13(마장동)		
	업태	제조	종사업장번호			업태	제조	종사업장번호	
	종목	계산기				종목	컴퓨터주변기기		
	이메일	KADk@naver.com				이메일	bobook@daum.net		
작성일자		2025. 7. 2.	공급가액		30,000,000	세액		3,000,000	
비고									
월	일	품목	규격	수량	단가	공급가액	세액	비고	
7	2	압축기		5	6,000,000	30,000,000	3,000,000		
합계금액		현금		수표		어음	외상미수금	이 금액을 □영수 함 ☑청구	
33,000,000							33,000,000		

 예제 따라하기

| (차) 기계장치 | 30,000,000원 | (대) 미지급금 | 33,000,000원 |
| 부가세대급금 | 3,000,000원 | | |

① 작성일자를 확인하여 회계처리 일자(2025.07.02)로 입력하고 품목, 수량, 단가를 입력하여 공급가액, 부가세를 자동반영 한다. 공급처 코드란에서 "코어"를 입력하여 공급처를 선택하고 전자세금계산서이므로 "전자 - 1.여"를 선택한다.

② 유형자산 매입 외상거래이므로 "분개 - 3.혼합"을 선택하고 차변계정과목을 "기계장치", 대변계정과목 "미지급금"을 입력하여 분개를 마무리 한다.

(3) 과세매입 - 지로용지 매입

10% 부가가치세 있는 지로용지 수취 ▶ 유형 : 51.과세매입 선택

 실무예제

7월 3일 본사의 6월분 전기요금명세서이다. 작성일자를 기준으로 입력하고 납기일에 보통예금통장에서 자동이체될 예정이며 자동이체 된 입력은 생략한다. 수도광열비로 처리하며 부가가치세 단수차액은 잡이익으로 처리한다. (한국전력공사를 신규공급처(코드 : 304) 등록을 하시오.)

고 객 명	(주)배움전자	주 소	서울특별시 성동구 마조로15길 13
납 기 일	2025년 7월 17일	사용기간	2025년 05월 22일 ~ 2025년 06월 21일 까지

청구내역		고객사항		사용량		사용량비교	
기본요금	2,500	계약종별	산업용	당월지침	4,722	당월	551kwh
전력량요금	143,529	정기검침일	매월 22일	전월지침	4,171	전월	456kwh
자동이체할인	-123	계기번호	29140008009				
인터넷빌링할인	-200	계기배수	1	위 청구서는 부가가치세법 시행령 제68조 제8항에 따라 나주세무서장에게 신고하여 등록한 사업자가 발급하는 전자세금계산서입니다.			
전기요금계	**145,706**	계약전력	3kw				
부가가치세	14,570	가구수	1				
전력기금	440	TV대수	1	**전자세금계산서**			
원단위절사	-6						
당월요금계	**160,710**	미납내역		공급자 등록번호		120-82-00052	
TV수신료	2,500	미 납 월	금 액	공급받는자 등록번호		206-81-45792	
				공급가액		**145,706원**	
청구금액	**163,210**	합 계	0	세액		14,570원	
				작성일자		2025년 7월 3일	

(차) 수도광열비	148,646원	(대) 미지급금	163,210원
부가세대급금	14,570원	잡이익	6원

① 작성일자를 확인하여 회계처리 일자(2025.07.03)로 입력하고 품목, 공급가액을 입력하여 부가세를 자동반영 한다.

② 신규거래처이므로 공급처코드란에서 "+"키를 누른 후 공급처명에 "한국전력공사"를 입력하면 공급처 내용등록 화면이 활성화 된다. 공급처등록 화면에서 "공급처코드"에 "304"를 입력하고 [수정(Tab)]을 누르고 공급처등록정보에 사업자등록번호를 입력한다.

③ 전자세금계산서이므로 "전자 - 1.여"를 선택하며 납기일에 결제를 하므로 "분개 - 3.혼합"을 선택한다. 하단의 분개내역에서 차변계정과목을 **"수도광열비(판)"** 및 계정금액 **"148,646원"**으로 수정입력, 대변계정과목은 **"미지급금"**과 **"잡이익"**을 입력한다. "미지급금"의 계정금액은 청구금액으로 수정하며 "잡이익"은 부가가치세 단수차액이다.

전기요금 및 통신요금, 가스수도료 등의 대금은 지출(청구)은 하나 부가가치세 과세표준에 포함하지 않는 금액이 있으므로 [매입매출전표입력] 하단의 분개 처리 시 계정과목 및 금액을 확인하여 입력한다. 또한 **부가가치세 단수차액** 정리분은 **"잡이익"**으로 처리한다.

수도광열비 = 145,706(공급가액) + 440원(전력기금) + 2,500원(TV수신료) = 148,646원

전산회계시험은 지문에 주어진 대로 회계처리하며 회계처리 계정과목 확인차원에서 [일반전표입력] 문제로도 출제가 되고 있으나 실무에서는 [매입매출전표입력] 메뉴에서 반드시 입력하여야 한다.

결과확인하기

부가가치 ▶▶ 신고서/부속명세 ▶▶ 부가가치세 ▶▶ 세금계산서합계표

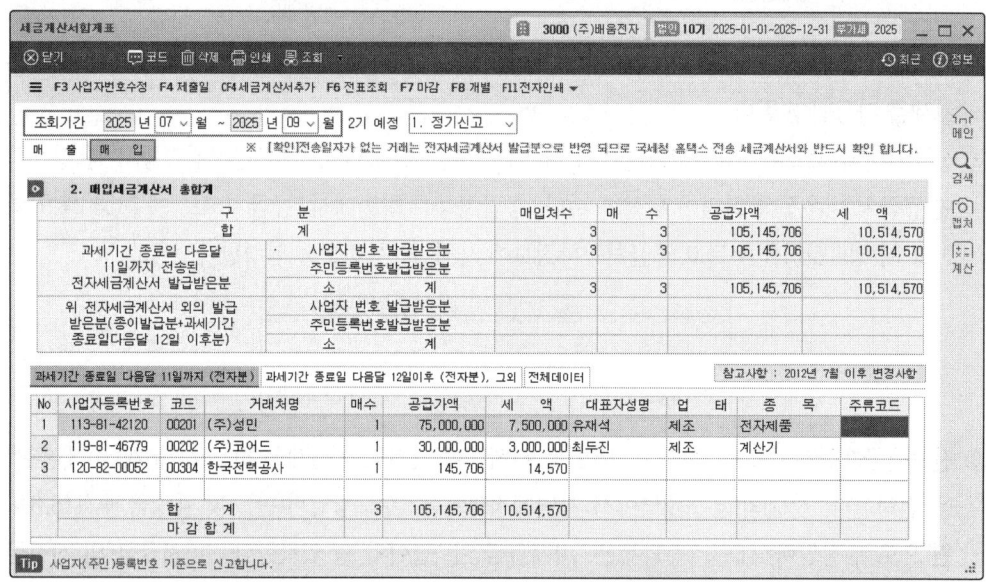

부가가치 ▶▶ 신고서/부속명세 ▶▶ 부가가치세 ▶▶ 부가가치세신고서

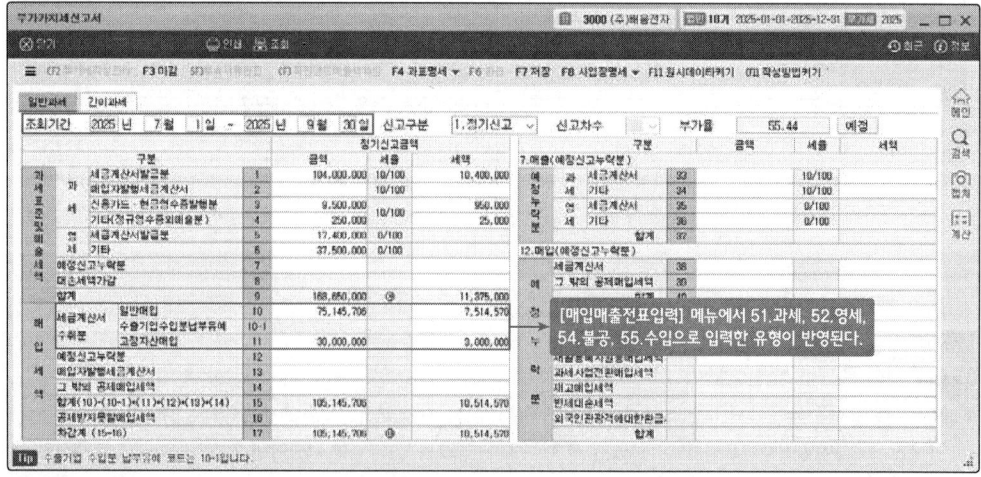

> [매입매출전표입력] 메뉴에서 51.과세, 52.영세, 54.불공, 55.수입으로 입력한 유형이 반영된다.

TIP
세금계산서 수취분 중 유형·무형자산으로 회계처리 시 **[매입세액 ⇨ 세금계산서수취분의 고정자산매입(11)란]** 에 반영되므로 계정과목 입력시 유의해야 한다.

2 영세매입

영세율이 적용되는 재화나 용역을 공급받고 **영세율세금계산서를 수취**하는 경우 [매입매출전표입력] 메뉴에 입력하고, 이는 [세금계산서합계표]에 집계되며 [부가가치세신고서]에 반영한다.

```
내국신용장(또는 구매확인서)에 의한      ▶      유형 : 52.영세매입 선택
   매입시 영세율세금계산서 수취
```

실무예제

7월 4일 생산부는 (주)성민에서 원재료 60,000,000원을 내국신용장(Local L/C)에 의해서 구입하고 영세율이 적용되는 전자세금계산서를 수취하고 대금은 전액 외상으로 하였다.

영세율전자세금계산서(공급받는자 보관용)							승인번호			12341102410000420462 1901	
공 급 자	등록번호	113-81-42120				공 급 받 는 자	등록번호	206-81-45792			
	상 호	(주)성민	성 명 (대표자)		유재석		상 호	(주)배움전자	성 명 (대표자)		박두철
	사업장 주소	서울특별시 서초구 서초대로50길 14(서초동)					사업장 주소	서울특별시 성동구 마조로15길 13(마장동)			
	업 태	제조		종사업장번호			업 태	제조		종사업장번호	
	종 목	전자제품					종 목	컴퓨터주변기기			
	이메일	sm@naver.com					이메일	bobook@daum.net			
작성일자		2025. 7. 4.	공급가액		60,000,000			세 액		0	
비 고											
월	일	품 목	규 격	수 량	단 가		공 급 가 액		세 액		비 고
7	4	pc 4aa					60,000,000		0		
합 계 금 액		현 금	수 표		어 음		외상미수금		이 금액을	□ 영수 ☑ 청구	함
60,000,000							60,000,000				

예제 따라하기

(차) 원재료 60,000,000원   (대) 외상매입금 60,000,000원

① 작성일자를 확인하여 회계처리 일자(2025.07.04)로 입력하고 품목, 공급가액을 입력하고, 공급처 코드란에서 "성민"을 입력하여 공급처를 선택한다.
② 전자세금계산서이므로 "전자 - 1.여"를 선택하고 외상거래이므로 "분개 - 2.외상"을 선택하고 하단의 분개내역을 확인한다.

3 면세매입

면세사업자로부터 발급받은 **계산서**는 [매입매출전표입력] 메뉴에 입력하고, 이는 [계산서합계표]에 집계되며 [부가가치세신고서]에 반영한다.

```
면세적용 품목 매입 시        ▶        유형 : 53.면세매입 선택
계산서 수취
```

실무예제

7월 7일 교육서적에서 상품(컴퓨터교재)을 구입하고 계산서를 수취하였다. 대금은 전액 현금으로 지급하였다. 신규 공급처(코드 : 205) 등록을 하시오.

계산서(공급받는자 보관용)

승인번호		권		호	
일련번호					

공급자
- 등록번호: 117-95-11233
- 상호: 교육서적
- 성명(대표자): 박범준
- 사업장주소: 서울특별시 구로구 도림로 103(구로동)
- 업태: 도소매
- 종사업장번호:
- 종목: 도서
- 이메일: djko@daum.net

공급받는자
- 등록번호: 206-81-45792
- 상호: (주)배움전자
- 성명(대표자): 박두철
- 사업장주소: 서울특별시 성동구 마조로15길 13(마장동)
- 업태: 제조
- 종사업장번호:
- 종목: 컴퓨터주변기기
- 이메일: bobook@daum.net

작성일자	2025. 7. 7	공급가액	3,750,000	비고	
비고					

월	일	품목	규격	수량	단가	공급가액	비고
7	7	컴퓨터교재		150	25,000	3,750,000	

합계금액	현금	수표	어음	외상미수금	이 금액을 ☑영수 함 / □청구
3,750,000	3,750,000				

예제 따라하기

(차) 상 품	3,750,000원	(대) 현 금	3,750,000원

① 작성일자를 확인하여 회계처리 일자(2025.07.07)로 입력하고 품목, 공급가액을 입력한다.

② 신규거래처이므로 공급처코드란에서 "+"키를 누른 후 공급처명에 "교육서적"을 입력하면 공급처등록 화면이 활성화 된다. 공급처코드(205)를 수정입력하고 [수정(Tab)]을 누르고 공급처등록정보에 세부사항을 입력한다.

③ 종이계산서이므로 "**전자**"란을 **공란**으로 표기하며 상품 구입비를 현금 지급하였으므로 "분개
 - 1.현금"을 선택하고 하단의 분개내역에서 계정과목을 "**상품**"으로 수정 입력한다.

결과확인하기

부가가치 ▶▶ 신고서/부속명세 ▶▶ 부가가치세 ▶▶ 부가가치세신고서

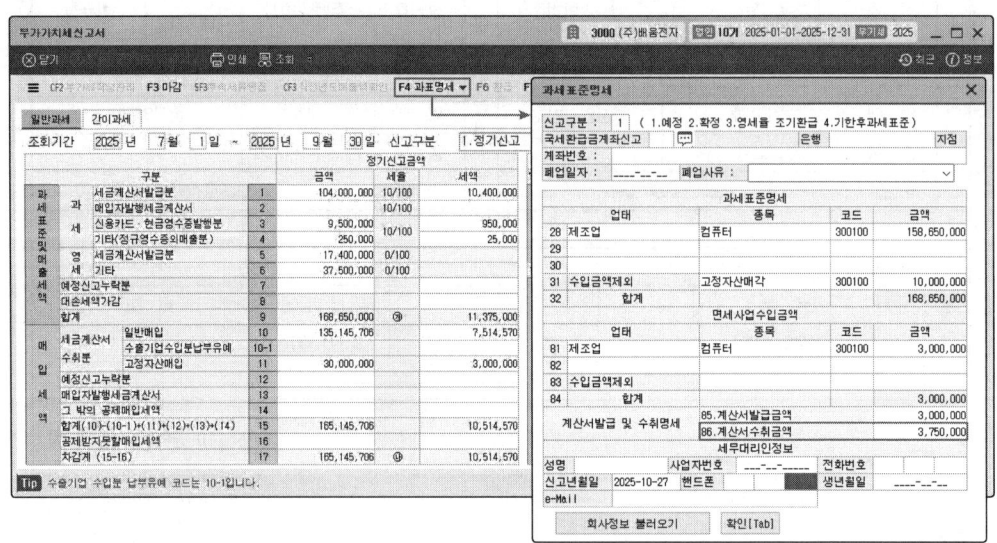

"유형 : 53.면세" 입력분은 부가가치세가 면제되는 매입건으로 일반과세자 부가가치세신고서 "4쪽 중 제3쪽"
의 [계산서수취금액(86란)]에 반영된다. 프로그램에서는 F4 과표명세 버튼을 선택하여 확인할 수 있다.

4 불공제 매입

세금계산서(또는 수입세금계산서)를 수취한 부분 중 **매입세액불공제 사유에 해당하는 경우** [매입매출전표입력] 메뉴에 입력하여 [세금계산서합계표]를 작성하고, 불공제사유별로 집계한 [공제받지못할매입세액명세서]를 작성하여 [부가가치세신고서]에 반영한다.

| 10% 부가가치세 있는 세금계산서 수취분 공제불가능 매입세액에 해당 | ▶ | 유형 : 54.불공매입 선택 |

실무예제

7월 8일 영업부에서 사용할 자동차(1,999cc)를 구입하고 대금은 전자어음을 발행하여 지급하였다.

전자세금계산서(공급받는자 보관용)						승인번호		12341122410000420462 1987	
공급자	등록번호	137-81-11981			공급받는자	등록번호	206-81-45792		
	상호	기아자동차(주)	성명(대표자)	오진석		상호	(주)배움전자	성명(대표자)	박두철
	사업장주소	서울특별시 구로구 고척로 100(개봉동)				사업장주소	서울특별시 성동구 마조로15길 13(마장동)		
	업태	소매	종사업장번호			업태	제조	종사업장번호	
	종목	자동차				종목	컴퓨터주변기기		
	이메일	kia@naver.com				이메일	bobook@daum.net		
작성일자	2025. 7. 8.		공급가액	30,200,000		세액	3,020,000		
비고									
월	일	품목	규격	수량	단가	공급가액	세액	비고	
7	8	K5(1,999cc)				30,000,000	3,000,000		
7	8	탁송료				200,000	20,000		
합계금액		현금		수표		어음	외상미수금	이 금액을 ☐영수 ☑청구 함	
33,220,000						33,220,000			

예제 따라하기

| (차) 차량운반구 | 33,220,000원 | (대) 미지급금 | 33,220,000원 |

① 작성일자를 확인하여 회계처리 일자(2025.07.08)로 입력하고 품목, 공급가액을 입력하여 부가세를 자동 반영하며, 공급처 코드란에서 "기아"를 입력하여 공급처를 선택, 전자세금계산서이므로 "전자 - 1.여"를 입력한다.

② K5(1,999cc) 차량은 "비영업용소형승용차"에 해당하며 구입 및 유지와 관련된 비용은 매입세액 공제가 불가능하므로 "유형 - 54.불공"을 선택하고 불공제 사유(3.개별소비세법 제1조제2항제3호에 따른 자동차 구입·유지 및 임차)를 입력한다.

③ 전자어음을 발행하여 지급하였으나 상거래이외의 거래에 해당하므로 "미지급금"으로 회계처리하고 **탁송료는 취득부대비용**이므로 **취득원가에 가산**한다. "분개 - 3.혼합"을 선택하고 차변계정과목을 "차량운반구", 대변계정과목 "미지급금"을 입력하여 분개를 마무리 한다.

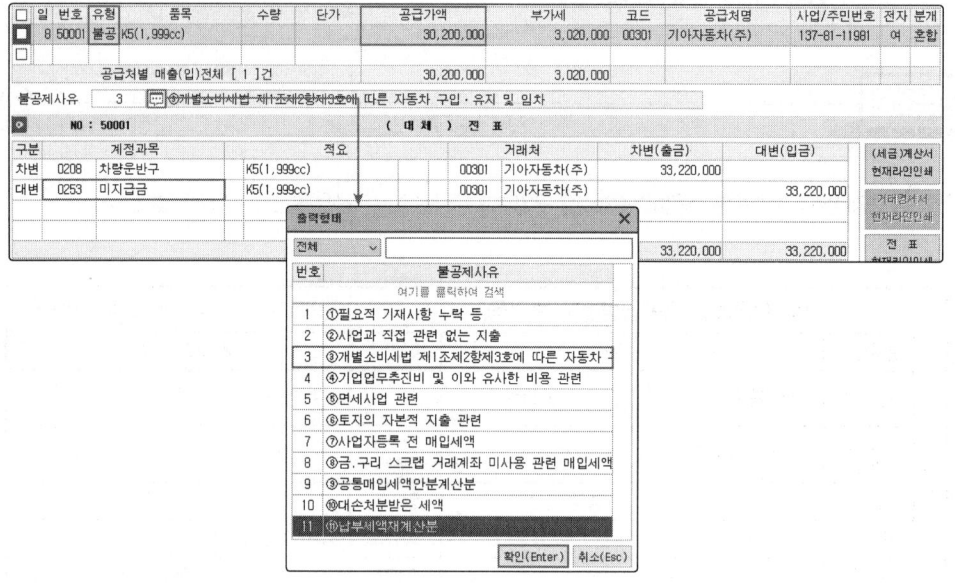

결과확인하기

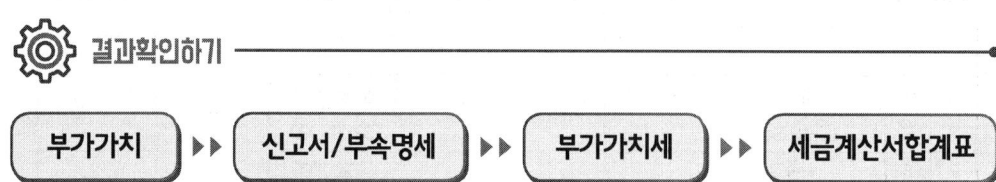

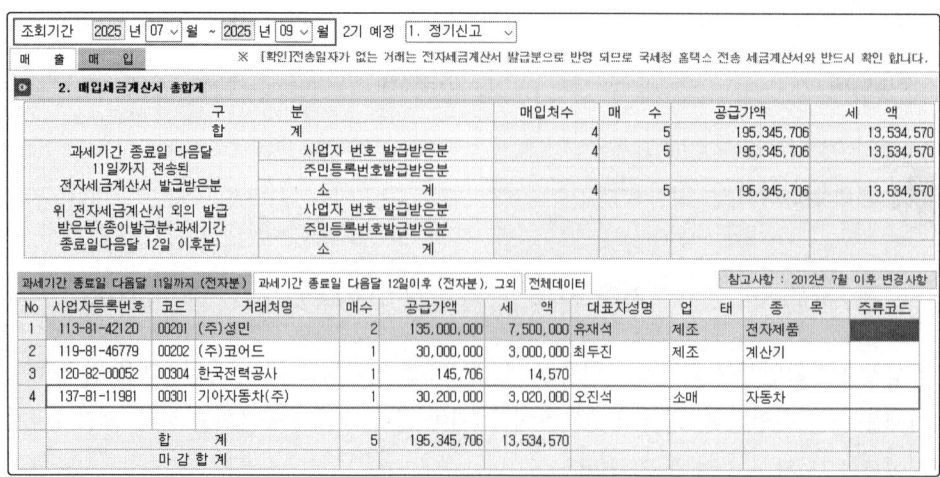

		구분		정기신고금액				구분		금액	세율	세액
				금액	세율	세액		16.공제받지못할매입세액				
과세표준및매출세액	과세	세금계산서발급분	1	104,000,000	10/100	10,400,000		공제받지못할 매입세액	50	30,200,000		3,020,000
		매입자발행세금계산서	2		10/100			공통매입세액면세등사업분	51			
		신용카드·현금영수증발행분	3	9,500,000	10/100	950,000		대손처분받은세액	52			
		기타(정규영수증외매출분)	4	250,000		25,000		합계	53	30,200,000		3,020,000
	영세	세금계산서발급분	5	17,400,000	0/100			18.그 밖의 경감·공제세액				
		기타	6	37,500,000	0/100			전자신고 및 전자고지 세액공제	54			
	예정신고누락분		7					전자세금계산서발급세액공제	55			
	대손세액가감		8					택시운송사업자경감세액	56			
	합계		9	168,650,000	㉮	11,375,000		대리납부세액공제	57			
매입세액	세금계산서수취분	일반매입	10	135,145,706		7,514,570		현금영수증사업자세액공제	58			
		수출기업수입분납부유예	10-1					기타	59			
		고정자산매입	11	60,200,000		6,020,000		합계	60			
	예정신고누락분		12									
	매입자발행세금계산서		13									
	그 밖의 공제매입세액		14									
	합계(10)-(10-1)+(11)+(12)+(13)+(14)		15	195,345,706		13,534,570						
	공제받지못할매입세액		16	30,200,000		3,020,000						
	차감계 (15-16)		17	165,145,706	㉯	10,514,570						

TIP

[공제받지 못할 매입세액]

세금계산서 수취분 중 매입세액이 공제받지 못할 사유에 해당하는 경우 "유형 : 54.불공"으로 입력하여 부가가치세신고서의 [매입세액 ➡ 세금계산서 수취분 : 고정자산매입(11란)]과 [매입세액 ➡ 공제받지 못할 매입세액(16란)]에 반영된다.

5 수입매입

재화를 수입하고 세관장으로부터 **수입세금계산서를 수취**한 경우 [매입매출전표입력] 메뉴에 입력하여 [세금계산서합계표]를 작성하고 [부가가치세신고서]에 반영한다. 또한 **매입세액공제가 가능**한 경우 "55.수입"을 선택하고 수입세금계산서상의 과세표준(=공급가액)은 부가가치세 징수를 위한 과세표준일 뿐이므로 **회계처리는 부가가치세만 표시**된다.

수입시 세관장이 발급한 수입세금계산서 수취 ▶ 유형 : 55.수입매입 선택

7월 9일 해외거래처인 Temple사로부터 수입한 원재료(U$30,000)와 관련하여 부산세관장으로부터 수입전자세금계산서를 수취하고 동 부가가치세액 3,117,130원을 부산세관에 현금으로 납부하였다. 단, 부가가치세와 관련된 것만을 회계처리하기로 한다. (공급처코드 305번으로 등록)

No. 06017785		수입전자세금계산서(수입자 보관용)					
세관명	등록번호	601-83-00048		공급받는자	등록번호	206-81-45792	
	상호(법인명)	부산세관장			상호(법인명)	(주)배움전자	성명(대표자) 박두철
	사업장주소	부산광역시 중구 충장대로 20 (중앙동 4가, 부산본부세관)			사업장주소	서울특별시 성동구 마조로15길 13(마장동)	
	수입신고번호 또는 일괄발급기간(총건)	41309-14-202610U			업태	제조	종목 컴퓨터주변기기

납부			과세표준									세액								비고
년	월	일	공란수	백	십	억	천	백	십	만	천	백	십	일	십	억	천	백	십	0127-030-20-11-1-110237-7로 납부
25	7	9	3				3	1	1	7	1	3	2	7			3	1	1	7 1 3 0

월	일	품목	규격	수량	단가	공급가액	세액	비고
		수입신고필증 참조						

※ 과세표준은 관세의 과세가격과 관세, 개별소비세, 주세, 교통에너지환경세, 교육세 및 농어촌특별세의 합계액으로 한다.
※ 본 수입세금계산서 는 수입세금계산서교부에 관한 고시 제6조의 규정에 의하여 교부한 수입세금계산서 전자문서의 내역을 출력한 것입니다.
※ 수입(세금)계산서는 관세청 홈페이지(http://customs.go.kr)를 통하여 간편하게 발급받으실 수 있습니다. (문의전화 : 1544-1285)

 예제 따라하기

| (차) 부가세대급금 | 3,117,130원 | (대) 현 금 | 3,117,130원 |

① 납부년월일을 확인하여 회계처리 일자(2025.07.09)로 입력하고 품목, 공급가액을 입력하여 부가세를 자동반영 한다.
② 신규거래처이므로 공급처 코드란에서 "+"키를 누른 후 공급처명에 "부산세관장"을 입력하면 공급처 내용등록 화면이 활성화 된다. 공급처등록 화면에서 "공급처코드"에 "305"를 입력하고 [수정(Tab)]을 누르고 공급처등록정보에 세부사항을 입력한다.
③ 수입전자세금계산서이므로 "전자 - 1.여"를 선택하며 부가가치세를 현금 납부하였으므로 "분개 - 1.현금"을 선택한다. 하단의 분개내역에는 "부가세대급금"만 발생한다.

TIP

- 수입세금계산서 수취분 중 부가가치세 납부유예를 적용받는 경우 [회사등록 ⇨ 추가사항 : 19.수입부가가치세납부유예] 및 [간편집계표 ⇨ 수입분납부유예]를 적용하여 부가가치세신고서 [세금계산서수취 – 수출기업수입분납부유예(10-1)]란에 반영한다. (전산회계·세무 시험은 현재 출제한적 없음)
- 수입세금계산서의 "세액"은 납부세액으로 표기하므로 "일단위"은 항상 "0"이다.

 결과확인하기

부가가치 ▶▶ 신고서/부속명세 ▶▶ 부가가치세 ▶▶ 세금계산서합계표

부가가치 ▶▶ 신고서/부속명세 ▶▶ 부가가치세 ▶▶ 부가가치세신고서

6 카드매입

10% 부가가치세가 별도로 징수된 신용카드매출전표에 의한 매입 자료가 모두 매입부가가치세가 공제되는 거래는 아니며, 공제요건을 갖추었을 때만 부가가치세를 매입세액공제로 인정받을 수 있다. **공제요건을 갖춘 신용카드매출전표를 수취**한 경우 [매입매출전표입력] 메뉴에 입력하여 [신용카드매출전표 등 수령명세서]를 작성하고 [부가가치세신고서]에 반영한다.

```
10% 부가가치세 있는 신용카드매출전표      ▶      유형 : 57.카드과세매입 선택
  수취(매입세액공제요건 충족)
```

실무예제

7월 10일 다팔아상사에서 관리부 소모품을 330,000원에 부가가치세를 포함하여 구입하고 법인 우리카드로 결제하였다. (비용으로 처리할 것)

```
            신용카드매출전표
카드종류 : 우리카드
회원번호 : 9408-0000-****-0019
거래일시 : 2025.7.10.    12:15:24
거래유형 : 신용승인
판 매 액 : 300,000원
부 가 세 :  30,000원
합   계 : 330,000원
결제방법 : 일시불
승인번호 : 98776544
은행확인 : 우리은행
----------------------------------
가맹점명 : 다팔아상사
사업자번호 : 130-04-86501
가맹점번호 : 00034567812
            - 이 하 생 략 -
```

예제 따라하기

(차) 소모품비(판)	300,000원	(대) 미지급금	330,000원
부가세대급금	30,000원		

① 거래일시를 확인하여 회계처리 일자(2025.07.10)로 입력하고 품목을 입력한다.
② **공급대가(합계금액)**를 입력한 후 Enter↵ 키를 누르면 공급가액과 부가가치세가 자동으로 구분되어 입력된다. 공급처 코드란에서 "다팔"을 입력하여 공급처를 선택하고 신용카드사란에 "우리카드"를 입력한다.

③ 카드매입이므로 "분개 - 4.카드"를 선택하면 하단의 분개는 [환경등록]에서 설정한 내용이 반영되고 대변계정과목의 거래처는 "우리카드"가 자동반영 되며 차변계정과목에 "소모품비(판)"를 입력한다.

7 현금영수증매입

10% 부가가치세가 별도로 징수된 현금영수증에 의한 매입 자료가 모두 매입 부가가치세가 공제되는 거래는 아니며, 공제요건을 갖추었을 때만 부가가치세를 매입세액공제로 인정받을 수 있다. **공제요건을 갖춘 현금영수증을 수취**한 경우 [매입매출전표입력] 메뉴에 입력하여 [신용카드매출전표 등 수령명세서]를 작성하고 [부가가치세신고서]에 반영한다.

| 10% 부가가치세 있는 현금영수증 수취(매입세액공제요건 충족) | ▶ | 유형 : 61.현금과세매입 선택 |

실무예제

7월 11일 생산부에서 사용할 작업복을 다팔아상사에서 구입하고 대금 550,000원(부가가치세 포함)을 현금으로 지급하고 "지출증빙" 현금영수증을 수취하였다. (복리후생비로 회계처리할 것)

```
        현금영수증
        (지출증빙용)
────────────────────────
사업자등록번호 : 130-04-86501
사업자명      : 다팔아상사
단말기ID      : 73453259(Tel:02-257-1004)
가맹점주소    : 서울 강남구 논현로 100
현금영수증 회원번호
  206-81-45792           (주)배움전자
승인번호       : 57230308
거래일시       : 2025년 7월 11일 10시 10분 10초
공급금액                         500,000원
부가세금액                        50,000원
총합계                           550,000원

휴대전화, 카드번호 등록  http://현금영수증.kr
국세청문의(126)
38036925-GCA10106-3870-UF490
        - 이용해 주셔서 감사합니다. -
```

| (차) 복리후생비(제) | 500,000원 | (대) 현 금 | 550,000원 |
| 부가세대급금 | 50,000원 | | |

① 거래일시를 확인하여 회계처리 일자(2025.07.11)로 입력하고 품목을 입력한다.
② **공급대가(합계금액)**를 입력한 후 Enter↵ 키를 누르면 공급가액과 부가가치세가 자동으로 구분되어 입력되며, 공급처 코드란에서 "다팔"을 입력하여 공급처를 선택한다.
③ 현금매입이므로 "분개 - 1.현금"을 선택하고 차변의 계정과목 "원재료"를 "복리후생비(제)"로 수정 입력한다.

[환경등록에서 부가세 포함 여부 설정에 따른 입력 방식]

[부가세 포함 여부]을 "1.전체포함"으로 설정되어 있는 경우에는 공급가액란에 부가가치세가 포함된 공급대가를 입력한 후 Enter 키를 누르면 공급가액과 부가가치세가 자동으로 구분되어 입력된다. 만약 "0.전체미포함"으로 되어 있으면 공급가액란에 공급가액을 입력하면 10% 부가가치세가 자동 계산되어 입력된다.

[환경등록에서 신용카드매입채무 계정과목]

[환경등록] 메뉴에서 "분개유형 설정"의 신용카드매입채무 계정과목 설정이 가능하다. 분개유형을 "4.카드"로 선택하면 설정한 계정과목이 대변에 자동 반영되고, 거래처 또한 입력한 카드사로 자동 반영된다. 또는 분개유형을 "3.혼합"을 선택하고 대변에 계정과목 및 카드사를 입력해도 무방하다.

부가가치 ▶▶ 신고서/부속명세 ▶▶ 부가가치세 ▶▶ 부가가치세신고서

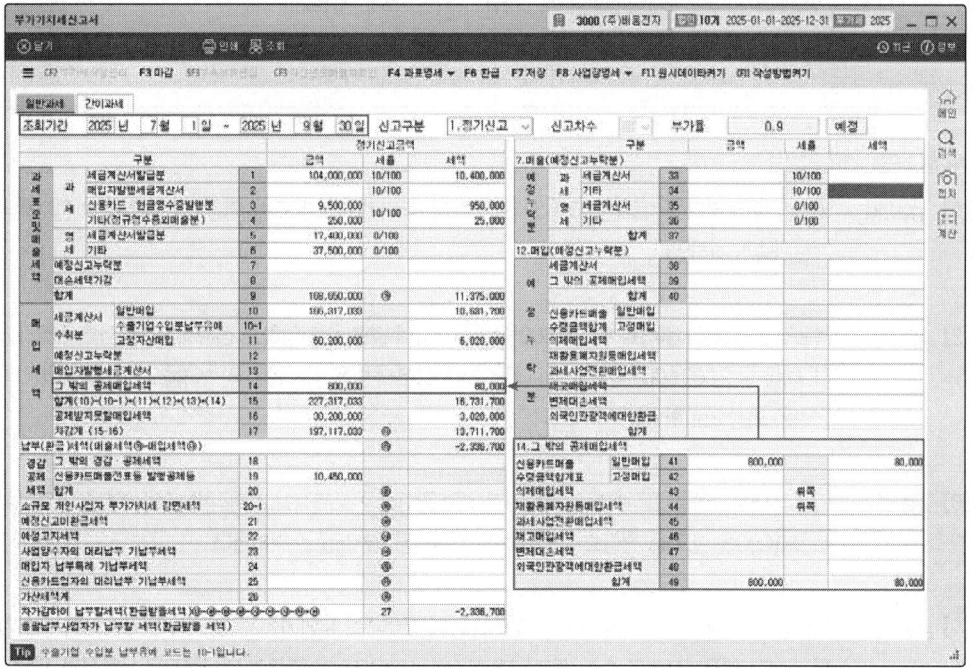

① 일반과세자가 발행한 신용카드매출전표 등(신용카드매출전표, 현금영수증 등)에 부가가치세액이 별도로 기재된 경우에는 [신용카드매출전표 등 수령명세서(전산회계1급 메뉴 아님)]를 작성하여 제출하면 부가가치세액을 매입세액으로 공제받을 수 있다. 다만, 아래와 같은 경우 매입세액을 공제받을 수 없다.

[공제받지 못할 매입세액에 해당하는 사유]

- 공제대상 제외 업종
  - ㉠ 간이과세자(영수증발급자)
  - ㉡ 미용·욕탕 및 이와 유사한 사업
  - ㉢ 여객운송업(전세버스운송사업은 제외)
  - ㉣ 입장권을 발행하여 영위하는 사업
- 세금계산서 수취분(세금계산서로 공제)

- 공제되지 않는 매입세액(불공)
  - ㉠ 업무와 관련 없는 지출에 대한 매입세액
  - ㉡ 개별소비세법 제1조제2항제3호에 따른 자동차의 구입·유지 및 임차에 대한 매입세액
  - ㉢ 기업업무추진비 관련 매입세액
  - ㉣ 면세사업 관련 매입세액
  - ㉤ 토지관련 매입세액

② 사업과 관련하여 "지출증빙"이 기재된 현금영수증을 수취한 경우, 부가가치세 매입세액 공제를 받을 수 있으며, 필요경비로 인정받을 수 있다.

8 매입유형별 분개 연습하기(회사코드 : 3000.(주)배움전자)

> **입력 시 유의사항**
> - 일반적인 적요의 입력은 생략하지만, 타계정 대체거래는 적요번호를 선택하여 입력한다.
> - 채권·채무와 관련된 거래는 별도의 요구가 없는 한 반드시 기 등록되어 있는 거래처코드를 선택하는 방법으로 거래 처명을 입력한다.
> - 제조경비는 500번대 계정코드를, 판매비와관리비는 800번대 계정코드를 사용한다.
> - 회계처리 시 계정과목은 별도제시가 없는 한 등록되어 있는 계정과목 중 가장 적절한 과목으로 한다.
> - 입력화면 하단의 분개까지 처리하고, 전자세금계산서는 전자입력으로 반영한다.

[매입 유형 : 51.과세]

[1] 4월 2일   (주)성민으로부터 원재료(1,000개 단가 5,000원 부가가치세 별도)를 외상으로 매입하고 전자세금 계산서를 수취하였다.

[2] 4월 4일   (주)코어드로부터 원재료 15,000,000원(부가가치세 별도)을 매입하고 전자세금계산서를 수취하였다. 대금 중 2,000,000원은 거래처 다팔아상사로부터 받은 동사발행 약속어음으로 지급하였으며, 잔액은 외상으로 하였다.

[3] 4월 6일   반석상사에 제품을 고객에게 광고하기 위하여 광고물품을 제작하고 제작비 1,000,000원(부가가치 세 100,000원 별도)을 현금으로 지급하고 전자세금계산서를 수취하였다.

[4] 4월 7일   공장과 사무실에서 사용할 복사용지 800,000원(20박스, 부가가치세 별도)에 공공상사에서 구입하고 수기 세금계산서를 수취하였다. 대금은 현금으로 지급하였으며 복사용지는 사무실과 공장에 각각 10박스씩 나누어 지급되며 회계처리는 소모품비 계정으로 한다.

[5] 4월 10일   직원들의 업무용으로 사용하기 위해 노트북PC 10대(대당 500,000원, 부가가치세 별도)를 (주)코어드로부터 외상으로 구입하고, 전자세금계산서를 수취하였다. (고정자산 간편등록 생략)

[6] 4월 11일   계양상사에 공장의 기계수선비(수익적 지출에 해당)로 220,000원(VAT 별도)을 현금으로 지급하고 전자세금계산서를 교부받았다.

[매입 유형 : 52.영세]

[7] 4월 13일   원재료 납품업체인 (주)성민으로부터 내국신용장(Local L/C)에 의하여 수출용 제품에 사용할 원재료 30,000,000원을 외상으로 구입하면서 영세율전자세금계산서를 수취하였다.

[8] 4월 14일   원재료 납품업체인 (주)코어드에서 수출용 원재료를 구매확인서에 의해 10,000,000원에 구입하고 영세율전자세금계산서를 교부 받았다. 대금 중 일부는 (주)성진으로부터 받은 약속어음(4,000,000원)으로 배서양도하고 잔액은 당좌수표를 발행하여 지급하였다.

[매입 유형 : 53.면세]

[9] 4월 15일   영업부 사내 경연대회 상품으로 주기 위하여 교육서적으로부터 전래동화 1질을 80,000원에 구입하고 전자계산서를 수취하고 대금은 현금 지급하였다.

[10] 4월 16일   다팔아상사에서 신규매출처 선물로 증정하기 위하여 농수산물 선물세트를 300,000원에 외상으로 구입하고 전자계산서를 교부받았다.

[매입 유형 : 54.불공]

[11] 4월 17일   대표이사 박두철의 자택에서 사용할 목적으로 다팔아상사에서 에어컨을 현금으로 2,000,000원(부가가치세 별도)에 구입하고 회사명의로 전자세금계산서를 수취하였다. 대금은 회사에서 현금으로 결제하였으며 대신 지급한 대금은 대표이사의 가지급금으로 처리한다. (대표이사 박두철은 거래처코드 306으로 등록할 것)

[12] 4월 18일   공장에서 원자재 매입거래처인 (주)지성의 체육대회에 증정할 전자제품을 마도(주)에서 550,000원(부가가치세 포함)에 구입하고 전자세금계산서를 수취하였다. 대금은 보통예금계좌에서 이체하였다.

[13] 4월 19일   회사 영업부에서 업무용으로 사용하는 법인소유의 소형승용차(경차 아님)가 고장이 발생하여 천안카센타에서 수리하고 세금계산서(전자세금계산서 아님)를 수취하였다. 수리비 220,000원(부가가치세 포함)은 전액 법인카드(우리카드)로 결제하였다. (신규거래처 등록할 것, 거래처코드 : 307, 사업자등록번호 : 123-08-14986)

[14] 4월 26일   공장 신축용 토지를 취득하고 반석상사에게 중개수수료 15,000,000원(부가가치세 별도)을 당사 당좌수표를 발행하여 지급하고 전자세금계산서를 발급받았다.

[매입 유형 : 55.수입]

[15] 4월 20일   원재료 수입품을 통관하면서 부산세관으로부터 수입전자세금계산서를 교부받고 동 부가가치세 500,000원과 통관수수료 30,000원을 현금으로 납부하였다.

[매입 유형 : 57.카과]

[16] 4월 21일   (주)지성으로부터 본사 사무실에서 사용할 온풍기를 구입하였다. 대금은 3,300,000원(부가가치세 포함, 카드매입에 대한 부가가치세 매입세액 공제요건을 충족함)이었으며 법인카드(우리카드)로 결제하였다.

[매입 유형 : 58.카면]

[17] 4월 22일   사내식당에서 사용할 쌀과 부식(채소류)을 다팔아상사에서 구입하고 대금 500,000원은 법인카드(우리카드)로 지급하였다. 사내식당은 야근하는 생산직 직원을 대상으로 무료로 운영되고 있다.

[매입 유형 : 61.현과]

[18] 4월 23일   천안카센타에서 공장용 화물차량을 수리하고 수리대금 132,000원(부가가치세 포함)은 현금으로 결제하고 현금영수증(지출증빙용)을 받았다.

[매입 유형 : 62.현면]

[19] 4월 25일   생산부서 사원들에게 선물로 지급하기 위해 사과 20상자를 다팔아상사로부터 구입하고 현금으로 400,000원을 결제하면서 현금영수증(지출증빙용)을 교부받았다.

[매입유형별 분개]

NO	일자	유형	품목	공급가액	부가세	공급처명	전자	분개
[1]	4/2	51.과세	원재료	5,000,000	500,000	(주)성민	여	외상
	구분	계정과목		거래처	차변		대변	
	대변	외상매입금		(주)성민			5,500,000	
	차변	부가세대급금		(주)성민	500,000			
	차변	원재료		(주)성민	5,000,000			

NO	일자	유형	품목	공급가액	부가세	공급처명	전자	분개
[2]	4/4	51.과세	원재료	15,000,000	1,500,000	(주)코어드	여	혼합
	구분	계정과목		거래처	차변		대변	
	차변	부가세대급금		(주)코어드	1,500,000			
	차변	원 재 료		(주)코어드	15,000,000			
	대변	받을어음		다팔아상사			2,000,000	
	대변	외상매입금		(주)코어드			14,500,000	

NO	일자	유형	품목	공급가액	부가세	공급처명	전자	분개
[3]	4/6	51.과세	광고	1,000,000	100,000	반석상사	여	현금
	구분	계정과목		거래처	차변		대변	
	출금	부가세대급금		반석상사	100,000		(현금)	
	출금	광고선전비(판)		반석상사	1,000,000		(현금)	

NO	일자	유형	품목	공급가액	부가세	공급처명	전자	분개
[4]	4/7	51.과세	복사용지	800,000	80,000	공공상사		현금
	구분	계정과목		거래처		차변		대변
	출금	부가세대급금		공공상사		80,000		(현금)
	출금	소모품비(제)		공공상사		400,000		(현금)
	출금	소모품비(판)		공공상사		400,000		(현금)

NO	일자	유형	품목	공급가액	부가세	공급처명	전자	분개
[5]	4/10	51.과세	노트북PC	5,000,000	500,000	(주)코어드	여	혼합
	구분	계정과목		거래처		차변		대변
	차변	부가세대급금		(주)코어드		500,000		
	차변	비 품		(주)코어드		5,000,000		
	대변	미지급금		(주)코어드				5,500,000

NO	일자	유형	품목	공급가액	부가세	공급처명	전자	분개
[6]	4/11	51.과세	수선비	220,000	22,000	계양상사	여	현금
	구분	계정과목		거래처		차변		대변
	출금	부가세대급금		계양상사		22,000		(현금)
	출금	수 선 비(제)		계양상사		220,000		(현금)

NO	일자	유형	품목	공급가액	부가세	공급처명	전자	분개
[7]	4/13	52.영세	원재료	30,000,000	0	(주)성민	여	외상
	구분	계정과목		거래처		차변		대변
	대변	외상매입금		(주)성민				30,000,000
	차변	원재료		(주)성민		30,000,000		

NO	일자	유형	품목	공급가액	부가세	공급처명	전자	분개
[8]	4/14	52.영세	원재료	10,000,000	0	(주)코어드	여	혼합
	구분	계정과목		거래처		차변		대변
	차변	원 재 료		(주)코어드		10,000,000		
	대변	받을어음		(주)성진				4,000,000
	대변	당좌예금		(주)코어드				6,000,000

NO	일자	유형	품목	공급가액	부가세	공급처명	전자	분개
[9]	4/15	53.면세	전래동화	80,000		교육서적	여	현금
	구분	계정과목		거래처		차변		대변
	출금	복리후생비(판)		교육서적		80,000		(현금)

NO	일자	유형	품목	공급가액	부가세	공급처명	전자	분개
[10]	4/16	53.면세	농수산물	300,000		다팔아상사	여	혼합
	구분	계정과목		거래처	차변		대변	
	차변	기업업무추진비(판)		다팔아상사	300,000			
	대변	미지급금		다팔아상사			300,000	

■ 접대목적 구입관련 매입세액은 불공제 사유에 해당하나 계산서를 수취하였으므로 "유형:53.면세"로 입력한다.

NO	일자	유형	품목	공급가액	부가세	공급처명	전자	분개
[11]	4/17	54.불공	에어컨	2,000,000	200,000	다팔아상사	여	현금
	불공제 사유			② 사업과 직접 관련 없는 지출				
	구분	계정과목		거래처	차변		대변	
	출금	가지급금		박두철	2,200,000		(현금)	

■ 신규거래처 등록은 하단 분개의 "거래처코드"란에서 "+"키를 누르고 등록이 가능하다.

NO	일자	유형	품목	공급가액	부가세	공급처명	전자	분개
[12]	4/18	54.불공	전자제품	500,000	50,000	마도(주)	여	혼합
	불공제 사유			④ 기업업무추진비 및 이와 유사한 비용 관련				
	구분	계정과목		거래처	차변		대변	
	차변	기업업무추진비(제)		마도(주)	550,000			
	대변	보통예금		마도(주)			550,000	

NO	일자	유형	품목	공급가액	부가세	공급처명	전자	분개
[13]	4/19	54.불공	수리	200,000	20,000	천안카센타		카드
	불공제 사유			③ 개별소비세법 제1조제2항제3호에 따른 자동차 구입·유지 및 임차				
	구분	계정과목		거래처	차변		대변	
	대변	미지급금		우리카드			220,000	
	차변	차량유지비(판)		천안카센타	220,000			

■ 분개유형은 "4.카드" 또는 "3.혼합" 모두 사용 가능하며 미지급금의 거래처를 반드시 "우리카드"로 변경한다.

NO	일자	유형	품목	공급가액	부가세	공급처명	전자	분개
[14]	4/26	54.불공	중개수수료	15,000,000	1,500,000	반석상사	여	혼합
	불공제 사유			⑥ 토지의 자본적 지출 관련				
	구분	계정과목		거래처	차변		대변	
	차변	토 지		반석상사	16,500,000			
	대변	당좌예금		반석상사			16,500,000	

■ 토지 취득 중개수수료는 취득원가에 가산한다.

NO	일자	유형	품목	공급가액	부가세	공급처명	전자	분개
[15]	4/20	55.수입	원재료	5,000,000	500,000	부산세관장	여	혼합
	구분	계정과목		거래처	차변		대변	
	차변	부가세대급금		부산세관장	500,000			
	차변	원 재 료		부산세관장	30,000			
	대변	현　　금		부산세관장			530,000	

- 원재료 수입시 발생한 통관수수료는 취득원가에 가산하여야 하므로 "원재료"로 처리하여야 하고 수입세금계산서 부가가치세 이외의 추가 지출이 있는 경우 분개유형은 "3.혼합"을 선택하여야 한다.
  부가가치세 과세표준 = 500,000원 ÷ 10% = 5,000,000원

NO	일자	유형	품목	공급가액	부가세	공급처명	전자	분개
[16]	4/21	57.카과	온풍기	3,000,000	300,000	(주)지성		카드
		신용카드사		우리카드				
	구분	계정과목		거래처	차변		대변	
	대변	미지급금		우리카드			3,300,000	
	차변	부가세대급금		(주)지성	300,000			
	차변	비　품		(주)지성	3,000,000			

- 분개유형을 "3.혼합"을 사용하여도 무방하다.

NO	일자	유형	품목	공급가액	부가세	공급처명	전자	분개
[17]	4/22	58.카면	쌀등	500,000		다팔아상사		카드
		신용카드사		우리카드				
	구분	계정과목		거래처	차변		대변	
	대변	미지급금		우리카드			500,000	
	차변	복리후생비(제)		다팔아상사	500,000			

- 분개유형을 "3.혼합"을 사용하여도 무방하다.

NO	일자	유형	품목	공급가액	부가세	공급처명	전자	분개
[18]	4/23	61.현과	수리비	120,000	12,000	천안카센타		현금
	구분	계정과목		거래처	차변		대변	
	출금	부가세대급금		천안카센타	12,000		(현금)	
	출금	차량유지비(제)		천안카센타	120,000		(현금)	

NO	일자	유형	품목	공급가액	부가세	공급처명	전자	분개
[19]	4/25	62.현면	사과	400,000		다팔아상사		현금
	구분	계정과목		거래처	차변		대변	
	출금	복리후생비(제)		다팔아상사	400,000		(현금)	

결과확인하기

회계관리 ▶▶ 재무회계 ▶▶ 장부관리 ▶▶ 매입매출장

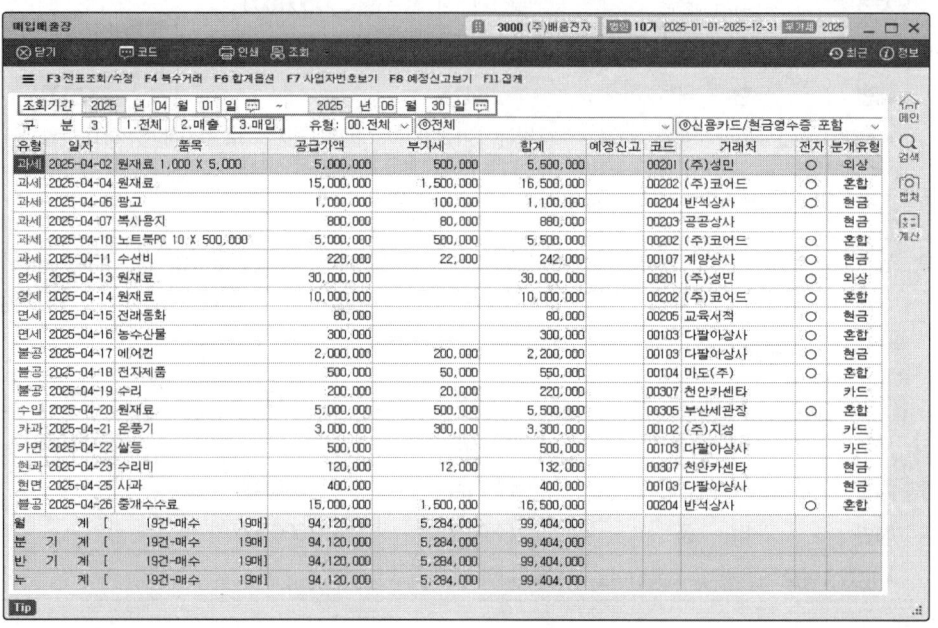

부가가치 ▶▶ 신고서/부속명세 ▶▶ 부가가치세 ▶▶ 부가가치세신고서

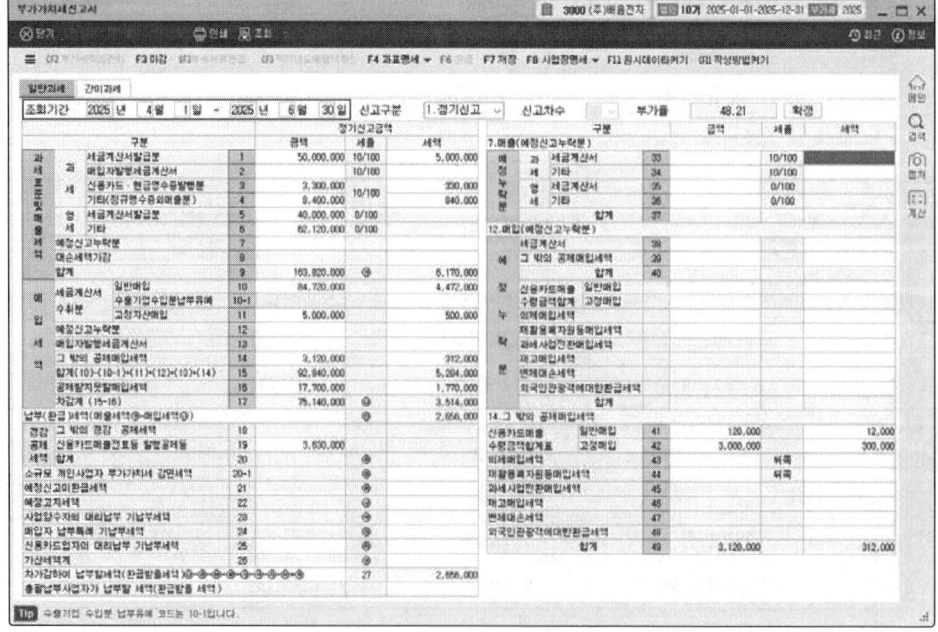

[1] 다음 거래 자료를 매입매출전표입력 메뉴에 입력하시오. [회사코드 : 3100.(주)남동산업]

① 10월 11일 관리부서는 부활식당에서 회식을 하고 식사대금 550,000원(부가가치세 포함)을 법인카드인 국민카드로 결제하였다. (카드매입에 대한 부가가치세 매입세액 공제요건은 충족하였다.)

② 10월 15일 대성기업으로부터 내국신용장(Local L/C)에 의하여 원재료 22,000,000원을 공급받고 영세율 전자세금계산서를 발급받았으며, 대금 중 50%는 어음으로 지급하고 나머지 금액은 보통예금에서 이체 지급하였다.

③ 10월 17일 직원들의 통근을 위해 (주)유진여객으로부터 시내버스 영업용으로 사용하던 중고버스를 8,000,000원에 구입하면서 전자계산서를 수취하고, 대금은 전액 당좌수표를 발행하여 지급하다.

④ 10월 20일 회사 영업부에서 사용하고 있는 5인승 소형승용자동차(2,000cc)에 사용할 경유를 500,000원(부가가치세 별도)에 구입하고, 세금계산서(전자세금계산서가 아님)를 유공주유소로부터 수령하였다. 부가가치세를 포함한 구입대금 전액을 보통예금에서 이체 지급하였다.

⑤ 11월 16일 (주)한라종합상사에 신제품에 대한 광고를 의뢰하고 광고비(공급가액 3,000,000원, 부가가치세 별도)에 대하여 전자세금계산서를 수취하였다. 광고 대금은 다음 달에 지급하기로 하였다.

⑥ 11월 30일 제조부문의 공장건물 임대인 (주)성호개발로부터 임차료 2,310,000원(부가가치세 포함)과 공장 전기요금 330,000원(부가가치세 포함)에 대한 전자세금계산서 1매를 교부받고 당좌수표를 발행하여 지급하였다. (임대차계약서상 임차료는 매월 30일에 지급하기로 되어 있다.)

⑦ 12월 12일 (주)동대문에 제품을 1,650,000원(부가가치세 포함)에 판매하고 신용카드(신한카드)로 결제를 받았다.

[2] 다음 거래 자료를 매입매출전표입력 메뉴에 입력하시오. [회사코드 : 3200.(주)성남]

① 10월 2일   제품의 임가공 계약에 의해 의뢰하였던 제품을 (주)민국으로부터 납품받고 전자세금계산서를 수취하였다. 임가공비용 10,000,000원(부가가치세 별도)은 전액 현금으로 결제하였다.

② 10월 25일   (주)시골상회에 제품(공급가액 10,000,000원, 부가가치세 별도)을 판매하고 전자세금계산서를 발급하였다. 판매대금은 10월 20일 수령한 계약금 2,000,000원을 제외한 잔액을 (주)시골상회발행 어음(만기 2026. 02. 28)으로 받았다.

③ 11월 16일   수출대행업체인 (주)동서물산에 구매확인서에 의하여 제품 200개를 1개당 1,000,000원에 납품하고 영세율 전자세금계산서를 발급하였다. 대금 중 10%는 자기앞수표로 받고 잔액은 외상으로 하였다.

④ 11월 25일   공장 근로자들에게 추석선물을 주기 위하여 (주)대서유통으로부터 참치선물세트를 구입하고, 전자세금계산서 5,000,000원(부가가치세 별도)을 발급받았다. 대금은 현금으로 지급하였다.

⑤ 12월 7일   공장건물을 신축할 목적으로 대박부동산으로부터 토지를 100,000,000원에 매입하고 종이계산서를 발급받았다. 대금 중 10,000,000원은 당사 보통예금 계좌에서 이체하여 지급하고 나머지는 3개월 후에 지급하기로 하였다.

⑥ 12월 22일   공장에서 사용하던 기계장치를 (주)유빈전자에게 20,000,000원(부가가치세 별도)에 매각하고 전자세금계산서를 발급하였다. 대금 중 15,000,000원은 자기앞수표로 받고 잔액은 1달 후에 받기로 하였으며, 기계장치의 취득원가는 25,000,000원, 감가상각누계액은 5,000,000원이었다.

⑦ 12월 26일   영업부에서 사용하는 업무용 승용차(998cc)의 주유비 110,000원(부가가치세 포함)을 은지주유소에서 현금결제하고 현금영수증(지출증빙용)을 발급받았다. (은지주유소는 일반과세사업자이다.)

[3] 다음 거래 자료를 매입매출전표입력 메뉴에 입력하시오. [회사코드 : 3300.(주)서울스포츠]

① 10월 11일 제품 제조과정에서 생긴 부산물 2,700,000원(부가가치세 별도)을 거래처 (주)명화상사에 판매하고 전자세금계산서를 발급하였다. 대금은 전액 보통예금으로 수령하였다.
(계정과목코드 420.부산물매출, 성격:매출계정을 등록하여 회계처리 할 것)

② 10월 21일 개인 소비자 김으뜸에게 제품을 6,600,000원(부가가치세 포함)에 판매하고, 대금은 김으뜸 신용카드(우리카드)로 수취하였다. 외상매출금으로 회계처리 하시오.

③ 11월 11일 공장 신축용 토지를 취득하기 위한 등기대행 용역을 에이컨설팅으로부터 제공받고 수수료 1,600,000원(부가가치세 별도)을 당사 당좌수표를 발행하여 지급하고 전자세금계산서를 발급받았다.

④ 11월 25일 (주)나은전자에 회사 건물에 부착할 간판제작대금 5,500,000원(부가가치세 포함)을 당사의 약속어음을 발행하여 지급하고 전자세금계산서를 수취하였다.
(자산계정으로 회계처리함)

⑤ 12월 15일 신제품에 대한 거리 홍보시 증정할 목적으로 동일잡화에서 다음과 같이 기념품을 구매하고 전자세금계산서를 수취하였다. (전액 비용으로 처리할 것)

품 목	수 량	단 가	공급가액	부가가치세	결제방법
명함지갑세트	100	10,000원	1,000,000원	100,000원	현금

⑥ 12월 22일 중국 TA Co.에 제품 1,000개(@2,000위안)를 직수출하고, 대금은 외상으로 하였다. 단, 선적일 12월 22일의 환율은 1위안(CNY)당 190원이었다.

⑦ 12월 26일 매출거래처 (주)대박유통으로부터 외상매출금 5,500,000원을 회수하면서 약정 기일보다 10일 빠르게 회수되어 2%를 할인해 주고, (−)전자세금계산서를 발급하였다.
(외상매출금 회수 분개는 생략하고, (−)세금계산서 발급 부분만 매입매출전표에 입력하고 제품매출 계정에서 직접차감하는 방식으로 분개할 것)

⑧ 12월 27일 당사 제품인 스포츠용품 50개(원가 5,000,000원, 시가 6,000,000원)를 접대 목적으로 매출거래처인 (주)이브에 무상으로 제공하였다.

[4] 다음 거래 자료를 매입매출전표입력 메뉴에 입력하시오. [회사코드 : 3400.(주)세원]

① 9월 17일 원재료 납품업체의 공장건물 준공식에 쌀 10포대(1포대당 @40,000원)를 선물하면서 쌀쌀정미소로부터 계산서를 수취하고, 보통예금에서 이체하다. (신규거래처 등록할 것)

■ 상호(코드) : 쌀쌀정미소(206)   ■ 사업자등록번호 : 110-90-66450   ■ 대표자 : 정미영

② 10월 2일 (주)대화기업에 제품(400단위, @5,000원, VAT별도)을 매출하고 전자세금계산서를 발행하였다. 대금 중 800,000원은 (주)진성상사 발행어음을 받고 잔액은 외상으로 하다.

③ 10월 5일 미국의 TA Co.에 제품을 $50,000에 직수출하면서 제품의 선적은 10월 5일에 이루어졌다. 대금은 다음과 같이 나누어 받기로 하였는데, 10월 5일 $30,000은 외화 수령 후 원화로 환전하여 당사 보통예금 계좌에 입금되었다.

매출대금	대금수령일	결제방법	기준환율	비 고
$30,000	10월 5일	외화통장으로 입금	1$당 1,060원	입금 후 환가
$20,000	10월 31일	외화통장으로 입금	-	잔금청산일

• 10월 5일 선적일의 기준환율 : 1$당 1,060원

④ 11월 12일 공장용 화물차의 고장으로 웨이카센타에서 수리하고, 수리비 600,000원(부가가치세 별도)을 다음 달에 지급하기로 하고 전자세금계산서를 발급받았다. 차량유지비 계정을 사용하며, 확정된 채무로서 미지급금으로 회계처리 하기로 한다.

⑤ 11월 19일 본사 영업직원이 업무에 사용할 개별소비세 과세대상 자동차(2,000cc)를 (주)희망자동차에서 20,000,000원(부가가치세 별도)에 구입하고, 전자세금계산서를 수취하였으며 대금결제는 다음 달에 하기로 하였다.

⑥ 11월 20일 제품을 개인 정하나에게 소매로 판매하고 대금 330,000원(부가가치세 포함)을 현금으로 받았다. (단, 현금영수증을 발행해 주지 않았다.)

⑦ 12월 9일 (주)태찬에서 원재료 1,000개(공급가액 @25,000원, 부가가치세 별도)를 구입하고 전자세금계산서를 교부받았으며, 대금 중 10,000,000원은 제품을 판매하고 받아 보관 중인 미인(주)의 약속어음을 배서하여 지급하고 잔액은 30일 후 주기로 하였다.

⑧ 12월 12일 (주)다스로부터 절단용 기계장치를 구입하고, 3개월 만기 약속어음을 발행하여 주었고 전자세금계산서(공급가액 72,000,000원, 부가가치세 7,200,000원)를 발급받았다.
(단, 고정자산 등록은 생략할 것)

※ 집중심화연습 해답은 [최신기출문제&해답 ➡ PART 03] 597페이지에서 확인 가능합니다.

CHAPTER 03 부가가치세신고서 및 부속서류 작성

PART 03 전표관리

1. 매입매출장(회사코드 : 3000.(주)배움전자)

매입매출장은 부가가치세 신고시 제출하는 서류는 아니지만 부가가치세와 관련된 제반 거래내역을 상세히 기록하고 계산하는 보조장부이다. 프로그램에서 작성되는 매입매출장은 부가가치세법상 요구되는 장부기록에 관한 규정에 따라 작성된 것이며, 상품의 매입·매출을 기재하는 장부가 아님에 유의해야 한다.

[매출거래]

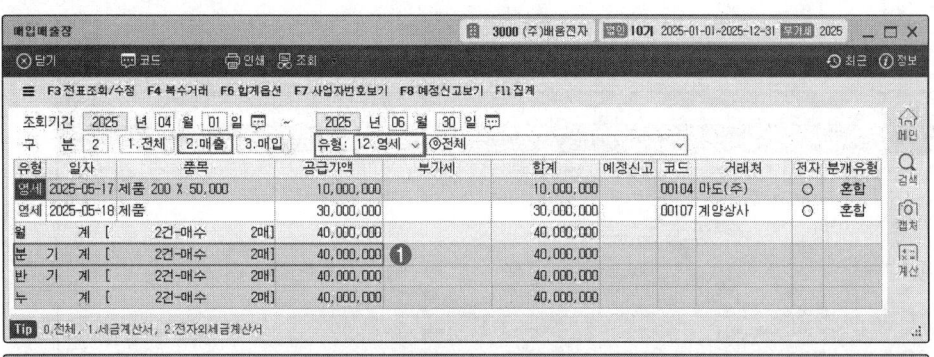

> **[기출문제 예시]**
> ① 제1기 과세기간 최종 3월(4월 ~ 6월) 중 영세율 세금계산서를 발행한 금액과 매수는 얼마인가?
>   ⇨ [구분 : 2.매출], [유형 : 12.영세]로 조회 : 40,000,000원, 2매
> ② 제1기 확정(4월 ~ 6월) 부가가치세 신고기간 중 카드로 매출된 공급대가는 얼마인가?
>   ⇨ [구분 : 2.매출], [유형 : 17.카과]로 조회 : 3,300,000원

[매입거래]

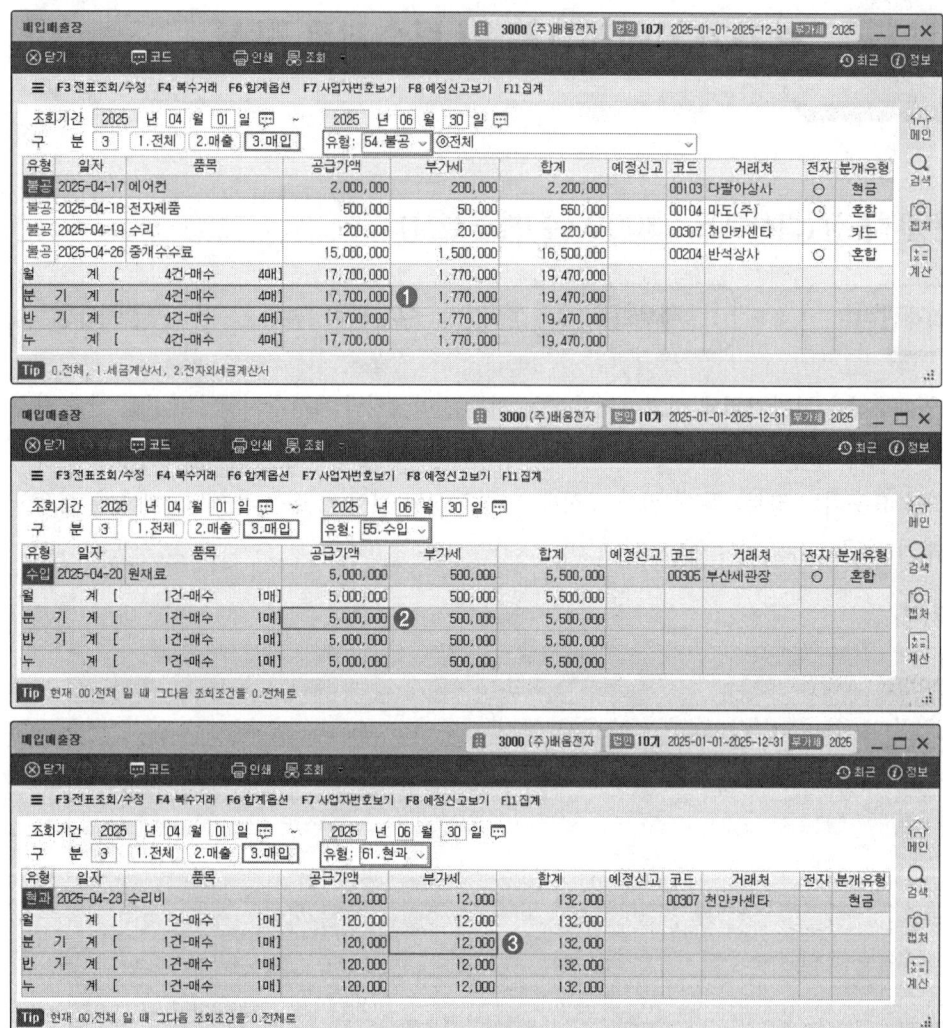

[기출문제 예시]
① 제1기 확정(4월 ~ 6월) 부가가치세 신고기간 중 매입세액이 공제되지 아니한 건수와 공급가액은 각각 얼마인가?
⇨ [구분 : 3.매입], [유형 : 54.불공]로 조회 : 4건, 17,700,000원
② 제1기 확정신고기간(4월 ~ 6월) 중 수입세금계산서 수취금액(공급가액)은 얼마인가?
⇨ [구분 : 3.매입], [유형 : 55.수입]로 조회 : 5,000,000원
③ 제1기 부가가치세 확정신고기간(4월 ~ 6월) 중 현금영수증 매입으로 인해 부가가치세를 공제받은 세액은?
⇨ [구분 : 3.매입], [유형 : 61.현과]로 조회 : 12,000원

2. 세금계산서(계산서)현황(회사코드 : 3000.(주)배움전자)

세금계산서 현황은 매입·매출세금계산서 또는 계산서의 수수현황을 조회하며, 유형에서는 매입매출전표 입력 시 선택한 과세유형을 선택할 수 있다.

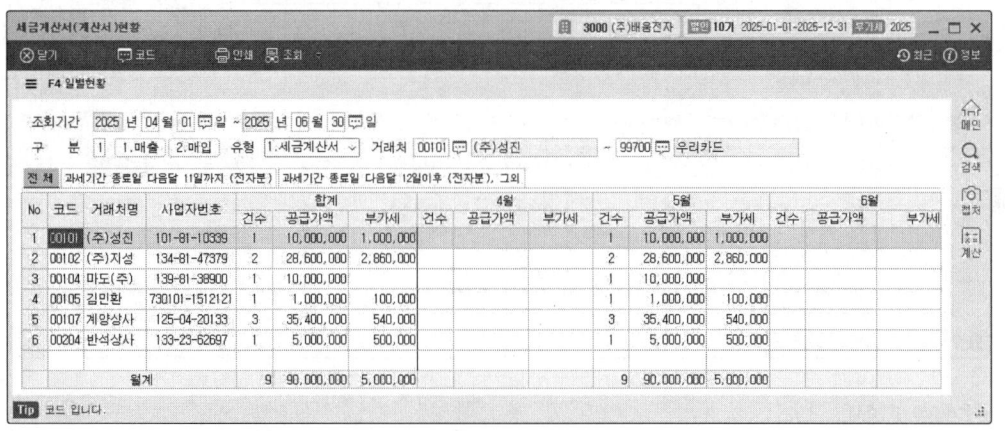

3. 세금계산서합계표(회사코드 : 3000.(주)배움전자)

사업자가 세금계산서를 발급하였거나 세금계산서를 수취한 경우 [매출처별세금계산서합계표]와 [매입처별세금계산서합계표]를 예정신고 또는 확정신고시 관할세무서에 제출하여야 한다.

전자적으로 발급하고 기일내에 국세청에 전송된 전자세금계산서는 [전자분]탭에서 조회되고, 종이로 발행된 세금계산서와 전자적으로 발급하였으나, 그 개별명세를 국세청에 전송하지 않거나, 과세기간 종료일 다음달 12일 이후에 국세청에 전송한 전자세금계산서는 [전자 이외분]탭에서 조회된다.

TIP

매입매출전표 입력시 "전자"란에서 "여"로 입력한 경우 [전자세금계산서]란으로 집계된다.

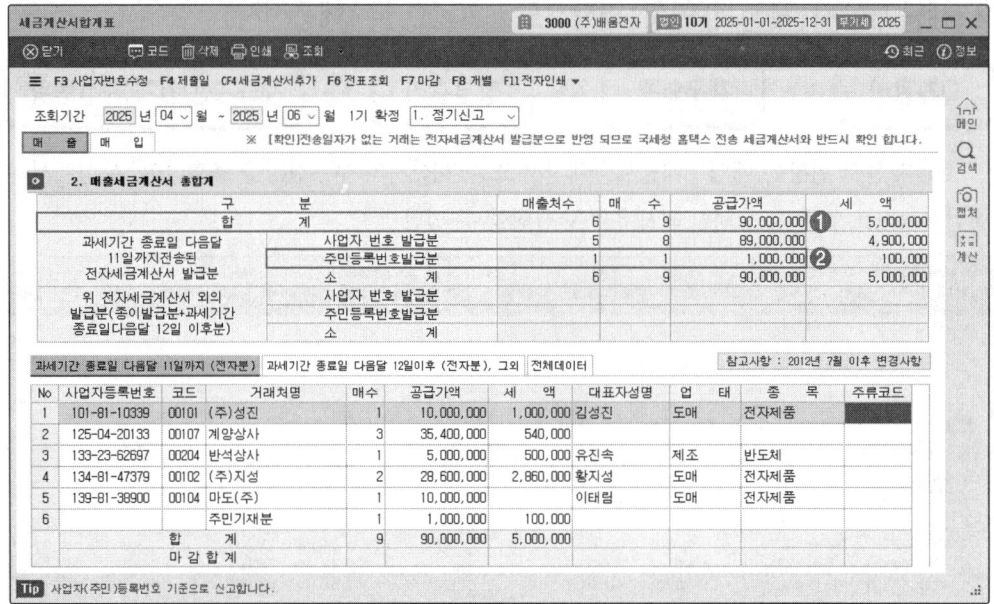

[기출문제 예시]
① 제1기 확정신고기간(4월 ~ 6월)의 매출액 중 세금계산서 발급분의 공급가액은 모두 얼마인가?
   ⇨ [매출 TAB]에서 합계란 공급가액 조회 : 90,000,000원
② 제1기 확정 부가가치세 신고기간의 전자세금계산서 발급분 중 주민등록번호발급분의 공급가액은 얼마인가?
   ⇨ [매출 TAB]에서 주민등록번호발급분 조회 : 1,000,000원

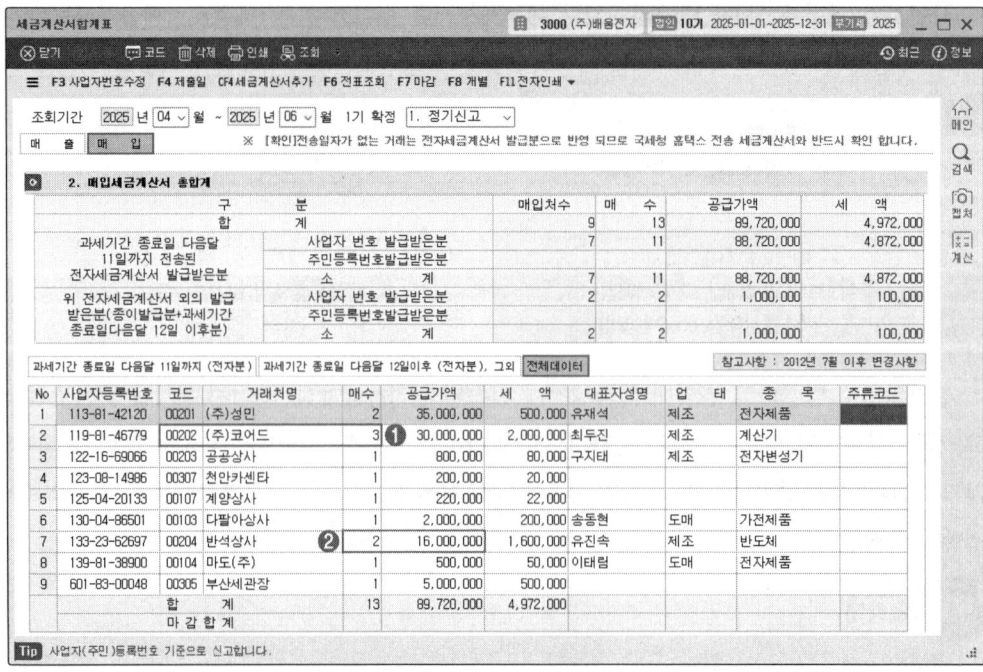

[기출문제 예시]
① 제1기 확정신고기간(4월 ~ 6월) 동안 매입세금계산서 매수가 가장 많은 거래처명 및 매수를 입력하시오.
  ⇨ [매입 TAB]에서 조회 : (주)코어드, 3매
② 제1기 확정신고기간(4월 ~ 6월) 동안 반석상사에서 수취한 매입세금계산서의 매수와 공급가액은 얼마인가?
  ⇨ [매입 TAB]에서 조회 : 2매, 16,000,000원

4. 부가가치세신고서(회사코드 : 3000.(주)배움전자)

부가가치세신고서는 각 신고기간에 대한 부가가치세 과세표준과 납부세액 또는 환급세액 등을 기재하여 관할세무서에 신고하는 서류로 부가가치세법에 규정된 서식이다.

부가가치세신고는 예정신고, 확정신고, 영세율등 조기환급신고, 수정신고가 있으며, 신고시 부가가치세신고서의 상단에 해당신고를 표시하고 신고내용을 증명하는 부속서류를 같이 제출해야 한다. 또한 부가가치세는 자진신고납부제도로 신고기한과 납부기한이 동일하므로 기한 내에 신고와 함께 납부를 하여야 하고 이렇게 함으로써 부가가치세 납세의무가 종결된다.

1 사업장명세 버튼(사업장현황명세서)

사업장명세(사업장현황명세서)는 사업장의 기본현황 및 월 기본경비를 기재하는 항목이다. 사업장명세는 음식·숙박업 및 기타서비스업을 영위하는 사업자가 확정신고시 또는 폐업신고시에만 작성하여 신고하며, 예정신고시에는 작성하지 않는다. 본 내용은 사업의 규모를 판단하는 자료로 활용되어 진다.

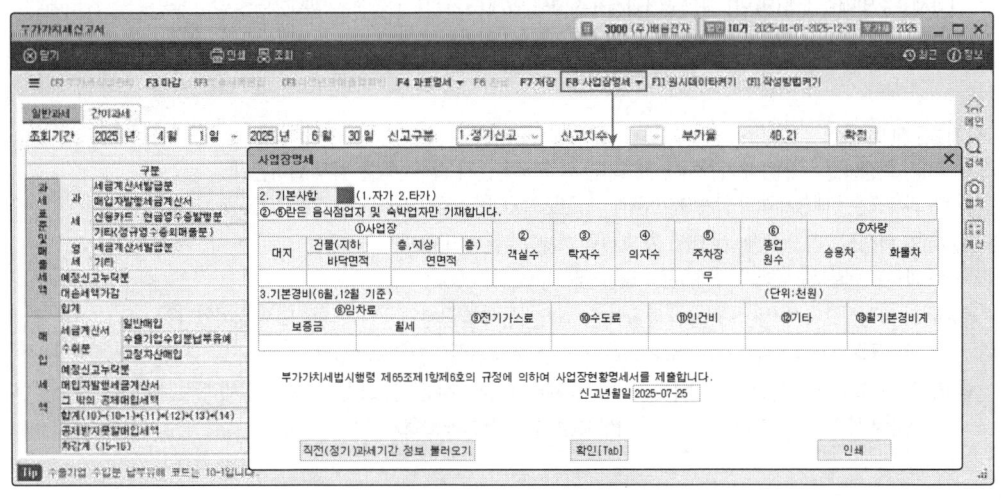

2 일반과세 TAB

부가가치세신고서의 1쪽과 3쪽에 해당하는 내용으로 매출세액과 매입세액 및 납부세액의 현황을 한 눈에 볼 수 있다. 1쪽에 대한 세부 3쪽이 있는 경우 해당란에 커서를 두면 오른쪽에 내역이 활성화 된다.

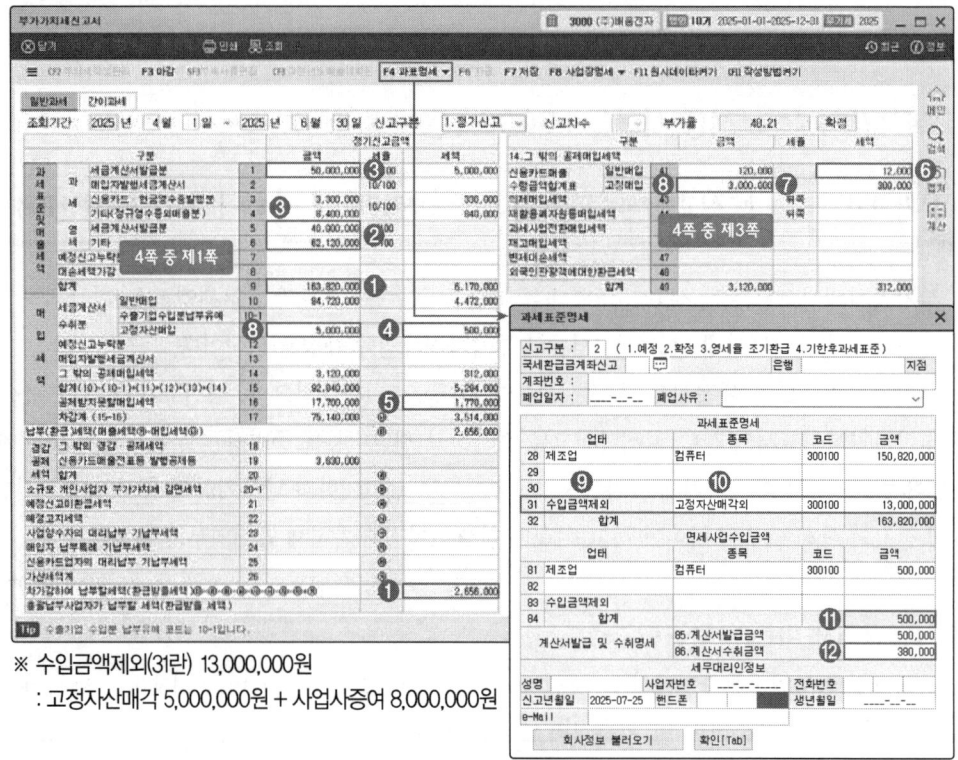

※ 수입금액제외(31란) 13,000,000원
 : 고정자산매각 5,000,000원 + 사업상증여 8,000,000원

 **TIP**

[과세표준및매출세액(9)란] 금액과 [과세표준명세 합계(32)란]의 금액은 **일치**해야 하며, "수입금액제외" 해당금액이 있는 경우 확인하여 종목란에 해당사유를 입력한다.

[기출문제 예시]
① 제1기 확정(4월 ~ 6월) 부가가치세 신고기간 중 과세표준과 납부세액은 각각 얼마인가?
  ⇨ 과세표준및매출세액의 합계(9란) 금액 : 163,820,000원, 납부세액(27란) : 2,656,000원
② 제1기 확정신고기간(4월분 ~ 6월) 중 영세율 과세표준은 얼마인가?
  ⇨ 과세표준및매출세액의 영세(5란 + 6란) 금액 : 102,120,000원
③ 제1기 확정신고기간(4월 ~ 6월)의 매출액 중 세금계산서 발급분의 공급가액은 모두 얼마인가?
  ⇨ 과세표준및매출세액의 세금계산서발급분(1란 + 5란) 금액 : 90,000,000원
④ 제1기 부가가치세 확정신고기간(4월 ~ 6월)의 세금계산서 수취분 중 고정자산의 매입세액은 얼마인가?
  ⇨ 매입세액의 세금계산서수취분 고정자산매입(11란) 세액 : 500,000원

⑤ 1기 확정신고(4월 ~ 6월)시 공제받지 못할 매입세액은 얼마인가?
   ⇨ 매입세액의 공제받지못할매입세액(16란) 세액 : 1,770,000원
⑥ 제1기 부가가치세 확정신고기간(4월 ~ 6월)의 신용카드로 매입한 일반매입세액은 얼마인가?
   ⇨ 매입세액의 그 밖의 공제매입세액(14란) → 신용카드매출수령금액합계표 : 일반매입(41란) 세액 : 12,000원
⑦ 제1기 확정(4월 ~ 6월) 부가가치세 신고기간 중 신용카드로 매입한 고정자산의 금액은 얼마인가?
   ⇨ 매입세액의 그 밖의 공제매입세액(14란) → 신용카드매출수령금액합계표 : 고정매입(42란) 금액 : 3,000,000원
⑧ 제1기 확정신고기간(4월 ~ 6월)의 고정자산매입 금액은 얼마인가?
   ⇨ 매입세액의 세금계산서수취분 : 고정자산매입(11란)과 그 밖의 공제매입세액(14란) → 신용카드매출수령금액합계표 : 고정매입(42란) 합계 금액 : 8,000,000원
⑨ 제1기 확정(4월 ~ 6월) 부가가치세 신고기간의 수입금액제외 금액은 얼마인가?
   ⇨ 상단의 [F4과표명세]의 과세표준명세 → 수입금액제외(31란) 금액 : 13,000,000원
⑩ 제1기 확정(4월 ~ 6월)에 고정자산을 매각하고 세금계산서를 발행한 금액(공급가액)의 합계액은?
   ⇨ 상단의 [F4과표명세]의 과세표준명세 → 수입금액제외(31란) 종목(고정자산매각) 금액 : 5,000,000원
⑪ 제1기 부가가치세 확정신고기간 중 면세사업수입금액은 얼마인가?
   ⇨ 상단의 [F4과표명세]의 면세사업수입금액 합계(83란) 금액 : 500,000원
⑫ 제1기 부가가치세 확정신고기간 중 계산서를 수취한 금액은 얼마인가?
   ⇨ 상단의 [F4과표명세]의 계산서수취금액(85란) : 380,000원

3 부가가치세 납부(환급)세액 정리분개

거래 자료입력 시 매출 부가가치세는 부가세예수금계정으로 회계처리 하고, 매입 부가가치세는 부가세대급금계정으로 회계처리 하였다가 예정신고 또는 확정신고시 상계정리 한다.

구 분		회계처리			
부가세예수금 > 부가세대급금	부가가치세 정리시 (과세기간 종료일)	(차) 부가세예수금	×××	(대) 부가세대급금 미지급세금	××× ×××
	부가가치세 납부일	(차) 미지급세금	×××	(대) 보통예금 등	×××
부가세예수금 < 부가세대급금	부가가치세 정리시 (과세기간 종료일)	(차) 부가세예수금 미수금	××× ×××	(대) 부가세대급금	×××
	부가가치세 환급일	(차) 보통예금 등	×××	(대) 미수금	×××

① 부가가치세 납부 또는 환급시는 십단위까지만 납부하거나 환급한다. 그러므로 일 단위 절사액은 영업외손익 계정인 "**잡이익(또는 잡손실)**"으로 회계처리 한다. 또한 전자신고세액공제를 받는 경우에도 "**잡이익**"으로 회계처리 한다.
② 부가가치세 관련 가산세는 "**세금과공과**"로 회계처리 한다.

(1) 부가가치세 상계처리

6월 30일 1기 부가가치세 확정신고분에 대한 부가가치세를 확정과세기간 종료일에 상계처리하고 잔액은 2025년 7월 25일 납부할 예정이다. (부가가치세신고서를 조회하여 처리하고 미지급세금 계정을 사용할 것)

(2) 부가가치세 납부

7월 25일 1기 확정신고분 부가가치세를 현금으로 납부하였다. 단, 부가가치세와 관련된 대체분개는 6월 30일에 적정하게 처리되었다.

 예제 따라하기

(1) 부가가치세 상계처리 : 2025년 6월 30일

1기 부가가치세 확정 신고기간(2025.04.01 ~ 2025.06.30)의 [부가가치세신고서]를 조회하여 [일반전표입력] 메뉴에 과세기간종료일(2025년 6월 30일)에 회계처리를 한다.

구분	계정과목		거래처	적요		차변	대변
3.차변	255	부가세예수금		1	부가세대급금과 상계	6,170,000	
4.대변	135	부가세대급금		8	부가세예수금과 상계		3,514,000
4.대변	261	미지급세금		8	부가세의 미지급계상		2,656,000
분개	(차) 부가세예수금		6,170,000원	(대) 부가세대급금 미지급세금			3,514,000원 2,656,000원

(2) 부가가치세 납부 : 2025년 7월 25일

구분	계정과목		거래처	적요	차변	대변
1.출금	261	미지급세금		1기 확정부가세 납부	2,656,000	(현금)
분개	(차) 미지급세금		2,656,000원	(대) 현 금		2,656,000원

실무예제2

(1) 부가가치세 상계처리

9월 30일 2기 부가가치세 예정신고분에 대한 부가가치세를 예정과세기간 종료일에 상계처리하고 납부세액은 미지급세금으로 계상하고 환급세액은 미수금으로 계상하시오.

(2) 부가가치세 환급세액 처리(부가가치세 관련 금액은 가정임)

12월 31일 2기 확정신고분에 대한 부가세대급금과 부가세예수금을 정리하는 분개를 입력하시오. (납부세액은 미지급세금으로 계상하고 환급세액은 미수금으로 계상하시오. **본 문제 한하여 전산에는 입력하지 않는다.**)

- 부가세대급금 : 14,000,000원
- 부가세예수금 : 20,000,000원
- 2기 예정신고미환급세액 : 2,336,700원(9월 30일자 일반전표를 조회할 것)

 예제 따라하기

(1) 부가가치세 상계처리 : 2025년 9월 30일

2기 부가가치세 예정 신고기간(2025.07.01 ~ 2025.09.30)의 [부가가치세신고서]를 조회하여 [일반전표입력] 메뉴에 과세기간종료일(2025년 9월 30일)에 회계처리를 한다.

구분		계정과목	거래처		적요	차변	대변
3.차변	255	부가세예수금		1	부가세대급금과 상계	11,375,000	
3.차변	120	미 수 금			부가세의 미수금계상	2,336,700	
4.대변	135	부가세대급금		8	부가세예수금과 상계		13,711,700
분개	(차) 부가세예수금 미 수 금		11,375,000원 2,336,700원		(대) 부가세대급금	13,711,700원	

(2) 부가가치세 환급세액 정리 및 상계처리 : 2025년 12월 31일

구분		계정과목	거래처		적요	차변	대변
3.차변	255	부가세예수금		1	부가세대급금과 상계	20,000,000	
4.대변	135	부가세대급금		8	부가세예수금과 상계		14,000,000
4.대변	120	미 수 금			2기예정 미환급세액		2,336,700
4.대변	261	미지급세금		8	부가세의 미지급계상		3,663,300
분개	(차) 부가세예수금		20,000,000원		(대) 부가세대급금 미 수 금 미지급세금	14,000,000원 2,336,700원 3,663,300원	

CHAPTER 04 전표입력 오류수정

PART 03 전표관리

입력 된 전표 중 오류가 발견되면 결산 전 수정하여야 한다. 다만, 당기분의 경우는 입력된 전표를 직접 수정하여 결제를 다시 받으며 전기의 오류인 경우에는 중요성을 확인하여 "전기오류수정손익" 계정과목으로 회계처리 한다. [집중 심화연습]을 통하여 당기분 오류를 수정해 보도록 한다.

[1] 일반전표입력 및 매입매출전표입력 메뉴에 입력된 내용 중 다음과 같은 오류가 발견되었다. 입력 내용을 확인하여 정정하시오. [회사코드 : 3100.(주)남동산업]

① 8월 7일   현금으로 지급한 운반비는 전액 원재료 구입과 관련된 운반비용(부가가치세 포함)으로써 친절용달(일반과세자)로부터 수기로 세금계산서를 발급받은 것이었다.

② 10월 29일 (주)대흥에서 당사의 SC은행 보통예금계좌로 송금한 10,700,000원을 전액 외상매출금을 회수한 것으로 처리하였으나, 10월 29일 현재의 (주)대흥의 외상매출금 잔액을 초과한 금액은 선수금으로 확인되었다.

[2] 일반전표입력 및 매입매출전표입력 메뉴에 입력된 내용 중 다음과 같은 오류가 발견되었다. 입력 내용을 확인하여 정정하시오. [회사코드 : 3200.(주)성남]

① 9월 21일   제조부문의 직원 체육대회와 관련하여 (주)노리로부터 구매한 행사물품금액 2,300,000원(부가가치세 별도)을 전자세금계산서로 발급받았는데, 이에 대해서 부가가치세를 포함하여 면세매입으로 잘못된 회계처리를 하였다. 대금은 구입 당시 현금으로 지급하였다.

② 10월 31일 현금으로 지급한 수도광열비 90,000원을 일반전표입력에서 영업부문의 비용으로 회계처리 하였으나, 이는 제품을 제조하는 공장에서 발생한 수도요금 40,000원과 전력비 50,000원으로 확인되었다.

③ 12월 27일 영업부문이 사용하는 건물에 대한 취득세 1,000,000원 현금납부액을 판매관리비인 세금과공과로 처리하였다.

[3] 일반전표입력 및 매입매출전표입력 메뉴에 입력된 내용 중 다음과 같은 오류가 발견되었다. 입력 내용을 확인하여 정정하시오. [회사코드 : 3300.(주)서울스포츠]

① 8월 18일 경리직원은 (주)태찬으로부터 사무용품 구입시 발급받은 전자세금계산서를 이중으로 입력하였다. 대금은 구입 당시 현금으로 지급하고 구입시 비용으로 처리하였다.

② 9월 14일 기계장치를 현금 11,000,000원(부가가치세 포함)을 받고 전자세금계산서를 발급하여 (주)부천에 처분하면서 감가상각누계액을 고려하지 않고 회계처리 하였다. 기계장치 취득가액은 15,000,000원이고 감가상각누계액은 3,000,000원이다.

[4] 일반전표입력 및 매입매출전표입력 메뉴에 입력된 내용 중 다음과 같은 오류가 발견되었다. 입력 내용을 확인하여 정정하시오. [회사코드 : 3400.(주)세원]

① 8월 8일 (주)나온전자에서 컴퓨터(비품)를 구입하면서 법인신용카드(비씨카드)로 계산한 것을 착오로 법인체크카드(국민은행)로 계산한 것으로 매입매출전표에 회계처리 하였다.

② 9월 25일 (주)부천의 외상매출금 8,600,000원을 회수하면서 회계담당자의 실수로 인하여 거래처를 (주)인천으로 입력하였다.

③ 10월 12일 공장건물에 증축공사에 대하여 (주)현대건설에서 10,000,000원을 지급하고 수선비로 처리했으나 그 중 7,000,000원은 건물의 가치가 증가한 자본적 지출에 해당한다.
(부가가치세는 고려하지 말 것)

※ 집중심화연습 해답은 [최신기출문제&해답 ➡ PART 03] 603페이지에서 확인 가능합니다.

Perfect
전산회계 1급
www.bobook.co.kr

PART 04

결산관리

CHAPTER 01 고정자산등록 및 감가상각
CHAPTER 02 결산프로세스
CHAPTER 03 재무제표 작성

전산실무

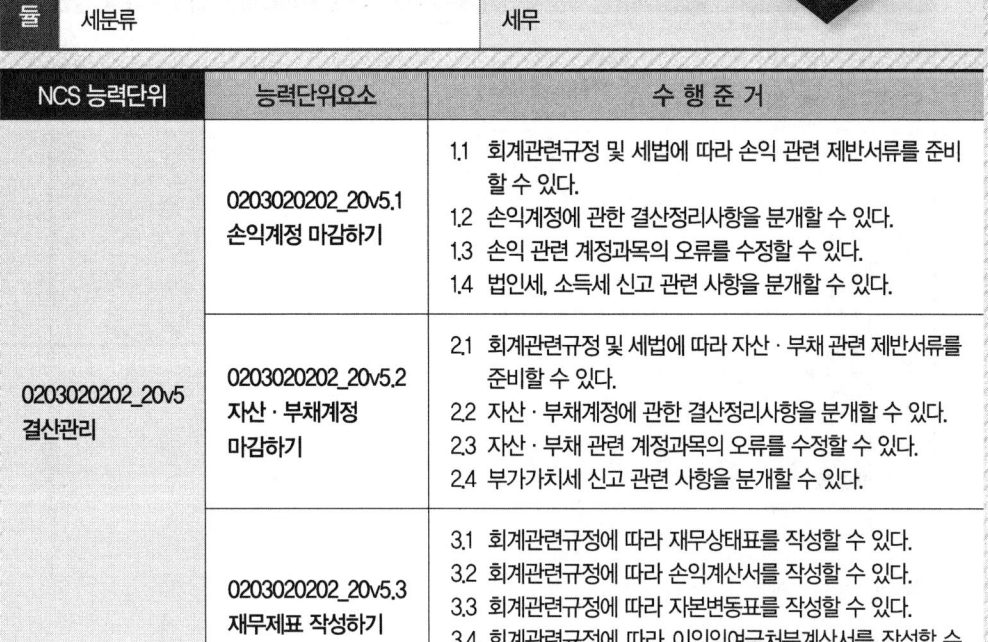

NCS 학습모듈		
대분류	경영 · 회계 · 사무	
중분류	재무 · 회계	
소분류		회계
세분류		세무

NCS 능력단위	능력단위요소	수 행 준 거
0203020202_20v5 결산관리	0203020202_20v5.1 손익계정 마감하기	1.1 회계관련규정 및 세법에 따라 손익 관련 제반서류를 준비할 수 있다. 1.2 손익계정에 관한 결산정리사항을 분개할 수 있다. 1.3 손익 관련 계정과목의 오류를 수정할 수 있다. 1.4 법인세, 소득세 신고 관련 사항을 분개할 수 있다.
	0203020202_20v5.2 자산 · 부채계정 마감하기	2.1 회계관련규정 및 세법에 따라 자산 · 부채 관련 제반서류를 준비할 수 있다. 2.2 자산 · 부채계정에 관한 결산정리사항을 분개할 수 있다. 2.3 자산 · 부채 관련 계정과목의 오류를 수정할 수 있다. 2.4 부가가치세 신고 관련 사항을 분개할 수 있다.
	0203020202_20v5.3 재무제표 작성하기	3.1 회계관련규정에 따라 재무상태표를 작성할 수 있다. 3.2 회계관련규정에 따라 손익계산서를 작성할 수 있다. 3.3 회계관련규정에 따라 자본변동표를 작성할 수 있다. 3.4 회계관련규정에 따라 이익잉여금처분계산서를 작성할 수 있다.

01 고정자산등록 및 감가상각

1. 감가상각

고정자산에 대한 감가상각은 고정자산의 원가를 사용가능한 기간에 걸쳐 비용으로 배분하는 절차라 할 수 있다. 즉, 고정자산의 가치감소(소멸)액을 자산원가에서 차감하는 절차로서 해당 고정자산의 취득원가를 경제적 효익을 받는 기간에 걸쳐 합리적·체계적으로 배분하는 과정이다. 전산회계 프로그램으로 감가상각을 하는 경우 감가상각비 계산에 필요한 요소만 입력하거나 선택하면 감가상각비가 자동으로 산출되므로 쉽게 계산할 수 있다.

> **TIP**
>
> [감가상각 작업순서]
> ① 고정자산등록　　② 결산자료입력 메뉴에 반영　　③ 결산분개완성

2. 고정자산등록

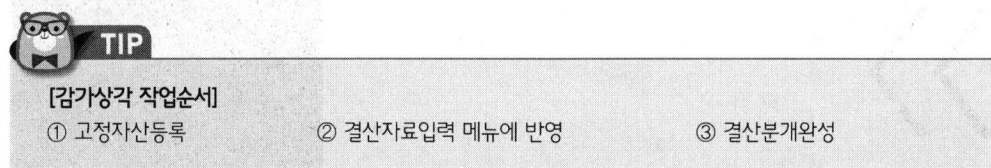

상각대상인 유형, 무형의 자산을 등록하여 감가상각비를 계산하고 각종명세서를 작성하는 메뉴이다. 본 메뉴는 [기본등록사항]과 [추가등록사항]으로 구분되어 있다.

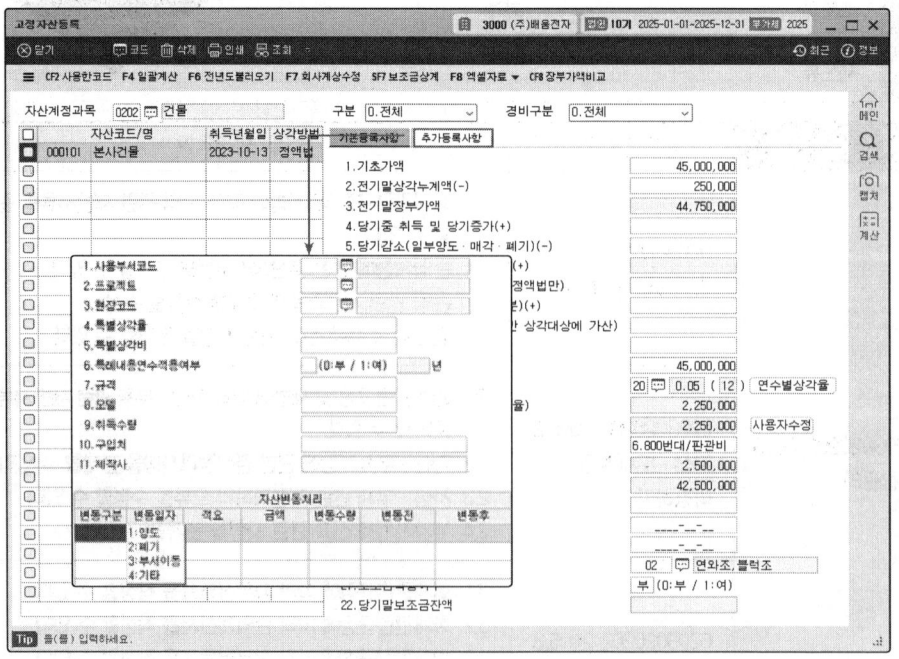

고정자산등록 필드 설명

항 목	입력내용 및 방법
자산계정과목	계정과목코드 3자리를 입력하거나 코드도움(F2) 또는 🔍를 눌러 해당계정 과목을 입력한다.
자산코드/명	계정과목을 입력하면 화면하단이 활성화되면서 자산코드와 자산명을 입력할 수 있게 된다. 자산의 구체적인 품목과 취득일자를 입력한다.
취득년월일	해당자산을 취득한 년, 월, 일 또는 사용 년, 월, 일을 입력한다.
상각방법	건물, 무형자산은 정액법으로 자동 표시되고, 이외의 유형자산은 정률법으로 자동 표시되는데 정액법으로 수정가능하다. 수정 시 정률법은 숫자 "1", 정액법은 숫자 "2"를 선택한다.
기초가액	전기말 현재의 취득가액 또는 당기에 취득한 고정자산의 취득원가를 입력한다. 다만, **무형자산의 경우 전기의 상각액이 차감된 장부상 금액을 입력한다.**
전기말 상각누계액	전기말까지 상각한 감가상각누계액을 입력한다. ■ 신규취득자산 : 전기말상각누계액은 없음 ■ 무형자산 : 전기말상각누계액은 계정금액은 없으나 전기까지 상각한 누계금액을 입력함
전기말장부가액	기초가액에서 전기말상각누계액을 차감한 금액이 자동반영 된다.
당기중 취득 및 당기증가	신규취득자산의 취득원가 또는 고정자산의 자본적 지출액을 입력한다.
당기감소	고정자산의 일부를 매각하거나 폐기하는 경우 해당금액을 입력한다.
내용연수	해당자산의 상각내용연수를 입력하며 상각률은 내용연수에 따라 자동표시 된다.
상각범위액	기초가액, 상각방법, 내용연수 등 입력된 사항에 의해서 자동계산 된다. ■ 유형자산 : (기초가액 - 전기말감가상각누계액) × 상각률 = 감가상각비 ■ 무형자산 : (기초가액 + 전기말감가상각누계액) × 상각률 = 감가상각비
회사계상액	상각범위액이 자동 반영되며 [사용자수정] 버튼을 클릭하여 회사계상액을 직접 수정할 수 있다.
경비구분	용도에 따라 경비구분하여 결산에 반영하기 위한 선택이다. 1.500번대(제조)　　2.600번대(도급)　　3.650번대(보관) 4.700번대(분양)　　5.750번대(운송)　　6.800번대(판관비)
전체양도일자	연도 중에 양도한 자산의 양도일자를 입력한다. 양도일자가 입력된 자산은 양도자산감가상각비 메뉴와 고정자산관리대장 메뉴에서 조회된다.
전체폐기일자	연도 중에 폐기한 자산의 폐기일자를 입력한다. 폐기일자가 입력된 자산은 고정자산관리대장 메뉴에서만 조회된다.
업종	법인조정 시 감가상각조정계산서를 같은 내용연수와 업종별자산으로 그룹화하여 제출하기 위한 방법으로 선택한다.
보조금적용여부 당기말보조금잔액	국고(정부)보조금에 의해 취득한 자산인 경우 "1.여"를 선택하고 당기말보조금잔액란에 해당 국고(정부)보조금 수령액을 입력하여 결산시 반영한다.

 **실무예제**

다음 자료를 (주)배움전자(회사코드 : 3000)에 등록하여 결산에 반영할 감가상각비를 계산하시오.

계정과목 (업종)	코드	자산명	취득년월일	취득가액	감가상각 누계액	상각 방법	내용 연수	경비 구분	관리 부서
건물 (02)	101	본사건물	2023.10.13	45,000,000	250,000	정액법	20년	800번대	관리부
기계장치 (13)	201	압축기	2025.07.02	36,500,000		정률법	8년	500번대	생산부
차량운반구 (01)	301	포터	2024.01.20	5,000,000	1,000,000	정률법	5년	500번대	생산부
	302	K5	2025.07.08	33,820,000		정액법	5년	800번대	영업부
비품 (13)	401	냉난방기	2023.06.20	2,000,000	400,000	정률법	5년	500번대	생산부
	402	컴퓨터	2025.04.10	5,000,000		정률법	5년	800번대	관리부
	403	온풍기	2025.04.21	3,000,000		정률법	5년	800번대	관리부
개발비 (63)	501	개발비	2025.03.06	2,000,000		정액법	5년	800번대	영업부

※ 차량운반구 "K5"은 업무용승용차에 해당하여 5년간 정액법에 의한 강제상각규정을 적용함.

 예제 따라하기

① 건물(본사건물) : 2,250,000원

② 기계장치(압축기) : 5,712,250원

자산계정과목	0206	기계장치	
	자산코드/명	취득년월일	상각방법
000201	압축기	2025-07-02	정률법

기본등록사항 / 추가등록사항

1.기초가액	
2.전기말상각누계액(-)	
3.전기말장부가액	
4.당기중 취득 및 당기증가(+)	36,500,000
5.당기감소(일부양도ㆍ매각ㆍ폐기)(-)	
전기말상각누계액(당기감소분)(+)	
6.전기말자본적지출액누계(+)(정액법만)	
7.당기자본적지출액(즉시상각분)(+)	
8.전기말부인누계액(+) (정률만 상각대상에 가산)	
9.전기말의제상각누계액(-)	
10.상각대상금액	36,500,000
11.내용연수/상각률(월수)	8 / 0.313 (6)
12.상각범위액(한도액)(10X상각율)	5,712,250
13.회사계상액(12)-(7)	5,712,250
14.경비구분	1.500번대/제조
15.당기말감가상각누계액	5,712,250
16.당기말장부가액	30,787,750
17.당기의제상각비	
18.전체양도일자	-----_-_-
19.전체폐기일자	-----_-_-
20.업종	13 / 제조업
21.보조금적용여부	부 (0:부 / 1:여)
22.당기말보조금잔액	

③ 차량운반구(포터) : 1,804,000원

자산계정과목	0208	차량운반구	
	자산코드/명	취득년월일	상각방법
000301	포터	2024-01-20	정률법

기본등록사항 / 추가등록사항

1.기초가액	5,000,000
2.전기말상각누계액(-)	1,000,000
3.전기말장부가액	4,000,000
4.당기중 취득 및 당기증가(+)	
5.당기감소(일부양도ㆍ매각ㆍ폐기)(-)	
전기말상각누계액(당기감소분)(+)	
6.전기말자본적지출액누계(+)(정액법만)	
7.당기자본적지출액(즉시상각분)(+)	
8.전기말부인누계액(+) (정률만 상각대상에 가산)	
9.전기말의제상각누계액(-)	
10.상각대상금액	4,000,000
11.내용연수/상각률(월수)	5 / 0.451 (12)
12.상각범위액(한도액)(10X상각율)	1,804,000
13.회사계상액(12)-(7)	1,804,000
14.경비구분	1.500번대/제조
15.당기말감가상각누계액	2,804,000
16.당기말장부가액	2,196,000
17.당기의제상각비	
18.전체양도일자	-----_-_-
19.전체폐기일자	-----_-_-
20.업종	01 / 차량및운
21.보조금적용여부	부 (0:부 / 1:여)
22.당기말보조금잔액	

④ 차량운반구(K5) : 3,382,000원

자산계정과목	0208	차량운반구	
	자산코드/명	취득년월일	상각방법
000302	K5	2025-07-08	정액법

기본등록사항 / 추가등록사항

1.기초가액	
2.전기말상각누계액(-)	
3.전기말장부가액	
4.당기중 취득 및 당기증가(+)	33,820,000
5.당기감소(일부양도ㆍ매각ㆍ폐기)(-)	
전기말상각누계액(당기감소분)(+)	
6.전기말자본적지출액누계(+)(정액법만)	
7.당기자본적지출액(즉시상각분)(+)	
8.전기말부인누계액(+) (정률만 상각대상에 가산)	
9.전기말의제상각누계액(-)	
10.상각대상금액	33,820,000
11.내용연수/상각률(월수)	5 / 0.2 (6)
12.상각범위액(한도액)(10X상각율)	3,382,000
13.회사계상액(12)-(7)	3,382,000
14.경비구분	6.800번대/판관비
15.당기말감가상각누계액	3,382,000
16.당기말장부가액	30,438,000
17.당기의제상각비	
18.전체양도일자	-----_-_-
19.전체폐기일자	-----_-_-
20.업종	01 / 차량및운
21.보조금적용여부	부 (0:부 / 1:여)
22.당기말보조금잔액	

⑤ 비품(냉난방기) : 721,600원

자산계정과목	0212	비품	
	자산코드/명	취득년월일	상각방법
000401	냉난방기	2023-06-20	정률법

기본등록사항 / 추가등록사항

1.기초가액	2,000,000
2.전기말상각누계액(-)	400,000
3.전기말장부가액	1,600,000
4.당기중 취득 및 당기증가(+)	
5.당기감소(일부양도ㆍ매각ㆍ폐기)(-)	
전기말상각누계액(당기감소분)(+)	
6.전기말자본적지출액누계(+)(정액법만)	
7.당기자본적지출액(즉시상각분)(+)	
8.전기말부인누계액(+) (정률만 상각대상에 가산)	
9.전기말의제상각누계액(-)	
10.상각대상금액	1,600,000
11.내용연수/상각률(월수)	5 / 0.451 (12)
12.상각범위액(한도액)(10X상각율)	721,600
13.회사계상액(12)-(7)	721,600
14.경비구분	1.500번대/제조
15.당기말감가상각누계액	1,121,600
16.당기말장부가액	878,400
17.당기의제상각비	
18.전체양도일자	-----_-_-
19.전체폐기일자	-----_-_-
20.업종	13 / 제조업
21.보조금적용여부	부 (0:부 / 1:여)
22.당기말보조금잔액	

⑥ 비품(컴퓨터) : 1,691,250원　　　⑦ 비품(온풍기) : 1,014,750원

⑧ 개발비 : 333,333원

3. 미상각분감가상각비

고정자산등록 메뉴에 등록된 자료 중 아직 상각중인 미상각분의 감가상각계산내역을 조회할 수 있다. 고정자산등록 메뉴의 입력사항을 반영하여 자동 계산되므로 조회하고자 하는 고정자산의 계정코드를 입력하여 작성된 감가상각계산 해당 명세의 조회 및 출력을 한다.

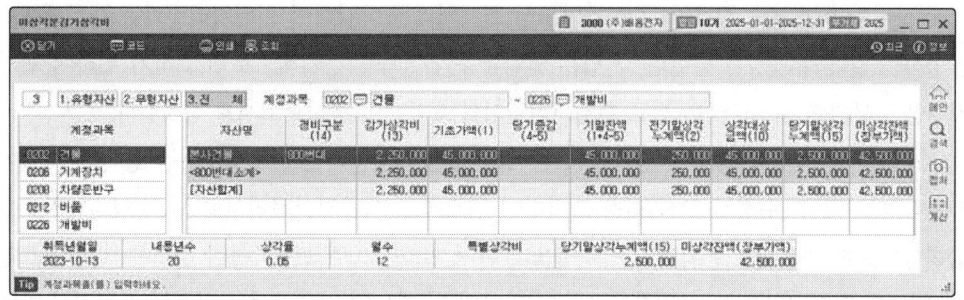

4. 양도자산감가상각비

고정자산등록 메뉴에서 양도자산에 대한 입력사항을 반영하여 자동 계산한다. 양도자산의 유형자산(건물, 기계장치, 비품 등) 또는 무형자산(영업권, 특허권, 개발비 등)의 감가상각계산의 명세를 조회 및 출력한다.

5. 고정자산관리대장

고정자산등록 메뉴에서 등록한 유형·무형자산에 대한 모든 입력사항을 반영하여 조회 및 출력하는 메뉴이다. 고정자산등록의 [미상각자산 / 양도자산 / 폐기자산 / 사용부서]등 당해연도에 변동된 내역을 반영한다.

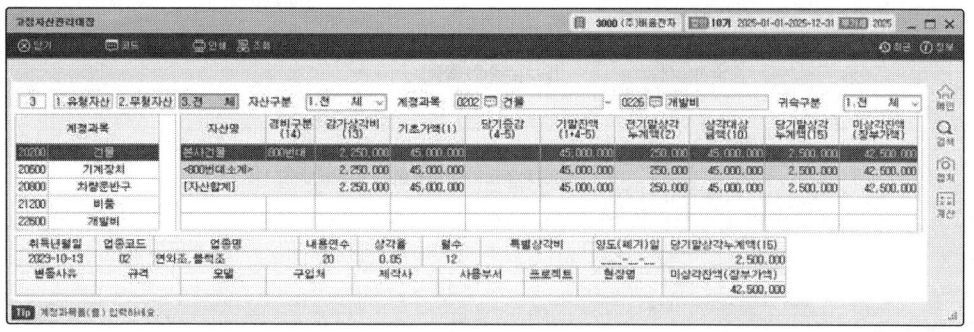

CHAPTER 02 결산프로세스

결산이란 회계연도 종료일 그 회계연도의 회계처리를 마감하여 회계처리결과를 재무제표로 작성하는 일련의 과정을 말한다. 기업은 영업활동의 결과를 정기적으로 보고하기 위하여 회계기간을 구분하여 매 회계연도별로 회계처리결과를 요약하여 결산보고서를 작성한다.

KcLep 프로그램을 통하여 결산을 하는 경우에는 회계처리만으로 장부마감 등의 절차없이 자동작성이 되어 [수정전 시산표]를 출력하여 검토하고 기말결산정리사항 및 수정분개전표를 입력함으로써 재무제표를 확정하는 작업을 말한다. 또한, 프로그램을 통한 결산은 [일반전표입력] 메뉴에 직접 입력하는 수동결산과 [결산자료입력] 메뉴에 입력하여 작업하는 자동결산 방법으로 구분된다.

1. KcLep 결산 프로세스(법인기업)

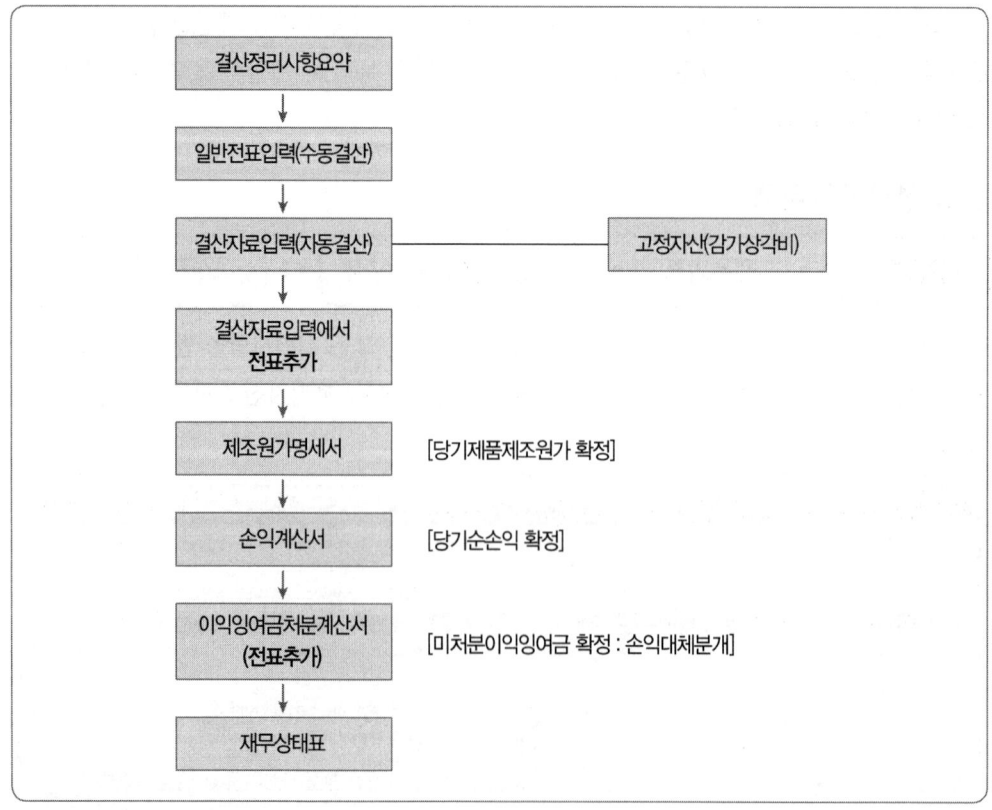

2. 수동결산 실무

결산자료 중 수동결산정리사항은 [일반전표입력] 메뉴에 재무제표보고일(=결산일)로 직접 회계처리 한다.

수동결산정리사항	자산계정	① 재고자산의 감모·평가손실 ② 유가증권 평가 ③ 외화자산 평가 ④ 보통예금 마이너스 대출 정리 ⑤ 현금과부족, 가지급금 등 가계정 정리 ⑥ 부가세대급금 정리
	부채계정	① 외화부채 평가 ② 비유동부채 유동성대체 ③ 가수금 등 가계정 정리 ④ 부가세예수금 정리
	수익·비용계정	① 수익이연(선수수익) ② 비용이연(선급비용) ③ 수익예상(미수수익) ④ 비용예상(미지급비용) ⑤ 소모품(저장품) 정리

3. 자동결산 실무

1 자동결산정리사항

결산기준일의 정리사항 중 [일반전표입력] 메뉴에 입력한 수동결산을 제외한 "자동결산정리사항"을 [결산자료입력] 메뉴에 해당사항의 금액을 입력하고 난 다음 F3전표추가 키를 이용하여 결산대체분개를 자동으로 생성한다.

자동결산정리사항	자산계정	① 재고자산 계정의 정리(매출원가 대체 등) ② 대손충당금 설정 ③ 유형자산의 감가상각 ④ 무형자산 상각
	부채계정	① 퇴직급여충당부채 설정
	수익·비용계정	① 법인세(소득세) 등 설정

2 결산자료입력

결산자료입력 메뉴는 결산작업의 마지막 단계로 결산정리사항을 수동대체 분개를 하지 않고 본 화면 해당란에 해당금액을 입력하여 자동분개 하는 메뉴이다. 월별, 분기별, 반기별, 년간으로 해당월의 선택에 따라 중간결산과 기말결산을 진행한다.

결산자료입력 필드 설명

항 목	입력내용 및 방법
전표추가(F3)	해당금액을 입력 후 마지막에 F3 전표추가 키를 클릭하여 결산분개를 자동으로 생성한다.
원가설정(F4)	업종별 원가 설정 시 사용하며 [451.상품매출원가]는 입력하지 않는다.
결산분개삭제(CF5)	일반전표의 자동 결산 분개를 삭제 시 사용한다.
잔액조회(F6)	계정과목의 잔액을 확인하고자 하는 경우 사용한다.
감가상각(F7)	[고정자산등록]에서 저장된 당기상각비를 해당 자산에 자동으로 반영 시 선택하며 결산반영 키를 눌러서 반영한다.

항 목		입력내용 및 방법
대손상각(F8)		대손충당금 설정을 자동 계산하여 결산에 자동 반영 시 사용한다. ① 대손율(%) : 대손충당금 설정률을 입력한다. ② 설정전 충당금 잔액 : [합계잔액시산표]의 금액이 반영된다. ③ 추가설정액 : 결산에 반영되는 금액으로 직접 입력 및 수정·삭제가 가능하다. **대손상각** 대손율(%) 1.00 ❶ 	코드	계정과목명	금액	설정전 충당금 잔액		추가설정액(결산반영) [(금액x대손율)-설정전충당금잔액]	유형
			코드	계정과목명	금액		
0108	외상매출금	247,790,000	0109	대손충당금	2,000,000	477,900	판관
0110	받을어음	32,000,000	0111	대손충당금		320,000	판관
0120	미수금	5,836,700	0121	대손충당금		58,367	영업외
0131	선급금	3,000,000	0132	대손충당금		30,000	영업외
	대손상각비 합계				❷	797,900	판관
	기타의 대손상각비					88,367	영업외	 새로불러오기 결산반영 취소(Esc)
퇴직충당(CF8)		퇴직급여충당부채를 결산에 자동 반영 시 사용한다. ① 퇴직급여추계액 : 보고기간 종료일 현재 지급해야 할 퇴직금을 직접 입력한다. ② 당기감소 : 전표입력 시 차변에 "퇴직급여충당부채" 감소처리 시 적요를 선택하여 자동 반영한다. **적 요** 1 퇴직시 퇴직급여충당부채 상계(판관) 6 퇴직급여충당부채 환입 2 퇴직시 퇴직급여충당부채 상계(제조) 7 퇴직급여충당부채당기설정액 3 퇴직시 퇴직급여충당부채 상계(도급) 8 퇴직시 퇴직급여충당부채 상계(보관) 4 퇴직시 퇴직급여충당부채 상계(분양) 9 퇴직시 퇴직급여충당부채 상계(운송) 5 퇴직급여충당부채 전기 설정액 ③ 잔액 : 기초금액에서 환입에 의한 당기증가는 더하고 당기감소를 차감한 금액으로 "설정전 잔액"을 의미한다. ④ 추가설정액 : "퇴직급여추계액 − 설정전 잔액"을 의미하며 결산반영 키를 누르면 결산에 반영되는 금액이다. ⑤ 유형 : 원가 구분을 의미하며 [제조 − 노무비의 퇴직급여], [판관 − 판매비와관리비의 퇴직급여]로 반영된다. **퇴직충당부채** | 코드	계정과목명	퇴직급여추계액	설정전 잔액				추가설정액(결산반영) (퇴직급여추계액-설정전잔액)	유형
			기초금액	당기증가	당기감소	잔액		
0508	퇴직급여	15,000,000	6,000,000		4,000,000	2,000,000	13,000,000	제조
0806	퇴직급여	10,000,000	4,000,000			4,000,000	6,000,000	판관
		❶		❷	❸		❹	❺	 새로불러오기 결산반영 취소(Esc)
기 간		결산을 하고자 하는 대상기간을 입력한다.
결산반영금액	각 재고자산의 기말재고액 입력	기말상품재고액, 기말원재료재고액, 기말부재료재고액, 기말재공품재고액, 기말제품재고액 등의 각 해당란에 커서위치 시 입력한다.
	각 유형자산의 감가상각비 입력	당기상각비의 귀속에 따라 판매비와일반관리비, 제조경비의 감가상각비란에 해당자산의 당기 감가상각비 해당액을 입력한다. ■ 직접입력 : 각 경비별로 유형자산의 결산반영금액란에 입력한다. ■ 자동반영 : 툴바의 F7 감가상각 의 결산반영금액을 본 메뉴에 자동 반영하며 고정자산등록의 금액을 결산기간 만큼 안분해서 가져온다.

항 목		입력내용 및 방법
결산반영금액	퇴직급여의 입력	판매비와일반관리비, 제조경비의 퇴직급여(전입액), 퇴직연금충당금전입액란에 설정액을 입력한다. ■ 직접입력 : 퇴직급여충당부채의 추가 설정액을 결산반영금액란에 입력한다. ■ 자동반영 : 툴바의 `CF8 퇴직충당` 에서 추가설정액을 자동 반영한다.
	대손상각의 입력	판매비와일반관리비의 대손상각란, 영업외비용의 기타의대손상각란에 각 채권별로 해당 대손충당금 설정액을 입력한다. ■ 직접입력 : 각 경비별로 채권에 대한 회수 불가능액을 추산하여 입력한다. ■ 자동반영 : 툴바의 `F8 대손상각` 에 의해 반영하며 보충법에 의해 계산한 추가설정액을 자동 반영한다.
	무형자산의 상각액 입력	판매비와일반관리비의 무형자산란에 각 무형자산 해당 계정과목별 당기상각액을 입력한다. ■ 직접입력 : 무형자산의 결산반영금액란에 입력한다. ■ 자동반영 : 툴바의 `F7 감가상각` 의 결산반영금액을 본 메뉴에 자동 반영하며 고정자산등록의 금액을 결산기간 만큼 안분해서 가져온다.
	법인세등의 입력	선납세금 및 납부해야하는 미지급세금(추가계상액) 금액을 결산반영금액란에 입력한다.

(1) 매출원가와 원가경비 선택

[결산자료입력] 메뉴를 클릭하면 "매출원가 및 경비선택" 팝업창이 나오면 선택하고자 하는 원가를 선택하여 [사용여부 - 여]로 변경한다. 전산회계 1급은 전기분원가명세서 작성을 하였으므로 별도의 원가 설정은 필요하지 않으므로 "확인(Enter)"을 선택하고 결산자료를 입력한다.

(2) 결산자료 전표추가

결산자료 해당사항을 모두 입력한 후 프로그램 상단의 `F3 전표추가` 키 클릭 시 일반전표에 결산분개를 추가할 것인지 메세지가 나온다.

여기서 "예(Y)" 버튼을 선택하면 해당 분개가 [일반전표입력]에 추가되며 또한 결산이 완료된다. [결산자료입력] 메뉴에 자료 저장만 하고 F3전표추가 를 하지 않으면 결산분개가 발생하지 않아 결산을 완료할 수 없다.

(3) 결산의 수정

① [결산자료입력] 메뉴를 이용한 자동 결산대체분개의 수정 및 삭제

결산분개를 자동으로 발생시킨 후 각 회사의 특성에 따라 손익계산서 등의 표시가 적정하지 않을 경우, 결산분개가 이루어진 기간을 선택하여 [결산자료입력] 메뉴의 "결산분개삭제" 버튼을 선택하여 해당 결산분개를 삭제할 수 있다.

② 결산대체 분개의 일괄삭제

재결산 등의 이유로 "결산대체분개"를 삭제하고자 할 때 결산기간 입력 종료월의 해당 [일반전표입력]에서 SF5 일괄삭제 를 누르면 "일반전표 – 일괄삭제" 팝업창이 열린다.

"결산분개"에 체크표시가 되어 있는 상태에서 "확인(Tab)" 버튼을 클릭하면 다시 삭제여부를 묻는 메시지가 나타나므로 삭제를 원할시에는 "예(Y)" 버튼을 삭제를 원치 않을 때는 "아니오(N)" 버튼을 클릭한다.

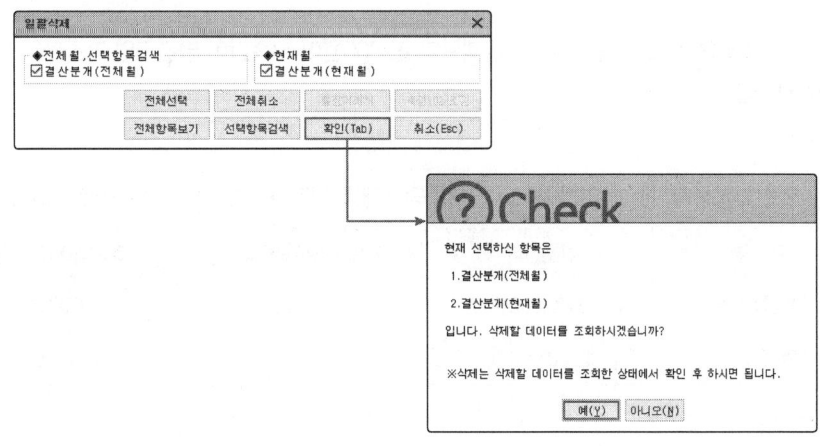

다음 [결산자료]를 참고로 (주)배움전자(회사코드 : 3000)의 결산을 수행하고 재무제표를 완성하시오.
(단, 제시된 자료 이외의 자료는 없다고 가정함)

[1] 2025년 2월 4일 우리은행으로부터 100,000,000원을 연 3%의 이자율로 3년간 차입하였다. 이자는 원금상환과 함께 3년 후 보통예금에서 지급할 예정이다. (단, 월할계산하며 1월 미만은 1월로 함)

[2] 공장건물 화재보험료 1년분(2025년 10월 1일 ~ 2026년 9월 30일) 1,000,000원을 현금으로 납부하면서 모두 보험료로 회계처리 하였다. (단, 보험료는 월할계산할 것)

[3] 소모품을 취득하여 당기 비용(판매비와관리비)으로 처리하였으며 12월 31일 현재 남아 있는 소모품이 400,000원이다.

[4] 우리은행에서 차입한 장기차입금 중에서 내년에 만기가 도래하는 차입금 50,000,000원이 있다.

[5] 결산 시 당사 소유주식 단기매매증권을 아래와 같이 평가하였다.

- 기말현재 장부금액 : 3,000,000원
- 공정가치 : 3,700,000원

[6] 단기차입금 중에는 금화은행에서 차입한 외화단기차입금 10,000,000원(U$10,000)이 포함되어 있다. (보고기간 종료일 현재 적용환율 : U$1,300원)

[7] 기말 현재 실제 현금 보유액은 장부상 금액보다 20,000원이 부족함이 발견되었으며 기말 현재 차이금액의 원인을 알 수 없다.

[8] 당사는 일반기업회계기준에 의하여 퇴직급여충당부채를 설정하고 있으며, 관련자료는 다음과 같다.

구 분	기초금액	기중감소(사용)금액	기말금액(퇴직금추계액)
생산직 사원	6,000,000원	4,000,000원	15,000,000원
사무직 사원	4,000,000원		10,000,000원

[9] 유형자산 및 무형자산에 대한 감가상각비는 고정자산등록 메뉴에 등록된 자료를 결산에 반영하시오.

[10] 대손상각비는 매출채권(외상매출금과 받을어음) 잔액에 대하여 1%를 설정하기로 한다.

[11] 재고자산의 실제조사 된 기말재고액은 다음과 같다.

자 산 명	기말재고액
상 품	1,500,000원
원 재 료	90,000,000원
재 공 품	5,000,000원
제 품	30,000,000원

[12] 법인세등으로 계상할 금액은 12,500,000원이다. 선납세금계정에 법인세 중간예납세액 및 원천납부세액이 계상되어 있다.

[13] 발행주식수 30,000주를 입력하여 주당손익을 계상한다.

 예제 따라하기

[수동결산 : 일반전표입력]
일반전표입력 메뉴 12월 31일에 결산수정분개를 직접 입력한다.

[1] 비용의 발생(미지급비용)

월	일	구분	계정과목	거래처	차변	대변
12	31	차변	이자비용		2,750,000	
		대변	미지급비용			2,750,000

- 이자비용 = 100,000,000원 × 3% × 11개월/12개월 = 2,750,000원

[2] 비용의 이연(선급비용)

월	일	구분	계정과목	거래처	차변	대변
12	31	차변	선급비용		750,000	
		대변	보험료(제)			750,000

- 선급비용 = 1,000,000원 × 9개월/12개월 = 750,000원

[3] 소모품미사용액 계상

월	일	구분	계정과목	거래처	차변	대변
12	31	차변	소모품		400,000	
		대변	소모품비(판)			400,000

- 구입시 비용처리 : 결산시 미사용액 자산처리
- 구입시 자산처리 : 결산시 사용액 비용처리

[4] 비유동부채 유동성대체

월	일	구분	계정과목	거래처	차변	대변
12	31	차변	장기차입금	우리은행	50,000,000	
		대변	유동성장기부채	우리은행		50,000,000

[5] 단기매매증권의 평가

월	일	구분	계정과목	거래처	차변	대변
12	31	차변	단기매매증권		700,000	
		대변	단기매매증권평가이익			700,000

- 단기매매증권평가손익 = 공정가치 - 장부금액 = 3,700,000원 - 3,000,000원 = 700,000원(이익)

[6] 화폐성 외화부채 평가

월	일	구분	계정과목	거래처	차변	대변
12	31	차변	외화환산손실		3,000,000	
		대변	단기차입금	금화은행		3,000,000

- 외화환산손실 = (U$10,000 × 1,300원) - 10,000,000원 = 3,000,000원(부채 증가)
  ⇨ 외화부채는 환율이 상승하면 외화환산손실이 발생한다.

[7] 현금부족액의 정리

월	일	구분	계정과목	거래처	차변	대변
12	31	차변	잡 손 실		20,000	
		대변	현 금			20,000

- 결산시점에 발견한 현금부족액은 현금과부족 임시계정을 사용하지 않으며 원인불명이므로 영업외비용으로 처리한다.

[자동결산 : 결산자료입력]

결산자료입력 메뉴를 선택하고 기간(01월 ~ 12월)을 설정한다. 기본적으로 원가설정은 [제품매출원가]로 되어 있으므로 "확인(Enter)"을 누른다.

[8] 퇴직급여충당부채 설정

퇴직급여충당부채의 설정액은 [결산자료입력]의 해당란에 직접입력하거나 상단의 `CF8 퇴직충당` 키를 클릭하고 "퇴직급여추계액"란에 금액을 입력한 후 "추가설정액"이 계산되면 `결산반영`을 눌러 결산자료에 자동 반영시킨다.

퇴직급여충당부채 설정액 = 퇴직급여추계액 - 퇴직급여충당부채잔액
- 생산직 : 15,000,000원 - 2,000,000원 = 13,000,000원
- 사무직 : 10,000,000원 - 4,000,000원 = 6,000,000원

퇴직충당부채

코드	계정과목명	퇴직급여추계액	설정전 잔액				추가설정액(결산반영) (퇴직급여추계액-설정전잔액)	유형
			기초금액	당기증가	당기감소	잔액		
0508	퇴직급여	15,000,000	6,000,000		4,000,000	2,000,000	13,000,000	제조
0806	퇴직급여	10,000,000	4,000,000			4,000,000	6,000,000	판관

±	코드	과 목	결산분개금액	결산전금액	결산반영금액	결산후금액
		3)노 무 비		3,000,000	13,000,000	16,000,000
		1). 임금 외		3,000,000		3,000,000
	0504	임금		3,000,000		3,000,000
	0508	2). 퇴직급여(전입액)			13,000,000 ←	13,000,000
	0550	3). 퇴직연금충당금전입액				

±	코드	과 목	결산분개금액	결산전금액	결산반영금액	결산후금액
		4. 판매비와 일반관리비		27,621,966	6,000,000	33,621,966
		1). 급여 외		2,000,000		2,000,000
	0801	급여		2,000,000		2,000,000
	0806	2). 퇴직급여(전입액)		4,900,000	6,000,000 ←	10,900,000
	0850	3). 퇴직연금충당금전입액				

[9] 고정자산 감가상각비 계상

감가상각비(무형자산상각비)는 [결산자료입력]의 제조경비와 판매비와일반관리비 "(일반)감가상각비"란에 각각 구분하여 직접 입력하거나 상단의 F7 감가상각 키를 클릭하여 [고정자산등록]에 등록한 감가상각비를 결산반영 을 눌러 결산자료에 자동 반영시킨다.

감가상각

코드	계정과목명	경비구분	고정자산등록 감가상각비	감가상각비 X (조회기간월수/내용월수)	고정자산등록 보조금상계액	보조금상계액 X (조회기간월수/내용월수)	결산반영금액	결산반영금액 보조금상계액
0202	건물	판관	2,250,000	2,250,000			2,250,000	
0206	기계장치	제조	5,712,250	5,712,250			5,712,250	
0208	차량운반구	제조	1,804,000	1,804,000			1,804,000	
0208	차량운반구	판관	3,382,000	3,382,000			3,382,000	
0212	비품	제조	721,600	721,600			721,600	
0212	비품	판관	2,706,000	2,706,000			2,706,000	
0226	개발비	판관	333,333	333,333			333,333	
	감가상각비(제조)합계		8,237,850	8,237,850			8,237,850	
	감가상각비(판관)합계		8,671,333	8,671,333			8,671,333	

±	코드	과 목	결산분개금액	결산전금액	결산반영금액	결산후금액
		7)경 비		11,470,230	8,237,850	19,717,000
		1). 복리후생비 외		11,479,230		11,479,230
	0511	복리후생비		3,215,230		3,215,230
	0513	접대비		550,000		550,000
	0518	2). 일반감가상각비			8,237,850	8,237,850
	0202	건물				
	0206	기계장치			5,712,250	5,712,250
	0208	차량운반구			1,804,000	1,804,000
	0212	비품			721,600	721,600

±	코드	과 목	결산분개금액	결산전금액	결산반영금액	결산후금액
		4. 판매비와 일반관리비		27,621,966	14,671,333	42,293,299
	0850	3). 퇴직연금충당금전입액				
	0818	4). 감가상각비			8,338,000	8,338,000
	0202	건물			2,250,000	2,250,000
	0206	기계장치				
	0208	차량운반구			3,382,000	3,382,000
	0212	비품			2,706,000	2,706,000
	0835	5). 대손상각		780,000		780,000
	0108	외상매출금				
	0110	받을어음				
	0840	6). 무형자산상각비			333,333	333,333
	0226	개발비			333,333	333,333

[10] 대손상각비 계상

대손상각비 설정액은 [결산자료입력]의 해당란에 직접입력하거나 상단의 F8 대손상각 키를 클릭하고 "**대손율(%) - 1%**"을 입력하면 "추가설정액"이 계산되며 결산반영 을 눌러 결산자료에 자동반영 시킨다. 다만, 기타채권이 **설정대상 채권이 아닌 경우** 반드시 "추가설정액"란의 금액을 **삭제**한 후 반영하여야 한다.

- 대손충당금 설정액 = (채권잔액 × 대손율) - 대손충당금 잔액
  - 외상매출금 : (247,790,000원 × 1%) - 2,000,000원 = 477,900원
  - 받을어음 : (32,000,000원 × 1%) - 0원 = 320,000원

대손상각 (대손율(%) 1.00)

코드	계정과목명	금액	설정전 충당금 잔액			추가설정액(결산반영) [(금액×대손율)-설정전충당금잔액]	유형
			코드	계정과목명	금액		
0108	외상매출금	247,790,000	0109	대손충당금	2,000,000	477,900	판관
0110	받을어음	32,000,000	0111	대손충당금		320,000	판관
0120	미수금	5,836,700	0121	대손충당금			영업외
0131	선급금	3,000,000	0132	대손충당금			영업외
	대손상각비 합계					797,900	판관

±	코드	과 목	결산분개금액	결산전금액	결산반영금액	결산후금액
		4. 판매비와 일반관리비		27,621,966	15,469,233	43,091,199
		1). 급여 외		2,000,000		2,000,000
	0801	급여		2,000,000		2,000,000
	0806	2). 퇴직급여(전입액)		4,900,000	6,000,000	10,900,000
	0850	3). 퇴직연금충당금전입액				
	0818	4). 감가상각비			8,338,000	8,338,000
	0202	건물			2,250,000	2,250,000
	0206	기계장치				
	0208	차량운반구			3,382,000	3,382,000
	0212	비품			2,706,000	2,706,000
	0835	5). 대손상각		780,000	797,900	1,577,900
	0108	외상매출금			477,900	477,900
	0110	받을어음			320,000	320,000

[11] 재고자산 매출원가 계상

기말재고자산의 기말재고액을 해당 결산반영금액란에 각각 직접 입력한다.

±	코드	과 목	결산분개금액	결산전금액	결산반영금액	결산후금액
		2. 매출원가		248,419,230		178,157,080
	0451	상품매출원가				2,250,000
	0146	② 당기 상품 매입액		3,750,000		3,750,000
	0146	⑩ 기말 상품 재고액			1,500,000	1,500,000
	0455	제품매출원가				175,907,080
		1)원재료비		215,190,000		125,190,000
	0501	원재료비		215,190,000		125,190,000
	0153	① 기초 원재료 재고액		20,000,000		20,000,000
	0153	② 당기 원재료 매입액		195,190,000		195,190,000
	0153	⑩ 기말 원재료 재고액			90,000,000	90,000,000

±	코드	과 목	결산분개금액	결산전금액	결산반영금액	결산후금액
	0455	8)당기 총제조비용		229,669,230		160,907,080
	0169	① 기초 재공품 재고액		10,000,000		10,000,000
	0169	⑩ 기말 재공품 재고액			5,000,000	5,000,000
	0150	9)당기완성품제조원가		239,669,230		165,907,080
	0150	① 기초 제품 재고액		15,000,000		15,000,000
	0150	⑧ 타계정으로 대체액		10,000,000		10,000,000
	0150	⑩ 기말 제품 재고액			30,000,000	30,000,000

[12] 법인세비용 계상

법인세등에 해당하는 금액을 해당란에 각각 직접 입력하며 선납세금과 추가계상액을 입력하면 "9.법인세등"의 금액은 법인세등 계상액과 일치하여야 한다.

- 선납세금 : "결산전금액"에 반영된 2,554,000원을 결산반영금액란에 입력한다.
- 추가계상액 : 법인세추산액 − 선납세금 = 12,500,000원 − 2,554,000원 = 9,946,000원
  9,946,000원을 결산반영금액란에 입력한다.

±	코드	과 목	결산분개금액	결산전금액	결산반영금액	결산후금액
	0998	9. 법인세등			12,500,000	12,500,000
	0136	1). 선납세금		2,554,000	2,554,000	2,554,000
	0998	2). 추가계상액			9,946,000	9,946,000

[13] 주당손익 계상

발행주식수를 주식수란에 30,000주를 입력하여 주당이익을 계산한다.

±	코드	과 목	결산분개금액	결산전금액	결산반영금액	결산후금액
		10. 당기순이익		132,043,810	77,292,917	209,336,727
		11. 주당이익			30,000	6,977
		주식수			30,000	30,000

[자동결산 : 결산자료입력 전표추가]

[결산자료입력]의 자동결산은 반드시 F3 전표추가를 해야 결산분개가 [일반전표입력]에 자동으로 반영된다. 결산분개가 추가되면 [자동 결산분개 완료]라는 문구가 상단에 표기된다.

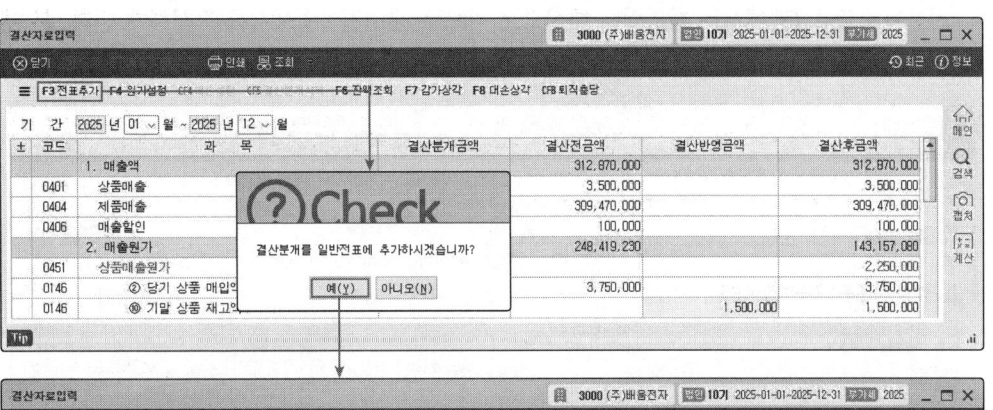

[일반전표입력 결산분개 확인]

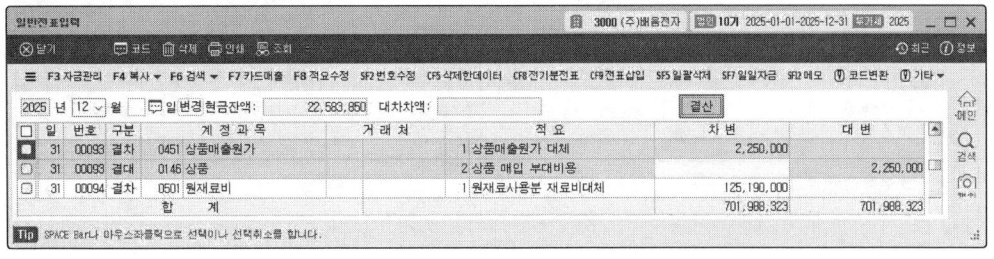

CHAPTER 03 재무제표 작성

PART 04 결산관리

기업은 기간을 정하여 결산이 완료되면 결산보고서를 정한다. 결산보고서란 기업의 회계년도의 경영성과와 결산일 현재의 재무상태 등을 기업과 관련한 이해관계자에게 공시하기 위한 보고서를 말한다. 결산보고서는 영업보고서, 재무제표, 재무제표 부속명세서, 감사보고서가 있다.

1. 제조원가명세서

회계관리 ▶▶ 재무회계 ▶▶ 결산/재무제표 ▶▶ 제조원가명세서

원가명세서는 손익계산서의 매출원가 중 제조업의 제품매출원가에 대하여 당기제품제조원가가 어떻게 산출된 것인지 그 내역을 기록한 재무제표 부속명세서로 제조업인 경우 제조원가명세서를, 건설업인 경우에는 건설형태에 따라 도급공사원가명세서, 분양공사원가명세서 등으로 구분할 수 있다.

전산회계프로그램에서는 제조업을 대상으로 하므로 제조원가명세서를 작성하게 된다. 본 메뉴는 관리용, 제출용, 표준용으로 구분되어 작성된다.

과 목	제10(당)기 [2025년01월01일~2025년12월31일] 금액	제9(전)기 [2024년01월01일~2024년12월31일] 금액
1.원재료비	125,190,000	134,000,000
기초원재료재고액	20,000,000	12,000,000
당기원재료매입액	195,190,000	142,000,000
기말원재료재고액	90,000,000	20,000,000
2.노무비	16,000,000	93,700,000
임금	3,000,000	93,700,000
퇴직급여	13,000,000	
3.경비	19,717,080	36,900,000
복리후생비	3,215,230	13,540,000
기업업무추진비	550,000	
통신비	179,000	
가스수도료		4,700,000
전력비	210,000	6,100,000
세금과공과	135,000	1,870,000
감가상각비	8,237,850	3,750,000
수선비	1,420,000	1,300,000
보험료	250,000	1,200,000
차량유지비	120,000	890,000
경상연구개발비	5,000,000	
소모품비	400,000	750,000
외주가공비		2,800,000
4.당기 총 제조비용	160,907,080	264,600,000
5.기초재공품 재고액	10,000,000	20,000,000
6.합계	170,907,080	284,600,000
7.기말재공품 재고액	5,000,000	10,000,000
8.타계정으로 대체액		
9.당기제품 제조원가	165,907,080	274,600,000

2. 손익계산서

손익계산서란 일정기간 동안의 경영성과를 나타내는 보고서를 말한다. 일정기간 중 실현된 수익에서 발생된 비용을 차감하여 당기순이익을 산출하는 과정을 표시한다. 프로그램에서는 관리용, 제출용, 포괄손익, 표준용으로 구분하여 조회할 수 있다.

과 목	제 10(당)기 2025년1월1일 ~ 2025년12월31일 금액		제 9(전)기 2024년1월1일 ~ 2024년12월31일 금액	
I . 매출액		312,870,000		495,500,000
상품매출	3,500,000			
제품매출	309,470,000		495,500,000	
매출할인	100,000			
II . 매출원가		143,157,080		267,100,000
상품매출원가		2,250,000		
기초상품재고액				
당기상품매입액	3,750,000			
기말상품재고액	1,500,000			
제품매출원가		140,907,080		267,100,000
기초제품재고액	15,000,000		7,500,000	
당기제품제조원가	165,907,080		274,600,000	
타계정으로 대체액	10,000,000			
기말제품재고액	30,000,000		15,000,000	
III . 매출총이익		169,712,920		228,400,000
IV . 판매비와관리비		43,091,199		209,700,000
급여	2,000,000		146,500,000	
퇴직급여	10,900,000			
복리후생비	5,030,820		19,550,000	
여비교통비			2,750,000	
기업업무추진비	9,020,000		12,370,000	
통신비	215,000		2,130,000	
수도광열비	288,846		3,500,000	
세금과공과	652,500		5,250,000	
감가상각비	8,338,000		4,800,000	
임차료			3,500,000	
보험료	850,000		2,350,000	
차량유지비	790,000		4,700,000	
V . 영업이익		126,621,721		18,700,000
VI . 영업외수익		115,630,006		2,100,000
이자수익	1,000,000		1,200,000	
임대료			900,000	
단기매매증권평가이익	700,000			
단기매매증권처분이익	2,930,000			
유형자산처분이익	1,000,000			
자산수증이익	100,000,000			
채무면제이익	5,000,000			
보험금수익	5,000,000			
잡이익	6			
VII . 영업외비용		20,415,000		1,900,000
이자비용	4,750,000		1,900,000	
기부금	5,000,000			
외화환산손실	3,000,000			
매출채권처분손실	120,000			
재해손실	1,000,000			
유형자산처분손실	6,500,000			
잡손실	20,000			
수수료비용	25,000			
VIII . 법인세차감전이익		221,836,727		18,900,000
IX . 법인세등		12,500,000		100,000
법인세비용	12,500,000		100,000	
X . 당기순이익		209,336,727		18,800,000

3. 이익잉여금처분계산서(또는 미처리결손금계산서)

이익잉여금처분계산서는 이익잉여금의 총변동사항을 명확히 보고하기 위해 작성하는 서식이며 재무제표에는 해당하지 않으나 **상법에 의하여 주석으로 공시한다.**

일반기업회계기준(재무상태표일 후 발생한 사건)에 따라 이익잉여금처분내역을 재무상태표에 표시하지 않는다. 손익계산서를 작성하고 이익잉여금처분계산서에 들어가면 손익계산서의 당기순손익이 자동반영 된다.

[이익잉여금처분계산서] 메뉴에서 "당기처분예정일"을 입력하고 "Ⅱ.임의적립금 등의 이입액" 및 "Ⅲ.이익잉여금처분액"을 입력한다. 또한 상단의 F6전표추가 버튼을 클릭하여 손익대체분개를 [일반전표입력]에 추가하여야 결산이 완료되며 전표추가를 하지 않는 경우 재무상태표의 "미처분이익잉여금" 금액이 반영이 되지 않아 차액이 발생하는 오류가 발생한다.

[전표추가에 의한 자동분개내역]

구 분	분개내용	
수익을 손익계정에 대체	(차) 수익	(대) 손익
비용을 손익계정에 대체	(차) 손익	(대) 비용
당기순이익을 미처분이익잉여금계정에 대체	(차) 손익	(대) 미처분이익잉여금
전기의 이월이익잉여금을 미처분이익잉여금계정에 대체	(차) 이월이익잉여금	(대) 미처분이익잉여금
미처분이익잉여금을 차기의 이월이익잉여금계정으로 대체	(차) 미처분이익잉여금	(대) 이월이익잉여금

다음 당기 이익잉여금 처분내역을 참고로 (주)배움전자(회사코드 : 3000)의 이익잉여금처분계산서를 완성하시오.
(전산회계 시험은 결산자료와 함께 출제되나 프로세스상 결산 및 필요한 재무제표는 작성하고 작업한다.)

[당기 이익잉여금 처분내역]

처분일자	■ 당기 : 2026.03.15. ■ 전기 : 2025.03.27.	
처분내역	이익준비금	2,000,000원
	현금배당	20,000,000원
	주식배당	10,000,000원

예제 따라하기

[이익잉여금처분계산서] 메뉴에서 "당기처분예정일(2026년 3월 15일)"을 입력하고 "Ⅲ.이익잉여금처분액"을 입력한다. 또한 상단의 F6 전표추가 버튼을 클릭하여 손익대체분개를 [일반전표입력]에 추가하여야 결산이 완료되며 전표추가를 하지 않는 경우 재무상태표의 "미처분이익잉여금" 금액이 반영이 되지 않아 차액이 발생하는 오류가 발생한다.

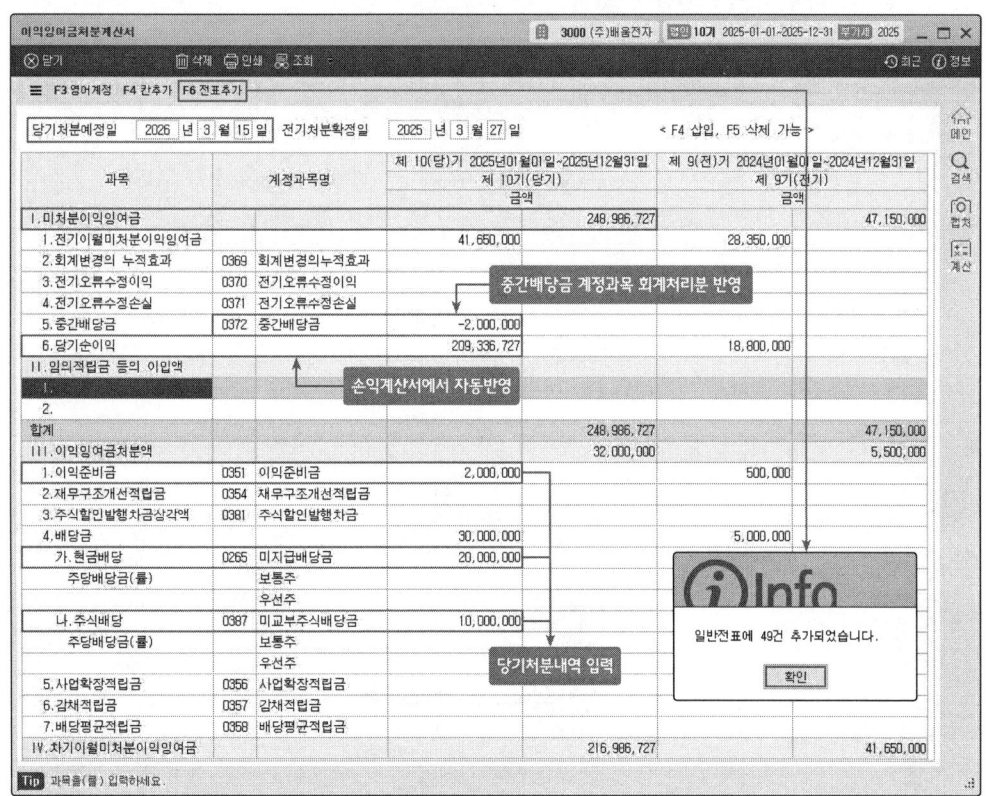

[일반전표입력 손익대체분개 확인]

4. 재무상태표

회계관리 ▸▸ 재무회계 ▸▸ 결산/재무제표 ▸▸ 재무상태표

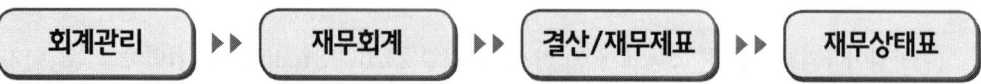

재무상태표는 일정한 시점(회계기간 종료일 현재)의 기업의 재무상태를 나타내는 보고서이다. 입력된 자료에 의하여 매월말 또는 결산월의 재무상태표를 조회할 수 있으며, 관리용, 제출용, 표준용으로 구분하여 조회할 수 있다.

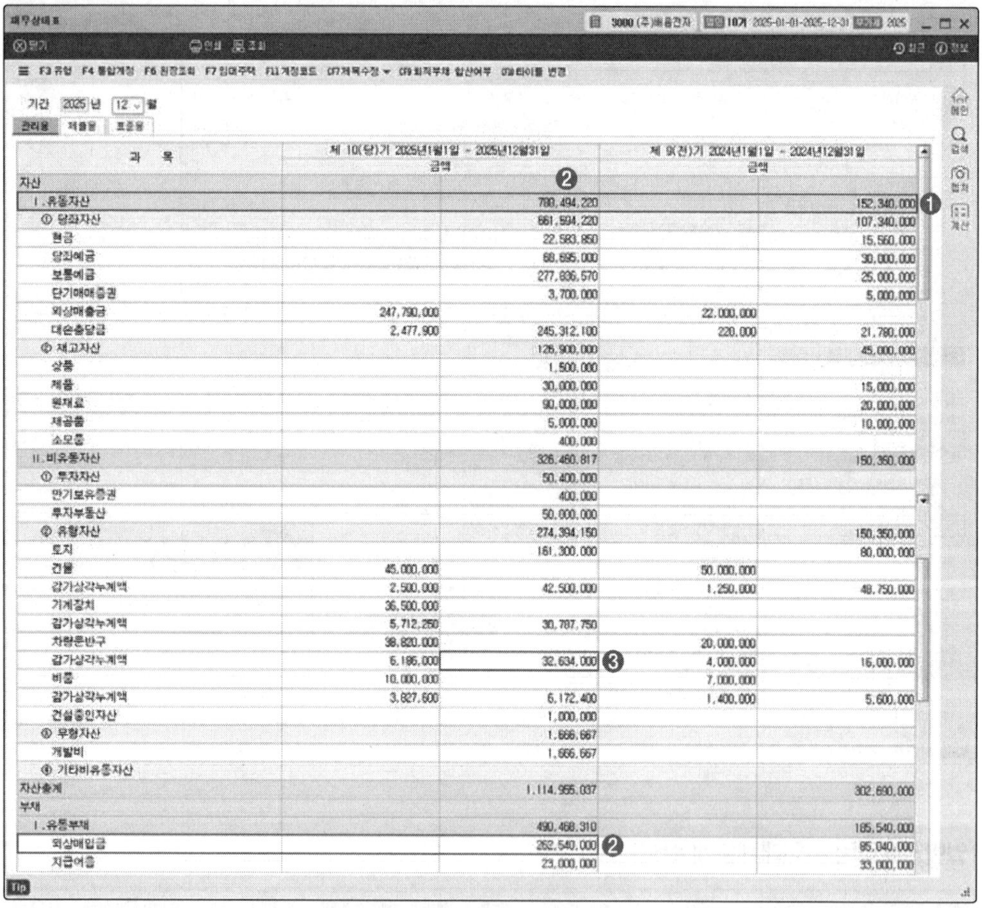

과목	제 10(당)기 2025년1월1일 ~ 2025년12월31일 금액		제 9(전)기 2024년1월1일 ~ 2024년12월31일 금액	
자산				
Ⅰ.유동자산		788,494,220		152,340,000
① 당좌자산		661,594,220		107,340,000
현금		22,583,850		15,560,000
당좌예금		68,695,000		30,000,000
보통예금		277,836,570		25,000,000
단기매매증권		3,700,000		5,000,000
외상매출금	247,790,000		22,000,000	
대손충당금	2,477,900	245,312,100	220,000	21,780,000
② 재고자산		126,900,000		45,000,000
상품		1,500,000		
제품		30,000,000		15,000,000
원재료		90,000,000		20,000,000
재공품		5,000,000		10,000,000
소모품		400,000		
Ⅱ.비유동자산		326,460,817		150,350,000
① 투자자산		50,400,000		
만기보유증권		400,000		
투자부동산		50,000,000		
② 유형자산		274,394,150		150,350,000
토지		161,300,000		80,000,000
건물	45,000,000		50,000,000	
감가상각누계액	2,500,000	42,500,000	1,250,000	48,750,000
기계장치	36,500,000			
감가상각누계액	5,712,250	30,787,750		
차량운반구	38,820,000		20,000,000	
감가상각누계액	6,186,000	32,634,000	4,000,000	16,000,000
비품	10,000,000		7,000,000	
감가상각누계액	3,827,600	6,172,400	1,400,000	5,600,000
건설중인자산		1,000,000		
③ 무형자산		1,666,667		
개발비		1,666,667		
④ 기타비유동자산				
자산총계		1,114,955,037		302,690,000
부채				
Ⅰ.유동부채		490,468,310		185,540,000
외상매입금		262,540,000		85,040,000
지급어음		23,000,000		33,000,000

[기출문제 예시]

① 12월말 현재 유동자산은 전기말 유동자산보다 얼마나 더 증가하였는가?

⇨ 12월말 현재 788,494,220원 – 전기분 152,340,000원 = 636,154,220원

② 12월 31일 현재 유동자산과 유동부채의 금액 차이는 얼마인가?

⇨ 유동자산 788,494,220원 – 유동부채 490,468,310원 = 298,025,910원

③ 12월 말 차량운반구의 장부금액은 얼마인가?

⇨ 차량운반구 38,820,000원 - 감가상각누계액(차량운반구) 6,186,000원 = 32,634,000원

[재무상태표 오류 원인]
① 결산 순서를 지키지 않고 바로 재무상태표를 조회한 경우
② 전기분재무상태표에 당기순이익, 당기순손실계정과 금액이 입력된 경우
③ 전기분재무상태표의 이월이익잉여금(차기이월)과 전기분이익잉여금처분계산서의 이월이익잉여금(차기이월) 불일치
④ 전기분 손익계산서의 당기순이익, 당기순손실과 전기분 이익잉여금처분계산서의 당기순이익, 당기순손실 불일치
⑤ 입력내용이나 재결산등으로 손익이 변동되었으나 잉여금처분 자동분개가 다시 작업되지 않은 경우
⑥ 손익이 변동되었거나 손익계산서를 조회하지 않고 잉여금처분계산서의 자동분개 작업을 다시 하였을 경우
⑦ 원가경비코드를 잘못 입력하고 결산시 미처 체크하지 못한 경우

5. 합계잔액시산표

합계잔액시산표는 입력된 자료가 대차차액 없이 정확히 처리되었는지를 검증하는 기능이 있으며 "결산 전" 또는 "결산 후"에 시산표를 작성함으로써 전표처리의 정확성을 확인할 수 있다.

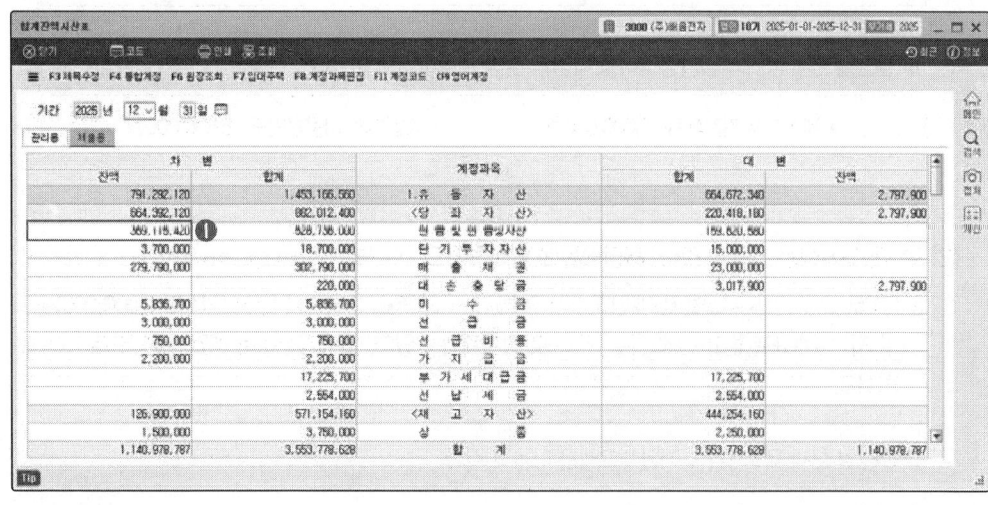

[기출문제 예시]
① 12월말 현재 현금및현금성자산의 금액은 얼마인가?
  ⇨ [제출용] TAB 확인 : 369,115,420원(재무상태표 제출용 TAB에서 확인해도 됨)

[1] 결산정리사항은 다음과 같다. 해당메뉴에 입력하시오. [회사코드 : 3100.(주)남동산업]

① 결산시 실제 보유하고 있는 현금잔액이 장부상 현금잔액보다 12,670원이 부족하며 현금부족액에 대한 원인이 밝혀지지 아니하였다. 영업외비용 중 적절한 계정과목에 의하여 회계처리 하시오.

② 전기 말 하나은행으로부터 차입한 장기차입금 중 5,000,000원은 2026년 1월 20일 만기가 도래하고 회사는 이를 상환할 계획이다.

③ 우리은행의 정기예금에 대한 기간 경과분 이자를 인식하다.

- 예금금액 : 100,000,000원
- 연이자율 : 2%, 월할로 계산할 것
- 예금기간 : 2025. 4. 1 ~ 2027. 3. 31
- 이자지급일 : 연 1회(매년 3월 31일)

④ 당사가 장기보유투자목적으로 취득한 매도가능증권에 대하여 기말평가를 하다. 당기 취득원가는 4,000,000원이며 결산 시 공정가치는 7,000,000원이다.

⑤ 외상매출금과 받을어음 및 미수금에 대하여 다음 금액을 대손충당금으로 추가 설정하시오. 회사는 미수금에 대한 대손상각비는 영업외비용으로 처리하고 있다.

- 외상매출금 : 5,694,200원
- 받을어음 : 415,500원
- 미수금 : 20,000원

⑥ 결산일 현재 당기의 감가상각비를 다음과 같이 계상하기로 하였다.

- 제조부서 기계장치 : 5,000,000원
- 영업부서 차량운반구 : 6,500,000원

[2] 결산정리사항은 다음과 같다. 해당메뉴에 입력하시오. [회사코드 : 3200.(주)성남]

① 2025년 7월 1일 사무실을 임대(임대기간 2025.7.1 ~ 2026.6.30)하면서 1년분 임대료 12,000,000원을 자기앞수표로 받고 전액 선수수익으로 회계처리 하였다. (월할계산하며 영업외수익으로 처리하시오.)

② 결산일 현재 재고자산의 기말재고액은 다음과 같다.

- 원재료 : 6,000,000원
- 재공품 : 9,000,000원
- 제 품 : 18,000,000원

③ 구입당시 전액 선급비용으로 자산처리했던 영업부의 광고홍보물(공급가액 5,000,000원) 중 기말 잔액이 1,500,000원이다. 소비된 광고홍보물은 광고선전비로 대체한다.

④ 하나은행의 보통예금은 마이너스 통장이다. 기말현재 하나은행의 보통예금 잔액 −3,000,000원을 단기차입금 계정으로 대체한다.

⑤ 당해연도 법인세등은 15,000,000원이며, 중간예납세액 3,000,000원은 선납세금으로 계상되어 있다. (이외의 다른 자료는 무시한다.)

[3] 결산정리사항은 다음과 같다. 해당메뉴에 입력하시오. [회사코드 : 3300.(주)서울스포츠]

① 단기차입금 중에는 상업은행의 외화단기차입금 11,000,000원(미화 $10,000)이 포함되어 있다. (회계기간 종료일 현재 적용환율 : 미화 1$당 1,200원)

② 결산일 현재 12월 19일자 가수금 3,000,000원의 내역이 다음과 같이 확인되었다.

- (주)조합에 대한 거래로 제품매출을 위한 계약금을 받은 금액 : 500,000원
- (주)조합에 대한 외상대금 중 일부를 회수한 금액 : 2,500,000원

③ 기말 현재 당사가 단기매매차익을 목적으로 보유하고 있는 주식현황과 기말 현재 공정가치는 다음과 같다.

주 식 명	보유주식수	주당 취득원가	기말 공정가치
(주)한성 보통주	2,000주	10,000원	주당 12,000원
(주)강화 보통주	1,500주	8,000원	주당 10,000원
(주)도전 보통주	100주	15,000원	주당 15,000원

④ 입력된 데이터는 무시하고 다음 자료를 이용하여 2025년 제2기 확정 부가가치세에 대한 부가가치세 예수금과 부가가치세 대급금 관련 회계처리를 하시오. (단, 원단위는 납입하지 아니하므로 잡이익 또는 잡손실로 처리하고 부가가치세 예수금과 부가가치세 대급금의 상계 후 잔액에 대하여 미지급세금 또는 미수금으로 처리하며 거래처입력은 생략할 것)

- 부가세대급금 잔액 : 245,155원
- 부가세예수금 잔액 : 458,721원

⑤ 대손충당금은 기말 외상매출금 잔액, 기말 받을어음 잔액에 대하여 1%를 보충법으로 설정한다.

⑥ 결산일 현재 무형자산인 특허권(내용연수 : 5년, 상각방법 : 정액법)의 전기말 상각 후 미상각잔액은 20,000,000원이다. 특허권은 2024년 1월 5일에 취득하였으며 매년 법정상각범위액을 전부 무형자산상각비로 인식하였다. 당해연도 특허권의 무형자산상각비(판)를 계상하시오.

[4] 결산정리사항은 다음과 같다. 해당메뉴에 입력하시오. [회사코드 : 3400.(주)세원]

① 2025년 9월 1일 상업은행으로부터 11,000,000원을 연 3%의 이자율로 1년간 차입하였다. 이자는 원금상환과 함께 1년 후 보통예금에서 지급할 예정이다. (단, 월할계산 할 것)

② 퇴직급여추계액이 다음과 같을 때 퇴직급여충당부채를 설정하시오. 회사는 퇴직급여추계액의 100%를 퇴직급여충당부채로 설정하고 있다.

구 분	퇴직급여추계액	설정전 퇴직급여충당부채잔액
생산직 사원	50,000,000	34,000,000
사무직 사원	40,000,000	30,000,000

③ 기말현재 합계잔액시산표상의 현금과부족 잔액 100,800원에 대하여 원인을 파악할 수 없다.

④ 기말시점 영업부에서 보관 중인 소모품은 430,000원이다. 기중에 소모품을 구입하면서 모두 비용으로 처리하였다.

⑤ 기말 현재 보유하고 있는 감가상각대상자산은 다음과 같다. 회사는 고정자산등록메뉴를 이용하여 계산된 '상각범위액'을 감가상각비로 반영하시오.

- 계정과목 : 기계장치
- 취득원가 : 24,000,000원
- 내용연수 : 5년
- 취득년월일 : 2023년 2월 27일
- 전기말감가상각누계액 : 9,000,000원
- 감가상각방법 : 정률법
- 코드번호 : 101
- 경비구분 : 제조

⑥ 기말 외상매출금 중에는 미국 TA Co.의 외화로 계상된 외상매출금 13,000,000원($10,000)이 포함되어 있다. (결산일 현재 적용환율 : 1,380원/$)

⑦ 기말 현재 당사가 장기투자목적으로 보유한 매도가능증권인 (주)배움 주식의 취득원가, 전년도말 및 당해연도말 공정가액은 다음과 같다.

전기		2025년 12월 31일 공정가액
취득원가	공정가액	
10,000,000원	8,000,000원	14,000,000원

※ 집중심화연습 해답은 [최신기출문제&해답 ➡ PART 03] 605페이지에서 확인 가능합니다.

PART 05

회계정보분석

전산실무

CHAPTER 01 장부조회

NCS 학습모듈		
대분류	경영 · 회계 · 사무	
중분류	재무 · 회계	
소분류		회계
세분류		회계 · 감사

NCS 능력단위	능력단위요소	수 행 준 거
0203020105_20v4 회계정보시스템 운용	0203020105_20v4.2 회계프로그램 운용하기	2.1 회계프로그램 매뉴얼에 따라 프로그램 운용에 필요한 기초정보를 처리할 수 있다. 2.2 회계프로그램 매뉴얼에 따라 정보산출에 필요한 자료를 처리할 수 있다. 2.3 회계프로그램 매뉴얼에 따라 기간별 · 시점별로 작성한 각종 장부를 검색할 수 있다. 2.4 회계프로그램 매뉴얼에 따라 결산 작업 후 재무제표를 검색할 수 있다.
	0203020105_20v4.3 회계정보 활용하기	3.1 회계관련규정에 따라 회계정보를 활용하여 재무 안정성을 판단할 수 있는 자료를 산출할 수 있다. 3.2 회계관련규정에 따라 회계정보를 활용하여 수익성과 위험도를 판단할 수 있는 자료를 산출할 수 있다. 3.3 회계관련규정에 따라 회계프로그램을 이용하여 활동성을 판단할 수 있는 자료를 산출할 수 있다.

CHAPTER 01 장부조회

회계장부는 재무상태와 경영성과를 파악하기 위하여 기업의 경영활동에서 발생한 거래를 기록·계산하기 위하여 작성하며, 기업의 업종·규모 등에 따라 장부조직이 다를 수 있다. 회계장부는 일반적으로 주요부와 보조부로 구분한다.

1. 거래처원장

일반적으로 기업에서는 매출채권, 매입채무 관련 거래처의 채권, 채무관리를 위해 거래처 장부를 만들게 된다. 거래처원장은 각 계정과목별 일정기간의 거래처별 잔액이나 거래 내용을 기록한 보조기입장으로 거래자료 입력시 입력된 거래처코드에 의해 자동 작성된다.

- 잔액 TAB : 조회기간의 전기이월, 차변, 대변, 잔액을 거래처별로 보여준다.
- 내용 TAB : 조회기간의 특정 거래처의 일자별 거래내역을 보여준다.

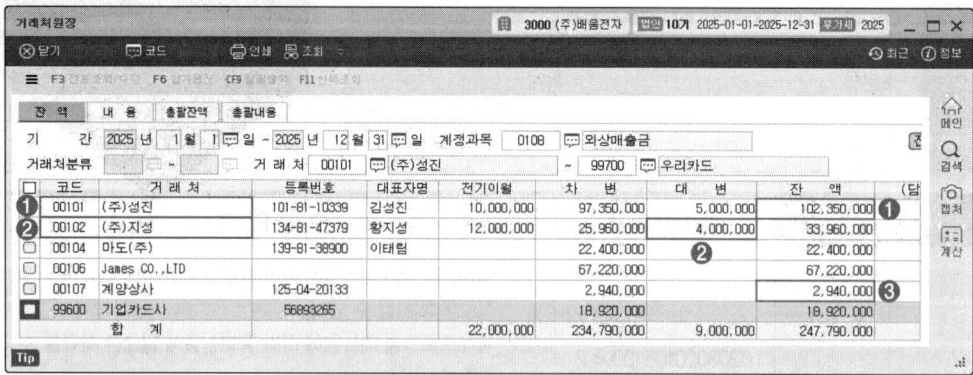

[기출문제 예시]
① 12월말 현재 외상매출금 잔액이 가장 많은 거래처와 금액은 얼마인가?
 ⇨ [잔액 TAB]에서 잔액란 조회 : (주)성진, 102,350,000원
② 1월부터 12월말까지 외상매출금 회수가 가장 작은 거래처 코드는? (무실적은 제외)
 ⇨ [잔액 TAB]에서 대변 금액 조회 : 00102
③ 12월 31일 현재 거래처 계양상사의 외상매출금 잔액은 얼마인가?
 ⇨ [잔액 TAB]에서 잔액란 금액 조회 : 2,940,000원

2. 거래처별계정과목별원장

거래처별계정과목별원장은 조회하는 모든 거래처와 관련한 계정과목별 전기이월, 차변, 대변, 잔액을 보여주는 장부이다.

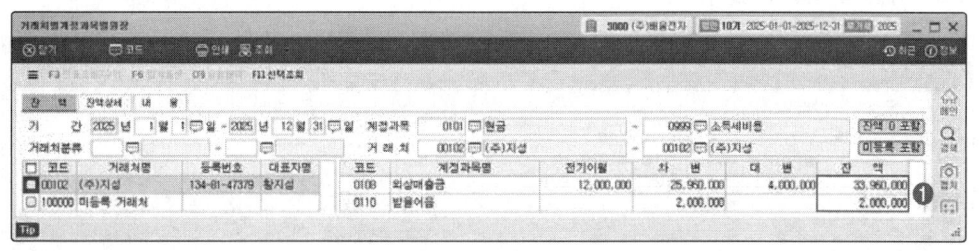

[기출문제 예시]
① 12월 말 현재 거래처 (주)지성의 ⊙외상매출금과 ⓒ받을어음의 잔액을 각각 순서대로 적으시오.
  ⇨ [잔액 TAB]에서 기간(1월 1일 ~ 12월 31일), 거래처((주)지성)를 입력하여 조회
  : 계정과목별 잔액 - ⊙ 33,960,000원, ⓒ 2,000,000원

3. 계정별원장

현금 계정을 제외한 모든 계정의 거래내역을 조회하며 계정별, 부서별, 사원별, 현장별, 전체 TAB으로 구성되어 있다. 계정별원장에서 거래에 커서를 놓고 클릭하여 나타나는 하단의 분개화면에서 수정하거나 삭제할 수 있다.

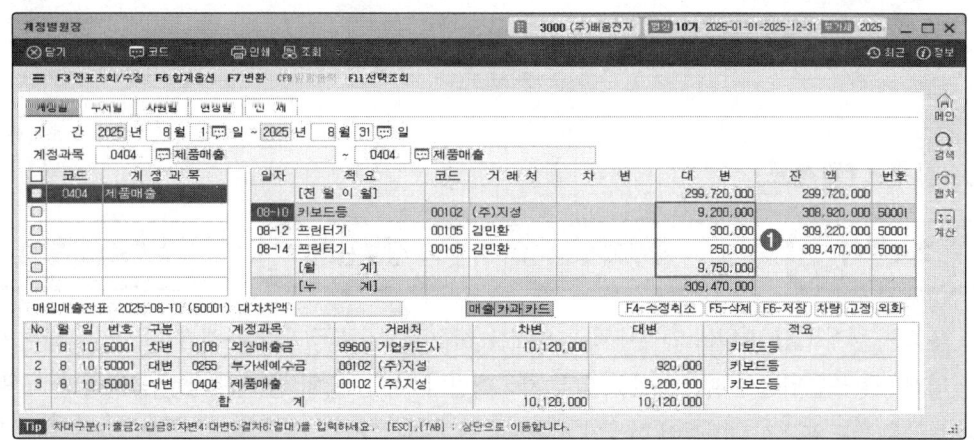

[기출문제 예시]
① 8월 중에 발생한 제품매출은 몇 건이며, 총 금액은 얼마인가?
  ⇨ [계정별 TAB]에서 조회 : 대변란의 건수와 월계금액 - 3건, 9,750,000원

4. 현금출납장

현금출납장은 현금의 수입과 지출의 내용을 상세히 기록·계산하는 보조장부로써 입·출금 거래내역을 조회할 수 있다.

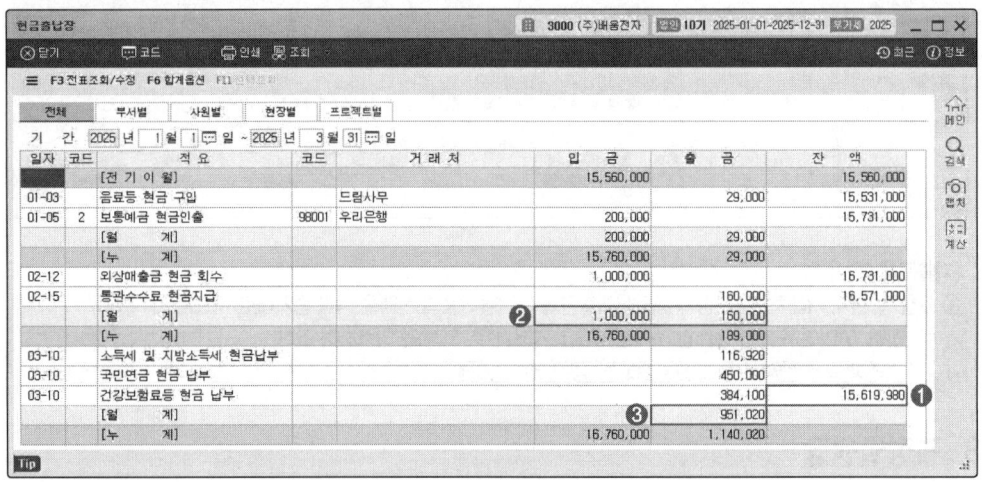

[기출문제 예시]
① 3월 31일 현금 잔액은 얼마인가?
  ⇨ [전체 TAB]에서 잔액란 조회 : 15,619,980원
② 2월 한 달간의 현금 증가액은 얼마인가?
  ⇨ [전체 TAB]에서 입금월계에서 출금월계의 차이금액 : 1,000,000원 − 160,000원 = 840,000원
③ 3월 한 달간의 현금 출금 금액은 얼마인가?
  ⇨ [전체 TAB]에서 출금월계란 조회 : 951,020원

5. 일계표(월계표)

일계표(월계표)란 매일의 거래내역의 분개를 계정과목별로 집계한 분개집계표이다. 월계표란 일계표를 월단위로 집계한 집계표이다. 차·대변의 "계"는 당일(월)에 발생한 금액이고, 대체와 현금은 월단위로 상대계정이 현금인지 아닌지를 구분한다.

① (차) 원재료   160,000원   (대) 현 금   160,000원 ⇨ 해당 계정의 현금 출금을 의미
② (차) 현 금 1,000,000원   (대) 외상매출금 1,000,000원 ⇨ 해당 계정의 현금 입금을 의미

[기출문제 예시]

① 1월부터 3월말까지 현금으로 매입한 원재료 금액은 얼마인가?
  ⇨ [일계표 또는 월계표 TAB]에서 차변 현금란 조회 : 160,000원

② 1월부터 3월말까지 현금으로 회수한 외상매출금 금액은 얼마인가?
  ⇨ [일계표 또는 월계표 TAB]에서 대변 현금란 조회 : 1,000,000원

③ 1월부터 3월말까지 판매비및일반관리비 중 지출액이 가장 많은 계정과목은 무엇인가?
  ⇨ [일계표 또는 월계표 TAB]에서 차변 계란 조회 : 급여

④ 1월부터 3월말까지 복리후생비 대체거래 금액은 얼마인가?
  ⇨ [일계표 또는 월계표 TAB]에서 차변 대체란 조회 : 215,000원

⑤ 1월부터 3월말까지 현금 입금액은 얼마인가?
  ⇨ [일계표 또는 월계표 TAB]에서 대변 현금란의 금월소계 조회 : 1,200,000원

⑥ 1/4분기(1월 ~ 3월) 현금으로 지급한 판매비및일반관리비는 얼마인가?
  ⇨ [일계표 또는 월계표 TAB]에서 차변 판매비및일반관리비 현금란 조회 : 195,820원

6. 총계정원장

총계정원장은 결산의 기초가 되는 주요부로서 그 기업에서 사용되는 모든 계정과목의 일일 대·차합계, 잔액현황이 집계되어 기록되는 집계장부이다.

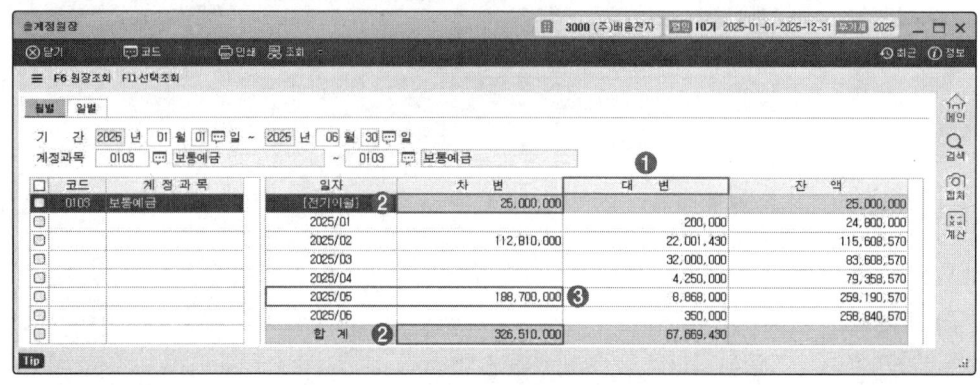

[기출문제 예시]
① 상반기(1월 ~ 6월) 중 보통예금 출금이 가장 많은 월과 가장 적은 월의 차이는 얼마인가? (무실적월은 제외)
   ⇨ [월별 TAB]에서 대변 조회 : 3월 32,000,000원 - 1월 200,000원 = 31,800,000원
② 1월부터 6월말까지 보통예금 입금(증가)액은 얼마인가?
   ⇨ [월별 TAB]에서 차변 조회 : 합계 326,510,000원 - 전기이월 25,000,000원 = 301,510,000원
③ 상반기(1월 ~ 6월) 중 보통예금 입금액이 가장 많이 발생한 달은 언제이고 금액은 얼마인가?
   ⇨ [월별 TAB]에서 차변란 조회 : 5월, 188,700,000원

7. 분개장

분개장은 거래를 발생순서대로 분개하여 기록하는 장부로서 총계정원장과 더불어 장부의 주요부를 구성하고 있다. 그러나 실무에서는 이를 대신한 전표를 사용하고 있어 거의 사용되지 않는다.

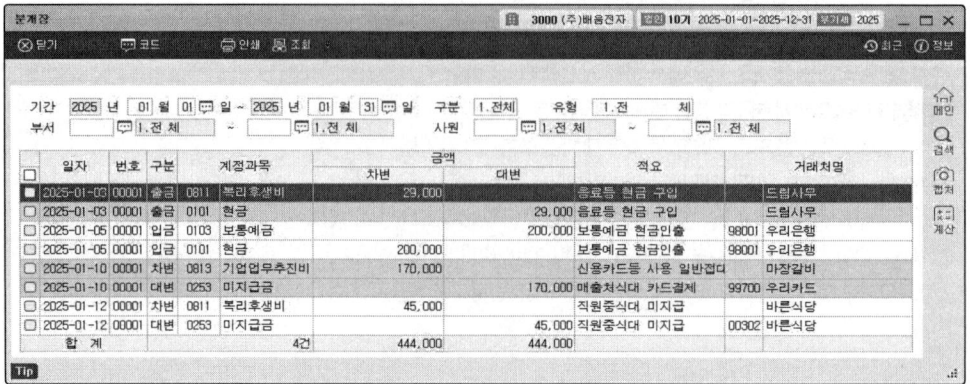

[1] 다음 사항을 조회하여 답안을 찾으시오. [회사코드 : 3100.(주)남동산업]

① 부가가치세 제1기 과세기간 최종 3월(4월 ~ 6월)에 (주)선경으로부터 세금계산서를 교부받은 거래의 공급가액은 모두 얼마인가?

② 제1기 과세기간 최종 3월(4월 ~ 6월) 중 영세율 세금계산서를 발행한 금액은 얼마인가?

③ 2025년 제1기 예정신고기간(1월 ~ 3월) 중 수입세금계산서 수취금액(공급가액)은 얼마인가?

④ 4월 중 현금으로 지급한 외상매입금은 얼마인가?

⑤ 6월말 현재 비유동자산은 전기말과 대비하여 얼마 증가하였는가?

⑥ 6월 30일 현재 외상매입금 잔액이 가장 큰 거래처 코드번호와 금액은 얼마인가?

⑦ 제1기 확정신고기간의 예정신고누락분(매입)의 세금계산서 수취분 공급가액은 얼마인가?

[2] 다음 사항을 조회하여 답안을 찾으시오. [회사코드 : 3200.(주)성남]

① 1월부터 6월까지 외상매출금 회수가 가장 많은 달은 몇 월인가?

② 1월부터 6월까지 투입된 제조원가의 노무비는 얼마인가?

③ 제1기 예정신고기간 중 신용카드 사용에 따른 고정자산 매입세액공제액은 얼마인가?

④ 3월 31일 현재 유동자산에서 유동부채를 차감한 차이금액은 얼마인가?

⑤ 당기(07.1 ~ 09.31)에 고정자산을 매각하고 세금계산서를 발행한 금액(공급가액)의 합계액은?

⑥ 4월 중 (주)울산에 결제한 외상매입금은 얼마인가?

[3] 다음 사항을 조회하여 답안을 찾으시오. [회사코드 : 3300,(주)서울스포츠]

① 3월부터 5월까지 제품제조에 투입한 제조경비가 가장 큰 월과 그 금액은 얼마인가?

② 제1기 예정신고기간(1월 ~ 3월)의 매입세액이 불공제되는 세금계산서의 공급가액은 얼마인가?

③ 제1기 확정신고기간(4월 ~ 6월)의 과세표준 및 매출세액은 얼마인가?

④ 2/4분기(4월 ~ 6월) 중 보통예금의 잔액이 전월대비 가장 많이 증가한 달은 몇 월이며, 그 증가한 금액은 얼마인가?

⑤ 제1기 부가가치세 예정신고기간(1월 ~ 3월)의 신용카드매출전표수령금액합계표란의 일반매입세액은 얼마인가?

⑥ 제1기 예정(1월 ~ 3월) 부가가치세 신고기간 중 매입세액이 공제되지 아니한 건수와 공급가액은 각각 얼마인가?

[4] 다음 사항을 조회하여 답안을 찾으시오. [회사코드 : 3400,(주)세원]

① 2025년 제1기 예정신고기간의 영세율 과세표준은 얼마인가?

② 2025년 5월과 6월 두 달 동안의 총현금유입액은 얼마인가?

③ 6월말 현재 매출액 증가율은 전년대비 %인가? (원미만 절사)

④ 6월 말 건물의 장부금액은 얼마인가?

⑤ 제1기 확정(4월 ~ 6월) 부가가치세 신고기간의 전자세금계산서 발급분 중 주민등록번호발급분의 공급가액은 얼마인가?

⑥ 제1기 부가가치세 예정신고기간(1월 ~ 3월)의 세금계산서 수취분 중 고정자산의 매입세액은 얼마인가?

※ 집중심화연습 해답은 [최신기출문제&해답 ➡ PART 03] 611페이지에서 확인 가능합니다.

전산회계 **1**급

PART **01** 최신기출문제
PART **02** 집중심화연습 해답
PART **03** 기출문제 해답

최신기출
문제&해답

Perfect
전산회계 1급
www.bobook.co.kr

PART 01

최신기출문제

백데이터 다운로드 및 설치방법

1. 도서출판 배움 홈페이지(www.bobook.co.kr)에 접속한다.
2. 홈페이지 교재실습/백데이터 자료실을 클릭한다.
3. 교재실습/백데이터 자료실 ⇨ [2025_Accounting_1grade] 백데이터를 선택하여 다운로드 한다.
4. 다운로드한 파일을 선택 후 실행하면 [내컴퓨터 ⇨ C: ₩KcLepDB ⇨ KcLep]에 자동으로 복구 저장된다.
5. 한국세무사회 자격시험 케이렙 프로그램 을 실행한다.

   실행화면에서 회사등록 ⇨ F4 회사코드재생성 을 실행하여야 선택하고자 하는 회사가 생성된다.

   회사등록
   ⊗ 닫기   코드   삭제   인쇄   조회
   ≡ F3 검색   CF3 조건검색   F4 회사코드재생성   F6 회사명되돌리기   CF8 세무서코드자동변경

6. 웹하드(www.webhard.co.kr) 다운로드 방법
   ① 오른쪽 상단의 [로그인] 버튼을 클릭하여 아이디와 비밀번호를 입력한다. [아이디 : bobookcokr / 비밀번호 : book9750]
   ② [내리기전용] ⇨ [전산세무회계] ⇨ [전산회계 1급] 폴더에서 백데이터를 선택하여 다운로드 한다.
   ③ 이외의 사항은 위와 동일하다.

최신
기출문제

117회 이론시험 (합격률: 46.84%) PART 01 기출문제

다음 문제를 보고 알맞은 것을 골라 [이론문제 답안작성] 메뉴에 입력하시오. (객관식 문항당 2점)

기 본 전 제

문제에서 한국채택국제회계기준을 적용하도록 하는 전제조건이 없는 경우, 일반기업회계기준을 적용한다.

01. 다음 중 재무상태표에 기재되지 않는 것은?
① 개발비(무형자산의 인식요건을 충족함) ② 영업권(기업인수에 따른 평가금액)
③ 연구비(연구단계에서 발생한 지출) ④ 선급비용

02. 다음 중 당좌자산에 해당하지 않는 것은?
① 외상매출금 ② 받을어음
③ 현금 및 현금성자산 ④ 단기차입금

03. 다음 중 무형자산에 대한 설명으로 옳지 않은 것은?
① 무형자산의 소비되는 행태를 신뢰성 있게 결정할 수 없을 경우 정률법으로 상각한다.
② 무형자산을 취득하는 경우 수익·비용 대응의 원칙에 따라 합리적인 방법을 이용하여 상각한다.
③ 영업권, 산업재산권, 개발비 등이 무형자산에 해당한다.
④ 영업권 중에서도 내부적으로 창출된 영업권은 무형자산으로 인식할 수 없으나 외부에서 구입한 영업권은 재무상태표에 계상할 수 있다.

04. 기말에 창고의 재고금액을 실사한 결과 300,000원이었고 추가로 아래의 항목을 발견하였다. 아래의 항목을 고려하여 적절히 수정할 경우 정확한 기말재고자산 금액은 얼마인가?

- 도착지(목적지)인도조건으로 판매하여 기말현재 운송 중인 재고 : 20,000원
- 위탁자로부터 받아 창고에 보관 중인 수탁품 : 30,000원

① 290,000원 ② 300,000원 ③ 320,000원 ④ 350,000원

05. 다음 중 단기매매증권에 대한 설명으로 가장 옳지 않은 것은?
① 단기매매증권은 당좌자산으로 분류된다.
② 단기매매증권은 주로 단기간 내의 매매차익을 목적으로 취득한 유가증권으로서 매수와 매도가 적극적이고 빈번하게 이루어지는 것을 말한다.
③ 단기매매증권의 취득과 직접 관련된 거래원가는 최초 인식하는 공정가치에 가산한다.
④ 단기매매증권에 대한 미실현보유손익은 당기손익항목으로 처리한다.

117회 이론시험

06. 다음의 회계처리로 인한 부채의 증가액은 얼마인가?

회사는 현금배당을 하기로 하였으며, 아래와 같이 회계처리하였다.
(차) 이익잉여금 220,000원 (대) 미지급배당금 200,000원 법정적립금   20,000원

① 부채 220,000원 증가 ② 부채 200,000원 증가
③ 부채 90,000원 증가   ④ 부채 100,000원 증가

07. 다음 중 자본에 대한 설명으로 옳지 않은 것은?
① 이익잉여금을 자본 전입하는 주식배당 시, 자본금은 증가하고 이익잉여금은 감소한다.
② 주식발행초과금은 주식의 발행가액이 액면가액을 초과하는 경우 그 초과금액을 말한다.
③ 기말 재무상태표상 미처분이익잉여금은 당기 이익잉여금의 처분사항이 반영되기 전의 금액이다.
④ 주식배당과 무상증자 시 순자산의 증가가 발생한다.

08. 다음 중 영업외수익에 해당하지 않는 것은?
① 외환차익   ② 자산수증이익
③ 채무면제이익   ④ 매출액

09. (주)삼척은 직접노무시간을 기준으로 제조간접원가를 배부하고 있다. 당해연도 초의 예상 직접노무시간은 50,000시간이고, 제조간접원가 예상액은 3,000,000원이었다. 6월의 제조간접원가 실제 발생액은 500,000원이고, 실제 직접노무시간이 3,000시간인 경우 6월의 제조간접원가 배부차이는 얼마인가?
① 과소배부 320,000원   ② 과대배부 320,000원
③ 과소배부 180,000원   ④ 과대배부 180,000원

10. 다음의 항목을 원가행태에 따라 분류할 경우 성격이 가장 다른 하나는 무엇인가?
① 제품의 제조에 사용하는 원재료
② 매월 일정하게 발생하는 임차료
③ 시간당 지급하기로 한 노무비
④ 사용량(kw)에 따라 발생하는 전기료(단, 기본요금은 없음)

이론시험 117회

11. 다음의 자료를 이용하여 가공원가를 계산하면 얼마인가?

구 분	금 액
직접재료원가	1,000,000원
직접노무원가	2,500,000원
제조간접원가	1,800,000원

① 2,500,000원 ② 2,800,000원 ③ 3,500,000원 ④ 4,300,000원

12. 다음 중 원가배분에 대한 설명으로 옳지 않은 것은?
① 직접배분법은 보조부문 상호간의 용역수수관계를 전혀 고려하지 않는 방법이다.
② 직접배분법은 보조부문 상호간의 용역수수관계가 밀접한 경우 정확한 원가배분이 가능하다.
③ 단계배분법은 보조부문간의 일정한 배분 순서를 정한 다음 그 배분 순서에 따라 보조부문비를 배분하는 방법이다.
④ 단계배분법은 용역수수관계를 완전히 반영하지 못하기 때문에 원가계산의 부정확성이 존재한다.

13. 다음 중 부가가치세법상 면세 대상이 아닌 것은?
① 수돗물 ② 일반의약품
③ 미가공식료품 ④ 도서

14. 다음 중 부가가치세법상 재화의 공급시기가 잘못 연결된 것은?
① 할부판매 : 재화가 인도되거나 이용가능한 때
② 반환조건부판매 : 조건이 성취되거나 기한이 지나 판매가 확정되는 때
③ 장기할부판매 : 대가의 각 부분을 수령한 때
④ 폐업 시 잔존재화 : 폐업하는 때

15. 다음 중 부가가치세법상 수출을 지원하는 효과가 있는 제도는 무엇인가?
① 영세율제도 ② 사업자단위과세제도
③ 면세제도 ④ 대손세액공제제도

117회 실무시험

(주)원효상사(회사코드 : 1173)는 자동차부품의 제조 및 도소매업을 영위하는 중소기업으로 당기(제10기) 회계기간은 2025.1.1 ~ 2025.12.31이다. 전산세무회계 수험용 프로그램을 이용하여 다음 물음에 답하시오.

기본전제

- 문제에서 한국채택국제회계기준을 적용하도록 하는 전제조건이 없는 경우, 일반기업회계기준을 적용하여 회계처리 한다.
- 문제의 풀이와 답안작성은 제시된 문제의 순서대로 진행한다.

문제 1 다음은 [기초정보관리] 및 [전기분재무제표]에 대한 자료이다. 각각의 요구사항에 대하여 답하시오.
(10점)

[1] 다음 자료를 이용하여 [계정과목및적요등록] 메뉴에서 대체적요를 등록하시오. (3점)

- 코드 : 812
- 계정과목 : 여비교통비
- 대체적요 : 3. 교통비 가지급금 정산

[2] (주)원효상사의 기초 채권 및 채무의 올바른 잔액은 다음과 같다. 주어진 자료를 검토하여 잘못된 부분은 오류를 정정하고, 누락된 부분은 추가하여 입력하시오. (3점)

계정과목	거래처	금액
외상매출금	(주)장전전자	20,000,000원
	(주)부곡무역	10,000,000원
외상매입금	구서기업	30,000,000원
	(주)온천전기	26,000,000원
받을어음	데모산업	20,000,000원

[3] 전기분 재무제표를 검토한 결과 다음과 같은 오류를 확인하였다. 이와 관련된 전기분 재무제표를 적절히 수정하시오. (4점)

운반비(제조원가에 속함) 5,500,000원이 누락 된 것으로 확인되었다.

문제 2 [일반전표입력] 메뉴를 이용하여 다음의 거래 자료를 입력하시오(일반전표입력의 모든 거래는 부가가치세를 고려하지 말 것). (18점)

입력 시 유의사항

- 일반적인 적요의 입력은 생략하지만, 타계정 대체거래는 적요번호를 선택하여 입력한다.
- 채권·채무와 관련된 거래는 별도의 요구가 없는 한 반드시 기 등록된 거래처코드를 선택하는 방법으로 거래처명을 입력한다.
- 제조경비는 500번대 계정코드를, 판매비와관리비는 800번대 계정코드를 사용한다.
- 회계처리 시 계정과목은 별도의 제시가 없는 한 등록된 계정과목 중 가장 적절한 과목으로 한다.

[1] 7월 20일 파주시청에 판매용 제품(원가 20,000,000원, 시가 35,000,000원)을 기부하였다. (3점)

[2] 8월 28일 (주)나른물산에 제품을 5,000,000원에 판매하기로 계약하고, 판매대금 중 30%를 당좌예금 계좌로 송금받았다. (3점)

[3] 10월 1일 (주)부곡무역의 외상매출금 중 2,000,000원은 대손요건을 충족하였다(단, 대손발생일 현재 회사의 대손충당금 잔액은 없다). (3점)

[4] 11월 11일 장기투자 목적으로 (주)부산상사의 보통주 4,000주를 1주당 10,000원(1주당 액면가 5,000원)에 취득하고, 대금은 매입수수료 115,000원과 함께 보통예금 계좌에서 이체하여 지급하였다. (3점)

[5] 12월 4일 외부전문가를 초빙하여 생산부서 직원의 교육을 실시하였다. 강사료는 2,500,000원이고 원천징수 금액을 차감한 2,280,000원을 보통예금 계좌에서 이체하여 지급하였다. (3점)

[6] 12월 28일 (주)온천전기에 대한 외상매출금 6,900,000원을 (주)온천전기에 대한 외상매입금과 상계하기로 하였다. (3점)

117회 실무시험

문제 3 [매입매출전표입력] 메뉴를 이용하여 다음의 거래 자료를 입력하시오. (18점)

입력 시 유의사항

- 일반적인 적요의 입력은 생략하지만, 타계정 대체거래는 적요번호를 선택하여 입력한다.
- 채권·채무 관련 거래는 별도의 요구가 없는 한 반드시 기등록된 거래처코드를 선택하는 방법으로 거래처명을 입력한다.
- 제조경비는 500번대 계정코드를, 판매비와관리비는 800번대 계정코드를 사용한다.
- 회계처리 시 계정과목은 별도의 제시가 없는 한 등록된 계정과목 중 가장 적절한 과목으로 한다.
- 입력화면 하단의 분개까지 처리하고, 전자세금계산서 및 전자계산서는 전자입력으로 반영한다.

[1] 7월 11일   내국신용장에 의하여 (주)전남에 제품을 16,500,000원에 판매하고, 영세율전자세금계산서를 발급하였다. 판매대금 중 계약금을 제외한 잔금은 (주)전남이 발행한 약속어음(만기 3개월)으로 수령하였으며, 계약금 5,000,000원은 작년 말에 현금으로 받았다(단, 서류번호 입력은 생략할 것). (3점)

[2] 8월 25일   회사 건물에 부착할 간판 제작대금 5,500,000원(부가가치세 포함) 중 500,000원은 현금으로 빛나는간판에 지급하였다. 나머지는 다음 달에 지급하기로 하고 전자세금계산서를 수취하였다(단, 자산으로 처리할 것). (3점)

전자세금계산서					승인번호	20250825-1000000-00009329			
공급자	등록번호	731-25-82303	종사업장 번호		공급받는자	등록번호	519-85-00312	종사업장 번호	
	상호(법인명)	빛나는간판	성 명	최찬희		상호(법인명)	(주)원효상사	성 명	김효원
	사업장 주소	부산광역시 해운대구 센텀중앙로 145				사업장 주소	부산광역시 해운대구 해운대로 777		
	업 태	제조업	종 목	간판		업 태	제소,도소매	종 목	자동차부품
	이메일					이메일			
작성일자		공급가액		세 액			수정사유		
2025. 08. 25.		5,000,000		500,000			해당없음		
월	일	품 목	규 격	수 량	단 가	공급가액	세 액	비 고	
08	25	간판				5,000,000	500,000		
합계금액		현 금		수 표		어 음	외상미수금	위 금액을 **청구**함	
5,500,000		500,000					5,000,000		

[3] 9월 17일 한수상사에 제품을 5,500,000원에 판매하고 전자세금계산서를 발급하였다. 보통예금으로 2,000,000원을 입금받고 나머지는 이달 말 입금 받을 예정이다. (3점)

전자세금계산서					승인번호		20250917-1000000-00008463		
공급자	등록번호	519-85-00312	종사업장번호		공급받는자	등록번호	154-36-61695	종사업장번호	
	상호(법인명)	(주)원효상사	성 명	김효원		상호(법인명)	한수상사	성 명	김한수
	사업장주소	부산광역시 해운대구 해운대로 777				사업장주소	부산 남구 대연동 125		
	업 태	제조, 도소매	종 목	자동차부품		업 태	제조	종 목	자동차특장
	이메일					이메일			

작성일자	공급가액	세 액	수정사유	비 고
2025. 09. 17.	5,000,000	500,000	해당 없음	

월	일	품 목	규 격	수 량	단 가	공급가액	세 액	비 고
09	17	제품				5,000,000	500,000	

합계금액	현 금	수 표	어 음	외상미수금	이 금액을 영수/청구 함
5,500,000	2,000,000			3,500,000	

[4] 10월 2일 비사업자인 나누리에게 제품을 1,100,000원(부가가치세 포함)에 판매하였다. 대금은 현금으로 받고 현금영수증을 발행하였다(단, 공급처명을 입력할 것). (3점)

Hometax 국세청홈텍스 현금영수증

■ 거래정보

거래일시	2025-10-02
승인번호	G54782245
거래구분	승인거래
거래용도	소득공제
발급수단번호	010-****-1234

■ 거래금액

공급가액	부가세	봉사료	총 거래금액
1,000,000	100,000	0	1,100,000

■ 가맹점 정보

상 호	(주)원효상사
사업자번호	519-85-00312
대표자명	김효원
주 소	부산광역시 해운대구 해운대로 777

• 익일 홈택스에서 현금영수증 발급 여부를 반드시 확인하시기 바랍니다.
• 홈페이지(http://www.hometax.go.kr)
  - 조회/발급 > 현금영수증 조회 > 사용내역(소득공제) 조회 > 매입내역(지출증빙) 조회
• 관련문의는 국세상담센터(☎126-1-1)

[5] 11월 19일 해외거래처인 Winstom으로부터 제품 생산에 필요한 원재료를 수입하면서 부산세관으로부터 아래의 수입전자세금계산서를 발급받고, 부가가치세는 현금으로 납부하였다(단, 재고자산에 대한 회계처리는 생략할 것). (3점)

수입전자세금계산서							승인번호		20251119-11324560-11134348	
세관명	사업자등록번호	601-83-00048	종사업장번호		공급받는자	사업자등록번호	519-85-00312		종사업장번호	
	세관명	부산세관	성 명	김부산		상 호(법인명)	(주)원효상사		성 명	김효원
	세관주소	부산광역시 남구 용당동 121				사업장주소	부산광역시 해운대구 해운대로 777			
	수입신고번호 또는 일괄발급기간(총건)					업 태	제조, 도소매		종 목	자동차부품
납부일자	과세표준		세 액		수정사유			비 고		
2025.11.19.	2,600,000		260,000		해당 없음					
월	일	품 목	규 격	수 량	단 가		과세표준	세 액		비 고
11	19	수입신고필증 참조					2,600,000	260,000		
합계금액				2,860,000						

[6] 12월 1일 본사 관리팀에서 회사 이미지 개선을 위해 광고대행사에 광고를 의뢰하고, 우리카드(법인카드)로 결제하고 아래와 같이 카드영수증을 수취하였다. (3점)

```
               카드매출전표

2025.12.01  14:03:54
정상승인 | 일시불
--------------------------------------
결제 정보
카드                          우리카드(법인)
회원번호              2245-1223-****-1537
승인번호                         76993452
이용구분                            일시불
--------------------------------------
결제 금액                       3,300,000원
공급가액                        3,000,000원
부가세                            300,000원
봉사료                                 0원
--------------------------------------
가맹점 정보
가맹점명                         (주)광고나라
사업자등록번호               126-86-21617
대표자명                            김사라
--------------------------------------
          위 거래 사실을 확인합니다.
```

실무시험 117회

문제 4 [일반전표입력] 및 [매입매출전표입력] 메뉴에 입력된 내용 중 다음과 같은 오류가 발견되었다. 입력된 내용을 확인하여 정정하시오. (6점)

[1] 7월 13일 (주)정모상사로부터 12,000,000원을 차입하고 이를 모두 장기차입금으로 회계처리하였으나, 그 중 2,000,000원의 상환기일은 2025년 12월 15일로 확인되었다(단, 하나의 전표로 처리할 것). (3점)

[2] 11월 10일 공장건물에 운반 목적의 엘리베이터를 설치하고 대금 11,000,000원(부가가치세 포함)을 다온테크(주)의 보통예금 계좌로 이체하여 지급하였다. 해당 엘리베이터 설치는 건물의 자본적 지출에 해당하지만 착오로 인해 수익적 지출(수선비)로 처리하였다. (3점)

문제 5 결산정리사항은 다음과 같다. 관련 메뉴를 이용하여 결산을 완료하시오. (9점)

[1] 12월 11일에 실제 현금보유액이 장부상 현금보다 670,000원이 많아서 현금과부족으로 처리하였던 금액 중 340,000원은 결산일에 선수금((주)은비상사)으로 밝혀졌으나, 330,000원은 그 원인을 알 수 없다. (3점)

[2] 2025년 7월 1일에 제품 생산공장의 1년분(2025년 7월 1일 ~ 2026년 6월 30일) 임차료 1,200,000원을 지불하고 전액 비용으로 일반전표에 회계처리 하였다. 이에 대한 기간 미경과분 임차료를 월할계산하여 결산정리분개를 하시오. (3점)

[3] 회계연도 말 현재 퇴직금 추계액은 다음과 같다. 회사는 확정기여형(DC형) 퇴직연금에 올해 처음 가입하였고, 회계연도 말(12월 31일) 당기분 퇴직연금을 보통예금 계좌에서 전액 이체하여 납입하였다(단, 납입일 현재 퇴직급여충당부채 잔액은 없다). (3점)

근무부서	회계연도 말 현재 퇴직금 추계액
생산부서	22,000,000원
판매관리부서	18,000,000원
합 계	40,000,000원

문제 6 다음 사항을 조회하여 답안을 「이론문제 답안작성」 메뉴에 입력하시오. (9점)

[1] 2025년 제1기 예정신고기간(1월 ~ 3월) 중 (주)행복에 발급한 전자세금계산서의 총발행매수와 공급대가는 얼마인가? (3점)

[2] 2025년 6월 한 달 동안 발생한 영업외비용 중 발생액이 가장 많은 계정과목과 가장 적은 계정과목의 차액은 얼마인가? (3점)

[3] 4월 중 거래처 리제상사로부터 회수한 외상매출금은 얼마인가? (3점)

116회 이론시험 (합격률 : 43.59%) PART 01 기출문제

다음 문제를 보고 알맞은 것을 골라 │이론문제 답안작성│ 메뉴에 입력하시오. (객관식 문항당 2점)

기 본 전 제
문제에서 한국채택국제회계기준을 적용하도록 하는 전제조건이 없는 경우, 일반기업회계기준을 적용한다.

01. 다음 중 일반기업회계기준에 따른 재무제표에 대한 설명으로 가장 옳지 않은 것은?
① 재무상태표는 일정 시점 현재 기업실체가 보유하고 있는 경제적 자원인 자산과 경제적 의무인 부채, 그리고 자본에 대한 정보를 제공하는 재무보고서이다.
② 손익계산서는 일정 시점 현재 기업실체의 경영성과에 대한 정보를 제공하는 재무보고서이다.
③ 현금흐름표는 일정 기간 동안 기업실체에 대한 현금유입과 현금유출에 대한 정보를 제공하는 재무보고서이다.
④ 자본변동표는 기업실체에 대한 자본의 크기와 그 변동에 관한 정보를 제공하는 재무보고서이다.

02. 다음 중 단기매매증권 취득 시 발생한 비용을 취득원가에 가산할 경우 재무제표에 미치는 영향으로 옳은 것은?
① 자산의 과소계상   ② 부채의 과대계상
③ 자본의 과소계상   ④ 당기순이익의 과대계상

03. (주)회계는 2024년 1월 1일 10,000,000원에 유형자산(기계장치)을 취득하여 사용하다가 2025년 6월 30일 4,000,000원에 처분하였다. 해당 기계장치의 처분 시 발생한 유형자산처분손실을 계산하면 얼마인가? 단, 내용연수 5년, 잔존가액 1,000,000원, 정액법(월할상각)의 조건으로 2025년 6월까지 감가상각이 완료되었다고 가정한다.
① 2,400,000원   ② 3,300,000원
③ 5,100,000원   ④ 6,000,000원

04. 다음의 자료를 바탕으로 2025년 12월 31일 현재 현금및현금성자산과 단기금융상품의 잔액을 계산한 것으로 옳은 것은?

• 현금시재액 : 200,000원	• 선일자수표 : 150,000원
• 당좌예금 : 500,000원	• 외상매입금 : 2,000,000원
• 정기예금 : 1,500,000원(만기 2026년 12월 31일)	

① 현금및현금성자산 : 700,000원   ② 현금및현금성자산 : 2,500,000원
③ 단기금융상품 : 1,650,000원   ④ 단기금융상품 : 2,000,000원

05. 다음 중 대손충당금에 대한 설명으로 가장 옳지 않은 것은?
 ① 대손충당금은 유형자산의 차감적 평가계정이다.
 ② 회수가 불확실한 채권은 합리적이고 객관적인 기준에 따라 산출한 대손 추산액을 대손충당금으로 설정한다.
 ③ 미수금도 대손충당금을 설정할 수 있다.
 ④ 매출 활동과 관련되지 않은 대여금에 대한 대손상각비는 영업외비용에 속한다.

06. 다음 중 자본에 영향을 미치지 않는 항목은 무엇인가?
 ① 당기순이익
 ② 현금배당
 ③ 주식배당
 ④ 유상증자

07. 다음 중 일반기업회계기준에 따른 수익 인식 시점에 대한 설명으로 옳지 않은 것은?
 ① 위탁판매의 경우 수탁자가 위탁품을 소비자에게 판매한 시점에 수익을 인식한다.
 ② 배당금수익은 배당금을 받을 권리와 금액이 확정되는 시점에 수익을 인식한다.
 ③ 대가가 분할되어 수취되는 할부판매의 경우 대가를 나누어 받을 때마다 수익으로 인식한다.
 ④ 설치수수료 수익은 재화가 판매되는 시점에 수익을 인식하는 재화의 판매에 부수되는 설치의 경우를 제외하고는 설치의 진행률에 따라 수익으로 인식한다.

08. 다음 중 재고자산에 대한 설명으로 옳지 않은 것은?
 ① 기업이 생산과정에 사용하거나 판매를 목적으로 보유한 자산이다.
 ② 취득원가에 매입부대비용은 포함되지 않는다.
 ③ 기말 평가방법에 따라 기말 재고자산 금액이 다를 수 있다.
 ④ 수입 시 발생한 관세는 취득원가에 가산하여 재고자산에 포함된다.

09. 다음 중 원가에 대한 설명으로 옳지 않은 것은?
 ① 원가의 발생형태에 따라 재료원가, 노무원가, 제조경비로 분류한다.
 ② 특정 제품에 대한 직접 추적가능성에 따라 직접원가, 간접원가로 분류한다.
 ③ 조업도 증감에 따른 원가의 행태로서 변동원가, 고정원가로 분류한다.
 ④ 기회비용은 과거의 의사결정으로 인해 이미 발생한 원가이며, 대안 간의 차이가 발생하지 않는 원가를 말한다.

116회 이론시험

10. 부문별 원가계산에서 보조부문의 원가를 제조부문에 배분하는 방법 중 보조부문의 배분 순서에 따라 제조간접원가의 배분액이 달라지는 방법은?

① 직접배분법 ② 단계배분법 ③ 상호배분법 ④ 총배분법

11. 다음 중 제조원가명세서에서 제공하는 정보는 무엇인가?

① 기부금 ② 이자비용 ③ 당기총제조원가 ④ 매출원가

12. 다음의 자료를 이용하여 평균법에 의한 가공원가 완성품환산량을 구하시오(단, 재료는 공정 초기에 전량 투입되고 가공원가는 공정 전반에 걸쳐 균등하게 발생한다).

| • 당기완성품 : 40,000개 | • 당기착수량 : 60,000개 |
| • 기초재공품 : 10,000개(완성도 30%) | • 기말재공품 : 30,000개(완성도 60%) |

① 52,000개 ② 54,000개 ③ 56,000개 ④ 58,000개

13. 다음 중 부가가치세법상 납세의무자에 대한 설명으로 틀린 것은?

① 사업의 영리 목적 여부에 관계없이 사업상 독립적으로 재화 및 용역을 공급하는 사업자이다.
② 영세율을 적용받는 사업자는 납세의무자에 해당하지 않는다.
③ 간이과세자도 납세의무자에 포함된다.
④ 재화를 수입하는 자는 그 재화의 수입에 대한 부가가치세를 납부할 의무가 있다.

14. 다음 중 부가가치세법상 사업장에 대한 설명으로 옳지 않은 것은?

① 사업장은 사업자가 사업을 하기 위하여 거래의 전부 또는 일부를 하는 고정된 장소로 한다.
② 사업장을 설치하지 않고 사업자등록도 하지 않은 경우에는 과세표준 및 세액을 결정하거나 경정할 당시의 사업자의 주소 또는 거소를 사업장으로 한다.
③ 제조업의 경우 따로 제품 포장만을 하거나 용기에 충전만 하는 장소도 사업장에 포함될 수 있다.
④ 부동산상의 권리만 대여하는 경우에는 그 사업에 관한 업무를 총괄하는 장소를 사업장으로 한다.

15. 부가가치세법상 법인사업자가 전자세금계산서를 발급하는 경우 전자세금계산서 발급 명세를 언제까지 국세청장에게 전송해야 하는가?

① 전자세금계산서 발급일의 다음 날
② 전자세금계산서 발급일로부터 1주일 이내
③ 전자세금계산서 발급일이 속하는 달의 다음 달 10일 이내
④ 전자세금계산서 발급일이 속하는 달의 다음 달 25일 이내

116회 실무시험

(주)태림상사(회사코드 : 1163)는 자동차부품의 제조 및 도소매업을 영위하는 중소기업으로 당기(제11기) 회계기간은 2025.1.1 ~ 2025.12.31이다. 전산세무회계 수험용 프로그램을 이용하여 다음 물음에 답하시오.

기본전제

- 문제에서 한국채택국제회계기준을 적용하도록 하는 전제조건이 없는 경우, 일반기업회계기준을 적용하여 회계처리 한다.
- 문제의 풀이와 답안작성은 제시된 문제의 순서대로 진행한다.

문제 1 다음은 [기초정보관리] 및 [전기분재무제표]에 대한 자료이다. 각각의 요구사항에 대하여 답하시오. (10점)

[1] [거래처등록] 메뉴를 이용하여 다음의 신규 거래처를 추가로 등록하시오. (3점)

- 거래처코드 : 05000
- 거래처명 : (주)대신전자
- 대표자 : 김영일
- 사업자등록번호 : 108-81-13579
- 업태 : 제조
- 종목 : 전자제품
- 유형 : 매출
- 사업장주소 : 경기도 시흥시 정왕대로 56(정왕동)

※ 주소 입력 시 우편번호 입력은 생략해도 무방함.

[2] (주)태림상사의 기초 채권 및 채무의 올바른 잔액은 아래와 같다. [거래처별초기이월] 메뉴의 자료를 검토하여 오류가 있으면 올바르게 삭제 또는 수정, 추가 입력을 하시오. (3점)

계정과목	거래처	금액
외상매출금	(주)동명상사	6,000,000원
받을어음	(주)남북	1,000,000원
지급어음	(주)동서	1,500,000원

[3] 전기분 손익계산서를 검토한 결과 다음과 같은 오류를 발견하였다. 해당 오류사항과 관련된 [전기분원가명세서] 및 [전기분손익계산서]를 수정 및 삭제하시오. (4점)

- 공장 건물에 대한 재산세 3,500,000원이 판매비와관리비의 세금과공과금으로 반영되어 있다.

116회 실무시험

문제 2 [일반전표입력] 메뉴를 이용하여 다음의 거래 자료를 입력하시오(일반전표입력의 모든 거래는 부가가치세를 고려하지 말 것). (18점)

입력 시 유의사항

- 일반적인 적요의 입력은 생략하지만, 타계정 대체거래는 적요번호를 선택하여 입력한다.
- 채권·채무와 관련된 거래는 별도의 요구가 없는 한 반드시 기 등록된 거래처코드를 선택하는 방법으로 거래처명을 입력한다.
- 제조경비는 500번대 계정코드를, 판매비와관리비는 800번대 계정코드를 사용한다.
- 회계처리 시 계정과목은 별도의 제시가 없는 한 등록된 계정과목 중 가장 적절한 과목으로 한다.

[1] 8월 5일   회사는 운영자금 문제를 해결하기 위해서, 보유 중인 (주)기경상사의 받을어음 1,000,000원을 한국은행에 할인하였으며 할인료 260,000원을 공제하고 보통예금 계좌로 입금받았다(단, 매각거래로 간주한다). (3점)

[2] 8월 10일   본사관리부 직원의 국민연금 800,000원과 카드결제수수료 8,000원을 법인카드(하나카드)로 결제하여 일괄 납부하였다. 납부한 국민연금 중 50%는 회사부담분, 50%는 원천징수한 금액으로 회사부담분은 세금과공과로 처리한다. (3점)

[3] 8월 22일   공장에서 사용할 비품(공정가치 5,000,000원)을 대주주로부터 무상으로 받았다. (3점)

[4] 9월 4일   (주)경기로부터 원재료를 구입하기로 계약하고, 계약금 1,000,000원을 보통예금 계좌에서 이체하여 지급하였다. (3점)

[5] 10월 28일 영업부에서 사용할 소모품을 현금으로 구입하고 아래의 간이영수증을 수취하였다(단, 당기 비용으로 처리할 것). (3점)

영 수 증 (공급받는자용)				
NO.	(주)태림상사 귀하			
공급자	사업자등록번호	314-36-87448		
	상 호	솔잎문구	성 명	김솔잎(인)
	사업장소재지	경기도 양주시 남방동 25		
	업 태	도소매	종 목	문구점
작성년월일	공급대가 총액		비 고	
2025. 10. 28.	70,000원			
위 금액을 정히 영수(청구)함.				
월일	품명	수량	단가	공급가(금액)
10.28.	A4	2	35,000원	70,000원
합 계			70,000원	
부가가치세법시행규칙 제25조의 규정에 의한 (영수증)으로 개정				

[6] 12월 1일 단기시세차익을 목적으로 (주)ABC(시장성 있는 주권상장법인에 해당)의 주식 100주를 주당 25,000원에 취득하였다. 이와 별도로 발생한 취득 시 수수료 50,000원과 함께 대금은 모두 보통예금 계좌에서 이체하여 지급하였다. (3점)

문제 3 [매입매출전표입력] 메뉴를 이용하여 다음의 거래 자료를 입력하시오. (18점)

입력 시 유의사항

- 일반적인 적요의 입력은 생략하지만, 타계정 대체거래는 적요번호를 선택하여 입력한다.
- 채권·채무 관련 거래는 별도의 요구가 없는 한 반드시 기등록된 거래처코드를 선택하는 방법으로 거래처명을 입력한다.
- 제조경비는 500번대 계정코드를, 판매비와관리비는 800번대 계정코드를 사용한다.
- 회계처리 시 계정과목은 별도의 제시가 없는 한 등록된 계정과목 중 가장 적절한 과목으로 한다.
- 입력화면 하단의 분개까지 처리하고, 전자세금계산서 및 전자계산서는 전자입력으로 반영한다.

116회 실무시험

[1] 7월 5일 제일상사에게 제품을 판매하고 신용카드(삼성카드)로 결제받고 발행한 매출전표는 아래와 같다. (3점)

```
카드매출전표
------------------------------
카드종류 : 삼성카드
회원번호 : 951-3578-654
거래일시 : 2025.07.05. 11:20:22
거래유형 : 신용승인
매   출 : 800,000원
부 가 세 :  80,000원
합   계 : 880,000원
결제방법 : 일시불
승인번호 : 2025070580001
은행확인 : 삼성카드사
------------------------------
         - 이하생략 -
```

[2] 7월 11일 (주)연분홍상사에게 다음과 같은 제품을 판매하고 1,000,000원은 현금으로, 15,000,000원은 어음으로 받고 나머지는 외상으로 하였다. (3점)

전자세금계산서

					승인번호	20250711-1000000-00009329		

<table>
<tr><th rowspan="5">공급자</th><th>등록번호</th><td colspan="2">215-81-69876</td><th>종사업장
번호</th><td></td><th rowspan="5">공급받는자</th><th>등록번호</th><td colspan="2">134-86-81692</td><th>종사업장
번호</th><td></td></tr>
<tr><th>상 호
(법인명)</th><td>(주)태림상사</td><th>성 명</th><td colspan="2">정대우</td><th>상 호
(법인명)</th><td>(주)연분홍상사</td><th>성 명</th><td colspan="2">이연홍</td></tr>
<tr><th>사업장
주소</th><td colspan="4">경기도 양주시 양주산성로 85-7</td><th>사업장
주소</th><td colspan="4">경기도 화성시 송산면 마도북로 40</td></tr>
<tr><th>업 태</th><td>제조, 도소매</td><th>종 목</th><td colspan="2">자동차부품 외</td><th>업 태</th><td>제조</td><th>종 목</th><td colspan="2">자동차특장</td></tr>
<tr><th>이메일</th><td colspan="4">school_01@taelim.kr</td><th>이메일</th><td colspan="4">pink01@hanmail.net</td></tr>
</table>

작성일자	공급가액	세 액	수정사유	비 고
2025/07/11	30,000,000	3,000,000	해당 없음	

월	일	품 목	규 격	수 량	단 가	공급가액	세 액	비 고
07	11	제품				30,000,000	3,000,000	

합계금액	현 금	수 표	어 음	외상미수금	위 금액을 영수 함 청구
33,000,000	1,000,000		15,000,000	17,000,000	

[3] 10월 1일   제조공장 직원들의 야근 식사를 위해 대형마트에서 국내산 쌀(면세)을 1,100,000원에 구입하고 대금은 보통예금 계좌에서 이체하였으며, 지출증빙용 현금영수증을 발급받았다. (3점)

현금영수증		
승인번호	구매자 발행번호	발행방법
G54782245	215-81-69876	지출증빙
신청구분	발행일자	취소일자
사업자번호	2025.10.01	-
상품명		
쌀		
구 분	주문번호	상품주문번호
일반상품	20251001054897	2025100185414

판매자 정보	
판매자상호	대표자명
대형마트	김대인
사업자등록번호	판매자전화번호
201-17-45670	02-788-8888
판매자사업장주소	
서울특별시 종로구 종로동 2-1	

금액							
공급가액	1	1	0	0	0	0	0
부가세액							
봉사료							
승인금액	1	1	0	0	0	0	0

[4] 10월 30일   미국의 Nice Planet에 $50,000(수출신고일 10월 25일, 선적일 10월 30일)의 제품을 직수출하였다. 수출대금 중 $20,000는 10월 30일에 보통예금 계좌로 입금받았으며, 나머지 잔액은 11월 3일에 받기로 하였다. 일자별 기준환율은 다음과 같다(단, 수출신고필증은 정상적으로 발급받았으며, 수출신고번호는 고려하지 말 것). (3점)

일자	10월 25일	10월 30일	11월 03일
기준환율	1,380원/$	1,400원/$	1,410원/$

[5] 11월 30일   (주)제니빌딩으로부터 영업부 임차료에 대한 공급가액 3,000,000원(부가가치세 별도)의 전자세금계산서를 수취하고 대금은 다음 달에 지급하기로 한다. 단, 미지급금으로 회계처리 하시오. (3점)

〈116회〉 실 무 시 험

[6] 12월 10일 건축물이 있는 토지를 취득하여 그 건축물을 철거하고 토지만 사용하고자 한다. 건물 철거비용에 대하여 (주)시온건설로부터 아래의 전자세금계산서를 발급받았다. 대금은 (주)선유자동차로부터 제품 판매대금으로 받아 보관 중인 (주)선유자동차 발행 약속어음으로 전액 지급하였다. (3점)

전자세금계산서				승인번호	20251210-12595557-12569886		
공급자	등록번호	105-81-23608	종사업장번호		등록번호	215-81-69876	종사업장번호	
	상호(법인명)	(주)시온건설	성 명	정상임	공급받는자	상호(법인명)	(주)태림상사	성 명	정대우
	사업장주소	서울특별시 강남구 도산대로 42			사업장주소	경기도 양주시 양주산성로 85-7		
	업 태	건설	종 목	토목공사	업 태	제조, 도소매	종 목	자동차부품 외
	이메일	sion@hanmail.net			이메일	school_01@taelim.kr		
작성일자	공급가액		세 액		수정사유		비 고	
2025/12/10	60,000,000		6,000,000		해당 없음			
월	일	품 목	규 격	수 량	단 가	공급가액	세 액	비 고
12	10	철거비용			60,000,000	60,000,000	6,000,000	
합계금액		현 금		수 표		어 음	외상미수금	위 금액을 **영수**함
66,000,000						66,000,000		

문제 4 [일반전표입력] 및 [매입매출전표입력] 메뉴에 입력된 내용 중 다음과 같은 오류가 발견되었다. 입력된 내용을 확인하여 정정하시오. (6점)

[1] 9월 1일 (주)가득주유소에서 주유 후 대금은 당일에 현금으로 결제했으며 현금영수증을 수취한 것으로 일반전표에 입력하였다. 그러나 해당 주유 차량은 제조공장의 운반용트럭(배기량 2,500cc)인 것으로 확인되었다. (3점)

[2] 11월 12일 경영관리부서 직원들을 대상으로 확정기여형(DC형) 퇴직연금에 가입하고 보통예금 계좌에서 당기분 퇴직급여 17,000,000원을 이체하였으나, 회계담당자는 확정급여형(DB형) 퇴직연금에 가입한 것으로 알고 회계처리를 하였다(단, 납입 당시 퇴직급여충당부채 잔액은 없는 것으로 가정한다). (3점)

실무시험 116회

문제 5 결산정리사항은 다음과 같다. 관련 메뉴를 이용하여 결산을 완료하시오. (9점)

[1] 7월 1일에 가입한 하나은행의 정기예금 10,000,000원(만기 1년, 연 이자율 4.5%)에 대하여 기간 경과분 이자를 계상하였다(단, 이자 계산은 월할 계산하며, 원천징수는 없다고 가정한다). (3점)

[2] 경남은행으로부터 차입한 장기차입금 중 50,000,000원은 2026년 11월 30일에 상환기일이 도래한다. (3점)

[3] 2025년 제2기 부가가치세 확정신고 기간에 대한 부가세예수금은 52,346,500원, 부가세대급금은 52,749,000원일 때 부가가치세를 정리하는 회계처리를 하시오(단, 납부세액(또는 환급세액)은 미지급세금(또는 미수금)으로 회계처리하고, 불러온 자료는 무시한다). (3점)

문제 6 다음 사항을 조회하여 답안을 이론문제 답안작성 메뉴에 입력하시오. (9점)

[1] 3월 말 현재 외상매출금 잔액이 가장 큰 거래처명과 그 금액은 얼마인가? (3점)

[2] 2025년 중 실제로 배당금을 수령한 달은 몇 월인가? (3점)

[3] 2025년 제1기 부가가치세 확정신고서(2025.04.01. ~ 2025.06.30.)의 매출액 중 세금계산서 발급분 공급가액의 합계액은 얼마인가? (3점)

115회 이론시험 (합격률 : 48.81%)

PART 01 기출문제

다음 문제를 보고 알맞은 것을 골라 **이론문제 답안작성** 메뉴에 입력하시오. (객관식 문항당 2점)

> **기본전제**
> 문제에서 한국채택국제회계기준을 적용하도록 하는 전제조건이 없는 경우, 일반기업회계기준을 적용한다.

01. 다음 중 회계순환과정에 있어 기말결산정리의 근거가 되는 가정으로 적절한 것은?
① 발생주의 회계
② 기업실체의 가정
③ 계속기업의 가정
④ 기간별 보고의 가정

02. 다음 중 당좌자산에 포함되지 않는 것은 무엇인가?
① 선급비용
② 미수금
③ 미수수익
④ 선수수익

03. 다음에서 설명하는 재고자산 단가 결정방법으로 옳은 것은?

> 실제 물량 흐름과 원가 흐름의 가정이 유사하다는 장점이 있으나, 수익·비용 대응의 원칙에 부적합하고, 물가 상승 시 이익이 과대 계상되는 단점이 있다.

① 개별법
② 선입선출법
③ 후입선출법
④ 총평균법

04. 다음 중 유형자산에 대한 추가적인 지출이 발생했을 경우 발생한 기간의 비용으로 처리하는 거래로 옳은 것은?
① 건물의 피난시설을 설치하기 위한 지출
② 내용연수를 연장시키는 지출
③ 건물 내부 조명기구를 교체하는 지출
④ 상당한 품질향상을 가져오는 지출

05. 다음 중 무형자산에 대한 설명으로 가장 옳지 않은 것은?
① 무형자산은 상각완료 후 잔존가치로 1,000원을 반드시 남겨둔다.
② 무형자산의 상각방법은 정액법, 정률법 둘 다 사용 가능하다.
③ 무형자산을 상각하는 회계처리를 할 때는 일반적으로 직접법으로 처리하고 있다.
④ 무형자산 중 내부에서 창출한 영업권은 무형자산으로 인정되지 않는다.

06. 다음 중 일반기업회계기준에 따른 부채가 아닌 것은 무엇인가?
① 임차보증금 ② 퇴직급여충당부채
③ 선수금 ④ 미지급배당금

07. 다음의 자본 항목 중 성격이 다른 하나는 무엇인가?
① 자기주식처분이익 ② 감자차익
③ 자기주식 ④ 주식발행초과금

08. 다음의 자료를 이용하여 영업이익을 구하시오(기초재고는 50,000원, 기말재고는 '0'으로 가정한다).

• 총매출액	500,000원	• 매출할인	10,000원	• 당기총매입액	300,000원
• 매입에누리	20,000원	• 이자비용	30,000원	• 급여	20,000원
• 통신비	5,000원	• 감가상각비	10,000원	• 배당금수익	20,000원
• 임차료	25,000원	• 유형자산처분손실	30,000원		

① 60,000원 ② 70,000원 ③ 100,000원 ④ 130,000원

09. 다음 중 보조부문의 원가 배분에 대한 설명으로 옳지 않은 것은?
① 보조부문의 원가 배분방법으로는 직접배분법, 단계배분법 및 상호배분법이 있으며, 이들 배분방법에 따라 전체 보조부문의 원가에 일부 차이가 있을 수 있다.
② 상호배분법은 부문간 상호수수를 고려하여 계산하기 때문에 다른 배분방법보다 계산이 복잡한 방법이라 할 수 있다.
③ 단계배분법은 보조부문간 배분순서에 따라 각 보조부문에 배분되는 금액에 차이가 있을 수 있다.
④ 직접배분법은 보조부문 원가 배분액의 계산이 상대적으로 간편한 방법이라 할 수 있다.

10. 다음의 원가 분류 중 분류 기준이 같은 것으로만 짝지어진 것은?

| 가. 변동원가 | 나. 관련원가 | 다. 직접원가 | 라. 고정원가 | 마. 매몰원가 | 바. 간접원가 |

① 가, 나 ② 나, 다 ③ 나, 마 ④ 라, 바

115회 이론시험

11. 다음 자료를 참고하여 2025년 제조작업지시서 #200에 대한 제조간접원가 예정배부율과 예정배부액을 계산하면 각각 얼마인가?

> 가. 2024년 연간 제조간접원가 4,200,000원, 총기계작업시간은 100,000시간인 것으로 파악되었다.
> 나. 2025년 연간 예정제조간접원가 3,800,000원, 총예정기계작업시간은 80,000시간으로 예상하고 있다.
> 다. 2025년 제조작업지시서별 실제기계작업시간은 다음과 같다.
> • 제조작업지시서 #200 : 11,000시간   • 제조작업지시서 #300 : 20,000시간

	제조간접원가 예정배부율	제조간접원가 예정배부액
①	42원/기계작업시간	462,000원
②	52.5원/기계작업시간	577,500원
③	47.5원/기계작업시간	522,500원
④	46원/기계작업시간	506,000원

12. 다음 중 종합원가계산을 적용할 경우 평균법과 선입선출법에 의한 완성품 환산량의 차이를 발생시키는 주요 원인은 무엇인가?
① 기초재공품 차이
② 기초제품 차이
③ 기말제품 차이
④ 기말재공품 차이

13. 다음 중 부가가치세법상 납세의무자에 대한 설명으로 가장 옳지 않은 것은?
① 부가가치세법상 사업자는 일반과세자와 간이과세자이다.
② 국가·지방자치단체도 납세의무자가 될 수 있다.
③ 사업자단위과세사업자는 모든 사업장의 부가가치세를 총괄하여 신고만 할 수 있다.
④ 영세율을 적용받는 사업자도 부가가치세법상의 사업자등록의무가 있다.

14. 다음 중 부가가치세법상 매입세액공제가 가능한 경우는?
① 면세사업에 관련된 매입세액
② 비영업용 소형승용자동차의 유지와 관련된 매입세액
③ 토지의 형질변경과 관련된 매입세액
④ 제조업을 영위하는 사업자가 농민으로부터 구입한 면세 농산물의 의제매입세액

15. 다음 중 부가가치세법상 세금계산서 발급 의무가 면제되지 않는 경우는?
① 택시운송사업자가 공급하는 재화 또는 용역
② 미용업자가 공급하는 재화 또는 용역
③ 제조업자가 구매확인서에 의하여 공급하는 재화
④ 부동산임대업자의 부동산임대용역 중 간주임대료

115회 실 무 시 험

PART 01 기출문제

다산컴퓨터(주)(회사코드 : 1153)는 컴퓨터 등의 제조 및 도소매업을 영위하는 중소기업으로 당기(제11기) 회계기간은 2025.1.1 ~ 2025.12.31이다. 전산세무회계 수험용 프로그램을 이용하여 다음 물음에 답하시오.

기 본 전 제

- 문제에서 한국채택국제회계기준을 적용하도록 하는 전제조건이 없는 경우, 일반기업회계기준을 적용하여 회계처리 한다.
- 문제의 풀이와 답안작성은 제시된 문제의 순서대로 진행한다.

문제 1 다음은 [기초정보관리] 및 [전기분재무제표]에 대한 자료이다. 각각의 요구사항에 대하여 답하시오.
(10점)

[1] 다음 자료를 보고 [거래처등록] 메뉴에서 신규 거래처를 등록하시오(단, 주어진 자료 외의 다른 항목은 입력할 필요 없음). (3점)

- 거래처코드 : 02411
- 거래처명 : (주)구동컴퓨터
- 사업자등록번호 : 189-86-70759
- 업태 : 제조
- 사업장주소 : 울산광역시 울주군 온산읍 종동길 102
- 거래처구분 : 일반거래처
- 유형 : 동시
- 대표자성명 : 이주연
- 종목 : 컴퓨터 및 주변장치

[2] 기초정보관리의 [계정과목및적요등록] 메뉴에서 821.보험료 계정과목에 아래의 적요를 추가로 등록하시오. (3점)

- 현금적요 7번 : 경영인 정기보험료 납부
- 대체적요 5번 : 경영인 정기보험료 미지급
- 대체적요 6번 : 경영인 정기보험료 상계

[3] 다음은 다산컴퓨터(주)의 올바른 선급금, 선수금의 전체 기초잔액이다. [거래처별초기이월] 메뉴의 자료를 검토하여 오류가 있으면 올바르게 삭제 또는 수정, 추가 입력을 하시오. (4점)

계정과목	거래처명	금 액
선급금	해원전자(주)	2,320,000원
	공상(주)	1,873,000원
선수금	(주)유수전자	2,100,000원
	(주)신곡상사	500,000원

115회 실무시험

문제 2 [일반전표입력] 메뉴를 이용하여 다음의 거래 자료를 입력하시오(일반전표입력의 모든 거래는 부가가치세를 고려하지 말 것). (18점)

입력 시 유의사항

- 일반적인 적요의 입력은 생략하지만, 타계정 대체거래는 적요번호를 선택하여 입력한다.
- 채권·채무와 관련된 거래는 별도의 요구가 없는 한 반드시 기 등록된 거래처코드를 선택하는 방법으로 거래처명을 입력한다.
- 제조경비는 500번대 계정코드를, 판매비와관리비는 800번대 계정코드를 사용한다.
- 회계처리 시 계정과목은 별도의 제시가 없는 한 등록된 계정과목 중 가장 적절한 과목으로 한다.

[1] 7월 28일 거래처 (주)경재전자의 외상매입금 2,300,000원 중 2,000,000원은 당사에서 어음을 발행하여 지급하고 나머지는 면제받았다. (3점)

[2] 9월 3일 하나은행에서 차입한 단기차입금 82,000,000원과 이에 대한 이자 2,460,000원을 보통예금계좌에서 이체하여 지급하였다. (3점)

[3] 9월 12일 중국의 DOKY사에 대한 제품 수출 외상매출금 10,000$(선적일 기준환율 : 1,400원/$)를 회수하여 즉시 원화 보통예금 계좌로 입금하였다(단, 입금일의 기준환율은 1,380원/$이다). (3점)

[4] 10월 7일 주당 액면가액이 5,000원인 보통주 1,000주를 주당 7,000원에 발행하였고, 발행가액 전액이 보통예금 계좌로 입금되었다(단, 하나의 전표로 처리하며 신주 발행 전 주식할인발행차금 잔액은 1,000,000원이고 신주발행비용은 없다고 가정한다). (3점)

[5] 10월 28일 당기분 DC형 퇴직연금 불입액 12,000,000원이 자동이체 방식으로 보통예금 계좌에서 출금되었다. 불입액 12,000,000원 중 4,000,000원은 영업부에서 근무하는 직원들에 대한 금액이고 나머지는 생산부에서 근무하는 직원들에 대한 금액이다. (3점)

[6] 11월 12일 전기에 회수불능으로 일부 대손처리한 (주)은상전기의 외상매출금이 회수되었으며, 대금은 하나은행 보통예금 계좌로 입금되었다. (3점)

		[보통예금(하나)] 거래 내용				
행	연월일	내용	찾으신 금액	맡기신 금액	잔액	거래점
		계좌번호 120-99-80481321				
1	2025-11-12	(주)은상전기		₩2,500,000	******	1111

문제 3 [매입매출전표입력] 메뉴를 이용하여 다음의 거래 자료를 입력하시오. (18점)

입력 시 유의사항

- 일반적인 적요의 입력은 생략하지만, 타계정 대체거래는 적요번호를 선택하여 입력한다.
- 채권·채무 관련 거래는 별도의 요구가 없는 한 반드시 기등록된 거래처코드를 선택하는 방법으로 거래처명을 입력한다.
- 제조경비는 500번대 계정코드를, 판매비와관리비는 800번대 계정코드를 사용한다.
- 회계처리 시 계정과목은 별도의 제시가 없는 한 등록된 계정과목 중 가장 적절한 과목으로 한다.
- 입력화면 하단의 분개까지 처리하고, 전자세금계산서 및 전자계산서는 전자입력으로 반영한다.

[1] 7월 3일   회사 영업부 야유회를 위해 도시락 10개를 구입하고 현대카드로 결제하였다. (3점)

```
            신용카드매출전표

가맹점명    : 맛나도시락
사업자번호  : 127-10-12343
대표자명    : 김도식
주    소   : 서울 마포구 마포대로 2
롯데카드    : 신용승인
거래일시    : 2025-07-03 11:08:54
카드번호    : 3256-6455-****-1329
유효기간    : 12/26
가맹점번호  : 123412341
매 입 사   : 현대카드(전자서명전표)
   상품명              금  액
한식도시락세트        330,000

공급가액 : 300,000
부가세액 :  30,000
합   계 : 330,000
```

[2] 8월 6일   제품을 만들고 난 후 나온 철 스크랩을 비사업자인 최한솔에게 판매하고, 판매대금 1,320,000원(부가가치세 포함)을 수취하였다. 대금은 현금으로 받고, 해당 거래에 대한 증빙은 아무것도 발급하지 않았다(계정과목은 잡이익으로 하고, 거래처를 조회하여 입력할 것). (3점)

115회 실무시험

[3] 8월 29일 (주)선월재에게 내국신용장에 의해 제품을 판매하고 전자세금계산서를 발급하였다. 대금 중 500,000원은 현금으로 받고 나머지는 외상으로 하였다(단, 서류번호입력은 생략할 것). (3점)

영세율 전자세금계산서						승인번호	20250829-100028100-484650		
공급자	등록번호	129-81-50101	종사업장 번호		공급받는자	등록번호	601-81-25803	종사업장 번호	
	상호(법인명)	다산컴퓨터(주)	성명	박새은		상호(법인명)	(주)선월재	성명	정일원
	사업장주소	경기도 남양주시 가운로 3-28				사업장주소	경상남도 사천시 사천대로 11		
	업태	제조, 도소매	종목	컴퓨터		업태	도소매	종목	컴퓨터 및 기기장치
	이메일					이메일			
작성일자		공급가액		세액		수정사유		비고	
2025.08.29		5,200,000							
월	일	품목	규격	수량	단가	공급가액	세액	비고	
8	29	제품A		1	5,200,000	5,200,000			
합계금액		현금		수표		어음	외상미수금	위 금액을 **청구**함	
5,200,000		500,000					4,700,000		

[4] 10월 15일 (주)우성유통에 제품을 판매하고 다음과 같이 전자세금계산서를 발급하였다. 대금 중 8,000,000원은 하움공업이 발행한 어음을 배서양도 받고, 나머지는 다음 달에 받기로 하였다. (3점)

전자세금계산서						승인번호	20251015-100028100-484650		
공급자	등록번호	129-81-50101	종사업장 번호		공급받는자	등록번호	105-86-50416	종사업장 번호	
	상호(법인명)	다산컴퓨터(주)	성명	박새은		상호(법인명)	(주)우성유통	성명	김성길
	사업장주소	경기도 남양주시 가운로 3-28				사업장주소	서울시 강남구 강남대로 292		
	업태	제조, 도소매	종목	컴퓨터		업태	도소매	종목	기기장치
	이메일					이메일			
작성일자		공급가액		세액		수정사유		비고	
2025.10.15		10,000,000		1,000,000		해당 없음			
월	일	품목	규격	수량	단가	공급가액	세액	비고	
10	15	컴퓨터				10,000,000	1,000,000		
합계금액		현금		수표		어음	외상미수금	위 금액을 **청구**함	
11,000,000						8,000,000	3,000,000		

[5] 10월 30일 미국의 MARK사로부터 수입한 업무용 컴퓨터(공급가액 6,000,000원)와 관련하여 인천세관장으로부터 수입세금계산서를 발급받고, 해당 부가가치세를 당좌예금 계좌에서 이체하여 납부하였다 (단, 부가가치세 회계처리만 할 것). (3점)

[6] 12월 2일 공장 직원들의 휴게공간에 간식을 비치하기 위해 두나과일로부터 샤인머스캣 등을 구매하면서 구매대금 275,000원을 현금으로 지급하고, 지출증빙용 현금영수증을 발급받았다. (3점)

Hometax, 국세청홈텍스 현금영수증

■ 거래정보

거래일시	2025.12.02.
승인번호	G12458265
거래구분	승인거래
거래용도	지출증빙
발급수단번호	129-81-50101

■ 거래금액

공급가액	부가세	봉사료	총 거래금액
275,000	-	-	275,000

■ 가맹점 정보

상 호	두나과일
사업자번호	221-90-43529
대표자명	이두나
주 소	경북 고령군 대가야읍 왕릉로 35

• 익일 홈택스에서 현금영수증 발급 여부를 반드시 확인하시기 바랍니다.
• 홈페이지(http://www.hometax.go.kr)
  - 조회/발급 > 현금영수증 조회 > 사용내역(소득공제) 조회
                              > 매입내역(지출증빙) 조회
• 관련문의는 국세상담센터(☎126-1-1)

문제 4 [일반전표입력] 및 [매입매출전표입력] 메뉴에 입력된 내용 중 다음과 같은 오류가 발견되었다. 입력된 내용을 확인하여 정정하시오. (6점)

[1] 11월 1일 (주)호수의 주식 1,000주를 단기간 차익을 목적으로 1주당 12,000원(1주당 액면가 5,000원)에 현금으로 취득하고 발생한 수수료 120,000원을 취득원가에 포함하였다. (3점)

[2] 11월 26일 원재료 매입 거래처의 워크숍을 지원하기 위해 (주)산들바람으로부터 현금으로 구매한 선물세트 800,000원(부가가치세 별도, 종이세금계산서 수취)을 소모품비로 회계처리하였다. (3점)

115회 실무시험

문제 5 결산정리사항은 다음과 같다. 관련 메뉴를 이용하여 결산을 완료하시오. (9점)

[1] 12월 31일 제2기 부가가치세 확정신고기간의 부가가치세 매출세액은 14,630,000원, 매입세액은 22,860,000원, 환급세액은 8,230,000원이다. 관련된 결산 회계처리를 하시오(단, 환급세액은 미수금으로 처리한다). (3점)

[2] 10월 1일에 로배전자에 30,000,000원(상환기일 2026년 9월 30일)을 대여하고, 연 7%의 이자를 상환일에 원금과 함께 수취하기로 약정하였다. 결산 정리분개를 하시오(이자는 월할계산할 것). (3점)

[3] 12월 31일 현재 신한은행의 장기차입금 중 일부인 13,000,000원의 만기상환기일이 1년 이내에 도래할 것으로 예상되었다. (3점)

문제 6 다음 사항을 조회하여 답안을 이론문제 답안작성 메뉴에 입력하시오. (9점)

[1] 6월 말 현재 외상매입금 잔액이 가장 많은 거래처명과 그 금액은 얼마인가? (3점)

[2] 1분기(1월 ~ 3월) 중 판매비와관리비 항목의 소모품비 지출액이 가장 적게 발생한 월과 그 금액은 얼마인가? (3점)

[3] 2025년 제1기 확정신고기간(4월 ~ 6월) 중 (주)하이일렉으로부터 발급받은 세금계산서의 총 매수와 매입세액은 얼마인가? (3점)

114회 이론시험 (합격률: 37.78%) PART 01 기출문제

다음 문제를 보고 알맞은 것을 골라 │이론문제 답안작성│ 메뉴에 입력하시오. (객관식 문항당 2점)

기 본 전 제

문제에서 한국채택국제회계기준을 적용하도록 하는 전제조건이 없는 경우, 일반기업회계기준을 적용한다.

01. 다음 중 거래내용에 대한 거래요소의 결합관계를 바르게 표시한 것은?

거래요소의 결합관계	거래내용
① 자산의 증가 : 자산의 증가	외상매출금 4,650,000원을 보통예금으로 수령하다.
② 자산의 증가 : 부채의 증가	기계장치를 27,500,000원에 구입하고 구입대금은 미지급하다.
③ 비용의 발생 : 자산의 증가	보유 중인 건물을 임대하여 임대료 1,650,000원을 보통예금으로 수령하다.
④ 부채의 감소 : 자산의 감소	장기차입금에 대한 이자 3,000,000원을 보통예금에서 이체하는 방식으로 지급하다.

02. 다음 중 재고자산이 아닌 것은?
① 약국의 일반의약품 및 전문의약품
② 제조업 공장의 생산 완제품
③ 부동산매매업을 주업으로 하는 기업의 판매 목적 토지
④ 병원 사업장소재지의 토지 및 건물

03. 다음은 (주)한국이 신규 취득한 기계장치 관련 자료이다. 아래의 기계장치를 연수합계법으로 감가상각할 경우, (주)한국의 당기(회계연도 : 매년 1월 1일 ~ 12월 31일) 말 현재 기계장치의 장부금액은 얼마인가?

- 기계장치 취득원가 : 3,000,000원
- 잔존가치 : 300,000원
- 취득일 : 2025.01.01.
- 내용연수 : 5년

① 2,000,000원   ② 2,100,000원   ③ 2,400,000원   ④ 2,460,000원

04. 다음은 (주)서울의 당기 지출 내역 중 일부이다. 아래의 자료에서 무형자산으로 기록할 수 있는 금액은 모두 얼마인가?

- 신제품 특허권 취득 비용 : 30,000,000원
- 신제품의 연구단계에서 발생한 재료 구입 비용 : 1,500,000원
- A기업이 가지고 있는 상표권 구입 비용 : 22,000,000원

① 22,000,000원   ② 30,000,000원   ③ 52,000,000원   ④ 53,500,000원

114회 이론시험

05. 다음 중 매도가능증권에 대한 설명으로 옳지 않은 것은?
① 기말 평가손익은 기타포괄손익누계액에 반영한다.
② 취득 시 발생한 수수료는 당기 비용으로 처리한다.
③ 처분 시 발생한 처분손익은 당기손익에 반영한다.
④ 보유 목적에 따라 당좌자산 또는 투자자산으로 분류한다.

06. 다음 중 채권 관련 계정의 차감적 평가항목으로 옳은 것은?
① 감가상각누계액
② 재고자산평가충당금
③ 사채할인발행차금
④ 대손충당금

07. 다음 중 자본잉여금 항목에 포함되는 것을 모두 고른 것은?

| 가. 주식발행초과금 | 나. 자기주식처분손실 | 다. 주식할인발행차금 | 라. 감자차익 |

① 가, 라   ② 나, 다   ③ 가, 나, 다   ④ 가, 다, 라

08. 다음은 현금배당에 관한 회계처리이다. 아래의 괄호 안에 각각 들어갈 회계처리 일자로 옳은 것은?

[(가)] (차) 이월이익잉여금 ×××원	(대) 이익준비금 ×××원
	미지급배당금 ×××원
[(나)] (차) 미지급배당금 ×××원	(대) 보통예금 ×××원

	(가)	(나)		(가)	(나)
①	회계종료일	배당결의일	②	회계종료일	배당지급일
③	배당결의일	배당지급일	④	배당결의일	회계종료일

09. 원가의 분류 중 원가행태(行態)에 따른 분류에 해당하는 것은?
① 변동원가
② 기회원가
③ 관련원가
④ 매몰원가

10. 다음은 제조업을 영위하는 (주)인천의 당기 원가 관련 자료이다. (주)인천의 당기총제조원가는 얼마인가? 단, 기초재고자산은 없다고 가정한다.

• 기말재공품재고액	300,000원	• 기말제품재고액	500,000원
• 매출원가	2,000,000원	• 기말원재료재고액	700,000원
• 제조간접원가	600,000원	• 직접재료원가	1,200,000원

① 1,900,000원   ② 2,200,000원   ③ 2,500,000원   ④ 2,800,000원

이론시험 114회

11. 평균법에 따른 종합원가계산을 채택하고 있는 (주)대전의 당기 물량 흐름은 다음과 같다. 재료원가는 공정 초기에 전량 투입되며, 가공원가는 공정 전반에 걸쳐 균등하게 발생한다. 아래의 자료를 이용하여 재료원가 완성품환산량을 계산하면 몇 개인가?

- 기초재공품 수량 : 1,000개(완성도 20%)
- 당기착수량 : 10,000개
- 당기완성품 수량 : 8,000개
- 기말재공품 수량 : 3,000개(완성도 60%)

① 8,000개 ② 9,000개 ③ 9,800개 ④ 11,000개

12. 다음 중 개별원가계산에 대한 설명으로 옳지 않은 것은?
① 항공기 제조업은 종합원가계산보다는 개별원가계산이 더 적합하다.
② 제품원가를 제조공정별로 집계한 후 이를 생산량으로 나누어 단위당 원가를 계산한다.
③ 직접원가와 제조간접원가의 구분이 중요하다.
④ 단일 종류의 제품을 대량으로 생산하는 업종에는 적합하지 않은 방법이다.

13. 다음 중 우리나라 부가가치세법의 특징으로 틀린 것은?
① 국세
② 인세(人稅)
③ 전단계세액공제법
④ 다단계거래세

14. 다음 중 부가가치세법상 주된 사업에 부수되는 재화·용역의 공급으로서 면세 대상이 아닌 것은?
① 은행업을 영위하는 면세사업자가 매각한 사업용 부동산인 건물
② 약국을 양수도하는 경우로서 해당 영업권 중 면세 매출에 해당하는 비율의 영업권
③ 가구제조업을 영위하는 사업자가 매각한 사업용 부동산 중 토지
④ 부동산임대업자가 매각한 부동산임대 사업용 부동산 중 상가 건물

15. 다음 중 부가가치세법상 아래의 괄호 안에 공통으로 들어갈 내용으로 옳은 것은?

가. 부가가치세 매출세액은 (　　)에 세율을 곱하여 계산한 금액이다.
나. 재화 또는 용역의 공급에 대한 부가가치세의 (　　)(은)는 해당 과세기간에 공급한 재화 또는 용역의 공급가액을 합한 금액으로 한다.
다. 재화의 수입에 대한 부가가치세의 (　　)(은)는 그 재화에 대한 관세의 과세가격과 관세, 개별소비세, 주세, 교육세, 농어촌특별세 및 교통·에너지·환경세를 합한 금액으로 한다.

① 공급대가 ② 간주공급 ③ 과세표준 ④ 납부세액

114회 실무시험

PART 01 기출문제

(주)하나전자(회사코드 : 1143)는 전자부품의 제조 및 도소매업을 영위하는 중소기업으로 당기(제10기) 회계기간은 2025.1.1 ~ 2025.12.31이다. 전산세무회계 수험용 프로그램을 이용하여 다음 물음에 답하시오.

기 본 전 제

- 문제에서 한국채택국제회계기준을 적용하도록 하는 전제조건이 없는 경우, 일반기업회계기준을 적용하여 회계처리 한다.
- 문제의 풀이와 답안작성은 제시된 문제의 순서대로 진행한다.

문제 1 다음은 [기초정보관리] 및 [전기분재무제표]에 대한 자료이다. 각각의 요구사항에 대하여 답하시오.
(10점)

[1] 다음의 자료를 이용하여 [거래처등록] 메뉴에서 신규 거래처를 추가로 등록하시오. (3점)

- 거래처코드 : 00500
- 거래처구분 : 일반거래처
- 사업자등록번호 : 134-24-91004
- 업태 : 정보통신업
- 거래처명 : 한국개발
- 유형 : 동시
- 대표자성명 : 김한국
- 종목 : 소프트웨어개발
- 주소 : 경기도 성남시 분당구 판교역로192번길 12 (삼평동) ※ 주소 입력 시 우편번호 입력은 생략함

사 업 자 등 록 증
(일반과세자)

등록번호 : 134 - 24 - 91004

상   호 : 한국개발
성   명 : 김한국
생 년 월 일 : 1986년 03월 02일
개 업 연 월 일 : 2021년 07월 25일
사업장소재지 : 경기도 성남시 분당구 판교역로192번길 12 (삼평동)
사업의 종류 : 업태 정보통신업 종목 소프트웨어개발
발급사유 : 사업장 소재지 정정
공동사업자 :

사업자 단위 과세 적용사업자 여부 : 여( ) 부(✓)
전자세금계산서 전용 전자우편주소 :

2025년 01월 20일
분당세무서장

[2] 다음 자료를 이용하여 [계정과목및적요등록]에 반영하시오. (3점)

- 코드 : 862
- 계정과목 : 행사지원비
- 성격 : 경비
- 현금적요 1번 : 행사지원비 현금 지급
- 대체적요 1번 : 행사지원비 어음 발행

[3] 전기분 원가명세서를 검토한 결과 다음과 같은 오류가 발견되었다. 이와 관련된 전기분 재무제표(재무상태표, 손익계산서, 원가명세서, 잉여금처분계산서)를 모두 적절하게 수정하시오. (4점)

해당 연도(2024년)에 외상으로 매입한 부재료비 3,000,000원이 누락된 것으로 확인된다.

문제 12 [일반전표입력] 메뉴를 이용하여 다음의 거래 자료를 입력하시오(일반전표입력의 모든 거래는 부가가치세를 고려하지 말 것). (18점)

입력 시 유의사항

- 일반적인 적요의 입력은 생략하지만, 타계정 대체거래는 적요번호를 선택하여 입력한다.
- 채권·채무와 관련된 거래는 별도의 요구가 없는 한 반드시 기 등록된 거래처코드를 선택하는 방법으로 거래처명을 입력한다.
- 제조경비는 500번대 계정코드를, 판매비와관리비는 800번대 계정코드를 사용한다.
- 회계처리 시 계정과목은 별도의 제시가 없는 한 등록된 계정과목 중 가장 적절한 과목으로 한다.

[1] 7월 5일   영업팀 직원들에 대한 확정기여형(DC형) 퇴직연금 납입액 1,400,000원을 보통예금 계좌에서 이체하여 납입하였다. (3점)

[2] 7월 25일 (주)고운상사의 외상매출금 중 5,500,000원은 약속어음으로 받고, 나머지 4,400,000원은 보통예금 계좌로 입금받았다. (3점)

[3] 8월 30일 자금 부족으로 인하여 (주)재원에 대한 받을어음 50,000,000원을 만기일 전에 은행에서 할인받고, 할인료 5,000,000원을 차감한 잔액이 보통예금 계좌로 입금되었다(단, 본 거래는 매각거래이다). (3점)

114회 실무시험

[4] 10월 3일 단기 투자 목적으로 보유하고 있는 (주)미학건설의 주식으로부터 배당금 2,300,000원이 확정되어 즉시 보통예금 계좌로 입금되었다. (3점)

[5] 10월 31일 재무팀 강가연 팀장의 10월분 급여를 농협 보통예금 계좌에서 이체하여 지급하였다(단, 공제합계액은 하나의 계정과목으로 회계처리할 것). (3점)

2025년 10월 급여명세서

이 름	강가연	지급일	2025년 10월 31일
기 본 급	4,500,000원	소 득 세	123,000원
식 대	200,000원	지방소득세	12,300원
자가운전보조금	200,000원	국 민 연 금	90,500원
		건 강 보 험	55,280원
		고 용 보 험	100,000원
급 여 계	4,900,000원	공 제 합 계	381,080원
		지 급 총 액	4,518,920원

[6] 12월 21일 자금 조달을 위하여 사채(액면금액 8,000,000원, 3년 만기)를 8,450,000원에 발행하고, 납입금은 당좌예금 계좌로 입금하였다. (3점)

문제 3 다음 거래 자료를 [매입매출전표입력] 메뉴에 입력하시오. (18점)

입력 시 유의사항

- 일반적인 적요의 입력은 생략하지만, 타계정 대체거래는 적요번호를 선택하여 입력한다.
- 채권·채무 관련 거래는 별도의 요구가 없는 한 반드시 기등록된 거래처코드를 선택하는 방법으로 거래처명을 입력한다.
- 제조경비는 500번대 계정코드를, 판매비와관리비는 800번대 계정코드를 사용한다.
- 회계처리 시 계정과목은 별도의 제시가 없는 한 등록된 계정과목 중 가장 적절한 과목으로 한다.
- 입력화면 하단의 분개까지 처리하고, 전자세금계산서 및 전자계산서는 전자입력으로 반영한다.

[1] 7월 20일 미국 소재법인 NDVIDIA에 직수출하는 제품의 선적을 완료하였으며, 수출대금 $5,000는 차후에 받기로 하였다. 제품수출계약은 7월 1일에 체결하였으며, 일자별 기준환율은 아래와 같다(단, 수출신고번호 입력은 생략할 것). (3점)

일 자	계약일 2025.07.01.	선적일 2025.07.20.
기준환율	1,100원/$	1,200원/$

[2] 7월 23일 당사가 소유하던 토지(취득원가 62,000,000원)를 돌상상회에 65,000,000원에 매각하기로 계약하면서 동시에 전자계산서를 발급하였다. 대금 중 30,000,000원은 계약 당일 보통예금 계좌로 입금받았으며, 나머지는 다음 달에 받기로 약정하였다. (3점)

[3] 8월 10일 영업팀에서 회사 제품을 홍보하기 위해 광고닷컴에서 홍보용 수첩을 제작하고 현대카드로 결제하였다. (3점)

카드번호(9876-****-****-1230)	
승인번호	28516480
거래일자	2025년 08월 10일 15:29:44
결제방법	일시불
가맹점명	광고닷컴
가맹점번호	23721275
대표자명	김광고
사업자등록번호	305-35-65424
전화번호	02-651-1212
주 소	서울특별시 서초구 명달로 100
공급가액	4,000,000원
부가세액	400,000원
승인금액	4,400,000원

고객센터(1577-8398) | www.hyundaicard.com

[현대카드]

[4] 8월 17일   제품 생산에 필요한 원재료를 구입하고, 아래의 전자세금계산서를 발급받았다. (3점)

전자세금계산서							승인번호		20250817-15454645-58811889	
공급자	등록번호	139-81-54313	종사업장 번호		공급받는자	등록번호	125-86-65247	종사업장 번호		
	상 호 (법인명)	(주)고철상사	성 명 (대표자)	황영민		상 호 (법인명)	(주)하나전자	성 명	김영순	
	사업장	서울특별시 서초구 명달로 3				사업장	경기도 남양주시 덕릉로 1067			
	업 태	도소매	종 목	전자부품		업 태	제조, 도소매	종 목	전자부품	
	이메일					이메일				
작성일자		공급가액		세 액		수정사유				
2025/08/17		12,000,000		1,200,000		해당 없음				
비 고										
월	일	품 목	규 격	수 량	단 가	공 급 가 액		세 액		비 고
08	17	k-312 벨브		200	60,000	12,000,000		1,200,000		
합 계 금 액		현 금		수 표		어 음		외상미수금		이 금액을 **청구**함
13,200,000						5,000,000		8,200,000		

[5] 8월 28일   (주)와마트에서 업무용으로 사용하는 냉장고를 5,500,000원(부가가치세 포함)에 현금으로 구입하고, 현금영수증(지출증빙용)을 수취하였다(단, 자산으로 처리할 것). (3점)

(주)와마트

133-81-05134   류예린
서울특별시 구로구 구로동로 10   TEL : 02-117-2727
홈페이지 http://www.kacpta.or.kr

현금영수증(지출증빙용)

구매 2025/08/28/17:27   거래번호 : 0031-0027

상품명	수량	단가	금액
냉장고	1	5,500,000원	5,500,000원
		과세물품가액	5,000,000원
		부가가치세액	500,000원
		합 계	5,500,000원
		받 은 금 액	5,500,000원

[6] 11월 8일   대표이사 김영순(거래처코드 : 375)의 호텔 결혼식장 대관료(업무관련성 없음)를 당사의 보통예금 계좌에서 이체하여 지급하고, 아래의 전자세금계산서를 수취하였다. (3점)

전자세금계산서					승인번호	20251108-27620200-4651260		
공급자	등록번호	511-81-53215	종사업장번호		공급받는자	등록번호	125-86-65247	종사업장번호	
	상호(법인명)	대박호텔(주)	성명	김대박		상호(법인명)	(주)하나전자	성명	김영순
	사업장	서울특별시 강남구 도산대로 104				사업장	경기도 남양주시 덕릉로 1067		
	업태	숙박, 서비스	종목	호텔, 장소대여		업태	제조, 도소매	종목	전자부품
	이메일					이메일			
작성일자		공급가액		세액		수정사유			
2025/11/08		25,000,000		2,500,000		해당 없음			
비고									

월	일	품목	규격	수량	단가	공급가액	세액	비고
11	08	파라다이스 홀 대관			25,000,000	25,000,000	2,500,000	

합계금액	현금	수표	어음	외상미수금	이 금액을 영수함
27,500,000	27,500,000				

문제 4 [일반전표입력] 및 [매입매출전표입력] 메뉴에 입력된 내용 중 다음과 같은 오류가 발견되었다. 입력된 내용을 확인하여 정정하시오. (6점)

[1] 11월 12일   호호꽃집에서 영업부 사무실에 비치할 목적으로 구입한 공기정화식물(소모품비)의 대금 100,000원을 보통예금 계좌에서 송금하고 전자계산서를 받았으나 전자세금계산서로 처리하였다. (3점)

[2] 12월 12일   본사 건물에 엘리베이터를 설치하고 (주)베스트디자인에 지급한 88,000,000원(부가가치세 포함)을 비용으로 처리하였으나, 건물의 자본적지출로 처리하는 것이 옳은 것으로 판명되었다. (3점)

114회 실무시험

문제 5 결산정리사항은 다음과 같다. 관련 메뉴를 이용하여 결산을 완료하시오. (9점)

[1] 당기 중 단기시세차익을 목적으로 (주)눈사람의 주식 100주(1주당 액면금액 100원)를 10,000,000원에 취득하였으나, 기말 현재 시장가격은 12,500,000원이다(단, (주)눈사람의 주식은 시장성이 있다). (3점)

[2] 기말 현재 미국 GODS사에 대한 장기대여금 $2,000가 계상되어 있다. 장부금액은 2,100,000원이며, 결산일 현재 기준환율은 1,120원/$이다. (3점)

[3] 기말 현재 당기분 법인세(지방소득세 포함)는 15,000,000원으로 산출되었다. 관련된 결산 회계처리를 하시오 (단, 당기분 법인세 중간예납세액 5,700,000원과 이자소득 원천징수세액 1,300,000원은 선납세금으로 계상되어 있다). (3점)

문제 6 다음 사항을 조회하여 답안을 「이론문제 답안작성」 메뉴에 입력하시오. (9점)

[1] 3월에 발생한 판매비와일반관리비 중 발생액이 가장 적은 계정과목과 그 금액은 얼마인가? (3점)

[2] 2025년 2월 말 현재 미수금과 미지급금의 차액은 얼마인가? (단, 반드시 양수로 기재할 것) (3점)

[3] 2025년 제1기 부가가치세 확정신고기간(4월 ~ 6월)의 공제받지못할매입세액은 얼마인가? (3점)

113회 이론시험 (합격률 : 42.89%) PART 01 기출문제

다음 문제를 보고 알맞은 것을 골라 │이론문제 답안작성│ 메뉴에 입력하시오. (객관식 문항당 2점)

기 본 전 제
문제에서 한국채택국제회계기준을 적용하도록 하는 전제조건이 없는 경우, 일반기업회계기준을 적용한다.

01. 다음 중 회계의 기본가정과 특징이 아닌 것은?
① 기업의 관점에서 경제활동에 대한 정보를 측정·보고한다.
② 기업이 예상가능한 기간동안 영업을 계속할 것이라 가정한다.
③ 기업은 수익과 비용을 인식하는 시점을 현금이 유입·유출될 때로 본다.
④ 기업의 존속기간을 일정한 기간단위로 분할하여 각 기간 단위별로 정보를 측정·보고한다.

02. 다음 중 상품의 매출원가 계산 시 총매입액에서 차감해야 할 항목은 무엇인가?
① 기초재고액 ② 매입수수료
③ 매입환출 및 매입에누리 ④ 매입 시 운반비

03. 건물 취득 시에 발생한 금액들이 다음과 같을 때, 건물의 취득원가는 얼마인가?

• 건물 매입금액	2,000,000,000원	• 자본화 대상 차입원가	150,000,000원
• 건물 취득세	200,000,000원	• 관리 및 기타 일반간접원가	16,000,000원

① 21억 5,000만원   ② 22억원   ③ 23억 5,000만원   ④ 23억 6,600만원

04. 다음 중 무형자산에 대한 설명으로 틀린 것은?
① 물리적인 실체는 없지만 식별이 가능한 비화폐성 자산이다.
② 무형자산을 통해 발생하는 미래 경제적 효익을 기업이 통제할 수 있어야 한다.
③ 무형자산은 자산의 정의를 충족하면서 다른 자산들과 분리하여 거래를 할 수 있거나 계약상 또는 법적 권리로부터 발생하여야 한다.
④ 일반기업회계기준은 무형자산의 회계처리와 관련하여 영업권을 포함한 무형자산의 내용연수를 원칙적으로 40년을 초과하지 않도록 한정하고 있다.

05. 다음 중 재무제표에 해당하지 않는 것은?
① 기업의 계정별 합계와 잔액을 나타내는 시산표
② 일정 시점 현재 기업의 재무상태(자산, 부채, 자본)을 나타내는 보고서
③ 기업의 자본에 관하여 일정기간 동안의 변동 흐름을 파악하기 위해 작성하는 보고서
④ 재무제표의 과목이나 금액에 기호를 붙여 해당 항목에 대한 추가 정보를 나타내는 별지

113회 이론시험

06. 다음 중 유동부채와 비유동부채의 분류가 적절하지 않은 것은?

	유동부채	비유동부채
①	단기차입금	사채
②	외상매입금	유동성장기부채
③	미지급비용	장기차입금
④	지급어음	퇴직급여충당부채

07. 다음의 자본 항목 중 포괄손익계산서에 영향을 미치는 항목은 무엇인가?

① 감자차손 ② 주식발행초과금
③ 자기주식처분이익 ④ 매도가능증권평가이익

08. 다음 자료 중 빈 칸 (A)에 들어갈 금액으로 적당한 것은?

기초상품 재고액	매입액	기말상품 재고액	매출원가	매출액	매출총이익	판매비와 관리비	당기순손익
219,000원	350,000원	110,000원		290,000원		191,000원	A

① 당기순손실 360,000원 ② 당기순손실 169,000원
③ 당기순이익 290,000원 ④ 당기순이익 459,000원

09. 다음 중 원가행태에 따라 변동원가와 고정원가로 분류할 때 이에 대한 설명으로 틀린 것은?

① 고정원가는 조업도가 증가할수록 단위당 원가도 증가한다.
② 고정원가는 조업도가 증가하여도 총원가는 일정하다.
③ 변동원가는 조업도가 증가하여도 단위당 원가는 일정하다.
④ 변동원가는 조업도가 증가할수록 총원가도 증가한다.

10. 다음 중 보조부문원가를 배분하는 방법 중 옳지 않은 것은?

① 상호배분법은 보조부문 상호 간의 용역수수관계를 완전히 반영하는 방법이다.
② 단계배분법은 보조부문 상호 간의 용역수수관계를 전혀 반영하지 않는 방법이다.
③ 직접배분법은 보조부문 상호 간의 용역수수관계를 전혀 반영하지 않는 방법이다.
④ 상호배분법, 단계배분법, 직접배분법 어떤 방법을 사용하더라도 보조부문의 총원가는 제조부문에 모두 배분된다.

이론시험 113회

11. 다음 자료에 의한 당기총제조원가는 얼마인가? 단, 노무원가는 발생주의에 따라 계산한다.

• 기초원재료: 300,000원	• 당기지급임금액: 350,000원
• 기말원재료: 450,000원	• 당기원재료매입액: 1,300,000원
• 전기미지급임금액: 150,000원	• 제조간접원가: 700,000원
• 당기미지급임금액: 250,000원	• 기초재공품: 200,000원

① 2,100,000원　② 2,300,000원　③ 2,450,000원　④ 2,500,000원

12. 다음 중 종합원가계산에 대한 설명으로 옳지 않은 것은?
① 소품종 대량 생산하는 업종에 적용하기에 적합하다.
② 공정 과정에서 발생하는 공손 중 정상공손은 제품의 원가에 가산한다.
③ 평균법을 적용하는 경우 기초재공품원가를 당기에 투입한 것으로 가정한다.
④ 제조원가 중 제조간접원가는 실제 조업도에 예정배부율을 반영하여 계산한다.

13. 다음 중 부가가치세법상 세금계산서를 발급할 수 있는 자는?
① 면세사업자로 등록한 자
② 사업자등록을 하지 않은 자
③ 사업자등록을 한 일반과세자
④ 간이과세자 중 직전 사업연도 공급대가가 4,800만원 미만인 자

14. 다음 중 부가가치세법상 대손사유에 해당하지 않는 것은?
① 소멸시효가 완성된 어음·수표
② 특수관계인과의 거래로 인해 발생한 중소기업의 외상매출금으로서 회수기일이 2년 이상 지난 외상매출금
③ 채무자의 파산, 강제집행, 형의 집행, 사업의 폐지, 사망, 실종, 행방불명으로 인하여 회수할 수 없는 채권
④ 부도발생일부터 6개월 이상 지난 외상매출금(중소기업의 외상매출금으로서 부도발생일 이전의 것에 한정한다)

15. 다음 중 부가가치세법상 공급시기로 옳지 않은 것은?
① 폐업 시 잔존재화의 경우 : 폐업하는 때
② 내국물품을 외국으로 수출하는 경우 : 수출재화의 선적일
③ 무인판매기로 재화를 공급하는 경우 : 무인판매기에서 현금을 인취하는 때
④ 위탁판매의 경우(위탁자 또는 본인을 알 수 있는 경우) : 위탁자가 판매를 위탁한 때

113회 실무시험

PART 01 기출문제

(주)혜송상사(회사코드 : 1133)는 자동차부품 등의 제조 및 도소매업을 영위하는 중소기업으로 당기(제14기) 회계기간은 2025.1.1 ~ 2025.12.31이다. 전산세무회계 수험용 프로그램을 이용하여 다음 물음에 답하시오.

기 본 전 제

- 문제에서 한국채택국제회계기준을 적용하도록 하는 전제조건이 없는 경우, 일반기업회계기준을 적용하여 회계처리 한다.
- 문제의 풀이와 답안작성은 제시된 문제의 순서대로 진행한다.

문제 1 다음은 [기초정보관리] 및 [전기분재무제표]에 대한 자료이다. 각각의 요구사항에 대하여 답하시오.
(10점)

[1] 다음의 자료를 이용하여 [거래처등록] 메뉴에서 신규거래처를 추가로 등록하시오. (3점)

- 거래처코드 : 00777
- 거래처명 : 슬기로운(주)
- 사업자등록번호 : 253-81-13578
- 업태 : 도매
- 사업장주소 : 부산광역시 부산진구 중앙대로 663(부전동)
- 거래처구분 : 일반거래처
- 유형 : 동시
- 대표자 : 김슬기
- 종목 : 금속

※ 주소 입력 시 우편번호는 생략해도 무방함

[2] 다음 자료를 이용하여 [계정과목및적요등록] 메뉴에서 대체적요를 등록하시오. (3점)

- 코드 : 134
- 계정과목 : 가지급금
- 대체적요 : 8. 출장비 가지급금 정산

[3] 전기분 손익계산서를 검토한 결과 다음과 같은 오류가 발견되었다. 해당 오류와 관련된 [전기분원가명세서] 및 [전기분손익계산서]를 수정하시오. (4점)

공장 일부 직원의 임금 2,200,000원이 판매비및일반관리비 항목의 급여(801)로 반영되어 있다.

문제 2 [일반전표입력] 메뉴를 이용하여 다음의 거래 자료를 입력하시오(일반전표입력의 모든 거래는 부가가치세를 고려하지 말 것). (18점)

입력 시 유의사항

- 일반적인 적요의 입력은 생략하지만, 타계정 대체거래는 적요번호를 선택하여 입력한다.
- 채권·채무와 관련된 거래는 별도의 요구가 없는 한 반드시 기 등록된 거래처코드를 선택하는 방법으로 거래처명을 입력한다.
- 제조경비는 500번대 계정코드를, 판매비와관리비는 800번대 계정코드를 사용한다.
- 회계처리 시 계정과목은 별도의 제시가 없는 한 등록된 계정과목 중 가장 적절한 과목으로 한다.

[1] 7월 15일   (주)상수로부터 원재료를 구입하기로 계약하고, 당좌수표를 발행하여 계약금 3,000,000원을 지급하였다. (3점)

[2] 8월 5일   사옥 취득을 위한 자금 900,000,000원(만기 6개월)을 우리은행으로부터 차입하고, 선이자 36,000,000원(이자율 연 8%)을 제외한 나머지 금액을 보통예금 계좌로 입금받았다(단, 하나의 전표로 입력하고, 선이자지급액은 선급비용으로 회계처리 할 것). (3점)

[3] 9월 10일   창고 임차보증금 10,000,000원(거래처 : (주)대운) 중에서 미지급금으로 계상되어 있는 작년분 창고 임차료 1,000,000원을 차감하고 나머지 임차보증금만 보통예금으로 돌려받았다. (3점)

[4] 10월 20일 (주)영광상사에 대한 외상매출금 2,530,000원 중 1,300,000원이 보통예금 계좌로 입금되었다. (3점)

[5] 11월 29일   장기투자 목적으로 (주)콘프상사의 보통주 2,000주를 1주당 10,000원(1주당 액면가액 5,000원)에 취득하고 대금은 매입수수료 240,000원과 함께 보통예금 계좌에서 이체하여 지급하였다. (3점)

113회 실무시험

[6] 12월 8일 수입한 상품에 부과된 관세 7,560,000원을 보통예금 계좌에서 이체하여 납부하였다. (3점)

납부영수증서[납부자용]				File No : 사업자과세	
사업자번호 : 312-86-12548				B/L No : 45241542434	
회계구분	관세청소관 일반회계			납부기한	2025년 12월 08일
회계연도	2025			발행일자	2025년 12월 02일
수입징수관 계좌번호	110288	납부자 번호	0127 040-11-17-6-178461-8	납기내 금액	7,560,000
※ 수납기관에서는 위의 굵은 선 안의 내용을 즉시 전산입력하여 수입징수관에 EDI방식으로 통지될 수 있도록 하시기 바랍니다.				납기후 금액	
수입신고번호	41209-17-B11221W			수입징수관서	인천세관
납부자	성 명	황동규		상 호	(주)혜송상사
	주 소	경기도 용인시 기흥구 갈곡로 6(구갈동)			
2025년 12월 2일 수입징수관 인천세관					

문제 3 다음 거래 자료를 [매입매출전표입력] 메뉴에 입력하시오. (18점)

입력 시 유의사항

- 일반적인 적요의 입력은 생략하지만, 타계정 대체거래는 적요번호를 선택하여 입력한다.
- 채권·채무 관련 거래는 별도의 요구가 없는 한 반드시 기등록된 거래처코드를 선택하는 방법으로 거래처명을 입력한다.
- 제조경비는 500번대 계정코드를, 판매비와관리비는 800번대 계정코드를 사용한다.
- 회계처리 시 계정과목은 별도의 제시가 없는 한 등록된 계정과목 중 가장 적절한 과목으로 한다.
- 입력화면 하단의 분개까지 처리하고, 전자세금계산서 및 전자계산서는 전자입력으로 반영한다.

[1] 8월 10일 (주)산양산업으로부터 영업부에서 사용할 소모품(공급가액 950,000원, 부가가치세 별도)을 현금으로 구입하고 전자세금계산서를 발급받았다. 단, 소모품은 자산으로 처리한다. (3점)

[2] 8월 22일   내국신용장으로 수출용 제품의 원재료 34,000,000원을 (주)로띠상사에서 매입하고 아래의 영세율 전자세금계산서를 발급받았다. 대금은 당사가 발행한 3개월 만기 약속어음으로 지급하였다. (3점)

영세율전자세금계산서					승인번호		20250822-14258645-58811657			
공급자	등록번호	124-86-15012	종사업장 번호		공급받는자	등록번호	312-86-12548	종사업장 번호		
	상호(법인명)	(주)로띠상사	성 명	이로운		상호(법인명)	(주)혜송상사	성 명	황동규	
	사업장	대전광역시 대덕구 대전로1019번길 28-10				사업장	경기도 용인시 기흥구 갈곡로 6			
	업 태	제조	종 목	부품		업 태	제조, 도소매	종 목	자동차부품	
	이메일					이메일	hyesong@hscorp.co.kr			
작성일자		공급가액		세 액			수정사유			
2025/08/22		34,000,000원								
비 고										
월	일	품 목	규 격	수 량	단 가		공급가액	세 액		비 고
08	22	부품 kT_01234					34,000,000원			
합계금액		현 금		수 표		어 음		외상미수금	이 금액을 **청구**함	
34,000,000원						34,000,000원				

[3] 8월 25일   송강수산으로부터 영업부 직원선물로 마른멸치세트 500,000원, 영업부 거래처선물로 마른멸치세트 300,000원을 구매하였다. 대금은 보통예금 계좌에서 이체하여 지급하고 아래의 전자계산서를 발급받았다(단, 하나의 거래로 작성할 것). (3점)

전자계산서					승인번호		20250825-1832324-1635032			
공급자	등록번호	850-91-13586	종사업장 번호		공급받는자	등록번호	312-86-12548	종사업장 번호		
	상호(법인명)	송강수산	성 명	송강		상호(법인명)	(주)혜송상사	성 명	황동규	
	사업장 주소	경상남도 남해군 남해읍 남해대로 2751				사업장 주소	경기도 용인시 기흥구 갈곡로 6			
	업 태	도소매	종 목	건어물		업 태	제조, 도소매	종 목	자동차부품	
	이메일					이메일	hyesong@hscorp.co.kr			
작성일자		공급가액		수정사유			비 고			
2025/08/25		800,000원								
월	일	품 목		규 격	수 량		단 가	공급가액		비 고
08	25	마른멸치세트			5		100,000원	500,000원		
08	25	마른멸치세트			3		100,000원	300,000원		
합계금액		현 금		수 표		어 음		외상미수금	이 금액을 **영수**함	
800,000원		800,000원								

113회 실무시험

[4] 10월 16일 업무와 관련없이 대표이사 황동규가 개인적으로 사용하기 위하여 상해전자(주)에서 노트북 1대를 2,100,000원(부가가치세 별도)에 외상으로 구매하고 아래의 전자세금계산서를 발급받았다(단, 가지급금 계정을 사용하고, 거래처를 입력할 것). (3점)

전자세금계산서								승인번호	20251016-15454645-58811886	
공급자	등록번호	501-81-12347	종사업장 번호		공급받는자	등록번호	312-86-12548	종사업장 번호		
	상호(법인명)	상해전자(주)	성명(대표자)	김은지		상호(법인명)	(주)혜송상사	성명	황동규	
	사업장	서울특별시 동작구 여의대방로 28				사업장	경기도 용인시 기흥구 갈곡로 6			
	업태	도소매	종목	전자제품		업태	제조, 도소매	종목	자동차부품	
	이메일					이메일	hyesong@hscorp.co.kr			
작성일자		공급가액		세액			수정사유			
2025/10/16		2,100,000원		210,000원			해당 없음			
비고										
월	일	품목	규격	수량	단가	공급가액	세액	비고		
10	16	노트북		1	2,100,000원	2,100,000원	210,000원			
합계금액		현금		수표		어음		외상미수금	이 금액을 **청구**함	
2,310,000원								2,310,000원		

[5] 11월 4일 개인소비자 김은우에게 제품을 770,000원(부가가치세 포함)에 판매하고, 대금은 김은우의 신한카드로 수취하였다(단, 신용카드 결제대금은 외상매출금으로 회계처리 할 것). (3점)

[6] 12월 4일   제조부가 사용하는 기계장치의 원상회복을 위한 수선비 880,000원을 하나카드로 결제하고 다음의 매출전표를 수취하였다. (3점)

```
            하나카드 승인전표
─────────────────────────────────
카드번호      4140-0202-3245-9959
거래유형      국내일반
결제방법      일시불
거래일시      2025.12.04. 15:35:45
취소일시
승인번호      98421149
─────────────────────────────────
공급가액                  800,000원
부가세                     80,000원
봉사료
승인금액                  880,000원
가맹점명      (주)뚝딱수선
가맹점번호    00990218110
가맹점 전화번호 031-828-8624
가맹점 주소    경기도 성남시 수정구 성남대로 1169
사업자등록번호 204-81-76697
대표자명      이은샘
```

문제 4 [일반전표입력] 및 [매입매출전표입력] 메뉴에 입력된 내용 중 다음과 같은 오류가 발견되었다. 입력된 내용을 확인하여 정정하시오. (6점)

[1] 9월 9일   (주)초록산업으로부터 5,000,000원을 차입하고 이를 모두 장기차입금으로 회계처리 하였으나, 그 중 2,000,000원의 상환기일은 2025년 12월 8일로 확인되었다. (3점)

[2] 10월 15일   바로카센터에서 영업부의 영업용 화물차량을 점검 및 수리하고 차량유지비 250,000원(부가세 별도)을 현금으로 지급하였으며, 전자세금계산서를 발급받았다. 그러나 회계 담당 직원의 실수로 이를 일반전표에 입력하였다. (3점)

113회 실무시험

문제 5 결산정리사항은 다음과 같다. 해당메뉴에 입력하시오. (9점)

[1] 결산일 현재 외상매입금 잔액은 2025년 1월 2일 미국에 소재한 원재료 공급거래처 NOVONO로부터 원재료 $5,500를 외상으로 매입하고 미지급한 잔액 $2,000가 포함되어 있다(단, 매입 시 기준환율은 1,100원/$, 결산 시 기준환율은 1,200원/$이다). (3점)

[2] 12월 31일 결산일 현재 단기 매매 목적으로 보유 중인 지분증권에 대한 자료는 다음과 같다. 적절한 결산 분개를 하시오. (3점)

종 목	취득원가	결산일 공정가치	비 고
(주)가은	56,000,000원	54,000,000원	단기 매매 목적

[3] 2025년 5월 1일 제조부 공장의 1년치 화재보험료(2025년 5월 1일 ~ 2026년 4월 30일) 3,600,000원을 보통예금 계좌에서 이체하여 납부하고 전액 보험료(제조경비)로 회계처리 하였다(단, 보험료는 월할 계산하고, 거래처입력은 생략할 것). (3점)

문제 6 다음 사항을 조회하여 답안을 이론문제 답안작성 메뉴에 입력하시오. (9점)

[1] 2025년 제1기 부가가치세 확정신고(2025.04.01. ~ 2025.06.30.)에 반영된 예정신고누락분 매출의 공급가액과 매출세액은 각각 얼마인가? (3점)

[2] 2분기(4월 ~ 6월) 중 제조원가 항목의 복리후생비 지출액이 가장 많이 발생한 월(月)과 그 금액을 각각 기재하시오. (3점)

[3] 4월 말 현재 미지급금 잔액이 가장 큰 거래처명과 그 금액은 얼마인가? (3점)

112회 이론시험 (합격률: 40.16%) PART 01 기출문제

다음 문제를 보고 알맞은 것을 골라 「이론문제 답안작성」 메뉴에 입력하시오. (객관식 문항당 2점)

기본전제
문제에서 한국채택국제회계기준을 적용하도록 하는 전제조건이 없는 경우, 일반기업회계기준을 적용한다.

01. 다음 중 일반기업회계기준에 따른 재무제표의 종류에 해당하지 않는 것은?
① 현금흐름표 ② 주석
③ 제조원가명세서 ④ 재무상태표

02. 다음 중 정액법으로 감가상각을 계산할 때 관련이 없는 것은?
① 잔존가치 ② 취득원가
③ 내용연수 ④ 생산량

03. 다음 중 이익잉여금처분계산서에 나타나지 않는 항목은?
① 이익준비금 ② 자기주식
③ 현금배당 ④ 주식배당

04. 다음 중 수익인식기준에 대한 설명으로 잘못된 것은?
① 위탁매출은 위탁자가 수탁자로부터 판매대금을 지급받는 때에 수익을 인식한다.
② 상품권매출은 물품 등을 제공하거나 판매하면서 상품권을 회수하는 때에 수익을 인식한다.
③ 단기할부매출은 상품 등을 판매(인도)한 날에 수익을 인식한다.
④ 용역매출은 진행기준에 따라 수익을 인식한다.

05. 다음 중 계정과목의 분류가 나머지 계정과목과 다른 하나는 무엇인가?
① 임차보증금 ② 산업재산권
③ 프랜차이즈 ④ 소프트웨어

112회 이론시험

06. 다음 중 자본의 분류 항목의 성격이 다른 것은?
① 자기주식 ② 주식할인발행차금
③ 자기주식처분이익 ④ 감자차손

07. 실제 기말재고자산의 가액은 50,000,000원이지만 장부상 기말재고자산의 가액이 45,000,000원으로 기재된 경우, 해당 오류가 재무제표에 미치는 영향으로 다음 중 옳지 않은 것은?
① 당기순이익이 실제보다 5,000,000원 감소한다.
② 매출원가가 실제보다 5,000,000원 증가한다.
③ 자산총계가 실제보다 5,000,000원 감소한다.
④ 자본총계가 실제보다 5,000,000원 증가한다.

08. 다음의 거래를 회계처리할 경우에 사용되는 계정과목으로 옳은 것은?

> 7월 1일 투자 목적으로 영업활동에 사용할 예정이 없는 토지를 5,000,000원에 취득하고 대금은 3개월 후에 지급하기로 하다. 단, 중개수수료 200,000원은 타인이 발행한 당좌수표로 지급하다.

① 외상매입금 ② 당좌예금
③ 수수료비용 ④ 투자부동산

09. 다음 중 원가 개념에 관한 설명으로 옳지 않은 것은?
① 관련 범위 밖에서 총고정원가는 일정하다.
② 매몰원가는 의사결정에 영향을 주지 않는다.
③ 관련 범위 내에서 단위당 변동원가는 일정하다.
④ 관련원가는 대안 간에 차이가 나는 미래원가로서 의사결정에 영향을 준다.

10. 다음 중 제조원가명세서에서 제공하는 정보가 아닌 것은?
① 기말재공품재고액 ② 당기제품제조원가
③ 당기총제조원가 ④ 매출원가

이론시험 112회

11. 다음 중 보조부문 원가의 배부기준으로 적합하지 않은 것은?

	보조부문원가	배부기준		보조부문원가	배부기준
①	건물 관리 부문	점유 면적	②	공장 인사관리 부문	급여 총액
③	전력 부문	전력 사용량	④	수선 부문	수선 횟수

12. 다음 자료를 토대로 선입선출법에 의한 직접재료원가 및 가공원가의 완성품환산량을 각각 계산하면 얼마인가?

- 기초재공품 5,000개(완성도 70%)
- 당기착수량 35,000개
- 기말재공품 10,000개(완성도 30%)
- 당기완성품 30,000개
- 재료는 공정초기에 전량투입되며, 가공원가는 공정 전반에 걸쳐 균등하게 발생한다.

	직접재료원가	가공원가		직접재료원가	가공원가
①	35,000개	29,500개	②	35,000개	34,500개
③	40,000개	34,500개	④	45,000개	29,500개

13. 다음 중 우리나라 부가가치세법의 특징으로 옳지 않은 것은?
① 소비지국과세원칙
② 생산지국과세원칙
③ 전단계세액공제법
④ 간접세

14. 다음 중 부가가치세법상 과세기간 등에 대한 설명으로 옳지 않은 것은?
① 사업개시일 이전에 사업자등록을 신청한 경우에 최초의 과세기간은 그 신청한 날부터 그 신청일이 속하는 과세기간의 종료일까지로 한다.
② 사업자가 폐업하는 경우의 과세기간은 폐업일이 속하는 과세기간의 개시일부터 폐업일까지로 한다.
③ 폐업자의 경우 폐업일이 속하는 과세기간 종료일부터 25일 이내에 확정신고를 하여야 한다.
④ 간이과세자의 과세기간은 1월 1일부터 12월 31일까지로 한다.

15. 다음 중 부가가치세법상 매입세액공제가 가능한 것은?
① 사업과 관련하여 접대용 물품을 구매하고 발급받은 신용카드매출전표상의 매입세액
② 제조업을 영위하는 법인이 업무용 소형승용차(1,998cc)의 유지비용을 지출하고 발급받은 현금영수증상의 매입세액
③ 제조부서의 화물차 수리를 위해 지출하고 발급받은 세금계산서상의 매입세액
④ 회계부서에서 사용할 물품을 구매하고 발급받은 간이영수증에 포함되어 있는 매입세액

112회 실무시험

(주)유미기계(회사코드 : 1123)는 기계부품 등의 제조·도소매업 및 부동산임대업을 영위하는 중소기업으로 당기(제10기) 회계기간은 2025.1.1 ~ 2025.12.31이다. 전산세무회계 수험용 프로그램을 이용하여 다음 물음에 답하시오.

기본전제

- 문제에서 한국채택국제회계기준을 적용하도록 하는 전제조건이 없는 경우, 일반기업회계기준을 적용하여 회계처리 한다.
- 문제의 풀이와 답안작성은 제시된 문제의 순서대로 진행한다.

문제 1 다음은 [기초정보관리] 및 [전기분재무제표]에 대한 자료이다. 각각의 요구사항에 대하여 답하시오.
(10점)

[1] 다음의 신규 거래처를 [거래처등록] 메뉴를 이용하여 추가로 등록하시오. (3점)

- 거래처코드 : 5230
- 거래처명 : (주)대영토이
- 사업자등록번호 : 108-86-13574
- 업태 : 제조
- 사업장주소 : 경기도 광주시 오포읍 왕림로 139
- 유형 : 동시
- 대표자 : 박완구
- 종목 : 완구제조
- ※ 주소입력 시 우편번호 입력은 생략해도 무방함.

[2] (주)유미기계의 기초 채권 및 채무의 올바른 잔액은 다음과 같다. [거래처별초기이월] 자료를 검토하여 잘못된 부분은 오류를 정정하고, 누락된 부분은 추가하여 입력하시오. (3점)

계정과목	거래처	금 액
외상매출금	알뜰소무품	5,000,000원
	튼튼사무기	3,800,000원
받을어음	(주)클래식상사	7,200,000원
	(주)강림상사	2,000,000원
외상매입금	(주)해원상사	4,600,000원

[3] 전기분 재무상태표를 검토한 결과 기말 재고자산에서 다음과 같은 오류가 발견되었다. 관련된 [전기분 재무제표]를 모두 수정하시오. (4점)

계정과목	틀린 금액	올바른 금액	내 용
원재료(0153)	73,600,000원	75,600,000원	입력 오류

문제 12 [일반전표입력] 메뉴를 이용하여 다음의 거래 자료를 입력하시오(일반전표입력의 모든 거래는 부가가치세를 고려하지 말 것). (18점)

> **입력 시 유의사항**
> - 일반적인 적요의 입력은 생략하지만, 타계정 대체거래는 적요번호를 선택하여 입력한다.
> - 채권·채무와 관련된 거래는 별도의 요구가 없는 한 반드시 기 등록된 거래처코드를 선택하는 방법으로 거래처명을 입력한다.
> - 제조경비는 500번대 계정코드를, 판매비와관리비는 800번대 계정코드를 사용한다.
> - 회계처리 시 계정과목은 별도의 제시가 없는 한 등록된 계정과목 중 가장 적절한 과목으로 한다.

[1] 8월 10일   제조부서의 7월분 건강보험료 680,000원을 보통예금으로 납부하였다. 납부한 건강보험료 중 50%는 회사부담분이며, 회사부담분 건강보험료는 복리후생비로 처리한다. (3점)

[2] 8월 23일   (주)애플전자로부터 받아 보관하던 받을어음 3,500,000원의 만기가 되어 지급제시하였으나, 잔고 부족으로 지급이 거절되어 부도처리하였다(단, 부도난 어음은 부도어음과수표 계정으로 관리하고 있다). (3점)

[3] 9월 14일   영업부서에서 고용한 일용직 직원들의 일당 420,000원을 현금으로 지급하였다(단, 일용직에 대한 고용보험료 등의 원천징수액은 발생하지 않는 것으로 가정한다). (3점)

[4] 9월 26일   영업부서의 사원이 퇴직하여 퇴직연금 5,000,000원을 확정급여형(DB) 퇴직연금에서 지급하였다(단, 퇴직급여충당부채 감소로 회계처리 하기로 한다). (3점)

[5] 10월 16일   단기 시세 차익을 목적으로 2025년 5월 3일 취득하였던 (주)더푸른컴퓨터의 주식 전부를 37,000,000원에 처분하고 대금은 보통예금 계좌로 입금받았다. 단, 취득 당시 관련 내용은 아래와 같다. (3점)

| • 취득 수량 : 5,000주 | • 1주당 취득가액 : 7,000원 | • 취득 시 거래수수료 : 35,000원 |

[6] 11월 29일   액면금액 50,000,000원의 사채(만기 3년)를 49,000,000원에 발행하였다. 대금은 보통예금 계좌로 입금되었다. (3점)

112회 실무시험

문제 3 다음 거래 자료를 [매입매출전표입력] 메뉴에 입력하시오. (18점)

입력 시 유의사항

- 일반적인 적요의 입력은 생략하지만, 타계정 대체거래는 적요번호를 선택하여 입력한다.
- 채권·채무 관련 거래는 별도의 요구가 없는 한 반드시 기등록된 거래처코드를 선택하는 방법으로 거래처명을 입력한다.
- 제조경비는 500번대 계정코드를, 판매비와관리비는 800번대 계정코드를 사용한다.
- 회계처리 시 계정과목은 별도의 제시가 없는 한 등록된 계정과목 중 가장 적절한 과목으로 한다.
- 입력화면 하단의 분개까지 처리하고, 전자세금계산서 및 전자계산서는 전자입력으로 반영한다.

[1] 9월 2일   (주)신도기전에 제품을 판매하고 다음의 전자세금계산서를 발급하였다. 대금 중 어음은 (주)신도기전이 발행한 것이다. (3점)

전자세금계산서					승인번호	2025090214652823 - 1603488		
공급자	등록번호	138-81-61276	종사업장번호		공급받는자	등록번호	130-81-95054	종사업장번호	
	상호(법인명)	(주)유미기계	성명	정현욱		상호(법인명)	(주)신도기전	성명	윤현진
	사업장주소	서울특별시 강남구 압구정로 347				사업장주소	울산 중구 태화로 150		
	업태	제조, 도소매	종목	기계부품		업태	제조	종목	전자제품 외
	이메일					이메일			
작성일자	공급가액		세액		수정사유		비고		
2025-09-02	10,000,000		1,000,000						

월	일	품목	규격	수량	단가	공급가액	세액	비고
09	02	제품		2	5,000,000	10,000,000	1,000,000	

합계금액	현금	수표	어음	외상미수금	위 금액을 **청구**함
11,000,000			8,000,000	3,000,000	

[2] 9월 12일   제조부서의 생산직 직원들에게 제공할 작업복 10벌을 인천상회로부터 구입하고 우리카드(법인)로 결제하였다(단, 회사는 작업복 구입 시 즉시 전액 비용으로 처리한다). (3점)

```
우리 마음속 첫 번째 금융,                우리카드
2025.09.12.(화) 14:03:54
─────────────────────────────────────
495,000원
정상승인 | 일시불
─────────────────────────────────────
결제 정보
카드                              우리카드(법인)
회원번호                    2245-1223-****-1534
승인번호                              76993452
이용구분                                 일시불
─────────────────────────────────────
결제 금액                             495,000원
공급가액                              450,000원
부가세                                 45,000원
봉사료                                     0원
─────────────────────────────────────
가맹점 정보
가맹점명                               인천상회
사업자등록번호                     126-86-21617
대표자명                                 김연서
─────────────────────────────────────
         위 거래 사실을 확인합니다.
```

[3] 10월 5일   미국의 PYBIN사에 제품 100개(1개당 판매금액 $1,000)를 직접 수출하고 대금은 보통예금 계좌로 송금받았다(단, 선적일인 10월 05일의 기준환율은 1,000원/$이며, 수출신고번호의 입력은 생략한다). (3점)

112회 실무시험

[4] 10월 22일 영업부서 직원들의 직무역량 강화를 위한 도서를 영건서점에서 현금으로 구매하고 전자계산서를 발급받았다. (3점)

전자계산서						승인번호		20251022-15454645-58811886		
공급자	등록번호	112-60-61264	종사업장 번호		공급받는자	등록번호	138-81-61276	종사업장 번호		
	상호(법인명)	영건서점	성 명	김종인		상호(법인명)	(주)유미기계	성 명	정현욱	
	사업장 주소	인천시 남동구 남동대로 8				사업장 주소	서울특별시 강남구 압구정로 347			
	업 태	소매	종 목	도서		업 태	제조, 도소매	종 목	기계부품	
	이메일					이메일				
작성일자		공급가액		수정사유		비 고				
2025-10-22		1,375,000		해당 없음						
월	일	품 목		규 격	수 량	단 가		공급가액		비 고
10	22	도서(슬기로운 직장 생활 외)						1,375,000		
합계금액		현 금		수 표		어 음		외상미수금		위 금액을 **청구**함
1,375,000		1,375,000								

[5] 11월 2일 개인소비자에게 제품을 8,800,000원(부가가치세 포함)에 판매하고 현금영수증(소득공제용)을 발급하였다. 판매대금은 보통예금 계좌로 받았다. (3점)

[6] 12월 19일 매출거래처에 보낼 연말 선물로 홍성백화점에서 생활용품세트를 구입하고 아래 전자세금계산서를 발급받았으며, 대금은 국민카드(법인카드)로 결제하였다. (3점)

전자세금계산서						승인번호	20251219-451542154-542124512		
공급자	등록번호	124-86-09276	종사업장번호		공급받는자	등록번호	138-81-61276	종사업장번호	
	상호(법인명)	홍성백화점	성 명	조재광		상호(법인명)	(주)유미기계	성 명	정현욱
	사업장주소	서울 강남구 테헤란로 101				사업장주소	서울특별시 강남구 압구정로 347		
	업 태	도소매	종 목	잡화		업 태	제조, 도소매	종 목	기계부품
	이메일					이메일			
작성일자		공급가액		세 액		수정사유		비 고	
2025-12-19		500,000		50,000					
월	일	품 목	규 격	수 량	단 가		공급가액	세 액	비 고
12	19	생활용품세트		10	50,000		500,000	50,000	
합계금액		현 금		수 표		어 음	외상미수금	위 금액을 **청구**함	
550,000							550,000		

문제 4 [일반전표입력] 및 [매입매출전표입력] 메뉴에 입력된 내용 중 다음과 같은 오류가 발견되었다. 입력된 내용을 확인하여 정정하시오. (6점)

[1] 7월 31일 경영관리부서 직원을 위하여 확정급여형(DB형) 퇴직연금에 가입하고 보통예금 계좌에서 14,000,000원을 이체하였으나, 회계담당자는 확정기여형(DC형) 퇴직연금에 가입한 것으로 알고 회계처리를 하였다. (3점)

[2] 10월 28일 영업부서의 매출거래처에 선물하기 위하여 다다마트에서 현금으로 구입한 선물 세트 5,000,000원(부가가치세 별도, 전자세금계산서 수취)을 복리후생비로 회계처리를 하였다. (3점)

112회 실무시험

문제 5 결산정리사항은 다음과 같다. 관련 메뉴를 이용하여 결산을 완료하시오. (9점)

[1] 7월 1일에 가입한 토스은행의 정기예금 5,000,000원(만기 1년, 연 이자율 6%)에 대하여 기간 경과분 이자를 계상하다. 단, 이자 계산은 월할 계산하며, 원천징수는 없다고 가정한다. (3점)

[2] 외상매입금 계정에는 중국에 소재한 거래처 상하이에 대한 외상매입금 2,000,000원($2,000)이 포함되어 있다 (결산일 현재 기준환율 : 1,040원/$). (3점)

[3] 매출채권 잔액에 대하여만 1%의 대손충당금을 보충법으로 설정한다(단, 기중의 충당금에 대한 회계처리는 무시하고 아래 주어진 자료에 의해서만 처리한다). (3점)

구 분	기말채권 잔액	기말충당금 잔액	추가설정(△환입)액
외상매출금	15,000,000원	70,000원	80,000원
받을어음	12,000,000원	150,000원	△30,000원

문제 6 다음 사항을 조회하여 답안을 이론문제 답안작성 메뉴에 입력하시오. (9점)

[1] 제1기 부가가치세 예정신고에 반영된 자료 중 현금영수증이 발행된 과세매출의 공급가액은 얼마인가? (3점)

[2] 6월 한 달 동안 발생한 제조원가 중 현금으로 지급한 금액은 얼마인가? (3점)

[3] 6월 30일 현재 외상매입금 잔액이 가장 작은 거래처명과 외상매입금 잔액은 얼마인가? (3점)

111회 이론시험 (합격률: 39.55%) PART 01 기출문제

다음 문제를 보고 알맞은 것을 골라 │이론문제 답안작성│메뉴에 입력하시오. (객관식 문항당 2점)

기 본 전 제

문제에서 한국채택국제회계기준을 적용하도록 하는 전제조건이 없는 경우, 일반기업회계기준을 적용한다.

01. 다음 중 아래의 자료에서 설명하고 있는 재무정보의 질적특성에 해당하지 않는 것은?

> 재무정보가 정보이용자의 의사결정에 유용하게 활용되기 위해서는 그 정보가 의사결정의 목적과 관련이 있어야 한다.

① 예측가치 ② 피드백가치 ③ 적시성 ④ 중립성

02. 다음 중 일반기업회계기준에 따른 재무상태표의 표시에 관한 설명으로 가장 적절하지 않은 것은?
① 비유동자산은 당좌자산, 유형자산, 무형자산으로 구분된다.
② 단기차입금은 유동부채로 분류된다.
③ 자산과 부채는 유동성배열법에 따라 작성된다.
④ 재고자산은 유동자산에 포함된다.

03. 다음은 재고자산 단가 결정방법에 대한 설명이다. 어느 방법에 대한 설명인가?

> • 실제의 물량 흐름에 대한 원가흐름의 가정이 대체로 유사하다.
> • 현재의 수익과 과거의 원가가 대응하여 수익·비용 대응의 원칙에 부적합하다.
> • 물가 상승 시 이익이 과대 계상된다.

① 개별법 ② 선입선출법 ③ 후입선출법 ④ 총평균법

04. 다음 중 현금및현금성자산에 해당하는 항목의 총합계액은 얼마인가?

| • 선일자수표 | 500,000원 | • 배당금지급통지서 | 500,000원 |
| • 타인발행수표 | 500,000원 | • 만기 6개월 양도성예금증서 | 300,000원 |

① 1,000,000원 ② 1,300,000원 ③ 1,500,000원 ④ 1,800,000원

111회 이론시험

05. 다음 중 자본에 대한 설명으로 옳지 않은 것은?

① 자본금은 발행주식수에 액면가액을 곱한 금액이다.
② 주식발행초과금과 감자차익은 자본잉여금이다.
③ 자본조정에는 주식할인발행차금, 감자차손 등이 있다.
④ 주식배당과 무상증자는 순자산의 증가가 발생한다.

06. 다음 중 손익계산서에 나타나는 계정과목으로만 짝지어진 것은?

| 가. 대손상각비 | 나. 현금 | 다. 기부금 |
| 라. 퇴직급여 | 마. 이자수익 | 바. 외상매출금 |

① 가, 나   ② 가, 다   ③ 나, 바   ④ 다, 바

07. 다음은 12월 말 결산법인인 (주)한국의 기계장치 관련 자료이다. (주)한국이 2025년 12월 31일에 계상할 감가상각비는 얼마인가? (단, 월할상각 할 것)

- 취득일 : 2024년 7월 1일
- 상각방법 : 정률법
- 내용연수 : 5년
- 상각률 : 45%
- 취득원가 : 10,000,000원
- 잔존가치 : 500,000원

① 4,500,000원   ② 3,487,500원   ③ 2,475,000원   ④ 2,250,000원

08. 다음 중 손익계산서상 표시되는 매출원가를 증가시키는 영향을 주지 않는 것은?

① 판매 이외 목적으로 사용된 재고자산의 타계정대체액
② 재고자산의 시가가 장부금액 이하로 하락하여 발생한 재고자산평가손실
③ 정상적으로 발생한 재고자산감모손실
④ 원재료 구입 시 지급한 운반비

09. 다음 중 원가에 대한 설명으로 가장 옳지 않은 것은?

① 기초원가이면서 가공원가에 해당하는 원가는 직접노무원가이다.
② 직접원가란 특정 제품의 생산에 직접적으로 사용되어 명확하게 추적할 수 있는 원가이다.
③ 변동원가는 생산량이 증가할 때마다 단위당 원가도 증가하는 원가이다.
④ 매몰원가는 과거에 발생하여 현재 의사결정에 영향을 미치지 않는 원가를 말한다.

10. 다음 중 개별원가계산의 적용이 가능한 업종은 무엇인가?

① 제분업   ② 정유업   ③ 건설업   ④ 식품가공업

이론시험 111회

11. 다음 중 공손 등에 대한 설명으로 옳지 않은 것은?
① 공손은 생산과정에서 발생하는 원재료의 찌꺼기를 말한다.
② 정상공손은 효율적인 생산과정에서 발생하는 공손을 말한다.
③ 비정상공손원가는 영업외비용으로 처리한다.
④ 정상공손은 원가에 포함한다.

12. (주)서울은 직접노무시간을 기준으로 제조간접원가를 배부하고 있다. 당해연도 초의 예상 직접노무시간은 50,000시간이고, 제조간접원가 예상액은 2,500,000원이었다. 6월의 제조간접원가 실제 발생액은 300,000원이고, 실제 직접노무시간이 5,000시간인 경우, 6월의 제조간접원가 배부차이는 얼마인가?
① 과대배부 40,000원　　② 과소배부 40,000원
③ 과대배부 50,000원　　④ 과소배부 50,000원

13. 다음 중 부가가치세법상 세부담의 역진성을 완화하기 위한 목적으로 도입한 제도는 무엇인가?
① 영세율제도　　② 사업자단위과세제도
③ 면세제도　　　④ 대손세액공제제도

14. 다음 중 부가가치세법상 '재화의 공급으로 보지 않는 특례'에 해당하지 않는 것은?
① 담보의 제공　　② 제품의 외상판매
③ 조세의 물납　　④ 법률에 따른 수용

15. 다음 중 부가가치세법상 과세표준에 포함하지 않는 것은?
① 할부판매 시의 이자상당액　　② 개별소비세
③ 매출할인액　　　　　　　　　④ 대가의 일부로 받는 운송비

111회 실무시험

PART 01 기출문제

예은상사(주)(회사코드 : 1113)는 사무용가구의 제조·도소매업 및 부동산임대업을 영위하는 중소기업으로 당기(제16기) 회계기간은 2025.1.1 ~ 2025.12.31이다. 전산세무회계 수험용 프로그램을 이용하여 다음 물음에 답하시오.

기 본 전 제

- 문제에서 한국채택국제회계기준을 적용하도록 하는 전제조건이 없는 경우, 일반기업회계기준을 적용하여 회계처리 한다.
- 문제의 풀이와 답안작성은 제시된 문제의 순서대로 진행한다.

문제 1 다음은 [기초정보관리] 및 [전기분재무제표]에 대한 자료이다. 각각의 요구사항에 대하여 답하시오. (10점)

[1] 다음 자료를 이용하여 아래의 계정과목에 대한 적요를 추가로 등록하시오. (3점)

- 계정과목 : 831. 수수료비용
- 현금적요 : (적요NO. 8) 결제 대행 수수료

[2] 당사는 여유자금 활용을 위하여 아래와 같이 신규 계좌를 개설하였다. [거래처등록] 메뉴를 이용하여 해당 사항을 추가로 입력하시오. (3점)

- 코드번호 : 98005
- 거래처명 : 수협은행
- 계좌번호 : 110-146-980558
- 유형 : 정기적금

[3] 다음의 자료를 토대로 각 계정과목의 거래처별 초기이월 금액을 올바르게 정정하시오. (4점)

계정과목	거래처명	수정 전 금액	수정 후 금액
지급어음	천일상사	9,300,000원	6,500,000원
	모닝상사	5,900,000원	8,700,000원
미지급금	대명(주)	8,000,000원	4,500,000원
	(주)한울	4,400,000원	7,900,000원

문제 2 [일반전표입력] 메뉴를 이용하여 다음의 거래 자료를 입력하시오(일반전표입력의 모든 거래는 부가가치세를 고려하지 말 것). (18점)

> **입력 시 유의사항**
> - 일반적인 적요의 입력은 생략하지만, 타계정 대체거래는 적요번호를 선택하여 입력한다.
> - 채권·채무와 관련된 거래는 별도의 요구가 없는 한 반드시 기 등록된 거래처코드를 선택하는 방법으로 거래처명을 입력한다.
> - 제조경비는 500번대 계정코드를, 판매비와관리비는 800번대 계정코드를 사용한다.
> - 회계처리 시 계정과목은 별도의 제시가 없는 한 등록된 계정과목 중 가장 적절한 과목으로 한다.

[1] 7월 10일   회사는 6월에 관리부 직원의 급여를 지급하면서 원천징수한 근로소득세 20,000원과 지방소득세 2,000원을 보통예금 계좌에서 이체하여 납부하였다. (3점)

[2] 7월 16일   (주)홍명으로부터 원재료를 구입하기로 계약하고, 계약금 1,000,000원은 당좌수표를 발행하여 지급하였다. (3점)

[3] 8월 10일   비씨카드 7월분 결제대금 2,000,000원이 보통예금 계좌에서 인출되었다. 단, 회사는 신용카드 사용대금을 미지급금으로 처리하고 있다. (3점)

[4] 8월 20일   영업부 김시성 과장이 대구세계가구박람회 참가를 위한 출장에서 복귀하여 아래의 지출결의서와 출장비 600,000원(출장비 인출 시 전도금으로 회계처리함) 중 잔액을 현금으로 반납하였다. (3점)

지출결의서	
• 왕복항공권 350,000원	• 식대 30,000원

[5] 9월 12일   제조공장의 기계장치를 우리기계에 처분하고 매각대금으로 받은 약속어음 8,000,000원의 만기가 도래하여 우리기계가 발행한 당좌수표로 회수하였다. (3점)

[6] 10월 28일 중국의 'lailai co. ltd'에 대한 제품 수출 외상매출금 30,000달러(선적일 기준환율 : ₩1,300/$)를 회수하여 즉시 원화 보통예금 계좌로 입금하였다(단, 입금일의 기준환율은 ₩1,380/$이다). (3점)

111회 실무시험

문제3 다음의 거래 자료를 [매입매출전표입력] 메뉴에 입력하시오. (18점)

입력 시 유의사항

- 일반적인 적요의 입력은 생략하지만, 타계정 대체거래는 적요번호를 선택하여 입력한다.
- 채권·채무 관련 거래는 별도의 요구가 없는 한 반드시 기등록된 거래처코드를 선택하는 방법으로 거래처명을 입력한다.
- 제조경비는 500번대 계정코드를, 판매비와관리비는 800번대 계정코드를 사용한다.
- 회계처리 시 계정과목은 별도의 제시가 없는 한 등록된 계정과목 중 가장 적절한 과목으로 한다.
- 입력화면 하단의 분개까지 처리하고, 전자세금계산서 및 전자계산서는 전자입력으로 반영한다.

[1] 7월 6일   (주)아이닉스에 제품을 판매하고 다음과 같이 전자세금계산서를 발급하였으며, 대금은 한 달 뒤에 받기로 하였다. (3점)

전자세금계산서				승인번호	20250706 - 121221589148		
공급자	등록번호	142-81-05759	종사업장번호		등록번호	214-87-00556	종사업장번호	
	상호(법인명)	예은상사(주)	성 명	한태양	공급받는자	상호(법인명)	(주)아이닉스	성 명	이소방
	사업장주소	경기도 고양시 덕양구 통일로 101				사업장주소	서울시 용산구 한남대로 12		
	업 태	제조·도소매	종 목	사무용가구		업 태	도매 외	종 목	의약외품 외
	이메일					이메일			
작성일자		공급가액		세 액		수정사유		비 고	
2025/07/06		23,000,000		2,300,000		해당 없음			
월	일	품 목	규 격	수 량	단 가	공급가액	세 액	비 고
7	6	사무용책상 등		1,000	23,000	23,000,000	2,300,000	
합계금액		현 금		수 표		어 음		외상미수금	위 금액을 **청구**함
25,300,000								25,300,000	

[2] 8월 10일   원재료 매입 거래처에 접대목적으로 당사의 제품(원가 300,000원)을 무상으로 제공하였다. 단, 해당 제품의 시가는 500,000원이다. (3점)

[3] 9월 16일   팔팔물산에 제품을 9,000,000원(부가가치세 별도)에 판매하고 전자세금계산서를 발급하였으며, 대금으로 팔팔물산이 발행한 당좌수표를 받았다. (3점)

[4] 9월 26일   회사 건물에 부착할 간판을 잘나가광고에서 주문 제작하였다. 대금 5,500,000원(부가가치세 포함)은 보통예금 계좌에서 송금하고 전자세금계산서를 발급받았다(단, 비품으로 처리할 것). (3점)

[5] 10월 15일 메타가구에서 원재료(50단위, @50,000원, 부가가치세 별도)를 매입하고 아래의 전자세금계산서를 발급받았다. 대금 중 1,000,000원은 (주)은성가구로부터 제품 판매대금으로 받아 보관 중인 (주)은성가구 발행 약속어음을 배서양도하고 잔액은 1개월 뒤에 지급하기로 하였다. (3점)

전자세금계산서				승인번호		20251015 – 154215452154	
공급자	등록번호	305-81-13428	종사업장번호		공급받는자	등록번호	142-81-05759	종사업장번호	
	상호(법인명)	메타가구	성명	윤은영		상호(법인명)	예은상사(주)	성명	한태양
	사업장주소	전북 김제시 금산면 청도7길 9				사업장주소	경기도 고양시 덕양구 통일로 101		
	업태	제조	종목	가구		업태	제조·도매	종목	사무용가구
	이메일					이메일			
작성일자	공급가액		세액		수정사유		비고	
2025/10/15	2,500,000		250,000		해당 없음			
월	일	품목	규격	수량	단가	공급가액	세액	비고
10	15	원재료	PC-5	50	50,000	2,500,000	250,000	
합계금액	현금	수표	어음	외상미수금	위 금액을 **청구**함
2,750,000			1,000,000	1,750,000	

[6] 12월 20일 대표이사 한태양은 본인 자녀의 대학교 입학 축하 선물로 니캉전자에서 디지털카메라를 3,800,000원(부가가치세 별도)에 구매하면서 당사 명의로 전자세금계산서를 발급받고, 대금은 보통예금 계좌에서 지급하였다(단, 대표이사 한태양의 가지급금으로 회계처리할 것). (3점)

문제 4 [일반전표입력] 및 [매입매출전표입력] 메뉴에 입력된 내용 중 다음과 같은 오류가 발견되었다. 입력된 내용을 확인하여 정정하시오. (6점)

[1] 8월 17일 사거리주유소에서 영업부가 사용하는 비영업용 소형승용차(800cc, 매입세액공제 가능 차량)에 경유를 주유하고 유류대 44,000원를 비씨카드(법인카드)로 결제한 건에 대하여 회계담당자는 매입세액을 공제받지 못하는 것으로 판단하였으며, 이를 매입매출전표에 카드면세로 입력하였다. (3점)

[2] 11월 12일 매출거래처 직원의 결혼축하금으로 현금 500,000원을 지급한 것으로 회계처리 하였으나 이는 당사의 공장 제조부 직원의 결혼축하금인 것으로 밝혀졌다. (3점)

111회 실무시험

문제 5 결산정리사항은 다음과 같다. 관련 메뉴를 이용하여 결산을 완료하시오. (9점)

[1] 제2기 부가가치세 확정신고기간에 대한 부가세예수금은 49,387,500원, 부가세대급금은 34,046,000원이다. 부가가치세를 정리하는 회계처리를 하시오(단, 불러온 자료는 무시하고, 납부세액은 미지급세금, 환급세액은 미수금으로 회계처리할 것). (3점)

[2] 2025년 7월 1일 제조부 공장의 화재보험료 1년분(2025년 7월 1일 ~ 2026년 6월 30일) 7,200,000원을 전액 납부하고 즉시 비용으로 회계처리 하였다. 이에 대한 기간 미경과분 보험료를 월할계산하여 결산정리분개를 하시오. (3점)

[3] 다음은 2025년 4월 15일 제조부에서 사용하기 위하여 취득한 화물차에 대한 자료이다. 아래 주어진 자료에 대해서만 감가상각을 하시오. (3점)

취득일	취득원가	자산코드/명	잔존가치	내용연수	상각방법
2025.04.15.	30,000,000원	[101]/포터	0원	5	정액법

문제 6 다음 사항을 조회하여 답안을 이론문제 답안작성 메뉴에 입력하시오. (9점)

[1] 4월(4월 1일 ~ 4월 30일)의 외상매출금 회수액은 얼마인가? (3점)

[2] 상반기(1월 ~ 6월) 중 제품매출액이 가장 많은 월(月)과 가장 작은 월(月)의 차액은 얼마인가? 단, 양수로 표시할 것. (3점)

[3] 2025년 제1기 부가가치세 확정신고기간(4월 ~ 6월)에 세금계산서를 받은 고정자산매입세액은 얼마인가? (3점)

110회 이론시험 (합격률: 30.02%) PART 01 기출문제

다음 문제를 보고 알맞은 것을 골라 [이론문제 답안작성] 메뉴에 입력하시오. (객관식 문항당 2점)

기본전제

문제에서 한국채택국제회계기준을 적용하도록 하는 전제조건이 없는 경우, 일반기업회계기준을 적용한다.

01. 다음 중 재무상태표에 관한 설명으로 가장 옳은 것은?
① 일정 시점의 현재 기업이 보유하고 있는 자산과 부채 및 자본에 대한 정보를 제공하는 재무보고서이다.
② 일정 기간 동안의 기업의 수익과 비용에 대해 보고하는 보고서이다.
③ 일정 기간 동안의 현금의 유입과 유출에 대한 정보를 제공하는 보고서이다.
④ 기업의 자본변동에 관한 정보를 제공하는 재무보고서이다.

02. 다음 중 유동부채에 포함되지 않는 것은 무엇인가?
① 매입채무   ② 단기차입금   ③ 유동성장기부채   ④ 임대보증금

03. 다음 중 무형자산과 관련된 설명으로 옳지 않은 것은?
① 연구프로젝트에서 발생한 지출이 연구단계와 개발단계로 구분할 수 없는 경우에는 모두 연구단계에서 발생한 것으로 본다.
② 내부적으로 창출한 브랜드, 고객목록과 같은 항목은 무형자산으로 인식할 수 있다.
③ 무형자산은 회사가 사용할 목적으로 보유하는 물리적 실체가 없는 자산이다.
④ 무형자산의 소비되는 행태를 신뢰성 있게 결정할 수 없을 경우 정액법으로 상각한다.

04. 다음 중 일반기업회계기준에 의한 수익 인식 시점에 대한 설명으로 옳지 않은 것은?
① 위탁판매의 경우에는 수탁자가 위탁품을 소비자에게 판매한 시점에 수익을 인식한다.
② 시용판매의 경우에는 상품 인도 시점에 수익을 인식한다.
③ 광고 제작 수수료의 경우에는 광고 제작의 진행률에 따라 수익을 인식한다.
④ 수강료의 경우에는 강의 시간에 걸쳐 수익으로 인식한다.

05. 재고자산의 단가 결정 방법 중 매출 시점에서 해당 재고자산의 실제 취득원가를 기록하여 매출원가로 대응시킴으로써 가장 정확하게 원가 흐름을 파악할 수 있는 재고자산의 단가 결정 방법은 무엇인가?
① 개별법   ② 선입선출법   ③ 후입선출법   ④ 총평균법

110회 이론시험

06. 다음 중 영업이익에 영향을 주는 거래로 옳은 것은?

① 거래처에 대한 대여금의 전기분 이자를 받았다.
② 창고에 보관하고 있던 상품이 화재로 인해 소실되었다.
③ 차입금에 대한 전기분 이자를 지급하였다.
④ 일용직 직원에 대한 수당을 지급하였다.

07. 다음의 거래를 적절하게 회계처리 하였을 경우, 당기순이익의 증감액은 얼마인가? 단, 주어진 자료 외의 거래는 없다고 가정한다.

- 매도가능증권 : 장부금액 5,000,000원, 결산일 공정가치 4,500,000원
- 단기매매증권 : 장부금액 3,000,000원, 결산일 공정가치 3,300,000원
- 투자부동산 : 장부금액 9,000,000원, 처분금액 8,800,000원

① 100,000원 감소　② 100,000원 증가　③ 400,000원 감소　④ 400,000원 증가

08. (주)수암골의 재무상태가 다음과 같다고 가정할 때, 기말자본은 얼마인가?

기초		기말		당기 중 추가출자	이익배당액	총수익	총비용
자산	부채	부채	자본				
900,000원	500,000원	750,000원	( )	100,000원	50,000원	1,100,000원	900,000원

① 500,000원　② 550,000원　③ 600,000원　④ 650,000원

09. 다음 중 원가회계에 대한 설명이 아닌 것은?

① 외부의 정보이용자들에게 유용한 정보를 제공하기 위한 정보이다.
② 원가통제에 필요한 정보를 제공하기 위함이다.
③ 제품원가계산을 위한 원가정보를 제공한다.
④ 경영계획수립과 통제를 위한 원가정보를 제공한다.

10. 다음 중 원가행태에 따라 변동원가와 고정원가로 분류할 때 이에 대한 설명으로 올바른 것은?

① 변동원가는 조업도가 증가할수록 총원가도 증가한다.
② 변동원가는 조업도가 증가할수록 단위당 원가도 증가한다.
③ 고정원가는 조업도가 증가할수록 총원가도 증가한다.
④ 고정원가는 조업도가 증가할수록 단위당 원가도 증가한다.

이론시험 110회

11. 다음 중 보조부문의 원가 배분에 대한 설명으로 옳지 않은 것은?
   ① 보조부문의 원가 배분방법으로는 직접배분법, 단계배분법 및 상호배분법이 있으며, 어떤 방법을 사용하더라도 전체 보조부문의 원가는 차이가 없다.
   ② 상호배분법을 사용할 경우, 부문간 상호수수를 고려하여 계산하기 때문에 어떤 배분방법보다 정확성이 높다고 할 수 있다.
   ③ 단계배분법을 사용할 경우, 배분순서를 어떻게 하더라도 각 보조부문에 배분되는 금액은 차이가 없다.
   ④ 직접배분법을 사용할 경우, 보조부문 원가 배분액의 계산은 쉬우나 부문간 상호수수에 대해서는 전혀 고려하지 않는다.

12. 다음 중 개별원가계산과 종합원가계산에 대한 설명으로 옳지 않은 것은?
   ① 개별원가계산은 작업지시서에 의한 원가계산을 한다.
   ② 개별원가계산은 주문형 소량 생산 방식에 적합하다.
   ③ 종합원가계산은 공정별 대량 생산 방식에 적합하다.
   ④ 종합원가계산은 여러 공정에 걸쳐 생산하는 경우 적용할 수 없다.

13. 다음 중 부가가치세법상 사업자등록 정정 사유가 아닌 것은?
   ① 상호를 변경하는 경우
   ② 사업장을 이전하는 경우
   ③ 사업의 종류에 변동이 있는 경우
   ④ 증여로 인하여 사업자의 명의가 변경되는 경우

14. 다음 중 부가가치세법상 영세율에 대한 설명으로 가장 옳지 않은 것은?
   ① 수출하는 재화에 대해서는 영세율이 적용된다.
   ② 영세율은 수출산업을 지원하는 효과가 있다.
   ③ 영세율을 적용하더라도 완전면세를 기대할 수 없다.
   ④ 영세율은 소비지국과세원칙이 구현되는 제도이다.

15. 다음 중 영수증 발급 대상 사업자가 될 수 없는 업종에 해당하는 것은?
   ① 소매업
   ② 도매업
   ③ 목욕, 이발, 미용업
   ④ 입장권을 발행하여 영위하는 사업

110회 실무시험

오영상사(주)(회사코드 : 1103)는 가방 등의 제조ㆍ도소매업 및 부동산임대업을 영위하는 중소기업으로 당기(제11기) 회계기간은 2025.1.1 ~ 2025.12.31이다. 전산세무회계 수험용 프로그램을 이용하여 다음 물음에 답하시오.

기본전제

- 문제에서 한국채택국제회계기준을 적용하도록 하는 전제조건이 없는 경우, 일반기업회계기준을 적용하여 회계처리 한다.
- 문제의 풀이와 답안작성은 제시된 문제의 순서대로 진행한다.

문제 1 다음은 [기초정보관리] 및 [전기분재무제표]에 대한 자료이다. 각각의 요구사항에 대하여 답하시오. (10점)

[1] 다음 자료를 이용하여 거래처등록의 [신용카드] 탭에 추가로 입력하시오. (3점)

- 코드 : 99850
- 거래처명 : 하나카드
- 카드종류 : 사업용카드
- 유형 : 매입
- 카드번호 : 5531-8440-0622-2804

[2] [계정과목및적요등록] 메뉴에서 여비교통비(판매비및일반관리비) 계정에 아래의 적요를 추가로 등록하시오. (3점)

- 현금적요 6번 : 야근 시 퇴근택시비 지급
- 대체적요 3번 : 야근 시 퇴근택시비 정산 인출

[3] 전기분 손익계산서를 검토한 결과 다음과 같은 오류가 발견되었다. 해당 오류와 연관된 재무제표를 모두 올바르게 정정하시오. (4점)

공장 생산직 사원들에게 지급한 명절 선물 세트 1,000,000원이 회계 담당 직원의 실수로 인하여 본사 사무직 사원들에게 지급한 것으로 회계처리 되어 있음을 확인하다.

문제 2

[일반전표입력] 메뉴를 이용하여 다음의 거래 자료를 입력하시오(일반전표입력의 모든 거래는 부가가치세를 고려하지 말 것). (18점)

> **입력 시 유의사항**
> - 일반적인 적요의 입력은 생략하지만, 타계정 대체거래는 적요번호를 선택하여 입력한다.
> - 채권·채무와 관련된 거래는 별도의 요구가 없는 한 반드시 기 등록된 거래처코드를 선택하는 방법으로 거래처명을 입력한다.
> - 제조경비는 500번대 계정코드를, 판매비와관리비는 800번대 계정코드를 사용한다.
> - 회계처리 시 계정과목은 별도의 제시가 없는 한 등록된 계정과목 중 가장 적절한 과목으로 한다.

[1] 7월 4일   나노컴퓨터에 지급하여야 할 외상매입금 5,000,000원과 나노컴퓨터로부터 수취하여야 할 외상매출금 3,000,000원을 상계하여 처리하고, 잔액은 당좌수표를 발행하여 지급하였다. (3점)

[2] 9월 15일   투자 목적으로 보유 중인 단기매매증권(보통주 1,000주, 1주당 액면가액 5,000원, 1주당 장부가액 9,000원)에 대하여 1주당 1,000원씩의 현금배당이 보통예금 계좌로 입금되었으며, 주식배당 20주를 수령하였다. (3점)

[3] 10월 5일   제품을 판매하고 (주)영춘으로부터 받은 받을어음 5,000,000원을 만기 이전에 주거래은행인 토스뱅크에 할인하고, 할인료 55,000원을 차감한 나머지 금액을 보통예금 계좌로 입금받았다. 단, 어음의 할인은 매각거래에 해당한다. (3점)

[4] 10월 30일   영업부에서 대한상공회의소 회비 500,000원을 보통예금 계좌에서 지급하고 납부영수증을 수취하였다. (3점)

[5] 12월 12일   자금 조달을 위하여 발행하였던 사채(액면금액 10,000,000원, 장부가액 10,000,000원)를 9,800,000원에 조기 상환하면서 보통예금 계좌에서 지급하였다. (3점)

[6] 12월 21일   보통예금 계좌를 확인한 결과, 결산이자 500,000원에서 원천징수세액 77,000원을 차감한 금액이 입금되었음을 확인하였다(단, 원천징수세액은 자산으로 처리할 것). (3점)

110회 실무시험

문제 3 [매입매출전표입력] 메뉴를 이용하여 다음의 거래 자료를 입력하시오. (18점)

입력 시 유의사항

- 일반적인 적요의 입력은 생략하지만, 타계정 대체거래는 적요번호를 선택하여 입력한다.
- 채권·채무 관련 거래는 별도의 요구가 없는 한 반드시 기등록된 거래처코드를 선택하는 방법으로 거래처명을 입력한다.
- 제조경비는 500번대 계정코드를, 판매비와관리비는 800번대 계정코드를 사용한다.
- 회계처리 시 계정과목은 별도의 제시가 없는 한 등록된 계정과목 중 가장 적절한 과목으로 한다.
- 입력화면 하단의 분개까지 처리하고, 전자세금계산서 및 전자계산서는 전자입력으로 반영한다.

[1] 7월 11일 성심상사에 제품을 판매하고 아래의 전자세금계산서를 발급하였다. (3점)

전자세금계산서					승인번호		20250711-1000000-00009329	
공급자	등록번호	124-87-05224		종사업장 번호	공급받는자	등록번호	134-86-81692	종사업장 번호
	상호 (법인명)	오영상사(주)	성명	김하현		상호 (법인명)	성심상사	성명	황성심
	사업장 주소	경기도 성남시 분당구 서판교6번길 24				사업장 주소	경기도 화성시 송산면 마도북로 40	
	업태	제조, 도소매	종목	가방		업태	제조	종목	자동차특장
	이메일					이메일		

작성일자	공급가액	세액	수정사유	비고
2025/07/11	3,000,000	300,000	해당 없음	

월	일	품목	규격	수량	단가	공급가액	세액	비고
07	11	제품				3,000,000	300,000	

합계금액	현금	수표	어음	외상미수금	위 금액을 영수 함 청구
3,300,000	1,000,000			2,300,000	

[2] 8월 25일 본사 사무실로 사용하기 위하여 (주)대관령으로부터 상가를 취득하고, 대금은 다음과 같이 지급하였다(단, 하나의 전표로 입력할 것). (3점)

- 총매매대금은 370,000,000원으로 토지분 매매가액 150,000,000원과 건물분 매매가액 220,000,000원(부가가치세 포함)이다.
- 총매매대금 중 계약금 37,000,000원은 계약일인 7월 25일에 미리 지급하였으며, 잔금은 8월 25일에 보통예금 계좌에서 이체하여 지급하였다.
- 건물분에 대하여 전자세금계산서를 잔금 지급일에 수취하였으며, 토지분에 대하여는 별도의 계산서를 발급받지 않았다.

[3] 9월 15일 총무부가 사용하기 위한 소모품을 골드팜(주)으로부터 총 385,000원에 구매하고 보통예금 계좌에서 이체하였으며, 지출증빙용 현금영수증을 발급받았다. 단, 소모품은 구입 즉시 비용으로 처리한다. (3점)

[4] 9월 30일 경하자동차(주)로부터 본사에서 업무용으로 사용할 승용차(5인승, 배기량 998cc, 개별소비세 과세대상 아님)를 구입하고 아래의 전자세금계산서를 발급받았다. (3점)

전자세금계산서					승인번호	20250930-145982301203467		
공급자	등록번호	610-81-51299	종사업장번호		공급받는자	등록번호	124-87-05224	종사업장번호	
	상호(법인명)	경하자동차(주)	성명	정선달		상호(법인명)	오영상사(주)	성명	김하현
	사업장주소	울산 중구 태화동 150				사업장주소	경기도 성남시 분당구 서판교6번길 24		
	업태	제조, 도소매	종목	자동차		업태	제조, 도소매	종목	가방
	이메일					이메일			
작성일자	공급가액		세액		수정사유		비고		
2025/09/30	15,000,000		1,500,000						
월	일	품목	규격	수량	단가	공급가액	세액	비고
09	30	승용차(배기량 998cc)		1		15,000,000	1,500,000	
합계금액		현금	수표		어음	외상미수금	위 금액을 **청구**함	
16,500,000						16,500,000		

[5] 10월 17일 미국에 소재한 MIRACLE사에서 원재료 8,000,000원(부가가치세 별도)을 수입하면서 인천세관으로부터 수입전자세금계산서를 발급받고 부가가치세는 보통예금 계좌에서 지급하였다(단, 재고자산에 대한 회계처리는 생략할 것). (3점)

[6] 10월 20일 개인 소비자에게 제품을 판매하고 현금 99,000원(부가가치세 포함)을 받았다. 단, 판매와 관련하여 어떠한 증빙도 발급하지 않았다. (3점)

110회 실무시험

문제 4 [일반전표입력] 및 [매입매출전표입력] 메뉴에 입력된 내용 중 다음과 같은 오류가 발견되었다. 입력된 내용을 확인하여 정정하시오. (6점)

[1] 8월 31일 운영자금 조달을 위해 개인으로부터 차입한 부채에 대한 이자비용 362,500원을 보통예금 계좌에서 이체하고 회계처리 하였으나 해당 거래는 이자비용 500,000원에서 원천징수세액 137,500원을 차감하고 지급한 것으로 이에 대한 회계처리가 누락되었다(단, 원천징수세액은 부채로 처리하고, 하나의 전표로 입력할 것). (3점)

[2] 11월 30일 제품생산공장 출입문의 잠금장치를 수리하고 영포상회에 지급한 770,000원(부가가치세 포함)을 자본적지출로 회계처리 하였으나 수익적지출로 처리하는 것이 옳은 것으로 판명되었다. (3점)

문제 5 결산정리사항은 다음과 같다. 관련 메뉴를 이용하여 결산을 완료하시오. (9점)

[1] 2월 11일에 소모품 3,000,000원을 구입하고 모두 자산으로 처리하였으며, 12월 31일 현재 창고에 남은 소모품은 500,000원으로 조사되었다. 부서별 소모품 사용 비율은 영업부 25%, 생산부 75%이며, 그 사용 비율에 따라 배부한다. (3점)

[2] 기중에 현금시재 잔액이 장부금액보다 부족한 것을 발견하고 현금과부족으로 계상하였던 235,000원 중 150,000원은 영업부 업무용 자동차의 유류대금을 지급한 것으로 확인되었으나 나머지는 결산일까지 그 원인이 파악되지 않아 당기의 비용으로 대체하다. (3점)

[3] 12월 31일 결산일 현재 재고자산의 기말재고액은 다음과 같다. (3점)

원재료	재공품	제 품
• 장부수량 10,000개(단가 1,000원) • 실제수량 9,500개(단가 1,000원) • 단, 수량차이는 모두 정상적으로 발생한 것이다.	8,500,000원	13,450,000원

문제 6 다음 사항을 조회하여 답안을 [이론문제 답안작성] 메뉴에 입력하시오. (9점)

[1] 2025년 5월 말 외상매출금과 외상매입금의 차액은 얼마인가? (단, 양수로 기재할 것) (3점)

[2] 제1기 부가가치세 확정신고기간(4월 ~ 6월)의 영세율 적용 대상 매출액은 모두 얼마인가? (3점)

[3] 6월에 발생한 판매비와일반관리비 중 발생액이 가장 적은 계정과목과 그 금액은 얼마인가? (3점)

109회 이론시험 (합격률: 33.26%) PART 01 기출문제

다음 문제를 보고 알맞은 것을 골라 [이론문제 답안작성] 메뉴에 입력하시오. (객관식 문항당 2점)

기 본 전 제

문제에서 한국채택국제회계기준을 적용하도록 하는 전제조건이 없는 경우, 일반기업회계기준을 적용한다.

01. 회계분야 중 재무회계에 대한 설명으로 적절한 것은?
   ① 관리자에게 경영활동에 필요한 재무정보를 제공한다.
   ② 국세청 등의 과세관청을 대상으로 회계정보를 작성한다.
   ③ 법인세, 소득세, 부가가치세 등의 세무 보고서 작성을 목적으로 한다.
   ④ 일반적으로 인정된 회계원칙에 따라 작성하며 주주, 투자자 등이 주된 정보이용자이다.

02. 유가증권 중 단기매매증권에 대한 설명으로 옳지 않은 것은?
   ① 시장성이 있어야 하고, 단기시세차익을 목적으로 하여야 한다.
   ② 단기매매증권은 당좌자산으로 분류된다.
   ③ 기말평가방법은 공정가액법이다.
   ④ 단기매매증권은 투자자산으로 분류된다.

03. 다음 중 재고자산의 평가에 대한 설명으로 옳지 않은 것은?
   ① 성격이 상이한 재고자산을 일괄 구입하는 경우에는 공정가치 비율에 따라 안분하여 취득원가를 결정한다.
   ② 재고자산의 취득원가에는 취득과정에서 발생한 할인, 에누리는 반영하지 않는다.
   ③ 저가법을 적용할 경우 시가가 취득원가보다 낮아지면 시가를 장부금액으로 한다.
   ④ 저가법을 적용할 경우 발생한 차액은 전부 매출원가로 회계처리한다.

04. 다음 중 유형자산의 자본적지출을 수익적지출로 잘못 처리했을 경우 당기의 자산과 자본에 미치는 영향으로 올바른 것은?

	자산	자본		자산	자본
①	과대	과소	②	과소	과소
③	과소	과대	④	과대	과대

05. (주)재무는 자기주식 200주(1주당 액면가액 5,000원)를 1주당 7,000원에 매입하여 소각하였다. 소각일 현재 자본잉여금에 감차차익 200,000원을 계상하고 있는 경우 주식소각 후 재무상태표상에 계상되는 감자차손익은 얼마인가?
   ① 감자차손 200,000원
   ② 감자차손 400,000원
   ③ 감자차익 200,000원
   ④ 감자차익 400,000원

109회 이론시험

06. 다음 중 손익계산서에 대한 설명으로 옳지 않은 것은?
① 매출원가는 제품, 상품 등의 매출액에 대응되는 원가로서 판매된 제품이나 상품 등에 대한 제조원가 또는 매입원가이다.
② 영업외비용은 기업의 주된 영업활동이 아닌 활동으로부터 발생한 비용과 차손으로서 기부금, 잡손실 등이 이에 해당한다.
③ 손익계산서는 일정 기간의 기업의 경영성과에 대한 유용한 정보를 제공한다.
④ 수익과 비용은 각각 순액으로 보고하는 것을 원칙으로 한다.

07. (주)서울은 (주)제주와 제품 판매계약을 맺고 (주)제주가 발행한 당좌수표 500,000원을 계약금으로 받아 아래와 같이 회계처리 하였다. 다음 중 (주)서울의 재무제표에 나타난 영향으로 옳은 것은?

(차) 당좌예금 500,000원	(대) 제품매출 500,000원

① 당좌자산 과소계상
② 당좌자산 과대계상
③ 유동부채 과소계상
④ 당기순이익 과소계상

08. (주)한국상사의 2025년 1월 1일 자본금은 50,000,000원(발행주식 수 10,000주, 1주당 액면금액 5,000원)이다. 2025년 10월 1일 1주당 6,000원에 2,000주를 유상증자하였을 경우, 2025년 기말 자본금은 얼마인가?
① 12,000,000원   ② 50,000,000원   ③ 60,000,000원   ④ 62,000,000원

09. 원가 및 비용의 분류항목 중 제조원가에 해당하는 것은 무엇인가?
① 생산공장의 전기요금
② 영업용 사무실의 전기요금
③ 마케팅부의 교육연수비
④ 생산공장 기계장치의 처분손실

10. 다음 중 보조부문 상호간의 용역수수관계를 고려하여 보조부문원가를 제조부문과 보조부문에 배분함으로써 보조부문간의 상호 서비스 제공을 완전히 반영하는 방법으로 옳은 것은?
① 직접배분법
② 단계배분법
③ 상호배분법
④ 총배분법

이론시험 109회

11. 다음의 자료에 의한 당기직접재료원가는 얼마인가?

· 기초원재료	1,200,000원	· 기초재공품	200,000원
· 당기원재료매입액	900,000원	· 기말재공품	300,000원
· 기말원재료	850,000원	· 기초제품	400,000원
· 기말제품	500,000원	· 직접노무원가	500,000원

① 1,150,000원 ② 1,250,000원 ③ 1,350,000원 ④ 1,650,000원

12. (주)성진은 직접원가를 기준으로 제조간접원가를 배부한다. 다음 자료에 의하여 계산한 제조지시서 no.1의 제조간접원가 배부액은 얼마인가?

공장전체 발생원가	제조지시서 no.1
· 총생산수량 : 10,000개 · 기계시간 : 24시간 · 직접재료원가 : 800,000원 · 직접노무원가 : 200,000원 · 제조간접원가 : 500,000원	· 총생산수량 : 5,200개 · 기계시간 : 15시간 · 직접재료원가 : 400,000원 · 직접노무원가 : 150,000원 · 제조간접원가 : (?)원

① 250,000원 ② 260,000원 ③ 275,000원 ④ 312,500원

13. 다음 중 부가가치세법상 과세기간에 대한 설명으로 옳지 않은 것은?
① 간이과세자의 과세기간은 1월 1일부터 12월 31일까지이다.
② 사업자가 폐업하는 경우의 과세기간은 폐업일이 속하는 과세기간의 개시일부터 폐업일까지로 한다.
③ 일반과세자가 간이과세자로 변경되는 경우에 그 변경되는 해의 간이과세자 과세기간은 7월 1일부터 12월 31일까지이다.
④ 간이과세자가 일반과세자로 변경되는 경우에 그 변경되는 해의 간이과세자 과세기간은 1월 1일부터 12월 31일까지이다.

14. 다음 중 세금계산서의 필요적 기재사항에 해당하지 않는 것은?
① 공급연월일
② 공급하는 사업자의 등록번호와 성명 또는 명칭
③ 공급받는자의 등록번호
④ 공급가액과 부가가치세액

15. 다음 중 부가가치세법에 따른 재화 또는 용역의 공급시기에 대한 설명으로 적절하지 않은 것은?
① 위탁판매의 경우 수탁자가 공급한 때이다.
② 상품권의 경우 상품권이 판매되는 때이다.
③ 장기할부판매의 경우 대가의 각 부분을 받기로 한 때이다.
④ 내국물품을 외국으로 반출하는 경우 수출재화를 선적하는 때이다.

109회 실무시험

정민상사(주)(회사코드 : 1093)는 전자제품의 제조 및 도·소매업을 영위하는 중소기업으로 당기(제11기)의 회계기간은 2025.1.1 ~ 2025.12.31이다. 전산세무회계 수험용 프로그램을 이용하여 다음 물음에 답하시오.

기 본 전 제

- 문제에서 한국채택국제회계기준을 적용하도록 하는 전제조건이 없는 경우, 일반기업회계기준을 적용하여 회계처리 한다.
- 문제의 풀이와 답안작성은 제시된 문제의 순서대로 진행한다.

문제 1 다음은 [기초정보관리] 및 [전기분재무제표]에 대한 자료이다. 각각의 요구사항에 대하여 답하시오. (10점)

[1] 다음 자료를 이용하여 [거래처등록] 메뉴에 등록하시오. (3점)

- 거래처코드 : 01230
- 사업자등록번호 : 107-36-25785
- 종목 : 사무기기
- 거래처명 : 태형상사
- 대표자 : 김상수
- 사업장주소 : 서울시 동작구 여의대방로10가길 1(신대방동)
- 유형 : 동시
- 업태 : 도소매

※ 주소 입력 시 우편번호 입력은 생략해도 무방함.

[2] 정민상사(주)의 전기말 거래처별 채권 및 채무의 올바른 잔액은 다음과 같다. 주어진 자료를 검토하여 잘못된 부분은 오류를 정정하고, 누락된 부분은 추가하여 입력하시오. (3점)

채권 및 채무	거래처	금액
받을어음	(주)원수	15,000,000원
	(주)케스터	2,000,000원
단기차입금	(주)이태백	10,000,000원
	(주)빛날통신	13,000,000원
	Champ사	12,000,000원

[3] 전기분 손익계산서를 검토한 결과 다음과 같은 오류가 발견되었다. 전기분재무제표 중 관련 재무제표를 모두 적절하게 수정 또는 삭제 및 추가입력하시오. (4점)

계정과목	오류내용
보험료	제조원가 1,000,000원을 판매비와관리비로 회계처리

문제 2 [일반전표입력] 메뉴를 이용하여 다음의 거래 자료를 입력하시오(일반전표입력의 모든 거래는 부가가치세를 고려하지 말 것). (18점)

> **입력 시 유의사항**
> - 일반적인 적요의 입력은 생략하지만, 타계정 대체거래는 적요번호를 선택하여 입력한다.
> - 채권·채무와 관련된 거래는 별도의 요구가 없는 한 반드시 기 등록된 거래처코드를 선택하는 방법으로 거래처명을 입력한다.
> - 제조경비는 500번대 계정코드를, 판매비와관리비는 800번대 계정코드를 사용한다.
> - 회계처리 시 계정과목은 별도의 제시가 없는 한 등록된 계정과목 중 가장 적절한 과목으로 한다.

[1] 8월 20일   인근 주민센터에 판매용 제품(원가 2,000,000원, 시가 3,500,000원)을 기부하였다. (3점)

[2] 9월 2일   대주주인 전마나 씨로부터 차입한 단기차입금 20,000,000원 중 15,000,000원은 보통예금 계좌에서 이체하여 상환하고, 나머지 금액은 면제받기로 하였다. (3점)

[3] 10월 19일   (주)용인의 외상매입금 2,500,000원에 대해 타인이 발행한 당좌수표 1,500,000원과 (주)수원에 제품을 판매하고 받은 (주)수원 발행 약속어음 1,000,000원을 배서하여 지급하다. (3점)

[4] 11월 6일   전월분 고용보험료를 다음과 같이 현금으로 납부하다(단, 하나의 전표로 처리하고, 회사부담금은 보험료로 처리할 것). (3점)

고용보험 납부내역				
사원명	소 속	직원부담금	회사부담금	합 계
김정직	제조부	180,000원	221,000원	401,000원
이성실	마케팅부	90,000원	110,500원	200,500원
합 계		270,000원	331,500원	601,500원

[5] 11월 11일   영업부 직원에 대한 확정기여형(DC) 퇴직연금 7,000,000원을 하나은행 보통예금 계좌에서 이체하여 납입하였다. 이 금액에는 연금운용에 대한 수수료 200,000원이 포함되어 있다. (3점)

[6] 12월 3일   일시보유목적으로 취득하였던 시장성 있는 (주)세무의 주식 500주(1주당 장부금액 8,000원, 1주당 액면금액 5,000원, 1주당 처분금액 10,000원)를 처분하고 수수료 250,000원을 제외한 금액을 보통예금 계좌로 이체받았다. (3점)

109회 실무시험

문제 3 [매입매출전표입력] 메뉴를 이용하여 다음의 거래 자료를 입력하시오. (18점)

입력 시 유의사항

- 일반적인 적요의 입력은 생략하지만, 타계정 대체거래는 적요번호를 선택하여 입력한다.
- 채권·채무 관련 거래는 별도의 요구가 없는 한 반드시 기등록된 거래처코드를 선택하는 방법으로 거래처명을 입력한다.
- 제조경비는 500번대 계정코드를, 판매비와관리비는 800번대 계정코드를 사용한다.
- 회계처리 시 계정과목은 별도의 제시가 없는 한 등록된 계정과목 중 가장 적절한 과목으로 한다.
- 입력화면 하단의 분개까지 처리하고, 전자세금계산서 및 전자계산서는 전자입력으로 반영한다.

[1] 7월 28일 총무부 직원들의 야식으로 저팔계산업(일반과세자)에서 도시락을 주문하고, 하나카드로 결제하였다. (3점)

```
            신용카드매출전표
가맹점명   : 저팔계산업
사업자번호 : 127-10-12343
대표자명   : 김돈육
주    소   : 서울 마포구 상암동 332
롯데카드   : 신용승인
거래일시   : 2025-07-28  20:08:54
카드번호   : 3256-6455-****-1324
유효기간   : 12/24
가맹점번호 : 123412341
매 입 사   : 하나카드(전자서명전표)
   상품명         금 액
   도시락세트     220,000
공급가액 : 200,000
부가세액 :  20,000
합   계 : 220,000
```

[2] 9월 3일   공장에서 사용하던 기계장치(취득가액 50,000,000원, 처분 시점까지의 감가상각누계액 38,000,000원)를 보람테크(주)에 처분하고 아래의 전자세금계산서를 발급하였다(당기의 감가상각비는 고려하지 말고 하나의 전표로 입력할 것). (3점)

전자세금계산서						승인번호	20250903-145654645-58811657		
공 급 자	등록번호	680-81-32549	종사업장 번호		공 급 받 는 자	등록번호	110-81-02129	종사업장 번호	
	상 호 (법인명)	정민상사(주)	성 명	최정민		상 호 (법인명)	보람테크(주)	성 명	김종대
	사업장 주소	경기도 수원시 권선구 평동로79번길 45				사업장 주소	경기도 안산시 단원구 광덕서로 100		
	업 태	제조, 도소매	종 목	전자제품		업 태	제조	종 목	반도체
	이메일					이메일			
작성일자		공급가액		세 액		수정사유		비 고	
2025.09.03.		13,500,000		1,350,000		해당 없음			
월	일	품 목	규 격	수 량	단 가	공급가액	세 액	비 고	
09	03	기계장치 매각				13,500,000	1,350,000		
합계금액		현 금		수 표		어 음	외상미수금	위 금액을 **청구**함	
14,850,000		4,850,000					10,000,000		

[3] 9월 22일   마산상사로부터 원재료 5,500,000원(부가가치세 포함)을 구입하고 전자세금계산서를 발급받았다. 대금은 (주)서울에 제품을 판매하고 받은 (주)서울 발행 약속어음 2,000,000원을 배서하여 지급하고, 잔액은 외상으로 하다. (3점)

[4] 10월 31일   NICE Co.,Ltd의 해외수출을 위한 구매확인서에 따라 전자제품 100개(@700,000원)를 납품하고 영세율전자세금계산서를 발행하였다. 대금 중 50%는 보통예금 계좌로 입금받고 잔액은 1개월 후에 받기로 하다. (3점)

109회 실무시험

[5] 11월 4일 영업부 거래처의 직원에게 선물할 목적으로 선물세트를 외상으로 구입하고 아래와 같은 전자세금계산서를 발급받았다. (3점)

<table>
<tr><td colspan="5" align="center">전자세금계산서</td><td>승인번호</td><td colspan="3">20251104-15454645-58811889</td></tr>
<tr><td rowspan="6">공급자</td><td>등록번호</td><td colspan="2">113-18-77299</td><td>종사업장
번호</td><td></td><td rowspan="6">공급받는자</td><td>등록번호</td><td colspan="2">680-81-32549</td><td>종사업장
번호</td><td></td></tr>
<tr><td>상호
(법인명)</td><td colspan="2">손오공상사</td><td>성 명</td><td>황범식</td><td>상호
(법인명)</td><td colspan="2">정민상사(주)</td><td>성 명</td><td>최정민</td></tr>
<tr><td>사업장
주소</td><td colspan="4">서울특별시 서초구 명달로 102</td><td>사업장
주소</td><td colspan="4">경기도 수원시 권선구 평동로79번길 45</td></tr>
<tr><td>업 태</td><td colspan="2">도매</td><td>종 목</td><td>잡화류</td><td>업 태</td><td colspan="2">제조, 도소매</td><td>종 목</td><td>전자제품</td></tr>
<tr><td>이메일</td><td colspan="4"></td><td>이메일</td><td colspan="4"></td></tr>
<tr><td colspan="5"></td><td colspan="5"></td></tr>
<tr><td colspan="2">작성일자</td><td colspan="2">공급가액</td><td colspan="2">세 액</td><td colspan="2">수정사유</td><td colspan="3">비 고</td></tr>
<tr><td colspan="2">2025.11.04.</td><td colspan="2">1,500,000</td><td colspan="2">150,000</td><td colspan="2">해당 없음</td><td colspan="3"></td></tr>
<tr><td>월</td><td>일</td><td>품목</td><td>규 격</td><td>수 량</td><td>단 가</td><td colspan="2">공급가액</td><td colspan="2">세 액</td><td>비 고</td></tr>
<tr><td>11</td><td>04</td><td>선물세트</td><td></td><td>1</td><td>1,500,000</td><td colspan="2">1,500,000</td><td colspan="2">150,000</td><td></td></tr>
<tr><td colspan="2">합계금액</td><td colspan="2">현 금</td><td colspan="2">수 표</td><td colspan="2">어 음</td><td colspan="2">외상미수금</td><td rowspan="2">위 금액을 청구함</td></tr>
<tr><td colspan="2">1,650,000</td><td colspan="2"></td><td colspan="2"></td><td colspan="2"></td><td colspan="2">1,650,000</td></tr>
</table>

[6] 12월 5일 공장 신축 목적으로 취득한 토지의 토지정지 등을 위한 토목공사를 하고 (주)만듬건설로부터 아래의 전자세금계산서를 발급받았다. 대금 지급은 기지급한 계약금 5,500,000원을 제외하고 외상으로 하였다. (3점)

<table>
<tr><td colspan="5" align="center">전자세금계산서</td><td>승인번호</td><td colspan="3">20251205-15454645-58811886</td></tr>
<tr><td rowspan="6">공급자</td><td>등록번호</td><td colspan="2">105-81-23608</td><td>종사업장
번호</td><td></td><td rowspan="6">공급받는자</td><td>등록번호</td><td colspan="2">680-81-32549</td><td>종사업장
번호</td><td></td></tr>
<tr><td>상호
(법인명)</td><td colspan="2">(주)만듬건설</td><td>성 명</td><td>다만듬</td><td>상호
(법인명)</td><td colspan="2">정민상사(주)</td><td>성 명</td><td>최정민</td></tr>
<tr><td>사업장
주소</td><td colspan="4">서울특별시 동작구 여의대방로 24가길 28</td><td>사업장
주소</td><td colspan="4">경기도 수원시 권선구 평동로79번길 45</td></tr>
<tr><td>업 태</td><td colspan="2">건설</td><td>종 목</td><td>토목공사</td><td>업 태</td><td colspan="2">제조, 도소매</td><td>종 목</td><td>전자제품</td></tr>
<tr><td>이메일</td><td colspan="4"></td><td>이메일</td><td colspan="4"></td></tr>
<tr><td colspan="5"></td><td colspan="5"></td></tr>
<tr><td colspan="2">작성일자</td><td colspan="2">공급가액</td><td colspan="2">세 액</td><td colspan="2">수정사유</td><td colspan="3">비 고</td></tr>
<tr><td colspan="2">2025.12.05.</td><td colspan="2">50,000,000</td><td colspan="2">5,000,000</td><td colspan="2">해당 없음</td><td colspan="3"></td></tr>
<tr><td>월</td><td>일</td><td>품목</td><td>규 격</td><td>수 량</td><td>단 가</td><td colspan="2">공급가액</td><td colspan="2">세 액</td><td>비 고</td></tr>
<tr><td>12</td><td>05</td><td>공장토지 토지정지 등</td><td></td><td></td><td>50,000,000</td><td colspan="2">50,000,000</td><td colspan="2">5,000,000</td><td></td></tr>
<tr><td colspan="2">합계금액</td><td colspan="2">현 금</td><td colspan="2">수 표</td><td colspan="2">어 음</td><td colspan="2">외상미수금</td><td rowspan="2">위 금액을 청구함</td></tr>
<tr><td colspan="2">55,000,000</td><td colspan="2"></td><td colspan="2">5,500,000</td><td colspan="2"></td><td colspan="2">49,500,000</td></tr>
</table>

실무시험 109회

문제 4 [일반전표입력] 및 [매입매출전표입력] 메뉴에 입력된 내용 중 다음과 같은 오류가 발견되었다. 입력된 내용을 확인하여 정정하시오. (6점)

[1] 11월 10일 공장 에어컨 수리비로 가나상사에 보통예금 계좌에서 송금한 880,000원을 수선비로 회계처리 하였으나, 해당 수선비는 10월 10일 미지급금으로 회계처리한 것을 결제한 것이다. (3점)

[2] 12월 15일 당초 제품을 $10,000에 직수출하고 선적일 당시 환율 1,000원/$을 적용하여 제품매출 10,000,000원을 외상판매한 것으로 회계처리하였으나, 수출 관련 서류 검토 결과 직수출이 아니라 내국신용장에 의한 공급으로 (주)강서기술에 전자영세율세금계산서를 발급한 외상매출인 것으로 확인되었다. (3점)

문제 5 결산정리사항은 다음과 같다. 관련 메뉴를 이용하여 결산을 완료하시오. (9점)

[1] 거래처 (주)태명에 4월 1일 대여한 50,000,000원(상환회수일 2027년 3월 31일, 연 이자율 6%)에 대한 기간경과분 이자를 계상하다. 단, 이자는 월할 계산하고, 매년 3월 31일에 받기로 약정하였다. (3점)

[2] 제조공장의 창고 임차기간은 2025.04.01. ~ 2026.03.31.으로 임차개시일에 임차료 3,600,000원을 전액 지급하고 즉시 당기 비용으로 처리하였다. 결산정리분개를 하시오. (3점)

[3] 당기 중 단기간 시세차익을 목적으로 시장성이 있는 유가증권을 75,000,000원에 취득하였다. 당기말 해당 유가증권의 시가는 73,000,000원이다. (3점)

문제 6 다음 사항을 조회하여 답안을 [이론문제 답안작성] 메뉴에 입력하시오. (9점)

[1] 2025년 상반기(1월 ~ 6월) 중 판매비및관리비의 급여 발생액이 가장 많은 월(月)과 가장 적은 월(月)의 차액은 얼마인가? (단, 양수로만 기재할 것) (3점)

[2] 일천상사에 대한 제품매출액은 3월 대비 4월에 얼마나 감소하였는가? (단, 음수로 입력하지 말 것) (3점)

[3] 2025년 제1기 예정신고기간(1월 ~ 3월) 중 (주)서산상사에 발행한 세금계산서의 총발행매수와 공급가액은 얼마인가? (3점)

108회 이론시험 (합격률: 29.25%) PART 01 기출문제

다음 문제를 보고 알맞은 것을 골라 [이론문제 답안작성] 메뉴에 입력하시오. (객관식 문항당 2점)

기 본 전 제
문제에서 한국채택국제회계기준을 적용하도록 하는 전제조건이 없는 경우, 일반기업회계기준을 적용한다.

01. 자기주식을 취득가액보다 낮은 금액으로 처분한 경우, 다음 중 재무제표상 자기주식의 취득가액과 처분가액의 차액이 표기되는 항목으로 옳은 것은?

① 영업외비용 ② 자본잉여금
③ 기타포괄손익누계액 ④ 자본조정

02. (주)전주는 (주)천안에 제품을 판매하기로 약정하고, 계약금으로 제3자인 (주)철원이 발행한 당좌수표 100,000원을 받았다. 다음 중 회계처리로 옳은 것은?

① (차) 현   금   100,000원   (대) 선수금   100,000원
② (차) 당좌예금   100,000원   (대) 선수금   100,000원
③ (차) 현   금   100,000원   (대) 제품매출 100,000원
④ (차) 당좌예금   100,000원   (대) 제품매출 100,000원

03. 다음 중 기말재고자산을 실제보다 과대계상한 경우 재무제표에 미치는 영향으로 잘못된 것은?

① 자산이 실제보다 과대계상된다.
② 자본 총계가 실제보다 과소계상된다.
③ 매출총이익이 실제보다 과대계상된다.
④ 매출원가가 실제보다 과소계상된다.

04. 다음 중 일반기업회계기준상 무형자산의 상각에 관한 내용으로 옳지 않은 것은?

① 무형자산의 상각방법은 정액법, 체감잔액법 등 합리적인 방법을 적용할 수 있으며, 합리적인 방법을 정할 수 없는 경우에는 정액법을 적용한다.
② 내부적으로 창출한 영업권은 원가의 신뢰성 문제로 인하여 자산으로 인정되지 않는다.
③ 무형자산의 상각기간은 독점적 · 배타적인 권리를 부여하고 있는 관계 법령이나 계약에 정해진 경우에도 20년을 초과할 수 없다.
④ 무형자산의 잔존가치는 없는 것을 원칙으로 하나, 예외도 존재한다.

05. 다음 자료를 이용하여 단기투자자산의 합계액을 계산한 것으로 옳은 것은?

• 현　　금　5,000,000원	• 1년 만기 정기예금　3,000,000원	• 단기매매증권　4,000,000원
• 당좌예금　3,000,000원	• 우편환증서　　　　 50,000원	• 외상매출금　7,000,000원

① 7,000,000원　　② 8,000,000원　　③ 10,000,000원　　④ 11,050,000원

06. 다음 중 비유동부채에 해당하는 것은 모두 몇 개인가?

가. 사채	나. 퇴직급여충당부채	다. 유동성장기부채	라. 선수금

① 1개　　② 2개　　③ 3개　　④ 4개

07. 일반기업회계기준에 근거하여 다음의 재고자산을 평가하는 경우 재고자산평가손익은 얼마인가?

상품명	기말재고수량	취득원가	추정판매가격(순실현가능가치)
비누	100개	75,000원	65,000원
세제	200개	50,000원	70,000원

① 재고자산평가이익　3,000,000원　　② 재고자산평가이익　4,000,000원
③ 재고자산평가손실　3,000,000원　　④ 재고자산평가손실　1,000,000원

08. 다음 중 수익의 인식에 대한 설명으로 가장 옳은 것은?
① 시용판매의 경우 수익의 인식은 구매자의 구매의사 표시일이다.
② 예약판매계약의 경우 수익의 인식은 자산의 건설이 완료되어 소비자에게 인도한 시점이다.
③ 할부판매의 경우 수익의 인식은 항상 소비자로부터 대금을 회수하는 시점이다.
④ 위탁판매의 경우 수익의 인식은 위탁자가 수탁자에게 제품을 인도한 시점이다.

09. 당기의 원재료 매입액은 20억원이고, 기말 원재료 재고액이 기초 원재료 재고액보다 3억원이 감소한 경우, 당기의 원재료원가는 얼마인가?

① 17억원　　② 20억원　　③ 23억원　　④ 25억원

10. 다음 중 제조원가명세서의 구성요소로 옳은 것을 모두 고른 것은?

가. 기초재공품재고액	나. 기말원재료재고액	다. 기말제품재고액
라. 당기제품제조원가	마. 당기총제조비용	

① 가, 나　　② 가, 나, 라　　③ 가, 나, 다, 라　　④ 가, 나, 라, 마

108회 이론시험

11. 당사는 직접노무시간을 기준으로 제조간접원가를 배부하고 있다. 당기의 제조간접원가 실제 발생액은 500,000원이고, 예정배부율은 200원/직접노무시간이다. 당기의 실제 직접노무시간이 3,000시간일 경우, 다음 중 제조간접원가 배부차이로 옳은 것은?

① 100,000원 과대배부
② 100,000원 과소배부
③ 200,000원 과대배부
④ 200,000원 과소배부

12. 다음 중 종합원가계산에 대한 설명으로 옳지 않은 것은?

① 각 공정별로 원가가 집계되므로 원가에 대한 책임소재가 명확하다.
② 일반적으로 원가를 재료원가와 가공원가로 구분하여 원가계산을 한다.
③ 기말재공품이 존재하지 않는 경우 평균법과 선입선출법의 당기완성품원가는 일치한다.
④ 모든 제품 단위가 완성되는 시점을 별도로 파악하기가 어려우므로 인위적인 기간을 정하여 원가를 산정한다.

13. 다음 중 세금계산서 발급 의무가 면제되는 경우로 틀린 것은?

① 간주임대료
② 사업상 증여
③ 구매확인서에 의하여 공급하는 재화
④ 폐업시 잔존 재화

14. 다음 중 부가가치세법상 업종별 사업장의 범위로 맞지 않는 것은?

① 제조업은 최종제품을 완성하는 장소
② 사업장을 설치하지 않은 경우 사업자의 주소 또는 거소
③ 운수업은 개인인 경우 사업에 관한 업무를 총괄하는 장소
④ 부동산매매업은 법인의 경우 부동산의 등기부상 소재지

15. 다음 중 부가가치세에 대한 설명으로 옳지 않은 것은?

① 법률상 면세 대상으로 열거된 것을 제외한 모든 재화나 용역의 소비행위에 대하여 과세한다.
② 납세의무자는 개인사업자나 영리법인으로 한정되어 있다.
③ 매출세액에서 매입세액을 차감하여 납부(환급)세액을 계산한다.
④ 납세의무자는 재화 또는 용역을 공급하는 사업자이지만, 담세자는 최종소비자가 된다.

108회 실 무 시 험

PART 01 기출문제

고성상사(주)(회사코드 : 1083)는 가방 등의 제조 · 도소매업 및 부동산임대업을 영위하는 중소기업으로 당기(제10기) 회계기간은 2025.1.1 ~ 2025.12.31이다. 전산세무회계 수험용 프로그램을 이용하여 다음 물음에 답하시오.

기 본 전 제

- 문제에서 한국채택국제회계기준을 적용하도록 하는 전제조건이 없는 경우, 일반기업회계기준을 적용하여 회계처리 한다.
- 문제의 풀이와 답안작성은 제시된 문제의 순서대로 진행한다.

문제 1 다음은 [기초정보관리] 및 [전기분재무제표]에 대한 자료이다. 각각의 요구사항에 대하여 답하시오. (10점)

[1] [거래처등록] 메뉴를 이용하여 다음의 신규 거래처를 추가로 등록하시오. (3점)

- 거래처코드 : 3000
- 거래처명 : (주)나우전자
- 대표자 : 김나우
- 사업자등록번호 : 108-81-13579
- 업태 : 제조
- 종목 : 전자제품
- 유형 : 동시
- 사업장주소 : 서울특별시 서초구 명달로 104(서초동)

※ 주소 입력 시 우편번호 입력은 생략해도 무방함.

[2] 다음 자료를 이용하여 [계정과목및적요등록]을 하시오. (3점)

- 계정과목 : 퇴직연금운용자산
- 대체적요 1. 제조 관련 임직원 확정급여형 퇴직연금부담금 납입

[3] 전기분 재무상태표 작성 시 기업은행의 단기차입금 20,000,000원을 신한은행의 장기차입금으로 잘못 분류하였다. [전기분재무상태표] 및 [거래처별초기이월]을 수정, 삭제 또는 추가입력하시오. (4점)

108회 실무시험

문제2 [일반전표입력] 메뉴를 이용하여 다음의 거래 자료를 입력하시오(일반전표입력의 모든 거래는 부가가치세를 고려하지 말 것). (18점)

입력 시 유의사항

- 일반적인 적요의 입력은 생략하지만, 타계정 대체거래는 적요번호를 선택하여 입력한다.
- 채권·채무와 관련된 거래는 별도의 요구가 없는 한 반드시 기 등록된 거래처코드를 선택하는 방법으로 거래처명을 입력한다.
- 제조경비는 500번대 계정코드를, 판매비와관리비는 800번대 계정코드를 사용한다.
- 회계처리 시 계정과목은 별도의 제시가 없는 한 등록된 계정과목 중 가장 적절한 과목으로 한다.

[1] 8월 1일 미국은행으로부터 2024년 10월 31일에 차입한 외화장기차입금 중 $30,000를 상환하기 위하여 보통예금 계좌에서 39,000,000원을 이체하여 지급하였다. 일자별 적용환율은 아래와 같다. (3점)

2024.10.31. (차입일)	2024.12.31. (직전연도 종료일)	2025.08.01. (상환일)
1,210/$	1,250/$	1,300/$

[2] 8월 12일 금융기관으로부터 매출거래처인 (주)모모가방이 발행한 어음 50,000,000원이 부도처리 되었다는 통보를 받았다. (3점)

[3] 8월 23일 임시주주총회에서 6월 29일 결의하고 미지급한 중간배당금 10,000,000원에 대하여 원천징수세액 1,540,000원을 제외한 금액을 보통예금 계좌에서 지급하였다. (3점)

[4] 8월 31일 제품의 제조공장에서 사용할 기계장치(공정가치 5,500,000원)를 대주주로부터 무상으로 받았다. (3점)

[5] 9월 11일 단기매매차익을 목적으로 주권상장법인인 (주)대호전자의 주식 2,000주를 1주당 2,000원(1주당 액면금액 1,000원)에 취득하고, 증권거래수수료 10,000원을 포함한 대금을 모두 보통예금 계좌에서 지급하였다. (3점)

[6] 9월 13일 (주)다원의 외상매출금 4,000,000원 중 1,000,000원은 현금으로 받고, 나머지 잔액은 (주)다원이 발행한 약속어음으로 받았다. (3점)

문제 3 다음 거래 자료를 [매입매출전표입력] 메뉴에 입력하시오. (18점)

입력 시 유의사항

- 일반적인 적요의 입력은 생략하지만, 타계정 대체거래는 적요번호를 선택하여 입력한다.
- 채권·채무 관련 거래는 별도의 요구가 없는 한 반드시 기등록된 거래처코드를 선택하는 방법으로 거래처명을 입력한다.
- 제조경비는 500번대 계정코드를, 판매비와관리비는 800번대 계정코드를 사용한다.
- 회계처리 시 계정과목은 별도의 제시가 없는 한 등록된 계정과목 중 가장 적절한 과목으로 한다.
- 입력화면 하단의 분개까지 처리하고, 전자세금계산서 및 전자계산서는 전자입력으로 반영한다.

[1] 7월 13일 (주)남양가방에 제품을 판매하고, 대금은 신용카드(비씨카드)로 결제받았다(단, 신용카드 판매액은 매출채권으로 처리할 것). (3점)

신용카드 매출전표

결제정보

카드종류	비씨카드	카드번호	1234-5050-4646-8525
거래종류	신용구매	거래일시	2025-07-13
할부개월	0	승인번호	98465213

구매정보

주문번호	511-B	과세금액	5,000,000원
구매자명	(주)남양가방	비과세금액	0원
상품명	크로스백	부가세	500,000원
		합계금액	5,500,000원

이용상점정보

판매자상호	(주)남양가방
판매자 사업자등록번호	105-81-23608
판매자 주소	서울특별시 동작구 여의대방로 28

[2] 9월 5일 특별주문제작하여 매입한 기계장치가 완성되어 특수운송전문업체인 쾌속운송을 통해 기계장치를 인도받았다. 운송비 550,000원(부가가치세 포함)을 보통예금 계좌에서 이체하여 지급하고 쾌속운송으로부터 전자세금계산서를 수취하였다. (3점)

[3] 9월 6일 정도정밀로부터 제품임가공계약에 따른 제품을 납품받고 전자세금계산서를 수취하였다. 제품임가공비용은 10,000,000원(부가가치세 별도)이며, 전액 보통예금 계좌에서 이체하여 지급하였다(단, 제품임가공비용은 외주가공비 계정으로 처리할 것). (3점)

[4] 9월 25일   제조공장 인근 육군부대에 3D프린터기를 외상으로 구입하여 기증하였고, 아래와 같은 전자세금계산서를 발급받았다. (3점)

전자세금계산서					승인번호		20250925-15454645-58811889		
공급자	등록번호	220-81-55976	종사업장 번호		공급받는자	등록번호	128-81-32658	종사업장 번호	
	상호(법인명)	(주)목포전자	성 명	정찬호		상호(법인명)	고성상사(주)	성 명	현정민
	사업장 주소	서울특별시 서초구 명달로 101				사업장 주소	서울시 중구 창경궁로5다길 13-4		
	업 태	도소매	종 목	전자제품		업 태	제조, 도소매	종 목	가방 등
	이메일					이메일			
작성일자		공급가액		세 액		수정사유		비 고	
2025-09-25		3,500,000원		350,000원		해당 없음			
월	일	품 목	규 격	수 량	단 가	공급가액	세 액	비 고	
09	25	3D 프린터		1	3,500,000원	3,500,000원	350,000원		
합계금액		현 금		수 표		어 음		외상미수금	위 금액을 **청구**함
3,850,000원								3,850,000원	

[5] 10월 6일   본사 영업부에서 사용할 복합기를 구입하고, 대금은 하나카드로 결제하였다. (3점)

```
매출전표
단말기번호  A-1000                          전표번호  56421454
─────────────────────────────────────────
회원번호(CARD NO)
3152-3155-****-****
─────────────────────────────────────────
카드종류        유효기간         거래일자
하나카드        12/25            2025.10.06.
─────────────────────────────────────────
거래유형        취소시 원 거래일자
신용구매
─────────────────────────────────────────
결제방법    │ 판 매 금 액         1,500,000원
일시불      │ 부 가 가 치 세        150,000원
매입처      │ 봉   사   료
매입사제출  │ 합 계 (TOTAL)       1,650,000원
─────────────────────────────────────────
전표매입사      승인번호(APPROVAL NO)
하나카드        35745842
─────────────────────────────────────────
가맹점명        가맹점번호
(주)ok사무      5864112
대표자명        사업자번호
김사무          204-81-76697
주소
경기도 화성시 동탄대로 537, 101호
                        서명(SIGNATURE)  고성상재(주)
```

[6] 12월 1일 (주)국민가죽으로부터 고급핸드백 가방 제품의 원재료인 양가죽을 매입하고, 아래의 전자세금계산서를 수취하였다. 부가가치세는 현금으로 지급하였으며, 나머지는 외상거래이다. (3점)

전자세금계산서						승인번호	20251201-15454645-58811886		
공급자	등록번호	204-81-35774	종사업장번호		공급받는자	등록번호	128-81-32658	종사업장번호	
	상호(법인명)	(주)국민가죽	성 명	김국민		상호(법인명)	고성상사(주)	성 명	현정민
	사업장주소	경기도 안산시 단원구 석수로 555				사업장주소	서울시 중구 창경궁로5다길 13-4		
	업 태	도소매	종 목	가죽		업 태	제조, 도소매	종 목	가방 등
	이메일					이메일			
작성일자	공급가액		세 액		수정사유		비 고		
2025-12-01	2,500,000원		250,000원		해당 없음				

월	일	품 목	규 격	수 량	단 가	공급가액	세 액	비 고
12	01	양가죽			2,500,000원	2,500,000원	250,000원	

합계금액	현 금	수 표	어 음	외상미수금	위 금액을 **청구**함
2,750,000원	250,000원			2,500,000원	

문제 4 [일반전표입력] 및 [매입매출전표입력] 메뉴에 입력된 내용 중 다음과 같은 오류가 발견되었다. 입력된 내용을 확인하여 정정하시오. (6점)

[1] 7월 22일 제일자동차로부터 영업부의 업무용승용차(공급가액 15,000,000원, 부가가치세 별도)를 구입하여 대금은 전액 보통예금 계좌에서 지급하고 전자세금계산서를 받았다. 해당 업무용승용차의 배기량은 1,990cc이나 회계담당자는 990cc로 판단하여 부가가치세를 공제받는 것으로 회계처리 하였다. (3점)

[2] 9월 15일 매출거래처 (주)댕댕오디오의 파산선고로 인하여 외상매출금 3,000,000원을 회수불능으로 판단하고 전액 대손상각비로 대손처리하였으나, 9월 15일 파산선고 당시 외상매출금에 관한 대손충당금 잔액 1,500,000원이 남아있던 것으로 확인되었다. (3점)

108회 실무시험

문제 5 결산정리사항은 다음과 같다. 관련 메뉴를 이용하여 결산을 완료하시오. (9점)

[1] 2025년 9월 16일에 지급된 2,550,000원은 그 원인을 알 수 없어 가지급금으로 처리하였던바, 결산일인 12월 31일에 2,500,000원은 하나무역의 외상매입금을 상환한 것으로 확인되었으며 나머지 금액은 그 원인을 알 수 없어 당기 비용(영업외비용)으로 처리하기로 하였다. (3점)

[2] 결산일 현재 필립전자에 대한 외화 단기대여금($30,000)의 잔액은 60,000,000원이다. 결산일 현재 기준환율은 $1당 2,200원이다(단, 외화 단기대여금도 단기대여금 계정과목을 사용할 것). (3점)

[3] 대손충당금은 결산일 현재 미수금(기타 채권은 제외)에 대하여만 1%를 설정한다. 보충법에 의하여 대손충당금 설정 회계처리를 하시오(단, 대손충당금 설정에 필요한 정보는 관련 데이터를 조회하여 사용할 것). (3점)

문제 6 다음 사항을 조회하여 답안을 이론문제 답안작성 메뉴에 입력하시오. (9점)

[1] 당해연도 제1기 부가가치세 예정신고기간(1월 ~ 3월) 중 카드과세매출의 공급대가 합계액은 얼마인가? (3점)

[2] 2025년 6월의 영업외비용 총지출액은 얼마인가? (3점)

[3] 2025년 제1기 부가가치세 확정신고기간의 공제받지못할매입세액은 얼마인가? (3점)

Perfect
전산회계 1급
www.bobook.co.kr

PART 02

집중심화연습 해답

최신
기출문제

01 집중심화연습 해답

회사등록

[1] 회사등록 [회사코드 : 3100.(주)남동산업]
① 사업자등록번호 : 120-81-60168로 되어 있는 것을 229-81-28156으로 수정 입력
② 개업연월일 : 2006년 2월 1일로 되어 있는 것을 2007년 2월 1일로 수정 입력
③ 사업장관할세무서 : 반포세무서로 되어 있는 것을 서초세무서로 수정 입력

[2] 회사등록 [회사코드 : 3200.(주)성남]
① 대표자명 : 김홍도를 김은종으로 수정 입력
② 대표자주민번호 : 660707-1136090을 681028-1251582로 수정 입력
③ 사업장(본점)주소 : 경기도 안산시 단원구 광덕서로 100으로 수정 입력
④ 사업장(본점)동코드 : 용산동3가(1117012600)을 고잔동(4127310100)으로 수정 입력
⑤ 사업장(본점)관할세무서 : 106.용산에서 134.안산으로 수정 입력
⑥ 지방소득세납세지 : 용산구에서 안산시단원구로 수정 입력

[3] 회사등록 [회사코드 : 3300.(주)서울스포츠]
① 대표자명 : 최수지를 최지원으로 수정 입력
② 대표자주민번호 : 680211-2011116을 700326-2236510으로 수정 입력
③ 법인구분 : 외국법인을 내국법인으로 수정 입력
④ 법인종류별구분 : 일반법인을 중소기업으로 수정 입력
⑤ 중소기업여부 : 부를 여로 수정 입력

환경등록

[1] 회사등록 및 환경등록 [회사코드 : 3400.(주)세원]
(1) 회사등록의 업태/종목 : 도매/의류로 되어 있는 것을 제조/의류으로 수정 입력
(2) 회사등록의 주업종코드 : 513130로 되어 있는 것을 181109로 수정 입력
(3) 환경등록의 분개유형 설정
   ① 매출 "0401.상품매출"을 "0404.제품매출"로 수정 입력
   ② 매입 "0146.상품"을 "0153.원재료"로 수정 입력

거래처등록

[1] 거래처등록 [회사코드 : 3100.(주)남동산업]
일반거래처 TAB : 코드 200번에 신규거래처 추가 입력

No	코드	거래처명	등록번호	유형
1	00200	세무사김영중사무소	110-81-61865	동시

1. 사업자등록번호 : 110-81-61865
2. 주민 등록 번호 : ------
3. 대표자성명 : 김영중
4. 업종 : 업태 서비스 / 종목 세무사
5. 주소 : 서울특별시 광진구 동일로 144
주민 기재 분 : 부 0:부 1:여

[2] 거래처등록 [회사코드 : 3200.(주)성남]
일반거래처 TAB : 코드 1000번에 신규거래처 추가 입력하고 '주민기재분(1:여)' 선택

No	코드	거래처명	등록번호	유형
1	01000	이새롬	780101-2123453	동시

1. 사업자등록번호 : ----
2. 주민 등록 번호 : 780101-2123453
3. 대표자성명 : 이새롬
주민 기재 분 : 여 0:부 1:여

[3] 거래처등록 [회사코드 : 3400.(주)세원]
신용카드 TAB : 신규거래처 추가 입력

① 매출카드

No	코드	거래처명	가맹점(카드)번호	유형
1	99611	현대카드	24002580	매출

1. 사업자등록번호 : ----
2. 가맹점 번호 : 24002580   직불, 기명식 선불전자지급수단 부

② 매입카드

No	코드	거래처명	가맹점(카드)번호	유형
1	99612	삼성카드	4500-1101-0052-6668	매입

1. 사업자등록번호 : ----
2. 가맹점 번호 :
3. 카드번호(매입) : 4500-1101-0052-6668
4. 카드종류(매입) : 3 3.사업용카드

No	코드	거래처명	가맹점(카드)번호	유형
1	99613	외환카드	9404-1004-4352-5200	매입

1. 사업자등록번호 : ----
2. 가맹점 번호 :
3. 카드번호(매입) : 9404-1004-4352-5200
4. 카드종류(매입) : 1 1.일반카드

계정과목및적요등록

[1] 계정과목 및 적요등록 [회사코드 : 3100.(주)남동산업]
계정과목및적요등록 메뉴에서 "0217.사용자설정계정과목"을 계정코드(명)에서 "정부보조금"으로 바꾸고, 성격을 "4.차감", 관계코드(명)에서 "0206.기계장치"로 선택한다.

계정체계		코드/계정과목		성격	관계
당좌자산 :	0101-0145	0216	감 가 상 각 누 계 액	4.차 감	0215
재고자산 :	0146-0175	0217	정 부 보 조 금	4.차 감	0206
투자자산 :	0176-0194		무 형 자 산		
유형자산 :	0195-0217	0218	영 업 권	1.일 반	
무형자산 :	0218-0230	0219	특 허 권	1.일 반	
기타비유동자산 :	0231-0250	0220	상 표 권	1.일 반	
유동부채 :	0251-0290	0221	실 용 신 안 권	1.일 반	

계정코드(명) : 0217 정부보조금
성격 : 4.차 감
관계코드(명) : 0206 기계장치
영문명 : User setup accounts
과목코드 : 0217 사용자설정계정과목
계정사용여부 : 1 (1:여/2:부)
계정수정구분 : 계정과목명, 성격 입력/수정 가능
표준재무제표 : 149 11.기타유형자산

[2] 계정과목 및 적요등록 [회사코드 : 3200.(주)성남]

계정체계에서 '투자자산'을 선택한 후 '0181.만기보유증권' 대체적요 7번 "국공채 매각으로 인한 당좌예금 입금" 입력

계정체계	코드/계정과목	성격	관계	적요NO	대체적요
당좌자산 : 0101-0145	0179 장기대여금	9.대여금		1	주식매입
재고자산 : 0146-0175	0180 대손충당금	4.차감	0179	2	국공채 매입
투자자산 : 0176-0194	**0181 만기보유증권**	**5.유가증권**		3	일반 사채 매입
유형자산 : 0195-0217	0182 지분법적용투자주식	3.일반		4	기타유가증권 매입
무형자산 : 0218-0230	0183 투자부동산	3.일반		5	유가증권 상환
기타비유동자산 : 0231-0250	0184 단체퇴직보험예치금	3.일반		6	유가증권 매각
유동부채 : 0251-0290	0185 투자일임계약자산	3.일반		7	국공채 매각으로 인한 당좌예금 입금
	0186 퇴직연금운용자산	3.일반	0329		

[3] 계정과목 및 적요등록 [회사코드 : 3300.(주)서울스포츠]

계정코드란에서 '853'을 입력하여 이동 후 우측의 계정코드(명)란의 '사용자설정계정과목'에 '차량리스료'을 덧씌워 입력하고, 성격(3.경비)을 선택한다.

계정체계	코드/계정과목	성격	관계	계정코드(명)	0853 차량리스료
당좌자산 : 0101-0145	0852 퇴직급여충당부채환입	2.인건비(퇴직)		성격	3.경비
재고자산 : 0146-0175	**0853 차량리스료**	**3.경비**		관계코드(명)	

전기분 재무제표

[1] 전기분원가명세서 [회사코드 : 3100.(주)남동산업]

① 복리후생비 7,600,000원 → 7,000,000원, 소모품비 1,200,000원 → 1,800,000원으로 수정 입력
② 계정과목 간 금액의 차이가 600,000원으로 동일하여 당기제품제조원가의 차이가 없음

[수정전]

코드	계정과목	금액
0501	원재료비	227,000,000
0504	임금	6,000,000
0505	상여금	1,250,000
0511	복리후생비	7,600,000
0512	여비교통비	150,000
0515	가스수도료	695,000
0518	감가상각비	1,320,000
0520	수선비	460,000
0521	보험료	700,000
0522	차량유지비	215,000
0530	소모품비	1,200,000

[수정후]

코드	계정과목	금액
0501	원재료비	227,000,000
0504	임금	6,000,000
0505	상여금	1,250,000
0511	복리후생비	7,000,000
0512	여비교통비	150,000
0515	가스수도료	695,000
0518	감가상각비	1,320,000
0520	수선비	460,000
0521	보험료	700,000
0522	차량유지비	215,000
0530	소모품비	1,800,000

[2] 전기재무제표 [회사코드 : 3200.(주)성남]

① 전기분손익계산서 : 상여금 4,300,000원을 3,400,000원으로 수정 입력, 당기순이익 13,600,000원 확인

[수정전]

코드	계정과목	금액
0404	제품매출	240,000,000
0455	제품매출원가	118,000,000
0801	급여	77,000,000
0803	상여금	4,300,000
0811	복리후생비	8,900,000
0814	통신비	3,000,000
0815	수도광열비	2,000,000
0817	세금과공과	1,500,000
0818	감가상각비	1,500,000
0819	임차료	4,000,000
0820	수선비	700,000
0822	차량유지비	500,000
0824	운반비	1,000,000
0826	도서인쇄비	900,000
0831	수수료비용	1,000,000
0848	잡비	500,000
0901	이자수익	500,000
0951	이자비용	2,000,000
0980	잡손실	1,000,000

[수정후]

코드	계정과목	금액
0404	제품매출	240,000,000
0455	제품매출원가	118,000,000
0801	급여	77,000,000
0803	상여금	3,400,000
0811	복리후생비	8,900,000
0814	통신비	3,000,000
0815	수도광열비	2,000,000
0817	세금과공과	1,500,000
0818	감가상각비	1,500,000
0819	임차료	4,000,000
0820	수선비	700,000
0822	차량유지비	500,000
0824	운반비	1,000,000
0826	도서인쇄비	900,000
0831	수수료비용	1,000,000
0848	잡비	500,000
0901	이자수익	500,000
0951	이자비용	2,000,000
0980	잡손실	1,000,000

② 전기분잉여금처분계산서 : 당기순이익 12,700,000원을 13,600,000원으로 상단 [F6(불러오기)]하여 반영, 미처분이익잉여금 28,600,000원 확인

[수정전]

I.미처분이익잉여금				27,700,000
1.전기이월미처분이익잉여금			15,000,000	
2.회계변경의 누적효과	0369	회계변경의누적효과		
3.전기오류수정이익	0370	전기오류수정이익		
4.전기오류수정손실	0371	전기오류수정손실		
5.중간배당금	0372	중간배당금		
6.당기순이익			12,700,000	

[수정후]

I.미처분이익잉여금				28,600,000
1.전기이월미처분이익잉여금			15,000,000	
2.회계변경의 누적효과	0369	회계변경의누적효과		
3.전기오류수정이익	0370	전기오류수정이익		
4.전기오류수정손실	0371	전기오류수정손실		
5.중간배당금	0372	중간배당금		
6.당기순이익			13,600,000	

③ 전기분재무상태표 : 이월이익잉여금 27,700,000원을 28,600,000원으로 수정 입력(대차차액 0원인 것을 확인)

[수정전]

부채 및 자본

코드	계정과목	금액
0251	외상매입금	90,000,000
0252	지급어음	10,000,000
0253	미지급금	52,820,000
0254	예수금	169,957
0255	부가세예수금	1,588,000
0259	선수금	5,000,000
0263	선수수익	1,820,000
0293	장기차입금	220,000,000
0295	퇴직급여충당부채	50,000,000
0331	자본금	508,540,000
0375	이월이익잉여금	27,700,000
0383	자기주식	1,240,000

[수정후]

부채 및 자본

코드	계정과목	금액
0251	외상매입금	90,000,000
0252	지급어음	10,000,000
0253	미지급금	52,820,000
0254	예수금	169,957
0255	부가세예수금	1,588,000
0259	선수금	5,000,000
0263	선수수익	1,820,000
0293	장기차입금	220,000,000
0295	퇴직급여충당부채	50,000,000
0331	자본금	508,540,000
0375	이월이익잉여금	28,600,000
0383	자기주식	1,240,000

[3] 전기재무제표 [회사코드 : 3300.(주)서울스포츠]

(1) 전기분제조원가명세서

① 501.원재료비 : 기초원재료재고액 0 → 1,500,000원 수정 입력

[수정전]

원재료

기 초 원 재 료 재 고 액		
당 기 원 재 료 매 입 액	+	23,000,000
매 입 환 출 및 에 누 리	-	
매 입 할 인	-	
타 계 정 에 서 대 체 액	+	
타 계 정 으 로 대 체 액	-	
원 재 료 평 가 손 실	+	
원 재 료 평 가 환 입	-	
기 말 원 재 료 재 고 액	-	2,000,000
원 재 료 비	=	21,000,000

확인(Tab)

[수정후]

원재료

기 초 원 재 료 재 고 액		1,500,000
당 기 원 재 료 매 입 액	+	23,000,000
매 입 환 출 및 에 누 리	-	
매 입 할 인	-	
타 계 정 에 서 대 체 액	+	
타 계 정 으 로 대 체 액	-	
원 재 료 평 가 손 실	+	
원 재 료 평 가 환 입	-	
기 말 원 재 료 재 고 액	-	2,000,000
원 재 료 비	=	22,500,000

확인(Tab)

② 우측 계정별합계 : 기초재공품재고액 2,000,000원 → 3,500,000원 수정 입력

[수정전]

1.원재료비	22,500,000
2.부재료비	
3.노무비	5,000,000
4.경비	5,630,000
5.당기총제조비용	33,130,000
6.기초재공품재고액	2,000,000
7.타계정에서대체액	
8.합 계	35,130,000
9.기말재공품재고액	2,700,000
10.타계정으로대체액	200,000
11.당기제품제조원가	32,230,000

[수정후]

1.원재료비	22,500,000
2.부재료비	
3.노무비	5,000,000
4.경비	5,630,000
5.당기총제조비용	33,130,000
6.기초재공품재고액	3,500,000
7.타계정에서대체액	
8.합 계	36,630,000
9.기말재공품재고액	2,700,000
10.타계정으로대체액	200,000
11.당기제품제조원가	33,730,000

③ 당기제품제조원가 32,230,000원 → 33,730,000원 변경금액 확인

(2) 전기분손익계산서 : 455.제품매출원가 : 기초제품재고액 5,000,000원 → 6,500,000원 수정 입력

당기제품제조원가 30,730,000원 → 33,730,000원 수정 입력

당기순이익 86,625,000원 수정금액 확인

[수정전]

매출원가		
기 초 제 품 재 고 액		5,000,000
당 기 제 품 제 조 원 가	+	30,730,000
매 입 환 출 및 에 누 리	-	
매 입 할 인	-	
타 계 정 에 서 대 체 액	+	
타 계 정 으 로 대 체 액	-	
관 세 환 급 금	-	
제 품 평 가 손 실	+	
제 품 평 가 손 실 환 입	-	
기 말 제 품 재 고 액	-	12,000,000
매 출 원 가	=	23,730,000

[수정후]

매출원가		
기 초 제 품 재 고 액		6,500,000
당 기 제 품 제 조 원 가	+	33,730,000
매 입 환 출 및 에 누 리	-	
매 입 할 인	-	
타 계 정 에 서 대 체 액	+	
타 계 정 으 로 대 체 액	-	
관 세 환 급 금	-	
제 품 평 가 손 실	+	
제 품 평 가 손 실 환 입	-	
기 말 제 품 재 고 액	-	12,000,000
매 출 원 가	=	28,230,000

(3) 전기분잉여금처분계산서 : 당기순이익 91,125,000원을 86,625,000원으로 상단 [F6(불러오기)]하여 반영,

미처분이익잉여금 129,725,000원 확인

[수정전]

I.미처분이익잉여금				134,225,000
1.전기이월미처분이익잉여금			43,100,000	
2.회계변경의 누적효과	0369	회계변경의누적효과		
3.전기오류수정이익	0370	전기오류수정이익		
4.전기오류수정손실	0371	전기오류수정손실		
5.중간배당금	0372	중간배당금		
6.당기순이익			91,125,000	

[수정후]

I.미처분이익잉여금				129,725,000
1.전기이월미처분이익잉여금			43,100,000	
2.회계변경의 누적효과	0369	회계변경의누적효과		
3.전기오류수정이익	0370	전기오류수정이익		
4.전기오류수정손실	0371	전기오류수정손실		
5.중간배당금	0372	중간배당금		
6.당기순이익			86,625,000	

(4) 전기분재무상태표 : 이월이익잉여금 134,225,000원 → 129,725,000원 수정 입력(대차차액 0원인 것을 확인)

[수정전]

____	부채 및 자본	
코드	계정과목	금액
0251	외상매입금	44,194,000
0252	지급어음	67,380,000
0253	미지급금	19,900,000
0254	예수금	670,000
0255	부가세예수금	1,588,000
0259	선수금	37,020,000
0263	선수수익	1,820,000
0295	퇴직급여충당부채	64,000,000
0331	자본금	224,798,000
0356	사업확장적립금	3,000,000
0375	이월이익잉여금	134,225,000

[수정후]

____	부채 및 자본	
코드	계정과목	금액
0251	외상매입금	44,194,000
0252	지급어음	67,380,000
0253	미지급금	19,900,000
0254	예수금	670,000
0255	부가세예수금	1,588,000
0259	선수금	37,020,000
0263	선수수익	1,820,000
0295	퇴직급여충당부채	64,000,000
0331	자본금	224,798,000
0356	사업확장적립금	3,000,000
0375	이월이익잉여금	129,725,000

[4] 전기분잉여금처분계산서 [회사코드 : 3400.(주)세원]

① Ⅱ. 임의적립금 등의 이입액 : 계정과목 코드에서 356.사업확장적립금 입력 후 금액 3,000,000원 입력

② Ⅲ. 이익잉여금처분액 : 351.이익준비금 2,000,000원 입력(= 현금배당 × 10%)

                265.미지급배당금 20,000,000원 입력

                387.미교부주식배당금 10,000,000원 입력

처분확정일자 2025년 2월 25일

과목	계정과목명		제 10(전)기 2024년01월01일~2024년12월31일	
	코드	계정과목	입력금액	합계
Ⅰ.미처분이익잉여금				129,725,000
1.전기이월미처분이익잉여금			43,100,000	
2.회계변경의 누적효과	0369	회계변경의누적효과		
3.전기오류수정이익	0370	전기오류수정이익		
4.전기오류수정손실	0371	전기오류수정손실		
5.중간배당금	0372	중간배당금		
6.당기순이익			86,625,000	
Ⅱ.임의적립금 등의 이입액				3,000,000
1.사업확장적립금	0356	사업확장적립금	3,000,000	
2.				
합계(Ⅰ + Ⅱ)				132,725,000
Ⅲ.이익잉여금처분액				32,000,000
1.이익준비금	0351	이익준비금	2,000,000	
2.재무구조개선적립금	0354	재무구조개선적립금		
3.주식할인발행차금상각액	0381	주식할인발행차금		
4.배당금			30,000,000	
가. 현금배당	0265	미지급배당금	20,000,000	
주당배당금(률)		보통주(원/%)		
		우선주(원/%)		
나. 주식배당	0387	미교부주식배당금	10,000,000	
주당배당금(률)		보통주(원/%)		
		우선주(원/%)		
5.사업확장적립금	0356	사업확장적립금		
6.감채적립금	0357	감채적립금		
7.배당평균적립금	0358	배당평균적립금		
8.기 업 합 리화 적립금	0352	기업합리화적립금		
Ⅳ.차기이월미처분이익잉여금				100,725,000

[5] 거래처별초기이월 [회사코드 : 3200.(주)성남]

① 외상매출금 : (주)스마일전자 15,400,000원을 (주)대한모터스 14,600,000원으로 수정 입력

             (주)용인 14,600,000원을 (주)온마트 15,400,000원으로 수정 입력

[수정전]

코드	거래처	금액
00106	(주)스마일전자	15,400,000
00112	(주)용인	14,600,000

[수정후]

코드	거래처	금액
00113	(주)대한모터스	14,600,000
00121	(주)온마트	15,400,000

② 외상매입금 : (주)하하통신 50,000,000원을 (주)대서유통 44,000,000원으로 수정 입력
(주)민국 6,000,000원을 (주)와동 40,000,000원으로 수정 입력
(주)울산 34,000,000원을 뉴젠통신 6,000,000원으로 수정 입력

[수정전]

코드	거래처	금액
00105	(주)하하통신	50,000,000
00115	(주)민국	6,000,000
00142	(주)울산	34,000,000

[수정후]

코드	거래처	금액
00140	(주)대서유통	44,000,000
00117	(주)와동	40,000,000
00114	뉴젠통신	6,000,000

[6] 거래처별초기이월 [회사코드 : 3300.(주)서울스포츠]

미지급금 : (주)날씬닷컴 4,000,000원을 12,910,000원으로 수정 입력
대박용달 9,900,000원을 990,000원으로 수정 입력

[수정전]

코드	거래처	금액
00655	화영상사	1,000,000
00664	(주)날씬닷컴	4,000,000
01005	대박용달	9,900,000
01008	(주)헬싱	5,000,000

[수정후]

코드	거래처	금액
00655	화영상사	1,000,000
00664	(주)날씬닷컴	12,910,000
01005	대박용달	990,000
01008	(주)헬싱	5,000,000

[7] 기초정보관리 및 전기분재무제표 [회사코드 : 3400.(주)세원]

① 거래처등록 : [금융기관 TAB], 코드 98500.복지은행, 유형 : 기타 추가 입력
② 전기분재무상태표 : 장기차입금 30,000,000원 추가 입력(대차차액 0원인 것을 확인)
③ 거래처별초기이월 : 코드도움(F2)으로 장기차입금 계정과목 추가 후 복지은행, 30,000,000원을 입력

[8] 전기재무제표 [회사코드 : 3100.(주)남동산업]

① 전기분재무상태표 : 원재료 5,500,000원 → 9,000,000원으로 수정 입력

[수정전]

	자산	
코드	계정과목	금액
0150	제품	20,000,000
0153	원재료	5,500,000
0169	재공품	1,350,000

[수정후]

	자산	
코드	계정과목	금액
0150	제품	20,000,000
0153	원재료	9,000,000
0169	재공품	1,350,000

② 전기분원가명세서 : 501.원재료비의 기말원재료 9,000,000원으로 수정 입력되면서 전기분원가명세서 당기제
품제조원가 248,470,000원 → 244,970,000원으로 수정됨

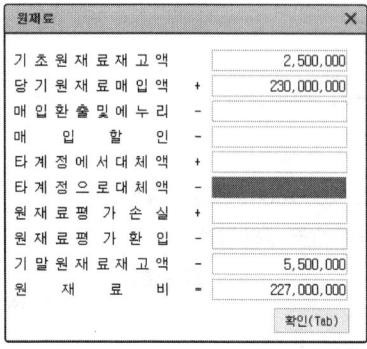

③ 전기분손익계산서 : 455.제품매출원가의 당기제품제조원가 248,470,000원 → 244,970,000원으로 수정 입력
하면 당기순이익 25,371,900원에서 28,871,900원으로 수정됨

[수정전]

매출원가		
기 초 제 품 재 고 액		41,038,000
당 기 제 품 제 조 원 가	+	248,470,000
매 입 환 출 및 에 누 리	−	
매 입 할 인	−	
타 계 정 에 서 대 체 액	+	
타 계 정 으 로 대 체 액	−	
관 세 환 급 금	−	
제 품 평 가 손 실	+	
제 품 평 가 손 실 환 입	−	
기 말 제 품 재 고 액	−	20,000,000
매 출 원 가	=	269,508,000

확인(Tab)

[수정후]

매출원가		
기 초 제 품 재 고 액		41,038,000
당 기 제 품 제 조 원 가	+	244,970,000
매 입 환 출 및 에 누 리	−	
매 입 할 인	−	
타 계 정 에 서 대 체 액	+	
타 계 정 으 로 대 체 액	−	
관 세 환 급 금	−	
제 품 평 가 손 실	+	
제 품 평 가 손 실 환 입	−	
기 말 제 품 재 고 액	−	20,000,000
매 출 원 가	=	266,008,000

확인(Tab)

④ 전기분잉여금처분계산서 : 당기순이익 25,371,900원 → 28,871,900원으로 상단 [F6(불러오기)]하여 반영,
미처분이익잉여금 65,219,900원에서 68,719,900원으로 수정됨

[수정전]

I.미처분이익잉여금			65,219,900
1. 전기이월미처분이익잉여금			39,848,000
2. 회계변경의 누적효과	0369	회계변경의누적효과	
3. 전기오류수정이익	0370	전기오류수정이익	
4. 전기오류수정손실	0371	전기오류수정손실	
5. 중간배당금	0372	중간배당금	
6. 당기순이익			25,371,900

[수정후]

I.미처분이익잉여금			68,719,900
1. 전기이월미처분이익잉여금			39,848,000
2. 회계변경의 누적효과	0369	회계변경의누적효과	
3. 전기오류수정이익	0370	전기오류수정이익	
4. 전기오류수정손실	0371	전기오류수정손실	
5. 중간배당금	0372	중간배당금	
6. 당기순이익			28,871,900

⑤ 전기분재무상태표 : 이월이익잉여금 65,219,900원 → 68,719,900원으로 수정 입력(대차차액 0원인 것을 확인)

[수정전]

부채 및 자본		
코드	계정과목	금액
0251	외상매입금	56,250,000
0252	지급어음	61,450,000
0253	미지급금	50,753,000
0254	예수금	269,500
0255	부가세예수금	2,580,000
0259	선수금	36,720,000
0263	선수수익	2,500,000
0293	장기차입금	80,500,000
0331	자본금	500,000,000
0375	이월이익잉여금	65,219,900

[수정후]

부채 및 자본		
코드	계정과목	금액
0251	외상매입금	56,250,000
0252	지급어음	61,450,000
0253	미지급금	50,753,000
0254	예수금	269,500
0255	부가세예수금	2,580,000
0259	선수금	36,720,000
0263	선수수익	2,500,000
0293	장기차입금	80,500,000
0331	자본금	500,000,000
0375	이월이익잉여금	68,719,900

일반전표입력

[1] 일반전표입력 [회사코드 : 3100.(주)남동산업]

NO	월	일	구분	계정과목	거래처	차변	대변
❶	8	5	차변	투자부동산		7,150,000	
			대변	당좌예금			6,000,000
			대변	미지급금	김해남		1,000,000
			대변	현　금			150,000

■ 투자목적 토지는 투자부동산으로 회계처리하고 취득세는 자산의 취득원가에 가산한다.

NO	월	일	구분	계정과목	거래처	차변	대변
❷	8	14	차변	외상매입금	대성기업	3,800,000	
			대변	외상매출금	대성기업		2,700,000
			대변	당좌예금			1,100,000

NO	월	일	구분	계정과목	거래처	차변	대변
❸	8	26	차변	보통예금		3,900,000	
			대변	외상매출금	다우상사		3,600,000
			대변	외환차익			300,000

■ 외환차익 = (U$3,000 × 1,300원) − 3,600,000원 = 300,000원

NO	월	일	구분	계정과목	거래처	차변	대변
❹	9	19	차변	외상매입금	선경(주)	32,500,000	
			대변	당좌예금			30,000,000
			대변	채무면제이익			2,500,000

NO	월	일	구분	계정과목	거래처	차변	대변
❺	9	26	차변	퇴직급여(제)		9,000,000	
			대변	예 수 금			230,000
			대변	보통예금	국민은행		8,770,000

■ 퇴직금 지급 시 퇴직급여충당부채와 우선 상계하여야 하나 잔액이 없으므로 당기비용(퇴직급여) 처리한다.
■ 예금과 관련된 은행이 지문에 표시된 경우 반드시 거래처에 은행을 입력한다.

NO	월	일	구분	계정과목	거래처	차변	대변
❻	9	30	차변	부가세예수금		37,494,500	
			대변	부가세대급금			20,248,400
			대변	미지급세금			17,246,100

■ 부가세예수금 > 부가세대급금 : 납부세액(미지급세금)
■ 부가세예수금 < 부가세대급금 : 환급세액(미수금)

NO	월	일	구분	계정과목	거래처	차변	대변
❼	10	5	차변	퇴직연금운용자산	하나은행	500,000	
			대변	퇴직연금운용수익 (또는 이자수익)			500,000

- 퇴직연금운용손익은 원본에 전입되므로 이익은 영업외수익으로 손실은 영업외비용으로 처리한다. 퇴직연금운용수익 계정과목을 사용하며 별도의 계정을 설정하지 않은 경우에는 이자수익으로 처리할 수 있다.

NO	월	일	구분	계정과목	거래처	차변	대변
❽	10	12	차변	매도가능증권(178)		2,800,000	
			대변	보통예금			2,800,000

- 유가증권(단기매매증권 제외)의 취득 시 발생되는 부대비용은 취득원가에 가산한다.
  취득원가 = 매입가액 300주 × 9,000원 + 중개수수료 100,000원 = 2,800,000원

NO	월	일	구분	계정과목	거래처	차변	대변
❾	10	15	차변	현　금		5,800,000	
			대변	자본금			5,000,000
			대변	주식할인발행차금			300,000
			대변	주식발행초과금			500,000

- 주식발행비는 주식발행가액에서 차감한다.
  주식발행금액 = 1,000주 × 6,000원 − 200,000원 = 5,800,000원
- 주식할증발행 시 장부 상 주식할인발행차금을 우선 상계하고 잔액만 주식발행초과금으로 처리한다.

[2] 일반전표입력 [회사코드 : 3200.(주)성남]

NO	월	일	구분	계정과목	거래처	차변	대변
❶	7	4	차변	퇴직연금운용자산	기쁨은행	10,000,000	
			대변	보통예금			10,000,000

- 퇴직연금확정급여형 불입액 : 퇴직연금운용자산　　■ 퇴직연금확정기여형 불입액 : 퇴직급여

NO	월	일	구분	계정과목	거래처	차변	대변
❷	7	17	차변	부도어음과수표	(주)동화	5,000,000	
			대변	받을어음	(주)동화		5,000,000

NO	월	일	구분	계정과목	거래처	차변	대변
❸	7	23	차변	보험료(제)		3,000,000	
			대변	보통예금			3,000,000

NO	월	일	구분	계정과목	거래처	차변	대변
❹	8	7	차변	단기매매증권		160,000	
			차변	차량운반구		40,000	
			대변	현　금			200,000

- 유형자산의 취득원가 = 강제매입채권 매입액(액면금액) − 단기매매증권 취득원가(공정가치)
  40,000원 = 200,000원 − 160,000원

NO	월	일	구분	계정과목	거래처	차변	대변
❺	8	14	차변	여비교통비(판)		1,250,000	
			차변	현　금		250,000	
			대변	가지급금	우상일		1,500,000

NO	월	일	구분	계정과목	거래처	차변	대변
❻	8	30	출금	원재료		2,000,000	(현금)

- 재고자산 취득시 발생한 운송료는 취득원가에 가산한다.

NO	월	일	구분	계정과목	거래처	차변	대변
❼	8	31	차변	대손충당금(115)		3,000,000	
			차변	기타의대손상각비		2,000,000	
			대변	단기대여금	뉴젠통신		5,000,000

- [합계잔액시산표]를 조회하여 단기대여금 대손충당금 잔액(3,000,000원)을 확인하며 대손금은 대손충당금과 우선 상계 후 대손충당금 부족액은 기타의대손상각비(영업외비용)로 처리한다.

NO	월	일	구분	계정과목	거래처	차변	대변
❽	9	5	차변	건　물		160,000,000	
			대변	자본금			100,000,000
			대변	주식발행초과금			60,000,000

- 기업이 현물을 제공받고 주식을 발행한 경우에는 제공받은 현물의 공정가치를 주식의 발행금액으로 한다.
- 건물 취득원가 = 20,000주 × 8,000원(공정가액) = 160,000,000원
- 자본금 = 20,000주 × 5,000원(액면금액) = 100,000,000원

NO	월	일	구분	계정과목	거래처	차변	대변
❾	9	12	차변	보통예금		25,000,000	
			대변	자기주식			23,250,000
			대변	자기주식처분손실			1,500,000
			대변	자기주식처분이익			250,000

- 자기주식 처분금액이 장부금액보다 크다면 그 차액을 자기주식처분손실의 범위 내에서 상계처리하고, 미상계된 잔액이 있는 경우에는 자본잉여금의 자기주식처분이익으로 회계처리 한다.

[3] 일반전표입력 [회사코드 : 3300.(주)서울스포츠]

NO	월	일	구분	계정과목	거래처	차변	대변
❶	7	16	출금	건설중인자산		5,000,000	(현금)

- 차입금에 대한 이자는 당기비용처리가 원칙이나 금융비용을 자본화하는 경우는 취득원가에 가산한다. 다만 건설중이므로 "건설중인자산" 계정으로 회계처리 한다.

NO	월	일	구분	계정과목	거래처	차변	대변
❷	7	25	차변	미지급세금		7,416,100	
			차변	수수료비용(판)		35,000	
			대변	미지급금	비씨카드		7,451,100

■ 6월 30일 일반전표입력을 조회하여 미지급세금 7,416,100원을 확인한다.

NO	월	일	구분	계정과목	거래처	차변	대변
❸	8	19	차변	외상매입금	(주)이브	10,000,000	
			대변	받을어음	(주)진성상사		10,000,000

NO	월	일	구분	계정과목	거래처	차변	대변
❹	8	25	차변	퇴직급여충당부채		8,000,000	
			대변	퇴직연금운용자산			8,000,000

■ DB형 가입자의 퇴직금 지급시 퇴직급여충당부채가 있는 경우 우선 상계하며 잔액 부족시 당기 비용 처리한다.

NO	월	일	구분	계정과목	거래처	차변	대변
❺	9	3	차변	단기매매증권		1,500,000	
			차변	수수료비용(영업외비용)		5,000	
			대변	보통예금			1,505,000

■ 단기매매증권 취득과 관련한 부대비용은 영업외비용(수수료비용)으로 회계처리 한다.

NO	월	일	구분	계정과목	거래처	차변	대변
❻	9	14	차변	기계장치		10,000,000	
			차변	수선비(제)		500,000	
			대변	현 금			10,500,000

■ 자본적지출은 자산의 취득원가에 가산   ■ 수익적지출은 당기 비용처리

NO	월	일	구분	계정과목	거래처	차변	대변
❼	10	5	차변	단기차입금	박두절	55,000,000	
			대변	자 본 금			50,000,000
			대변	주식발행초과금			5,000,000

■ 단기차입금이 자본금인 액면금액보다 크다면 그 차액을 주식발행초과금으로 하여 자본잉여금으로 회계처리 한다.
■ 자본금 = 10,000주 × 5,000원(액면금액) = 50,000,000원

NO	월	일	구분	계정과목	거래처	차변	대변
❽	10	20	차변	보통예금		11,500,000	
			차변	자기주식처분이익		300,000	
			차변	자기주식처분손실		200,000	
			대변	자기주식			12,000,000

■ 자기주식 처분금액이 장부금액보다 작다면 그 차액을 자기주식처분이익의 범위 내에서 상계처리하고, 미상계된 잔액이 있는 경우에는 자본조정의 자기주식처분손실로 회계처리 한다.

[4] 일반전표입력 [회사코드 : 3400.(주)세원]

NO	월	일	구분	계정과목	거래처	차변	대변
❶	7	5	입금	대손충당금(109)		(현금)	450,000

■ 대손금 회수시 전·당기 대손금 구분하지 않고 대변에는 관련 대손충당금으로 회계처리 한다.

NO	월	일	구분	계정과목	거래처	차변	대변
❷	7	13	차변	미지급배당금		20,000,000	
			대변	보통예금			20,000,000

NO	월	일	구분	계정과목	거래처	차변	대변
❸	7	18	차변	보통예금		24,880,000	
			대변	자 본 금			10,000,000
			대변	주식발행초과금			14,880,000

■ 액면가액 < 발행가액 : 할증발행으로 차액은 "주식발행초과금"으로 처리한다.
■ 액면가액 > 발행가액 : 할인발행으로 차액은 "주식할인발행차금"으로 처리한다.

NO	월	일	구분	계정과목	거래처	차변	대변
❹	7	27	차변	선 급 금	(주)삼성개발	2,000,000	
			대변	당좌예금			2,000,000

NO	월	일	구분	계정과목	거래처	차변	대변
❺	8	10	차변	예 수 금		206,250	
			차변	복리후생비(제)		123,750	
			차변	복리후생비(판)		82,500	
			대변	현 금			412,500

■ 직원 부담분 건강보험료 : 예수금   ■ 회사 부담분 건강보험료 : 복리후생비

NO	월	일	구분	계정과목	거래처	차변	대변
❻	9	8	차변	미지급금	(주)헬싱	22,000,000	
			대변	당좌예금	대한은행		18,000,000
			대변	당좌차월	대한은행		4,000,000

■ 당좌차월 대신 단기차입금을 사용하여도 되며 1계정제를 사용하는 경우 당좌예금으로 처리한다.

NO	월	일	구분	계정과목	거래처	차변	대변
❼	10	26	차변	자 본 금		10,000,000	
			대변	현 금			5,000,000
			대변	감자차익			5,000,000

■ 주식을 감자하는 경우 자본금은 액면금액으로 감소시키고 차이 금액은 감자차손익으로 정리한다.

매입매출전표입력

[1] 매입매출전표입력 [회사코드 : 3100.(주)남동산업]

❶

NO	일자	유형	품목	공급가액	부가세	공급처명	전자	분개
	10/11	57.카과	회식	500,000	50,000	부활식당		카드
	신용카드사		국민카드					

구분	계정과목	거래처	차변	대변
대변	미지급금	국민카드		550,000
차변	부가세대급금	부활식당	50,000	
차변	복리후생비(판)	부활식당	500,000	

❷

NO	일자	유형	품목	공급가액	부가세	공급처명	전자	분개
	10/15	52.영세	원재료	22,000,000	0	대성기업	여	혼합

구분	계정과목	거래처	차변	대변
차변	원재료	대성기업	22,000,000	
대변	지급어음	대성기업		11,000,000
대변	보통예금	대성기업		11,000,000

❸

NO	일자	유형	품목	공급가액	부가세	공급처명	전자	분개
	10/17	53.면세	중고버스	8,000,000		(주)유진여객	여	혼합

구분	계정과목	거래처	차변	대변
차변	차량운반구	(주)유진여객	8,000,000	
대변	당좌예금	(주)유진여객		8,000,000

❹

NO	일자	유형	품목	공급가액	부가세	공급처명	전자	분개
	10/20	54.불공	경유	500,000	50,000	유공주유소		혼합
	불공제 사유		③ 개별소비세법 제1조제2항제3호에 따른 자동차 구입·유지 및 임차					

구분	계정과목	거래처	차변	대변
차변	차량유지비(판)	유공주유소	550,000	
대변	보통예금	유공주유소		550,000

❺

NO	일자	유형	품목	공급가액	부가세	공급처명	전자	분개
	11/16	51.과세	광고비	3,000,000	300,000	(주)한라종합상사	여	혼합

구분	계정과목	거래처	차변	대변
차변	부가세대급금	(주)한라종합상사	300,000	
차변	광고선전비(판)	(주)한라종합상사	3,000,000	
대변	미지급금	(주)한라종합상사		3,300,000

NO	일자	유형	품목	공급가액	부가세	공급처명	전자	분개
❻	11/30	51.과세	임차료외	2,400,000	240,000	(주)성호개발	여	혼합
	구분	계정과목		거래처	차변		대변	
	차변	부가세대급금		(주)성호개발	240,000			
	차변	임차료(제)		(주)성호개발	2,100,000			
	차변	전력비(제)		(주)성호개발	300,000			
	대변	당좌예금		(주)성호개발			2,640,000	

NO	일자	유형	품목	공급가액	부가세	공급처명	전자	분개
❼	12/12	17.카과	제품	1,500,000	150,000	(주)동대문		카드(혼합)
	신용카드사			신한카드				
	구분	계정과목		거래처	차변		대변	
	차변	외상매출금		신한카드	1,650,000			
	대변	부가세예수금		(주)동대문			150,000	
	대변	제품매출		(주)동대문			1,500,000	

[2] 매입매출전표입력 [회사코드 : 3200.(주)성남]

NO	일자	유형	품목	공급가액	부가세	공급처명	전자	분개
❶	10/2	51.과세	임가공비용	10,000,000	1,000,000	(주)민국	여	현금
	구분	계정과목		거래처	차변		대변	
	출금	부가세대급금		(주)민국	1,000,000		(현금)	
	출금	외주가공비(제)		(주)민국	10,000,000		(현금)	

NO	일자	유형	품목	공급가액	부가세	공급처명	전자	분개
❷	10/25	11.과세	제품	10,000,000	1,000,000	(주)시골상회	여	혼합
	구분	계정과목		거래처	차변		대변	
	대변	부가세예수금		(주)시골상회			1,000,000	
	대변	제품매출		(주)시골상회			10,000,000	
	차변	선 수 금		(주)시골상회	2,000,000			
	차변	받을어음		(주)시골상회	9,000,000			

NO	일자	유형	품목	공급가액	부가세	공급처명	전자	분개
❸	11/16	12.영세	제품	200,000,000	0	(주)동서물산	여	혼합
	영세율 구분			③ 내국신용장 · 구매확인서에 의하여 공급하는 재화				
	구분	계정과목		거래처	차변		대변	
	대변	제품매출		(주)동서물산			200,000,000	
	차변	현 금		(주)동서물산	20,000,000			
	차변	외상매출금		(주)동서물산	180,000,000			

NO	일자	유형	품목	공급가액	부가세	공급처명	전자	분개
❹	11/25	51.과세	참치선물세트	5,000,000	500,000	(주)대서유통	여	현금
	구분	계정과목		거래처	차변		대변	
	출금	부가세대급금		(주)대서유통	500,000		(현금)	
	출금	복리후생비(제)		(주)대서유통	5,000,000		(현금)	

NO	일자	유형	품목	공급가액	부가세	공급처명	전자	분개
❺	12/7	53.면세	토지	100,000,000		대박부동산		혼합
	구분	계정과목		거래처	차변		대변	
	차변	토 지		대박부동산	100,000,000			
	대변	보통예금		대박부동산			10,000,000	
	대변	미지급금		대박부동산			90,000,000	

NO	일자	유형	품목	공급가액	부가세	공급처명	전자	분개
❻	12/22	11.과세	기계장치	20,000,000	2,000,000	(주)유빈전자	여	혼합
	구분	계정과목		거래처	차변		대변	
	대변	부가세예수금		(주)유빈전자			2,000,000	
	대변	기계장치		(주)유빈전자			25,000,000	
	차변	감가상각누계액(207)		(주)유빈전자	5,000,000			
	차변	현 금		(주)유빈전자	15,000,000			
	차변	미 수 금		(주)유빈전자	7,000,000			

NO	일자	유형	품목	공급가액	부가세	공급처명	전자	분개
❼	12/26	61.현과	주유비	100,000	10,000	은지주유소		현금
	구분	계정과목		거래처	차변		대변	
	출금	부가세대급금		은지주유소	10,000		(현금)	
	출금	차량유지비(판)		은지주유소	100,000		(현금)	

[3] 매입매출전표입력 [회사코드 : 3300.(주)서울스포츠]

NO	일자	유형	품목	공급가액	부가세	공급처명	전자	분개
❶	10/11	11.과세	부산물	2,700,000	270,000	(주)명화상사	여	혼합
	구분	계정과목		거래처	차변		대변	
	대변	부가세예수금		(주)명화상사			270,000	
	대변	부산물매출		(주)명화상사			2,700,000	
	차변	보통예금		(주)명화상사	2,970,000			

- [계정과목 및 적요등록] 메뉴에 "420.부산물매출"을 등록하고 회계처리 한다.

NO	일자	유형	품목	공급가액	부가세	공급처명	전자	분개
❷	10/21	17.카과	제품	6,000,000	600,000	김으뜸		카드(혼합)
	신용카드사			우리카드				
	구분	계정과목		거래처	차변		대변	
	차변	외상매출금		우리카드	6,600,000			
	대변	부가세예수금		김으뜸			600,000	
	대변	제품매출		김으뜸			6,000,000	

NO	일자	유형	품목	공급가액	부가세	공급처명	전자	분개
❸	11/11	54.불공	등기대행 용역	1,600,000	160,000	에이컨설팅	여	혼합
	불공제 사유			⑥ 토지의 자본적 지출 관련				
	구분	계정과목		거래처	차변		대변	
	차변	토 지		에이컨설팅	1,760,000			
	대변	당좌예금		에이컨설팅			1,760,000	

▪ 토지의 등기대행 수수료는 토지의 취득원가로 가산하며 토지는 면세에 해당하므로 매입세액은 공제가 불가능하다.

NO	일자	유형	품목	공급가액	부가세	공급처명	전자	분개
❹	11/25	51.과세	간판제작	5,000,000	500,000	(주)나은전자	여	혼합
	구분	계정과목		거래처	차변		대변	
	차변	부가세대급금		(주)나은전자	500,000			
	차변	비 품		(주)나은전자	5,000,000			
	대변	미지급금		(주)나은전자			5,500,000	

NO	일자	유형	품목	공급가액	부가세	공급처명	전자	분개
❺	12/15	51.과세	기념품	1,000,000	100,000	동일잡화	여	현금
	구분	계정과목		거래처	차변		대변	
	출금	부가세대급금		동일잡화	100,000		(현금)	
	출금	광고선전비(판)		동일잡화	1,000,000		(현금)	

NO	일자	유형	품목	공급가액	부가세	공급처명	전자	분개
❻	12/22	16.수출	제품	380,000,000	0	TA Co.		외상
	영세율 구분			① 직접수출(대행수출 포함)				
	구분	계정과목		거래처	차변		대변	
	차변	외상매출금		TA Co.	380,000,000			
	대변	제품매출		TA Co.			380,000,000	

NO	일자	유형	품목	공급가액	부가세	공급처명	전자	분개
❼	12/26	11.매출	매출할인	−100,000	−10,000	(주)대박유통	여	외상
	구분	계정과목		거래처		차변		대변
	차변	외상매출금		(주)대박유통		−110,000		
	대변	부가세예수금		(주)대박유통				−10,000
	대변	제품매출		(주)대박유통				−100,000

NO	일자	유형	품목	공급가액	부가세	공급처명	전자	분개
❽	12/27	14.건별	사업상증여	6,000,000	600,000	(주)이브		혼합
	구분	계정과목		거래처		차변		대변
	대변	부가세예수금		(주)이브				600,000
	대변	제품(8.타계정으로 대체)		(주)이브				5,000,000
	차변	기업업무추진비(판)		(주)이브		5,600,000		

- 간주공급시 과세표준(공급가액) : 6,000,000원(시가)
- 제품 : 5,000,000원(원가), 타용도로 사용하였으므로 적요코드에 반드시 "8.타계정으로 대체"를 입력한다.

[4] 매입매출전표입력 [회사코드 : 3400.(주)세원]

NO	일자	유형	품목	공급가액	부가세	공급처명	전자	분개
❶	9/17	53.면세	쌀	400,000		쌀쌀정미소		혼합
	구분	계정과목		거래처		차변		대변
	차변	기업업무추진비(제)		쌀쌀정미소		400,000		
	대변	보통예금		쌀쌀정미소				400,000

NO	일자	유형	품목	공급가액	부가세	공급처명	전자	분개
❷	10/2	11.과세	제품	2,000,000	200,000	(주)대화기업	여	혼합
	구분	계정과목		거래처		차변		대변
	대변	부가세예수금		(주)대화기업				200,000
	대변	제품매출		(주)대화기업				2,000,000
	차변	받을어음		(주)진성상사		800,000		
	차변	외상매출금		(주)대화기업		1,400,000		

NO	일자	유형	품목	공급가액	부가세	공급처명	전자	분개
❸	10/5	16.수출	제품	53,000,000	0	TA Co.		혼합
	영세율 구분		① 직접수출(대행수출 포함)					
	구분	계정과목		거래처		차변		대변
	대변	제품매출		TA Co.				53,000,000
	차변	보통예금		TA Co.		31,800,000		
	차변	외상매출금		TA Co.		21,200,000		

- 대가를 외국통화로 수령하는 경우 과세표준은 공급시기 도래 전 원화로 환가한 경우 그 환가한 금액, 공급시기 이후에 외화로 수령하거나 보유하는 경우는 공급시기의 기준환율로 계산한 금액이다.
- 과세표준 = $50,000 × 1,060원 = 53,000,000원

NO	일자	유형	품목	공급가액	부가세	공급처명	전자	분개
❹	11/12	51.과세	수리비	600,000	60,000	웨이카센타	여	혼합

구분	계정과목	거래처	차변	대변
차변	부가세대급금	웨이카센타	60,000	
차변	차량유지비(제)	웨이카센타	600,000	
대변	미지급금	웨이카센타		660,000

NO	일자	유형	품목	공급가액	부가세	공급처명	전자	분개
❺	11/19	54.불공	자동차	20,000,000	2,000,000	(주)희망자동차	여	혼합

불공제 사유: ③ 개별소비세법 제1조제2항제3호에 따른 자동차 구입·유지 및 임차

구분	계정과목	거래처	차변	대변
차변	차량운반구	(주)희망자동차	22,000,000	
대변	미지급금	(주)희망자동차		22,000,000

NO	일자	유형	품목	공급가액	부가세	공급처명	전자	분개
❻	11/20	14.건별	제품	300,000	30,000	정하나		현금

구분	계정과목	거래처	차변	대변
입금	부가세예수금	정하나	(현금)	30,000
입금	제품매출	정하나	(현금)	300,000

NO	일자	유형	품목	공급가액	부가세	공급처명	전자	분개
❼	12/9	51.과세	원재료	25,000,000	2,500,000	(주)태찬	여	혼합

구분	계정과목	거래처	차변	대변
차변	부가세대급금	(주)태찬	2,500,000	
차변	원 재 료	(주)태찬	25,000,000	
대변	받을어음	미인(주)		10,000,000
대변	외상매입금	(주)태찬		17,500,000

NO	일자	유형	품목	공급가액	부가세	공급처명	전자	분개
❽	12/12	51.과세	절단기	72,000,000	7,200,000	(주)다스	여	혼합

구분	계정과목	거래처	차변	대변
차변	부가세대급금	(주)다스	7,200,000	
차변	기계장치	(주)다스	72,000,000	
대변	미지급금	(주)다스		79,200,000

전표입력 오류수정

[1] 일반전표입력 및 매입매출전표입력 [회사코드 : 3100.(주)남동산업]

NO	일자	수정 전
❶	8/7	[일반전표입력] 메뉴의 8월 7일 잘못 입력된 전표를 선택한 후 삭제

수정 후

[매입매출전표입력] 메뉴에 8월 7일 전표를 입력

유형	품목	공급가액	부가세	공급처명	전자	분개
51.과세	운반비	70,000	7,000	친절용달		현금

구분	계정과목	거래처	차변	대변
출금	부가세대급금	친절용달	7,000	(현금)
출금	원재료	친절용달	70,000	(현금)

NO	일자	수정 전
❷	10/29	[일반전표입력] (차) 보통예금(SC은행) 10,700,000원 (대) 외상매출금((주)대흥) 10,700,000원

수정 후

[거래처원장] 메뉴에서 "(주)대흥"의 외상매출금 잔액 조회 : △2,000,000원 확인

(차) 보통예금(SC은행) 10,700,000원 (대) 외상매출금((주)대흥) 8,700,000원
　　　　　　　　　　　　　　　　　　　　　　선수금((주)대흥) 2,000,000원

[2] 일반전표입력 및 매입매출전표입력 [회사코드 : 3200.(주)성남]

NO	일자	수정 전
❶	9/21	[매입매출전표입력] (차) 복리후생비(제) 2,530,000원 (대) 현금 2,530,000원

수정 후

「유형 : 53.면세」를 「유형 : 51.과세」로 수정 입력
공급가액 : 2,300,000원, 부가세 : 230,000원, 전자 : 여, 분개 : 현금

(차) 복리후생비(제) 2,300,000원 (대) 현금 2,530,000원
　　부가세대급금 230,000원

NO	일자	수정 전
❷	10/31	[일반전표입력] (차) 수도광열비(판) 90,000원 (대) 현금 90,000원

수정 후

수도광열비(판)를 가스수도료(제) 40,000원, 전력비(제) 50,000원으로 수정

(차) 가스수도료(제) 40,000원 (대) 현금 90,000원
　　전력비(제) 50,000원

NO	일자	수정 전			
❸	12/27	[일반전표입력] (차) 세금과공과(판)　　1,000,000원　　(대) 현　　금　　1,000,000원			
		수정 후			
		건물의 취득과 관련된 취득세는 취득원가에 가산하므로 "건물"로 수정한다.			
		(차) 건　　물　　1,000,000원　　(대) 현　　금　　1,000,000원			

[3] 일반전표입력 및 매입매출전표입력 [회사코드 : 3300.(주)서울스포츠]

NO	일자	수정 전
❶	8/18	[매입매출전표입력] 　일　번호　유형　품목　수량　단가　공급가액　부가세　코드　공급처명　사업/주민번호　전자　분개 　18　50001　과세　사무용품　　　　　　　160,000　16,000　00659　(주)태찬　229-81-26202　여　현금 　18　50002　과세　사무용품　　　　　　　160,000　16,000　00659　(주)태찬　229-81-26202　여　현금
		수정 후
		이중 입력된 전표 중 한 건을 선택하여 🗑 삭제 버튼을 누른다. 　일　번호　유형　품목　수량　단가　공급가액　부가세　코드　공급처명　사업/주민번호　전자　분개 　18　50001　과세　사무용품　　　　　　　160,000　16,000　00659　(주)태찬　229-81-26202　여　현금
❷	9/14	[매입매출전표입력] (차) 현　　금　　11,000,000원　　(대) 부가세예수금　　1,000,000원 　　유형자산처분손실　5,000,000원　　　기계장치　　　　15,000,000원
		수정 후
		하단의 분개란 차변에서 유형자산처분손실을 삭제 후 [감가상각누계액(207) 3,000,000원], [유형자산처분손실 2,000,000원]을 입력한다. 유형자산처분손실 = 처분가액 − 장부가액 = 10,000,000원 − 12,000,000원 = △2,000,000원 (차) 현　　금　　　　　　11,000,000원　　(대) 부가세예수금　　1,000,000원 　　감가상각누계액　　　3,000,000원　　　기계장치　　　　15,000,000원 　　유형자산처분손실　　2,000,000원

[4] 일반전표입력 및 매입매출전표입력 [회사코드 : 3400.(주)세원]

NO	일자	수정 전
❶	8/8	[매입매출전표입력] (차) 부가세대급금　　145,000원　　(대) 보통예금(국민은행)　　1,595,000원 　　비　　품　　　　1,450,000원
		수정 후
		[신용카드사 : 비씨카드], [분개유형:4.카드 또는 3.혼합]을 선택하여 하단의 분개 수정 계정과목 "보통예금"은 "미지급금"으로 거래처는 "국민은행"을 "비씨카드"로 수정 (차) 부가세대급금　　145,000원　　(대) 미지급금(비씨카드)　　1,595,000원 　　비　　품　　　　1,450,000원

NO	일자	수정 전
❷	9/25	[일반전표입력] (차) 당좌예금(대한은행) 8,600,000원 (대) 외상매출금((주)인천) 8,600,000원
		수정 후
		거래처 "(주)인천"을 "(주)부천"으로 수정 입력 (차) 당좌예금(대한은행) 8,600,000원 (대) 외상매출금((주)부천) 8,600,000원

NO	일자	수정 전
❸	10/12	[일반전표입력] (차) 수선비(제) 10,000,000원 (대) 현 금 10,000,000원
		수정 후
		자본적지출은 자산의 취득원가에 가산하므로 "7,000,000원"은 건물로 회계처리 한다. (차) 수선비(제) 3,000,000원 (대) 현 금 10,000,000원 건 물 7,000,000원

결산정리사항

[1] 결산정리사항 [회사코드 : 3100.(주)남동산업]

① 수동결산 – 일반전표입력

월	일	구분	계정과목	거래처	차변	대변
12	31	차변	잡손실		12,670	
		대변	현 금			12,670

- 현금 시재는 실제 보유하고 있는 금액으로 장부관리를 하며 부족액은 영업외비용(잡손실), 과잉액은 영업외수익(잡이익)으로 처리한다.

② 수동결산 – 일반전표입력

월	일	구분	계정과목	거래처	차변	대변
12	31	차변	장기차입금	하나은행	5,000,000	
		대변	유동성장기부채	하나은행		5,000,000

- 결산일로부터 1년 이내 만기가 도래하는 비유동부채는 유동성대체 한다.

③ 수동결산 – 일반전표입력

월	일	구분	계정과목	거래처	차변	대변
12	31	차변	미수수익		1,500,000	
		대변	이자수익			1,500,000

- 미수수익 = 100,000,000원 × 2% × 9개월/12개월 = 1,500,000원

④ 수동결산 – 일반전표입력

월	일	구분	계정과목	거래처	차변	대변
12	31	차변	매도가능증권(178)		3,000,000	
		대변	매도가능증권평가이익			3,000,000

■ 매도가능증권평가이익 = 공정가치 7,000,000원 - 장부금액 4,000,000원 = 3,000,000원

⑤ 자동결산 – 결산자료입력

방법 1 : 결산자료입력 메뉴에서 해당란에 각각 금액을 입력 후 전표추가 버튼을 누른다.

±	코드	과 목	결산분개금액	결산전금액	결산반영금액	결산후금액
	0835	5). 대손상각			6,109,700	6,109,700
	0108	외상매출금			5,694,200	5,694,200
	0110	받을어음			415,500	415,500

±	코드	과 목	결산분개금액	결산전금액	결산반영금액	결산후금액
	0954	2). 기타의대손상각			20,000	20,000
	0114	단기대여금				
	0120	미수금			20,000	20,000
	0131	선급금				

방법 2 : 결산일(12월 31일)에 일반전표입력에 직접 입력

월	일	구분	계정과목	거래처	차변	대변
12	31	차변	대손상각비(판)		6,109,700	
		차변	기타의대손상각비		20,000	
		대변	대손충당금(109)			5,694,200
		대변	대손충당금(111)			415,500
		대변	대손충당금(121)			20,000

⑥ 자동결산 – 결산자료입력

방법 1 : 결산자료입력 메뉴 제품매출원가의 2).일반감가상각비에 [기계장치 : 5,000,000원], 판매비와일반관리비의 4).감가상각비에 [차량운반구 : 6,500,000원]을 입력한 후 결산자료 입력의 전표추가를 한다.

±	코드	과 목	결산분개금액	결산전금액	결산반영금액	결산후금액
	0518	2). 일반감가상각비			5,000,000	5,000,000
	0206	기계장치			5,000,000	5,000,000
	0208	차량운반구				

±	코드	과 목	결산분개금액	결산전금액	결산반영금액	결산후금액
	0818	4). 감가상각비			6,500,000	6,500,000
	0206	기계장치				
	0208	차량운반구			6,500,000	6,500,000
	0212	비품				

방법 2 : 결산일(12월 31일)에 일반전표입력에 직접 입력

월	일	구분	계정과목	거래처	차변	대변
12	31	차변	감가상각비(제)		5,000,000	
		차변	감가상각비(판)		6,500,000	
		대변	감가상각누계액(207)			5,000,000
		대변	감가상각누계액(209)			6,500,000

[2] 결산정리사항 [회사코드 : 3200.(주)성남]

① 수동결산 - 일반전표입력

월	일	구분	계정과목	거래처	차변	대변
12	31	차변	선수수익		6,000,000	
		대변	임 대 료			6,000,000

- 선수수익 : 12,000,000원 × 6개월/12개월 = 6,000,000원

② 자동결산 - 결산자료입력

결산자료입력 메뉴의 기말재고자산에 [원재료 : 6,000,000원, 재공품 : 9,000,000원, 제품 : 18,000,000원]을 입력한 후 결산자료 입력의 전표추가를 한다.

±	코드	과 목	결산분개금액	결산전금액	결산반영금액	결산후금액
		1)원재료비		725,911,500		719,911,500
	0501	원재료비		725,911,500		719,911,500
	0153	① 기초 원재료 재고액		3,500,000		3,500,000
	0153	② 당기 원재료 매입액		722,711,500		722,711,500
	0153	⑥ 타계정으로 대체액		300,000		300,000
	0153	⑩ 기말 원재료 재고액			6,000,000	6,000,000

±	코드	과 목	결산분개금액	결산전금액	결산반영금액	결산후금액
	0455	8)당기 총제조비용		919,684,612		913,684,612
	0169	① 기초 재공품 재고액		7,000,000		7,000,000
	0169	⑩ 기말 재공품 재고액			9,000,000	9,000,000
	0150	9)당기완성품제조원가		926,684,612		911,684,612
	0150	① 기초 제품 재고액		10,500,000		10,500,000
	0150	⑩ 기말 제품 재고액			18,000,000	18,000,000

③ 수동결산 - 일반전표입력

월	일	구분	계정과목	거래처	차변	대변
12	31	차변	광고선전비(판)		3,500,000	
		대변	선급비용			3,500,000

- 구입시점 자산(선급비용) 처리한 경우 결산시점에 사용액에 대하여 비용처리한다.
  광고선전비 = 5,000,000원 - 1,500,000원 = 3,500,000원

④ 수동결산 - 일반전표입력

월	일	구분	계정과목	거래처	차변	대변
12	31	차변	보통예금	하나은행	3,000,000	
		대변	단기차입금	하나은행		3,000,000

- 마이너스 통장의 대출금은 결산시점에 단기차입금으로 대체한다.

⑤ 자동결산 - 결산자료입력

방법 1 : 결산자료입력 메뉴 9.법인세등의 1).선납세금란에 3,000,000원, 2).추가계상액란에 12,000,000원을 입력한 후 결산자료 입력의 전표추가를 한다.

±	코드	과 목	결산분개금액	결산전금액	결산반영금액	결산후금액
	0998	9. 법인세등			15,000,000	15,000,000
	0136	1). 선납세금		3,000,000	3,000,000	3,000,000
	0998	2). 추가계상액			12,000,000	12,000,000

방법 2 : 결산일(12월 31일)에 일반전표입력에 직접 입력

월	일	구분	계정과목	거래처	차변	대변
12	31	차변	법인세등		15,000,000	
		대변	선납세금			3,000,000
		대변	미지급세금			12,000,000

[3] 결산정리사항 [회사코드 : 3300.(주)서울스포츠]

① 수동결산 - 일반전표입력

월	일	구분	계정과목	거래처	차변	대변
12	31	차변	외화환산손실		1,000,000	
		대변	단기차입금	상업은행		1,000,000

- 외화환산손실 : ($10,000 × 1,200원) − 11,000,000원 = △1,000,000원(부채감소)

② 수동결산 - 일반전표입력

월	일	구분	계정과목	거래처	차변	대변
12	31	차변	가 수 금		3,000,000	
		대변	선 수 금	(주)조합		500,000
		대변	외상매출금	(주)조합		2,500,000

③ 수동결산 - 일반전표입력

월	일	구분	계정과목	거래처	차변	대변
12	31	차변	단기매매증권		7,000,000	
		대변	단기매매증권평가이익			7,000,000

- 단기매매증권평가손익 = 공정가치 − 장부금액
  = (12,000원 − 10,000원) × 2,000주 + (10,000원 − 8,000원) × 1,500주
  = 4,000,000원 + 3,000,000원 = 7,000,000원(이익)

④ 수동결산 - 일반전표입력

월	일	구분	계정과목	거래처	차변	대변
12	31	차변	부가세예수금		458,721	
		대변	부가세대급금			245,155
		대변	잡 이 익			6
		대변	미지급세금			213,560

⑤ 자동결산 - 결산자료입력

- 외상매출금 : 693,698,000원 × 1% − 330,000원 = 6,606,980원
- 받을어음 : 346,200,000원 × 1% − 2,450,000원 = 1,012,000원

방법 1 : 결산자료입력 메뉴의 상단 [대손상각] 버튼을 클릭하여 "대손율(%) : 1%"을 입력하고 외상매출금과 받을어음을 제외한 이외의 계정과목에 대한 "추가설정액"란의 금액은 삭제한 후 [결산반영] 버튼을 눌러 "결산반영금액"란에 반영하여 전표추가를 한다.

대손상각						
대손율(%)	1.00					
코드	계정과목명	금액	설정전 충당금 잔액		추가설정액(결산반영) [(금액x대손율)-설정전충당금잔액]	유형
			코드	계정과목명	금액	
0108	외상매출금	693,698,000	0109	대손충당금	330,000	6,606,980 판관
0110	받을어음	346,200,000	0111	대손충당금	2,450,000	1,012,000 판관
0131	선급금	11,300,000	0132	대손충당금		영업외
	대손상각비 합계					7,618,980 판관

방법 2 : 결산자료입력 메뉴의 대손상각에 [외상매출금 : 6,606,980원, 받을어음 : 1,012,000원]을 입력한 후 결산자료 입력의 전표추가를 한다.

방법 3 : 결산일(12월 31일)에 일반전표입력에 직접 입력

월	일	구분	계정과목	거래처	차변	대변
12	31	차변	대손상각비(판)		7,618,980	
		대변	대손충당금(109)			6,606,980
		대변	대손충당금(111)			1,012,000

⑥ 자동결산 - 결산자료입력

- 무형자산상각비 = 미상각잔액 ÷ 잔존내용연수 = 20,000,000원 ÷ 4년 = 5,000,000원

방법 1 : 결산자료입력 메뉴 판매비와일반관리비의 6).무형자산상각비에 [특허권 : 5,000,000원]을 입력한 후 결산자료 입력의 전표추가를 한다.

±	코드	과 목	결산분개금액	결산전금액	결산반영금액	결산후금액
	0840	6). 무형자산상각비			5,000,000	5,000,000
	0219	특허권			5,000,000	5,000,000
	0226	개발비				

방법 2 : 결산일(12월 31일)에 일반전표입력에 직접 입력

월	일	구분	계정과목	거래처	차변	대변
12	31	차변	무형자산상각비(판)		5,000,000	
		대변	특 허 권			5,000,000

[4] 결산정리사항 [회사코드 : 3400.(주)세원]

① 수동결산 - 일반전표입력

월	일	구분	계정과목	거래처	차변	대변
12	31	차변	이자비용		110,000	
		대변	미지급비용			110,000

- 이자비용 : 11,000,000원 × 3% × 4개월/12개월 = 110,000원

② 자동결산 - 결산자료입력
- 퇴직급여(제) : 50,000,000원 - 34,000,000원 = 16,000,000원
- 퇴직급여(판) : 40,000,000원 - 30,000,000원 = 10,000,000원

방법 1 : 결산자료입력 메뉴에서 상단의 CF8 퇴직충당 버튼을 클릭하여 "퇴직급여추계액"란에 금액을 입력하고 "추가설정액"을 결산반영 키를 눌러 해당란에 각각 금액을 반영하고 전표추가 버튼을 누른다.

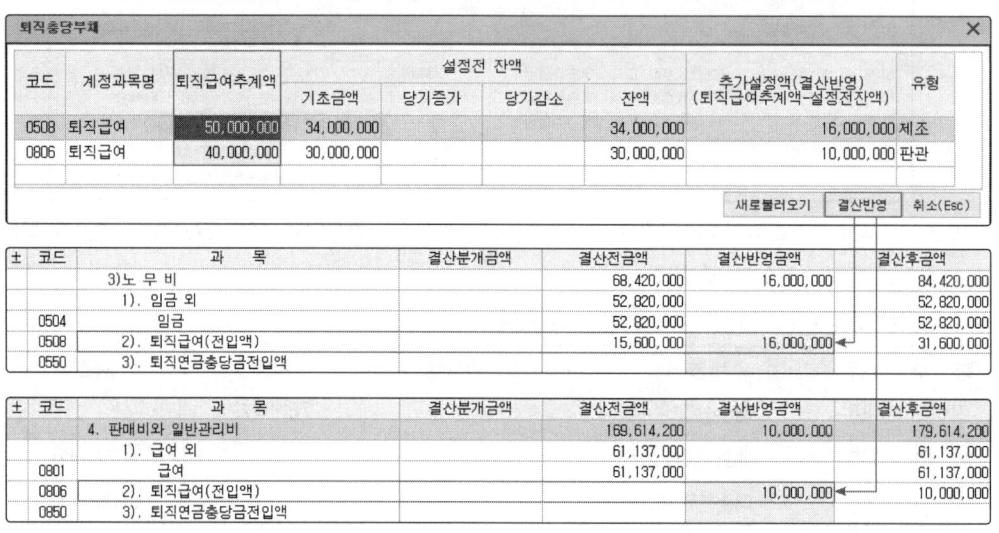

방법 2 : 결산자료입력 메뉴 제품매출원가의 3)노무비에 [2].퇴직급여(전입액) : 16,000,000원, 판매비와일반관리비의 [2].퇴직급여(전입액) : 10,000,000원을 입력한 후 결산자료 입력의 전표추가를 한다.

방법 3 : 결산일(12월 31일)에 일반전표입력에 직접 입력

월	일	구분	계정과목	거래처	차변	대변
12	31	차변	퇴직급여(제)		16,000,000	
		차변	퇴직급여(판)		10,000,000	
		대변	퇴직급여충당부채			26,000,000

③ 수동결산 - 일반전표입력

월	일	구분	계정과목	거래처	차변	대변
12	31	차변	잡 손 실		100,800	
		대변	현금과부족			100,800

- 합계잔액시산표의 잔액이 차변이므로 대변으로 상계처리하고 영업외비용(잡손실) 처리한다.

④ 수동결산 - 일반전표입력

월	일	구분	계정과목	거래처	차변	대변
12	31	차변	소 모 품		430,000	
		대변	소모품비(판)			430,000

- 구입시점 비용처리한 경우 결산시점 미사용액을 자산(소모품)으로 처리한다.

⑤ 자동결산 - 결산자료입력

- 고정자산등록 메뉴에 해당사항을 입력하여 [상각범위액 : 6,765,000원]을 확인한다.

방법 1 : 결산자료입력 메뉴에서 상단의 F7 감가상각 버튼을 클릭하여 [고정자산등록]에 등록한 감가상각비를 [결산반영]을 눌러 금액을 반영하고 전표추가 버튼을 누른다.

코드	계정과목명	경비구분	고정자산등록 감가상각비	감가상각비 X (조회기간월수/내용월수)	고정자산등록 보조금상각액	보조금상계액 X (조회기간월수/내용월수)	결산반영금액	결산반영금액 보조금상계액
0206	기계장치	제조	6,765,000	6,765,000			6,765,000	
	감가상각비(제조)합계		6,765,000	6,765,000			6,765,000	

방법 2 : 결산자료입력 메뉴 제품매출원가의 2).일반감가상각비에 [기계장치 : 6,765,000원]을 입력한 후 결산자료 입력의 전표추가를 한다.

방법 3 : 결산일(12월 31일)에 일반전표입력에 직접 입력

월	일	구분	계정과목	거래처	차변	대변
12	31	차변	감가상각비(제)		6,765,000	
		대변	감가상각누계액(207)			6,765,000

⑥ 수동결산 - 일반전표입력

월	일	구분	계정과목	거래처	차변	대변
12	31	차변	외상매출금	TA Co.	800,000	
		대변	외화환산이익			800,000

- 외화환산이익 = ($10,000 × 1,380원) - 13,000,000원 = 800,000원(자산증가)

⑦ 수동결산 - 일반전표입력

월	일	구분	계정과목	거래처	차변	대변
12	31	차변	매도가능증권(178)		6,000,000	
		대변	매도가능증권평가손실			2,000,000
		대변	매도가능증권평가이익			4,000,000

- 전기 결산시 회계처리 : (차) 매도가능증권평가손실 2,000,000원   (대) 매도가능증권(178) 2,000,000원
- 매도가능증권 재평가시 장부가액보다 공정가치 상승으로 매도가능증권평가이익 계상 시 매도가능증권평가손실을 먼저 장부에서 제거(상계)하고 잔액만 계상한다.

장부조회

[1] 장부조회 [회사코드 : 3100.(주)남동산업]

① 세금계산서합계표(기간 : 2025.04. ~ 2025.06.) 매입TAB - 전체데이터TAB 조회 : 6,700,000원

No	사업자등록번호	코드	거래처명	매수	공급가액	세액	대표자성명	업태	종목	주류코드
9	213-81-77332	01009	(주)선경	3	6,700,000	670,000	박예빈	도소매	소형가전	
10	214-81-56422	01039	유화전자(주)	1	17,000,000	1,700,000	김희망	제조,도.소매	전자제품외	

② 매입매출장(조회기간 : 2025.04.01. ~ 2025.06.30.) 조회 : 38,450,000원

구 분	2	1.전체	2.매출	3.매입	유형 : 12.영세	⑨전체						
유형	일자		품목		공급가액	부가세	합계	예정신고	코드	거래처	전자	분개유형
영세	2025-05-24	제품			38,450,000		38,450,000		01024	서우소프트(주)	○	현금
월	계	[	1건-매수	1매]	38,450,000		38,450,000					
분 기	계	[	1건-매수	1매]	38,450,000		38,450,000					
반 기	계	[	13건-매수	13매]	59,000,000		59,000,000					
누	계	[	13건-매수	13매]	59,000,000		59,000,000					

③ 매입매출장(조회기간 : 2025.01.01. ~ 2025.03.31.) 조회 : 10,240,000원

구 분	3	1.전체	2.매출	3.매입	유형 : 55.수입							
유형	일자		품목		공급가액	부가세	합계	예정신고	코드	거래처	전자	분개유형
수입	2025-03-22	원재료			10,240,000	1,024,000	11,264,000		01033	인천세관	○	혼합
월	계	[	1건-매수	1매]	10,240,000	1,024,000	11,264,000					
분 기	계	[	1건-매수	1매]	10,240,000	1,024,000	11,264,000					
반 기	계	[	1건-매수	1매]	10,240,000	1,024,000	11,264,000					
누	계	[	1건-매수	1매]	10,240,000	1,024,000	11,264,000					

④ 월계표(조회기간 : 2025.04 ~ 2025.04) 현금 차변 조회 : 4,000,000원

차 변			계정과목	대 변		
계	대체	현금		현금	대체	계
62,082,000	51,420,000	10,662,000	3.유 동 부 채	623,600	43,231,000	43,854,600
55,420,000	51,420,000	4,000,000	외 상 매 입 금		2,530,000	2,530,000
			지 급 어 음		22,000,000	22,000,000

⑤ 재무상태표(6월 조회) : 당기 297,148,600원 - 전기 58,148,600원 = 239,000,000원

관리용	제출용	표준용			
과 목		제 19(당)기 2025년1월1일 ~ 2025년6월30일		제 18(전)기 2024년1월1일 ~ 2024년12월31일	
		금액		금액	
Ⅱ.비유동자산			297,148,600		58,148,600
① 투자자산			204,000,000		

⑥ 거래처원장(기간 : 2025.06.30.) 잔액과 코드 조회 : 01053, 88,000,000원

	코드	거 래 처	등록번호	대표자명	전일이월	차 변	대 변	잔 액
	01004	선경(주)	101-06-22707	지나라	32,500,000			32,500,000
	01006	(주)에스전자	211-81-68614	마진아	2,000,000			2,000,000
	01007	에스엘텍(주)	220-81-38225	구재일	20,594,000			20,594,000
	01009	(주)선경	213-81-77332	박예빈	13,035,000			13,035,000
	01010	신우상사(주)	124-86-21979	강진호	56,950,000			56,950,000
	01011	서강7경	101-07-68807	강인하	29,009,000			29,009,000
	01012	(주)동신	131-85-17286	이지나	1,000,000			1,000,000
	01026	(주)마라도	101-86-27999	최시중	36,850,000			36,850,000
	01028	(주)금성	113-81-94502	김별	21,250,000			21,250,000
	01029	이안산업	106-86-30183	윤성우	4,626,000			4,626,000
	01053	(주)동대문	113-86-19658	조진호	88,000,000			88,000,000
	01067	서현실업	113-18-19926	정상수	1,000,000			1,000,000
	01073	(주)왕가전자	130-81-71601	이정민	3,795,000			3,795,000

⑦ 부가가치세신고서(조회기간 : 2025.04.01. ~ 2025.06.30.) 조회

매입세액 → 예정신고누락분 → 세금계산서 : 1,000,000원

		구분		정기신고금액				12.매입(예정신고누락분)	구분		금액	세율	세액
매 입 세 액	세금계산서 수취분	일반매입	10	233,295,000		23,329,500		예 정 누 락 분	세금계산서	38	1,000,000		100,000
		수출기업수입분납부유예	10-1						그 밖의 공제매입세액	39			
		고정자산매입	11						합계	40	1,000,000		100,000
	예정신고누락분		12	1,000,000		100,000			신용카드매출 수령금액합계	일반매입			
	매입자발행세금계산서		13							고정매입			
	그 밖의 공제매입세액		14	7,000,000		700,000			의제매입세액				
	합계(10)-(10-1)+(11)+(12)+(13)+(14)		15	241,295,000		24,129,500			재활용폐자원등매입세액				
	공제받지못할매입세액		16	30,300,000		3,030,000			과세사업전환매입세액				
	차감계 (15-16)		17	210,995,000	㉯	21,099,500			재고매입세액				
납부(환급)세액(매출세액⑦-매입세액⑨)					㉯	9,674,100			변제대손세액				
									외국인관광객에대한환급				
									합계				

[2] 장부조회 [회사코드 : 3200.(주)성남]

① 총계정원장(기간 : 2025.01.01. ~ 2025.06.30.) 조회 : 대변 20,480,000원인 4월

코드	계정과목	일자	차변	대변	잔액
0108	외상매출금	[전기이월]	30,000,000		30,000,000
		2025/01	156,120,000		186,120,000
		2025/02	4,610,000	572,000	190,158,000
		2025/03	49,534,000	6,160,000	233,532,000
		2025/04	123,090,000	20,480,000	336,142,000
		2025/05	31,190,000	19,890,000	347,442,000
		2025/06	124,248,000		471,690,000
		합계	518,792,000	47,102,000	

② 월계표 또는 제조원가명세서 및 합계잔액시산표(기간 : 2025.01 ~ 2025.06) 조회 : 30,500,000원

차변			계정과목	대변		
계	대체	현금		현금	대체	계
95,618,442	3,821,000	91,797,442	5.제 조 원 가			
30,500,000	756,000	29,744,000	<노 무 비>			
30,500,000	756,000	29,744,000	임 금			
65,118,442	3,065,000	62,053,442	<제 조 경 비>			

③ 부가가치세신고서(조회기간 : 2025.01.01. ~ 2025.03.31.) 조회

매입세액 ⇨ 그 밖의 공제매입세액 ⇨ 신용카드매출수령금액합계표 고정매입 세액 : 3,500,000원

④ 재무상태표(기간 : 3월) 조회 : 유동자산 1,253,752,005원 − 유동부채 498,825,957원 = 754,926,048원

과목	제 12(당)기 2025년1월1일 ~ 2025년3월31일 금액	제 11(전)기 2024년1월1일 ~ 2024년12월31일 금액
자산		
Ⅰ.유동자산	1,253,752,005	713,605,957
① 당좌자산	934,592,005	692,605,957
Ⅰ.유동부채	498,825,957	161,397,957
외상매입금	372,124,000	90,000,000

⑤ 부가가치세신고서(조회기간 : 2025.07.01. ~ 2025.09.30.) 조회

상단의 [F4과표명세] ⇨ 수입금액제외 : 4,000,000원

⑥ 거래처원장(기간 : 2025.04.01. ~ 2025.04.30.) 조회 : 차변금액 4,000,000원

[3] 장부조회 [회사코드 : 3300.(주)서울스포츠]

① 월계표(월별로 각각 조회) : 4월, 3,110,800원

차 변			계정과목	대 변		
계	대체	현금		현금	대체	계
1,367,840		1,367,840	<제 조 경 비>		3월 월계표	
307,000		307,000	복 리 후 생 비			

차 변			계정과목	대 변		
계	대체	현금		현금	대체	계
3,110,800	65,000	3,045,800	<제 조 경 비>		4월 월계표	
421,200		421,200	복 리 후 생 비			

차 변			계정과목	대 변		
계	대체	현금		현금	대체	계
1,610,500		1,610,500	<제 조 경 비>		5월 월계표	
235,000		235,000	복 리 후 생 비			

② 부가가치세신고서(조회기간 : 2025.01.01. ~ 2025.03.31.) 조회

　　매입세액 ⇨ 공제받지못할매입세액 금액 : 1,000,000원

③ 부가가치세신고서(조회기간 : 2025.04.01. ~ 2025.06.30.) 조회

　　과세표준및매출세액 ⇨ 합계(9)란의 금액과 세액 : 과세표준 - 204,206,000원, 매출세액 - 16,575,600원

④ 총계정원장(기간 : 2025.01.01. ~ 2025.06.30.) 조회 : 5월, 50,523,000원

　　증가금액 = 5월 잔액 525,791,000원 - 4월 잔액 475,268,000원 = 50,523,000원

⑤ 부가가치세신고서(조회기간 : 2025.01.01. ~ 2025.03.31.)

매입세액 ⇨ 그 밖의 공제매입세액 ⇨ 신용카드매출수령금액합계표 일반매입 세액 : 2,509,000원

	정기신고금액						금액	세율	세액
	구분		금액	세율	세액	구분			
매입	세금계산서 수취분	일반매입	10	126,695,000		12,437,000	14.그 밖의 공제매입세액			
		수출기업수입분납부유예	10				신용카드매출 수령금액합계표	일반매입	41	25,090,000		2,509,000
		고정자산매입	11	40,000,000		4,000,000		고정매입	42	2,300,000		230,000
	예정신고누락분		12				의제매입세액		43		뒤쪽	
	매입자발행세금계산서		13				재활용폐자원등매입세액		44		뒤쪽	
	그 밖의 공제매입세액		14	27,390,000		2,739,000	과세사업전환매입세액		45			
	합계(10)-(10-1)+(11)+(12)+(13)+(14)		15	194,085,000		19,176,000	재고매입세액		46			
	공제받지못할매입세액		16	1,000,000		100,000	변제대손세액		47			
	차감계 (15-16)		17	193,085,000	ⓑ	19,076,000	외국인관광객에대한환급세액		48			
납부(환급)세액(매출세액ⓐ-매입세액ⓑ)					ⓒ	32,849,273	합계		49	27,390,000		2,739,000

⑥ 매입매출장(조회기간 : 2025.01.01. ~ 2025.03.31.) 구분-3.매입, 유형-54.불공 조회 : 2건, 1,000,000원

구 분	3	1.전체 2.매출 3.매입	유형 : 54.불공	ⓞ전체						
유형	일자	품목	공급가액	부가세	합계	예정신고	코드	거래처	전자	분개유형
불공	2025-01-28	거래처 선물	100,000	10,000	110,000		01701	미풍문고	○	혼합
불공	2025-01-28	거래처 선물	900,000	90,000	990,000		00662	(주)세계화상사	○	현금
월	계	[2건-매수 2매]	1,000,000	100,000	1,100,000					
분기	계	[2건-매수 2매]	1,000,000	100,000	1,100,000					
반	계	[2건-매수 2매]	1,000,000	100,000	1,100,000					
누	계	[2건-매수 2매]	1,000,000	100,000	1,100,000					

[4] 장부조회 [회사코드 : 3400.(주)세원]

① 부가가치세신고서(조회기간 : 2025.01.01. ~ 2025.03.31.) 조회

과세표준및매출세액 ⇨ 영세(5+6)란 금액 251,550,000원

	정기신고금액						금액	세율	세액
	구분		금액	세율	세액	7.매출(예정신고누락분)			
과세표준및매출세액	과세	세금계산서발급분	1	497,980,000	10/100	49,798,000	예정누락분	과세	세금계산서	33		10/100	
		매입자발행세금계산서	2		10/100				기타	34		10/100	
		신용카드·현금영수증발행분	3	21,272,730	10/100	2,127,273		영세	세금계산서	35		0/100	
		기타(정규영수증외매출분)	4						기타	36		0/100	
	영세	세금계산서발급분	5	221,550,000	0/100			합계		37			
		기타	6	30,000,000	0/100		12.매입(예정신고누락분)			
	예정신고누락분		7					세금계산서		38			
	대손세액가감		8				예	그 밖의 공제매입세액		39			
	합계		9	770,802,730	ⓐ	51,925,273							

② 월계표 또는 현금출납장(조회기간 : 2025.05 ~ 2025.06) 조회 : 211,954,000원

	차 변		계정과목	대 변		
계	대체	현금		현금	대체	계
1,618,401,180	1,513,496,680	104,904,500	1.유 동 자 산	148,980,000	1,976,012,680	2,124,992,680
147,964,500	70,155,000	77,809,500	<당 좌 자 산>	148,980,000	547,000	149,527,000
			당 좌 예 금	67,280,000		67,280,000
128,998,000	63,998,000	65,000,000	보 통 예 금	74,700,000	547,000	75,247,000
5,522,000	5,522,000		외 상 매 출 금	7,000,000		7,000,000
5,000,000		5,000,000	선 급 금			
8,444,500	635,000	7,809,500	부 가 세 대 급 금			
3,001,187,510	2,799,655,520	201,531,990	금월소계	211,954,000	2,799,655,520	3,011,609,520
150,208,900		150,208,900	금월잔고/전월잔고	139,786,890		139,786,890
3,151,396,410	2,799,655,520	351,740,890	합계	351,740,890	2,799,655,520	3,151,396,410

③ 손익계산서(기간 : 2025.06) 조회

매출액증가율 = [(당기매출액 − 전기매출액)/전기매출액] × 100

= [(896,328,730원 − 279,061,200원)/279,061,200원] × 100 = 221%

과 목	제 11(당)기 2025년1월1일 ~ 2025년6월30일	제 10(전)기 2024년1월1일 ~ 2024년12월31일
	금액	금액
I.매출액	896,328,730	279,061,200
상품매출	5,909,092	
제품매출	890,419,638	279,061,200

④ 재무상태표(기간 : 6월) 조회 : 건물 119,900,000원 - 감가상각누계액 39,000,000원 = 80,900,000원

과 목	제 11(당)기 2025년1월1일 ~ 2025년6월30일		제 10(전)기 2024년1월1일 ~ 2024년12월31일	
	금액		금액	
② 유형자산		259,042,000		220,642,000
건물	119,900,000		119,900,000	
감가상각누계액	39,000,000	80,900,000	39,000,000	80,900,000
기계장치	77,450,000		77,450,000	

⑤ 세금계산서합계표(조회기간 : 2025.04 ~ 2025.06) 매출TAB 조회 : 1,080,000원

구 분		매출처수	매 수	공급가액	세 액
합	계	13	20	125,526,000	8,707,600
과세기간 종료일 다음달 11일까지전송된 전자세금계산서 발급분	사업자 번호 발급분	12	19	124,446,000	8,599,600
	주민등록번호발급분	1	1	1,080,000	108,000
	소 계	13	20	125,526,000	8,707,600
위 전자세금계산서 외의 발급분(종이발급분+과세기간 종료일다음달 12일 이후분)	사업자 번호 발급분				
	주민등록번호발급분				
	소 계				

⑥ 부가가치세신고서(조회기간 : 2025.01.01 ~ 2025.03.31.)

매입세액 ⇨ 세금계산서수취분 ⇨ 고정자산매입의 세액 : 4,000,000원

	구분		금액	세율	세액
매입	세금계산서 수취분	일반매입	10	126,695,000		12,437,000
		수출기업수입분납부유예	10			
		고정자산매입	11	40,000,000		4,000,000
	예정신고누락분		12			
	매입자발행세금계산서		13			
	그 밖의 공제매입세액		14	27,390,000		2,739,000
	합계(10)-(10-1)+(11)+(12)+(13)+(14)		15	194,085,000		19,176,000
	공제받지못할매입세액		16	1,000,000		100,000
	차감계 (15-16)		17	193,085,000	ⓐ	19,076,000
납부(환급)세액(매출세액⑨-매입세액⑪)					ⓑ	32,849,273

구분		금액	세율	세액
14.그 밖의 공제매입세액				
신용카드매출	일반매입	41	25,090,000		2,509,000
수령금액합계표	고정매입	42	2,300,000		230,000
의제매입세액		43		뒤쪽	
재활용폐자원등매입세액		44		뒤쪽	
과세사업전환매입세액		45			
재고매입세액		46			
변제대손세액		47			
외국인관광객에대한환급세액		48			
합계		49	27,390,000		2,739,000

PART 03

기출문제 해답

최신
기출문제

117회 전산회계1급 기출 해설

A형	[01]	[02]	[03]	[04]	[05]	[06]	[07]	[08]	[09]	[10]	[11]	[12]	[13]	[14]	[15]
	3	4	1	1	3	2	4	4	1	2	4	2	2	3	1

해설

01. 연구단계에서 발생한 지출은 당기 비용(경상연구개발비)으로 처리한다.
02. 단기차입금은 유동부채에 해당한다.
03. 무형자산의 소비되는 행태를 신뢰성 있게 결정할 수 없을 경우 정액법으로 상각한다.
04. ■ 미착상품 : 목적지 인도조건인 경우에는 상품이 목적지에 도착하여 매입자가 인수한 시점에 소유권이 매입자에게 이전되기 때문에 매입자의 재고자산에 포함하지 않는다.
    ■ 적송품 : 수탁자가 제3자에게 판매하기 전까지는 위탁자의 재고자산에 포함한다.
    ∴ 기말재고자산 금액 = 300,000원(실사금액) + 20,000원(미착상품) − 30,000원(적송품)
    = 290,000원
05. 금융자산이나 금융부채는 최초인식시 공정가치로 측정한다. 다만, 최초 인식 이후 공정가치로 측정하고 공정가치의 변동을 당기손익으로 인식하는 금융자산(단기매매증권, 파생상품)이나 금융부채가 아닌 경우 당해 금융자산(금융부채)의 취득(발행)과 직접 관련되는 거래원가는 최초 인식하는 공정가치에 가산(차감)한다. 그러므로 단기매매증권 등의 취득과 직접 관련된 거래원가는 당기비용으로 처리한다.
06. 이익잉여금(자본), 미지급배당금(부채), 법정적립금(이익잉여금)에 해당한다.
07. 주식배당과 무상증자는 순자산의 증가가 발생하지 않으며 자본 총계도 불변하다.
08. 기업의 주된 영업활동에서 발생하는 매출액은 영업수익이다.
09. ■ 예정배부율 = 제조간접원가 예상액 3,000,000원 ÷ 예상 직접노무시간 50,000시간 = 60원/시간
    ■ 예정배부액 = 실제 직접노무시간 3,000시간 × 예정배부율 60원/시간 = 180,000원
    ∴ 배부차이 = 실제 발생액 500,000원 − 예정 배부액 180,000원 = 320,000원(과소배부)
10. ②는 고정원가에 해당하며, 나머지는 변동원가에 해당한다.
11. 가공원가 = 직접노무원가 2,500,000원 + 제조간접원가 1,800,000원 = 4,300,000원
12. 직접배분법은 보조부문 상호간의 용역수수관계가 밀접한 경우 부정확한 원가배분을 초래하는 단점이 있다.
13. 약사의 조제의약품은 면세 대상이나, 일반의약품은 과세 대상이다.
14. 장기할부판매는 대가의 각 부분을 받기로 한 때를 공급시기로 한다.
15. 영세율제도는 주로 수출하는 기업에 영세율을 적용하여 부가가치세가 환급되므로 수출을 지원하는 효과가 있다.

실무문제 해설

문제 1 기초정보관리 및 전기분 재무제표

[1] 계정과목 및 적요등록
- 812.여비교통비 계정과목 : 대체적요 NO.3, '교통비 가지급금 정산'을 추가입력

[2] 거래처별 초기이월
- 외상매출금 : (주)장전전자 2,000,000원 ⇨ 20,000,000원으로 수정입력
- 받을어음 : 데모산업 20,000,000원 추가입력
- 외상매입금 : 구서기업 23,000,000원 ⇨ 30,000,000원으로 수정입력

[3] 전기분 재무제표
- 전기분 원가명세서 : 524.운반비 5,500,000원 추가입력
  당기제품제조원가 74,650,000원 ⇨ 80,150,000원 변경 확인
- 전기분 손익계산서 : 제품매출원가의 당기제품제조원가 74,650,000원을 80,150,000원으로 수정입력
  당기순이익 24,030,000원 ⇨ 18,530,000원 변경 확인
- 전기분 잉여금처분계산서 : 상단 F6(불러오기)하여 당기순이익 18,530,000원으로 반영
  미처분이익잉여금 42,260,000원 ⇨ 36,760,000원 변경 확인
- 전기분 재무상태표 : 이월이익잉여금을 42,260,000원 ⇨ 36,760,000원 수정입력
  대차 금액이 일치하여 대차 차액 0원인 것을 확인

문제 2 일반전표입력

NO	월	일	구분	계정과목	거래처	차변	대변
[1]	7	20	차변	기부금		20,000,000	
			대변	제품(8.타계정으로 대체액)			20,000,000
■ 재고자산을 타용도(기부, 접대 등)로 사용한 경우 해당 비용은 취득(또는 제조)원가로 대체한다.							
[2]	8	28	차변	당좌예금		1,500,000	
			대변	선수금	(주)나른물산		1,500,000
[3]	10	1	차변	대손상각비(판)		2,000,000	
			대변	외상매출금	(주)부곡무역		2,000,000
■ 대손금이 발생한 경우 관련 대손충당금과 상계처리하여야 하나 대손충당금 잔액이 없는 경우 당기 비용으로 회계처리 한다.							
[4]	11	11	차변	매도가능증권(178)		40,115,000	
			대변	보통예금			40,115,000
■ 취득원가 = (4,000주 × 10,000원) + 매입수수료 115,000원 = 40,115,000원							

NO	월	일	구분	계정과목	거래처	차변	대변
[5]	12	4	차변	교육훈련비(제)		2,500,000	
			대변	예수금			220,000
			대변	보통예금			2,280,000
[6]	12	28	차변	외상매입금	(주)온천전기	6,900,000	
			대변	외상매출금	(주)온천전기		6,900,000

문제 3 매입매출전표입력

NO	일자	유형	품목	공급가액	부가세	공급처명	전자	분개
[1]	7/11	12.영세	제품	16,500,000	0	(주)전남	여	혼합

[1]
	영세율 구분		③ 내국신용장·구매확인서에 의하여 공급하는 재화	
구분	계정과목	거래처	차변	대변
대변	제품매출	(주)전남		16,500,000
차변	선수금	(주)전남	5,000,000	
차변	받을어음	(주)전남	11,500,000	

NO	일자	유형	품목	공급가액	부가세	공급처명	전자	분개
[2]	8/25	51.과세	간판제작대금	5,000,000	500,000	빛나는간판	여	혼합

[2]
구분	계정과목	거래처	차변	대변
차변	부가세대급금	빛나는간판	500,000	
차변	비품	빛나는간판	5,000,000	
대변	현금	빛나는간판		500,000
대변	미지급금	빛나는간판		5,000,000

NO	일자	유형	품목	공급가액	부가세	공급처명	전자	분개
[3]	9/17	11.과세	제품	5,000,000	500,000	한수상사	여	혼합

[3]
구분	계정과목	거래처	차변	대변
대변	부가세예수금	한수상사		500,000
대변	제품매출	한수상사		5,000,000
차변	보통예금	한수상사	2,000,000	
차변	외상매출금	한수상사	3,500,000	

117회 기출문제 해설

NO	일자	유형	품목	공급가액	부가세	공급처명	전자	분개
[4]	10/2	22.현과	제품	1,000,000	100,000	나누리		현금(혼합)
	구분	계정과목		거래처	차변		대변	
	입금	부가세예수금		나누리	(현금)		100,000	
	입금	제품매출		나누리	(현금)		1,000,000	

NO	일자	유형	품목	공급가액	부가세	공급처명	전자	분개
[5]	11/19	55.수입	원재료	2,600,000	260,000	부산세관	여	현금(혼합)
	구분	계정과목		거래처	차변		대변	
	출금	부가세대급금		부산세관	260,000		(현금)	

NO	일자	유형	품목	공급가액	부가세	공급처명	전자	분개
[6]	12/1	57.카과	광고	3,000,000	300,000	(주)광고나라		카드(혼합)
		신용카드사		우리카드(법인)				
	구분	계정과목		거래처	차변		대변	
	대변	미지급금 또는 미지급비용		우리카드(법인)			3,300,000	
	차변	부가세대급금		(주)광고나라	300,000			
	차변	광고선전비(판)		(주)광고나라	3,000,000			

문제 4 일반·매입매출전표입력 수정

NO	일자	수정 전
[1]	7/13	보고기간 종료일로부터 1년 이내 만기가 도래하는 경우 단기차입금으로 처리하므로, 일반전표입력에서 장기차입금 10,000,000원으로 금액 수정, 단기차입금 2,000,000원 추가 입력
		(차) 보통예금　　12,000,000원　　(대) 장기차입금((주)정모상사)　12,000,000원
		수정 후
		(차) 보통예금　　12,000,000원　　(대) 장기차입금((주)정모상사)　10,000,000원 　　　　　　　　　　　　　　　　　　단기차입금((주)정모상사)　 2,000,000원

기출문제 해설 117회

NO	일자	수정 전			
[2]	11/10	자본적지출은 자산으로 회계처리하므로 수선비(제) 계정과목을 건물로 수정입력 유형 : 51.과세, 공급가액 : 10,000,000원, 부가세 : 1,000,000, 공급처명 : 다온테크(주), 전자 : 여, 분개 : 혼합			
		(차) 부가세대급금 수선비(제)	1,000,000원 10,000,000원	(대) 보통예금	11,000,000원
		수정 후			
		(차) 부가세대급금 건　　물	1,000,000원 10,000,000원	(대) 보통예금	11,000,000원

문제 5 결산정리사항

[1] 수동결산 – 일반전표입력

월	일	구분	계정과목	거래처	차변	대변
12	31	차변	현금과부족		670,000	
		대변	선수금	(주)은비상사		340,000
		대변	잡이익			330,000

- 합계잔액시산표의 대변 잔액 현금과부족을 차변에 대체처리하고 원인불명 금액은 잡이익 처리한다.

[2] 수동결산 – 일반전표입력

월	일	구분	계정과목	거래처	차변	대변
12	31	차변	선급비용		600,000	
		대변	임차료(제)			600,000

- 임차료 지출시 전액 비용처리한 경우 결산시 미경과(차기)분을 선급비용으로 대체한다.
  선급비용 = 1,200,000원 × 6개월/12개월 = 600,000원

[3] 수동결산 – 일반전표입력

월	일	구분	계정과목	거래처	차변	대변
12	31	차변	퇴직급여(제)		22,000,000	
		차변	퇴직급여(판)		18,000,000	
		대변	보통예금			40,000,000

- 퇴직연금 확정기여형(DC) 불입액 : 퇴직급여
- 퇴직연금 확정급여형(DB) 불입액 : 퇴직연금운용자산

문제 6 장부조회

[1] 세금계산서합계표(매출TAB, 조회기간 : 1월 ~ 3월, 전체데이터TAB) 조회 : 9매, 72,050,000원
[2] 일계표(월계표)(월계표TAB, 기간 : 6월 ~ 6월, 7.영업외비용 차변 계 금액) 조회 : 960,000원
　　가장 많은 계정과목(이자비용) 1,460,000원 – 가장 적은 계정과목(기부금) 500,000원 = 960,000원
[3] 거래처원장(잔액TAB, 기간 : 4월 1일 ~ 4월 30일, 108.외상매출금, 리제상사 대변 합계) 조회 : 16,300,000원

116회 전산회계1급 기출 해설

PART 03 기출문제

A형	[01]	[02]	[03]	[04]	[05]	[06]	[07]	[08]	[09]	[10]	[11]	[12]	[13]	[14]	[15]
	2	4	2	1	1	3	3	2	4	2	3	4	2	3	1

◆해설◆

01. 손익계산서는 일정 기간 동안 기업실체의 경영성과에 대한 정보를 제공하는 재무보고서이다.

02. - 정상 회계처리 : (차) 수수료비용(영업외비용)　×××　　(대) 현금 등　×××
    - 오류 회계처리 : (차) 단기매매증권(자산)　×××　　(대) 현금 등　×××
    ∴ 단기매매증권 취득 시 발생한 거래원가는 당기비용으로 처리한다. 만약 이를 자산으로 계상 시 자산의 과대계상으로 이어지고 이는 자본 및 당기순이익의 과대계상을 초래한다.

03. - 2024년 감가상각비
      = (취득원가 10,000,000원 - 잔존가액 1,000,000원) ÷ 내용연수 5년 = 1,800,000원
    - 2025년 감가상각비 = (10,000,000원 - 1,000,000원) ÷ 5년 × 6월/12월 = 900,000원
    - 기계장치 장부가액 = 취득원가 10,000,000원 - 감가상각누계액 2,700,000원 = 7,300,000원
    ∴ 유형자산 처분손실 = 처분가액 4,000,000원 - 장부가액 7,300,000원 = △3,300,000원

04. - 현금및현금성자산 : 현금, 통화대용증권(자기앞수표, 타인발행수표, 우편환증서 등), 요구불예금(보통예금, 당좌예금), 현금성자산
    - 보고기간 종료일로부터 1년 이내 만기가 도래하는 정기예금은 단기금융상품에 해당하며, 선일자수표는 어음으로 회계처리, 외상매입금은 유동부채에 해당한다.
    ∴ 현금및현금성자산 = 현금시재액 200,000원 + 당좌예금 500,000원 = 700,000원

05. 대손충당금은 채권의 차감적 평가계정이다.

06. ① 당기순이익은 미처분이익잉여금을 증가시킴 → 자본증가
    ② 현금배당은 미처분이익잉여금을 감소시킴 → 자본감소
    ③ 주식배당은 미처분이익잉여금을 감소시킴과 동시에 자본금을 증가시킴 → 자본 영향 없음(불변)
    ④ 유상증자는 자본금 및 자본잉여금을 증가시킴 → 자본증가

07. 대가가 분할되어 수취되는 할부판매의 경우에는 이자부분을 제외한 판매가격에 해당하는 수익을 판매시점에 인식한다. 판매가격은 대가의 현재가치로서 수취할 할부금액을 내재이자율로 할인한 금액이다.

08. 취득원가에 매입부대비용은 포함된다.

09. ④는 매몰비용(매몰원가)에 대한 설명이다.

10. 단계배분법은 보조부문원가의 배분순서를 정하여 그 순서에 따라 보조부문원가를 다른 보조부문과 제조부문에 단계적으로 배분하는 방법이다.

11. 기부금, 이자비용, 매출원가는 손익계산서에서 제공하는 정보이다.

12. 평균법에 의한 가공원가 완성품환산량
    = 당기완성품 40,000개 + 기말재공품 30,000개 × 60%(완성도) = 58,000개
13. 영세율을 적용받는 사업자도 과세사업자로서 납세의무자에 해당한다.
14. 제조업의 경우 따로 제품 포장만을 하거나 용기에 충전만 하는 장소는 사업장에서 제외한다.

실무문제 해설

문제 1 기초정보관리 및 전기분 재무제표

[1] 거래처등록
- 일반거래처 TAB : 05000.(주)대신전자 등록 후 세부사항 모두 입력

[2] 거래처별 초기이월
- 외상매출금 : (주)동명상사 5,000,000원 ⇨ 6,000,000원으로 수정입력
- 받을어음 : (주)남북 2,500,000원 ⇨ 1,000,000원으로 수정입력
- 지급어음 : (주)동서 1,500,000원 추가입력

[3] 전기분 재무제표
- 전기분 원가명세서 : 517.세금과공과 3,500,000원 추가입력
  당기제품제조원가 104,150,000원 ⇨ 107,650,000원으로 변경 확인
- 전기분 손익계산서 : 제품매출원가의 당기제품제조원가 107,650,000원으로 수정입력
  817.세금과공과 3,500,000원 삭제(또는 세금과공과 금액 0원으로 수정)
  당기순이익 18,530,000원 변동 없음 확인
- 당기순이익이 변동 없으므로 전기분 잉여금처분계산서 및 전기분 재무상태표의 미처분이익잉여금 금액이 동일하므로 수정 필요 없음

문제 2 일반전표입력

NO	월	일	구분	계정과목	거래처	차변	대변
[1]	8	5	차변	보통예금		740,000	
			차변	매출채권처분손실		260,000	
			대변	받을어음	(주)기경상사		1,000,000
	■ 받을어음 매각거래시 할인료는 매출채권처분손실로 회계처리 한다.						
[2]	8	10	차변	세금과공과(판)		400,000	
			차변	수수료비용(판)		8,000	
			차변	예수금		400,000	
			대변	미지급금 또는 미지급비용	하나카드		808,000

116회 기출문제 해설

NO	월	일	구분	계정과목	거래처	차변	대변
[3]	8	22	차변	비 품		5,000,000	
			대변	자산수증이익			5,000,000
[4]	9	4	차변	선급금	(주)경기	1,000,000	
			대변	보통예금			1,000,000
[5]	10	28	차변	소모품비(판)		70,000	
			대변	현 금			70,000
[6]	12	1	차변	단기매매증권		2,500,000	
			차변	수수료비용(984)		50,000	
			대변	보통예금			2,550,000

- 단기매매증권의 취득과 관련된 거래원가(취득수수료)는 수수료비용(영업외비용)으로 처리한다.

문제 3 매입매출전표입력

NO	일자	유형	품목	공급가액	부가세	공급처명	전자	분개
[1]	7/5	17.카과	제품	800,000	80,000	제일상사		카드(혼합)
	신용카드사		삼성카드					

구분	계정과목	거래처	차변	대변
차변	외상매출금	삼성카드	880,000	
대변	부가세예수금	제일상사		80,000
대변	제품매출	제일상사		800,000

NO	일자	유형	품목	공급가액	부가세	공급처명	전자	분개
[2]	7/11	11.과세	제품	30,000,000	3,000,000	(주)연분홍상사	여	혼합

구분	계정과목	거래처	차변	대변
대변	부가세예수금	(주)연분홍상사		3,000,000
대변	제품매출	(주)연분홍상사		30,000,000
차변	현 금	(주)연분홍상사	1,000,000	
차변	받을어음	(주)연분홍상사	15,000,000	
차변	외상매출금	(주)연분홍상사	17,000,000	

NO	일자	유형	품목	공급가액	부가세	공급처명	전자	분개
	10/1	62.현면	쌀	1,100,000		대형마트		혼합
[3]	구분	계정과목		거래처	차변		대변	
	차변	복리후생비(제)		대형마트	1,100,000			
	대변	보통예금		대형마트			1,100,000	

NO	일자	유형	품목	공급가액	부가세	공급처명	전자	분개
	10/30	16.수출	제품	70,000,000	0	Nice Planet		혼합
	영세율 구분			① 직접수출(대행수출 포함)				
[4]	구분	계정과목		거래처	차변		대변	
	대변	제품매출		Nice Planet			70,000,000	
	차변	보통예금		Nice Planet	28,000,000			
	차변	외상매출금		Nice Planet	42,000,000			

- 과세표준 = $50,000 × 선적일 1,400원 = 70,000,000원

NO	일자	유형	품목	공급가액	부가세	공급처명	전자	분개
	11/30	51.과세	임차료	3,000,000	300,000	(주)제니빌딩	여	혼합
[5]	구분	계정과목		거래처	차변		대변	
	차변	부가세대급금		(주)제니빌딩	300,000			
	차변	임차료(판)		(주)제니빌딩	3,000,000			
	대변	미지급금		(주)제니빌딩			3,300,000	

NO	일자	유형	품목	공급가액	부가세	공급처명	전자	분개
	12/10	54.불공	철거비용	60,000,000	6,000,000	(주)시온건설	여	혼합
	불공제 사유			⑥ 토지의 자본적지출 관련				
[6]	구분	계정과목		거래처	차변		대변	
	차변	토 지		(주)시온건설	66,000,000			
	대변	받을어음		(주)선유자동차			66,000,000	

- 토지와 건축물 일괄 취득 시 구건축물 철거비용은 토지의 취득원가에 가산하므로 매입세액을 공제받을 수 없다.
- 제품 판매대금으로 보관 중인 어음은 받을어음으로 배서양도하였으므로 상계처리하며, 철거비용 대금에 대하여 어음을 발행하여 지급하는 경우에는 미지급금으로 회계처리한다.

116회 기출문제 해설

문제 4 일반·매입매출전표입력 수정

NO	일자	수정 전
[1]	9/1	운반용 트럭 주유 매입세액은 공제 가능하므로 일반전표 삭제 후 매입매출전표에 추가 입력
		(차) 차량유지비(판) 110,000원 (대) 현 금 110,000원
		수정 후
		유형 : 61.현과, 공급가액 : 100,000원, 부가세 : 10,000원, 공급처명 : (주)가득주유소, 전자 : 부, 분개 : 현금 또는 혼합
		(차) 부가세대급금 10,000원 (대) 현 금 110,000원 차량유지비(제) 100,000원

NO	일자	수정 전
[2]	11/12	퇴직연금 확정기여형(DC) 불입액은 퇴직급여로 회계처리 하고 퇴직연금 확정급여형(DB) 불입액은 퇴직연금운용자산으로 회계처리 한다.
		(차) 퇴직연금운용자산 17,000,000원 (대) 보통예금 17,000,000원
		수정 후
		퇴직연금운용자산 계정과목을 퇴직급여(판)로 수정입력
		(차) 퇴직급여(판) 17,000,000원 (대) 보통예금 17,000,000원

문제 5 결산정리사항

[1] 수동결산 - 일반전표입력

월	일	구분	계정과목	거래처	차변	대변
12	31	차변	미수수익		225,000	
		대변	이자수익			225,000

- 미수수익 = 10,000,000원 × 4.5% × 6월/12월 = 225,000원

[2] 수동결산 - 일반전표입력

월	일	구분	계정과목	거래처	차변	대변
12	31	차변	장기차입금	경남은행	50,000,000	
		대변	유동성장기부채	경남은행		50,000,000

기출문제 해설 116회

[3] 수동결산 - 일반전표입력

월	일	구분	계정과목	거래처	차변	대변
12	31	차변	부가세예수금		52,346,500	
		차변	미수금		402,500	
		대변	부가세대급금			52,749,000

문제 6 장부조회

[1] 거래처원장(잔액TAB, 기간 : 1월 1일 ~ 3월 31일, 108.외상매출금) 조회 : 양주기업, 50,000,000원

[2] 계정별원장(계정별TAB, 기간 : 1월 1일 ~ 12월 31일, 903.배당금수익) 조회 : 4월

[3] 부가가치세신고서(조회기간 : 4월 1일 ~ 6월 30일) 조회 : 295,395,000원
과세 세금계산서 발급분 공급가액(1란) 290,395,000원 + 영세 세금계산서 발급분 공급가액(5란) 5,000,000원
= 295,395,000원

115회 전산회계1급 기출 해설

PART 03 기출문제

A형	[01]	[02]	[03]	[04]	[05]	[06]	[07]	[08]	[09]	[10]	[11]	[12]	[13]	[14]	[15]
	4	4	2	3	1	1	3	3	1	3	3	1	3	4	3

◆해설

01. 재무제표의 기본가정 중 기간별 보고의 가정이 기말결산정리의 근거가 되는 가정이다.
02. 선수수익은 유동부채 항목이다.
03. ① 개별법 : 매출시점에서 해당 재고자산의 실제 취득원가를 기록하여 매출원가로 대응시킴으로써 가장 정확하게 원가 흐름을 파악할 수 있는 재고자산의 단가 결정 방법이다.
    ② 선입선출법 : 먼저 입고된 자산이 먼저 출고된 것으로 가정하여 입고 일자가 빠른 원가를 출고 수량에 먼저 적용하는 방법이다.
    ③ 후입선출법 : 가장 최근에 매입 또는 생산한 재고항목이 가장 먼저 판매 또는 사용된다는 원가 흐름을 가정하는 방법으로 기말재고에 남아있는 항목은 가장 먼저 매입 또는 생산한 항목이다.
    ④ 총평균법 : 당기에 판매된 재고자산은 모두 동일한 단가라는 가정하에 매출원가와 기말재고액을 결정하는 방법으로 적용이 간편하고 객관적이며 이익조작의 가능성이 없다.
04. 건물 내부의 조명기구를 교체하는 지출은 수선유지를 위한 지출에 해당하여 발생한 기간의 비용으로 인식하고, ①·②·④는 자본적 지출에 해당한다.
05. 무형자산의 잔존가치는 원칙적으로 "0"인 것으로 본다.
06. 임차보증금은 기타비유동자산으로서 자산계정에 해당한다.
07. 자기주식은 자본조정 항목이고 자기주식처분이익과 감자차익, 주식발행초과금은 자본잉여금 항목이다.
08. ■ 순매출액 = 총매출액 500,000원 − 매출할인 10,000원 = 490,000원
    ■ 당기순매입액 = 당기총매입액 300,000원 − 매입에누리 20,000원 = 280,000원
    ■ 매출원가 = 기초재고 50,000원 + 당기순매입액 280,000원 − 기말재고 0원 = 330,000원
    ■ 매출총이익 = 순매출액 490,000원 − 매출원가 330,000원 = 160,000원
    ■ 판매비와관리비
      = 급여 20,000원 + 통신비 5,000원 + 감가상각비 10,000원 + 임차료 25,000원 = 60,000원
    ■ 이자비용과 유형자산처분손실은 영업외비용, 배당금수익은 영업외수익이다.
    ∴ 영업이익 = 매출총이익 160,000원 − 판매비와관리비 60,000원 = 100,000원
09. 보조부문의 원가 배분방법으로는 직접배분법, 단계배분법 및 상호배분법이 있으며, 이들 배분방법에 관계없이 전체 보조부문의 원가는 동일하다.
10. ■ 원가행태에 따른 분류 : 가, 라   ■ 의사결정과의 관련성에 따른 분류 : 나, 마
    ■ 원가 추적가능성에 따른 분류 : 다, 바

11. ■ 제조간접원가 예정배부율 = 예정제조간접원가 3,800,000원 ÷ 총예정기계작업시간 80,000시간
       = 47.5원/기계작업시간
    ■ 제조간접원가 예정배부액 = 실제기계작업시간 11,000시간 × 예정배부율 47.5원 = 522,500원
12. 평균법과 선입선출법에 의한 완성품 환산량의 차이는 기초재공품의 차이에서 발생한다.
13. 사업자단위과세사업자는 모든 사업장의 부가가치세를 총괄하여 신고 및 납부할 수 있다.
14. 사업자가 부가가치세를 면제받아 공급받거나 수입한 농·축·수산물 또는 임산물을 원재료로 하여 제조 가공한 재화 또는 창출한 용역의 공급에 대하여 부가가치세가 과세되는 경우 면세 농산물 등에 매입세액이 있는 것으로 보아 매입세액을 공제할 수 있다.
15. 내국신용장 또는 구매확인서에 의하여 공급하는 재화는 세금계산서 발급 의무가 있다.

실무문제 해설

문제 1 기초정보관리 및 전기분 재무제표

[1] 거래처등록
- 일반거래처 TAB : 02411.(주)구동컴퓨터를 등록 후 세부사항을 모두 입력

[2] 계정과목 및 적요등록
- 821.보험료 계정과목 : 현금적요란 7번에 '경영인 정기보험료 납부'를 추가입력
  대체적요란 5번에 '경영인 정기보험료 미지급'을 추가입력
  대체적요란 6번에 '경영인 정기보험료 상계'를 추가입력

[3] 거래처별 초기이월
- 선급금 : 공상(주) 1,873,000원 추가입력
  해원전자(주) 1,320,000원 ⇨ 2,320,000원으로 수정입력
- 선수금 : (주)유수전자 210,000원 ⇨ 2,100,000원으로 수정입력
  데회전자 500,000원 삭제(또는 금액을 '0'원으로 수정입력)

문제 2 일반전표입력

NO	월	일	구분	계정과목	거래처	차변	대변
[1]	7	28	차변	외상매입금	(주)경재전자	2,300,000	
			대변	지급어음	(주)경재전자		2,000,000
			대변	채무면제이익			300,000
[2]	9	3	차변	단기차입금	하나은행	82,000,000	
			차변	이자비용		2,460,000	
			대변	보통예금			84,460,000

115회 기출문제 해설

NO	월	일	구분	계정과목	거래처	차변	대변
[3]	9	12	차변	보통예금		13,800,000	
			차변	외환차손		200,000	
			대변	외상매출금	DOKY사		14,000,000

- 외환차손 = $10,000 × (1,400원 − 1,380원) = 200,000원

[4]	10	7	차변	보통예금		7,000,000	
			대변	자본금			5,000,000
			대변	주식할인발행차금			1,000,000
			대변	주식발행초과금			1,000,000

- 주식 할증발행 시 장부에 주식할인발행차금이 있는 경우 우선 상계 후 잔액만 장부에 계상한다.
  주식발행초과금 = 1,000주 × (7,000원 − 5,000원) − 주식할인발행차금 1,000,000원 = 1,000,000원

[5]	10	28	차변	퇴직급여(제)		8,000,000	
			차변	퇴직급여(판)		4,000,000	
			대변	보통예금			12,000,000

- 퇴직연금 확정기여형(DC) 불입액 : 퇴직급여
- 퇴직연금 확정급여형(DB) 불입액 : 퇴직연금운용자산

[6]	11	12	차변	보통예금		2,500,000	
			대변	대손충당금(109)			2,500,000

- 전·당기 대손금을 회수한 경우 대변에는 해당 대손충당금(외상매출금)으로 회계처리 한다.

문제 3 매입매출전표입력

NO	일자	유형	품목	공급가액	부가세	공급처명	전자	분개
[1]	7/3	57.카과	도시락	300,000	30,000	맛나도시락		카드 (혼합)

	신용카드사		현대카드		
구분	계정과목		거래처	차변	대변
대변	미지급금 또는 미지급비용		현대카드		330,000
차변	부가세대급금		맛나도시락	30,000	
차변	복리후생비(판)		맛나도시락	300,000	

NO	일자	유형	품목	공급가액	부가세	공급처명	전자	분개
[2]	8/6	14.건별	스크랩	1,200,000	120,000	최한솔		현금(혼합)

구분	계정과목	거래처	차변	대변
입금	부가세예수금	최한솔	(현금)	120,000
입금	잡이익	최한솔	(현금)	1,200,000

NO	일자	유형	품목	공급가액	부가세	공급처명	전자	분개
[3]	8/29	12.영세	제품	5,200,000	0	(주)선월재	여	혼합

영세율 구분	③ 내국신용장·구매확인서에 의하여 공급하는 재화

구분	계정과목	거래처	차변	대변
대변	제품매출	(주)선월재		5,200,000
차변	현 금	(주)선월재	500,000	
차변	외상매출금	(주)선월재	4,700,000	

NO	일자	유형	품목	공급가액	부가세	공급처명	전자	분개
[4]	10/15	11.과세	제품	10,000,000	1,000,000	(주)우성유통	여	혼합

구분	계정과목	거래처	차변	대변
대변	부가세예수금	(주)우성유통		1,000,000
대변	제품매출	(주)우성유통		10,000,000
차변	받을어음	하움공업	8,000,000	
차변	외상매출금	(주)우성유통	3,000,000	

NO	일자	유형	품목	공급가액	부가세	공급처명	전자	분개
[5]	10/30	55.수입	컴퓨터	6,000,000	600,000	인천세관	여	혼합

구분	계정과목	거래처	차변	대변
차변	부가세대급금	인천세관	600,000	
대변	당좌예금	인천세관		600,000

NO	일자	유형	품목	공급가액	부가세	공급처명	전자	분개
[6]	12/2	62.현면	과일	275,000		두나과일		현금(혼합)

구분	계정과목	거래처	차변	대변
출금	복리후생비(제)	두나과일	275,000	(현금)

115회 기출문제 해설

문제 4 일반·매입매출전표입력 수정

NO	일자	수정 전
[1]	11/1	단기매매증권 취득시 발생한 수수료는 당기 수수료비용(영업외비용)으로 회계처리하며, 일반전표입력에서 단기매매증권 12,000,000원으로 금액 수정, 수수료비용(984) 120,000원 추가 입력
		(차) 단기매매증권　　12,120,000원　　(대) 현　　금　　12,120,000원
		수정 후
		(차) 단기매매증권　　12,000,000원　　(대) 현　　금　　12,120,000원 　　수수료비용(984)　　　120,000원

NO	일자	수정 전
[2]	11/26	거래처 선물 구입은 기업업무추진비에 해당하여 매입세액은 공제받을 수 없으므로 매입매출전표입력에서 유형, 불공제사유, 회계처리 수정입력 유형 : 51.과세, 공급가액 : 800,000원, 부가세 : 80,000원, 공급처명 : (주)산들바람, 전자 : 부, 분개 : 혼합
		(차) 부가세대급금　　　80,000원　　(대) 현　　금　　880,000원 　　소모품비(제)　　800,000원
		수정 후
		유형 : 54.불공, 공급가액 : 800,000원, 부가세 : 80,000원, 공급처명 : (주)산들바람, 전자 : 부, 분개 : 혼합, 불공제사유 : ④ 기업업무추진비 및 이와 유사한 비용 관련
		(차) 기업업무추진비(제)　880,000원　　(대) 현　　금　　880,000원

문제 5 결산정리사항

[1] 수동결산 – 일반전표입력

월	일	구분	계정과목	거래처	차변	대변
12	31	차변	부가세예수금		14,630,000	
		차변	미수금		8,230,000	
		대변	부가세대급금			22,860,000

[2] 수동결산 – 일반전표입력

월	일	구분	계정과목	거래처	차변	대변
12	31	차변	미수수익		525,000	
		대변	이자수익			525,000

- 미수수익 = 30,000,000원 × 7% × 3월/12월 = 525,000원

기출문제 해설 115회

[3] 수동결산 – 일반전표입력

월	일	구분	계정과목	거래처	차변	대변
12	31	차변	장기차입금	신한은행	13,000,000	
		대변	유동성장기부채	신한은행		13,000,000

문제 6 장부조회

[1] 거래처원장(잔액TAB, 기간 : 1월 1일 ~ 6월 30일, 251.외상매입금) 조회 : 민선전자, 36,603,000원

[2] 총계정원장(월별TAB, 기간 : 1월 1일 ~ 3월 31일, 830.소모품비 차변) 조회 : 2월, 800,000원

[3] 세금계산서합계표(매입TAB, 조회기간 : 4월 ~ 6월, 전체데이터TAB) 조회 : 2매, 440,000원

114회 전산회계1급 기출 해설

A형	[01]	[02]	[03]	[04]	[05]	[06]	[07]	[08]	[09]	[10]	[11]	[12]	[13]	[14]	[15]
	2	4	2	3	2	4	1	3	1	4	4	2	2	4	3

◆해설◆

01. ① (차) 보통예금(자산의 증가) 4,650,000원 (대) 외상매출금(자산의 감소) 4,650,000원
    ② (차) 기계장치(자산의 증가) 27,500,000원 (대) 미지급금(부채의 증가) 27,500,000원
    ③ (차) 보통예금(자산의 증가) 1,650,000원 (대) 임대료(수익의 발생) 1,650,000원
    ④ (차) 이자비용(비용의 발생) 3,000,000원 (대) 보통예금(자산의 감소) 3,000,000원

02. 병원 사업장소재지의 토지 및 건물은 병원의 유형자산이다.

03. ■ 1차연도 감가상각비
    = (취득원가 3,000,000원 − 잔존가치 300,000원) × 5/(5+4+3+2+1) = 900,000원
    ∴ 기계장치 장부금액 = 취득원가 3,000,000원 − 감가상각누계액 900,000원 = 2,100,000원

04. ■ 연구단계에서 발생한 비용은 기간비용으로 처리한다.
    ∴ 무형자산 52,000,000원
    = 신제품 특허권 구입 비용 30,000,000원 + A기업의 상표권 구입 비용 22,000,000원

05. 매도가능증권을 취득하는 경우에 발생한 수수료는 취득원가에 가산한다.

06. ① 감가상각누계액 : 유형자산의 차감적 평가계정이다.
    ② 재고자산평가충당금 : 재고자산의 차감적 평가계정이다.
    ③ 사채할인발행차금 : 사채의 차감계정이다.
    ④ 대손충당금 : 자산의 채권 관련 계정의 차감적 평가계정이다.

07. ■ 자본잉여금 : 주식발행초과금, 감자차익 ■ 자본조정 : 자기주식처분손실, 주식할인발행차금

08. (가)는 배당결의일의 회계처리이고, (나)는 배당지급일의 회계처리이다.

09. 원가행태에 따른 분류에는 변동원가, 고정원가, 혼합원가, 준고정원가가 있다.

10. ■ 당기제품제조원가 = 기말제품 500,000원 + 매출원가 2,000,000원 − 기초제품 0원
    = 2,500,000원
    ∴ 당기총제조원가 = 당기제품제조원가 2,500,000원 + 기말재공품 300,000원 − 기초재공품 0원
    = 2,800,000원

11. 완성품환산량 = 당기완성품 수량 8,000개 + 기말재공품 완성품환산량 3,000개 = 11,000개

12. ②는 종합원가계산에 대한 설명이다.

13. 부가가치세법은 인적사항을 고려하지 않는 물세이다.

14. 부동산임대업자가 해당 사업에 사용하던 건물을 매각하는 경우는 과세 대상이다.

실무문제 해설

문제 1 기초정보관리 및 전기분 재무제표

[1] 거래처등록
- 일반거래처 TAB : 00500.한국개발 등록 후 세부사항 모두 입력

[2] 계정과목 및 적요등록
- 862.행사지원비 계정과목 : 현금적요란 1번에 '행사지원비 현금 지급'을 추가입력
  대체적요란 1번에 '행사지원비 어음 발행'을 추가입력

[3] 전기분 재무제표 제품매출원가 확인하여 수정하기
- 전기분 원가명세서 : 502.부재료비의 당기부재료매입액 3,000,000원 추가입력
  당기제품제조원가 87,250,000원 ⇨ 90,250,000원으로 변경 확인
- 전기분 손익계산서 : 제품매출원가의 당기제품제조원가 90,250,000원으로 수정입력
  당기순이익 81,210,000원 ⇨ 78,210,000원 변경 확인
- 전기분 잉여금처분계산서 : 상단 F6(불러오기)하여 당기순이익이 78,210,000원으로 반영
  미처분이익잉여금 93,940,000원 ⇨ 90,940,000원 변경 확인
- 전기분 재무상태표 : 외상매입금 87,000,000원 ⇨ 90,000,000원 수정입력
  이월이익잉여금을 93,940,000원 ⇨ 90,940,000원 수정입력
  대차 금액이 일치하여 대차 차액 0원인 것을 확인

문제 2 일반전표입력

NO	월	일	구분	계정과목	거래처	차변	대변
[1]	7	5	차변	퇴직급여(판)		1,400,000	
			대변	보통예금			1,400,000
[2]	7	25	차변	보통예금		4,400,000	
			차변	받을어음	(주)고운상사	5,500,000	
			대변	외상매출금	(주)고운상사		9,900,000
[3]	8	30	차변	보통예금		45,000,000	
			차변	매출채권처분손실		5,000,000	
			대변	받을어음	(주)재원		50,000,000
[4]	10	3	차변	보통예금		2,300,000	
			대변	배당금수익			2,300,000
[5]	10	31	차변	급여(판)		4,900,000	
			대변	예수금			381,080
			대변	보통예금			4,518,920

114회 기출문제 해설

NO	월	일	구분	계정과목	거래처	차변	대변
[6]	12	21	차변	당좌예금		8,450,000	
			대변	사 채			8,000,000
			대변	사채할증발행차금			450,000

문제 3 매입매출전표입력

NO	일자	유형	품목	공급가액	부가세	공급처명	전자	분개
[1]	7/20	16.수출	제품	6,000,000	0	NDVIDIA		외상
	영세율 구분			① 직접수출(대행수출 포함)				
	구분	계정과목		거래처	차변		대변	
	차변	외상매출금		NDVIDIA	6,000,000			
	대변	제품매출		NDVIDIA			6,000,000	

■ 과세표준 = $5,000 × 선적일 1,200원 = 6,000,000원

NO	일자	유형	품목	공급가액	부가세	공급처명	전자	분개
[2]	7/23	13.면세	토지	65,000,000		돌상상회	여	혼합
	구분	계정과목		거래처	차변		대변	
	대변	토 지		돌상상회			62,000,000	
	대변	유형자산처분이익		돌상상회			3,000,000	
	차변	보통예금		돌상상회	30,000,000			
	차변	미수금		돌상상회	35,000,000			

NO	일자	유형	품목	공급가액	부가세	공급처명	전자	분개
[3]	8/10	57.카과	수첩	4,000,000	400,000	광고닷컴		카드 (혼합)
	신용카드사			현대카드				
	구분	계정과목		거래처	차변		대변	
	대변	미지급금 또는 미지급비용		현대카드			4,400,000	
	차변	부가세대급금		광고닷컴	400,000			
	차변	광고선전비(판)		광고닷컴	4,000,000			

NO	일자	유형	품목	공급가액	부가세	공급처명	전자	분개
[4]	8/17	51.과세	원재료	12,000,000	1,200,000	(주)고철상사	여	혼합
	구분	계정과목		거래처	차변		대변	
	차변	부가세대급금		(주)고철상사	1,200,000			
	차변	원재료		(주)고철상사	12,000,000			
	대변	지급어음		(주)고철상사			5,000,000	
	대변	외상매입금		(주)고철상사			8,200,000	

NO	일자	유형	품목	공급가액	부가세	공급처명	전자	분개
	8/28	61.현과	냉장고	5,000,000	500,000	(주)와마트		현금 (혼합)

[5]

구분	계정과목	거래처	차변	대변
출금	부가세대급금	(주)와마트	500,000	(현금)
출금	비 품	(주)와마트	5,000,000	(현금)

NO	일자	유형	품목	공급가액	부가세	공급처명	전자	분개
	11/8	54.불공	대관료	25,000,000	2,500,000	대박호텔(주)	여	혼합

불공제 사유	② 사업과 직접 관련 없는 지출

[6]

구분	계정과목	거래처	차변	대변
차변	가지급금	김영순	27,500,000	
대변	보통예금	대박호텔(주)		27,500,000

▪ 대표이사 개인적 사용 대관은 업무와 관련이 없는 지출로 매입세액을 공제받을 수 없으며, 가지급금 거래처 관리도 함께 한다.

문제 4 일반 · 매입매출전표입력 수정

NO	일자	수정 전
[1]	11/12	매입매출전표입력에서 유형, 공급가액, 세액, 회계처리 수정입력 유형 : 51.과세, 공급가액 : 90,909원, 부가세 : 9,091원, 공급처명 : 호호꽃집, 전자 : 여, 분개 : 혼합 (차) 부가세대급금　　　　　9,091원　　(대) 보통예금　　　　　　100,000원 　　 소모품비(판)　　　　　90,909원
		수정 후
		유형 : 53.면세, 공급가액 : 100,000원, 부가세 : 0원, 공급처명 : 호호꽃집, 전자 : 여, 분개 : 혼합 (차) 소모품비(판)　　　　　100,000원　(대) 보통예금　　　　　　100,000원

NO	일자	수정 전
[2]	12/12	자본적지출은 취득원가에 가산하므로 매입매출전표입력에서 회계처리 수정입력 유형 : 51.과세, 공급가액 : 80,000,000원, 부가세 : 8,000,000원, 공급처명 : (주)베스트디자인, 전자 : 여, 분개 : 혼합 (차) 부가세대급금　　　　　8,000,000원　(대) 보통예금　　　　　88,000,000원 　　 수선비(판)　　　　　80,000,000원
		수정 후
		수선비(판) 계정과목을 건물로 수정입력 (차) 부가세대급금　　　　　8,000,000원　(대) 보통예금　　　　　88,000,000원 　　 건　　물　　　　　　80,000,000원

114회 기출문제 해설

문제 15 결산정리사항

[1] 수동결산 – 일반전표입력

월	일	구분	계정과목	거래처	차변	대변
12	31	차변	단기매매증권		2,500,000	
		대변	단기매매증권평가이익			2,500,000

- 단기매매증권평가이익 = 공정가치(시가) 12,500,000원 − 장부가액 10,000,000원 = 2,500,000원

[2] 수동결산 – 일반전표입력

월	일	구분	계정과목	거래처	차변	대변
12	31	차변	장기대여금	미국 GODS사	140,000	
		대변	외화환산이익			140,000

- 외화환산이익 = ($2,000 × 1,120원) − 2,100,000원 = 140,000원(자산 증가)

[3] 자동결산 – 결산자료입력

방법 1 : 결산자료입력 메뉴 9.법인세등의 [1)선납세금 : 7,000,000원, 2)추가계상액 : 8,000,000원]에 입력한 후 결산자료 입력의 전표추가를 한다.

방법 2 : 결산일(12월 31일)에 일반전표입력에 직접 입력

월	일	구분	계정과목	거래처	차변	대변
12	31	차변	법인세등		15,000,000	
		대변	선납세금			7,000,000
		대변	미지급세금			8,000,000

문제 16 장부조회

[1] 일계표(월계표)(월계표TAB, 기간 : 3월 ~ 3월, 판매비와관리비) 조회 : 기업업무추진비, 50,000원

[2] 재무상태표(기간 : 2월 28일) 조회 : 5,730,000원
  차액 = 미수금 22,530,000원 − 미지급금 16,800,000원 = 5,730,000원

[3] 부가가치세신고서(조회기간 : 4월 1일 ~ 6월 30일) 조회 : 3,060,000원
  [매입세액 → (16)공제받지못할매입세액]란의 세액 확인

113회 전산회계1급 기출 해설

A형	[01]	[02]	[03]	[04]	[05]	[06]	[07]	[08]	[09]	[10]	[11]	[12]	[13]	[14]	[15]
	3	3	3	4	1	2	4	1	1	2	2	4	3	2	4

해설

01. - ①은 기업실체의 가정, ②는 계속기업의 가정, ④는 기간별보고의 가정에 대한 설명이다.
    - 회계는 발생주의를 기본적 특징으로 하며 ③의 내용은 현금주의에 대한 설명이다.
02. 상품의 매입환출 및 매입에누리는 매출원가 계산 시 총매입액에서 차감하는 항목이며, 매입 시 운반비는 취득원가에 가산한다.
03. - 관리 및 기타 일반간접원가는 판매비와관리비로서 당기 비용처리한다.
    - 건물 취득원가 = 매입금액 20억원 + 자본화차입원가 1억5,000만원 + 취득세 2억원
      = 23억5,000만원
04. 무형자산의 회계처리와 관련하여 영업권을 포함한 무형자산의 내용연수를 원칙적으로 20년을 초과하지 않도록 한정하고 있다.
05. - ①은 합계잔액시산표에 관한 설명으로 합계잔액시산표는 재무제표에 해당하지 않는다. 재무제표는 재무상태표, 손익계산서, 현금흐름표 및 자본변동표와 주석으로 구성되어 있다.
    - ②은 재무상태표, ③은 자본변동표, ④는 주석에 대한 설명이다.
06. 유동성장기부채는 비유동부채였으나 보고기간 종료일 현재 만기가 1년 이내 도래하는 부채를 의미하므로 영업주기와 관계없이 유동부채로 분류한다.
07. 매도가능증권평가이익은 기타포괄손익누계액에 포함되는 항목으로 매도가능증권평가이익의 증감은 포괄손익계산서상의 기타포괄손익에 영향을 미친다.
08. - 매출원가 = 기초상품재고액 219,000원 + 매입액 350,000원 - 기말상품재고액 110,000원
      = 459,000원
    - 매출총손실 = 매출액 290,000원 - 매출원가 459,000원 = △169,000원
    - 당기순손실 = 매출총손실 169,000원 - 판매비와관리비 191,000원 = △360,000원
09. 고정원가는 조업도가 증가할수록 단위당 원가는 감소한다.
10. 단계배분법은 보조부문 상호 간의 용역수수관계를 일부 인식하는 방법이다.
11. - 직접재료원가 = 기초원재료 + 당기원재료매입액 - 기말원재료
      = 300,000원 + 1,300,000원 - 450,000원 = 1,150,000원
    - 직접노무원가 = 당기지급임금액 + 당기미지급임금액 - 전기미지급임금액
      = 350,000원 + 250,000원 - 150,000원 = 450,000원
    ∴ 당기총제조원가 = 직접재료원가 + 직접노무원가 + 제조간접원가
      = 1,150,000원 + 450,000원 + 700,000원 = 2,300,000원

12. ④는 개별원가계산에 대한 설명이다.
13. 사업자등록을 한 일반과세자는 세금계산서를 발급할 수 있다.
14. 중소기업의 외상매출금 및 미수금(이사 "외상매출금등"이라 한다)으로서 회수기일이 2년 이상 지난 외상매출금 등은 부가가치세법상 대손 사유에 해당한다. 다만, 특수관계인과의 거래로 인하여 발생한 외상매출금 등은 제외한다.
15. 위탁판매의 경우 부가가치세법상 공급시기는 위탁받은 수탁자 또는 대리인이 실제로 판매한 때이다.

실무문제 해설

문제 1 기초정보관리 및 전기분 재무제표

[1] 거래처등록
- 일반거래처 TAB : 00777.슬기로운(주)를 등록 후 세부사항을 모두 입력

[2] 계정과목 및 적요등록
- 134.가지급금 계정과목 : 대체적요란 8번에 '출장비 가지급금 정산'을 추가입력

[3] 전기분 재무제표
- 전기분 원가명세서 : 504.임금 45,000,000원 ⇨ 47,200,000원 수정입력
  당기제품제조원가 398,580,000원 ⇨ 400,780,000원 변경 확인
- 전기분 손익계산서 : 제품매출원가의 당기제품제조원가 398,580,000원을 400,780,000원으로 수정입력
  801.급여 86,500,000원 ⇨ 84,300,000원 수정입력
  당기순이익 74,960,000원 확인(변동 없음)
- 전기분 잉여금처분계산서 : 당기순이익 74,960,000원으로 변동이 없으므로 미처분이익잉여금 및 이월이익잉여금에 변동이 없으므로 정정 불필요
- 전기분 재무상태표 : 당기순이익 변동이 없으므로 정정 불필요

문제 2 일반전표입력

NO	월	일	구분	계정과목	거래처	차변	대변
[1]	7	15	차변	선급금	(주)상수	3,000,000	
			대변	당좌예금			3,000,000
[2]	8	5	차변	보통예금		864,000,000	
			차변	선급비용		36,000,000	
			대변	단기차입금	우리은행		900,000,000
[3]	9	10	차변	미지급금	(주)대운	1,000,000	
			차변	보통예금		9,000,000	
			대변	임차보증금	(주)대운		10,000,000

NO	월	일	구분	계정과목	거래처	차변	대변
[4]	10	20	차변	보통예금		1,300,000	
			대변	외상매출금	(주)영광상사		1,300,000
[5]	11	29	차변	매도가능증권(178)		20,240,000	
			대변	보통예금			20,240,000

[5] ■ 장기투자 목적으로 취득한 주식은 투자자산인 매도가능증권(178)으로 회계처리하며 매입수수료는 취득원가에 가산한다.
　　매도가능증권 취득원가 = (2,000주 × 10,000원) + 240,000원 = 20,240,000원

NO	월	일	구분	계정과목	거래처	차변	대변
[6]	12	8	차변	상　품		7,560,000	
			대변	보통예금			7,560,000

[6] ■ 상품 수입시 발생된 관세는 취득 부대비용으로 취득원가에 가산한다.

문제 3 매입매출전표입력

NO	일자	유형	품목	공급가액	부가세	공급처명	전자	분개
[1]	8/10	51.과세	소모품	950,000	95,000	(주)산양산업	여	현금(혼합)

구분	계정과목	거래처	차변	대변
출금	부가세대급금	(주)산양산업	95,000	(현금)
출금	소모품	(주)산양산업	950,000	(현금)

NO	일자	유형	품목	공급가액	부가세	공급처명	전자	분개
[2]	8/22	52.영세	원재료	34,000,000	0	(주)로띠상사	여	혼합

구분	계정과목	거래처	차변	대변
차변	원재료	(주)로띠상사	34,000,000	
대변	지급어음	(주)로띠상사		34,000,000

NO	일자	유형	품목	공급가액	부가세	공급처명	전자	분개
[3]	8/25	53.면세	마른멸치세트	800,000		송강수산	여	혼합

구분	계정과목	거래처	차변	대변
차변	복리후생비(판)	송강수산	500,000	
차변	기업업무추진비(판)	송강수산	300,000	
대변	보통예금	송강수산		800,000

113회 기출문제 해설

NO	일자	유형	품목	공급가액	부가세	공급처명	전자	분개
[4]	10/16	54.불공	노트북	2,100,000	210,000	상해전자(주)	여	혼합

	불공제 사유		② 사업과 직접 관련 없는 지출		
구분	계정과목	거래처	차변	대변
차변	가지급금	황동규	2,310,000	
대변	미지급금	상해전자(주)		2,310,000

- 대표이사 개인적 사용 구입은 업무와 관련이 없는 지출로 매입세액을 공제받을 수 없으며, 가지급금 거래처 관리도 함께 한다.

NO	일자	유형	품목	공급가액	부가세	공급처명	전자	분개
[5]	11/4	17.카과	제품	700,000	70,000	김은우		카드(혼합)

	신용카드사		신한카드	
구분	계정과목	거래처	차변	대변
차변	외상매출금	신한카드	770,000	
대변	부가세예수금	김은우		70,000
대변	제품매출	김은우		700,000

NO	일자	유형	품목	공급가액	부가세	공급처명	전자	분개
[6]	12/4	57.카과	수선비	800,000	80,000	(주)뚝딱수선		카드(혼합)

	신용카드사		하나카드	
구분	계정과목	거래처	차변	대변
대변	미지급금 또는 미지급비용	하나카드		880,000
차변	부가세대급금	(주)뚝딱수선	80,000	
차변	수선비(제)	(주)뚝딱수선	800,000	

문제 4 일반·매입매출전표입력 수정

NO	일자	수정 전
[1]	9/9	상환기간이 3개월 만기 차입금은 단기차입금이므로 계정과목 및 금액 수정입력 일반전표입력에서 장기차입금 금액 수정, 단기차입금 계정과목 및 금액 추가입력
		(차) 보통예금　　5,000,000원　　(대) 장기차입금((주)초록산업)　5,000,000원
		수정 후
		(차) 보통예금　　5,000,000원　　(대) 장기차입금((주)초록산업)　3,000,000원 　　　　　　　　　　　　　　　　단기차입금((주)초록산업)　2,000,000원

기출문제 해설 113회

NO	일자	수정 전			
[2]	10/15	화물차량의 매입세액은 공제가 가능하므로 일반전표 삭제 후 매입매출전표 추가입력			
		(차) 차량유지비(판)	275,000원	(대) 현 금	275,000원
		수정 후			
		유형 : 51.과세, 공급가액 : 250,000원, 부가세 : 25,000원, 공급처명 : 바로카센터, 전자 : 여, 분개 : 현금			
		(차) 부가세대급금 차량유지비(판)	25,000원 250,000원	(대) 현 금	275,000원

문제 5 결산정리사항

[1] 수동결산 – 일반전표입력

월	일	구분	계정과목	거래처	차변	대변
12	31	차변	외화환산손실		200,000	
		대변	외상매입금	NOVONO		200,000

- 외화환산손실 = $2,000 × (1,200원 − 1,100원) = 200,000원(부채 증가)

[2] 수동결산 – 일반전표입력

월	일	구분	계정과목	거래처	차변	대변
12	31	차변	단기매매증권평가손실		2,000,000	
		대변	단기매매증권			2,000,000

- 단기매매증권평가손실 = 공정가치(시가) 54,000,000원 − 장부가액 56,000,000원 = △2,000,000원

[3] 수동결산 – 일반전표입력

월	일	구분	계정과목	거래처	차변	대변
12	31	차변	선급비용		1,200,000	
		대변	보험료(제)			1,200,000

- 보험료 지출시 전액 비용처리한 경우 결산시 미경과(차기)분을 선급비용으로 대체한다.
  선급비용 = 3,600,000원 × 4개월/12개월 = 1,200,000원

문제 6 장부조회

[1] 부가가치세신고서(조회기간 : 4월 1일 ~ 6월 30일) 조회 : 공급가액 5,100,000원, 세액 300,000원
  [과세표준및매출세액 → (7)예정신고누락분] 금액 및 세액 확인

[2] 총계정원장(월별TAB, 기간 : 4월 1일 ~ 6월 30일, 511.복리후생비 차변) 조회 : 4월, 416,000원

[3] 거래처원장(잔액TAB, 기간 : 1월 1일 ~ 4월 30일, 253.미지급금) 조회 : 세경상사, 50,000,000원

112회 전산회계1급 기출 해설 PART 03 기출문제

A형	[01]	[02]	[03]	[04]	[05]	[06]	[07]	[08]	[09]	[10]	[11]	[12]	[13]	[14]	[15]
	3	4	2	1	1	3	4	4	1	4	2	1	2	3	3

◆해설◆

01. 재무제표는 재무상태표, 손익계산서, 현금흐름표, 자본변동표로 구성되며, 주석을 포함한다.
02. ■ 정액법에 의한 감가상각비 = (취득원가 - 잔존가치) ÷ 내용연수
    ■ 생산량은 생산량비례법을 계산할 때 필수요소이다.
03. 자기주식은 자본조정 계정과목으로 재무상태표 및 자본변동표에 표시된다.
04. 위탁매출은 수탁자가 해당 재화를 제3자에게 판매한 시점에 수익으로 인식한다.
05. 임차보증금은 기타비유동자산으로 분류하고, 나머지는 무형자산으로 분류한다.
06. 자기주식처분이익은 자본잉여금으로 분류되고, 자기주식, 주식할인발행차금, 감자차손은 자본조정으로 분류된다.
07. 기말재고자산을 실제보다 낮게 계상한 경우, 매출원가 과대계상되므로 그 결과 당기순이익과 자본은 과소계상된다.
08. 투자 목적으로 취득한 토지는 투자부동산으로 처리하며, 중개수수료는 취득부대비용으로 취득원가에 가산한다.
    회계처리 : (차) 투자부동산 5,200,000원   (대) 미지급금 5,000,000원
                                             현 금   200,000원
09. 총고정원가는 관련 범위 내에서 일정하고, 관련 범위 밖에는 일정하다고 할 수 없다.
10. 매출원가는 손익계산서에서 제공되는 정보이다.
11. 공장 인사 관리 부문의 원가는 종업원의 수를 배부기준으로 하는 것이 적합하다.
12. ■ 직접재료원가 완성품환산량
      = 완성품 30,000개 + 기말재공품 10,000개 - 기초재공품 5,000개 = 35,000개
    ■ 가공원가 완성품환산량
      = 완성품 30,000개 + 기말재공품 10,000개 × 30% - 기초재공품 5,000개 × 70%
      = 29,500개
13. 우리나라 부가가치세법은 소비지국과세원칙을 채택하고 있다.
14. 폐업자의 경우 폐업일이 속하는 달의 다음 달 25일까지 확정신고를 하여야 한다.
15. ① 기업업무추진비는 매입세액불공제 대상이다.
    ② 비영업용소형승용차의 구입, 유지, 임차를 위한 비용은 매입세액을 불공제한다.
    ④ 세금계산서, 신용카드매출전표, 현금영수증에 기재된 매입세액은 공제가능하다.

실무문제 해설

문제 1 기초정보관리 및 전기분 재무제표

[1] 거래처등록
- 일반거래처 TAB : 5230.(주)대영토이를 등록 후 세부사항을 모두 입력

[2] 거래처별 초기이월
- 외상매출금 : 튼튼사무기 8,300,000원 ⇨ 3,800,000원으로 수정입력
- 받을어음 : (주)강림상사 20,000,000원 ⇨ 2,000,000원으로 수정입력
- 외상매입금 : (주)해원상사 4,600,000원 추가입력

[3] 전기분 재무제표
- 전기분 재무상태표 : 153.원재료 73,600,000원 ⇨ 75,600,000원 수정입력
- 전기분 원가명세서 : 501.원재료비의 기말원재료재고액 73,600,000원 ⇨ 75,600,000원 변경 확인
  당기제품제조원가 505,835,000원 ⇨ 503,835,000원 변경 확인
- 전기분 손익계산서 : 제품매출원가의 당기제품제조원가 505,835,000원을 503,835,000원으로 수정입력
  당기순이익 131,865,000원 ⇨ 133,865,000원 변경 확인
- 전기분 잉여금처분계산서 : 상단 F6(불러오기)하여 당기순이익이 133,865,000원으로 반영
  미처분이익잉여금 169,765,000원 ⇨ 171,765,000원 변경 확인
- 전기분 재무상태표 : 이월이익잉여금을 169,765,000원 ⇨ 171,765,000원 수정입력
  대차 금액이 일치하여 대차 차액 0원인 것을 확인

문제 2 일반전표입력

NO	월	일	구분	계정과목	거래처	차변	대변
[1]	8	10	차변	예수금		340,000	
			차변	복리후생비(제)		340,000	
			대변	보통예금			680,000
[2]	8	23	차변	부도어음과수표	(주)애플전자	3,500,000	
			대변	받을어음	(주)애플전자		3,500,000
[3]	9	14	차변	잡급(판)		420,000	
			대변	현 금			420,000
	■ 일용직 근로자의 급여는 잡급 계정과목으로 회계처리 한다.						
[4]	9	26	차변	퇴직급여충당부채		5,000,000	
			대변	퇴직연금운용자산			5,000,000

112회 기출문제 해설

NO	월	일	구분	계정과목	거래처	차변	대변
[5]	10	16	차변	보통예금		37,000,000	
			대변	단기매매증권			35,000,000
			대변	단기매매증권처분이익			2,000,000

■ 단기매매증권의 취득과 관련된 거래원가(취득수수료)는 수수료비용(영업외비용)으로 처리한다.
단기매매증권처분이익 = 처분가액 37,000,000원 − 취득가액 (5,000주 × 7,000원) = 2,000,000원

NO	월	일	구분	계정과목	거래처	차변	대변
[6]	11	29	차변	보통예금		49,000,000	
			차변	사채할인발행차금		1,000,000	
			대변	사 채			50,000,000

문제 3 매입매출전표입력

[1]

NO	일자	유형	품목	공급가액	부가세	공급처명	전자	분개
	9/2	11.과세	제품	10,000,000	1,000,000	(주)신도기전	여	혼합

구분	계정과목	거래처	차변	대변
대변	부가세예수금	(주)신도기전		1,000,000
대변	제품매출	(주)신도기전		10,000,000
차변	받을어음	(주)신도기전	8,000,000	
차변	외상매출금	(주)신도기전	3,000,000	

[2]

NO	일자	유형	품목	공급가액	부가세	공급처명	전자	분개
	9/12	57.카과	작업복	450,000	45,000	인천상회		카드(혼합)

신용카드사		우리카드(법인)		
구분	계정과목	거래처	차변	대변
대변	미지급금 또는 미지급비용	우리카드(법인)		495,000
차변	부가세대급금	인천상회	45,000	
차변	복리후생비(제)	인천상회	450,000	

[3]

NO	일자	유형	품목	공급가액	부가세	공급처명	전자	분개
	10/5	16.수출	제품	100,000,000	0	PYBIN사		혼합

영세율 구분		① 직접수출(대행수출 포함)		
구분	계정과목	거래처	차변	대변
대변	제품매출	PYBIN사		100,000,000
차변	보통예금	PYBIN사	100,000,000	

NO	일자	유형	품목	공급가액	부가세	공급처명	전자	분개
[4]	10/22	53.면세	도서	1,375,000		영건서점	여	현금 (혼합)
	구분	계정과목		거래처		차변	대변	
	출금	도서인쇄비(판)		영건서점		1,375,000	(현금)	

NO	일자	유형	품목	공급가액	부가세	공급처명	전자	분개
[5]	11/2	22.현과	제품	8,000,000	800,000			혼합
	구분	계정과목		거래처		차변	대변	
	대변	부가세예수금					800,000	
	대변	제품매출					8,000,000	
	차변	보통예금				8,800,000		
	■ 문제 지문에 거래처를 주어지지 않았으므로 입력하지 않아도 됨							

NO	일자	유형	품목	공급가액	부가세	공급처명	전자	분개
[6]	12/19	54.불공	생활용품세트	500,000	50,000	홍성백화점	여	혼합 (카드)
	불공제 사유			④ 기업업무추진비 및 이와 유사한 비용 관련					
	구분	계정과목		거래처		차변	대변	
	차변	기업업무추진비(판)		홍성백화점		550,000		
	대변	미지급금 또는 미지급비용		국민카드			550,000	

문제 4 일반 · 매입매출전표입력 수정

NO	일자	수정 전
[1]	7/31	일반전표입력에서 퇴직급여(판) 계정과목을 퇴직연금운용자산으로 수정입력 ■ 확정기여형(DC) 퇴직연금 : 퇴직급여　　■ 확정급여형(DB) 퇴직연금 : 퇴직연금운용자산 (차) 퇴직급여(판)　　14,000,000원　　(대) 보통예금　　14,000,000원 **수정 후** (차) 퇴직연금운용자산　　14,000,000원　　(대) 보통예금　　14,000,000원

112회 기출문제 해설

NO	일자	수정 전		
[2]	10/28	매입매출전표입력에서 유형, 불공제사유, 회계처리 수정입력		
		유형 : 51.과세, 공급가액 : 5,000,000원, 부가세 : 500,000원, 공급처명 : 다다마트, 전자 : 여, 분개 : 현금		
		(차) 부가세대급금 복리후생비(판)	500,000원 5,000,000원	(대) 현 금 5,500,000원
		수정 후		
		유형 : 54.불공, 공급가액 : 5,000,000원, 부가세 : 500,000원, 공급처명 : 다다마트, 전자 : 여, 분개 : 현금, 불공제사유 : ④ 기업업무추진비 및 이와 유사한 비용 관련		
		(차) 기업업무추진비(판)	5,500,000원	(대) 현 금 5,500,000원

문제 5 결산정리사항

[1] 수동결산 - 일반전표입력

월	일	구분	계정과목	거래처	차변	대변
12	31	차변	미수수익		150,000	
		대변	이자수익			150,000

- 이자수익 = 5,000,000원 × 6% × 6개월/12개월 = 150,000원

[2] 수동결산 - 일반전표입력

월	일	구분	계정과목	거래처	차변	대변
12	31	차변	외화환산손실		80,000	
		대변	외상매입금	상하이		80,000

- 외화환산손실 = ($2,000 × 1,040원) - 2,000,000원 = 80,000원(부채 증가)

[3] 자동결산 - 결산자료입력

- 외상매출금 : (15,000,000원 × 1%) - 70,000원 = 80,000원(추가설정)
- 받을어음 : (12,000,000원 × 1%) - 150,000원 = △30,000원(환입)
- 대손충당금 환입이 발생한 경우 대손상각비의 차감계정으로 처리하거나 직접 대손상각비 음수로 처리한다.

방법 1 : 결산자료입력 메뉴의 상단 [대손상각] 버튼을 클릭하여 "대손율(%) : 1%"을 입력하고 외상매출금 및 받을어음을 제외한 이외의 계정과목에 대한 "추가설정액"란의 금액은 삭제한 후 [결산반영] 버튼을 눌러 "결산반영금액"란에 반영하여 [전표추가]를 한다.

방법 2 : 결산자료입력 메뉴의 대손상각에 [외상매출금 : 80,000원, 받을어음 : -30,000원]을 입력한 후 결산자료 입력의 [전표추가]를 한다.

기출문제 해설 112회

방법 3 : 결산일(12월 31일)에 일반전표입력에 직접 입력

월	일	구분	계정과목	거래처	차변	대변
12	31	차변	대손상각비(판)		50,000	
		대변	대손충당금(109)			80,000
		대변	대손충당금(111)			−30,000

또는

월	일	구분	계정과목	거래처	차변	대변
12	31	차변	대손상각비(판)		80,000	
		차변	대손충당금(111)		30,000	
		대변	대손충당금(109)			80,000
		대변	대손상각비(판)			30,000

문제 6 장부조회

[1] 매입매출장(조회기간 : 1월 1일 ~ 3월 31일, 구분 : 2.매출, 유형 : 22.현과) 조회 : 700,000원

[2] 일계표(월계표)(기간 : 6월 ~ 6월, 5.제조원가 차변 현금 금액) 조회 : 3,162,300원

[3] 거래처원장(기간 : 1월 1일 ~ 6월 30일, 251.외상매입금) 조회 : 전설유통, 700,000원

111회 전산회계1급 기출 해설

A형	[01]	[02]	[03]	[04]	[05]	[06]	[07]	[08]	[09]	[10]	[11]	[12]	[13]	[14]	[15]
	4	1	2	1	4	2	2	1	3	3	1	4	3	2	3

◆해설◆

01. 회계정보의 질적 특성 중 목적 적합성에 관련된 설명이며, 예측가치, 피드백가치, 적시성이 이에 해당한다. 중립성은 표현의 충실성, 검증가능성과 함께 신뢰성에 해당하는 질적 특성이다.

02. 당좌자산은 유동자산으로 구분된다.

03. 원가흐름 가정 중 선입선출법은 먼저 입고된 자산이 먼저 출고된 것으로 가정하여 입고 일자가 빠른 원가를 출고 수량에 먼저 적용한다. 선입선출법은 실제 물량 흐름에 대한 원가흐름의 가정이 유사하다는 장점이 있으나, 수익·비용 대응의 원칙에 부적합하고, 물가 상승 시 이익이 과대 계상되는 단점이 있다.

04. ■ 현금성자산에 해당하는 것은 배당금지급통지서, 타인발행수표이다.
    ■ 현금성자산 = 배당금지급통지서 500,000원 + 타인발행수표 500,000원 = 1,000,000원

05. 주식배당과 무상증자는 순자산의 증가가 발생하지 않는다.

06. ■ 대손상각비, 기부금, 퇴직급여, 이자수익이 손익계산서에 나타나는 계정과목이다.
    ■ 현금, 외상매출금은 재무상태표에 나타나는 자산 계정과목이다.

07. ■ 2024년 감가상각비 = 취득원가 10,000,000원 × 45% × 6/12 = 2,250,000원
    ■ 2025년 감가상각비 = (취득원가 10,000,000원 − 감가상각누계액 2,250,000원) × 45%
    = 3,487,500원

08. 기업의 정상적인 영업활동의 결과로써 재고자산은 제조와 판매를 통해 매출원가로 대체된다. 그러나 재고자산이 외부 판매 이외의 용도로 사용될 경우 '타계정대체'라 하며 이때는 매출원가가 증가하지 않는다.

09. 변동원가는 생산량이 증가할 경우 총원가는 증가하지만, 단위당 원가는 일정하다.

10. 정유업, 제분업, 식품가공업은 종합원가계산의 적용이 가능한 업종이다.

11. 생산과정에서 나오는 원재료의 찌꺼기는 작업폐물이다.

12. ■ 예정배부율 = 제조간접원가 예상액 2,500,000원 / 예상 직접노무시간 50,000시간 = 50원/시간
    ■ 예정배부액 = 6월 실제 직접노무시간 5,000시간 × 예정배부율 50원/시간 = 250,000원
    ■ 제조간접비 배부차이 = 실제발생액 300,000원 − 예정배부액 250,000원 = 과소배부 50,000원

13. ① 영세율제도 : 국제적 부가가치세 이중과세를 방지하고자 수출등에 의한 공급은 소비지국 과세원칙에 의해 영의 세율을 적용하는 제도
    ② 사업자단위과세제도 : 둘 이상의 사업장이 있는 사업자는 해당 사업자의 본점 또는 주사무소의 관할세무서장에게 사업자등록을 하고 납세의무를 이행할 수 있는 제도

④ 대손세액공제제도 : 대손금이 확정된 경우 부가가치세 예수금에 대하여 세액공제를 신청할 수 있는 제도

14. ■ 제품의 외상판매는 재화의 공급에 해당한다.
    ■ 재화의 공급으로 보지 않는 특례 : 사업의 양도(사업양수 시 양수자 대리납부의 경우 재화의 공급으로 인정), 담보의 제공·조세의 물납·법률에 따른 공매·경매, 법률에 따른 수용·신탁재산의 이전

15. 매출할인액은 과세표준에서 제외한다.

실무문제 해설

문제 1 기초정보관리 및 전기분 재무제표

[1] 계정과목 및 적요등록
- 831.수수료비용 계정과목 : 현금적요 NO.8, '결제 대행 수수료'를 추가입력

[2] 거래처등록
- 금융기관 TAB : 98005.수협은행을 등록 후 세부사항을 모두 입력

[3] 거래처별 초기이월
- 지급어음 : 천일상사 9,300,000원 ⇨ 6,500,000원으로 수정입력
            모닝상사 5,900,000원 ⇨ 8,700,000원으로 수정입력
- 미지급금 : 대명(주) 8,000,000원 ⇨ 4,500,000원으로 수정입력
            (주)한울 4,400,000원 ⇨ 7,900,000원으로 수정입력

문제 2 일반전표입력

NO	월	일	구분	계정과목	거래처	차변	대변
[1]	7	10	차변	예수금		22,000	
			대변	보통예금			22,000
[2]	7	16	차변	선급금	(주)홍명	1,000,000	
			대변	당좌예금			1,000,000
[3]	8	10	차변	미지급금	비씨카드	2,000,000	
			대변	보통예금			2,000,000
[4]	8	20	차변	여비교통비(판)		380,000	
			차변	현 금		220,000	
			대변	전도금			600,000

■ 전도금 지급시 거래처를 입력하지 않은 경우 정산시에도 입력하지 않는다.

111회 기출문제 해설

NO	월	일	구분	계정과목	거래처	차변	대변
[5]	9	12	차변	현 금		8,000,000	
			대변	미수금	우리기계		8,000,000

- 상거래 이외의 어음을 수취한 경우 "미수금"으로 회계처리 후 만기시 반제처리한다.

NO	월	일	구분	계정과목	거래처	차변	대변
[6]	10	28	차변	보통예금		41,400,000	
			대변	외상매출금	lailai co. ltd		39,000,000
			대변	외환차익			2,400,000

- 외환차익 = $30,000 × (1,380원 − 1,300원) = 2,400,000원

문제 13 매입매출전표입력

NO	일자	유형	품목	공급가액	부가세	공급처명	전자	분개
[1]	7/6	11.과세	제품	23,000,000	2,300,000	(주)아이닉스	여	외상

구분	계정과목	거래처	차변	대변
차변	외상매출금	(주)아이닉스	25,300,000	
대변	부가세예수금	(주)아이닉스		2,300,000
대변	제품매출	(주)아이닉스		23,000,000

NO	일자	유형	품목	공급가액	부가세	공급처명	전자	분개
[2]	8/10	14.건별	제품	500,000	50,000			혼합

구분	계정과목	거래처	차변	대변
대변	부가세예수금			50,000
대변	제품(8.타계정으로 대체액)			300,000
차변	기업업무추진비(제)		350,000	

- 사업상 증여(간주공급)시 과세표준 = 시가 500,000원
- 거래처에 접대목적으로 제공한 제품은 원가로 회계처리하며 타계정으로 대체 처리한다.

NO	일자	유형	품목	공급가액	부가세	공급처명	전자	분개
[3]	9/16	11.과세	제품	9,000,000	900,000	팔팔물산	여	현금(혼합)

구분	계정과목	거래처	차변	대변
입금	부가세예수금		(현금)	900,000
입금	제품매출		(현금)	9,000,000

- 타인(동점)이 발행한 당좌수표는 현금으로 처리한다.

NO	일자	유형	품목	공급가액	부가세	공급처명	전자	분개
[4]	9/26	51.과세	간판	5,000,000	500,000	잘나가광고	여	혼합
	구분	계정과목		거래처	차변		대변	
	차변	부가세대급금		잘나가광고	500,000			
	차변	비 품		잘나가광고	5,000,000			
	대변	보통예금		잘나가광고			5,500,000	

NO	일자	유형	품목	공급가액	부가세	공급처명	전자	분개
[5]	10/15	51.과세	원재료	2,500,000	250,000	메타가구	여	혼합
	구분	계정과목		거래처	차변		대변	
	차변	부가세대급금		메타가구	250,000			
	차변	원재료		메타가구	2,500,000			
	대변	받을어음		(주)은성가구			1,000,000	
	대변	외상매입금		메타가구			1,750,000	

NO	일자	유형	품목	공급가액	부가세	공급처명	전자	분개
[6]	12/20	54.불공	디지털카메라	3,800,000	380,000	니캉전자	여	혼합
	불공제 사유			② 사업과 직접 관련 없는 지출				
	구분	계정과목		거래처	차변		대변	
	차변	가지급금		한태양	4,180,000			
	대변	보통예금		니캉전자			4,180,000	

■ 대표이사 개인적 사용 구입은 업무와 관련이 없는 지출로 매입세액을 공제받을 수 없으며, 가지급금 거래처 관리도 함께 한다.

문제 4 일반·매입매출전표입력 수정

NO	일자	수정 전		
[1]	8/17	매입매출전표입력에서 유형, 회계처리 수정입력 유형 : 58.카면, 공급가액 : 44,000원, 세액 : -, 거래처 : 사거리주유소, 전자 : 부, 분개 : 카드(혼합) 신용카드사 : 비씨카드		
		(차) 차량유지비(판) 44,000원	(대) 미지급금(비씨카드)	44,000원
		수정 후		
		유형 : 57.카과, 공급가액 : 40,000원, 세액 : 4,000원, 거래처 : 사거리주유소, 분개 : 카드(혼합) 신용카드사 : 비씨카드		
		(차) 부가세대급금 4,000원 차량유지비(판) 40,000원	(대) 미지급금(비씨카드) (또는 미지급비용)	44,000원

111회 기출문제 해설

NO	일자	수정 전			
[2]	11/12	일반전표입력에서 기업업무추진비(판) 계정과목을 복리후생비(제)로 수정입력			
		(차) 기업업무추진비(판)	500,000원	(대) 현 금	500,000원
		수정 후			
		(차) 복리후생비(제)	500,000원	(대) 현 금	500,000원

문제 5 결산정리사항

[1] 수동결산 – 일반전표입력

월	일	구분	계정과목	거래처	차변	대변
12	31	차변	부가세예수금		49,387,500	
		대변	부가세대급금			34,046,000
		대변	미지급세금			15,341,500

[2] 수동결산 – 일반전표입력

월	일	구분	계정과목	거래처	차변	대변
12	31	차변	선급비용		3,600,000	
		대변	보험료(제)			3,600,000

- 보험료 지출시 전액 비용처리한 경우 결산시 미경과(차기)분을 선급비용으로 대체한다.
  선급비용 = 7,200,000원 × 6개월/12개월 = 3,600,000원

[3] 자동결산 – 결산자료입력

- 감가상각비 = 취득원가 30,000,000원 ÷ 내용연수 5년 × 9/12 = 4,500,000원

방법 1 : 결산자료입력 메뉴의 상단 [감가상각] 버튼을 클릭하여 [고정자산등록]에 등록한 감가상각비를 [결산반영] 버튼을 눌러 "결산반영금액"란에 반영하여 전표추가를 한다.

방법 2 : 결산자료입력 메뉴 제조경비의 2).일반감가상각비에 [차량운반구 : 4,500,000원]을 입력한 후 결산자료입력의 전표추가를 한다.

방법 3 : 결산일(12월 31일)에 일반전표입력에 직접 입력

월	일	구분	계정과목	거래처	차변	대변
12	31	차변	감가상각비(제)		4,500,000	
		대변	감가상각누계액(209)			4,500,000

문제 6 장부조회

[1] 계정별원장(기간 : 4월 1일 ~ 4월 30일, 108.외상매출금, 대변 월계) 조회 : 40,000,000원
[2] 총계정원장(기간 : 1월 1일 ~ 6월 30일, 404.제품매출) 조회 : 117,630,000원
  차액 = 많은 6월 매출액 147,150,000원 – 작은 2월 매출액 29,520,000원 = 117,630,000원
[3] 부가가치세신고서(조회기간 : 4월 ~ 6월) 조회 : [매입세액 → (11)고정자산매입 세액] 6,372,000원

110회 전산회계1급 기출 해설   PART 03 기출문제

A형	[01]	[02]	[03]	[04]	[05]	[06]	[07]	[08]	[09]	[10]	[11]	[12]	[13]	[14]	[15]
	1	4	2	2	1	4	2	4	1	1	3	4	4	3	2

해설

01. ②는 손익계산서, ③은 현금흐름표, ④는 자본변동표에 대한 설명이다.
02. 임대보증금은 비유동부채에 포함된다.
03. 내부적으로 창출한 브랜드, 고객목록과 같은 항목은 무형자산으로 인식할 수 없다.
04. 시용판매의 경우에는 소비자가 매입의사를 표시하는 시점에 수익을 인식한다.
05. ② 선입선출법 : 먼저 매입 또는 생산한 재고항목이 먼저 판매 또는 사용된다는 원가흐름을 가정하는 방법으로 기말재고로 남아있는 항목은 가장 최근에 매입 또는 생산한 항목이다.
    ③ 후입선출법 : 가장 최근에 매입 또는 생산한 재고항목이 가장 먼저 판매 또는 사용된다는 원가흐름을 가정하는 방법으로 기말재고에 남아있는 항목은 가장 먼저 매입 또는 생산한 항목이다.
    ④ 총평균법 : 당기에 판매된 재고자산은 모든 동일한 단가라는 가정하에 매출원가와 기말재고액을 결정하는 방법으로 적용이 간편하고 객관적이며 이익조작의 가능성이 없다.
06. 일용직 직원에 대한 수당은 잡급인 판매비와관리로 처리하므로 영업이익에 영향을 준다. 이자수익은 영업외수익으로, 재해손실과 이자비용은 영업외비용으로 처리하므로 무관하다.
07. ■ 결산일에 매도가능증권을 공정가치로 평가하여 발생하는 손익은 기타포괄손익누계액(자본)으로 회계처리 하도록 규정하고 있다.
    ■ 단기매매증권평가이익 = 공정가치 3,300,000원 - 장부금액 3,000,000원 = 300,000원
    ■ 투자자산처분손실 = 처분금액 8,800,000원 - 장부금액 9,000,000원 = △200,000원
    ■ 당기순이익 = 단기매매증권평가이익 300,000원 - 투자자산처분손실 200,000원
              = 100,000원 증가
08. ■ 기초자본 = 기초자산 900,000원 - 기초부채 500,000원 = 400,000원
    ■ 당기순이익 = 총수익 1,100,000원 - 총비용 900,000원 = 200,000원
    ■ 기말자본 = 기초자본 + 추가출자 - 이익배당액 + 당기순이익
             = 400,000원 + 100,000원 - 50,000원 + 200,000원 = 650,000원
09. 외부의 정보이용자들에게 유용한 정보를 제공하는 것은 재무회계의 목적이다.
10. 변동원가는 조업도가 증가할수록 총원가는 증가하지만 단위당 원가는 변동이 없다. 고정원가는 조업도가 증가할 때 총원가는 일정하며 단위당 원가는 감소한다.
11. 단계배분법을 사용할 경우, 배부순서에 따라 각 보조부문에 배분되는 금액은 차이가 발생한다.
12. 공정별 원가계산에 적합한 것이 종합원가계산이다.

13. 증여로 인하여 사업자의 명의가 변경되는 경우는 폐업 사유에 해당한다. 증여자는 폐업, 수증자는 신규 사업자등록 사유이다.
14. 영세율은 완전면세제도이다.
15. 영수증 발급 대상 사업자는 주로 사업자가 아닌 자에게 재화 또는 용역을 공급하는 사업자인 소매업, 음식점업, 미용, 욕탕 및 유사 서비스업, 여객운송업, 입장권을 발행하여 경영하는 사업자를 말한다.

실무문제 해설

문제 1 기초정보관리 및 전기분 재무제표

[1] 거래처등록
- 신용카드 TAB : 99850.하나카드를 등록 후 세부사항을 모두 입력

[2] 계정과목 및 적요등록
- 812.여비교통비 계정과목 : 현금적요 NO.6, '야근 시 퇴근택시비 지급'을 추가입력
  대체적요 NO.3, '야근 시 퇴근택시비 정산 인출'을 추가입력

[3] 전기분 재무제표
- 전기분 원가명세서 : 511.복리후생비 9,000,000원 ⇨ 10,000,000원 수정입력
  당기제품제조원가 94,200,000원 ⇨ 95,200,000원 변경 확인
- 전기분 손익계산서 : 제품매출원가의 당기제품제조원가 94,200,000원을 95,200,000원으로 수정입력
  811.복리후생비 30,000,000원 ⇨ 29,000,000원 수정입력
  당기순이익 61,390,000원 확인(변동 없음)
- 전기분 잉여금처분계산서 : 당기순이익 61,390,000원으로 변동이 없으므로 미처분이익잉여금이나 이월이익잉여금에 변동이 없으므로 정정 불필요
- 전기분 재무상태표 : 당기순이익 변동이 없으므로 정정 불필요

문제 2 일반전표입력

NO	월	일	구분	계정과목	거래처	차변	대변
[1]	7	4	차변	외상매입금	나노컴퓨터	5,000,000	
			대변	외상매출금	나노컴퓨터		3,000,000
			대변	당좌예금			2,000,000
[2]	9	15	차변	보통예금		1,000,000	
			대변	배당금수익			1,000,000

[2]
- 배당금 수령시 현금배당은 배당금수익으로 회계처리하나 주식배당은 별도의 회계처리 하지 않고 관련 주식의 수량과 취득단가를 새로이 계산하여 주석 공시한다.
  현금 배당금 = 1,000주 × 1,000원 = 1,000,000원

NO	월	일	구분	계정과목	거래처	차변	대변
[3]	10	5	차변	보통예금		4,945,000	
			차변	매출채권처분손실		55,000	
			대변	받을어음	(주)영춘		5,000,000
	■ 매출채권의 할인 시 매각거래에서 발생한 할인료는 매출채권처분손실, 차입거래에서 발생한 할인료는 이자비용으로 처리한다.						
[4]	10	30	차변	세금과공과(판)		500,000	
			대변	보통예금			500,000
[5]	12	12	차변	사 채		10,000,000	
			대변	보통예금			9,800,000
			대변	사채상환이익			200,000
	■ 사채상환이익 = 사채 장부가액 − 상환금액 = 10,000,000원 − 9,800,000원 = 200,000원						
[6]	12	21	차변	보통예금		423,000	
			차변	선납세금		77,000	
			대변	이자수익			500,000

문제 3 매입매출전표입력

NO	일자	유형	품목	공급가액	부가세	공급처명	전자	분개
[1]	7/11	11.과세	제품	3,000,000	300,000	성심상사	여	혼합
	구분	계정과목		거래처		차변	대변	
	대변	부가세예수금		성심상사			300,000	
	대변	제품매출		성심상사			3,000,000	
	차변	현 금		성심상사		1,000,000		
	차변	외상매출금		성심상사		2,300,000		

NO	일자	유형	품목	공급가액	부가세	공급처명	전자	분개
[2]	8/25	51.과세	건물	200,000,000	20,000,000	(주)대관령	여	혼합
	구분	계정과목		거래처		차변	대변	
	차변	부가세대급금		(주)대관령		20,000,000		
	차변	건 물		(주)대관령		200,000,000		
	차변	토 지		(주)대관령		150,000,000		
	대변	선급금		(주)대관령			37,000,000	
	대변	보통예금		(주)대관령			333,000,000	

110회 기출문제 해설

NO	일자	유형	품목	공급가액	부가세	공급처명	전자	분개
	9/15	61.현과	소모품	350,000	35,000	골드팜(주)		혼합

[3]	구분	계정과목	거래처	차변	대변
	차변	부가세대급금	골드팜(주)	35,000	
	차변	소모품비(판)	골드팜(주)	350,000	
	대변	보통예금	골드팜(주)		385,000

■ 소모품의 부가가치세 과세 대상 여부를 명확히 제시하고 있지 아니하므로 유형을 62.현면으로 입력한 경우도 정답으로 인정하는 확정답안 공지함.

NO	일자	유형	품목	공급가액	부가세	공급처명	전자	분개
	9/30	51.과세	승용차	15,000,000	1,500,000	경하자동차(주)	여	혼합

[4]	구분	계정과목	거래처	차변	대변
	차변	부가세대급금	경하자동차(주)	1,500,000	
	차변	차량운반구	경하자동차(주)	15,000,000	
	대변	미지급금	경하자동차(주)		16,500,000

■ 1,000cc 이하 자동차는 개별소비세 과세 대상이 아니므로 매입세액 공제가 가능하다.

NO	일자	유형	품목	공급가액	부가세	공급처명	전자	분개
	10/17	55.수입	원재료	8,000,000	800,000	인천세관	여	혼합

[5]	구분	계정과목	거래처	차변	대변
	차변	부가세대급금	인천세관	800,000	
	대변	보통예금	인천세관		800,000

NO	일자	유형	품목	공급가액	부가세	공급처명	전자	분개
	10/20	14.건별	제품	90,000	9,000			현금 (혼합)

[6]	구분	계정과목	거래처	차변	대변
	입금	부가세예수금		(현금)	9,000
	입금	제품매출		(현금)	90,000

■ 문제의 지문에 거래처를 제시하고 있지 아니한 경우에는 입력하지 않는다.

문제 4 일반 · 매입매출전표입력 수정

NO	일자	수정 전			
[1]	8/31	일반전표입력에서 이자비용 금액 수정입력, 대변에 예수금 계정과목 및 금액 추가입력			
		(차) 이자비용	362,500원	(대) 보통예금	362,500원
		수정 후			
		(차) 이자비용	500,000원	(대) 보통예금	362,500원
				예수금	137,500원

NO	일자	수정 전			
[2]	11/30	수익적 지출은 당기 비용인 수선비(제조원가)로 회계처리하여야 함 매입매출전표입력에서 건물 계정과목을 수선비(제)로 수정입력 유형 : 51.과세, 공급가액 : 700,000원, 부가세 : 70,000원, 거래처 : 영포상회, 전자 : 여, 분개 : 혼합			
		(차) 부가세대급금 건　　물	70,000원 700,000원	(대) 보통예금	770,000원
		수정 후			
		(차) 부가세대급금 수선비(제)	70,000원 700,000원	(대) 보통예금	770,000원

문제 5 결산정리사항

[1] 수동결산 - 일반전표입력

월	일	구분	계정과목	거래처	차변	대변
12	31	차변	소모품비(제)		1,875,000	
		차변	소모품비(판)		625,000	
		대변	소모품			2,500,000

- 소모품 구입시 자산(소모품)으로 처리한 경우 사용액을 소모품비(비용)로 회계처리 한다.
- 소모품비(제) : (3,000,000원 - 500,000원) × 75% = 1,875,000원
- 소모품비(판) : (3,000,000원 - 500,000원) × 25% = 625,000원

[2] 수동결산 - 일반전표입력

월	일	구분	계정과목	거래처	차변	대변
12	31	차변	차량유지비(판)		150,000	
		차변	잡손실		85,000	
		대변	현금과부족			235,000

- 결산시점까지 현금과부족에 대하여 원인 불명인 경우 영업외손익으로 처리한다.

110회 기출문제 해설

[3] 자동결산 - 결산자료입력
- 정상적인 수량차이는 매출원가에 포함한다.
  원재료 : 9,500개 × 1,000원 = 9,500,000원
- 결산자료입력 메뉴를 선택한 후 결산반영금액 해당란에 [원재료 : 9,500,000원, 재공품 : 8,500,000원, 제품 : 13,450,000원]을 입력 후 전표추가 한다.

문제 6 장부조회

[1] 재무상태표(기간 : 5월 31일) 조회 : 40,465,000원
차액 = 외상매출금 107,700,000원 - 외상매입금 67,235,000원 = 40,465,000원

[2] 부가가치세신고서(조회기간 : 4월 ~ 6월) 조회 : [과세표준및매출세액 → 영세란 합계] 48,450,000원
영세율 매출액 = 세금계산서 발급분(5) 38,450,000원 + 기타(6) 10,000,000원 = 48,450,000원

[3] 일계표(월계표)(기간 : 6월 ~ 6월, 판매비와관리비 차변 계) 조회 : 도서인쇄비, 10,000원

109회 전산회계1급 기출 해설

A형	[01]	[02]	[03]	[04]	[05]	[06]	[07]	[08]	[09]	[10]	[11]	[12]	[13]	[14]	[15]
	4	4	2	2	1	4	3	3	1	3	2	3	4	1	2

해설

01. ①은 원가관리회계의 목적, ②는 세무회계의 정보이용자에 해당하며, ③은 세무회계의 목적이다.
02. 단기매매증권은 유동자산 중 당좌자산으로 분류된다.
03. 재고자산의 매입원가는 매입금액에 매입운임, 하역료 및 보험료 등 취득과정에서 정상적으로 발생한 부대비용을 가산한 금액이다. 매입과 관련된 할인, 에누리 및 기타 유사한 항목은 매입원가에서 차감한다.
04. 자본적지출을 수익적지출로 잘못 처리하게 되면, 자산은 과소계상, 비용은 과대계상되므로 자본은 과소계상하게 된다.
05. ▪ 기인식된 감자차익 200,000원을 상계하고 감자차손은 200,000원만 인식한다.
    ▪ 감자차손 = 200주 × (취득가액 7,000원 − 액면가액 5,000원) − 감자차익 200,000원 = 200,000원
06. 수익과 비용은 각각 총액으로 보고하는 것을 원칙으로 한다.
07. ▪ 옳은 회계처리 : (차) 현금   500,000원   (대) 선수금   500,000원
    ▪ 선수금을 제품매출로 인식함에 따라 유동부채가 과소계상된다.
    ▪ 당좌자산의 금액은 차이가 없으나, 영업수익(제품매출)은 과대계상 하였으므로 당기순이익도 과대계상 된다.
08. 기말 자본금 = 기초 자본금 50,000,000원 + (2,000주 × 액면금액 5,000원) = 60,000,000원
09. ▪ 판매비와관리비 : 영업용 사무실의 전기요금, 마케팅부의 교육연수비
    ▪ 영업외손익 : 유형자산의 처분으로 인한 손익
11. 당기 직접재료원가 1,250,000원
    = 기초원재료 1,200,000원 + 당기원재료매입액 900,000원 − 기말원재료 850,000원
12. ▪ 제조간접원가 배부율 0.5원/직접원가
      = 제조간접원가 500,000원 ÷ (직접재료원가 800,000원 + 직접노무원가 200,000원)
    ▪ 제조간접원가 배부액 275,000원
      = (직접재료원가 400,000원 + 직접노무원가 150,000원) × 배부율 0.5원
13. 간이과세자가 일반과세자로 변경되는 경우에 그 변경되는 해의 간이과세자 과세기간은 1월 1일부터 6월 30일까지 이다.
14. 공급연월일은 임의적 기재사항이며, 작성연월일이 필요적 기재사항이다.
15. 상품권이 현물과 교환되어 재화가 실제로 인도되는 때를 공급시기로 본다.

실무문제 해설

문제 1 기초정보관리 및 전기분 재무제표

[1] 거래처등록
- 일반거래처 TAB : 01230.태형상사를 등록 후 세부사항을 모두 입력

[2] 거래처별 초기이월
- 받을어음 : (주)원수 10,000,000원 ⇨ 15,000,000원으로 수정입력
- 단기차입금 : (주)이태백 10,000,000원 추가입력
  (주)빛날통신 3,000,000원 ⇨ 13,000,000원으로 수정입력

[3] 전기분 재무제표
- 전기분 원가명세서 : 521.보험료 1,000,000원 추가입력
  당기제품제조원가 93,000,000원 ⇨ 94,000,000원으로 변경 확인
- 전기분 손익계산서 : 제품매출원가의 당기제품제조원가 94,000,000원으로 수정입력
  제품매출원가 120,350,000원 ⇨ 121,350,000원 변경 확인
  821.보험료 3,000,000원 ⇨ 2,000,000원으로 수정입력
  당기순이익 356,150,000원 변동 없음
- 전기분 이익잉여금처분계산서 : 당기순이익 변동이 없어 미처분이익잉여금 수정 불필요
- 전기분 재무상태표 : 당기순이익 변동이 없어 이월이익잉여금 수정 불필요

문제 2 일반전표입력

NO	월	일	구분	계정과목	거래처	차변	대변
[1]	8	20	차변	기부금		2,000,000	
			대변	제품(8.타계정으로 대체)			2,000,000
■ 제품을 기부하였을 경우 해당 비용은 원가의 금액으로 하며, 적요는 '8.타계정으로 대체' 처리한다.							
[2]	9	2	차변	단기차입금	전마나	20,000,000	
			대변	보통예금			15,000,000
			대변	채무면제이익			5,000,000
[3]	10	19	차변	외상매입금	(주)용인	2,500,000	
			대변	현　금			1,500,000
			대변	받을어음	(주)수원		1,000,000
■ 타인(동점) 발행 당좌수표는 '현금', 당점 발행 당좌수표는 '당좌예금'으로 처리한다.							

NO	월	일	구분	계정과목	거래처	차변	대변
[4]	11	6	차변	예수금		270,000	
			차변	보험료(제)		221,000	
			차변	보험료(판)		110,500	
			대변	현 금			601,500
[5]	11	11	차변	퇴직급여(판)		6,800,000	
			차변	수수료비용(판)		200,000	
			대변	보통예금			7,000,000

- 확정기여형(DC) 퇴직연금 : 퇴직급여   ■ 확정급여형(DB) 퇴직연금 : 퇴직연금운용자산
- 장부상 퇴직급여충당금(전기이월) 잔액 50,000,000원이 있는 상태에서 확정기여형 퇴직연금 납입에 대한 퇴직급여추계액의 발생 기간이 제시되지 아니하였으므로 당기 이전 발생분 퇴직급여추계액의 납입으로 볼 경우 전기이월된 퇴직급여충당부채를 차감하는 회계처리 또한 적정하므로 확정 답안에 아래의 회계처리도 정답으로 공시하였다.
  회계처리 : (차) 퇴직급여충당부채   6,800,000원   (대) 보통예금   7,000,000원
              수수료비용(판)   200,000원

NO	월	일	구분	계정과목	거래처	차변	대변
[6]	12	3	차변	보통예금		4,750,000	
			대변	단기매매증권			4,000,000
			대변	단기매매증권처분이익			750,000

- 처분금액 = (10,000원 × 500주) − 처분수수료 250,000원 = 4,750,000원
- 장부금액 = 8,000원 × 500주 = 4,000,000원
- 처분손익 = 처분금액 4,750,000원 − 장부금액 4,000,000원 = 처분이익 750,000원

문제 3 매입매출전표입력

NO	일자	유형	품목	공급가액	부가세	공급처명	전자	분개
[1]	7/28	57.카과	도시락	200,000	20,000	저팔계산업		카드(혼합)

신용카드사		하나카드		
구분	계정과목	거래처	차변	대변
대변	미지급금 또는 미지급비용	하나카드		220,000
차변	부가세대급금	저팔계산업	20,000	
차변	복리후생비(판)	저팔계산업	200,000	

109회 기출문제 해설

[2]

NO	일자	유형	품목	공급가액	부가세	공급처명	전자	분개
	9/3	11.과세	기계장치	13,500,000	1,350,000	보람테크(주)	여	혼합

구분	계정과목	거래처	차변	대변
대변	부가세예수금	보람테크(주)		1,350,000
대변	기계장치	보람테크(주)		50,000,000
대변	유형자산처분이익	보람테크(주)		1,500,000
차변	감가상각누계액(207)	보람테크(주)	38,000,000	
차변	현금	보람테크(주)	4,850,000	
차변	미수금	보람테크(주)	10,000,000	

[3]

NO	일자	유형	품목	공급가액	부가세	공급처명	전자	분개
	9/22	51.과세	원재료	5,000,000	500,000	마산상사	여	혼합

구분	계정과목	거래처	차변	대변
차변	부가세대급금	마산상사	500,000	
차변	원재료	마산상사	5,000,000	
대변	받을어음	(주)서울		2,000,000
대변	외상매입금	마산상사		3,500,000

[4]

NO	일자	유형	품목	공급가액	부가세	공급처명	전자	분개
	10/31	12.영세	제품	70,000,000	0	NICE CO.,Ltd	여	혼합

영세율 구분	③ 내국신용장·구매확인서에 의하여 공급하는 재화			

구분	계정과목	거래처	차변	대변
대변	제품매출	NICE CO.,Ltd		70,000,000
차변	외상매출금	NICE CO.,Ltd	35,000,000	
차변	보통예금	NICE CO.,Ltd	35,000,000	

[5]

NO	일자	유형	품목	공급가액	부가세	공급처명	전자	분개
	11/4	54.불공	선물세트	1,500,000	150,000	손오공상사	여	혼합

불공제 사유	④ 기업업무추진비 및 이와 유사한 비용 관련			

구분	계정과목	거래처	차변	대변
차변	기업업무추진비(판)	손오공상사	1,650,000	
대변	미지급금 또는 미지급비용	손오공상사		1,650,000

NO	일자	유형	품목	공급가액	부가세	공급처명	전자	분개
[6]	12/5	54.불공	토지정지 등	50,000,000	5,000,000	(주)만듬건설	여	혼합

	불공제 사유	⑥ 토지의 자본적 지출 관련		
구분	계정과목	거래처	차변	대변
차변	토 지	(주)만듬건설	55,000,000	
대변	선급금	(주)만듬건설		5,500,000
대변	미지급금	(주)만듬건설		49,500,000

■ 토지정지비는 토지의 취득원가에 가산하므로 매입세액은 공제받지 못할 세액으로 처리한다.

문제 14 일반 · 매입매출전표입력 수정

NO	일자	수정 전 / 수정 후
[1]	11/10	**수정 전** 일반전표입력에서 수선비(제) 계정과목을 미지급금으로 수정입력 (차) 수선비(제)　　　880,000원　　(대) 보통예금　　　880,000원 **수정 후** (차) 미지급금(가나상사)　880,000원　　(대) 보통예금　　　880,000원
[2]	12/15	**수정 전** 매입매출전표입력에서 유형, 전자, 영세율구분을 수정입력 유형 : 16.수출, 공급가액 : 10,000,000원, 부가세 : -, 거래처 : (주)강서기술, 전자 : 부, 분개 : 혼합 영세율구분 : ① 직접수출(대행수출 포함) (차) 외상매출금　　10,000,000원　　(대) 제품매출　　10,000,000원 **수정 후** 유형 : 12.영세, 공급가액 : 10,000,000원, 부가세 : -, 거래처 : (주)강서기술, 분개 : 혼합 또는 외상 영세율구분 : ③ 내국신용장 · 구매확인서에 의하여 공급하는 재화 (차) 외상매출금　　10,000,000원　　(대) 제품매출　　10,000,000원

109회 기출문제 해설

문제 5 결산정리사항

[1] 수동결산 – 일반전표입력

월	일	구분	계정과목	거래처	차변	대변
12	31	차변	미수수익		2,250,000	
		대변	이자수익			2,250,000

- 이자수익 = 50,000,000원 × 6% × 9개월/12개월 = 2,250,000원

[2] 수동결산 – 일반전표입력

월	일	구분	계정과목	거래처	차변	대변
12	31	차변	선급비용		900,000	
		대변	임차료(제)			900,000

- 임차료 지출시 전액 비용처리한 경우 결산시 미경과(차기)분을 선급비용으로 대체한다.
  선급비용 = 3,600,000원 × 3개월/12개월 = 900,000원

[3] 수동결산 – 일반전표입력

월	일	구분	계정과목	거래처	차변	대변
12	31	차변	단기매매증권평가손실		2,000,000	
		대변	단기매매증권			2,000,000

- 단기매매증권평가손실 = 공정가액(시가) 73,000,000원 − 장부가액 75,000,000원 = △2,000,000원

문제 6 장부조회

[1] 총계정원장(월별TAB, 기간 : 1월 1일 ~ 6월 30일, 801.급여 차변) 조회 : 3,000,000원
차액 = 지출이 많은 3월 8,400,000원 − 지출이 적은 1월 5,400,000원 = 3,000,000원

[2] 거래처원장(기간 : 3월, 4월 한달 각각 입력, 404.제품매출, 일천상사) 조회 : 8,140,000원
감소액 = 3월 13,000,000원 − 4월 4,860,000원 = 8,140,000원

[3] 세금계산서합계표(기간 : 1월 ~ 3월, 매출 TAB 전체데이터 TAB) 조회 : 6매, 10,320,000원

108회 전산회계1급 기출 해설

A형	[01]	[02]	[03]	[04]	[05]	[06]	[07]	[08]	[09]	[10]	[11]	[12]	[13]	[14]	[15]
	4	1	2	3	1	2	4	1	3	4	1	3	3	4	2

해설

01. 자기주식처분손실은 자본조정 항목이다.
02. 계약금은 선수금으로 회계처리 하고, 타인이 발행한 당좌수표를 수취한 경우에는 현금으로 회계처리 한다. ⇨ 회계처리 : (차) 현금 100,000원 (대) 선수금 100,000원
03. 기말재고자산을 실제보다 과대계상한 경우, 매출원가가 실제보다 과소계상되고, 매출총이익 및 당기순이익은 과대계상되어 자본총계도 과대계상된다.
04. 무형자산의 상각기간은 독점적·배타적인 권리를 부여하고 있는 관계 법령이나 계약에 정해진 경우를 제외하고는 20년을 초과할 수 없다.
05. ■ 단기투자자산 = 1년 만기 정기예금 3,000,000원 + 단기매매증권 4,000,000원 = 7,000,000원
    ■ 현금, 당좌예금, 우편환증서은 현금및현금성자산, 외상매출금은 매출채권에 해당한다.
06. ■ 비유동부채 : 사채, 퇴직급여충당부채 ■ 유동부채 : 유동성장기부채, 선수금
07. ■ 세제의 경우 평가이익에 해당하나 최초의 취득가액을 초과하는 이익은 저가법상 인식하지 않는다.
    ■ 재고자산평가손실 = 비누(취득원가 75,000원 − 순실현가능가치 65,000원) × 100개
                      = 1,000,000원
08. ② 예약판매계약 : 공사결과를 신뢰성 있게 추정할 수 있을 때에 진행기준을 적용하여 공사수익을 인식한다.
    ③ 할부판매 : 이자부분을 제외한 판매가격에 해당하는 수익을 판매시점에 인식한다. 이자부분은 유효이자율법을 사용하여 가득하는 시점에 수익으로 인식한다.
    ④ 위탁판매 : 위탁자는 수탁자가 해당 재화를 제3자에게 판매한 시점에 수익을 인식한다.
09. 당기 원재료원가 = 기초 원재료 재고액 A + 당기 원재료 매입액 20억원 − 기말 원재료 재고액 B
                  = 당기 원재료 매입액 20억원 + 원재료 재고 감소액 3억원 = 23억원
10. ■ 기초재공품재고액, 기말원재료재고액, 당기제품제조원가, 당기총제조비용은 제조원가명세서에서 확인할 수 있다.
    ■ 기말제품재고액은 재무상태표와 손익계산서에서 확인할 수 있다.
11. ■ 제조간접원가 예정배부액 = 실제 직접노무시간 3,000시간 × 예정배부율 200원 = 600,000원
    ■ 제조간접비 배부차이
      = 제조간접원가 예정배부액 600,000원 − 실제 제조간접원가 발생액 500,000원
      = 100,000원 과대배부

12. 기초재공품이 존재하지 않는 경우에 평균법과 선입선출법의 당기완성품원가와 기말재공품원가가 일치한다.
13. 구매확인서에 의하여 공급하는 재화는 영세율 적용 대상 거래이지만 세금계산서 발급의무가 있다.
14. 부동산매매업 : 법인의 경우 법인의 등기부상 소재지
15. 납세의무자는 사업자 또는 재화를 수입하는 자 중 어느 하나에 해당하는 자로서 개인, 법인(국가·지방자치단체와 지방자치단체조합을 포함한다), 법인격이 없는 사단·재단 또는 그 밖의 단체는 이 법에 따라 부가가치세를 납부할 의무가 있다.

실무문제 해설

문제 1 기초정보관리 및 전기분 재무제표

[1] 거래처등록
- 일반거래처 TAB : 3000.(주)나우전자 등록 후 세부사항 모두 입력

[2] 계정과목 및 적요등록
- 186.퇴직연금운용자산 계정과목
  대체적요란 1번에 '제조 관련 임직원 확정급여형 퇴직연금부담금 납입'을 추가입력

[3] 전기분 재무제표
- 전기분 재무상태표 : 260.단기차입금 20,000,000원 추가입력
  장기차입금 20,000,000원 삭제 또는 0원으로 수정입력
- 거래처별초기이월 : 260.단기차입금 – 기업은행 20,000,000원 추가입력
  장기차입금 – 신한은행 20,000,000원 삭제 또는 0원으로 수정입력

문제 2 일반전표입력

NO	월	일	구분	계정과목	거래처	차변	대변
[1]	8	1	차변	외화장기차입금	미국은행	37,500,000	
			차변	외환차손		1,500,000	
			대변	보통예금			39,000,000

■ 외환차손 = $30,000 × (1,250원 – 1,300원) = △1,500,000원

[2]	8	12	차변	부도어음과수표	(주)모모가방	50,000,000	
			대변	받을어음	(주)모모가방		50,000,000
[3]	8	23	차변	미지급배당금		10,000,000	
			대변	보통예금			8,460,000
			대변	예수금			1,540,000

NO	월	일	구분	계정과목	거래처	차변	대변
[4]	8	31	차변	기계장치		5,500,000	
			대변	자산수증이익			5,500,000
[5]	9	11	차변	단기매매증권		4,000,000	
			차변	수수료비용(984)		10,000	
			대변	보통예금			4,010,000

- 단기매매증권의 취득과 직접 관련된 거래원가는 비용(일반적인 상거래에 해당하지 않으므로 영업외비용 항목의 수수료비용)으로 처리한다.

NO	월	일	구분	계정과목	거래처	차변	대변
[6]	9	13	차변	현 금		1,000,000	
			차변	받을어음	(주)다원	3,000,000	
			대변	외상매출금	(주)다원		4,000,000

문제 3 매입매출전표입력

NO	일자	유형	품목	공급가액	부가세	공급처명	전자	분개
[1]	7/13	17.카과	제품	5,000,000	500,000	(주)남양가방		카드(혼합)

	신용카드사		비씨카드					
구분	계정과목		거래처		차변		대변	
차변	외상매출금		비씨카드		5,500,000			
대변	부가세예수금		(주)남양가방				500,000	
대변	제품매출		(주)남양가방				5,000,000	

NO	일자	유형	품목	공급가액	부가세	공급처명	전자	분개
[2]	9/5	51.과세	운송비	500,000	50,000	쾌속운송	여	혼합

구분	계정과목	거래처	차변	대변
차변	부가세대급금	쾌속운송	50,000	
차변	기계장치	쾌속운송	500,000	
대변	보통예금	쾌속운송		550,000

- 기계장치 취득시 발생한 운송비는 부대비용으로 기계장치의 취득원가에 가산한다.

108회 기출문제 해설

NO	일자	유형	품목	공급가액	부가세	공급처명	전자	분개
[3]	9/6	51.과세	임가공비용	10,000,000	1,000,000	정도정밀	여	혼합

구분	계정과목	거래처	차변	대변
차변	부가세대급금	정도정밀	1,000,000	
차변	외주가공비(제)	정도정밀	10,000,000	
대변	보통예금	정도정밀		11,000,000

NO	일자	유형	품목	공급가액	부가세	공급처명	전자	분개
[4]	9/25	54.불공	3D 프린트	3,500,000	350,000	(주)목포전자	여	혼합

불공제 사유	② 사업과 직접 관련 없는 지출

구분	계정과목	거래처	차변	대변
차변	기부금	(주)목포전자	3,850,000	
대변	미지급금	(주)목포전자		3,850,000

■ 국가 및 지방자치단체에 무상으로 공급하는 재화의 경우, 취득 당시 사업과 관련하여 취득한 재화이면 매입세액을 공제하고, 사업과 무관하게 취득한 재화이면 매입세액을 공제하지 아니한다.

NO	일자	유형	품목	공급가액	부가세	공급처명	전자	분개
[5]	10/6	57.카과	복합기	1,500,000	150,000	(주)ok사무		카드(혼합)

신용카드사	하나카드

구분	계정과목	거래처	차변	대변
대변	미지급금	하나카드		1,650,000
차변	부가세대급금	(주)ok사무	150,000	
차변	비 품	(주)ok사무	1,500,000	

NO	일자	유형	품목	공급가액	부가세	공급처명	전자	분개
[6]	12/1	51.과세	양가죽	2,500,000	250,000	(주)국민가죽	여	혼합

구분	계정과목	거래처	차변	대변
차변	부가세대급금	(주)국민가죽	250,000	
차변	원재료	(주)국민가죽	2,500,000	
대변	현 금	(주)국민가죽		250,000
대변	외상매입금	(주)국민가죽		2,500,000

문제 4 일반 · 매입매출전표입력 수정

[1] 7/22

수정 전

승용차 배기량 1,990cc인 경우 매입세액 불공제로 매입매출전표입력에서 유형, 하단 분개 수정입력

(차) 부가세대급금	1,500,000원	(대) 보통예금	16,500,000원
차량운반구	15,000,000원		

수정 후

유형 : 54.불공, 공급가액 : 15,000,000원, 부가세 : 1,500,000원, 거래처 : 제일자동차, 전자 : 여, 분개 : 혼합
불공제사유 : ③ 개별소비세법 제1조제2항제3호에 따른 자동차 구입 · 유지 및 임차

(차) 차량운반구	16,500,000원	(대) 보통예금	16,500,000원

[2] 9/15

수정 전

대손금 확정시 대손충당금과 우선 상계 후 대손충당금 잔액 부족 시 대손상각비로 회계처리
일반전표입력에서 대손상각비 금액 수정, 대손충당금 계정과목 및 금액 추가입력

(차) 대손상각비(판)	3,000,000원	(대) 외상매출금((주)댕댕오디오)	3,000,000원

수정 후

(차) 대손상각비(판)	1,500,000원	(대) 외상매출금((주)댕댕오디오)	3,000,000원
대손충당금(109)	1,500,000원		

문제 5 결산정리사항

[1] 수동결산 – 일반전표입력

월	일	구분	계정과목	거래처	차변	대변
12	31	차변	외상매입금	하나무역	2,500,000	
		차변	잡손실		50,000	
		대변	가지급금			2,550,000

[2] 수동결산 – 일반전표입력

월	일	구분	계정과목	거래처	차변	대변
12	31	차변	단기대여금	필립전자	6,000,000	
		대변	외화환산이익			6,000,000

- 외화환산이익 = ($30,000 × 2,200원) − 60,000,000원 = 6,000,000원(자산 증가)

108회 기출문제 해설

[3] 자동결산 – 결산자료입력

- 미수금 : 40,000,000원 × 1% – 100,000원 = 300,000원

방법 1 : 결산자료입력 메뉴의 상단 [대손상각] 버튼을 클릭하여 "대손율(%) : 1%"을 입력하고 미수금을 제외한 이외의 계정과목에 대한 "추가설정액"란의 금액은 삭제한 후 [결산반영] 버튼을 눌러 "결산반영금액"란에 반영하여 전표추가를 한다.

방법 2 : 결산자료입력 메뉴의 기타의대손상각에 [미수금 : 300,000원]을 입력한 후 결산자료 입력의 전표추가를 한다.

방법 3 : 결산일(12월 31일)에 일반전표입력에 직접 입력

월	일	구분	계정과목	거래처	차변	대변
12	31	차변	기타의대손상각비		300,000	
		대변	대손충당금(121)			300,000

문제 | 6 장부조회

[1] 매입매출장(조회기간 : 1월 1일 ~ 3월 31일, 구분 : 2.매출, 유형 : 17.카과) 조회 : 1,330,000원

[2] 일계표(월계표)(월계표TAB, 기간 : 6월, 영업외비용 차변 계) 조회 : 131,000원

[3] 부가가치세신고서(조회기간 : 4월 ~ 6월) 조회 : [매입세액 → (16)공제받지못할매입세액] 3,060,000원

MEMO

✻ 저자약력

황향숙

약력
- 호남대학교 산업경영대학원 석사(졸업)
- (주)더존비즈아카데미 강사
- (재)현대직업전문학교 강사
- (재)중앙전산직업전문학교 강사
- 한국직업전문학교 강사
- 경기도일자리재단 여성능력개발본부 강사
- 강서여성인력개발센터 강사
- 정명정보고 직무연수 강사
- 신정여상 취업연수 강사
- NYK Corption 관리부 팀장
- 제이더블유어패럴(주) 팀장
- (주)태평양물산 관리부
- (주)더존비즈온 지식서비스센터 강사
- (주)더존에듀캠 재경캠퍼스 강사
- (주)더존에듀캠 평생교육원 강사
- 한국생산성본부 ERP 연수 강사
- EBS 직업교육 ERP정보관리사 동영상 강의
- (주)이패스코리아 ERP정보관리사 동영상 강의
- (주)토마토패스 전산세무회계 동영상 강의
- 한국산업인력공단 주관 청년취업아카데미 산학협력 교수
- 대한상공회의소 직무 강사

저서
- PERFECT 전산세무 1급(도서출판 배움)
- PERFECT 전산세무 2급(도서출판 배움)
- PERFECT 전산회계 1급(도서출판 배움)
- PERFECT 전산회계 2급(도서출판 배움)
- PERFECT 전산회계 1급 FINAL(도서출판 배움)
- PERFECT 전산세무 2급 FINAL(도서출판 배움)
- ERP정보관리사 회계·인사 1급(지식과경영)
- ERP정보관리사 회계·인사 2급(지식과경영)
- ERP정보관리사 물류·생산 1급(지식과경영)
- ERP정보관리사 물류·생산 2급(지식과경영)
- TAT 세무실무 2급(지식과경영)
- FAT 회계실무 1급(지식과경영)
- FAT 회계실무 2급(지식과경영)
- 기업자원통합관리 고등학교인정도서(지식과경영)
- 회계정보처리시스템 고등학교인정도서(지식과경영)

성명 또는 카페닉네임	

2025 Perfect 전산회계 1급

8판 발행 : 2025년 1월 24일
8판 2쇄 발행 : 2025년 4월 8일
저　　자 : 황향숙
발 행 인 : 박성준
발 행 처 : 도서출판배움
등　　록 : 제2017-000124호
주　　소 : 경기도 성남시 분당구 성남대로 2번길 6 LG트윈하우스 120호
전　　화 : (031)712-9750
팩　　스 : (031)712-9751
홈페이지 : WWW.BOBOOK.CO.KR
정　　가 : 27,000원
I S B N : 979-11-89986-52-0　13320

저자와의
협의하에
인지생략

도서출판 배움의 발행도서는 정확하고 권위있는 해설을 제공하고자 노력을 다하고 있습니다. 그럼에도 불구하고 본서가 모든 경우에 그 완전성을 항상 보장하는 것은 아니므로 실제 적용에 있어서는 최대한 주의를 기울이시고 필요한 경우 전문가와 사전논의를 거치시길 바랍니다. 또한 본서의 수록 내용은 특정사안에 대한 구체적인 의견제시가 될 수 없으므로 본서의 적용결과에 대하여 당사는 책임지지 아니합니다.

❖ 파본은 구입하신 서점이나 출판사에서 교환해 드립니다.